최종모의고사
청소년상담사
3급 한권으로 끝내기

시대에듀

2025 청소년상담사 3급 최종모의고사 한권으로 끝내기

Always with you

사람의 인연은 길에서 우연하게 만나거나 함께 살아가는 것만을 의미하지는 않습니다.
책을 펴내는 출판사와 그 책을 읽는 독자의 만남도 소중한 인연입니다.
시대에듀는 항상 독자의 마음을 헤아리기 위해 노력하고 있습니다.
늘 독자와 함께하겠습니다.

보다 깊이 있는 학습을 원하는 수험생들을 위한
시대에듀의 동영상 강의가 준비되어 있습니다.
www.sdedu.co.kr → 회원가입(로그인) → 청소년상담사 3급

머리말

현대사회는 학교폭력, 가출, 학업중단, 왕따, 집단 괴롭힘, 약물남용 및 청소년성매매 등 다양화되고 심각해지고 있는 청소년 문제에 현실적으로 대처하기 위한 전문상담인력의 필요성이 점차 커지고 있습니다. 이런 분위기 속에서 청소년상담사의 역할과 중요도 역시 나날이 증가하고 있는 추세입니다.

청소년상담사 국가자격제도의 목적은 일반상담과 차별화된 청소년 문제에 초점을 맞춘 전문상담자의 양성 및 청소년상담의 전문화와 상담사의 자질 향상, 그리고 청소년 문제에 대한 열의와 관심, 높은 자질을 지닌 인력을 선발하는 데 있습니다.

수험문화를 선도하는 1등 교육출판 시대에듀에서는 청소년상담사 자격증의 필요성을 이해하고, 이에 맞춰 청소년상담사 3급 시험을 준비하는 수험생 여러분들을 위해 〈청소년상담사 3급 최종모의고사 한권으로 끝내기〉 개정판을 출간하게 되었습니다. 본서는 최근 높아진 출제수준에 맞추어 수험생들이 최소 시간으로 최대 효과를 누릴 수 있도록 다음과 같이 구성하였습니다.

도서의 특징

❶ 최근의 출제경향에 맞추어 출제가능성이 높은 문제들만 엄선하여 수록하였으며, 최신 이론, 법령 등을 최대한 반영하여 수험생이 본서 한 권만으로도 고득점이 가능하도록 하였습니다.

❷ 선택과목의 난이도가 높아짐에 따라 필수과목과 똑같이 5회분의 모의고사를 구성함으로써, 필수과목에서 고득점하고도 선택과목 때문에 낙제하는 우를 범하지 않도록 하였습니다.

❸ 출제된 문제를 철저하게 분석하여 해당 문제와 관련한 핵심이론까지! 정답이 아닌 문항의 해설까지! 상세하고도 명쾌한 해설을 수록하였습니다.

❹ 꼼꼼한 검수와 반복된 교정으로 불필요한 오자, 오답을 미연에 방지함으로써 수험생들이 혼란 없이 집중하여 학습이 가능하도록 하였습니다.

이 책에는 청소년상담사, 직업상담사, 사회복지사, 임상심리사 등을 집필한 저자들의 탄탄한 실력과 수험서 전문 시대에듀의 노하우가 담겨있습니다. 정성들여 심혈을 기울인 본 수험서가 수험생의 합격에 조그마한 디딤돌이 되기를 희망하며, 청소년상담사 3급에 도전하는 모든 분들의 합격을 진심으로 기원합니다.

편저자 씀

이 책의 구성과 특징 STRUCTURES

최종모의고사 + 정답 및 해설

총 5회의 풍부한 모의고사를 수록하여 자신의 현 실력을 객관적으로 체크할 수 있도록 하였습니다. 모의고사 5회분을 풀면서 자신의 약점을 파악하고 보완한다면, 합격에 한 걸음 더 다가갈 수 있을 것입니다. 오답까지 설명해주는 친절하고도 상세한 해설을 통해 막힘없는 학습이 가능하게 하였습니다. 단지 정답/오답을 설명해주는 것이 아니라 주요 개념을 함께 설명하기 때문에, 별도의 오답노트를 작성하지 않아도 자신이 틀린 문제의 해설만 살펴보면 오답률을 줄일 수 있습니다.

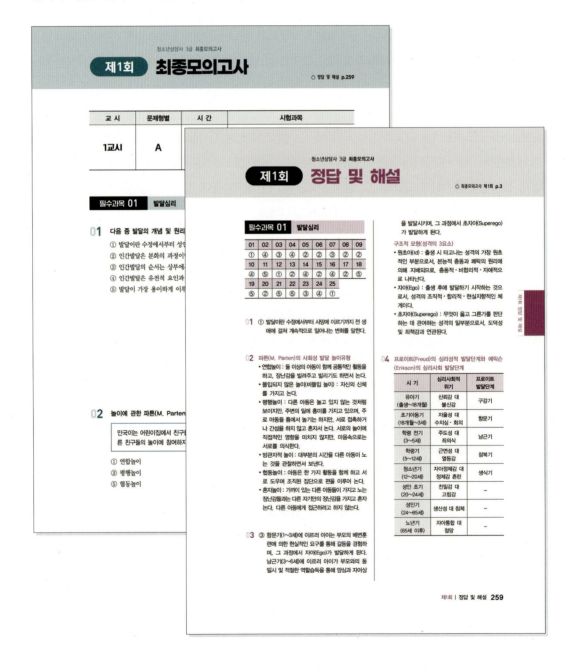

합격의 공식 Formula of pass | 시대에듀 www.sdedu.co.kr

특별부록 - 소책자(기출 키워드)

2024년 23회 기출문제를 바탕으로 총 7과목(필수5과목 + 선택2과목)의 주요 기출 키워드를 과목별로 선정하고 관련 이론들을 요약·정리하여 소책자로 수록하였습니다. 가장 최신의 기출문제 출제경향을 파악하고 이를 통해 학습의 방향을 가늠할 수 있도록 구성하였습니다. 시간과 장소에 구애받지 않고 틈새시간을 활용하여 반복적으로 학습함으로써 기출 키워드들을 자신의 것으로 만들어 보시길 바랍니다.

청소년상담사 Q&A GUIDE

 청소년상담사 자격증은 어떤 자격증인가요?

청소년상담사는 청소년 기본법 제22조 제1항에 의거하여 실시되는 '청소년 상담'과 관련된 국내 유일의 국가 자격증으로, 자격시험에 합격하고 연수기관에서 실시하는 100시간 이상의 과정을 마친 사람에게 여성가족부 장관이 부여하는 자격증입니다.

 청소년상담사 자격증을 취득하면 어떤 곳에 사용될 수 있나요?

개인의 역량에 따라 국가 차원의 청소년상담기관인 한국청소년상담복지개발원, 시·군·구 청소년지원센터를 비롯하여 청소년수련관, 청소년문화의 집, 사회복지관, 청소년쉼터, 청소년 관련 복지시설 및 청소년 업무지원 부서 등에서 활동할 수 있게 됩니다. 그러나 청소년상담사 자격증을 취득한다고 해서 국가가 취업을 보장하는 것은 아닙니다.

 청소년상담사 자격의 취득 절차는 어떻게 되나요?

자격검정(필기시험, 면접시험, 응시자격서류 심사) ➡ 자격연수(100시간) ➡ 자격증 취득

필기시험은 과목별 5지 선다형 / 객관식 25문항으로 구성되어 있으며, 필기시험 합격예정자에 대하여 응시자격 증빙서류를 심사하게 됩니다. 면접시험은 응시자격 증빙서류 심사 합격자를 대상으로 개별면접 또는 집단면접으로 실시합니다. 면접시험까지 통과하시게 되면, 자격연수를 받으신 이후 자격증을 받으실 수 있습니다.

 필기시험 합격기준은 어떻게 되나요?

매 과목 100점 만점으로 하여 매 과목 40점 이상, 전 과목 평균 60점 이상을 득점한 자(절대평가 기준)입니다.

합격의 공식 Formula of pass | 시대에듀 www.sdedu.co.kr

 연수는 언제까지 이수해야 하나요?

자격검정 최종 합격 이후 연수를 받아야 하는 기한이 제한되어 있지는 않습니다. 자격검정에 최종 합격한 연도에 연수를 받지 못하더라도 합격이 취소되지는 않으며, 연수를 받을 수 있는 해에 신청하여 받으면 됩니다(단, 신청한 회차에 100시간 이상 연수를 모두 이수해야 함).

 대학원에서 상담 관련 분야 전공을 수료했습니다. 응시자격이 되나요?

수료는 해당되지 않고, 학위를 취득한 경우 응시 가능합니다. 참고로 상담 관련 학과 박사학위를 취득하셨다면 1급, 상담 관련 학과 석사학위를 취득하셨다면 2급, 상담 관련 학과 학사학위를 취득하셨다면 3급 응시가 가능합니다.

 응시자격과 관련하여 상담 관련 학과란 어느 학과를 말하나요?

청소년상담사 기본 응시자격은 상담 관련 학과(분야) 학위가 있으시거나, 상담 실무경력이 있어야 합니다. 상담 관련 학과는 청소년학, 청소년지도학, 교육학, 심리학, 사회사업학, 사회복지학, 정신의학, 아동학, 아동복지학, 상담학과가 해당됩니다. 그 외의 경우 법령에 명시된 10개의 상담 관련 학과가 아니므로, 상담의 이론과 실제(상담원리·상담기법), 면접원리, 발달이론, 집단상담, 심리측정 및 평가, 이상심리, 성격심리, 사회복지실천(기술)론, 상담교육, 진로상담, 가족상담, 학업상담, 비행상담, 성상담, 청소년상담 또는 이와 내용이 동일하거나 유사한 과목이 재학 당시 전공 커리큘럼에 4과목 이상 개설되어 있는지를 학교 학과사무실 등을 통해 확인하셔야 합니다.

 작년도 서류심사에서 떨어졌습니다. 필기시험을 다시 봐야 하나요?

필기시험에 합격했다 하더라도 서류심사에 통과하지 못하였을 경우 내년도 필기시험에 다시 응시하셔야 합니다. 필기시험 합격예정자는 응시자격 증빙서류가 제출·승인되어야 필기시험이 최종 합격 처리됩니다.

자격상세정보 INFORMATION

◆ 청소년상담사 개요

청소년상담기관인 한국청소년상담복지개발원, 시·도 청소년종합상담센터, 시·군·구 청소년상담센터를 비롯하여 청소년수련관, 청소년문화관, 사회복지관, 청소년쉼터, 청소년관련 복지시설 및 청소년업무 지원부서 등에서 청소년의 보호선도 및 건전생활의 지도, 수련활동의 여건조성 장려 및 지원, 청소년단체의 육성 및 활동지원, 청소년을 위한 지역사회의 유익한 환경의 조성 및 유해 환경의 정화활동 등의 직무를 수행합니다.

전문 상담자 양성	상담자 자질 향상	높은 자질을 지닌 인력 선발
청소년 문제에 초점을 맞춘 전문 상담자 양성	청소년상담사의 전문화와 상담자의 자질 향상	청소년 문제에 대한 열의와 관심, 높은 자질을 지닌 인력 선발

◆ 주최 · 주관기관

- 여성가족부 : 정책수립
- 한국산업인력공단 : 필기시험, 면접시험, 응시자격서류 심사
- 한국청소년상담복지개발원 : 자격시험 연수, 자격증 교부

◆ 2025년 시험일정

회 차	원서접수	빈자리 접수	필기시험	필기합격자 발표일	면접접수	면접시험	최종합격자 발표일
24회	7.21(월)~ 7.25(금)	9.4(목)~ 9.5(금)	9.13(토)	10.22(수)	11.3(월)~ 11.7(금)	11.24(월)~ 11.29(금)	12.24(수)

※ 시험일정은 변경될 수 있으니, 반드시 해당 홈페이지를 확인하시기 바랍니다(www.q-net.or.kr/site/sangdamsa).
※ 2025년도 국가자격시험 시행일정 사전공고를 바탕으로 작성되었습니다.
※ 필기시험 정답은 www.q-net.or.kr/site/sangdamsa에서 "합격자발표 ➡ 가답안/최종정답공개"에서 확인할 수 있습니다.

청소년상담사의 역할

구 분	주요 역할	세부 내용
1급 청소년 상담사	청소년상담을 주도하는 전문가 (지도인력)	• 청소년상담 정책 개발 및 행정업무 총괄 • 상담기관 설립 및 운영 • 청소년들의 제 문제에 대한 개입 • 2급 및 3급 청소년상담사 교육 및 훈련
2급 청소년 상담사	청소년 정신을 육성하는 청소년상담사 (기간인력)	• 청소년상담의 전반적 업무 수행 • 청소년의 각 문제영역에 대한 전문적 개입 • 심리검사 해석 및 활용 • 청소년상담과 관련된 독자적 연구 설계 및 수행 • 3급 청소년상담사 교육 및 훈련
3급 청소년 상담사	유능한 청소년상담사 (실행인력)	• 기본적인 청소년상담 업무 수행 • 집단상담의 공동지도자 업무 수행 • 매체상담 및 심리검사 등의 실시와 채점 • 청소년상담 관련 의뢰체계를 활용 • 청소년상담실 관련 제반 행정적 실무를 담당

청소년상담사 양성현황

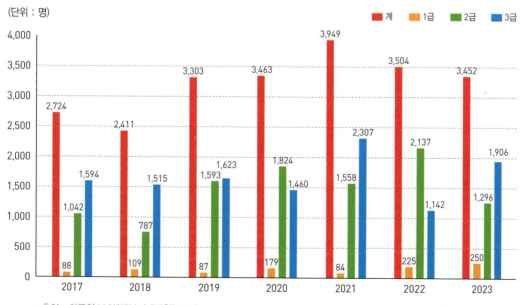

※ 출처 : 한국청소년상담복지개발원(2023)

자격상세정보 INFORMATION

◎ 원서접수

인터넷 접수(큐넷 - 청소년상담사 홈페이지) www.q-net.or.kr/site/sangdamsa

◎ 응시자격

구분	자격요건	비고
1급 청소년 상담사	• 대학원에서 청소년(지도)학·교육학·심리학·사회사업(복지)학·정신의학·아동(복지)학·상담학 분야 또는 그 밖에 여성가족부령으로 정하는 상담 관련 분야의 박사학위를 취득한 사람 • 대학원에서 상담 관련 분야의 석사학위를 취득한 후, 상담 실무경력이 4년 이상인 사람 • 2급 청소년상담사로서 상담 실무경력이 3년 이상인 사람 • 제1호 및 제2호에 규정된 사람과 같은 수준 이상의 자격이 있다고 여성가족부령으로 정하는 사람	• 상담분야 박사 • 상담분야 석사 + 4년 • 2급 자격증 + 3년
2급 청소년 상담사	• 대학원에서 청소년(지도)학·교육학·심리학·사회사업(복지)학·정신의학·아동(복지)학·상담학 분야 또는 그 밖에 여성가족부령으로 정하는 상담 관련 분야의 석사학위를 취득한 사람 • 대학 또는 다른 법령에 따라 이와 동등한 학력을 인정받는 기관에서 상담 관련 분야 학사학위를 취득한 후, 상담 실무경력이 3년 이상인 사람 • 3급 청소년상담사로서 상담 실무경력이 2년 이상인 사람 • 제1호부터 제3호까지에 규정된 사람과 같은 수준 이상의 자격이 있다고 여성가족부령으로 정하는 사람	• 상담분야 석사 • 상담분야 학사 + 3년 • 3급 자격증 + 2년
3급 청소년 상담사	• 대학 및 「평생교육법」에 따른 학력이 인정되는 평생교육시설의 청소년(지도)학·교육학·심리학·사회사업(복지)학·정신의학·아동(복지)학·상담학 분야 또는 그 밖에 여성가족부령으로 정하는 상담 관련 분야의 학사학위를 취득한 사람 • 전문대학 또는 다른 법령에 따라 이와 동등한 학력을 인정받는 기관에서 상담 관련 분야 전문학사를 취득한 사람으로서, 상담 실무경력이 2년 이상인 사람 • 대학 또는 다른 법령에 따라 이와 동등한 학력을 인정받는 기관에서 학사학위를 취득한 후, 상담 실무경력이 2년 이상인 사람 • 전문대학 또는 다른 법령에 따라 이와 동등한 학력을 인정받는 기관에서 전문 학사학위를 취득한 후, 상담 실무경력이 4년 이상인 사람 • 고등학교를 졸업하고 상담 실무경력이 5년 이상인 사람 • 제1호부터 제4호까지에 규정된 사람과 같은 수준 이상의 자격이 있다고 여성가족부령으로 정하는 사람	• 상담분야 4년제 학사 • 상담분야 2년제 + 2년 • 타분야 4년제 + 2년 • 타분야 2년제 + 4년 • 고졸 + 5년

시험과목 및 시험시간 ※ 각 과목당 25문항, 객관식 5지선다

구 분	교 시	시험과목	시험시간
1급 청소년상담사 (5과목)	1교시(필수)	• 상담사 교육 및 사례지도 • 청소년 관련법과 행정 • 상담연구방법론의 실제	9:30 ~ 10:45 (75분)
	2교시(선택)	• 비행상담, 성상담, 약물상담, 위기상담 중 2과목	11:40 ~ 12:30 (50분)
2급 청소년 상담사 (6과목)	1교시(필수)	• 청소년상담의 이론과 실제 • 상담연구방법론의 기초 • 심리측정 평가의 활용 • 이상심리	9:30 ~ 11:10 (100분)
	2교시(선택)	• 진로상담, 집단상담, 가족상담, 학업상담 중 2과목	11:40 ~ 12:30 (50분)
3급 청소년 상담사 (6과목)	1교시(필수)	• 발달심리　　　• 집단상담의 기초 • 심리측정 및 평가　• 상담이론	9:30 ~ 11:10 (100분)
	2교시 (필수+선택)	• 학습이론(필수) • 청소년이해론, 청소년수련활동론 중 1과목	11:40 ~ 12:30 (50분)

합격기준

구 분	합격결정기준
필기시험	• 매 과목 100점을 만점으로 하여 매 과목 40점 이상 • 전 과목 평균 60점 이상 득점한 자
면접시험	• 면접위원(3인)의 평정점수 합계가 모두 15점(25점 만점) 이상인 사람 • 다만, 면접위원의 과반수가 어느 하나의 평가사항에 대하여 1점으로 평정한 때에는 평정점수 합계와 관계없이 불합격으로 함

※ 필기시험 및 면접시험 합격예정자는 응시자격 서류를 제출하여야 하며, 정해진 기간 내 응시서류를 제출하지 않거나 심사 결과 부적격자일 경우 필기시험을 불합격 처리합니다.

자격상세정보 INFORMATION

◆ 필기시험 시행현황

구분		1급	2급	3급
2019년	응시자	390명	4,128명	5,667명
	합격자	206명	1,769명	1,549명
	합격률	52.82%	42.85%	27.33%
2020년	응시자	470명	4,468명	5,822명
	합격자	85명	2,050명	3,056명
	합격률	18.09%	45.88%	52.49%
2021년	응시자	677명	4,485명	5,608명
	합격자	350명	2,802명	1,469명
	합격률	51.70%	62.47%	26.19%
2022년	응시자	646명	4,047명	5,526명
	합격자	471명	1,854명	2,859명
	합격률	72.91%	45.81%	51.74%
2023년	응시자	734명	4,189명	4,851명
	합격자	374명	2,157명	2,334명
	합격률	50.95%	51.49%	48.11%

※ 2023년 시행현황은 합격예정자 기준으로 작성되었습니다.

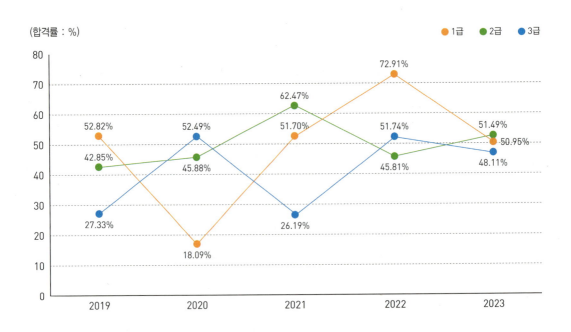

출제기준 ANALYSIS

01 필수과목 발달심리

주요항목	세부항목
발달심리학의 기초 ★★	• 발달심리학의 개념과 특징 • 발달심리학의 연구방법론 • 발달이론 및 발달심리학의 주요쟁점
발달에 대한 전 생애적 접근 ★	• 영유아기 발달 • 아동기 발달 • 청년기 발달 • 성인기 및 노년기 발달
주요 발달영역별 접근 ★★★	• 유전과 태내발달 • 신체 및 운동발달 • 인지발달 • 성격 및 사회성 발달 • 정서 및 도덕성 발달 • 발달정신병리
기 타	기타 발달심리에 관한 사항

기출 키워드

#발달의 개념 #발달연구방법 #발달 이론가별 주장 #피아제의 인지발달단계(전조작기) #대상영속성
#애착의 유형 #언어 발달 #아동기의 인지발달 #청소년기 인지발달
#청소년기 발달에 관한 발달 이론가 #발테스의 성공적 노화 #노년기 발달 #발달에 미치는 영향요인
#성염색체 이상 증후군 #태내발달 #신생아의 반사행동 #소근육 운동 발달 순서 #이론가별 지능
#반두라의 사회학습이론 #콜버그의 성 역할 발달 #콜버그의 도덕성 발달단계 #공격성 발달
#정서 발달 #품행장애의 진단기준 #투렛장애 진단기준

※ 2024년 23회 기출문제를 바탕으로 작성되었습니다.

출제기준 ANALYSIS

02 필수과목   집단상담의 기초

주요항목	세부항목
집단상담의 개론 ★★★	• 집단상담의 기초 • 집단상담의 지도성 및 집단상담자의 기술 • 집단상담의 계획 및 평가 • 집단상담의 윤리기준 • 집단상담의 제 이론 　－ 정신분석 접근　　　　－ 개인심리학 접근 　－ 행동주의 접근　　　　－ 실존주의 접근 　－ 인간중심 접근　　　　－ 게슈탈트 접근 　－ 합리정서행동 접근　　－ 인지치료 접근 　－ 현실치료/해결중심 접근　－ 교류분석 접근 　－ 예술적 접근 등 기타 접근 　　(심리극, 미술, 음악 등)
집단상담의 실제 ★★	• 집단역동에 대한 이해 • 집단상담의 과정(초기, 중기, 종결)
청소년 집단상담 ★★	• 청소년 집단상담의 특징 • 청소년 집단상담의 제 영역 • 청소년 집단상담자의 기술
기 타	기타 집단상담의 기초에 관한 사항

기출 키워드

#집단상담의 개념 #집단상담의 유형 #집단상담기술 #집단상담 평가 #집단상담자의 윤리적 행동
#합리적정서행동치료의 ABCDE 모형 #해결중심 집단상담 질문기법 #집단상담 이론과 목표
#집단상담 이론 #집단상담의 이론과 기법의 연결 #방어 기제 #심리극 집단상담 단계 #집단역동
#집단역동 중 개인 내적 역동 #코리의 집단발달단계 중 초기단계의 집단상담사 역할
#코리의 집단상담 과도기 단계의 특징 #집단발달단계 #집단상담의 종결단계
#학교의 청소년 집단상담 #청소년상담사 윤리강령 중 사전동의 #종결기의 효과적인 개입전략
#집단원 선정 시 제외해야 할 대상 #집단상담자의 반응 기술 #청소년 집단상담자의 공감반응
#청소년 집단상담의 기법과 효과의 연결

※ 2024년 23회 기출문제를 바탕으로 작성되었습니다.

03 필수과목 심리측정 및 평가

주요항목	세부항목
심리측정의 기본개념 ★★★	• 검사, 측정, 평가의 개념 　- 검사개발의 원리, 난이도, 변별도, 유용도 • 표준화 검사의 개념과 개발 　- 표준화의 개념과 개발, 규준의 개념과 개발, 검사점수의 해석, 규준참조 해석, 준거참조 해석 • 통계의 기초 　- 척도의 종류와 해설, 명명/서열/등간/비율, 기본 개념의 적용 • 신뢰도 　- 신뢰도의 개념, 신뢰도의 종류와 특성, 신뢰도에 영향을 주는 요인, 신뢰도의 평가 및 적용 • 타당도 　- 타당도의 개념, 타당도의 종류와 특성, 타당도에 영향을 주는 요인, 타당도의 평가 및 적용
검사의 선정과 시행 ★	• 검사의 종류 　- 투사적 검사, 정의적 검사, 행동관찰 및 면접 • 검사선정 시 고려사항 　- 측정학적 문제, 의뢰목적 • 검사시행 시 고려사항 　- 라포형성, 피검자 변인, 검사자 변인, 검사상황 변인, 검사시행 준비 • 윤리적 문제 　- 비밀보장, 이중관계, 검사결과 피드백, 성추행 및 성관계, 실시 및 해석자의 자격
인지적 검사 ★★	• 지능검사 　- 지능의 개념과 측정, Wechsler식 지능검사, 지능지수의 해석, 집단용 지능검사 및 기타 사항 • 성취도 검사 　- 성취도(학습기능)의 개념, 표준화 성취도 검사의 해석

출제기준 ANALYSIS

정의적 검사
★★★
	• MMPI
	  – 실시 목적과 방법, 채점과 타당도 척도의 해석, 임상척도의 해석
	• 기타 성격검사
	  – 성격의 기본차원, 객관성격검사 사용의 유의사항, MBTI 검사의 활용, PAI 검사의 활용
	• 적성검사
	  – 적성의 개념, 표준화 적성검사의 해석방안	

투사적 검사 ★★	• 투사검사의 개관 – 투사검사의 특성, 투사검사의 활용방안 • HTP 검사 • SCT 검사 • Rorschach 검사 • TAT 검사	
기 타	기타 심리측정 및 평가에 관한 사항	

기출 키워드

#평균(M)과 표준편차(SD) #의미변별척도의 단점 #통 계 #문항반응이론의 기본가정
#Kuder-Richardson 계수 #신뢰도에 영향을 주는 요인 #문항반응이론 중 문항별 능력추정치
#공인 타당도 #교육검사 #로저스 #심리검사 및 평가의 윤리 #법적 대리인의 동의 #K-WAIS-IV
#K-WISC-IV와 K-WISC-V #K-WAIS-IV의 숫자 소검사 #지능에 관한 개념과 이론 #벤더 도형 검사
#MMPI-2의 임상척도 2번(D) #MMPI-2의 임상척도 4번(Pd) #5요인 성격검사의 성실성 하위요인
#성격평가질문지 척도 #투사 검사의 특성 #문장완성검사 #MMPI-2와 문장완성검사
#로샤 검사 종합체계 결정인 채점기호

※ 2024년 23회 기출문제를 바탕으로 작성되었습니다.

04 필수과목 상담이론

주요항목	세부항목
청소년상담의 기초 ★	• 상담의 본질 • 상담의 기능 • 상담자의 자질 • 상담자 윤리
청소년상담의 이론적 접근 ★★★	• 정신분석 • 개인심리학 • 행동주의 상담 • 실존주의 상담 • 인간중심 상담 • 게슈탈트 상담 • 합리정서행동 상담 • 인지치료 • 현실치료/해결중심 상담 • 교류분석 • 여성주의 상담 • 다문화 상담 • 통합적 접근
청소년상담의 실제 ★★	• 상담계획과 준비 • 상담목표 • 상담과정과 절차 • 상담기술과 기법
기 타	기타 상담이론에 관한 사항

기출 키워드

#상담의 개념 #상담관계 #비밀유지 원칙의 예외 상황 #개인심리학적 상담기법

#인지오류의 유형과 예시 #합리정서행동치료의 ABCDE 모델 #정신분석 #행동주의 상담

#게슈탈트 상담이론의 접촉경계 혼란 현상 #게슈탈트 상담 #인간중심 상담이론

#실존주의 상담의 인간관 #이야기치료와 교류분석 #현실치료 #해결중심상담

#상담이론과 설명의 연결 #수용전념치료 #변증법적 행동치료 #통합적 접근 #여성주의 상담

#다문화 사회정의 및 옹호 상담자 #상담을 시작하기 전 준비해야 할 사항 #상담목표 #호소문제

#상담자의 자기개방

※ 2024년 23회 기출문제를 바탕으로 작성되었습니다.

출제기준 ANALYSIS

05 필수과목 학습이론

주요항목	세부항목
학습의 개념 ★★	• 학습의 정의, 개괄 • 학습관련 연구의 쟁점
행동주의 학습이론 ★★★	• 고전적 조건학습이론 • 조작적 조건학습이론
인지주의 학습이론 ★★★	• 사회인지이론 • 정보처리이론
신경생리학적 학습이론 ★	신경생리학적 이론
동기와 학습 ★★	• 동기와 정서 • 동기와 인지
기 타 ★	기타 학습이론에 관한 사항

기출 키워드

#학습의 정의 #손다이크의 연합주의 이론 #처벌 : 타임아웃 #학습된 무기력
#고전적 조건형성의 적용 사례 #고전적 조건형성의 개념 #고차적 조건화 #이요인 이론
#고정비율강화계획 #프리맥 원리 #관찰학습 이론 #관찰학습의 과정 #통찰학습
#비고츠키의 인지발달이론 #앳킨슨과 쉬프린의 이중기억모형 #암 송 #기억의 역행간섭 사례
#파이비오의 이중부호이론 #정보처리수준 이론 #뇌의 가소성 : 신경생성 #헵의 최적각성수준
#몰 입 #매슬로우의 욕구위계이론 #레퍼와 호델의 내재적 동기의 원칙 #드웩의 성취목표지향성

※ 2024년 23회 기출문제를 바탕으로 작성되었습니다.

06 선택과목 청소년이해론

주요항목	세부항목
청소년 심리 ★★	• 청소년 심리의 이해 • 청소년의 심리적 발달(생물, 인지, 도덕성, 성격, 자아정체감, 정서 등) • 청소년기의 사회적 맥락(성·성역할, 학업과 진로, 친구관계, 여가 등)
청소년 문화 ★	• 청소년 문화 관련 이론 • 청소년 문화 실제(대중문화, 여가문화, 소비문화, 사이버 문화 등) • 가족·지역사회 • 또래집단·학교
청소년 복지와 보호 ★★★	• 청소년비행 이론 • 학교부적응·학업중단 • 폭력, 자살, 가출 • 중독(약물, 인터넷, 게임 등) • 청소년 보호 • 청소년 복지 기초 • 청소년 복지 실제 • 청소년 자립지원 • 청소년 사례 통합관리 • 지역사회안정망 운영 • 청소년 인권과 참여
기 타	기타 청소년이해론에 관한 사항

기출 키워드

#청소년기의 다양한 관점 #에릭슨과 프로이트의 심리사회적 및 심리성적 발달단계 #개인적 우화
#마샤의 정체감 지위이론 #콜버그의 도덕발달 단계 #청소년기 신체적 발달
#청소년기 성역할 고정관념의 증가현상 #청소년 또래집단의 기능 #진로 및 직업발달 이론
#브론펜브레너의 생태학적 체계 #청소년 문화 중 하위문화 #의제설정 기능 #차브 패션
#허쉬의 사회유대이론 #학교폭력대책심의위원회의 기능 #청소년기 자살 #청소년 유해약물 분류
#학교부적응 요인 #인터넷게임 중독 #과몰입 등의 예방 및 피해 청소년 지원 #청소년복지
#청소년치료재활센터 #청소년의 권리와 책임 #청소년증 #취업지원 #지역사회 청소년통합지원체계

※ 2024년 23회 기출문제를 바탕으로 작성되었습니다.

출제기준 ANALYSIS

07 선택과목 청소년수련활동론

주요항목	세부항목	
청소년활동 이해 ★	• 기본 개념 • 활동관련 이론	• 교육적 의의
청소년활동 프로그램 이론 ★★	• 프로그램 개발 • 프로그램 평가	• 프로그램 실행
청소년활동 지도 ★★	• 지도원리 • 청소년지도자(배치 등)	• 지도방법
청소년활동기관 설치 및 운영 ★★★	• 수련시설·기관 운영	• 청소년단체 등
청소년활동 실제 ★★★	• 수련활동 • 문화활동 • 참여활동	• 교류활동 • 동아리활동 • 기타 활동
청소년활동 제도 및 지원 ★★	• 활동관련 정책사업	• 안전 및 시설 관리
청소년활동 여건과 환경 ★★★	• 교육제도 및 연계	• 지역사회 연계
기 타	기타 청소년수련활동론에 관한 사항	

기출 키워드

#청소년활동 중 스카우트 활동 #칙센트미하이의 몰입이론 #요구분석 기법 중 델파이법
#위험도가 높은 청소년 수련활동 #스터플빔의 CIPP 평가모형 #콜브의 경험학습모델
#국립청소년수련시설 #제7차 청소년정책 기본계획 #청소년특화시설 #프로그램 개발 통합모형
#수련시설의 운영대표자의 자격 #청소년수련시설 건립심의위원회
#청소년수련활동인증제의 인증기준 #청소년수련활동인증제
#숙박형 등 청소년수련활동 신고 수리 통지 기간 #청소년 문화활동의 지원 #청소년운영위원회
#청소년 방과 후 활동 지원의 근거가 되는 법 #안전교육 #인증심사원의 자격 및 선발
#수련시설의 종합평가 #합숙활동의 최소 활동기준 #청소년자기도전포상제의 운영기준
#청소년방과후아카데미의 운영유형 #지방청소년활동진흥센터 수행 사업

※ 2024년 23회 기출문제를 바탕으로 작성되었습니다.

합격수기 REVIEW

청소년상담사 3급 합격수기

작성자 : 김*형

안녕하세요~ 딱 오늘 청소년상담사 3급 면접 합격 발표날입니다. '두근두근' 거리는 마음으로 합격발표를 확인했더니 "합격" 두 글자가 저를 반겨주네요. 작년에는 다른 브랜드의 강의와 책을 보고 시험에 도전했었지만,, 떨어졌었습니다ㅠㅠ. 물론 그곳의 탓보단 제가 부족한 탓도 있었을 겁니다. 그래도 포기하지 않고, 이번 년도에도 원서접수를 하고 공부를 시작했습니다.

저번 시험에 떨어진 기억에 다른 책을 찾아보자 수소문하여 시대에듀를 발견하였고, 후기도 좋고, 준비하는 사람들이 많이들 찾는 것 같아서 저도 바로 구입하였습니다. 단순히 책에 대한 기대보단 '내가 조금 더 잘하면 되겠지?' 라는 생각으로 구매했던 것 같습니다.

그런데, 생각보다 정리가 너무 잘 되어 있었고~ 세세한 부분도 놓치지 않는데~ 제일 좋았던 건 "모를 법한 단어들도 작은 용어설명 박스"에 따로 정리가 되어있어서 책 한권으로 모든 걸 할 수 있었습니다. 작년에는 책 한권 펴놓고, 인터넷 창으로 이것저것 검색해가며 공부를 했었는데, 이번에는 책 한권으로, 검색할 필요 전혀 없이 공부할 수 있어서 가장 좋았습니다.

필기는 작년에 그나마 공부를 조금 해놨던 게 있어서 〈한권으로 끝내기〉 교재만 보기엔 너무 지루(?)하다고 느껴져, 〈기출문제집〉 위주로 문제를 열심히 풀고, 대신 기출에서 틀린 것을 답지로 확인하지 않고, 〈한권으로 끝내기〉로 돌아가서 직접 찾아보고, 왜 다른 건지를 하나하나 써보고 오답정리를 하는 방식으로 꼼꼼하게 필기시험 준비를 했습니다.

이번 필기시험을 치루고 제일 놀라웠던 건, 제일 자신 없었고 작년 시험에서 과락이었던 '심리측정 및 평가' 과목의 점수가 잘 나와서 오히려 평균점수를 올려주는 역할을 해주었다는 겁니다. 유후~♬ 저는 시대에듀가 좋은 기운을 주었다고 믿고, 바로 시대에듀 〈청소년상담사 2차 면접대비〉 책을 구매하였습니다. 부랴부랴 면접 책을 펴고, 어떤 식으로 진행하는 지부터 인지를 하고~ 면접 질문에 대한 관련 답안을 달달달~ 외우기보단 청소년에 대한 제 생각 및 상담 신념을 정리하는 식으로 말도 해보고 적어도 보았습니다.

면접보러 갔을 때 다들 시대에듀 책을 보고 있어서 와~ "역시는 역시구나" 생각했습니다. 이렇게 이미지 트레이닝을 했던 게 있어서 생각보다 떨지 않고 면접을 잘 치렀던 것 같았는데, 오늘 드디어 합격여부가 나오는 날인데, 확인하니 또 저를 웃게 만드는 두 글자가 보이네요. "합격"이라는 두 단어를 선물해 주신 시대에듀에게 정말 정말~ 감사합니다!!

합격수기 REVIEW

청소년상담사 3급 합격수기

작성자 : 최*정

안녕하세요, 저는 8월에 심리학과를 졸업하고 시험을 준비하게 되었습니다. 처음엔 <청소년상담사 3급 한권으로 끝내기> 책을 정독하는 식으로 공부했지만, 심리학 전공자임에도 불구하고 개념을 익히는 데 큰 어려움을 겪었습니다. 그래서 시험이 2달 정도 남았을 즈음, 시대교육 인강을 구매해 빠르게 돌렸습니다.

처음에는 개념을 공부하고 바로 문제를 푸는 것이 너무 힘들었지만, 인강을 듣고 바로바로 노트에 개념정리하고, 틀린 문제들과 모호한 개념들을 오답정리하면서 부족한 부분을 채워나갔습니다.

시대에듀 책이 좋았던 이유는, 개념마다 언제, 얼마나 자주 빈출되었는지 한 눈에 파악할 수 있어 주요 개념을 알 수 있었다는 점입니다. 막판에 자주 빈출된 개념 위주로 암기하여 효율적으로 공부할 수 있다는 점이 장점인 것 같습니다. 핵심 외에 다른 세부적인 개념들도 세세하게 설명이 잘 되어있어서, 예상하지 못한 문제들도 잘 대비할 수 있었습니다.

공부한 과정은
1. 인터넷 강의로 개념 1회독
2. 책 읽으면서 주요개념 노트정리
3. 단원 끝나고 확인문제 풀기
4. 오답, 찍은 문제 오답정리

이렇게 돌렸고, 막판 3주에는 <청소년상담사 최종모의고사> 책으로 모의고사를 풀면서 실제 시험에 익숙해지려고 노력했습니다. 모의고사 역시 틀린 문제, 모호한 개념 위주로 오답정리 했고, 부족한 부분을 채워나가려 했습니다.

짧은 준비기간에도 불구하고, 시대에듀의 책과 강의의 도움을 받아 좋은 결과를 받을 수 있었습니다. 시험은 발달심리학이 어려워서 조금 당황했지만, 그래도 과락 없이 총 평균 74점으로 합격할 수 있었습니다.

면접 역시 시대에듀 인강으로 준비했는데요, 시대에듀 인강의 교안을 반복해서 읽으면서 연습했습니다. 면접도 합격이라는 좋은 결과를 받아들이게 되었고, 이렇게 청소년상담사 시험을 졸업하게 되었습니다.

저는 학생이라 준비 시간이 많아서 두 달 남짓한 짧은 기간에도 합격할 수 있었지만, 다른 일 병행하시면서 공부하시는 분들은 정말 대단하신 것 같습니다...!! 모쪼록 제 수기가 조금이라도 도움이 되시길 바라겠습니다. 감사합니다:)

청소년상담사 3급 합격수기

작성자 : 정*

안녕하세요! 저는 청소년상담사라는 자격증을 21년 8월이 조금 넘어서 알게 되었고, 그 당시 필기시험까지는 약 두 달 밖에 남지 않은 상황이었습니다. 급히 인강과 책을 구매하고 수험서와 기출문제들을 훑어보면서, '내용들이 전부 가물가물하고 새로 보는 것 같은 느낌이 드는데, 이 짧은 기간 동안 내가 과연 성공을 할 수 있을까?'라는 의문과 두려움이 밀려왔습니다. 1년에 한 번뿐이라는 사실이 30대인 저에게는 큰 부담으로 다가왔기 때문입니다.

하지만 공부를 하려면 동기와 목표 그리고 마인드컨트롤이 중요한 부분임을 알기 때문에 제가 가지고 있던 강점들을 생각해 보았습니다. 상담이란 분야를 정말로 오랫동안 진지하게 생각해왔기에 자격증 취득이 절실했었고, 직장을 그만둬서 공부에 올인할 수 있었고, 마지막으로 수험생에게 최적화된 시대에듀를 통해 많은 사람들이 자격증을 취득했으니 믿고 의지할 선생님이 있다는 점이었습니다.

1. 먼저 큰 흐름을 파악하기 위해서 6과목의 목차를 분석
2. 하루에 인강 한 과목씩 완강
3. 기출문제를 풀어서 유형과 중요한 부분을 파악해서 수험서에 표시
4. 목차와 내용을 계속 생각하면서 인강을 들으면서 수험서도 같이 공부
5. 한 챕터가 끝나면 기출문제를 풀어보면서 시험에 대한 감을 익히고, 계속 큰 흐름을 이해하여 암기
6. 시험일이 가까워 질 때 이틀 동안 한과목만 공부하는 식으로 했는데, 필기시험까지 모든 과목 정독하여 3회독 완료, 한 과목이 끝나면 무조건 기출문제 풀이
   ➡ 모르거나 어려운 부분은 그 부분 다시 인강을 돌려보고 계속 암기, 그래도 이해가 안 되는 것은 시대에듀에 질문하고 넘어감

공부할 시간이 짧거나 긴 수험생활에 대한 두려움 등 여러 가지 이유로 자신의 꿈에 다가가는 것이 두려우신 분들께, 제 수기가 용기를 얻는데 도움이 될 수 있을까 하는 마음으로 합격수기를 써봤습니다. 결과가 좋았던 것은 저도 많은 노력을 하긴 했었지만, 시대에듀를 전적으로 믿었기 때문에 가능한 일이었습니다. 혼자서는 그 방대한 내용들을 정리하며 공부하기에 약 3달은 불가능한 기간이 아니었을까 합니다.

또한 시대에듀의 잘 정리된 청소년상담사 수험서를 공부하면서 대학원 준비에도 많은 도움이 되었습니다. 덕분에 저는 2022년 자격증 취득과 함께 대학원에도 진학하게 되었으며, 대학원을 졸업할 즈음에는 또 시대에듀를 통해서 청소년상담사 2급에 도전할 생각입니다. 아무튼 수험생 여러분들 모두 파이팅입니다!!

※ 해당 후기는 시대에듀 합격자 수기 게시판에 남겨주신 내용을 재구성하였습니다.

이 책의 목차 CONTENTS

최종모의고사

제1회 최종모의고사	3
제2회 최종모의고사	54
제3회 최종모의고사	103
제4회 최종모의고사	154
제5회 최종모의고사	205

정답 및 해설

제1회 정답 및 해설	259
제2회 정답 및 해설	292
제3회 정답 및 해설	321
제4회 정답 및 해설	350
제5회 정답 및 해설	378

특별부록 | 소책자 (기출 키워드)

합격에 맛을 더해줄 기출 레시피 2024년 23회 기출 키워드

청소년상담사 3급 최종모의고사

최종 모의고사

제1회	최종모의고사
제2회	최종모의고사
제3회	최종모의고사
제4회	최종모의고사
제5회	최종모의고사

남에게 이기는 방법의 하나는
예의범절로 이기는 것이다.

– 조쉬 빌링스 –

  끝까지 책임진다! 시대에듀!
QR코드를 통해 도서 출간 이후 발견된 오류나 개정법령, 변경된 시험 정보, 최신기출문제, 도서 업데이트 자료 등이 있는지 확인해 보세요! 시대에듀 합격 스마트 앱을 통해서도 알려 드리고 있으니 구글 플레이나 앱 스토어에서 다운받아 사용하세요. 또한, 파본 도서인 경우에는 구입하신 곳에서 교환해 드립니다.

청소년상담사 3급 최종모의고사

제1회 최종모의고사

정답 및 해설 p.259

교시	문제형별	시간	시험과목
1교시	A	100분	① 발달심리 ② 집단상담의 기초 ③ 심리측정 및 평가 ④ 상담이론

필수과목 01 발달심리

01 다음 중 발달의 개념 및 원리에 관한 설명으로 옳지 않은 것은?

① 발달이란 수정에서부터 성인기까지의 전 생애를 통해 이루어지는 모든 변화의 양상과 과정이다.
② 인간발달은 분화의 과정이면서 통합의 과정이다.
③ 인간발달의 순서는 상부에서 하부로 중심에서 말초로 진행된다.
④ 인간발달은 유전적 요인과 환경적 요인의 상호작용에 의해 이루어진다.
⑤ 발달이 가장 용이하게 이루어지는 결정적인 시기가 있다.

02 놀이에 관한 파튼(M. Parten)의 이론에서 다음에 해당하는 놀이 유형은?

> 민국이는 어린이집에서 친구들이 노는 것을 지켜보고 때때로 친구들에게 말을 걸기도 하지만, 다른 친구들의 놀이에 참여하지 않는다.

① 연합놀이
② 비몰입 놀이
③ 평행놀이
④ 방관자적 놀이
⑤ 협동놀이

03 프로이트(Freud)의 성격의 구조에 관한 설명으로 옳지 않은 것은?

① 원초아(Id)는 쾌락의 원리를 따른다.
② 자아는 현실원리를 따르며 개인이 현실에 적응하도록 돕는다.
③ 초자아(Superego)는 항문기의 배변훈련 과정을 겪으면서 발달한다.
④ 성격의 구조 가운데 가장 마지막으로 발달하는 체계는 초자아이다.
⑤ 자아는 성격의 집행자로서 인지능력에 포함된다.

04 프로이트(Freud)의 심리성적 발달단계와 에릭슨(Erikson)의 심리사회 발달단계를 해당 연령별로 올바르게 연결한 것은?

	연령	프로이트	에릭슨
①	출생~약 18개월	구강기	자율성 대 수치심
②	약 18개월~3세	항문기	주도성 대 죄의식
③	약 3~5세	남근기	기본적 신뢰감 대 불신감
④	약 5~12세	잠복기	근면성 대 열등감
⑤	약 12~20세	생식기	친밀감 대 고립감

05 다음 보기의 내용은 마샤(Marcia)의 자아정체감 지위 중 어디에 해당하는가?

> 정체감 위기의 상태에 있으면서 아직 의사결정을 못한 상태

① 정체성 혼미(Diffusion)
② 정체성 유예(Moratorium)
③ 정체성 유실(Foreclosure)
④ 정체성 성취(Achievement)
⑤ 정체성 위기(Crisis)

06 주의력결핍 및 과잉행동장애(ADHD)의 내용 및 약물치료에 관한 설명으로 옳지 않은 것은?

① 약물치료는 주의 및 억제를 다루는 뇌 영역들 간의 정보를 전달하는 신경전달물질과 관련된 것으로 한다.
② 학령기에 학업문제 이외에는 특별한 문제를 보이지 않는다.
③ 실행기능의 문제와 관련이 있다.
④ 약물치료에서 흔하게 나타나는 부작용은 식욕부진과 불면증이다.
⑤ ADHD 아동의 과잉행동을 억제하는 데는 진정제가 아닌 각성제를 사용한다.

07 피아제(Piaget)의 도덕성 발달에 관한 설명 중 '자율적 도덕성'에 관한 설명으로 옳은 것을 모두 고른 것은?

> ㄱ. 전 조작기의 도덕적 수준에 해당한다.
> ㄴ. 규칙은 상호합의에 의해 이루어진 것이다.
> ㄷ. 행위의 의도보다 결과를 중요시한다.
> ㄹ. 규칙 위반이 반드시 처벌을 의미하지는 않는다.

① ㄱ, ㄴ, ㄷ
② ㄱ, ㄷ
③ ㄴ, ㄹ
④ ㄹ
⑤ ㄱ, ㄴ, ㄷ, ㄹ

08 다음 보기의 내용에 해당하는 콜버그(Kohlberg)의 도덕성 수준으로 가장 적절한 것은?

> A군은 가정형편이 어려워 학용품을 살 돈이 없었다. 당장 미술시간에 사용할 스케치북과 물감을 사야만 했기에 A군은 같은 반 친구의 돈을 훔쳤다. 그 사실을 알게 된 A군의 담임선생님은 아무리 가정형편이 어렵다 하더라도 도둑질은 용서할 수 없다면서 A군을 나무라고 벌점을 부과하였다.

① 보편윤리적 도덕성
② 법・질서・사회체계적 도덕성
③ 개인적・도구적 도덕성
④ 대인관계적 도덕성
⑤ 타율적 도덕성

09 비고츠키(L. Vygotsky)의 인지발달이론에 관한 설명으로 옳은 것을 모두 고른 것은?

> ㄱ. 인지발달을 촉진시키는 방법으로 발판화(Scaffolding)와 유도된 참여가 있다.
> ㄴ. 아동보다 유능한 사람의 도움을 받으면 아동은 현재보다 더 잘할 수 있다.
> ㄷ. 아동의 인지는 같은 수준의 친구와의 놀이를 통해 주로 발달된다.
> ㄹ. 학습은 인지발달에 영향을 미치며, 더 높은 수준의 발달에 도달하게 한다.

① ㄱ, ㄴ, ㄷ
② ㄱ, ㄴ, ㄹ
③ ㄱ, ㄷ, ㄹ
④ ㄴ, ㄷ, ㄹ
⑤ ㄱ, ㄴ, ㄷ, ㄹ

10 애착에 관한 설명으로 옳지 않은 것은?

① 할로우(H. Harlow)와 동료들은 대리모 실험을 통해 접촉의 중요성을 발견하였다.
② 애착은 주양육자와 아동 간에 맺어진 강한 정서적 유대를 말한다.
③ 양육방식(태도), 아동의 기질에 따라 서로 다른 애착을 형성한다.
④ 양육자와 분리될 때 아동이 보이는 반응은 일정하다.
⑤ 영아가 지니고 있는 귀여운 모습은 애착을 이끌어내는 한 요인이 된다.

11 다음 보기의 설명에 해당하는 증후군은?

> ○ 염색체 이상으로 인한 증후군이다.
> ○ 사춘기 남아에게 가슴과 엉덩이가 커지는 등의 여성적인 2차 성징이 나타난다.

① 터너 증후군(Turner's Syndrome)
② 다운 증후군(Down's Syndrome)
③ 영아돌연사 증후군(Sudden Infant Death Syndrome)
④ 수퍼남성 증후군(Supermale Syndrome)
⑤ 클라인펠터 증후군(Klinefelter's Syndrome)

12 다음 중 동물행동학적 이론과 애착에 관한 설명으로 옳은 것을 모두 고른 것은?

> ㄱ. 동물행동학은 모든 문화권의 인간이 공통적으로 갖는 발달의 생물학적 뿌리를 탐색하는 데 도움이 된다.
> ㄴ. 각인(Imprinting)은 동물이 출생 직후 특정한 시기에 자신에게 노출된 대상에게 애착을 가지게 되는 것을 말한다.
> ㄷ. 보울비(Bowlby)는 어린 시절 어머니와의 애착관계 형성이 아동의 정서적인 문제를 비롯하여 아동발달에 영향을 미친다는 점을 강조하였다.
> ㄹ. 동물행동학적 이론에 의하면, 유아는 스스로 보살핌을 이끌어내는 적극적인 존재가 아니라 단순히 보살핌을 받는 피동적인 존재이다.

① ㄱ, ㄴ, ㄷ
② ㄱ, ㄷ
③ ㄴ, ㄹ
④ ㄹ
⑤ ㄱ, ㄴ, ㄷ, ㄹ

13 행동주의 이론에 관한 설명으로 옳지 않은 것은?

① 아동발달에서 생물학적 요인보다 환경적 요인을 더 강조한다.
② 고전적 조건형성이론에서는 관찰학습의 과정을 강조한다.
③ 행동주의 이론에서는 자극과 반응 간의 관계를 강조한다.
④ 초기 행동주의 연구에서는 직접 관찰하고 측정할 수 있는 행동을 중요하게 여긴다.
⑤ 조작적 조건형성이론에서는 강화와 처벌의 역할을 강조한다.

14 토마스와 체스(Thomas & Chess)가 제안한 기질의 차원에 해당하지 않는 것은?

① 접근·회피
② 반응강도
③ 주의산만성
④ 불규칙성
⑤ 지구력

15 다음 중 홀(Hall)의 아동 및 청소년 연구에 관한 설명으로 옳지 않은 것은?

① 홀(Hall)은 아동 연구 운동의 창시자로서 청소년심리학의 아버지로도 불린다.
② 사회문화적 특성이 청소년 발달에 결정적인 영향을 미친다고 보았다.
③ 다윈의 진화론에 영향을 받아 인간 발달이 예정된 순서에 따라 진행된다고 보았다.
④ 사춘기에서 청소년기에 이르는 기간을 인간 발달 과정에 있어서 과도기적 단계로 보았다.
⑤ 과학적이고 객관적인 관찰법, 질문지법, 일화기록법을 연구도구로 활용하였다.

16 다음 괄호 안에 들어갈 말이 순서대로 바르게 되어 있는 것은?

> (   )은(는) 아기의 코에 루즈를 묻히고 거울 앞에 세운 뒤 아기의 반응을 관찰한 결과 생후 (   )개월 사이의 아기들은 자기 인식이 분명하여, 자기 자신의 모습이 거울에 비치고 있다는 사실을 인식했다.

① 프뢰벨(F.W.A Fröbel), 6~12
② 레빈슨(D. Levinson), 12~17
③ 퀴블러 로스(E. Kübler-Ross), 15~18
④ 르위스와 브룩스-건(Lewis & Brooks-Gunn), 18~24
⑤ 코스타와 멕크레(Costa & McCrae), 24~36

17 DSM-5의 불안장애에 해당되지 않는 것은?

① 특정공포증
② 질병불안장애
③ 공황장애
④ 사회공포증
⑤ 선택적 함구증

18 DSM-5의 조현병 스펙트럼장애의 진단기준 및 설명으로 옳지 않은 것은?

① 조현형 성격장애는 조현병 스펙트럼장애로 분류된다.
② 망상장애의 가장 흔한 아형은 피해형이다.
③ 조현병은 뇌실의 확장이 관찰되기도 한다.
④ 조현정동장애는 주요 우울 또는 조증삽화 없이 존재하는 2주 이상의 망상이나 환각이 있다.
⑤ 조현양상장애는 장애의 지속기간이 적어도 6개월 이상이어야 한다.

19 다음 중 태아에게 영향을 미치는 요인에 해당하는 것을 모두 고른 것은?

ㄱ. 임산부의 연령	ㄴ. 임산부의 정서상태
ㄷ. 임산부의 영양상태	ㄹ. 임산부의 출산횟수

① ㄱ, ㄴ, ㄷ
② ㄱ, ㄷ
③ ㄴ, ㄹ
④ ㄹ
⑤ ㄱ, ㄴ, ㄷ, ㄹ

20 다음 중 학령전기(4~6세)의 아동에게서 나타나는 일반적인 특징으로 옳은 것을 모두 고른 것은?

> ㄱ. 장난감을 가지고 놀기보다는 신체운동을 선호한다.
> ㄴ. 모든 사물이나 현상이 인간을 위해 존재한다고 생각한다.
> ㄷ. 사물의 두드러진 특성을 토대로 사고를 한다.
> ㄹ. 타인을 기쁘게 하는 것을 선으로 생각한다.

① ㄱ, ㄴ, ㄷ ② ㄱ, ㄷ
③ ㄴ, ㄹ ④ ㄹ
⑤ ㄱ, ㄴ, ㄷ, ㄹ

21 청소년기(12~19세)의 특징에 관한 설명으로 옳은 것을 모두 고른 것은?

> ㄱ. 청소년 초기의 정서는 과격하여 '질풍노도의 시기'라고 불린다.
> ㄴ. 프로이트의 생식기, 에릭슨의 청소년기, 피아제의 형식적 조작기 초기에 해당한다.
> ㄷ. 2차 성징과 함께 생식기관의 성숙이 뚜렷이 나타난다.
> ㄹ. 청소년기 남성은 신체적 공격, 여성은 관계적 공격에서 높은 수준을 보인다.

① ㄱ, ㄴ, ㄷ ② ㄱ, ㄷ
③ ㄴ, ㄹ ④ ㄹ
⑤ ㄱ, ㄴ, ㄷ, ㄹ

22 레빈슨(D. Levinson)의 성인발달이론에 관한 설명으로 옳지 않은 것은?

① 핵심적인 개념은 인생구조이며, 인생구조는 특정시기에 개인의 인생에 있어 강조되는 패턴이나 디자인을 의미한다.
② 인생주기를 네 개의 계절(혹은 시대)로 구분한다.
③ 성인 초기의 주요 과업은 꿈의 형성과 멘토 관계의 형성이다.
④ 성인발달이 생활구조가 일정한 순서에 따라 단계적으로 발전한 것이라고 생각하였다.
⑤ 안정기는 삶을 침체시키거나 새롭게 만드는 시기이다.

23 다음 중 유아기(18개월~4세)에 나타나기 시작하는 인지발달 특성으로서 보기의 내용에 해당하는 것은?

> A양은 현재 38개월 된 여아로서, 동·식물에 관심을 보이고 있다. A양의 어머니는 어느 날 A양에게 토끼, 곰, 강아지 등 동물 모양의 과자를 간식으로 주었는데, A양은 선뜻 과자를 먹지 못하였다. A양의 어머니가 과자를 먹지 않는 이유에 대해서 묻자 A양은 "내가 곰돌이를 깨물면 곰돌이가 '아야' 하지 않을까?"라고 되물었다.

① 실재론적 사고
② 자기중심적 사고
③ 물활론적 사고
④ 상징적 사고
⑤ 보존개념

24 발달에 관한 설명으로 옳지 않은 것은?
① 발달의 결과는 유전적 요인 및 환경적 요인의 역동적인 상호작용으로 다룰 수 있다.
② 삶의 중요한 사건이나 경험이 발달상의 큰 변화를 가져올 수 있다.
③ 대부분의 발달적 변화는 성숙과 학습의 산물이다.
④ 신체적·도덕적·사회적 발달은 통합적이고 총체적이기보다는 독립적이다.
⑤ 한 개인의 발달은 역사·문화적 맥락의 영향을 받는다.

25 다음 중 성인기(30~65세)의 발달적 특징에 관한 설명으로 옳지 않은 것은?
① 신진대사의 저하가 일어나기 시작하며 체중이 줄기 시작한다.
② 남성의 갱년기는 여성의 갱년기에 비해 늦게 시작되어 서서히 진행된다.
③ 정신기능의 잠재력은 거의 변화가 없다.
④ 직업관리를 통해 개인적 목표와 사회적 목표를 통합한다.
⑤ 급격한 에너지 소모를 필요로 하는 일보다 지구력을 요하는 일에 더 유리하다.

필수과목 02 집단상담의 기초

01 다음 중 집단상담에 관한 설명으로 가장 옳은 것은?

① 집단상담은 집단의 역량강화를 목적으로 한다.
② 집단상담은 정상적인 발달과업의 문제를 주로 다룬다.
③ 집단상담은 치료적 기능을 포함하지 않는다.
④ 집단상담의 지도자는 심리와 상담에 대한 기본적인 지식을 가진 사람이다.
⑤ 효과적인 상담자는 명확한 가치기준에 따라 내담자를 수용한다.

02 다음 내용에 해당하는 집단상담의 이론적 접근은?

> 강박적이고 반복적인 행동들이 더 이상 나타나지 않도록 장기간의 훈습과정을 거치는 것을 특징으로 하는 집단상담의 이론적 접근

① 정신분석
② 현실치료
③ 인지치료
④ 교류분석
⑤ 중다양식 치료

03 다음 중 집단의 성립요건에 해당하는 것을 모두 고른 것은?

> ㄱ. 두 사람 혹은 그 이상의 사람
> ㄴ. 위계적 구조
> ㄷ. 소속감 및 집단의식
> ㄹ. 지역적 근접성

① ㄱ, ㄴ, ㄷ
② ㄱ, ㄷ
③ ㄴ, ㄹ
④ ㄹ
⑤ ㄱ, ㄴ, ㄷ, ㄹ

04 다음 중 집단상담의 원리로 적절하지 않은 것은?

① 자기이해와 수용을 통해 자기관리 능력을 향상시킨다.
② 타인이해와 함께 타인의 기대에 부응하도록 한다.
③ 자신을 개방하는 동시에 타인의 개방을 촉진한다.
④ 자기 도전을 통해 새로운 행동을 연습한다.
⑤ 자신의 행동을 의미 있는 기준에 비추어 그 유효성과 타당성을 검토한다.

05 다음 중 집단지도와 집단치료의 특징으로 옳은 것은?

① 집단지도는 치료적인 과정이 강조되는 반면, 집단치료는 교육적인 과정이 강조된다.
② 집단지도는 집단원의 성격구조 변화에 관여하는 반면, 집단치료는 집단원에 대한 정보제공 및 지적인 발달을 도모한다.
③ 집단지도는 비교적 소규모인 반면, 집단치료는 상대적으로 대규모이다.
④ 집단지도는 상담 기간이 비교적 장기적인 반면, 집단치료는 상대적으로 단기적이다.
⑤ 집단지도는 현재와 미래에 비중을 두는 반면, 집단치료는 과거에 더욱 비중을 둔다.

06 다음 중 집단상담의 긍정적 효과에 관한 설명으로 옳지 않은 것은?

① 문제해결 행동을 구체적으로 실천할 수 있는 경험을 가질 수 있다.
② 개인상담에 비해 시간과 비용면에서 효율적이다.
③ 현실검증의 기회를 제공하고 대리학습이 가능하다.
④ 새로운 행동을 연습하는 장이 된다.
⑤ 개인적인 문제를 충분히 다룰 수 있다.

07 다음 중 보기의 내용과 연관된 집단의 치료적 효과로 가장 적절한 것은?

> ○○고등학교 3학년에 재학 중인 A군은 평소 자신의 노력에도 불구하고 학업성적이 오르지 않아 심리적인 압박감과 무력감을 느끼고 있었다. 더욱이 대학수학능력시험을 두어 달 앞둔 상태인지라 자포자기의 심정에 이르게 되었다. 그러던 중 A군은 청소년상담센터의 집단상담 프로그램에 참여하게 되었다. 그곳에서 A군은 대학입시를 앞두고 자신과 마찬가지로 학업 스트레스로 인해 고민하는 비슷한 처지의 학생들을 만나 위안을 얻게 되었다.

① 희망의 주입   ② 감정 정화
③ 정보전달   ④ 보편성
⑤ 모방행동

08 다음 중 집단상담이 필요한 경우에 해당하는 것을 모두 고른 것은?

> ㄱ. 내담자가 다른 사람이 자기를 어떻게 보는지 알아야 할 필요성이 있는 경우
> ㄴ. 내담자가 자신의 공개적인 발언에 대해 심한 불안이나 공포를 가지고 있는 경우
> ㄷ. 내담자가 자신의 문제에 대한 검토나 분석을 기피하거나 유보하기를 원하는 경우
> ㄹ. 내담자의 자기 자신에 대한 탐색이 극히 제한되어 있는 경우

① ㄱ, ㄴ, ㄷ　　② ㄱ, ㄷ
③ ㄴ, ㄹ　　　　④ ㄹ
⑤ ㄱ, ㄴ, ㄷ, ㄹ

09 다음 보기의 예에 해당하는 집단원의 문제행동은?

> "학생은 상담을 공부하면서 그런 것을 가지고 힘들어 하니? 나는 학생보다 훨씬 힘든 상황이었을 때도 잘 이겨냈거든."

① 독점하기　　　　　② 습관적 불평
③ 우월한 태도　　　　④ 적대적 공격
⑤ 사실적 이야기 늘어놓기

10 다음 중 응집력이 높은 집단의 특성에 관한 설명으로 옳지 않은 것은?

① 자유로운 분위기에서 집단활동에 적극적으로 동참한다.
② 타인의 반응에 민감하고 조심스러운 반응을 보인다.
③ 즉각적으로 자신의 느낌과 생각을 표현한다.
④ 건강한 유머를 통해 친밀해지고 기쁨을 함께 한다.
⑤ 모임시간을 엄수하고, 서로 보살피며 있는 그대로를 수용해 준다.

11 집단상담자가 집단역동을 파악하기 위해 관찰해야 할 요소로 옳지 않은 것은?

① 집단원 간의 신뢰감　　② 집단원의 책임감
③ 집단원 간의 동맹　　　④ 집단원의 힘의 과시
⑤ 집단상담의 주제

12 다음 보기의 내용은 집단원이 선정한 치료요인 중 무엇에 관한 설명인가?

> 집단원과의 경험 공유를 통해 자기 자신이 다른 사람에게 아무리 많은 지도와 후원을 받는다고 해도, 자신들의 인생에 대한 궁극적인 책임은 스스로에게 있다는 것을 배우는 것

① 대인관계 입력
② 실존적 요인
③ 정보공유
④ 정 화
⑤ 대인관계 출력

13 다음 중 집단상담의 형태주의적 접근모형에 관한 설명으로 옳은 것은?
① 형태주의는 "전체는 부분의 총합이다"라는 사실을 강조한다.
② 개인 속의 집단상담으로서 집단의 통합적 활동을 강조한다.
③ 내담자의 과거 경험에 초점을 두어 치료적 접근을 펼친다.
④ 내담자로 하여금 불안을 생활의 일부분으로 수용하도록 하여, 이를 적절히 다룰 수 있도록 돕는다.
⑤ 집단상담자는 내담자가 불안과 공포 등의 불쾌한 정서를 느끼지 않도록 한다.

14 합리적·정서적 행동치료모형(REBT)의 기법 중 보기의 내용에 해당하는 것은?

> 집단상담자 A씨는 소극적인 성격으로 인해 사회생활에 어려움을 보이는 내담자들을 대상으로 집단상담을 실시하였다. A씨는 수치감, 굴욕감, 죄책감, 당혹감 등의 부정적인 감정이 내담자들의 부적응적 행동의 원인이 된다고 보았다. 그리하여 A씨는 내담자들로 하여금 그와 같은 부정적인 감정을 해소할 수 있도록 하기 위해 내담자들을 사람들로 북적이는 대로변으로 데려갔다. 그리고 지나가는 행인에게 이것저것 물어볼 것을 요구하였다.

① 자기주장훈련
② 역할놀이
③ 수치심 공격 연습
④ 강화 및 처벌
⑤ 체계적 둔감법

15 집단상담의 행동주의적 접근모형의 기술 중 '행동을 강화시키는 기술'에 해당하는 것을 모두 고른 것은?

| ㄱ. 자기주장 훈련 | ㄴ. 양립할 수 없는 행동의 강화 |
| ㄷ. 시범보이기 | ㄹ. 심적 포화 |

① ㄱ, ㄴ, ㄷ ② ㄱ, ㄷ
③ ㄴ, ㄹ ④ ㄹ
⑤ ㄱ, ㄴ, ㄷ, ㄹ

16 심리극의 기법 중 밑줄 친 이 기법에 해당하는 것은?

○ <u>이 기법</u>은 주인공의 또 다른 자아인 내적 자아를 연기하는 과정에서 보조자아를 사용하는 것을 말한다.
○ <u>이 기법</u>은 주인공에게 강력한 자극제로서의 역할을 할 뿐만 아니라 이중자아를 연기하는 사람에게 감정이입 기술을 배양시키는 기회를 제공해 주기도 한다.

① 빈 의자 기법 ② 거울기법
③ 미래투사 기법 ④ 이중자아 기법
⑤ 역할전환

17 다음 보기의 내용과 같은 상황이 발생했을 때 필요한 기법은?

○ 집단원의 말과 행동이 불일치할 때
○ 이전에 한 말과 지금 하는 말이 불일치할 때
○ 집단원이 스스로에 대해 인식하는 것과 다른 사람이 인식하는 것이 불일치할 때

① 차단하기 ② 직면하기
③ 관심기울이기 ④ 공감적 반응하기
⑤ 자기노출하기

18 다음 보기에 제시된 집단상담의 일반적인 과정을 순서대로 올바르게 나열한 것은?

> ㄱ. 구성원들에게 왜 이 집단에 들어오게 되었는지를 분명히 이해시키고, 서로 친숙해지도록 도와준다.
> ㄴ. 상담자와 집단원들은 집단과정에서 배운 것을 미래의 생활에서 어떻게 적용할 것인가 생각한다.
> ㄷ. 집단원들이 자기의 문제를 집단에서 논의하여 바람직한 행동변화를 모색한다.
> ㄹ. 집단과정 동안에 일어나는 저항 및 방어 등을 자각하고 정리하도록 도와준다.

① ㄱ → ㄴ → ㄷ → ㄹ
② ㄱ → ㄷ → ㄹ → ㄴ
③ ㄱ → ㄹ → ㄷ → ㄴ
④ ㄹ → ㄱ → ㄷ → ㄴ
⑤ ㄹ → ㄷ → ㄱ → ㄴ

19 집단상담의 발달과정을 "도입단계–준비단계–작업단계–종결단계"의 4단계로 나눌 때, '준비단계'에서 집단상담자의 역할에 대한 설명으로 옳은 것은?

① 집단 내 갈등상황에 즉각적이고 직접적으로 개입한다.
② 집단원들에게 적대감과 갈등의 느낌을 외부로 표출하지 말 것을 요구한다.
③ 집단활동의 책임을 점차로 집단에 이양하는 것을 고려한다.
④ 갈등은 집단발달에 항상 부정적인 영향을 미치므로, 이를 제거하기 위해 노력한다.
⑤ 집단 내 개별성원이 도움이나 자원을 요청하는 경우 주저 없이 지원한다.

20 집단상담의 발달단계 중 '종결단계'에 해당하는 특징이 아닌 것은?

① 소극적인 태도를 취한다.
② 과제회피가 나타난다.
③ 집단활동에 대한 애착과 정서적 관여가 감소한다.
④ 집단원의 성장과 변화를 평가한다.
⑤ 자기 역할을 파악하기 위해 노력한다.

21 다음 중 리더십 이론에 관한 설명으로 옳은 것은?

① 상황이론은 주어진 상황에 따라 요구되는 지도자의 행태와 자질이 달라진다고 본다.
② 행동이론에서 성공적 리더십은 조직이나 집단의 상황에 따라 상이할 수 있다고 본다.
③ 관리망 연구에서는 중도형이 최적의 리더십 스타일이다.
④ 특성이론에서 효과적인 리더는 생산과 인간에 대한 행동유형으로 구별된다.
⑤ 거래적 리더십은 높은 도덕적 가치와 이상에 호소하여 추종자의 의식을 변화시킨다.

22 다음 중 집단상담의 계획 시 고려해야 할 요소로 옳은 것을 모두 고른 것은?

┌───┐
│ ㄱ. 집단원의 동질성과 이질성   ㄴ. 집단의 개방수준 │
│ ㄷ. 집단의 크기   ㄹ. 집단 모니터링 │
└───┘

① ㄱ, ㄴ, ㄷ ② ㄱ, ㄷ
③ ㄴ, ㄹ   ④ ㄹ
⑤ ㄱ, ㄴ, ㄷ, ㄹ

23 코리(G. Corey)의 집단발달단계 중 '작업단계'의 집단상담자 역할로 옳지 않은 것은?

① 적절한 행동모델이 되고 감정의 정화를 한다.
② 집단원의 사고와 정서변화를 촉진한다.
③ 집단원의 공통된 주제를 찾고 보편성을 제공한다.
④ 집단원이 상담 목표를 설정하도록 돕는다.
⑤ 맞닥뜨림과 공감 같은 적절한 반응에 대해 모범을 보인다.

24 공동상담자가 집단을 운영할 때 나타나는 특징이 아닌 것은?

① 집단원에게 보다 다양한 역할 모델링의 기회가 제공된다.
② 집단원의 전이가 촉진될 수 있다.
③ 상담자의 소진 발생 가능성이 감소된다.
④ 상담자 서로간의 집단운영 방식과 전략을 관찰함으로써 전문성이 신장된다.
⑤ 상대적으로 비용이 적게 든다.

25 집단상담 기술과 그에 관한 설명이 올바르게 연결된 것은?

① 자기개방 – 집단역동에 방해가 되는 집단원의 의사소통에 직접 개입하여 역기능적 행동을 중지시키는 것
② 보편화 – 집단원이 상호작용하게 되면서 유사한 감정과 관심을 갖고 있다는 사실을 깨닫도록 해주는 것
③ 구조화 – 집단원이 지금 현재 논의되고 있는 주제와 활동에 대해 지속적으로 집중하면서 이야기하도록 독려하는 것
④ 요약하기 – 집단원이 순간순간 경험하고 있는 것에 접근하여 지각하고 느껴지는 것을 표현하도록 하는 것
⑤ 초점 맞추기 – 집단참여에 필요한 제반 규정과 한계에 대해 집단원에게 설명하는 것

필수과목 03   심리측정 및 평가

01 심리검사 결과 해석 시 유의사항으로 옳지 않은 것은?

① 자기충족예언이 필요하다.
② 다른 검사나 관련 자료를 함께 고려하여 결론을 내려야 한다.
③ 규준의 표본크기가 큰 경우에도 신뢰도와 타당도 검증은 필요하다.
④ 전문적인 자질과 경험을 갖춘 사람이 규준에 따라 해석해야 한다.
⑤ 내담자(수검자)에게 명령을 내리거나 낙인을 찍어서는 안 된다.

02 다음 중 심리평가의 내용에 포함되는 것을 모두 고른 것은?

ㄱ. 불안, 우울, 충동성, 공격성 등 현재 정서 상태에 대한 평가
ㄴ. 가족, 친구, 동료, 타인과의 상호적 대인관계에 대한 평가
ㄷ. 문제의 해결을 위한 적절한 치료 유형 및 치료 전략의 제시
ㄹ. 심리검사, 면담, 행동관찰, 개인력 등 개인에 관한 정보를 종합적으로 통합

① ㄱ, ㄴ, ㄷ
② ㄱ, ㄷ
③ ㄴ, ㄹ
④ ㄹ
⑤ ㄱ, ㄴ, ㄷ, ㄹ

03 다음 보기에서 심리검사의 시행과정을 순서대로 올바르게 나열한 것은?

ㄱ. 심리검사의 선택
ㄴ. 검사에 대한 동기화
ㄷ. 검사요강에 대한 이해
ㄹ. 검사 결과에 대한 해석
ㅁ. 검사의 실시
ㅂ. 검사의 채점

① ㄷ - ㄴ - ㄱ - ㅁ - ㅂ - ㄹ
② ㄴ - ㄱ - ㄷ - ㅁ - ㅂ - ㄹ
③ ㄴ - ㄷ - ㄱ - ㅁ - ㅂ - ㄹ
④ ㄱ - ㄷ - ㄴ - ㅁ - ㅂ - ㄹ
⑤ ㄱ - ㄴ - ㄷ - ㅁ - ㅂ - ㄹ

04 다음 중 심리평가의 기능으로 옳은 것을 모두 고른 것은?

| ㄱ. 수검자에 대한 이해 | ㄴ. 상담계획 세우기 |
| ㄷ. 문제의 명료화 및 세분화 | ㄹ. 수검자에게 통찰의 기회 제공 |

① ㄱ, ㄴ, ㄷ ② ㄱ, ㄴ, ㄹ
③ ㄱ, ㄷ, ㄹ ④ ㄴ, ㄷ, ㄹ
⑤ ㄱ, ㄴ, ㄷ, ㄹ

05 다음 중 보기의 내용과 연관된 척도에 해당하는 것은?

(질문) 방과후 수업의 교과목을 늘리는 것에 대해 어떻게 생각합니까?
• 매우 찬성 (   ) • 다소 찬성 (   )
• 보 통 (   ) • 다소 반대 (   )
• 매우 반대 (   )

① 명목척도 ② 서열척도
③ 등간척도 ④ 비율척도
⑤ 요인척도

06 검사를 한 번 실시한 후 이를 적절한 방법에 의해 두 부분의 점수로 분할하여, 그 각각을 독립된 두 개의 척도로 사용하는 신뢰도 유형은?

① 문항내적 합치도 ② 동형검사 신뢰도
③ 반분 신뢰도 ④ 검사-재검사 신뢰도
⑤ 채점자 신뢰도

07 영희는 최근 치른 수학 모의고사에서 '76점'을 받았다. 전체 평균이 '72점', 표준편차가 '4점'이라고 할 때, Z점수와 T점수로 옳은 것은?

	Z점수	T점수		Z점수	T점수
①	0	50	②	1	55
③	1	60	④	2	65
⑤	2	70			

08 다음 중 정규분포곡선에 관한 설명으로 옳지 않은 것은?

① 정규분포의 모양과 위치는 분포의 평균과 표준편차로 결정된다.
② 최빈값, 중앙값, 산술평균이 한 점에 일치한다.
③ 첨도는 '1', 평균은 '0', 표준편차는 '0'이다.
④ 좌우대칭이며 종모양을 지닌다.
⑤ 표본의 대표성에 관한 유용한 정보를 제공해 준다.

09 성격검사 중 투사적 검사들을 모두 고른 것은?

ㄱ. MBTI	ㄴ. DAP
ㄷ. PAI	ㄹ. TAT
ㅁ. HTP	

① ㄱ, ㄴ, ㄹ
② ㄱ, ㄷ, ㄹ
③ ㄴ, ㄷ, ㄹ
④ ㄴ, ㄹ, ㅁ
⑤ ㄷ, ㄹ, ㅁ

10 지능에 대한 정의는 학자마다 다양하게 제기되고 있다. 그 중에는 지능에 대한 정의로서 '지능검사에 의해 측정된 것'이라고 제시하는 경우도 있다. 다음 중 지능에 대해 이와 같은 조작적 정의를 내린 학자는?

① 웩슬러(Wechsler)
② 터먼(Terman)
③ 프리먼(Freeman)
④ 스턴(Stern)
⑤ 디어본(Dearborn)

11 다음 중 웩슬러(Wechsler) 지능검사의 지능지수 산출 공식으로 적절한 것은?

① 지능지수(IQ) = $\dfrac{\text{정신연령(MA)}}{\text{신체연령(CA)}} \times 100$

② 지능지수(IQ) = $\dfrac{\text{신체연령(CA)}}{\text{정신연령(MA)}} \times 100$

③ 지능지수(IQ) = $\dfrac{\text{개인점수 − 해당 연령규준의 평균}}{\text{해당 연령규준의 표준편차}} \times 100$

④ 지능지수(IQ) = $10 \times \dfrac{\text{개인점수 − 해당 연령규준의 평균}}{\text{해당 연령규준의 표준편차}} + 100$

⑤ 지능지수(IQ) = $15 \times \dfrac{\text{개인점수 − 해당 연령규준의 평균}}{\text{해당 연령규준의 표준편차}} + 100$

12 비율척도에 해당하는 것을 모두 고른 것은?

ㄱ. 출생지	ㄴ. 몸무게
ㄷ. 이혼율	ㄹ. 가족 수
ㅁ. 섭씨 온도계	

① ㄱ, ㄴ, ㄷ
② ㄱ, ㄷ, ㄹ
③ ㄴ, ㄷ, ㄹ
④ ㄴ, ㄹ, ㅁ
⑤ ㄷ, ㄹ, ㅁ

13 다음 중 써스톤(Thurstone)이 제시한 지능의 구성요인과 그 측정방법을 잘못 연결한 것은?

① 지각속도 요인(P Factor) − 상징의 신속한 재인을 요하는 검사
② 공간시각 요인(S Factor) − 기하학적 도형의 정신적 조작을 요하는 검사
③ 언어이해 요인(V Factor) − 어휘력 및 독해력 검사
④ 기억 요인(M Factor) − 단어 또는 문자의 회상검사
⑤ 수 요인(N Factor) − 수열완성형 검사

14 다음 중 미네소타 다면적 인성검사(MMPI)의 특징에 관한 설명으로 가장 옳은 것은?

① 16개의 중복된 문항을 포함하여 총 550개의 문항으로 구성되어 있다.
② 10가지 임상척도를 통해 수검자의 검사태도를 측정한다.
③ 문항은 '그렇다', '보통이다', '아니다'의 3점 척도로 이루어져 있다.
④ 비교적 덜 숙련된 임상가라도 간편하고 정확한 해석을 할 수 있다.
⑤ 현재 임상장면에서는 338개의 문항으로 구성된 MMPI 단축형이 널리 사용되고 있다.

15 다음 보기에서 설명하는 임상척도에 해당하는 것은?

> ○ 현실적 어려움이나 갈등을 회피하는 방법으로서, 부인을 사용하는 경향 및 정도를 반영한다.
> ○ 높은 점수는 스트레스 처리에 있어서 부정과 억압방어와 같은 신경증적 방어사용을 나타낸다.
> ○ 이들은 의존적이고 소박하고 외양적이며, 유아적이고 자기도취적이다.

① 척도 1 Hs(Hypochondriasis, 건강염려증)
② 척도 2 D(Depression, 우울증)
③ 척도 3 Hy(Hysteria, 히스테리)
④ 척도 4 Pd(Psychopathic Deviate, 반사회성)
⑤ 척도 5 Mf(Masculinity-Femininity, 남성성-여성성)

16 성격과 정신병리를 평가하기 위한 객관검사로서, 임상장면에서 환자나 내담자에 대한 중요한 정보를 제공하기 위해 개발된 자기보고형 검사는?

① MMPI-2
② K-WAIS-Ⅳ
③ CAT
④ PAI
⑤ SCL-90-R

17 K-WISC-Ⅳ 검사의 언어이해지수(VCI)에 포함된 소검사끼리 바르게 짝지어진 것은?

① 공통성, 어휘
② 숫자, 상식
③ 순차연결, 단어추리
④ 기호쓰기, 이해
⑤ 동형찾기, 상식

18 다음 중 MMPI와 비교할 때, 성격평가질문지(PAI)의 특징으로 옳지 않은 것은?

① 문항의 수가 더 적다.
② 문항이 4지 선다형으로 이루어져 있다.
③ MMPI와 마찬가지로 4개의 타당도 척도를 포함한다.
④ 임상척도의 수가 더 적다.
⑤ 대인관계척도와 치료척도를 포함하고 있다.

19 써스톤(L. Thurstone)의 기초정신능력(Primary Mental Ability)에 포함되지 않는 것은?

① 언어 능력(Verbal Comprehension Ability)
② 수리 능력(Number Facility Ability)
③ 지각속도 능력(Perceptual Speed Ability)
④ 신체운동 능력(Bodily Kinesthetic Ability)
⑤ 단어유창성 능력(Word Fluency Ability)

20 다음 중 MBTI의 성격유형별 특징에 대한 내용을 올바르게 연결한 것은?

① 감각형(S) - 과거지향적이며, 세부적이고 진지한 관찰을 수행한다.
② 직관형(N) - 신속한 일처리를 강조하며, 숲보다는 나무를 보려는 경향이 있다.
③ 사고형(T) - 자신의 주관적 가치에 따라 판단을 내린다.
④ 판단형(J) - 적응성, 개방성, 수용성을 추구한다.
⑤ 인식형(P) - 일에 대해 철저한 준비와 계획을 중시한다.

21 집-나무-사람(HTP) 검사에서 다음 내용이 공통적으로 의미하는 심리적 특성은?

| ○ '사람 그림'의 몸통 | ○ '집 그림'의 벽면 | ○ '나무 그림'의 기둥 |

① 애정 욕구
② 자아 강도
③ 대인관계 만족
④ 자아상실감
⑤ 현실도피

22 주제통각검사(TAT)에 관한 설명으로 옳은 것을 모두 고른 것은?

ㄱ. 머레이(H. Murray)의 욕구이론에 기초하여 제작된 투사법 검사이다.
ㄴ. 하나의 이야기 속에 두 명 이상의 주인공이 나타나기도 한다.
ㄷ. 남자 청소년과 여자 청소년에게 사용하는 도판은 동일하다.
ㄹ. 그림자극에 대한 이야기를 구성하는 과정에서 성격 특성과 무의식적 갈등이 나타난다.

① ㄱ, ㄴ
② ㄱ, ㄴ, ㄷ
③ ㄱ, ㄴ, ㄹ
④ ㄴ, ㄷ, ㄹ
⑤ ㄱ, ㄴ, ㄷ, ㄹ

23 다면적 인성검사(MMPI)에 관한 설명으로 옳지 않은 것은?

① 표준화된 규준을 가지고 있다.
② 수검태도와 검사결과의 타당성을 확인하는 척도가 있다.
③ MMPI의 임상척도와 MMPI-2의 기본 임상척도의 수는 동일하다.
④ 임상척도 간에 중복되는 문항이 적어서 진단적 변별성이 높다.
⑤ 세계적으로 가장 널리 쓰이고 가장 많이 연구되어 있는 객관적 성격검사이다.

24 다음 보기의 내용이 설명하는 오류의 종류는 무엇인가?

> 평정상 발생할 수 있는 오류로서, 대상의 평가에 있어서 가장 무난하고 원만한 평정으로 집중하려는 경향으로 인해 평정 결과가 과도하게 평균적인 영역으로 모이는 현상을 말한다.

① 근접의 오류
② 관대화의 오류
③ 표준의 오류
④ 연쇄화 경향의 오류
⑤ 집중화 경향의 오류

25 정신상태평가(Mental Status Examination)의 주요 항목에 해당되지 않는 것은?

① 수검자의 사고과정
② 수검자의 기억력
③ 수검자의 취미
④ 수검자의 면담 시 태도
⑤ 수검자의 지남력(Orientation)

필수과목 04 상담이론

01 다음 중 상담의 정의에 관한 설명으로 옳지 않은 것은?

① 상담은 내담자 중심의 활동으로, 상담관계에 있어서 내담자의 주도적인 위치를 강조한다.
② 상담은 전문적인 교육과 훈련을 받은 상담자에 의해 이루어지는 전문적인 활동이다.
③ 상담은 내담자로 하여금 새로운 행동을 학습하거나 새로운 태도를 형성하도록 돕는다.
④ 상담은 내담자의 문제예방 및 문제해결을 도모한다.
⑤ 상담은 상담자와 내담자의 직접적인 면접을 통해 이루어지는 전인적 학습과정이다.

02 다음 중 상담과 심리치료의 차이점을 올바르게 연결한 것은?

	구 분	상 담	심리치료
①	주요 대상	주로 환자	환 자
②	문제 형태	재구성적 문제	교육적·상황적 문제
③	초 점	의식 내용의 자각	무의식적 동기의 자각
④	기 간	비교적 장기간	비교적 단기간
⑤	비 용	일반적으로 유료	일반적으로 무료

03 상담의 이중관계에 관한 설명으로 옳지 않은 것을 모두 고른 것은?

> ㄱ. 상담자가 내담자와의 관계에서 두 가지 이상의 역할을 동시에 수행할 때 성립된다.
> ㄴ. 내담자와의 성관계는 이중관계에 해당되지 않는다.
> ㄷ. 상담자의 판단력을 손상시키고 치료관계에 문제를 야기한다.
> ㄹ. 상담자가 내담자의 상담 교육을 위해 수퍼바이저 역할을 하는 것은 해당되지 않는다.

① ㄱ, ㄴ ② ㄴ, ㄷ
③ ㄴ, ㄹ ④ ㄹ
⑤ ㄱ, ㄴ, ㄷ

04 다음 중 브래머(Brammer)가 제시한 상담 단계의 순서가 올바르게 연결된 것은?

① 준비와 시작 → 탐색 → 계획 → 명료화 → 구조화 → 견고화 → 관계심화 → 종료
② 준비와 시작 → 계획 → 탐색 → 구조화 → 명료화 → 관계심화 → 견고화 → 종료
③ 준비와 시작 → 명료화 → 구조화 → 관계심화 → 탐색 → 견고화 → 계획 → 종료
④ 준비와 시작 → 구조화 → 탐색 → 명료화 → 관계심화 → 계획 → 견고화 → 종료
⑤ 준비와 시작 → 관계심화 → 탐색 → 구조화 → 명료화 → 견고화 → 계획 → 종료

05 다음 보기의 내용이 설명하는 행동주의 상담기법은?

○ 심리적 외상에 의한 고통스러운 기억을 둔감화시키고, 적응적인 방향으로 재처리하도록 돕는 새로운 치료방법이다.
○ 노출치료의 한 형태로 샤피로(F. Shapiro)가 개발한 기법이다.

① 알아차림
② 변증법적 치료(DBT)
③ 이완훈련
④ 비합리적 신념체계
⑤ 안구운동 둔감법 및 재처리 과정(EMDR)

06 다음 보기의 내용이 공통적으로 설명하고 있는 것은?

○ 내담자의 태도를 거울에 비추어 주듯이 보여줌으로써, 내담자의 자기 이해를 도와줄 뿐만 아니라 내담자로 하여금 자기가 이해받고 있다는 인식을 주게 된다.
○ 상담자가 내담자의 행동 속에 내재된 내면감정을 정확히 파악하여 이를 내담자에게 전달해주는 것이다.

① 재진술
② 경 청
③ 해 석
④ 반 영
⑤ 요 약

07 다음 보기의 사례에서 방어기제의 연결이 모두 옳은 것은?

> ㄱ. 엄마에게 말대답을 해서 야단을 맞고, 동생에게 화풀이를 했다.
> ㄴ. 선생님을 미워하는 학생이 오히려 선생님이 자신을 미워한다고 생각한다.
> ㄷ. 엄마가 교통사고로 세상을 떠났음에도 불구하고, 집에 가면 엄마가 반겨줄 거라 생각한다.

① ㄱ - 부인   ㄴ - 퇴행   ㄷ - 전위
② ㄱ - 투사   ㄴ - 퇴행   ㄷ - 치환
③ ㄱ - 치환   ㄴ - 투사   ㄷ - 부인
④ ㄱ - 퇴행   ㄴ - 치환   ㄷ - 억압
⑤ ㄱ - 합리화 ㄴ - 억압   ㄷ - 부인

08 상담 과정(초기-중기-종결)에 관한 설명으로 옳은 것을 모두 고른 것은?

> ㄱ. 상담 초기단계 - 내담자 호소문제 및 최근의 주요 상태 등을 탐색한다.
> ㄴ. 상담 초기단계 - 상담자와 내담자 간에 촉진적 상담관계를 형성한다.
> ㄷ. 상담 중기단계 - 변화 또는 효과를 유지 및 강화한다.
> ㄹ. 상담 종결단계 - 과정 목표를 설정한다.
> ㅁ. 상담 종결단계 - 내담자 문제해결을 위한 구체적인 상담작업을 한다.

① ㄱ, ㄴ
② ㄱ, ㄴ, ㄹ
③ ㄱ, ㄷ, ㄹ
④ ㄱ, ㄹ, ㅁ
⑤ ㄴ, ㄹ, ㅁ

09 다음 보기의 대화에서 밑줄 친 부분과 연관된 상담자의 개입 반응으로 가장 적절한 것은?

> 〈청소년내담자는 부모의 이혼 후 어머니와 단둘이 살면서 어머니와 갈등을 겪고 있다.〉
> • 내담자 : 저는 어머니가 지금 무척 힘들어 하고 있고, 그래서 제가 잘 해야 한다는 것을 알아요. 하지만 지금 제 나이로는 너무 힘들어요.
> • 상담자 : <u>네 나이가 아직 어리다는 것은 잘 알고 있단다. 하지만 아버지와 어머니의 이혼 때문에 생긴 분노와 죄의식이 어머니와의 갈등과 장애로 이어지는 것이 아닌가 생각할 수도 있을 것 같구나.</u> 그런 복잡한 감정들에 대해 이야기해 볼 필요가 있을 것 같다.

① 조언
② 명료화
③ 초점화
④ 요약
⑤ 해석

10 다음 보기의 대화에서 밑줄 친 부분과 연관된 상담기술로 가장 적절한 것은?

> 〈청소년내담자는 자신의 부모에 대해 반감을 가지고 있다.〉
> • 내담자 : 우리 부모님은 도저히 납득이 안 돼요. 말이 통해야 이야기를 하죠.
> • 상담자 : 부모님을 납득하기 어렵다는 것은 구체적으로 무엇을 뜻하는 건가요?

① 요 약
② 초점화
③ 재명명
④ 명료화
⑤ 재진술

11 다음 중 상담의 과정에서 내담자가 침묵을 지키는 이유에 해당하는 것을 모두 고른 것은?

> ㄱ. 내담자가 상담 초기 관계형성에서 두려움을 느끼는 경우
> ㄴ. 내담자가 자신의 말에 대한 상담자의 확인이나 해석을 기대하고 있는 경우
> ㄷ. 내담자가 다음에 무엇을 논의할 것인지 상담자로 하여금 결정해주기를 기다리고 있는 경우
> ㄹ. 내담자가 상담자에게 적대감을 가지고 저항하는 경우

① ㄱ, ㄴ, ㄷ
② ㄱ, ㄷ
③ ㄴ, ㄹ
④ ㄹ
⑤ ㄱ, ㄴ, ㄷ, ㄹ

12 다음 중 무의식적 심리과정과 동기에 대한 이해를 촉진하고 역사적인 근거를 탐색함으로써, 현재의 문제행동을 해결하고자 하는 상담이론에 해당하는 것은?

① 인간중심 상담이론
② 정신분석적 상담이론
③ 행동주의 상담이론
④ 형태주의 상담이론
⑤ 교류분석 상담이론

13 서로 다른 치료 기법들에서 공통으로 나타나는 요인을 탐색하여 이론을 재구성하는 통합적 접근은?

① 동화적 통합
② 이론적 통합
③ 이중적 통합
④ 기술적 통합
⑤ 공통요인적 접근

14 다음 중 인간중심 상담의 기술로서 상담자가 내담자의 성장을 돕기 위해 갖추어야 할 필요충분조건에 해당하는 것을 모두 고른 것은?

| ㄱ. 조건적 관심과 수용 | ㄴ. 일치성 또는 진실성 |
| ㄷ. 유머의 사용 | ㄹ. 감정이입적 이해와 경청 |

① ㄱ, ㄴ, ㄷ
② ㄱ, ㄷ
③ ㄴ, ㄹ
④ ㄹ
⑤ ㄱ, ㄴ, ㄷ, ㄹ

15 다음 중 행동주의 상담의 목표와 관련된 내용으로 옳지 않은 것은?

① 바람직하지 못한 행동을 소거시키고, 보다 효과적이고 바람직한 새로운 적응행동을 학습·유지시킨다.
② 부적응행동이 학습된 습관이므로 그 학습된 습관을 제거하기 위해 바람직하지 않은 반응을 제거할 수 있는 다른 바람직한 반응을 길러서 대처한다.
③ 내담자의 자기 지시(Self-Direction)보다는 학습을 통한 행동수정이 강조되고 있다.
④ 사회적인 관계나 일상적인 활동을 방해하는 비현실적인 공포를 제거한다.
⑤ 내담자는 자기의 감정이나 경험을 충분히 파악하여 자기의 갈등을 의식적으로 적절히 처리·변별할 수 있게 된다.

16 다음 보기의 내용이 설명하는 인지치료 기법은?

| 영미는 친한 친구와 심하게 다투고 헤어졌을 때 마음이 많이 아프지만, 이러한 상황을 자신의 의사소통이나 대인관계 방식을 돌아볼 수 있는 기회로 삼았다. |

① 개인화(Personalization)
② 사고중지(Thought Stopping)
③ 의미축소(Minimization)
④ 재구성(Reframing)
⑤ 증거탐문(Questioning The Evidence)

17 아들러(Adler)가 제시한 창조적 자기 또는 자아(Creative Self)에 관한 설명으로 옳은 것은?

① 성격형성에서 개인의 자유와 선택을 강조하는 개념이다.
② 성격형성에서 자아(Ego)의 중요성을 강조하는 개념이다.
③ 인간행동에서 초기경험의 중요성을 강조하는 개념이다.
④ 인간행동에서 유전보다 환경의 영향력을 강조하는 개념이다.
⑤ 생의 목표에 도달하기 위해 설계한 독특한 좌표를 일컫는 개념이다.

18 다음 중 형태주의 상담의 주요 개념에 관한 설명으로 옳지 않은 것은?

① 게슈탈트(Gestalt)는 개체에 의해 지각된 유기체 욕구나 감정 즉, 개체가 자신의 욕구나 감정을 하나의 의미 있는 전체로 조직화하여 지각한 것이다.
② 미해결 과제(Unfinished Business)는 완결되지 않은 게슈탈트를 의미하는 것으로서, 분노·원망·고통·슬픔·불안·죄의식 등과 같이 명확히 표현되지 못한 감정을 포함한다.
③ 회피(Avoidance)는 불편한 감정을 직면하거나 그러한 정서를 경험하려고 하지 않는 것이다.
④ 예기불안(Anticipatory Anxiety)은 개인을 심리적으로 경직되게 만들며, 부정적인 환상을 통해 현실적 삶에 적응하는 것을 방해한다.
⑤ 전경(Figure)은 관심의 초점이 되는 부분을, 배경(Ground)은 관심 밖으로 밀려나는 부분을 말하는 것으로, 건강한 사람은 어떠한 대상이나 사건을 인식할 때 전경과 배경을 구분하지 않는다.

19 다음 중 여성주의 상담에 관한 설명으로 옳지 않은 것은?

> ㄱ. 사회적 성역할의 기대는 정체성 형성에 커다란 영향을 미치는 것으로 간주한다.
> ㄴ. 자신의 욕구를 희생하지 않는 대인관계를 통한 여성의 삶의 질 향상을 목적으로 한다.
> ㄷ. 인간은 성에 관한 알파편견과 베타편견을 가진 존재이다.
> ㄹ. 내담자의 문제는 사적인 것으로 간주하여 사회·정치적 맥락을 배제하고 이해한다.

① ㄱ, ㄴ, ㄷ
② ㄱ, ㄷ
③ ㄴ, ㄹ
④ ㄹ
⑤ ㄱ, ㄴ, ㄷ, ㄹ

20 글래서(Glasser)가 제시한 현실주의 상담의 과정을 순서대로 올바르게 나열한 것은?

ㄱ. 관계형성	ㄴ. 변명 거부
ㄷ. 내담자의 행동계획 발달을 위한 원조	ㄹ. 내담자의 의무수행
ㅁ. 처벌 금지	ㅂ. 현재 행동에의 초점화
ㅅ. 포기 거절	ㅇ. 자기행동 평가를 위한 내담자 초청

① ㄱ - ㅂ - ㅇ - ㄷ - ㄹ - ㄴ - ㅁ - ㅅ
② ㄱ - ㅇ - ㅂ - ㄷ - ㄹ - ㅁ - ㄴ - ㅅ
③ ㄱ - ㄷ - ㅇ - ㅂ - ㅁ - ㄴ - ㄹ - ㅅ
④ ㄱ - ㄴ - ㄹ - ㅇ - ㄷ - ㅁ - ㅂ - ㅅ
⑤ ㄱ - ㅁ - ㅇ - ㄹ - ㄷ - ㄴ - ㅂ - ㅅ

21 상담이 진행되는 동안 성격이 변화되는 단계를 설명한 게슈탈트 상담의 다섯 층에 관한 설명으로 옳지 않은 것은?

① 피상층 – 서로 피상적이고 형식적으로 교류하는 단계
② 공포층 – 자신의 문제에 대한 통찰을 얻고 증상의 의미 등이 명료화되는 단계
③ 난국층 – 지금까지 해 왔던 연기를 그만두고 자립을 시도하지만, 아직은 힘이 약해서 실존적 딜레마에 빠져 꼼짝하지 못하는 단계
④ 내파층 – 가짜 주체성이 그 자체로 무너지기 시작하여 지금까지 억압하고 차단해 왔던 자신의 욕구와 감정을 알아차리게 되는 단계
⑤ 폭발층 – 환경과 접촉하여 게슈탈트를 형성하고 이를 해소하는 단계

22 상담 중 내담자의 침묵에 관한 상담자 대응으로 옳지 않은 것은?

① 상담에 대한 저항으로 나타나는 침묵의 경우, 상담자가 먼저 침묵을 깨서는 안 된다.
② 내담자가 자신이 말한 것을 숙고하며 침묵하는 경우, 방해하지 않아야 한다.
③ 내담자가 감정표현 후 휴식하기 위해 침묵하는 경우, 충분한 시간을 허용할 수 있다.
④ 내담자가 무슨 말을 해야 할지 몰라서 가만히 있는 경우, 상담자가 침묵을 깨고 내담자를 도와줄 수 있다.
⑤ 상담과정에서 침묵이 끝나면 상담자는 내담자에게 침묵이 어떠했는지 질문할 수 있다.

23 다음 중 실존주의 상담에서 제시한 인간의 기본조건에 해당하지 않는 것은?

① 인간은 누구나 자기인식 능력을 가지고 있다.
② 인간은 자신에 대한 정체감을 확립하고 타인과 의미 있는 관계를 수립한다.
③ 인간은 완성을 추구하는 경향이 있다.
④ 인간은 유한성을 의식하는 존재라고 본다.
⑤ 인간은 자유의 상황에서 자신의 선택에 대한 책임을 가진다.

24 다문화상담자가 갖추어야 할 역량으로 옳지 않은 것은?

① 내담자의 문화적 배경에 대해 구체적인 정보와 지식을 학습한다.
② 자신의 가치관이 다른 문화권의 내담자를 상담할 때 방해가 될 수 있음을 인식한다.
③ 다양한 배경 사이에 존재하는 공통 배경에 주의를 기울이는 것을 배운다.
④ 문화의 다양한 차원들과 그것이 치료에 어떤 영향을 미치는지 배운다.
⑤ 다른 문화적 배경을 가진 내담자가 자신의 영적 멘토에게 자문을 구하지 않도록 한다.

25 다음 보기에서 설명하고 있는 개인심리학의 기법은?

> 내담자가 반복적으로 나타내는 자기파멸적인 행동 동기를 확인하고, 내담자의 행동과 흡사한 행동을 재현하여 그것을 매력적이지 못한 것으로 만듦으로써 내담자가 자신의 부정적인 행동을 종식하도록 한다.

① 단추 누르기
② 과제부여
③ 수렁(악동) 피하기
④ 마치 ~인 것처럼 행동하기
⑤ 수프에 침 뱉기

교시	문제형별	시 간	시험과목	
2교시	A	50분	① 학습이론	
			② 청소년이해론	1과목
			③ 청소년수련활동론	선택

필수과목 05 학습이론

01 기능주의(Functionalism) 학습이론에 관한 내용이 아닌 것을 모두 고른 것은?

> ㄱ. 티치너(Titchener)는 대표적인 기능주의 학습이론가이다.
> ㄴ. 인간의 의식은 하나의 통일체로 기능하며 요소로 환원될 수 없다.
> ㄷ. 인간의 의식을 이해하기 위해 내성법을 주로 사용하였다.
> ㄹ. 행동과 의식은 환경과의 관계에서 끊임없이 변화한다.

① ㄱ, ㄴ ② ㄱ, ㄷ
③ ㄷ, ㄹ ④ ㄴ, ㄷ, ㄹ
⑤ ㄱ, ㄴ, ㄷ, ㄹ

02 다음 중 학습의 범위에 포함되는 것을 모두 고른 것은?

> ㄱ. 자율적·생득적 반응 경향에 의한 변화
> ㄴ. 성숙에 의한 자연적 변화
> ㄷ. 사고에 의한 일시적인 변화
> ㄹ. 타인에 대한 관찰에서 비롯되는 변화

① ㄱ, ㄴ, ㄷ ② ㄱ, ㄷ
③ ㄴ, ㄹ ④ ㄹ
⑤ ㄱ, ㄴ, ㄷ, ㄹ

03 다음 중 외재적 동기를 유발하기 위한 방안에 해당하지 않는 것은?

① 지적 호기심을 자극한다.
② 명세적인 수업 목표를 제시한다.
③ 성공감과 실패감을 이용한다.
④ 완전 해답보다는 부분 해답을 제시한다.
⑤ 경쟁심을 유발한다.

04 숙달목표지향성과 수행목표지향성에 관한 설명으로 옳지 않은 것은?

① 숙달목표지향성이 낮은 학생은 도전적 과제를 선호한다.
② 수행목표지향성이 높은 학생은 타인과의 비교를 통하여 자신의 성공여부를 판단한다.
③ 규준지향평가는 숙달목표지향성 발달에 부정적 영향을 미친다.
④ 숙달목표지향성이 높은 학생은 새롭고 도전적인 과제를 학습할 때 더 큰 만족감을 느낀다.
⑤ 수행목표지향성이 높은 학생은 과제 실패 시 불안감을 많이 경험한다.

05 다음 보기의 형식과 밀접하게 연관된 기억의 측정방법에 해당하는 것은?

> 일선 학교에서는 학생들의 학업성취도를 측정하기 위해 시험을 치른다. 특히, 사지선다형 또는 오지선다형 문제 형식은 4개 또는 5개의 항목 가운데 문제의 내용에 부합하는 항목을 고르도록 하는 방식으로 가장 보편적으로 사용된다. 사실 이와 같은 시험 방식은 학습자의 기억이나 망각을 측정하기 위한 것이다.

① 파지(Retention)
② 회상(Recall)
③ 재학습(Relearning)
④ 재인(Recognition)
⑤ 기명(Memorizing)

06 다음 보기의 사례에 해당하는 기억술은?

> 13, 실, 창문이라는 항목을 외울 때, 창가 곁에서 실을 가지고 놀고 있는 열세마리의 고양이로 외운다.

① 약어(Acronym)
② 연쇄기억술(Chain Mnemonics)
③ 핵심단어법(Keyword Method)
④ 페그워드법(Pegword Method)
⑤ 장소법(Loci Method)

07 다음 중 고전적 조건형성과 가장 관련이 없는 것은?

① 파블로프(Pavlov)의 개의 소화과정 연구와 밀접한 관련이 있다.
② 자극 일반화와 변별이 가능하다.
③ 고차적 조건형성도 가능하다.
④ 학습의 결과는 예측이 가능하다.
⑤ 미신적 행동과 학습된 무력감을 설명할 수 있다.

08 다음 중 보기의 내용과 연관된 조작적 조건형성의 기본원리에 해당하는 것은?

> 부모가 아이에게 가르치는 가장 기초적인 식사예절은 웃어른이 수저를 들기 전에 먼저 수저를 들지 않도록 하는 것이다. 다만, 부모는 아이에게 이와 같은 식사예절을 또래친구들과의 식사시간에까지 요구하지 않는다.

① 강화의 원리
② 소거의 원리
③ 변별의 원리
④ 조형의 원리
⑤ 강도의 원리

09 엘리베이터에서 심하게 폭행을 당했던 초등학교 3학년 A는 혼자서도 재미있게 탔던 수직 상승, 하강하는 놀이기구를 무서워서 타지 못하게 되었다. A의 행동변화를 설명하는 개념으로 가장 적합한 것은?

① 조작적 조건형성
② 이차 조건형성
③ 학습된 무기력
④ 자발적 회복
⑤ 조건자극의 일반화

10 손다이크(Thorndike)가 제시한 학습의 법칙 중 보기의 내용과 연관된 것은?

> 자극과 반응의 결합이 빈번할수록 이들의 결합이 강화되며, 학습의 진보가 이루어진다. 그러나 자극과 반응의 결합이 드물수록 이들의 결합이 약화되며, 학습의 퇴보가 이루어진다.

① 효과의 법칙
② 연습의 법칙
③ 준비성의 법칙
④ 강도의 법칙
⑤ 유사성의 법칙

11 강화와 처벌의 원리 중 '부적 강화'의 예에 해당하는 것은?

① 장시간 컴퓨터를 하느라 공부를 소홀히 한 아이에게 매를 가한다.
② 하프마라톤 완주를 자축하는 의미로 맛있는 소고기를 사먹는다.
③ 발표자에 대한 보충수업 면제를 통보하여 학생들의 발표를 유도한다.
④ 방청소를 소홀히 한 아이에게 컴퓨터를 못하게 한다.
⑤ 미술시간에 그림을 잘 그린 학생에게 그림을 전시할 수 있도록 해준다.

12 에클스와 윅필드(Eccles & Wigfield)의 기대-가치 이론에 관한 설명이 아닌 것은?

① 학업성취 행동은 기대와 가치라는 두 개의 요인으로 예측될 수 있다.
② 정서적 기억은 목표와 자기도식을 매개로 개인의 기대에 영향을 미친다.
③ 기대 요인은 미래의 성공에 대한 개인적 신념을 말한다.
④ 가치 요인은 흥미, 유용성, 비용 등을 포함한다.
⑤ 자기 자신의 유능성에 대한 영역특수적 판단들은 결과기대와 유사한 개념이다.

13 다음 보기의 내용이 설명하는 뇌의 영역은?

> 사고력을 주관하고 행동을 조절하며 감정조절, 집중력 등을 담당한다.

① 전두엽　　　　　　　　② 두정엽
③ 편도체　　　　　　　　④ 해 마
⑤ 측두엽

14 다음 보기의 내용과 연관된 행동주의 치료의 기법으로 가장 적절한 것은?

> 정신과 의사는 매일 아침 침대를 정리하는 조현병 환자들에게 쿠폰을 지급하였다. 환자들은 쿠폰을 모아 매점이나 극장에 갈 수 있게 되었고, 이를 계기로 스스로 정리하는 습관을 가질 수 있게 되었다.

① 토큰경제(Token Economy)
② 행동조성(Shaping)
③ 자발적 회복(Spontaneous Recovery)
④ 변별학습(Discrimination Learning)
⑤ 체계적 둔감법(Systematic Desensitization)

15 다음 중 '귀인이론'에 관한 설명으로 옳지 않은 것은?

① 와이너(Weiner)가 체계화한 인지주의적 학습이론이다.
② 성공 상황에서 노력 요인으로 귀인할 경우 학습 행동을 동기화 할 수 있다.
③ 능력 귀인은 내적, 안정적, 통제 가능한 귀인 유형으로 분류된다.
④ 귀인 성향은 과거 성공, 실패 상황에서의 반복적인 원인 탐색 경험에 의해 형성된다.
⑤ 인간 행동의 원인이 개인의 특성 및 환경이 아닌 자신이 어떻게 생각하느냐에 따라 달라진다는 관점에서 출발하였다.

16 다음 중 고전적 조건형성에 관한 설명으로 옳지 않은 것은?

① 눈 깜박임, 타액분비 등과 같이 특정 자극에 대해 자동적으로 반응을 보인다.
② 파블로프의 개실험에서 유래를 찾을 수 있다.
③ 인간이 환경적 자극에 수동적으로 반응하여 형성되는 행동이다.
④ 대부분의 정서적인 반응들은 고전적 조건형성을 통해 학습될 수 있다.
⑤ 모든 자극에 대한 모든 반응은 연쇄(Chaining)를 사용하여 조건형성할 수 있다.

17 '크레이크와 록하트(Craik & Lockhart)의 처리수준(Levels of Processing)이론' 관련 연구들에 관한 설명으로 옳지 않은 것을 모두 고른 것은?

> ㄱ. 단일 기억체계를 가정한다.
> ㄴ. 우연학습의 조건은 의도학습 조건의 결과만큼 우수하다.
> ㄷ. 표층처리가 심층처리만큼 중요하다는 것을 강조한다.
> ㄹ. 기억할 자료에 대한 정보처리수준의 중요성을 강조한다.
> ㅁ. 정교화 시연은 유지형 시연보다 심층처리가 잘 일어나지 않는다.

① ㄱ, ㄴ
② ㄱ, ㄷ
③ ㄷ, ㄹ
④ ㄷ, ㅁ
⑤ ㄱ, ㄹ

18 다음 중 통찰학습에 관한 설명으로 옳지 않은 것은?

① 학습은 단계적·점진적인 과정을 통해 이루어진다.
② 학습은 학습 종류나 대상 개체에 따라 차이가 있다.
③ 문제해결은 경험적 사실의 재구성에 의한 구조의 변화에서 비롯된다.
④ 통찰에 의해 성공한 문제해결의 해법은 기억이 잘 되며 즉각적인 반복이 가능하다.
⑤ 쾰러가 침팬지 실험을 통해 입증하였다.

19 구성주의 학습이론에 관한 설명으로 옳지 않은 것을 모두 고른 것은?

> ㄱ. 상대주의(Relativism)를 비판한다.
> ㄴ. 반성적 수업(Reflective Instruction)을 강조한다.
> ㄷ. 일정한 교육목표를 규정하여 학습자들에게 일방적으로 제시하는 것을 거부한다.
> ㄹ. 지식은 학습자가 스스로 구성하는 것이므로, 교사나 또래와의 상호작용은 중요하지 않다.

① ㄱ, ㄴ
② ㄴ, ㄷ
③ ㄱ, ㄹ
④ ㄴ, ㄷ, ㄹ
⑤ ㄱ, ㄴ, ㄷ, ㄹ

20 학습의 전이(Transfer)에 관한 설명으로 옳은 것은?

① 일반적인 원리보다 구체적 사실을 학습할 때 전이가 촉진된다.
② 전이는 학습자의 학습태도와 수업방법에 따라 다르지만, 연령과는 무관하다.
③ 전이는 의식적으로 노력하지 않으면 나타나지 않는다.
④ 선행학습이 후행학습을 어렵게 하거나 방해하는 경우는 전이에 포함되지 않는다.
⑤ 전이는 이미 학습한 내용보다 높은 수준의 과제를 학습할 때에도 나타난다.

21 다음 중 메타인지(Meta-Cognition)에 관한 설명으로 옳지 않은 것은?

① 개인이 자신의 인식을 보다 높은 차원에서 객관적으로 검토할 수 있는 능력이다.
② '사고에 대한 사고' 또는 '사고를 대상으로 하는 사고'에 해당한다.
③ 작업기억을 통해 정보의 흐름을 조절할 수 있도록 한다.
④ 아동의 경우 연령이 높을수록 중요 정보와 관련이 없는 자극에도 주의를 잘 기울인다.
⑤ '계획 → 점검 → 수정 → 평가 → 예견'의 과정을 거쳐 사고 상태에 대한 이해를 도모한다.

22 다음 중 관찰학습의 과정을 순서대로 올바르게 나열한 것은?

① 보존 → 운동재생 → 주의집중 → 동기화
② 보존 → 주의집중 → 동기화 → 운동재생
③ 주의집중 → 보존 → 운동재생 → 동기화
④ 주의집중 → 운동재생 → 동기화 → 보존
⑤ 운동재생 → 동기화 → 주의집중 → 보존

23 다음 중 가네(Gagné)의 학습조건이론에 관한 설명으로 옳지 않은 것은?

① 행동주의 관점과 정보처리이론 관점을 절충한 것이다.
② 외부 환경적 자극에 대한 감각적 수용과정에 초점을 둔다.
③ 학습은 인간의 성향이나 능력의 변화가 일정기간 지속적으로 유지되는 상태를 말한다.
④ 학습의 기본적인 조건으로서 선행학습과 학습동기를 강조한다.
⑤ 학습된 많은 기능들은 더욱 복잡한 기능의 학습에 기여한다.

24 다음 보기의 내용이 설명하는 개념은?

> 더 선호되는 행동이 덜 선호되는 행동을 증가시키기 위한 정적 강화물(Reinforcer)로 작용하는 현상이다.

① 프리맥의 원리
② 자극통제
③ 반응대가
④ 차별강화
⑤ 잠재적 억제

25 다음 보기의 내용이 설명하는 것은?

> 아동의 학습장면에서 성인과 아동이 여러 측면에서 학습과정의 주도권을 공유하는 것을 흔히 볼 수 있다. 예를 들면, 성인과 아동은 한 학습과제에 대한 특정 목표를 같이 설정할 수 있고, 성공적인 학습에 대한 준거를 성인이 결정하고 그에 맞추어 아동이 자신의 수행을 평가해 보게 할 수도 있다. 아동의 학습이 진전되면서 성인의 도움(Scaffolding)은 점차 사라지는 것이 좋다.

① 발견학습
② 자율조절학습
③ 공동조절학습
④ 자기조절학습
⑤ 타인조절학습

선택과목 01 청소년이해론

01 다음 중 청소년 및 청소년기에 관한 설명으로 옳지 않은 것은?

① 청소년 및 청소년기의 어원인 라틴어 'Adolescere'는 '성숙하다'의 의미를 가진다.
② 청소년은 '아직 미성숙한', '불안정한' 존재로서의 의미를 가진다.
③ 청소년은 아동기를 마친 후 아직 성인기에 도달하지 않은 연령의 사람이나 그 집단을 말한다.
④ 청소년은 발달과정상 다른 시기와 차별화를 이루는 독특한 특징을 지닌다.
⑤ 청소년기에 대한 정의 및 그 시기는 사회문화적으로 보편화된 양상을 보인다.

02 스탠리 홀(Stanley Hall)의 견해에 관한 설명을 모두 고른 것은?

> ㄱ. 인간의 생애발달은 3단계를 거쳐 이루어진다.
> ㄴ. 사회문화적 특성이 청소년 발달에 결정적인 영향을 미친다.
> ㄷ. 청소년기에는 갈등과 정서의 혼란을 경험한다.
> ㄹ. 다윈의 진화론을 심리학적 반복이론으로 확장하였다.

① ㄱ, ㄴ, ㄷ ② ㄱ, ㄷ
③ ㄴ, ㄹ   ④ ㄷ, ㄹ
⑤ ㄱ, ㄴ, ㄷ, ㄹ

03 청소년은 자신의 사소한 실수를 마치 큰 과오인 양 심각하게 고민하기도 하고, 자신의 용모나 외모, 신체적 특징에 대해 부적절한 수치심에 사로잡히기도 한다. 다음 중 이와 관련된 청소년기의 특징을 가장 잘 나타내는 것은?

① 개인적 우화
② 상상적 청중
③ 정체감 위기
④ 심리적 이유기
⑤ 타인의 입장이 되어 보는 것

04. 청소년 비행과 관련하여 허쉬(T. Hirschi)가 제시한 4가지 사회적 유대요인을 모두 고른 것은?

ㄱ. 애착(Attachment)　　ㄴ. 관여(Commitment)
ㄷ. 긴장(Strain)　　　　ㄹ. 참여(Involvement)
ㅁ. 신념(Belief)

① ㄱ, ㄴ, ㄷ, ㄹ
② ㄱ, ㄷ, ㄹ, ㅁ
③ ㄴ, ㄷ, ㄹ, ㅁ
④ ㄱ, ㄴ, ㄷ, ㅁ
⑤ ㄱ, ㄴ, ㄹ, ㅁ

05. 다음 보기의 특징이 나타내는 문화의 일반적 속성은?

언어와 문자를 사용하여 경험을 후대에 전하여 문화를 계속적으로 저장하고 발전시키며 전승하는 속성을 가진다.

① 공유성
② 다양성
③ 학습성
④ 가변성
⑤ 축적성

06. 성격이론 중 과정이론이 아닌 것은?

① 유형론
② 조건형성이론
③ 사회학습이론
④ 인본주의이론
⑤ 정신분석이론

07. 홀(Hall)은 인류발달역사의 재현으로서 인간발달단계를 제시하였다. 다음 중 인간으로서의 특성과 야만적인 특성을 동시에 가지는 야영시대의 삶을 재현하는 단계에 해당하는 것은?

① 유아기(0~4세)
② 아동기(5~7세)
③ 청소년 전기(8~14세)
④ 청소년 후기(15~25세)
⑤ 성인기(25세 이후)

08 설리반(H. Sullivan)의 대인관계 발달단계에 관한 설명으로 옳은 것은?
① 아동기 - 또래집단에 수용되고자 하는 시기
② 소년·소녀기 - 친밀한 동성친구를 갖고 싶은 욕구를 느낌
③ 전 청소년기 - 이성친구와의 친밀감 욕구를 느낌
④ 청소년 초기 - 이성친구와의 친밀감 욕구를 느낌
⑤ 청소년 후기 - 성적 접촉의 욕구를 느낌

09 긴즈버그(Ginzberg)의 직업선택 발달단계 중 현실기(Realistic Period)의 하위단계에 해당하는 내용을 모두 고른 것은?

> ㄱ. 취업기회를 탐색하고 직업선택을 위해 필요하다고 판단되는 교육이나 경험을 쌓으려고 하는 단계
> ㄴ. 자신의 직업목표를 구체화하고 직업선택의 문제에서 내외적 요인들을 두루 고려하게 되는 단계
> ㄷ. 자신의 결정을 구체화시키고, 보다 세밀한 계획을 세우며 고도로 세분화·전문화된 의사결정을 하게 되는 단계
> ㄹ. 주관적 요소에서 현실적인 외부요인으로 관심이 전환되며, 현실적인 외부요인이 직업선택의 주요인이 되는 단계

① ㄱ, ㄴ, ㄷ
② ㄱ, ㄷ
③ ㄴ, ㄹ
④ ㄹ
⑤ ㄱ, ㄴ, ㄷ, ㄹ

10 다음 중 가족체계의 특징에 관한 설명으로 옳지 않은 것은?
① 가족성원이라는 요소를 단순히 합한 것 이상의 의미를 가진다.
② 문제 자체의 내용보다는 관계에서 이루어지는 과정에 초점을 두어야 한다.
③ 가족체계 내 삼각관계는 가족의 정서체계를 혼란스럽게 만든다.
④ 가족체계는 궁극적으로 체계 자체의 유지를 위해 기능한다.
⑤ 고정되어 있지 않은 채 시간이 흘러감에 따라 변화한다.

11 1960년대 젊은이들은 동시대 성인들이 도저히 받아들일 수 없는 옷차림이나 행동을 하면서 사회규범을 무시하고 공공연히 기성세대의 문화에 대해 반대를 표현하였다. 다음 중 이를 설명하는 청소년문화의 양상에 해당하는 것은?

① 하위문화
② 비행문화
③ 반(反)문화
④ 미숙한 문화
⑤ 또 하나의 새로운 문화

12 도덕성 발달과정을 다음과 같이 제시한 학자는?

> 여성의 도덕성 : 인간관계와 상호 의존성, 책임을 강조하는 '배려' 도덕성

① 콜버그(L. Kohlberg)
② 왓슨(J. Watson)
③ 길리건(C. Gilligan)
④ 손다이크(E. Thorndike)
⑤ 에릭슨(E. Erikson)

13 브론펜브레너(U. Bronfenbrenner)의 생태학적 체계 중 개인에게 직접적인 영향을 미치는 것으로, 성장과 함께 변화하는 환경에 해당하는 것은?

① 미시체계
② 중간체계
③ 거시체계
④ 외부체계
⑤ 시간체계

14 마샤(J. Marcia)가 제시한 자아정체감 지위 중 '마마보이'와 같이 의사결정을 잘 하지 못하는 것과 관련이 깊은 것은?

① 정체감 유실
② 정체감 혼미
③ 정체감 성취
④ 정체감 유예
⑤ 정체감 분리

15 머튼(Merton)의 아노미 상태에 대한 5가지 적응양식 중 '도피형'에 관한 설명으로 옳은 것은?

① 문화적 목표와 제도화된 수단 양자를 모두 수용한 형태이다.
② 일탈자의 전형적인 형태로서, 화이트칼라의 탈세·횡령·수뢰 및 문서위조 등을 들 수 있다.
③ 절차적 규범 또는 규칙의 준수에 몰두한 나머지 자기 일의 목표를 망각하고 무사안일로 행동하는 관료를 예로 들 수 있다.
④ 기존의 문화적 목표와 제도화된 수단은 모두 거부하는 동시에 새로운 목표와 수단으로 대체하려는 사람들이다.
⑤ 청소년의 약물중독이나 인터넷 중독 등의 반응과 가장 밀접하게 연관이 있다.

16 총체론적 관점에서의 문화의 개념에 관한 설명으로 옳지 않은 것은?

① 문화는 인간집단의 생활양식의 총체이다.
② 문화는 환경에 적응하는 메커니즘으로 기능한다.
③ 문화는 관찰된 행동 그 자체가 아니라, 그런 행위를 규제하는 규칙의 체계이다.
④ 부분보다 전체를 중시하여서 전체와의 관계나 전체를 구성하는 다른 문화적 요소를 비교하자는 입장이다.
⑤ 인간에 의해 얻게 된 다른 모든 능력이나 관습들을 포함하는 복합 총체이다.

17 다음 중 가정 밖(가출) 청소년을 7일 이내의 기간 동안 보호하는 시설에 해당하는 것은?

① 무지개청소년센터
② 청소년일시쉼터
③ 청소년단기쉼터
④ 학교밖청소년지원센터
⑤ 청소년상담복지센터

18 청소년보호법상 청소년유해환경에 속하지 않는 것은?

① 청소년유해매체물
② 청소년유해약물
③ 청소년유해업소
④ 청소년폭력·학대
⑤ 청소년이용음란물

19 다음 중 성폭력 피해 청소년이 경험하는 후유증의 단계를 순서대로 올바르게 나열한 것은?

① 충격과 혼란 → 공포와 불안 → 부정 → 분노 → 우울과 죄책감 → 재수용
② 충격과 혼란 → 공포와 불안 → 우울과 죄책감 → 부정 → 분노 → 재수용
③ 충격과 혼란 → 부정 → 우울과 죄책감 → 공포와 불안 → 분노 → 재수용
④ 충격과 혼란 → 부정 → 공포와 불안 → 분노 → 우울과 죄책감 → 재수용
⑤ 충격과 혼란 → 우울과 죄책감 → 부정 → 공포와 불안 → 분노 → 재수용

20 문화현상에 대하여 '예술작품의 복제는 아우라(Aura)의 파괴를 가져왔다'고 주장한 학자는?

① 뒤르껭(E. Durkheim)
② 밀즈(C. Mills)
③ 리비스(F. Leavis)
④ 브루디외(P. Bourdieu)
⑤ 벤야민(W. Benjamin)

21 소년법상 소년에 대한 보호처분 결정으로 옳은 것을 모두 고른 것은?

> ㄱ. 제1호 – 보호자 감호위탁
> ㄴ. 제3호 – 단기보호관찰
> ㄷ. 제6호 – 소년보호시설 감호위탁
> ㄹ. 제9호 – 단기 소년원 송치
> ㅁ. 제10호 – 장기 소년원 송치

① ㄱ, ㄴ
② ㄱ, ㄷ, ㄹ
③ ㄴ, ㄷ, ㄹ
④ ㄱ, ㄴ, ㄷ, ㄹ
⑤ ㄱ, ㄷ, ㄹ, ㅁ

22 학교폭력예방 및 대책에 관한 법률상 학교폭력대책심의위원회가 피해학생의 보호를 위하여 교육장에게 요청할 수 있는 피해학생에 대한 조치사항으로 명시된 것으로 옳지 않은 것은?

① 전 학
② 일시보호
③ 심리상담 및 조언
④ 학급교체
⑤ 치료 및 치료를 위한 요양

23 다음 중 청소년 자살의 특징에 관한 설명으로 옳지 않은 것은?

① 우울증이나 약물남용은 청소년 자살의 원인 중 하나이다.
② 또래친구와의 동일시에 의해 집단자살을 하는 경향이 있다.
③ 다른 자살자들의 행동을 따라 모방자살을 하는 경향이 있다.
④ 자신의 현재와 미래에 대해 심사숙고한 후 자살을 선택하는 경향이 있다.
⑤ 가족 간의 유대는 자살을 예방하는 보호요인이 된다.

24 다음 중 청소년 약물남용에 관한 설명으로 옳지 않은 것은?

① 일차적 약물남용의 문제는 가족문제나 학교 부적응 등의 관련요인에서 비롯된다.
② 청소년 약물남용은 우울증, 품행장애, 주의력 결핍 및 과잉행동장애(ADHD)를 유발한다.
③ 청소년 약물남용자들은 약물사용 동기나 형태, 신체적 결과 등에서 성인과 다른 양상을 보인다.
④ 청소년들이 일단 약물을 남용하게 되는 경우 어른보다 더욱 빠른 속도로 약물중독 상태에 이른다.
⑤ 청소년기의 약물남용은 성인기에 이르러 각종 성인병이나 정신질환 등의 주요 원인이 된다.

25 청소년의 가출유형 중 다음 보기의 내용에 해당하는 것은?

| 가족구성원들이 자신에게 관심을 갖기를 원하는 목적으로 행하는 경우 |

① 시위성 가출   ② 도피성 가출
③ 추방형 가출   ④ 방랑성 가출
⑤ 생존성 가출

선택과목 02 청소년수련활동론

01 다음 중 청소년기본법상 '청소년육성'의 정의로 가장 거리가 먼 것은?

① 청소년을 보호하고 청소년에 대한 교육을 보완한다.
② 청소년의 복지를 증진하며 근로 청소년을 보호한다.
③ 청소년의 정상적인 삶의 영위를 위해 사회적·경제적으로 지원한다.
④ 사회여건과 환경을 청소년에게 유익하도록 개선한다.
⑤ 청소년의 균형 있는 성장을 돕는다.

02 다음 중 청소년활동진흥법상 정의로 옳지 않은 것은?

① 청소년활동 – 청소년의 균형 있는 성장을 위하여 필요한 활동과 이러한 활동을 소재로 하는 수련활동·교류활동·문화활동 등 다양한 형태의 활동을 말한다.
② 청소년문화활동 – 청소년이 예술활동·스포츠활동·동아리활동·봉사활동 등을 통하여 문화적 감성과 더불어 살아가는 능력을 함양하는 체험활동을 말한다.
③ 청소년수련거리 – 청소년수련활동에 필요한 프로그램과 이와 관련되는 사업을 말한다.
④ 청소년활동시설 – 청소년수련활동·청소년교류활동·청소년문화활동 등 청소년활동에 제공되는 시설을 말한다.
⑤ 청소년수련활동 – 청소년 시기에 필요한 기량과 품성을 함양하는 교육적 활동으로서, 청소년과 학교 교사가 함께 참여하여 배움을 실천하는 체험활동이다.

03 청소년기본법상 청소년단체에 근무하는 청소년상담사의 보수교육 시간은?

① 매년 6시간 이내
② 매년 8시간 이상
③ 매년 15시간 이상
④ 2년마다 15시간 이내
⑤ 2년마다 20시간 이상

04 다음 중 청소년수련활동의 전제조건으로 옳지 않은 것은?

① 참가동기는 자발적이어야 한다.
② 참가자격은 평등적이어야 한다.
③ 행동규범은 자율적으로 수립·실행되어야 한다.
④ 청소년지도자를 중심으로 체계적인 운영이 이루어져야 한다.
⑤ 청소년들의 문화적 욕구를 반영해야 한다.

05 콜브(D. Kolb)가 제시한 경험학습의 진행과정을 모두 고른 것은?

> ㄱ. 추상적 개념화(Abstract Conceptualization)
> ㄴ. 행동적 실험(Active Experimentation)
> ㄷ. 반성적 관찰(Reflective Observation)
> ㄹ. 주도적 개입(Initiative Involvement)
> ㅁ. 구체적 경험(Concrete Experience)

① ㄱ, ㄴ
② ㄴ, ㄷ, ㅁ
③ ㄴ, ㄹ
④ ㄱ, ㄴ, ㄷ, ㅁ
⑤ ㄴ, ㄷ, ㄹ, ㅁ

06 청소년활동 프로그램 개발의 패러다임 중 다음 설명에 해당하는 것은?

> 청소년을 실존적이고, 의미를 창조해가는 주체적인 존재로 간주

① 실증주의
② 구성주의
③ 비판주의
④ 구조주의
⑤ 기능주의

07 다음 중 청소년지도사와 청소년상담사의 연수시간을 올바르게 나열한 것은?

	청소년지도사	청소년상담사
①	8시간 이상	8시간 이상
②	10시간 이상	20시간 이상
③	15시간 이상	30시간 이상
④	20시간 이상	50시간 이상
⑤	30시간 이상	100시간 이상

08 청소년프로그램 개발 접근의 원리 중 비선형적 접근에 관한 설명으로 옳지 않은 것은?

① 시간과 자원할당에 있어 융통성을 발휘할 수 있다.
② 프로그램 평가가 이 접근의 중심핵이 되어 각 단계마다 적절한 평가가 되풀이되고 피드백된다.
③ 여러 개의 프로그램 개발 단계를 동시에 진행하는 방식이다.
④ 단계마다의 과업이 명확하고 단순하여 안정감을 가지고 있다.
⑤ 기획과정에서 상당한 능력과 전문성이 부가적으로 요청된다.

09 청소년기본법령상 수용인원 500명 이하의 청소년수련관에서 청소년지도사의 배치기준으로 옳은 것은?

① 2급 청소년지도사 1명, 3급 청소년지도사 1명 이상
② 2급 청소년지도사 1명, 3급 청소년지도사 2명 이상
③ 1급 청소년지도사 1명, 2급 청소년지도사 1명, 3급 청소년지도사 1명 이상
④ 1급 또는 2급 청소년지도사 각각 1명 이상을 포함, 청소년지도사 4명 이상
⑤ 1급 청소년지도사 1명, 2급 청소년지도사 2명, 3급 청소년지도사 2명 이상

10 청소년활동진흥법령상 청소년이용시설에 해당하는 것을 모두 고른 것은?

| ㄱ. 평생교육기관 | ㄴ. 자연휴양림 |
| ㄷ. 시민회관 | ㄹ. 둔치 |

① ㄱ, ㄴ, ㄷ
② ㄱ, ㄷ
③ ㄴ, ㄹ
④ ㄹ
⑤ ㄱ, ㄴ, ㄷ, ㄹ

11 다음 중 청소년수련시설의 설치 및 운영에 관한 설명으로 옳지 않은 것은?

① 국가는 둘 이상의 시·도 또는 전국의 청소년이 이용할 수 있는 국립청소년수련시설을 설치·운영하여야 한다.
② 시·도지사 및 시장·군수·구청장은 각각 청소년수련관을 1개소 이상 설치·운영하여야 한다.
③ 시·도지사 및 시장·군수·구청장은 각각 청소년특화시설을 1개소 이상 설치·운영하여야 한다.
④ 시·도지사 및 시장·군수·구청장은 청소년야영장을 설치·운영할 수 있다.
⑤ 시·도지사 및 시장·군수·구청장은 읍·면·동에 청소년문화의 집을 1개소 이상 설치·운영하여야 한다.

12 다음 중 청소년활동진흥법령상 청소년수련시설의 안전기준으로 옳지 않은 것은?

① 장애청소년 및 미취학아동 등 특별한 보호를 필요로 하는 이용자에 대하여는 안전사고 발생에 대비하여 대피가 편리한 숙소를 배정한다.
② 자연체험시설 등을 설치한 경우에는 시설의 종류에 따라 안전모·안전띠·구명대 등 필요한 개인 보호장구를 갖춘다.
③ 매분기 1회 이상 시설물에 대한 안전점검을 실시하며, 점검 결과를 시설물 안전점검기록대장에 기록·관리하여야 한다.
④ 수련시설의 종사자에 대하여 정기적으로 안전교육을 실시하여야 한다.
⑤ 해당 시설이용 및 수련활동에 관한 안전교육 프로그램을 마련하며, 이용자는 물론 인솔자에 대해서도 사전 안전교육을 실시하여야 한다.

13 청소년활동진흥법령상 청소년특화시설의 운영대표자 자격 기준으로 옳은 것은?

① 2급 청소년지도사 자격증 취득 후 청소년육성업무에 1년 이상 종사한 사람
② 2급 청소년지도사 자격증 취득 후 청소년육성업무에 2년 이상 종사한 사람
③ 2급 청소년지도사 자격증 취득 후 청소년육성업무에 3년 이상 종사한 사람
④ 3급 청소년지도사 자격증 취득 후 청소년육성업무에 3년 이상 종사한 사람
⑤ 3급 청소년지도사 자격증 취득 후 청소년육성업무에 4년 이상 종사한 사람

14 다음 중 한국청소년단체협의회에 관한 설명으로 옳지 않은 것은?

① 한국청소년단체협의회는 여성가족부장관의 인가를 받아 설립한다.
② 한국청소년단체협의회는 법인으로 한다.
③ 한국청소년단체협의회는 수익사업을 할 수 없다.
④ 개인·법인 또는 단체는 한국청소년단체협의회의 운영과 사업 등을 지원하기 위하여 금전이나 그 밖의 재산을 출연하거나 기부할 수 있다.
⑤ 한국청소년단체협의회는 활동의 일부를 정관에서 정하는 바에 따라 회원단체에 위탁할 수 있다.

15 청소년활동 프로그램 개발과정에 대한 순서로 옳은 것은?

① 기획 – 설계 – 평가 – 피드백 – 마케팅
② 실행 – 평가 – 마케팅 – 기획 – 설계
③ 설계 – 기획 – 마케팅 – 실행 – 평가
④ 기획 – 실행 – 설계 – 마케팅 – 평가
⑤ 기획 – 설계 – 마케팅 – 실행 – 평가

16 청소년활동진흥법령상 청소년운영위원회의 구성 및 운영에 관한 설명으로 옳은 것은?

① 운영위원회는 10명 이상 20명 이하의 수련시설운영자로 구성하여야 한다.
② 위원의 임기는 2년으로 하되 연임할 수 있다.
③ 위원장은 시장·군수·구청장이 된다.
④ 수련시설운영단체의 대표자는 청소년운영위원회의 의견을 수련시설 운영에 반영하여야 한다.
⑤ 국가 및 지방자치단체는 예산의 범위에서 운영위원회의 운영에 필요한 경비를 지원하여야 한다.

17 다음 중 한국청소년활동진흥원의 주요 기능에 해당하지 않는 것은?

① 청소년의 다양하고 창의적인 체험활동 활성화
② 청소년지도자의 양성·교육 및 교류 진흥
③ 청소년에 관한 상담·복지 정보체계의 구축 운영
④ 청소년자원봉사활동 및 참여·권리증진 활동의 활성화 지원
⑤ 청소년성취포상제도의 운영 및 지원

18 청소년지도방법의 원리와 내용의 연결이 옳은 것은?

① 다양성의 원리 – 청소년 상호간의 유기적인 협력이 이루어지도록 한다.
② 협동성의 원리 – 청소년이 처한 삶의 상황과 관계를 총체적으로 고려하여 청소년을 이해하고 적합한 방법을 구성하여 적용한다.
③ 활동중심의 원리 – 청소년의 실천적 행위와 체험이 중심이 되어야 한다.
④ 맥락의 원리 – 청소년의 다양한 차이와 요구를 감안하여 그에 적합한 지도방법을 모색한다.
⑤ 자기주도성의 원리 – 가장 적은 시간과 비용, 에너지 등을 투입하여 청소년지도의 목표를 달성한다.

19 다음 중 청소년수련활동의 분류에 관한 설명으로 가장 옳지 않은 것은?

① 놀이와 레크리에이션은 신체적·정신적 건강증진은 물론 경쟁적 활동을 통해 도전정신을 함양하도록 한다.
② 봉사활동은 이웃과 지역사회 주민들과의 만남을 통해 향토애와 시민정신을 함양하도록 한다.
③ 문화활동은 문화와 예술에 대한 소양 및 안목을 갖추도록 하는 동시에 창조성을 함양하도록 한다.
④ 야외활동은 자연에 대한 이해와 함께 자연을 사랑하는 마음을 가지도록 한다.
⑤ 예절활동은 사회성원으로서 가져야 할 공동생활규범을 습득하도록 한다.

20 다음 중 위기청소년을 대상으로 한 지역사회청소년통합지원체계에 해당하는 것은?

① 청소년문화존
② YP 프로그램
③ YC 프로그램
④ CYS-Net
⑤ 드림스타트

21 청소년특별회의에 관한 설명으로 옳지 않은 것은?

① 설치근거는 청소년활동진흥법이다.
② 해마다 개최하여야 한다.
③ 청소년 분야의 전문가와 전국의 청소년 대표로 구성된다.
④ 청소년 정책과제를 발굴하고, 정부에 건의하는 참여기구이다.
⑤ 청소년의 시각에서 청소년이 바라는 정책과제를 모니터링한다.

22 다음 중 청소년활동 프로그램의 효율성에 대한 평가기준에 해당하는 것은?

① 기회 및 자원이 개인 간 혹은 집단 간 공평하게 배분되었는가?
② 프로그램을 통해 문제해결이 어느 정도 이루어졌는가?
③ 프로그램의 결과는 실제로 가치 있는 것이었는가?
④ 투입된 노력 대비 산출된 결과는 어느 정도 수준인가?
⑤ 프로그램은 의미 있는 결과를 나타내어 보였는가?

23 다음 중 집단중심의 청소년활동 지도방법에 해당하는 것을 모두 고른 것은?

> ㄱ. 역할연기　　　　　　　　ㄴ. 감수성훈련
> ㄷ. 브레인스토밍　　　　　　ㄹ. 도제학습
> ㅁ. CAI(Computer Assisted Instruction)

① ㄱ, ㄴ, ㄷ　　　　　　② ㄱ, ㄷ, ㄹ
③ ㄱ, ㄹ, ㅁ　　　　　　④ ㄴ, ㄹ, ㅁ
⑤ ㄱ, ㄴ, ㄹ, ㅁ

24 다음 중 국제청소년성취포상제의 기본이념에 관한 설명으로 옳지 않은 것은?

① 포상제는 타인과의 경쟁을 통해 자신의 능력을 개발·확장한다.
② 참여자는 포상 단계에 따라 더 많은 시간과 도전을 포상활동에 할애하여야 한다.
③ 포상활동은 참여자 및 봉사자들에게 재미와 만족감을 제공하여야 한다.
④ 포상제는 참여자 본인의 흥미 또는 원하는 것, 자신의 능력을 발휘할 수 있는 모든 활동에 대해 자유로운 참여·선택이 이루어져야 한다.
⑤ 참여자들은 성별, 인종, 종교, 정치적 성향에 따른 어떠한 차별도 받지 않는다.

25 청소년 방과후아카데미의 지원프로그램으로 옳지 않은 것은?

① 특별지원　　　　　　　② 주중 자기개발활동과정
③ 교과학습　　　　　　　④ 주말 체험활동
⑤ 자립자활

청소년상담사 3급 최종모의고사

 최종모의고사

정답 및 해설 p.292

교시	문제형별	시간	시험과목
1교시	A	100분	① 발달심리 ② 집단상담의 기초 ③ 심리측정 및 평가 ④ 상담이론

필수과목 01   발달심리

01 다음 중 인간발달의 관점에 관한 설명으로 옳지 않은 것은?

① 개인의 유전형질도 인간발달에 영향을 미친다.
② 인간발달은 퇴행적 변화보다는 상승적 변화를 의미한다.
③ '환경속의 인간'은 인간발달 이해를 위한 기본 관점이다.
④ 인간발달은 인간의 내적 변화뿐만 아니라 외적 변화도 포함한다.
⑤ 생물학적·심리적·사회적 체계를 포괄적으로 고려해야 한다.

02 다음 중 에릭슨(E. Erikson)의 이론에서 심리사회적 위기와 이를 성공적으로 해결하여 얻게 되는 심리사회적 능력을 올바르게 연결한 것은?

① 자율성 대 수치와 의심 – 희망
② 주도성 대 죄의식 – 의지
③ 근면성 대 열등감 – 능력
④ 생산성 대 침체 – 목적의식
⑤ 자아통합 대 절망 – 배려

03 태내 발달에 관한 설명으로 옳은 것은?

① 배포기는 주요 신체기관과 신경계가 형성되는 시기이다.
② 태아기는 기형발생물질에 민감하게 영향을 받는 시기이다.
③ 태아기는 신체기관의 분화가 일어나는 시기이다.
④ 태아기는 배아기보다 중추신경계가 더 빠르게 발달하는 시기이다.
⑤ 배아기는 모든 기관 체계가 정교해지는 시기이다.

04 다음 중 아들러(Adler)의 개인심리이론에 관한 설명으로 옳은 것은?

① 활동수준은 높으나 사회적 관심이 낮은 생활양식 유형은 획득형이다.
② 활동수준은 낮으나 사회적 관심이 높은 생활양식 유형은 지배형이다.
③ 열등감은 자기 완성을 위해 제거해야 할 요소이다.
④ 개인은 유전과 경험을 토대로 창조적 자아를 형성한다.
⑤ 개인이 추구하는 목표는 현실적으로 검증 가능한 목표이다.

05 다음 중 보기의 내용과 연관된 이론으로 가장 적절한 것은?

> 40대 초반인 가정주부 A씨는 남들보다 이른 나이에 결혼을 하여 현재 고등학생인 자녀 둘을 두고 있다. A씨는 평소 전업주부로서 가사에 전념하다가, 남편과 아이들이 직장과 학교에서 대부분의 시간을 보내는 모습을 보면서 점차 자기자신을 돌아보는 경우가 많아졌다. 모두 자신의 미래와 더 나은 삶을 위해 노력하는 모습에서 A씨는 자신의 내부에 웅크리고 있던 잠재력을 표출해보고 싶은 충동을 가지게 되었다. 그리하여 늦은 나이에 사회생활에 뛰어들기로 결심하였다.

① 피아제(Piaget)의 인지이론
② 융(Jung)의 분석심리이론
③ 아들러(Adler)의 개인심리이론
④ 로저스(Rogers)의 현상학적 이론
⑤ 스키너(Skinner)의 행동주의 이론

06 다음 보기의 내용에 근거하여 영아의 인지능력을 측정하는 기법은?

> 흥미롭게 여기는 사건을 지속시킬 수 있는 능력을 이용하여 영아의 지각을 평가하는 방법을 말한다.

① EEG 기법
② 미시 발생적 기법
③ 습관화 기법
④ 고진폭 빨기 기법
⑤ 시각절벽 기법

07 다음 보기의 A와 B의 대화 내용과 연관된 콜버그(Kohlberg)의 도덕성 발달단계로 가장 적절한 것은?

> • A : 늑대는 할머니로 변장해서 작고 귀여운 빨간 모자를 잡아먹었어요
> • B : 늑대는 탐욕스러워요. 자기 배를 채우려고, 작고 귀여운 빨간 모자에게 나쁜 짓을 했어요!

① 타율적 도덕성
② 보편윤리적 도덕성
③ 개인적·도구적 도덕성
④ 법·질서·사회체계적 도덕성
⑤ 대인관계적 도덕성

08 다음 중 행동주의 이론에 관한 설명으로 옳지 않은 것은?

① 인간행동은 결과에 따른 보상 혹은 처벌에 의해 유지된다.
② 인간행동은 내적 충동보다 외적 자극에 의해 동기화된다.
③ 인간행동은 법칙적으로 결정되며 예측할 수 있다.
④ 내면적인 동기로는 인간의 행동을 설명할 수 없다.
⑤ 강화된 행동은 일시적이므로 성격형성에 영향을 미치지 않는다.

09 다음 중 사회학습이론에 관한 설명으로 옳은 것은?

① 성격의 인지과정이나 동기에 의한 영향을 인정하지 않는다.
② 관찰학습과 모델링을 통해 보상받는 행동을 대리적으로 학습한다고 본다.
③ 행동에 대한 환경적 변인의 독립적인 영향을 강조한다.
④ 반두라는 개인이 자신의 노력으로 원하는 결과를 얻을 수 있다는 신념이나 기대를 자기 존중감(Self-Esteem)이라고 하였다.
⑤ 강화의 과정은 타인이나 외부환경에 의해서만 이루어진다.

10 다음 중 매슬로우(Maslow)의 인본주의에 관한 비판으로 옳지 않은 것은?

① 연령에 따른 욕구의 발달단계를 구체적으로 설명하지 않았다.
② 지나친 획일성으로 인해 개인 차이나 상황을 고려하지 않았다.
③ 사회의 가치에 따라 욕구계층의 순서가 바뀔 수도 있음을 간과하였다.
④ 건전하고 창조적인 인간을 지나치게 강조함으로써 내적인 측면의 영향을 무시하였다.
⑤ 유기체적 평가과정, 완전히 기능하는 인간 등의 개념이 추상적이고 모호하다는 비판을 받았다.

11 로저스(Rogers) 현상학 이론의 주요 개념에 해당하지 않는 것을 모두 고른 것은?

ㄱ. 개성화
ㄴ. 자기실현경향
ㄷ. 생활양식
ㄹ. 무조건적 긍정적 관심

① ㄱ, ㄴ, ㄷ
② ㄱ, ㄷ
③ ㄴ, ㄹ
④ ㄹ
⑤ ㄱ, ㄴ, ㄷ, ㄹ

12 청소년기에 처음 나타나는 인지적 특징으로 옳지 않은 것은?

① 조작적 사고
② 이상주의적 사고
③ 추상적 사고
④ 논리적 추론
⑤ 가설연역적 사고

13 유아기 대근육 운동기능의 발달이 연령대별로 바르게 연결된 것을 모두 고른 것은?

ㄱ. 2~3세경 : 계단을 오를 때 한쪽 발을 먼저 올려놓고, 그 다음 다른 쪽 발을 그 옆에 놓는다.
ㄴ. 3~4세경 : 빨리 잘 달리고, 달리면서 방향을 바꿀 수 있다.
ㄷ. 4~5세경 : 발을 앞으로 내밀고 팔을 쭉 뻗어 공을 던진다.
ㄹ. 5~6세경 : 높이뛰기와 멀리뛰기를 할 수 있다.

① ㄱ, ㄴ
② ㄱ, ㄷ
③ ㄱ, ㄹ
④ ㄱ, ㄴ, ㄹ
⑤ ㄱ, ㄴ, ㄷ, ㄹ

14 다음 중 보기의 내용과 연관된 조사연구에 해당하는 것은?

> 최근 정부는 청소년 흡연율, 청소년 범죄율 등 청소년과 관련된 사회적인 문제에 대해 정책적인 대안을 마련하고자 관련 부처에 정확한 실태 파악을 지시하였다.

① 기술적 조사 ② 탐색적 조사
③ 설명적 조사 ④ 횡단적 조사
⑤ 종단적 조사

15 다음 보기의 내용을 설명하는 현상은 무엇인가?

> 각각의 사물은 하나의 명칭만을 가진다고 생각한다(멍멍이, 야옹이 등).

① 신속표상대응 ② 어휘대조
③ 과잉확대   ④ 과잉축소
⑤ 상호배타성

16 다음 중 횡단적 연구와 종단적 연구에 관한 설명으로 옳지 않은 것은?
① 횡단적 연구는 연령이 다른 개인 간의 발달적 차이를 단기간에 비교하려는 경우 사용한다.
② 종단적 연구는 개인의 연령에 따른 연속적인 변화 양상을 파악하려는 경우 사용한다.
③ 횡단적 연구는 개선된 최신의 검사도구를 충분히 활용할 수 있어 선택이 비교적 자유롭다.
④ 종단적 연구는 자료수집이 비교적 짧은 기간에 이루어지며, 간단하고 비용이 절감된다.
⑤ 계열적 연구는 횡단적 연구와 종단적 연구를 혼합한 것으로서, 시간과 노력에서 비경제적이고 결과의 일반화가 어려울 수 있다.

17 영아의 주요 반사운동 중 '경악반응'이라고도 하는 것으로서, 갑작스런 큰 소리를 듣게 되면 자동적으로 팔과 다리를 쫙 펴는 것은 물론, 손가락을 펴고 머리를 뒤로 제치는 반응에 해당하는 것은?
① 탐색반사 ② 모로반사
③ 쥐기반사 ④ 바빈스키반사
⑤ 빨기반사

18 다음 중 유아기(18개월~4세)의 특징에 관한 설명으로 옳은 것은?

① 일관성 있는 수유는 부드럽고 여유 있는 성격의 토대를 마련한다.
② 신체적 성장이 매우 급격히 이루어지는 시기이므로 충분한 영양공급이 필요하다.
③ 집단활동을 통해 다양한 규칙을 습득하게 된다.
④ 부모와의 정서적 독립 및 안정된 분리개별화를 획득할 필요가 있다.
⑤ 안전사고가 급증하는 시기이므로 안전사고 방지를 위해 노력할 필요가 있다.

19 쉐퍼와 에멀슨(Schaffer & Emerson)의 애착발달 단계에 관한 설명으로 옳은 것은?

① '비변별적-비사회적-특정인-다인수 애착'의 순서로 나타난다.
② 다인수 애착 단계에서 영아는 낯선 사람을 두려워하고 경계한다.
③ 비변별적 애착 단계에서 영아는 격리에 대한 저항을 나타내지 않는다.
④ 비사회적 단계는 출생 후 대략 7개월까지이다.
⑤ 다인수 애착 단계에서 영아는 주양육자 외의 다른 사람과도 애착을 형성한다.

20 다음 중 학령기(6~12세)의 발달적 특징에 관한 설명으로 옳지 않은 것은?

① 자신이 스스로 상황을 극복할 수 있다는 자기효능감을 가진다.
② 목표를 성취하기 위한 효과적인 전략이라는 분업의 원리를 배운다.
③ 10세 이전에는 남아가 여아보다 키와 몸무게에서 우세하다.
④ 주의력결핍 과잉행동장애(ADHD)는 학령기 아동에게서 가장 흔히 나타나는 장애이다.
⑤ 이성의 친구와 친밀감을 유지하려고 한다.

21 다음 중 보기의 내용과 연관된 청소년기(12~19세)의 자아정체감 범주에 해당하는 것은?

> 올해 고등학교 3학년인 A군은 곧 대입수학능력 시험을 앞두고 있다. 그러나 A군은 3년 전 고등학교 입학시험을 앞둔 당시 부모가 희망하는 특수목적 고등학교에 원서를 넣었던 것과 마찬가지로, 이번 대학 입학시험을 앞두고서도 부모의 의사에 따라 법대를 지망할 예정이다. A군은 부모의 결정이 항상 옳은 것이라 생각하며, 평소에도 부모의 의사에 따라 행동하곤 한다.

① 정체감 성취   ② 정체감 혼미
③ 정체감 유예   ④ 정체감 혼란
⑤ 정체감 유실

22 다음 중 청소년기(12~19세)의 특징에 관한 설명으로 옳지 않은 것은?

① 청소년의 성적 성숙은 그 시기에 있어서 개인차를 보인다.
② 부모나 다른 성인으로부터 정신적 독립을 요구한다.
③ 신체적 황금기로서 모든 신체적 성장과 성숙이 거의 완성된다.
④ 급격한 신체적·정신적 발달에 적응하며, 각자의 성역할과 기능을 인식한다.
⑤ 청소년의 성장급등은 남학생보다 여학생에게서 먼저 나타난다.

23 다음 중 성인기(30~65세)의 발달상 특징에 관한 설명으로 옳은 것을 모두 고른 것은?

> ㄱ. 신진대사의 저하가 일어나고 체중이 늘기 시작한다.
> ㄴ. 에릭슨의 성인 초기, 피아제의 형식적 조작기 전기에 해당하는 시기이다.
> ㄷ. 사회에 대한 영향력이 절정에 달하며, 동시에 노화에 따른 생물학적 변화를 느낀다.
> ㄹ. 개인의 직업적 경력에 있어서 만족할 만한 성과를 거두고 이를 유지하고자 한다.

① ㄱ, ㄴ, ㄷ
② ㄱ, ㄷ
③ ㄴ, ㄹ
④ ㄱ, ㄷ, ㄹ
⑤ ㄱ, ㄴ, ㄷ, ㄹ

24 다음 중 노년기(65세 이상)의 특징으로 옳은 것을 모두 고른 것은?

> ㄱ. 사회적 지위가 높아지면서 공식적·제도적인 역할이 확대된다.
> ㄴ. 자기중심적인 사고에서 벗어나 문제를 해결하려는 양상을 보인다.
> ㄷ. 인지능력과 추론능력이 급격히 떨어지는 양상을 보인다.
> ㄹ. 노년기 인지기능의 저하는 처리속도의 감소와 관련이 있다.
> ㅁ. 관련 없는 정보를 억압하는 능력이 점차 감퇴되어 과제에 집중하기 힘들다.

① ㄱ, ㄴ, ㄷ
② ㄱ, ㄷ
③ ㄴ, ㄷ, ㄹ
④ ㄹ, ㅁ
⑤ ㄱ, ㄴ, ㄷ, ㄹ

25 다음 중 이론가와 발달에 관한 주장이 올바르게 연결된 것은?

① 게젤(A. Gesell) - 아동발달의 근본적 힘은 환경이다.
② 촘스키(N. Chomsky) - 언어적 성취는 유전적보다 환경적 프로그램에 의한 것이다.
③ 왓슨(J. B. Watson) - 성격 형성은 환경보다 유전에 의해 좌우된다.
④ 보울비(J. Bowlby) - 생의 초기 불안정 애착 효과는 지속적이지 않다.
⑤ 콜버그(L. Kohlberg) - 도덕발달은 일정한 순서에 따라 진행된다.

필수과목 02 집단상담의 기초

01 다음 보기의 내용이 설명하는 집단상담의 이론적 접근은?

> ○ 집단원의 행동을 주관적 관점에서 이해하는 것을 추구한다.
> ○ 집단상담자는 집단원의 경험이 어떻게 의식으로 나타나는가를 규명한다.
> ○ 삶의 중요성과 목적을 향한 노력은 인간의 독특한 특성임을 강조한다.
> ○ 집단상담자는 집단원이 오랫동안 회피해 왔던 불안에 직면하도록 돕는다.

① 현실치료
② 정신분석
③ 실존치료
④ 분석심리학
⑤ 게슈탈트 치료

02 집단구성원의 역할 중 관계지향적 역할에 해당하는 사람을 모두 고른 것은?

> ㄱ. 집단 내부의 갈등을 중재하는 조정자
> ㄴ. 집단문제 해결을 위한 대안을 제시하는 공헌자
> ㄷ. 다른 성원을 칭찬하고 고무하는 지지자
> ㄹ. 자신을 다른 집단원들로부터 고립시키는 고립자

① ㄱ, ㄴ, ㄷ
② ㄱ, ㄷ
③ ㄴ, ㄹ
④ ㄹ
⑤ ㄱ, ㄴ, ㄷ, ㄹ

03 다음 중 집단상담의 목표에 해당하지 않는 것은?

① 인간의 욕구나 문제들에 대한 보편성 인식
② 타인의 욕구와 감정에 대한 민감성 증진
③ 타인의 기대에 부응하는 태도 습득
④ 타인에 대한 배려와 염려를 바탕으로 한 직면의 기술 습득
⑤ 정상적인 발달문제의 해결을 위한 새로운 방식의 발견

04 라자루스(A. Lazarus)의 BASIC-ID 모형의 요소와 그 내용이 옳게 연결된 것을 모두 고른 것은?

> ㄱ. A - 감정적이거나 영혼을 감동시키는 내적 반응을 하는 성향이 있음
> ㄴ. S - 자신이 좋아하는 음악을 들을 때 행복을 느낀다고 함
> ㄷ. C - 일을 분석하고 계획을 수립하여 추진하는 과정의 추론을 좋아하고 잘 함
> ㄹ. D - 집단활동에 적극적으로 참여할 뿐 아니라 같은 반 학생들과도 잘 어울리고 있음

① ㄱ, ㄹ ② ㄴ, ㄷ
③ ㄱ, ㄴ, ㄷ ④ ㄴ, ㄷ, ㄹ
⑤ ㄱ, ㄴ, ㄷ, ㄹ

05 다음 중 집단지도에 비해 집단상담이 가지는 특징에 해당하는 것을 모두 고른 것은?

> ㄱ. 지도자는 교육적 활동에 직접 관여한다.
> ㄴ. 집단원의 태도 변화로 인한 갈등문제를 취급한다.
> ㄷ. 집단지도에 비해 집단의 규모가 크다.
> ㄹ. 정상적·발달적인 문제를 다룬다.

① ㄱ, ㄴ, ㄷ ② ㄱ, ㄷ
③ ㄴ, ㄹ ④ ㄹ
⑤ ㄱ, ㄴ, ㄷ, ㄹ

06 다음 중 얄롬(Yalom)이 제시한 집단의 치료적 효과에 해당하는 것을 모두 고른 것은?

> ㄱ. 정보전달 ㄴ. 이타심
> ㄷ. 실존적 요인들 ㄹ. 1차 가족집단의 개입

① ㄱ, ㄴ, ㄷ ② ㄱ, ㄷ
③ ㄴ, ㄹ ④ ㄹ
⑤ ㄱ, ㄴ, ㄷ, ㄹ

07 다음 보기의 내용이 설명하는 집단 유형은?

> ○ 공동의 목표를 가지고 동일한 주제에 대해 관심이나 재능을 가지고 있는 사람들로 구성된다.
> ○ 집단원들의 자기개방 수준은 낮은 편이며, 목적 달성과 함께 집단이 해체된다.

① 과업집단 ② 치료집단
③ 자조집단 ④ 교육집단
⑤ 치유집단

08 집단상담 과정 중 생산적인 집단에서 나타나는 변화 촉진요인으로 옳은 것을 모두 고른 것은?

> ㄱ. 자신의 책임을 수용한다.
> ㄴ. 헤어짐에 대한 감정을 다룬다.
> ㄷ. 효과를 재검토한다.
> ㄹ. 회피했던 감정을 표현한다.
> ㅁ. 건강한 생활에 대한 정보를 얻는다.

① ㄱ, ㄴ, ㄷ ② ㄱ, ㄷ, ㅁ
③ ㄴ, ㄹ, ㅁ ④ ㄱ, ㄹ, ㅁ
⑤ ㄱ, ㄴ, ㄷ, ㄹ, ㅁ

09 정신분석적 모형에 의한 집단의 진행단계를 순서대로 올바르게 나열한 것은?

① 예비적 개별분석 → 전이의 분석 → 저항의 분석 → 훈습 → 꿈과 환상을 통한 촉진관계 정립 → 재교육 및 사회적 통합
② 예비적 개별분석 → 꿈과 환상을 통한 촉진관계 정립 → 전이의 분석 → 저항의 분석 → 훈습 → 재교육 및 사회적 통합
③ 예비적 개별분석 → 꿈과 환상을 통한 촉진관계 정립 → 저항의 분석 → 전이의 분석 → 훈습 → 재교육 및 사회적 통합
④ 예비적 개별분석 → 저항의 분석 → 꿈과 환상을 통한 촉진관계 정립 → 전이의 분석 → 훈습 → 재교육 및 사회적 통합
⑤ 예비적 개별분석 → 저항의 분석 → 전이의 분석 → 훈습 → 꿈과 환상을 통한 촉진관계 정립 → 재교육 및 사회적 통합

10 로저스(Rogers)는 내담자 중심의 원리를 집단과정에 적용하여 참만남 집단을 발전시켰다. 다음 중 로저스의 참만남 집단의 특징에 관한 설명으로 옳지 않은 것은?

① 집단상담자는 사전에 기획된 집단목표를 통해 집단과정에 체계적으로 개입한다.
② 집단상담자는 안내자, 촉진자로서의 역할을 수행한다.
③ 집단상담자는 집단의 성패에 대해 전적인 책임을 지지 않는다.
④ 비구조화된 집단으로 운영된다.
⑤ '인간중심상담'이라고도 불린다.

11 집단상담자는 집단원들을 대상으로 현실치료적 접근을 수행하면서 기술적 질문을 활용하였다. 다음 중 집단의 진행과정으로서 자기평가하기(Self-Evaluation)와 관련된 질문으로 가장 적절한 것은?

① "당신의 현재 행동이 당신에게 도움이 됩니까?"
② "사람들이 당신에게 무엇을 원한다고 생각합니까?"
③ "당신은 지금 무엇을 하고 있습니까?"
④ "당신이 진정으로 원하는 것은 무엇입니까?"
⑤ "당신은 어떤 시각으로 사물을 바라봅니까?"

12 다음 중 집단과정을 촉진하기 위한 집단상담자의 행동으로 옳지 않은 것은?

① 불안과 긴장을 표현하도록 격려한다.
② 집단상담자에게 의존하는 경향을 줄인다.
③ 자기탐색을 위한 새로운 시도를 격려한다.
④ 생산적인 집단운영을 위해 갈등표현을 제한한다.
⑤ 초대하기를 통하여 집단참여를 유도한다.

13 다음 중 행동주의적 접근모형에 관한 설명으로 가장 옳지 않은 것은?

① 집단원은 집단 밖에서 새로운 행동을 연습하며, 이를 일상생활에 적용한다.
② 집단상담자는 적극적으로 가르치고, 미리 결정된 활동절차에 따라 집단이 진행되도록 이끈다.
③ 모방에 의한 사회적 학습 또는 관찰학습이 집단상담에 효과적으로 적용될 수 있다.
④ 이상 행동은 학습 원리에 의해 학습된 것이 아니므로 새로운 학습을 통해 수정될 수 있다.
⑤ 집단원이 집단상담자와의 동일시를 통해 그의 태도나 가치관, 신념을 무조건적으로 받아들일 가능성이 있다.

14 다음 중 심리극(Psychodrama)에 관한 설명으로 옳은 것을 모두 고른 것은?

> ㄱ. '정신(Psyche)'과 '극(Drame)'의 합성어로서, 모레노(Moreno)가 개발한 심리요법이다.
> ㄴ. 심리극은 자발성, 창조성, 즉흥성의 원리를 기초로 한다.
> ㄷ. 구성요소로는 주인공, 보조자아, 연출자, 관객, 심리극의 장소와 무대, 무대소품과 조명·음향 등을 들 수 있다.
> ㄹ. 보조자아는 극중에서 주인공의 상대역을 하고, 주인공이 극을 진행하는 데 촉진자 역할을 한다.
> ㅁ. 주인공의 숨겨진 생각이나 감정이 말을 통해 드러남으로써, 주인공의 감정을 이해하는 데 도움을 주는 것을 '거울 기법'이라고 한다.

① ㄱ, ㄴ, ㄷ, ㅁ
② ㄱ, ㄷ, ㅁ
③ ㄴ, ㄷ, ㄹ
④ ㄱ, ㄴ, ㄷ, ㄹ
⑤ ㄱ, ㄴ, ㄷ, ㄹ, ㅁ

15 청소년 집단상담에서 집단역동에 영향을 미치는 요소에 해당하는 것을 모두 고른 것은?

> ㄱ. 청소년의 자기존중
> ㄴ. 변화를 시도하는 자유
> ㄷ. 부모와 교사의 관심
> ㄹ. 인간관계 형성 기법의 학습

① ㄱ, ㄴ, ㄷ
② ㄱ, ㄷ
③ ㄴ, ㄹ
④ ㄹ
⑤ ㄱ, ㄴ, ㄷ, ㄹ

16 집단상담의 발달과정을 "도입-준비-작업-종결"의 4단계로 나눌 때, '도입단계'의 내용에 해당하는 것은?

① 집단원들 간의 신뢰와 응집이 높은 수준을 나타낸다.
② 집단원들의 저항이 두려움에 대한 방어적인 태도와 '숨은 안건'으로 나타난다.
③ 집단원들의 저항과 불안, 갈등을 다루며 점차로 응집성을 발달시킨다.
④ 과도기적인 단계로서 신뢰적인 집단분위기를 조성한다.
⑤ 의미 있는 문제들에 대해 깊이 있게 탐색한다.

17 집단상담의 5단계 발달과정에서 집단원이 자신의 억압된 정서를 표출하여 감정 정화에 이르는 단계에 해당하는 것은?

① 시작단계
② 갈등단계
③ 응집단계
④ 생산단계
⑤ 종결단계

18 다음과 같은 특성이 모두 나타날 경우에 집단상담자가 대처할 방법으로 옳은 것은?

> ○ 집단원의 불안감이 고조된다.
> ○ 방어적 태도로 인하여 갈등이 나타난다.
> ○ 집단상담자에 대한 도전이 나타나 갈등이 야기된다.
> ○ 집단원 간에 갈등이 나타난다.

① 표출된 불안감은 다루지 않는다.
② 부적절한 공격은 개입한다.
③ 불만은 수용하고 충분히 표현하게 한다.
④ 집단원 간의 갈등은 서로 말하지 않도록 한다.
⑤ 집단원 간의 갈등은 상담자가 개입하지 않는다.

19 집단상담자에게 요구되는 인간적 자질에 관한 설명으로 가장 옳지 않은 것은?
① 상담 과정에서의 다양한 어려움과 외부의 압력에 대해 끈기 있게 버틸 수 있는 인내심을 가진다.
② 실수나 실패를 두려워하지 않으며 과감하고 용기 있게 모험적인 시도를 펼친다.
③ 상담의 원활한 진행을 위해 적절하게 유머를 사용한다.
④ 집단원들이 주도적으로 상담 과정을 이끌어나갈 수 있도록 조력자로서의 역할을 수행한다.
⑤ 집단상담자 스스로 자기 자신의 사고와 감정, 가치관과 정체성 등에 대해 객관적으로 인지한다.

20 집단상담의 이론적 접근과 구성요소가 바르게 연결된 것은?
① 심리극 - 전이, 해석
② 현실치료 - 선택, 접촉
③ 교류분석 - 각본, 스트로크
④ 정신분석 - 주인공, 보조자아
⑤ 행동주의 - 해소, 알아차림

21 게슈탈트 치료에 근거한 집단상담에 관한 설명으로 옳은 것은?
① 과거는 현재와 관련되어 있다는 점에서 중요하게 여긴다.
② 유기체의 자각 또는 알아차림을 통한 접촉 결여를 주요 문제로 간주한다.
③ 인간존재의 불안의 원인을 본질적인 시간의 유한성과 죽음 또는 불안에서 기인한다.
④ 집단원의 전체행동은 행동하기, 생각하기, 느끼기, 생리적 반응으로 구성된다.
⑤ 집단원 자신과의 합일, 동시에 인류와의 합일을 집단상담의 목표로 삼는다.

22 감수성 훈련집단에 관한 설명으로 옳은 것을 모두 고른 것은?

> ㄱ. '인간관계 훈련집단'으로도 불린다.
> ㄴ. 대부분 구조화 집단의 형태로 진행된다.
> ㄷ. 내용중심 집단이다.
> ㄹ. '지금-여기'에서의 정서적 경험에 초점을 맞춘다.

① ㄱ, ㄴ, ㄷ ② ㄱ, ㄷ
③ ㄱ, ㄹ ④ ㄹ
⑤ ㄱ, ㄴ, ㄷ, ㄹ

23 집단상담자가 지켜야 할 윤리에 관한 내용으로 옳지 않은 것은?

① 집단원들에게 집단의 성격과 목표, 특성, 과정 등을 분명하게 안내해야 한다.
② 집단원이 치명적인 전염병을 앓고 있다는 것을 알았을 때는 관계 기관에 신고해야 한다.
③ 집단과 관련된 훈련이나 교육, 수퍼비전을 받는 등 집단상담자로서의 최소한의 준비와 자격을 갖춘 후에 진행해야 한다.
④ 집단원을 대상으로 실시된 연구의 결과물은 해당 집단원의 요구가 있더라도 제공해서는 안 된다.
⑤ 집단원의 자료를 연구, 교육, 출판의 목적으로 사용할 때 집단원의 신원이 드러나지 않도록 하여야 한다.

24 집단상담자가 사용하는 기법과 예가 올바르게 연결된 것은?

① 폐쇄적 질문 - "지금 기분이 슬픈가요?"
② 구조화 - "네가 먼저 다가가서 말을 걸어보렴."
③ 반영 - "잠깐, 마무리할 시간이 다 되어서 그 이야기는 다음 시간에 하도록 할까요?"
④ 재진술 - "용기 있게 자신의 이야기를 하면서 적극적으로 참여하는 모습이 보기 좋아요."
⑤ 직면 - "어머니가 초등학교 때 공부하라고 때린 일 때문에, 공부하는 것을 싫어하게 된 것 같구나."

25 다음 중 집단지도의 가장 기초적인 기술로서, 집단원들의 이야기에 간단하면서도 즉각적인 반응을 보이는 것은?

① 경청하기 ② 관심 기울이기
③ 반영하기 ④ 촉진하기
⑤ 명료화하기

필수과목 03 심리측정 및 평가

01 다음 중 심리평가의 기능에 관한 설명으로 옳지 않은 것은?

① 상담실무능력 강조
② 문제의 명료화 및 세분화
③ 수검자에게 통찰의 기회 제공
④ 상담결과와 효과에 대한 평가
⑤ 개인의 인지적 기능 및 강점 평가

02 다음 중 심리검사에 관한 설명으로 옳지 않은 것은?

① 심리적 구인은 직접적으로 측정 가능하다.
② 측정의 오차가 작을수록 신뢰도는 높은 경향이 있다.
③ 검사의 신뢰도가 높으면 타당도도 높게 나타나지만 항상 그런 것은 아니다.
④ 규준의 표본크기가 큰 경우에도 신뢰도와 타당도 검증이 필요하다.
⑤ 사용자의 자격은 검사 종류에 따라 제한되어야 한다.

03 투사적 검사와 객관적 검사의 특징에 관한 설명으로 옳지 않은 것은?

① 투사적 검사는 객관적 검사에 비해 검사의 채점 및 해석 과정을 표준화하기 어렵다.
② 투사적 검사는 객관적 검사에 비해 검사자의 주관이 개입될 여지가 커 검사자에게 상당한 전문성이 요구된다.
③ 투사적 검사에 비해 객관적 검사에서 수검자는 자신의 상태를 은폐하거나 과장하기가 용이하다.
④ 투사적 검사는 객관적 검사에 비해 검사자극이 모호하여 수검자가 반응을 조작하기 쉽다.
⑤ 투사적 검사는 객관적 검사에 비해 검사의 타당도가 충분히 입증되지 않았다.

04 다음 중 어떤 일정한 규칙에 따라 대상이나 사건에 수치를 할당하는 과정을 의미하는 것은?

① 표준화
② 규준화
③ 척 도
④ 평 가
⑤ 측 정

05 다음 중 척도에 관한 설명으로 옳지 않은 것은?

① 척도는 재는 기구, 즉 저울, 온도계, 혈압계와 같은 것이다.
② 척도의 응답범주들은 응답 가능한 상황들을 모두 포함하고 있어야 한다.
③ 척도의 각 범주들은 다른 범주와의 관계에서 상호배타적이어야 한다.
④ 척도의 조건으로는 신뢰성, 타당성, 복잡성 등이 있다.
⑤ 척도의 각 범주들이 같은 범주 안에서 포괄적이어야 한다.

06 정신상태평가(Mental Status Examination)의 주요 항목을 모두 고른 것은?

ㄱ. 감정과 정서	ㄴ. 의식 및 인지
ㄷ. 발달력	ㄹ. 언어와 사고

① ㄱ, ㄴ
② ㄱ, ㄷ
③ ㄱ, ㄴ, ㄹ
④ ㄴ, ㄷ, ㄹ
⑤ ㄱ, ㄴ, ㄷ, ㄹ

07 다음 중 동일한 대상에게 시기만 달리하여 동일한 측정도구로 조사한 결과를 상관계수로 계산하는 신뢰도는?

① 반분신뢰도
② 검사-재검사 신뢰도
③ 문항내적합치도
④ 동형검사 신뢰도
⑤ 관찰자 신뢰도

08 다음 중 규준참조검사와 준거참조검사에 관한 설명으로 옳지 않은 것은?

① 규준참조검사는 규준을 가지고 있는 반면, 준거참조검사는 규준을 가지고 있지 않다.
② 규준참조검사는 상대평가 목적의 검사에 해당하는 반면, 준거참조검사는 절대평가 목적의 검사에 해당한다.
③ 규준참조검사는 영역참조검사로서 보통 범주를 구분하기 위해 기준 점수를 설정하며, 원점수를 설정된 기준에 비추어 판단한다.
④ 준거참조검사는 문항 개발 시 측정하고자 하는 내용 영역을 잘 반영했는지에 대한 전문가의 평가 절차가 요구된다.
⑤ 대부분의 국가자격시험이나 국가 수준의 학업성취도 평가는 준거참조검사에 해당한다.

09 다음 보기의 성격특징에 해당하는 홀랜드(Holland)의 직업적 성격 유형은?

> ○ 남성적이고, 솔직하고 검소하다.
> ○ 지구력이 있고, 신체적으로 건강하다.
> ○ 말이 적고, 고집이 세고, 직선적이고, 단순하다.

① 현실적 유형(Realistic Type)
② 탐구적 유형(Investigative Type)
③ 예술적 유형(Artistic Type)
④ 관습적 유형(Conventional Type)
⑤ 기업적 유형(Enterprising Type)

10 다음 중 투사적 검사에 해당하는 것을 모두 고른 것은?

> ㄱ. 한국판 성인용 웩슬러 지능검사(K-WAIS)
> ㄴ. 마이어스-브릭스 성격유형검사(MBTI)
> ㄷ. 16성격 요인검사(16PF)
> ㄹ. 문장완성검사(SCT)

① ㄱ, ㄴ, ㄷ
② ㄱ, ㄷ
③ ㄴ, ㄹ
④ ㄹ
⑤ ㄱ, ㄴ, ㄷ, ㄹ

11 비네-시몽검사(Binet-Simon Scale)를 미국 문화에 적합하도록 스탠포드-비네검사(Stanford-Binet Intelligence Scale)로 수정한 학자는?

① 터먼(L. Terman)
② 웩슬러(D. Wechsler)
③ 카텔(R. Cattell)
④ 오티스(A. Otis)
⑤ 스피어만(C. Spearman)

12 MMPI-2와 비교하여 MMPI-A에만 있는 내용척도로 옳은 것을 모두 고른 것은?

| ㄱ. 품행문제 척도 | ㄴ. 기태적 정신상태 척도 |
| ㄷ. 낮은 포부 척도 | ㄹ. 낮은 자존감 척도 |

① ㄱ, ㄴ
② ㄱ, ㄷ
③ ㄱ, ㄷ, ㄹ
④ ㄴ, ㄷ, ㄹ
⑤ ㄱ, ㄴ, ㄷ, ㄹ

13 다음 중 웩슬러(Wechsler) 지능검사의 시행상 유의사항으로 가장 옳은 것은?

① 지능검사의 실시 목적이 지능의 평가에 있음을 명확히 고지한다.
② 결과의 의미 있는 해석을 위해 표준절차를 엄격하게 따르도록 한다.
③ 수검자가 검사에 익숙해지도록 본격적인 시행에 앞서 검사도구를 간략히 공개한다.
④ 사회적 바람직성을 방지하기 위해 검사를 실시할 때 수검자에게 지능검사임을 알리지 않는다.
⑤ 단 한번의 검사로는 불충분하므로 2회에 걸쳐 전체 검사를 완성하도록 한다.

14 한국판 웩슬러 성인용 지능검사 4판(K-WAIS-Ⅳ)의 특징으로 옳지 않은 것은?

① 전체 지능지수 및 언어성 및 동작성 지능지수가 모두 제공된다.
② WAIS-Ⅲ에서 처음으로 채택되었던 언어이해, 지각추론, 작업기억, 처리속도의 4요인 구조가 WAIS-Ⅳ에서도 유지되어 K-WAIS-Ⅳ에서도 4요인 구조가 그대로 적용된다.
③ 이전판에 있던 소검사들 중 차례 맞추기와 모양 맞추기 소검사가 없어지고 행렬추론, 동형 찾기, 퍼즐, 순서화, 무게비교, 지우기와 같은 새로운 형식의 소검사가 추가되었다.
④ 웩슬러 성인용 지능검사의 가장 최신판으로서, 소검사들과 합산점수로 이루어져 있다.
⑤ 산출되는 지능지수의 범위를 IQ 40~160으로 확장하여 능력이 매우 뛰어나거나 매우 제한된 사람들의 지능지수 산출을 가능하게 한다.

15 아동용 웩슬러 지능검사 4판(K-WISC-IV) 실시에 관한 설명으로 옳은 것을 모두 고른 것은?

> ㄱ. 정답을 말할 때까지 추가적인 질문을 한다.
> ㄴ. 오답을 한 경우 정답을 알려주고, 다음 문항을 실시한다.
> ㄷ. 아동이 기록용지나 지침서를 보게 해서는 안 된다.
> ㄹ. 검사문항이나 실시 지시문을 변경하지 않아야 한다.
> ㅁ. 아동이 검사시작 전까지는 도구를 보지 못하도록 한다.

① ㄱ, ㄴ
② ㄱ, ㄷ
③ ㄱ, ㄷ, ㄹ
④ ㄷ, ㄹ, ㅁ
⑤ ㄱ, ㄴ, ㄷ, ㄹ, ㅁ

16 인간의 성격에 대한 연구를 통해 세계관 유형에 따른 성격유형으로서 '감성적 인간', '영웅적 인간', '사색적 인간'을 제시한 학자는?

① 올포트(Allport)
② 카텔(Cattell)
③ 딜테이(Dilthey)
④ 아이젱크(Eysenck)
⑤ 셀든(Sheldon)

17 미네소타 다면적 인성검사(MMPI)는 임상척도와 타당도 척도를 통해 수검자의 심리상태 및 검사태도를 측정한다. 다음 중 척도의 구분상 나머지 넷과 다른 것은?

① Si(Social Introversion)
② D(Depression)
③ Hy(Hysteria)
④ F(Infrequency)
⑤ Sc(Schizophrenia)

18 (중)다특성-(중)다방법 행렬(Multitrait-Multimethod Matrix)에 따른 실험설계를 통해 확인하는 타당도는?

① 내용타당도
② 안면타당도
③ 준거타당도
④ 예언타당도
⑤ 수렴변별타당도

19 벤더게슈탈트검사(BGT)에 관한 설명으로 옳지 않은 것을 모두 고른 것은?

> ㄱ. 비언어적 검사로 문화적 영향을 많이 받는다.
> ㄴ. 형태심리학과 역동심리학 이론을 근거로 개인의 심리적 과정을 분석할 수 있다.
> ㄷ. 인지장애가 심한 기질적 뇌손상 환자에게는 실시하지 않는다.
> ㄹ. 여분의 모사 용지를 준비하여 수검자가 요구하면 더 사용할 수 있게 한다.

① ㄱ, ㄴ
② ㄱ, ㄷ
③ ㄱ, ㄴ, ㄷ
④ ㄱ, ㄷ, ㄹ
⑤ ㄱ, ㄴ, ㄷ, ㄹ

20 로르샤하(Rorschach) 검사에서 반응영역(Location)을 채점하는 지표가 아닌 것은?

① W
② D
③ Dd
④ DV
⑤ S

21 인간의 능력은 7개 요인(언어이해력, 어휘유창성, 수리능력, 공간능력, 기억력, 추리력, 지각속도)으로 구성되어 있다고 본 모형은?

① 젠센(A. Jensen)의 2수준 지능이론
② 카텔-혼(Cattell And Horn)의 유동성-결정성 지능모형
③ 버논-버트(Vernon And Burt)의 위계적 모형
④ 스턴버그(R. Sternberg)의 삼원지능 모형
⑤ 써스톤(L. Thurstone)의 기본정신능력 모형

22 성격평가질문지(PAI)에서 대인관계 척도에 해당되는 것은?

① AGG(공격성)
② ARD(불안관련 장애)
③ SCZ(정신분열병)
④ NON(비지지)
⑤ WRM(온정성)

23 로르샤하 검사(Rorschach Test)의 채점항목을 올바르게 연결한 것은?

① 발달질 - 반응이 잉크반점의 특징에 얼마나 부합하는가?
② 형태질 - 반응의 질은 어떠한가?
③ 결정인 - 반응하기 위해 잉크반점의 어떤 부분이 사용되었는가?
④ 반응영역 - 반응은 어떤 내용의 범주에 포함되는가?
⑤ 반응내용 - 반응을 결정하는 데 영향을 미친 반점의 특징은 어떠한가?

24 주제통각검사(TAT)에 관한 설명으로 옳은 것을 모두 고른 것은?

> ㄱ. 수검자가 동일시할 수 있는 인물과 상황을 그림으로 제시하여, 수검자의 반응양상을 분석·해석한다.
> ㄴ. 주제통각검사는 29장의 흑백그림카드와 1장의 백지카드 등 총 30장으로 구성되어 있다.
> ㄷ. 그림 자극에 대한 이야기를 구성하는 과정에서 성격특성과 무의식적 갈등이 나타난다.
> ㄹ. 사고의 내용을 주로 볼 수 있는 것이 아니라 형식적인 측면을 볼 수 있게 해준다.

① ㄱ, ㄴ
② ㄱ, ㄷ
③ ㄱ, ㄴ, ㄷ
④ ㄴ, ㄷ, ㄹ
⑤ ㄱ, ㄴ, ㄷ, ㄹ

25 규준의 종류 중 다음 보기의 내용에 해당하는 것은?

> ○ 백분위점수   ○ 표준점수   ○ 편차 IQ

① 발달규준
② 집단내규준
③ 전국규준
④ 하위집단규준
⑤ 특수규준

필수과목 04 | 상담이론

01 다음 중 개인상담의 특징에 관한 설명으로 가장 옳은 것은?
① 상담은 상담자의 이론적인 지식보다는 경험을 강조한다.
② 상담은 상담자와 내담자 간의 1:1 관계로 이루어진다.
③ 상담에 있어서 면접이 반드시 필요한 것은 아니다.
④ 상담은 전 과정이 언어적인 상호작용으로 전개된다.
⑤ 개인상담은 집단상담보다 항상 효율적이다.

02 상담에 관한 설명으로 옳지 않은 것은?
① 상담의 주요 구성요소는 상담자, 내담자, 상담관계이다.
② 상담의 목표는 내담자와 협의하여 실현 가능하게 설정해야 한다.
③ 상담은 교육적·발달적·예방적·교정적 기능 등이 있다.
④ 상담자는 이론에 대한 이해와 상담 수련을 통해 전문가로서의 자질을 갖춘다.
⑤ 상담자는 위기상담에서도 일반상담과 같이 동일한 방법으로 개입해야 한다.

03 다음 중 로저스(Rogers)가 제시한 상담자의 자질에 해당하는 내용을 모두 고른 것은?

> ㄱ. 인간발달에 대한 전문적 지식
> ㄴ. 타인의 정서적 제한점에 대한 이해
> ㄷ. 의사소통 능력 및 문제해결 능력
> ㄹ. 객관적인 태도와 정서적으로 격리된 태도

① ㄱ, ㄴ, ㄷ ② ㄱ, ㄷ
③ ㄴ, ㄹ   ④ ㄹ
⑤ ㄱ, ㄴ, ㄷ, ㄹ

04 상담의 원활한 진행을 위해서는 상담에 의한 심리적 조력관계의 본질, 제한점, 목표 등을 명확히 규정할 필요가 있다. 이는 브래머(Brammer)가 제시한 상담의 과정상 어느 단계에 해당하는가?
① 명료화 단계   ② 구조화 단계
③ 견고화 단계   ④ 계획단계
⑤ 준비와 시작단계

05 상담 과정에서 내담자의 주요 호소문제가 명확해지는 경우 상담의 구체적인 목표를 설정하게 된다. 다음 중 상담목표 설정 시 지켜야 할 기준으로 가장 옳은 것은?
① 목표는 결과보다는 과정으로 진술되어야 한다.
② 목표는 크고 원대한 것이 좋다.
③ 목표는 단 하나로 요약되어야 한다.
④ 목표는 상담자의 가치에 적절한 것이어야 한다.
⑤ 목표는 그 도달을 위한 현실적인 기간이 명시되어야 한다.

06 행동주의 상담기법 중 바람직한 행동을 할 수 있도록 내담자를 돕는 기법은?
① 소거(Extinction)
② 처벌(Punishment)
③ 이완훈련(Relaxation Training)
④ 체계적 둔감법(Systematic Desensitization)
⑤ 행동조성(Shaping)

07 다음 중 경청의 올바른 사용으로 가장 적절하지 않은 것은?
① 상담자는 내담자의 말을 한 순간도 놓치지 않는다.
② 상담자는 내담자가 심각하게 말하는 내용에 대해 그렇게 받아들인다.
③ 상담자는 내담자가 이야기 도중 할 말을 찾더라도 충분히 기다린다.
④ 상담자는 내담자가 말한 단어의 뜻 자체보다는 잠재적인 감정에 주목한다.
⑤ 상담자는 '아하', '예', '그랬군요' 등의 최소반응을 보인다.

08 실존주의 상담에서 가정하는 인간의 궁극적 관심사가 아닌 것은?
① 죽음과 비존재
② 고 립
③ 무의미성
④ 자유와 책임
⑤ 무의식의 자각

09 인간중심상담 이론에 관한 설명으로 옳은 것을 모두 고른 것은?

> ㄱ. 자아는 성격의 조화와 통합을 위해 노력하는 원형이다.
> ㄴ. 가치의 조건화는 주요 타자로부터 긍정적 존중을 받기 위해 그들이 원하는 가치와 기준을 내면화하는 것이다.
> ㄷ. 현상학적 장은 경험적 세계 또는 주관적 경험으로 특정 순간에 개인이 지각하고 경험하는 모든 것을 뜻한다.

① ㄱ
② ㄴ
③ ㄱ, ㄴ
④ ㄴ, ㄷ
⑤ ㄱ, ㄴ, ㄷ

10 다음 중 상담의 기법으로서 요약(Summarizing)에 관한 설명으로 옳지 않은 것은?

① 대화의 전반적인 내용이나 일반적인 줄거리를 구성한다.
② 요점을 되풀이하여 말하거나 지난 상담 회기를 짧게 다시 살펴본다.
③ 상담자 또는 내담자가 상호간의 결정 하에 역할을 분담할 수 있다.
④ 상담 회기의 체계적인 진행을 위해 상담자가 자신의 언어를 사용하여 지난 과정들을 기술하는 것이 효과적이다.
⑤ 상담 도중에 나타난 문제점, 진행 정도 및 다음 단계에 대한 계획을 파악하는 데 도움을 준다.

11 자아의식 모델에 따른 내담자의 자기노출 수준에서 자신의 사고·감정·행동이 타인에게는 알려져 있으나, 정작 자기 자신은 깨닫지 못하는 영역에 해당하는 것은?

① 개방영역
② 폐쇄영역
③ 은폐영역
④ 미지영역
⑤ 맹인영역

12 각 상담이론과 용어의 연결이 옳지 않은 것은?

① 현실치료 - WDEP
② 교류분석 - PAC
③ 인간중심상담 - OVP
④ 게슈탈트 상담 - ABCDE
⑤ 다중양식치료 - BASIC ID

13 다음 중 상담의 기법으로서 '침묵 다루기'에 관한 설명으로 옳지 않은 것은?

① 내담자가 정서적 혼란 상태에 놓여 있는 경우 침묵의 내용과 다른 직접적인 질문을 하는 것이 바람직하다.
② 내담자의 침묵에 상담자는 어느 정도 인내심을 가지고 기다려보는 것이 바람직하다.
③ 내담자가 상담자에 대한 저항으로 침묵을 하는 경우 그 이유를 스스로 말할 때까지 기다리는 것이 바람직하다.
④ 내담자가 감정표현 후 휴식하기 위해 침묵하는 경우 충분한 시간을 허용할 수 있다.
⑤ 내담자가 자신이 말한 것을 숙고하며 침묵하는 경우 방해하지 않아야 한다.

14 다음 중 정신분석적 상담의 목표에 해당하지 않는 것은?

① 내담자가 미래의 발달과업을 성공적으로 수행하도록 안내한다.
② 현재 행동의 적절성 및 부적절성을 탐색할 수 있도록 한다.
③ 과거에 내담자 자신이 효과적으로 직면할 수 없었던 장면에 적절히 대처하도록 한다.
④ 내담자의 문제행동과 관련된 무의식의 내용을 의식수준으로 끌어올려 각성하도록 한다.
⑤ 내담자에게 문제행동의 원인을 통찰하도록 함으로써 새로운 행동을 가능하게 한다.

15 유능한 상담자가 갖추어야 할 자질로 옳지 않은 것은?

① 자신의 신념과 가정들이 다문화 내담자들에게 적절한지 숙고한다.
② 자신을 존중하고 수용하며 변화와 도전에 개방적이다.
③ 효과적인 대인관계 기술을 가지고 타인의 복지에 관심을 보인다.
④ 상담자는 현재에 초점을 두고 실수도 하며 그것을 기꺼이 인정한다.
⑤ 자신의 일에 열정적이며 내담자를 위해 개인적인 여가시간을 제한한다.

16 정신분석 상담의 기술 중 내담자에게 마음속에 떠오르는 것은 무엇이든 이야기하도록 하는 방법에 해당하는 것은?

① 자유연상
② 훈습
③ 꿈의 분석
④ 전이
⑤ 간직하기

17 다음 중 방어기제와 그 예를 올바르게 연결한 것은?

① 부정 – 부모에게 꾸중을 듣고 적대감으로 개를 발로 차는 아이
② 퇴행 – 불치병에 걸렸음을 알고도 미래의 계획을 화려하게 세우는 환자
③ 반동형성 – 남편이 바람피워 데려온 아이를 싫어함에도 오히려 과잉보호로 키우는 부인
④ 억압 – 입원 중 간호사에게 아기 같은 행동을 하며 불안을 감소시키는 노인
⑤ 승화 – 효도를 다하지 못한 죄책감으로 독거노인을 극진히 부양하는 자식

18 다음 대화에 나타나 있는 인간중심 상담자의 개입 반응은?

> • 내담자 : 우리 학교 상담실에 있는 선생님은 바보 같아요. 그 선생님한테 이런저런 고민을 털어놓으면 아무렇지도 않은 듯 고개만 끄덕이던데요.
> • 상담자 : 어려운 결심으로 상담실을 찾았는데, 막상 선생님의 무성의한 태도를 보니 화가 났나 보군요.

① 자기개방
② 일치된 진솔성
③ 감정 자각
④ 공감적 반영
⑤ '지금-여기'에서의 경험 표현

19 다음 중 행동주의 상담의 과정을 순서대로 올바르게 나열한 것은?

① 현재 상태 파악 → 라포 형성 → 상담목표 설정 → 문제행동 규명 → 상담기술 적용 → 상담결과 평가
② 상담목표 설정 → 문제행동 규명 → 라포 형성 → 현재 상태 파악 → 상담기술 적용 → 상담결과 평가
③ 상담목표 설정 → 라포 형성 → 현재 상태 파악 → 문제행동 규명 → 상담기술 적용 → 상담결과 평가
④ 라포 형성 → 현재 상태 파악 → 문제행동 규명 → 상담목표 설정 → 상담기술 적용 → 상담결과 평가
⑤ 라포 형성 → 문제행동 규명 → 현재 상태 파악 → 상담목표 설정 → 상담기술 적용 → 상담결과 평가

20 다음 중 아들러(Adler)가 제시한 생활양식의 유형에 관한 설명으로 옳은 것을 모두 고른 것은?

> ㄱ. 지배형 - 신경증 환자나 정신증 환자에게서 주로 나타난다.
> ㄴ. 획득형 - 반사회적인 유형으로서 알코올중독자나 가학성애자에게서 나타난다.
> ㄷ. 회피형 - 기생적인 방식으로 외부세계와 관계를 맺으며, 다른 사람에게 의존하여 자신의 욕구를 충족한다.
> ㄹ. 사회형 - 사회적 관심 수준이 높으며, 다른 사람과 협력하려고 한다.

① ㄱ, ㄴ, ㄷ
② ㄱ, ㄷ
③ ㄴ, ㄹ
④ ㄹ
⑤ ㄱ, ㄴ, ㄷ, ㄹ

21 다음 중 게슈탈트 상담의 원리에 관한 설명으로 옳지 않은 것은?

① 상담의 근본적인 목표는 개인의 성숙 및 성장이다.
② 각성(Awareness)을 통해 내담자의 과거 경험과 현재 상태 간의 일치를 돕는다.
③ 외부환경에 의존하던 내담자가 자기에게 방향을 돌려 자신의 책임을 받아들이도록 한다.
④ 자신의 욕구와 감정을 분명히 알아차리고 이를 수용하도록 돕는다.
⑤ 상담자는 자신의 감각을 최대한 활용하여 내담자의 신체 행동이나 표정 등의 비언어적인 표현과 변화를 관찰한다.

22 비현실적인 내담자의 행동은 상담 과정에서 지속적인 긴장상태를 유발한다. 이때 상담자는 내담자의 긴장을 적절히 풀어줌으로써 내담자로 하여금 즐거움을 느끼도록 하는 동시에 긍정적인 자아상을 발견하도록 도와야 한다. 다음 중 이와 같은 긴장상태를 해소하기 위한 현실주의 상담이론의 치료기법으로 가장 적절한 것은?

① 역설적 기법
② 빈 의자 기법
③ 반전기법
④ 직 면
⑤ 유 머

23 다음 중 교류분석에서의 자아상태에 관한 설명으로 옳지 않은 것을 모두 고른 것은?

> ㄱ. AC – 자기를 예절바르게 교육시키려고 애쓰는 부모에게 순종하고 있는 부분이다.
> ㄴ. FC – 누구에게나 구속받지 않고 자연스럽게 행동하며, 감정적·본능적·자기중심적·적극적이다.
> ㄷ. A – 합리적인 사고와 현실지향적인 행동을 한다.
> ㄹ. NP – 주로 비판·비난·질책을 한다.

① ㄱ, ㄴ, ㄷ
② ㄱ, ㄷ
③ ㄴ, ㄹ
④ ㄹ
⑤ ㄱ, ㄴ, ㄷ, ㄹ

24 다음 중 인지치료에 관한 설명으로 옳지 않은 것은?

① 벡(Beck)은 개인이 가진 정보처리과정상의 인지적 왜곡에 초점을 둔다.
② 자동적 사고는 한 개인이 어떤 상황에 대해 내리는 즉각적·자발적인 평가를 의미한다.
③ 선택적 추상화는 어떤 결론을 지지하는 증거가 없거나 그 증거가 결론에 위배됨에도 불구하고 그와 같은 결론을 내리는 것을 말한다.
④ 인지삼제란 우울증상을 경험하는 사람들의 자동적 사고로서 자기와 세상, 미래에 대한 한 개인의 부정적인 생각과 태도를 말한다.
⑤ 파국화는 어떠한 사건에 대해 자신의 걱정을 지나치게 과장하여 항상 최악을 생각함으로써 두려움에 사로잡히는 것을 말한다.

25 가필드(S. Garfield)가 제시한 상담의 치료적 공통요인이 아닌 것은?

① 저항의 해석
② 치료적 관계
③ 문제의 직면
④ 정서의 표현과 발산
⑤ 해석과 통찰

교시	문제형별	시간	시험과목	
2교시	A	50분	① 학습이론	1과목 선택
			② 청소년이해론	
			③ 청소년수련활동론	

필수과목 05 학습이론

01 다음 중 학습과 학습이론에 관한 설명으로 옳지 않은 것은?

① 광의의 학습은 경험에 의한 지속적인 변화로서 비의도적인 것이나 무의식적인 것도 포함한다.
② 협의의 학습은 학습자가 의도한 것, 바람직한 행동으로의 변화만을 학습으로 인정한다.
③ 행동주의 학습이론가들은 학습을 자극과 반응의 연합으로 간주한다.
④ 인지주의 학습이론가들은 학습자의 기억 속 학습사태에서 일어나는 여러 가지 정보의 보존과 조직에 기여하는 인지구조에 대해 탐구한다.
⑤ 구성주의 학습이론가들은 절대주의적 인식론에 근거하여 보편적인 지식의 존재를 인정한다.

02 다음 중 맥클리랜드(McClelland)가 제시한 인간의 욕구에 해당하는 것을 모두 고른 것은?

ㄱ. 성취욕구	ㄴ. 권력욕구
ㄷ. 친교욕구	ㄹ. 존재욕구

① ㄱ, ㄴ, ㄷ
② ㄱ, ㄷ
③ ㄴ, ㄹ
④ ㄹ
⑤ ㄱ, ㄴ, ㄷ, ㄹ

03 다음 중 학습동기유발을 위한 구체적인 방법으로 가장 적절하지 않은 것은?

① 개별적인 교수법을 발휘한다.
② 놀이중심의 학습으로 학습자의 흥미를 불러일으킨다.
③ 학습의 세부 과정 및 관련 이론에 대해 자세히 알려준다.
④ 학습의 결과를 학습자에게 즉각적으로 정확히 알려준다.
⑤ 학습자들로 하여금 교사를 신뢰하도록 한다.

04 다음 중 학습의 전이에 관한 설명으로 가장 옳은 것은?

① 학습 과정에서 동일요소가 있는 경우 전이 효과가 낮다.
② 지능이 낮은 학습자일수록 적극적인 전이가 나타난다.
③ 선행학습과 후행학습 간의 시간 차이가 짧은 경우 전이 효과가 낮다.
④ 선행학습이 후행학습에 미치는 전이 효과는 항상 동일하다.
⑤ 학습방법에 대한 훈련을 받은 경우 전이 효과가 크다.

05 다음 중 기억의 과정을 순서대로 올바르게 나열한 것은?

① 파지 → 재인 → 기명 → 재생
② 파지 → 재생 → 기명 → 재인
③ 기명 → 재인 → 파지 → 재생
④ 기명 → 파지 → 재생 → 재인
⑤ 기명 → 파지 → 재인 → 재생

06 다음 중 망각에 관한 설명으로 옳지 않은 것은?

① 기억한 학습이 약화되고 소멸되어 다시 재생되지 않는 현상을 말한다.
② 학습 후 수면을 취한 경우와 그렇지 않은 경우를 비교할 때, 수면을 취한 쪽이 망각이 적다.
③ 선행학습이 후행학습에 영향을 미치는 순행간섭은 망각을 억제하는 반면, 후행학습이 선행학습에 영향을 미치는 역행간섭은 망각을 유발한다.
④ 습득한 다른 정보와 대치됨으로 인하여 망각되기도 한다.
⑤ 망각의 일차적 원인은 간섭(Interference)이다.

07 반두라(A. Bandura)의 관찰학습에 관한 설명으로 옳지 않은 것은?

① 모델의 행동에 집중한다면 반드시 모방하게 된다.
② 자기와 동성인 모델의 행동을 이성인 모델의 행동보다 더 잘 모방한다.
③ 학습이 이루어지기 위해서는 모델의 행동을 기억해야 한다.
④ 모델은 반드시 실제 인물이 아니라도 효과가 있다.
⑤ 모델의 매력도는 관찰학습에 영향을 미친다.

08 다음 중 고전적 조건형성과 조작적 조건형성에 관한 설명으로 옳은 것은?

① 파블로프의 개 실험에서 종소리는 무조건 자극에 해당한다.
② 스키너의 쥐 실험에서 쥐에게 주는 먹이는 조건 자극에 해당한다.
③ 고전적 조건형성에서는 자극이 반응의 앞에 온다.
④ 고전적 조건형성에서는 인간을 능동적 존재로 본다.
⑤ 조작적 조건형성에서는 정서적·불수의적 행동이 학습된다.

09 다음 중 왓슨(Watson)이 실시한 공포 형성 실험이 제시하는 시사점에 해당하지 않는 것은?

① 성격은 개인의 잠재적인 기질이다.
② 행동과 성격은 학습의 결과이다.
③ 자극의 일반화 현상이 작용한다.
④ 공포는 비슷한 조건에서 전이된다.
⑤ 자극과 반응의 연합으로 '자극(S) → 반응(R)'의 관계가 형성된다.

10 다음 보기의 사례에 해당하는 개념은?

> ○○중학교 2학년인 A군은 스마트폰으로 최신 게임을 하는 것을 무척 좋아한다. 평소 A군이 학교 과제를 소홀히 하고, 집안 심부름을 거부하는 것에 대해 못마땅하게 여겼던 A군의 어머니는 A군이 그와 같이 자신에게 주어지는 일들을 하지 않는 경우 단호한 태도로 스마트폰을 압수하였다. 그와 같은 과정이 몇 차례 반복되자, A군은 이전과 다르게 학교 과제도 열심히 하고, 집안 심부름도 잘하게 되었다.

① 부적 강화
② 처 벌
③ 소 거
④ 행동조성
⑤ 모델링

11 조작적 조건형성의 강화계획 중 소거에 대한 저항이 가장 큰 것은?

① 고정간격 강화계획
② 가변비율 강화계획
③ 고정비율 강화계획
④ 가변간격 강화계획
⑤ 계속적 강화계획

12 다음 보기의 내용에 해당하는 개념은?

> 내재적으로 동기화된 과제를 수행할 때 외적 보상을 받게 되면, 자신의 과제수행 이유를 외적 보상으로 귀인하여 내재 동기가 감소하는 현상

① 몰입(Flow)
② 자기결정(Self-Determination)
③ 과잉정당화(Overjustification)
④ 자기조절(Self-Regulation)
⑤ 외재동기(Extrinsic Motivation)

13 학습이론가와 이들이 채택한 심리학적 패러다임의 연결이 옳지 않은 것은?

① 왓슨(J. Watson) - 행동주의적 관점
② 브루너(J. Bruner) - 인지적 관점
③ 손다이크(E. Thorndike) - 행동주의적 관점
④ 레빈(K. Lewin) - 인지적 관점
⑤ 베르트하이머(M. Wertheimer) - 행동주의적 관점

14 다음 중 보기와 연관된 행동주의 학습의 기법에 해당하는 것은?

> 아이들은 노는 것을 좋아하여 자신의 숙제를 뒤로 미룬 채 놀고자 하는 경향이 있다. 이때 부모는 아이가 숙제를 나중으로 미루고 놀 수 있도록 하기보다는 놀기 전에 숙제를 먼저 하도록 요구하는 것이 효과적이다.

① 변별학습
② 토큰경제
③ 모델링
④ 행동조성
⑤ 프리맥의 원리

15 행동주의 상담의 기법 중 학습촉진기법에 해당하는 것을 모두 고른 것은?

| ㄱ. 체계적 둔감법 | ㄴ. 홍수법 |
| ㄷ. 주장적 훈련 | ㄹ. 강화 |

① ㄱ, ㄴ, ㄷ
② ㄱ, ㄷ
③ ㄴ, ㄹ
④ ㄹ
⑤ ㄱ, ㄴ, ㄷ, ㄹ

16 다음 보기의 사례에 해당하는 개념은?

> 교사는 학생의 문제행동에 관한 선행자극, 문제행동의 양상, 문제행동의 후속 결과를 분석하였다. 그 결과, 문제행동이 교사의 주목을 끌기 위한 행동임을 알게 되었다. 따라서 교사는 학생의 문제행동이 나타나기 전 충분한 관심을 미리 학생에게 보여주었다.

① 수반성(유관) 계약(Contingency Contract)
② 기능적 분석(Functional Analysis)
③ 자기지각(Self-Awareness)
④ 복합 강화계획(Complex Schedule)
⑤ 포화(Satiation)

17 장(Field) 이론의 주요 요소로서, 목표를 향해 가깝거나 멀어지는 심리적 운동에 영향을 미치는 힘을 의미하는 것은?

① 생활공간(Life Space)
② 분화(Differentiation)
③ 위상(Topology)
④ 재구조화(Restructualization)
⑤ 벡터(Vector)

18 조작적 조건형성에 관한 설명으로 옳은 것은?

① 학습된 무기력은 회피할 수 있는 혐오자극에 반복적으로 노출될 때 발생한다.
② 처음에는 약한 강도의 처벌을 사용하는 것이 문제행동 감소에 효과적이다.
③ 자발적 회복은 소거된 행동이 강화에 의해 재출현하는 것이다.
④ 행동과 처벌 사이의 시간 간격이 길수록 처벌 효과가 커진다.
⑤ 조형(Shaping)은 목표 행동에 점진적으로 접근하도록 체계적인 강화를 하는 것이다.

19 학습이론에 관한 설명으로 옳은 것을 모두 고른 것은?

> ㄱ. 인지주의 - 학습은 지식을 습득, 기억, 활용하는 정신과정
> ㄴ. 행동주의 - 인간의 행동이 내적 충동보다는 외적 자극에 의하여 동기화된다고 봄
> ㄷ. 구조주의 - 정신의 구조, 작용과정에 대한 연구는 무의미함
> ㄹ. 합리주의 - 경험이 지식의 유일한 근원

① ㄱ, ㄴ
② ㄱ, ㄷ
③ ㄱ, ㄴ, ㄹ
④ ㄹ
⑤ ㄱ, ㄴ, ㄷ, ㄹ

20 사회인지학습이론에 관한 설명으로 옳지 않은 것은?

① 상호작용적 결정론(Reciprocal Determinism)을 전제한다.
② 모델링을 통해 억제(Inhibition)와 탈억제(Disinhibition)가 모두 가능하다.
③ 직접 모델링보다는 상징적 모델링이 효과적이다.
④ 공포증, 불안감과 같은 정서도 모델링으로 학습될 수 있다.
⑤ 관찰학습은 주의집중, 파지과정, 운동재생과정, 동기화 순서로 진행된다.

21 다음 보기의 사례에 해당하는 심리효과는?

> 신입사원을 선발하기 위한 면접시험에서 유독 한 면접관이 한 지원자의 단정한 외모를 좋게 보았다. 그 면접관은 자신이 눈여겨본 단정한 외모의 지원자에 대해 성격이 매우 좋고 윗사람에게 예의바르며, 능력도 뛰어날 것으로 판단하여 좋은 점수를 주었다.

① 후광효과(Halo Effect)
② 최신효과(Recency Effect)
③ 빈발효과(Frequency Effect)
④ 잠복효과(Latent Effect)
⑤ 상호성원리(Reciprocity Principle)

22 다음 중 기억에 대한 내용으로 옳지 않은 것은?

① 감각기억은 자극을 정확하게 저장하지만 지속시간이 극히 짧다.
② 작동기억은 감각시스템으로부터 들어온 정보를 선택적으로 처리한다.
③ 청킹(Chunking)은 제한된 단기기억의 수용량을 증가시키는 방법이다.
④ 장기기억의 저장능력은 제한적이며 영구적이지 못하다.
⑤ 장기기억은 일상기억과 의미기억으로 구성되어 있다.

23 정보처리이론에 관한 설명으로 옳지 않은 것은?

① 삶에서 극적이거나 감동적인 순간들에 대한 기억을 섬광기억(Flashbulb Memory)이라 한다.
② 모든 지식이 대뇌 속의 거대한 망조직 내에 기본적인 단위들 간의 연결로 이루어져 동시다발적으로 처리되는 이론은 병렬분산처리이론이다.
③ 장기기억에서 정보를 저장할 때, 정교화(Elaboration), 조직화(Organization), 맥락(Context)이 중요한 역할을 한다.
④ 새로운 학습이 이전 학습을 방해하거나 교란하는 것을 순행간섭(Proactive Interference)이라 한다.
⑤ 유지시연(Maintenance Rehearsal)은 정보의 기억을 위한 단순한 반복활동이다.

24 반두라(Bandura)의 관찰학습에 관한 설명으로 옳지 않은 것은?

① 정보를 전달하는 것이면 어떤 것도 모델이 된다.
② 관찰한 것을 반드시 모방하게 되는 것은 아니다.
③ 행동에 강화가 수반되어야 학습이 일어난다.
④ 모델의 매력도는 관찰학습에 영향을 미친다.
⑤ 행동, 환경, 개인은 서로 영향을 미치며 상호작용한다.

25 장기기억에서의 지식의 표상에 관한 설명으로 옳지 않은 것은?

① 이중부호이론(Dual-Code Theory)에 의하면, 정보를 언어부호와 청각부호로 약호화하여 저장한다.
② 조건적 지식은 서술적·절차적 지식을 언제 그리고 왜 채택해야 하는지 아는 것이다.
③ 절차적 지식은 인지활동을 수행하는 방법을 아는 것이다.
④ 새 정보가 기존 정보와 연합될 수 있을 때에만 유의미학습이 일어날 수 있으므로 선행지식은 필요하다.
⑤ 서술적 지식은 심리학용어와 같은 사실적 정보를 아는 것이다.

선택과목 01 청소년이해론

01 다음 중 청소년기를 '주변인(Marginal Man)'으로 표현한 학자는?

① 레빈(Lewin)
② 홀(Hall)
③ 게젤(Gesell)
④ 루소(Rousseau)
⑤ 보울비(Bowlby)

02 청소년기 자아개념 발달에 관한 설명으로 옳지 않은 것은?

① 아동기와 달리 신념, 특성, 동기로 자신을 묘사한다.
② 초기의 자아개념은 후기보다 모순되고 변화가 심하다.
③ 초기에는 아동기에 비해 더 긍정적 자아개념을 가지는 경향이 있다.
④ 중기에는 후기보다 현실적 자아와 이상적 자아 간의 불일치가 높다.
⑤ 청소년기는 부정적 자아상이 확립되는 시기이다.

03 다음 중 촉법소년(觸法少年)에 관한 설명으로 옳은 것은?

① 10세 이상 14세 미만으로 범죄를 저질러 형사 책임이 있는 자
② 10세 이상 14세 미만으로 범죄를 저질렀으나 처벌할 수 없는 자
③ 14세 이상 19세 미만으로 범죄를 저질러 형사 책임이 있는 자
④ 14세 이상 19세 미만으로 범죄를 저질렀으나 처벌할 수 없는 자
⑤ 10세 이상 19세 미만으로 장래 범죄를 저지를 우려가 있는 자

04 청소년은 정체성 위기 때문에 격렬한 불안을 경험하며 아직 자신의 역할이 명확하지 않은 상태에서 혼란스러워한다. 다음 중 청소년기 자아정체감의 범주로서 '정체감 유예'에 관한 설명으로 옳은 것은?

① 청소년이 자신의 능력과 사회적 요구 사이에서 고민하는 단계이다.
② 자아정체감의 위기를 성공적으로 극복하여 신념, 직업, 정치적 견해 등에 대해 스스로 의사결정을 할 수 있다.
③ 부모나 다른 사람의 역할모델의 가치나 기대 등을 그대로 수용하여 그들과 비슷한 선택을 하는 경우이다.
④ 자아에 대해 안정되고 통합적인 견해를 갖는 데 실패한 상태를 말한다.
⑤ 위기를 경험하지 않았고, 직업이나 이념선택에 대한 의사결정을 하지 않을 뿐만 아니라 이러한 문제에 관심도 없다.

05 다음 보기의 내용을 주장한 학자는?

> 청소년기의 혼란과 갈등이 사춘기의 보편적 산물이 아니라 문화적 맥락에 따라 다를 수 있다.

① 미드(Mead) ② 다윈(Darwin)
③ 에릭슨(Erikson) ④ 설리반(Sullivan)
⑤ 프로이트(Freud)

06 설리반(Sullivan)의 대인관계이론에 따른 인간발달단계에서 발달단계별 대인관계의 욕구 변화로 옳지 않은 것은?

① 아동기 – 성인의 게임에 참여하고자 하는 욕구
② 소년/소녀기 – 또래집단에 수용되고자 하는 욕구
③ 전 청소년기 – 동성친구와 친밀한 관계를 맺고자 하는 욕구
④ 청소년 초기 – 이성친구와 친밀한 관계를 맺고자 하는 욕구
⑤ 청소년 후기 – 성인사회에 통합하고자 하는 욕구

07 청소년기 신체발달에 관한 설명으로 옳지 않은 것은?

① 제2성장급등기로서 급격한 신장의 증가와 함께 뼈와 근육의 성장이 뚜렷이 나타난다.
② 2차 성징과 함께 생식기관의 성숙이 뚜렷이 나타난다.
③ 신체변화에 대한 심리적 반응으로서 신체상(Body Image)을 가지게 된다.
④ 머리 크기가 신체에서 차지하는 비중이 점차적으로 작아진다.
⑤ 남성호르몬인 에스트로겐(Estrogen)이 남성 성기의 발육을 촉진한다.

08 프로이트(Freud)의 심리성적 발달단계와 에릭슨(Erikson)의 심리사회 발달단계를 연령에 따라 올바르게 나열한 것은?

	연령	프로이트	에릭슨
①	출생~약 18개월	구강기	자율성 대 수치심·회의
②	약 18~3세	남근기	주도성 대 죄의식
③	약 3~5세	항문기	기본적 신뢰감 대 불신감
④	약 5~12세	잠복기	근면성 대 열등감
⑤	약 12~20세	생식기	친밀감 대 고립감

09 콜버그(Kohlberg)의 도덕발달이론에서 다음 보기의 내용에 해당하는 단계는?

> 시준이는 "네 방 장난감은 네가 정리하도록 해. 어지럽힌 채로 놔두면 혼날 거야."라는 엄마의 이야기를 들었다. 그래서 귀찮았지만, 혼나기 싫어 흩어진 장난감을 모두 정리하였다.

① 처벌과 복종 지향 단계
② 도구적 상대주의 지향 단계
③ 착한 아이 지향 단계
④ 법과 질서 지향 단계
⑤ 사회계약 지향 단계

10 다음 중 사티어(Satir)가 제시한 가족 내 의사소통 유형을 올바르게 연결한 것은?

① 산만형 – 다른 사람을 존중하면서도 자신의 진정한 가치나 감정은 무시한다.
② 일치형 – 비인간적인 객관성과 논리성의 소유자이며, 자신과 타인을 무시한다.
③ 회유형 – 주변상황과 관계없이 행동하며, 버릇없고 혼란스럽다.
④ 초이성형 – 자신과 타인, 상황을 모두 신뢰하고 존중한다.
⑤ 비난형 – 오로지 자기 자신만을 생각하며, 다른 사람들은 무시한다.

11 청소년의 또래 친구관계가 가지는 긍정적 기능에 관한 설명으로 옳지 않은 것은?

① 친구의 지지와 격려, 피드백을 통해 자신이 유능하고 가치 있는 사람이라고 느끼도록 해준다.
② 성인사회와의 차별화를 통해 배타적인 하위문화를 형성한다.
③ 친구를 통해 흥미 있는 정보와 즐거움을 제공받는다.
④ 자신을 노출하고 타인과 친근한 신뢰관계를 맺을 수 있도록 유도한다.
⑤ 시간, 자원, 도움을 제공하는 관계를 형성한다.

12 청소년기의 친구 선택 및 관계 유지에 영향을 미치는 요인에 해당하는 것을 모두 고른 것은?

> ㄱ. 상호 이해 및 수용, 신뢰 및 원조 등의 공유 정도
> ㄴ. 성격, 가치, 태도, 경험 등의 유사한 정도
> ㄷ. 친구의 우수하고 탁월한 자질을 높이 평가하며 이를 좋아하는 정도
> ㄹ. 지리적인 근접성 또는 만남의 기간

① ㄱ, ㄴ, ㄷ
② ㄱ, ㄷ
③ ㄴ, ㄹ
④ ㄹ
⑤ ㄱ, ㄴ, ㄷ, ㄹ

13 다음 보기의 내용에 해당하는 청소년문화로 옳은 것은?

> 청소년들은 사회적 규범을 깨뜨리는 것에서 쾌감을 느끼며, 이를 통해 자신들의 문화정체성을 찾는다.

① 미숙한 문화
② 새로운 문화
③ 주류문화
④ 비행문화
⑤ 하위문화

14 다음 보기의 괄호 안에 들어갈 내용으로 적절한 것은?

> 머튼(Merton)은 뒤르껭(Durkheim)의 아노미 개념을 독창적으로 수정하여 사회체계를 (　　)(와)과 (　　)(으)로 구분하고, 이들 간의 괴리현상에 의해 아노미가 나타난다고 주장하였다. 즉, 정상적인 사회에서는 이와 같은 특성들이 어느 정도 일치하는 양상을 보이지만, 그렇지 않은 경우 부적응이 유발된다는 것이다.

① 개인적 동기, 사회적 요구
② 개인적 규칙, 제도화된 목표
③ 문화적 목표, 제도화된 수단
④ 개별화된 수단, 보편화된 규범
⑤ 사회적 통합, 사회적 규제

15 마짜(D. Matza)와 사이크스(G. Sykes)가 제시한 다음의 중화기술은?

> 자기 잘못이 아니라고 주장하고, 자기 주위의 환경이 자신을 범죄를 하게 만든다.

① 책임의 부정
② 가해의 부정
③ 피해자의 부정
④ 비난자 비난
⑤ 높은 충성심에 호소

16 청소년기 자기중심성에 관한 설명으로 옳은 것을 모두 고른 것은?

> ㄱ. 청소년기의 보편적 현상이다.
> ㄴ. 자기도취적이고 요란한 옷차림을 하며 눈에 띄고 싶은 것은 '개인적 우화' 현상이다.
> ㄷ. 사회적 상호작용을 통해 타인의 관심사와 경험을 이해하게 되면서 사라진다.
> ㄹ. 엘킨드(Elkind)는 초보적인 형식적·조작적 사고의 결과로 보았다.

① ㄱ, ㄴ, ㄷ ② ㄱ, ㄴ, ㄹ
③ ㄱ, ㄷ, ㄹ ④ ㄴ, ㄷ, ㄹ
⑤ ㄱ, ㄴ, ㄷ, ㄹ

17 다음 중 차별접촉이론에 따른 일탈행동의 사회화와 관련된 기본명제로서 옳지 않은 것은?

① 일탈행동은 유전이나 심리적 특성에서 비롯된다.
② 일탈행동은 타인과의 의사소통 과정에서 학습된다.
③ 일탈행동의 동기와 태도의 방향은 법이나 규범에 대한 생태적 환경의 방향에 의해 결정된다.
④ 일탈행동을 하느냐, 하지 않느냐는 일탈행동 접촉빈도, 지속시간, 우선성 및 강도에 따라 결정된다.
⑤ 일탈행동을 격려·고무하는 분위기가 억제·반대하는 분위기를 압도할 때 일탈행동이 시도된다.

18 청소년복지지원법상 구체적인 지원 대상에 해당하는 위기청소년 유형을 모두 고른 것은?

> ㄱ. 가정 밖 청소년   ㄴ. 이주배경청소년
> ㄷ. 학업중단청소년   ㄹ. 약물중독청소년

① ㄱ, ㄴ ② ㄱ, ㄷ
③ ㄴ, ㄹ ④ ㄹ
⑤ ㄱ, ㄴ, ㄷ, ㄹ

19 청소년보호법상 청소년 유해매체물을 방송해서는 안 되는 시간대로 옳은 것은?

① 평일은 오전 8시부터~오전 10시까지와 오후 3시부터~오후 10시까지
② 평일은 오전 8시부터~오전 10시까지와 오후 2시부터~오후 10시까지
③ 방학기간은 오전 9시부터~오후 11시까지
④ 토요일은 오전 7시부터~오후 10시까지
⑤ 공휴일은 오전 8시부터~오후 11시까지

20 다음 중 보기의 내용과 밀접하게 연관된 것은?

> ○ 정신지체, 정서장애, 환경 및 문화적 결핍과는 관계없이 듣기, 말하기, 쓰기, 읽기 및 산수능력을 습득하거나 활용하는 데 한 분야 이상에서 어려움을 나타낸다.
> ○ 일반적으로 개인의 능력발달에서 분야별 불균형이 나타나는 특징이 있으며, 지각장애, 지각-운동장애, 신경체계의 역기능 및 뇌손상과 같은 기본적인 정보처리 과정의 장애로 인해 나타난다.

① 학습지진
② 학습장애
③ 학습부진
④ 학업지체
⑤ 학습결핍

21 다음 중 신경성 식욕부진증(Anorexia Nervosa)에 관한 설명으로 가장 옳지 않은 것은?

① 자신의 신체에 대해 왜곡된 이미지를 가지고 있다.
② 저체중임에도 불구하고 체중이 증가하는 것에 대해 공포감을 가진다.
③ 완벽주의 성향의 여자 청소년에게서 흔히 나타난다.
④ 대부분 자신의 섭식장애를 숨기기 위해 필사적으로 노력한다.
⑤ 자신의 저체중에 대한 심각성을 부인한다.

22 다음 중 보기의 A군에게 진단할 수 있는 가장 가능성이 높은 장애에 해당하는 것은?

> A군은 올해 7세로 다른 사람은 물론 심지어 자신의 부모와도 감정적인 의사교류에 어려움을 보이고 있다. 또래 아이들에 비해 언어 습득도 느린데다가 괴상한 언어를 반복적으로 내뱉기도 한다. 보통 혼자서 장난감을 가지고 노는데, 장난감 트럭을 손에 쥔 채 앞뒤로 밀고 당기는 행동을 반복적으로 하는 모습을 자주 보인다.

① 정신지체
② 자폐 스펙트럼 장애
③ 틱 장애
④ 품행장애
⑤ 반항성 장애

23 청소년복지지원법상 다음 보기의 내용에 해당하는 기관은?

> 다문화가족의 청소년을 지원할 목적으로 설치·운영할 수 있는 기관이다.

① 지역아동센터
② 이주배경청소년지원센터
③ 청소년꿈키움센터
④ 청소년보호·재활센터
⑤ 지방청소년활동진흥센터

24 서덜랜드(E. Sutherland)의 차별적 접촉이론에 관한 설명으로 옳지 않은 것은?

① 범죄행위는 학습된다.
② 법 위반에 대해 우호적으로 학습된 사람이 비행을 한다.
③ 범죄행위의 학습은 사람들 간의 의사소통을 통해 일어난다.
④ 범죄행위는 사회적 유대가 약화될 때 일어난다.
⑤ 문제행동을 사회화 관점, 학습된 행위로 이해한 최초의 이론이다.

25 다음 보기의 내용에 해당하는 것은?

> 중추신경과 말초신경을 흥분시켜 호흡 운동과 심장 박동을 빠르게 하여 긴장 상태를 유지하게 하는 '중추신경 흥분제'이다.

① 아 편
② 필로폰
③ 알코올
④ 헤로인
⑤ 모르핀

선택과목 02 청소년수련활동론

01 다음 중 청소년기본법상 '청소년시설'에 해당하는 것을 모두 고른 것은?

ㄱ. 청소년복지에 제공되는 시설 ㄴ. 청소년활동에 제공되는 시설
ㄷ. 청소년보호에 제공되는 시설 ㄹ. 청소년교육에 제공되는 시설

① ㄱ, ㄴ, ㄷ
② ㄱ, ㄷ
③ ㄴ, ㄹ
④ ㄹ
⑤ ㄱ, ㄴ, ㄷ, ㄹ

02 청소년활동에서 몰입경험의 특성으로 옳지 않은 것은?

① 자신의 활동목적이 분명하다.
② 활동과제의 수준이 청소년의 능력수준보다 낮으면 몰입이 일어나게 된다.
③ 미래의 혜택보다는 활동 자체에서 보상을 받으며 학습한다.
④ 양적시간 개념이 상실된다.
⑤ 현재 수행 중인 활동과제에 집중되어 있다.

03 다음 중 청소년수련활동 인증제도를 운영하는 기관은?

① 한국청소년정책연구원
② 한국청소년단체협의회
③ 한국청소년활동진흥원
④ 한국청소년수련시설협회
⑤ 한국청소년상담복지개발원

04 OECD의 DeSeCo 생애핵심역량 체계의 3가지 영역을 모두 고른 것은?

ㄱ. 도구를 상호적으로 사용하기 ㄴ. 다양한 체험활동하기
ㄷ. 자율적으로 행동하기 ㄹ. 이질적인 집단과 상호작용하기

① ㄱ, ㄴ, ㄷ
② ㄱ, ㄷ, ㄹ
③ ㄴ, ㄹ
④ ㄱ, ㄷ
⑤ ㄱ, ㄴ, ㄷ, ㄹ

05 다음 중 청소년수련거리의 특징에 관한 설명으로 옳지 않은 것은?

① 수련거리는 전문적·체계적·조직적인 활동이다.
② 수련거리는 다양한 체험적 활동으로 이루어진다.
③ 수련거리는 지덕체의 균형 있는 성장을 통한 올바른 인간 양성을 도모한다.
④ 수련거리는 청소년문제의 근본적인 해결책을 제시한다.
⑤ 수련거리는 국가의 청소년 기본정책을 반영한다.

06 다음 중 청소년상담사가 될 수 있는 사람은?

① 금고 이상의 형을 선고 받고 그 집행유예의 기간이 끝난 자
② 법원의 판결에 의하여 자격이 상실된 자
③ 피성년후견인 또는 피한정후견인
④ 파산선고를 받고 복권되지 아니한 사람
⑤ 금고 이상의 형을 선고받고 그 집행이 끝나거나 집행을 받지 아니하기로 확정된 후 3년이 지나지 아니한 사람

07 다음 중 청소년기본법령상 청소년지도사의 배치기준으로 가장 옳은 것은?

① 수용인원 500명을 초과하는 청소년수련관에는 500명을 초과하는 100명당 3급 청소년지도사를 1명 이상 추가로 둔다.
② 수용인원 500명 이하의 유스호스텔에는 별도의 청소년지도사를 두지 않는다.
③ 청소년문화의 집에는 수용인원에 관계없이 청소년지도사를 1명 이상 둔다.
④ 청소년특화시설에는 1급 청소년지도사, 2급 청소년지도사, 3급 청소년지도사를 각각 1명 이상 둔다.
⑤ 수용정원 500명 이하의 청소년수련원에는 1급 청소년지도사 1명, 2급 청소년지도사 1명, 3급 청소년지도사 2명 이상을 둔다.

08 다음 중 청소년활동진흥법령상 청소년수련시설에 해당하지 않는 것은?

① 사회복지관
② 유스호스텔
③ 청소년문화의 집
④ 청소년수련관
⑤ 청소년특화시설

09 청소년활동진흥법령상 청소년수련지구 안에 설치하여야 하는 시설의 종류·범위·면적에 관한 설명으로 가장 옳은 것은?

① 수련시설 - 청소년수련원 또는 유스호스텔 중 1개소 이상
② 체육시설 - 실내체육시설 및 실외체육시설 각각 1개소 이상
③ 문화시설 - 공연장, 박물관, 미술관, 과학관 그 밖에 이와 유사한 시설 중 2개소 이상
④ 모험활동시설 - 수상·해양·항공 또는 산악훈련장, 극기훈련장, 모험활동장 그 밖에 이와 유사한 모험활동 시설 중 1개소 이상
⑤ 녹지 - 수련지구 지정면적의 20% 이상

10 다음 중 한국청소년단체협의회의 역할에 해당하지 않는 것은?

① 청소년지도자의 연수와 권익증진
② 남·북청소년 및 해외교포청소년과의 교류·지원
③ 청소년정책에 관한 관계기관 간의 연계·조정
④ 청소년활동에 관한 조사·연구·지원
⑤ 청소년육성을 위한 홍보 및 실천운동

11 다음 보기의 내용이 공통으로 설명하는 프로그램 요구분석법은?

> ○ 학습자가 표현한 요구를 확인하는 가장 널리 쓰이는 요구분석 기법이다.
> ○ 잠재적 학습자 집단이 비교적 많고 널리 분포되어 있는 경우, 요구와 관련된 정보를 수집하기 위해 사용한다.

① 데이컴법
② 결정적 사건분석법
③ 개별이력법
④ 델파이법
⑤ 서베이법

12 허쉬(P. Hersey)와 블랜차드(K. Blanchard)가 제시한 리더십 유형 중 다음 보기의 내용에 해당하는 행동유형은?

> ○ 낮은 과업 – 높은 관계행동
> ○ 부하는 능력은 높지만 의지가 낮음

① 위임형(Delegating Approach)
② 지원형(Supporting Approach)
③ 코치형(Coaching Approach)
④ 지시형(Directing Approach)
⑤ 거래형(Transactional Approach)

13 하트(R. Hart)가 제시한 청소년의 참여형태 중 청소년활동이 청소년지도자에 의해 주도되지만, 모든 의사결정이 청소년과 같이 공유되는 상태의 단계는?

① 명목주의(Tokenism) 단계
② 성인주도(Adult Initiated) 단계
③ 동등한 파트너십(Equal Partnership) 단계
④ 상의와 정보제공(Consulted and Informed) 단계
⑤ 제한적 위임과 정보제공(Assigned but Informed) 단계

14 다음 중 청소년육성기금의 재원에 해당하는 것을 모두 고른 것은?

> ㄱ. 정부의 출연금   ㄴ. 개인이 출연하는 금전·물품
> ㄷ. 기금의 운용으로 생기는 수익금   ㄹ. 다른 기금으로부터의 전입금

① ㄱ, ㄴ, ㄷ
② ㄱ, ㄷ
③ ㄴ, ㄹ
④ ㄹ
⑤ ㄱ, ㄴ, ㄷ, ㄹ

15 다음 중 브레인스토밍(Brainstorming)에 관한 설명으로 옳지 않은 것은?

① 아이디어가 많을수록 좋다.
② 기발한 아이디어를 얻기 위한 방법이다.
③ 다듬어지지 않은 의견을 내는 것도 장려한다.
④ 자유스러운 분위기에서 발표하도록 한다.
⑤ 참여교육의 원리에 기초하여 강의를 전개한다.

16 다음 중 청소년수련활동의 특성에 관한 설명으로 옳지 않은 것은?

① 청소년수련활동은 수단적인 활동이다.
② 청소년수련활동은 조직적인 활동이다.
③ 청소년수련활동은 체험적인 활동이다.
④ 청소년수련활동은 모험적인 활동이다.
⑤ 청소년수련활동은 자율적인 활동이다.

17 다음 보기의 내용이 설명하는 청소년 관련 사업은?

> 청소년들의 문화적 감성함양과 역량개발을 지원하는 시설·조직·프로그램 등으로 구성된 인프라로서, 상시적으로 활동할 수 있는 지역적 공간을 말한다.

① 청소년어울림마당 ② 청소년특별회의
③ 여수국제청소년축제 ④ 대한민국청소년박람회
⑤ 국제청소년성취포상제

18 청소년수련활동인증제의 인증기준에서 '공통기준'을 모두 고른 것은?

| ㄱ. 프로그램 구성 | ㄴ. 안전 관리인력 확보 |
| ㄷ. 지도자 역할 및 배치 | ㄹ. 공간과 설비의 법령준수 |

① ㄱ, ㄴ, ㄷ ② ㄱ, ㄷ
③ ㄴ, ㄹ ④ ㄹ
⑤ ㄱ, ㄴ, ㄷ, ㄹ

19 다음 중 청소년지도 프로그램의 특징에 관한 설명으로 옳지 않은 것은?

① 프로그램은 미래지향적인 동시에 현실지향적이다.
② 프로그램은 활동지향적이며 동태적인 성격을 가지고 있다.
③ 프로그램은 지도의 결과보다는 과정에 초점을 둔다.
④ 프로그램은 청소년의 관점에서 설계·실행·평가되어야 한다.
⑤ 프로그램은 청소년지도의 목적 그 자체로서 의미를 가진다.

20 청소년활동진흥법상 청소년수련활동 관련 정보 공개를 위하여 온라인 종합정보제공시스템을 구축해야 하는 사람은 누구인가?

① 여성가족부장관
② 기획재정부장관
③ 교육부장관
④ 보건복지부장관
⑤ 문화체육관광부장관

21 다음 보기의 내용이 설명하는 시설은?

> 청소년복지지원법상 학습·정서·행동상의 장애를 가진 청소년을 대상으로 정상적인 성장과 생활을 할 수 있도록 해당 청소년에게 적합한 치료·교육 및 재활을 종합적으로 지원하는 거주형 시설

① 청소년쉼터
② 청소년회복지원시설
③ 청소년자립지원관
④ 청소년치료재활센터
⑤ 청소년특화시설

22 다음 중 국제청소년성취포상제의 포상활동 영역에 관한 설명으로 옳지 않은 것은?

① 타인과 지역사회에 도움을 제공한다.
② 개인의 관심 분야를 배우고 익힌다.
③ 자연을 통해 도전정신과 환경의 소중함을 깨닫는다.
④ 정신수양활동을 통해 몸과 마음을 건강하게 한다.
⑤ 새로운 사람들과 가치 있는 목적을 공동으로 이루어 나간다.

23 청소년수련활동 인증제도에 의한 인증 프로그램의 조건에 해당하는 것을 모두 고른 것은?

| ㄱ. 프로그램의 질적 수준 | ㄴ. 적합성 |
| ㄷ. 공공성과 신뢰성 | ㄹ. 효과성과 효율성 |

① ㄱ, ㄴ, ㄷ
② ㄱ, ㄷ
③ ㄴ, ㄹ
④ ㄹ
⑤ ㄱ, ㄴ, ㄷ, ㄹ

24 다음 중 청소년수련활동 인증위원회의 구성에 관한 설명으로 옳은 것은?
① 인증위원회는 15인 이상 30인 이내의 위원으로 구성한다.
② 위원은 청소년활동에 관한 지식과 경험이 풍부한 사람 중 교육부장관이 위촉한다.
③ 청소년수련활동 인증위원회에 의해 위촉된 위원의 임기는 2년으로 하되 연임할 수 있다.
④ 인증위원회의 위원장과 부위원장은 위원 중에서 호선한다.
⑤ 한국청소년활동진흥원의 이사장은 인증위원회의 위원이 될 수 없다.

25 청소년활동진흥법령상 국제청소년교류활동의 지원에 관한 내용이다. 다음 보기의 괄호 안에 들어갈 용어로 옳은 것은?

여성가족부장관은 (　　)과 협의하여 청소년교류협정의 체결을 연차적으로 확대하고 다변화하여야 한다.

① 교육부장관
② 행정안전부장관
③ 보건복지부장관
④ 외교부장관
⑤ 법무부장관

청소년상담사 3급 최종모의고사

제3회 최종모의고사

정답 및 해설 p.321

교 시	문제형별	시 간	시험과목
1교시	A	100분	① 발달심리 ② 집단상담의 기초 ③ 심리측정 및 평가 ④ 상담이론

필수과목 01 발달심리

01 다음 중 발달의 개념 및 원리에 관한 설명으로 옳은 것을 모두 고른 것은?

> ㄱ. 발달에는 결정적 시기(Critical Period)가 있다.
> ㄴ. 개인에 따라 발달 속도에 차이가 있다.
> ㄷ. 발달적 변화가 일어나는 원인과 방법을 탐색하는 것을 발달기제 연구라고 한다.
> ㄹ. 신체적 발달은 하부에서 상부로, 말초에서 중심으로, 특수운동에서 전체운동으로 진행된다.

① ㄱ, ㄴ, ㄷ
② ㄱ, ㄷ
③ ㄴ, ㄹ
④ ㄹ
⑤ ㄱ, ㄴ, ㄷ, ㄹ

02 다음 보기의 내용에 관한 가장 올바른 해석은?

> 아동의 학교 성적이 높을수록 자신감이 높다.

① 아동의 자신감을 높여 주면 학교 성적이 올라간다고 볼 수 있다.
② 아동이 자신감을 갖게 된 원인은 높은 학교 성적이다.
③ 학교 성적을 높여 주면 아동의 자신감도 올라간다.
④ 아동의 학교 성적과 자신감에 영향을 미치는 원인이 동일하다.
⑤ 아동의 학교 성적과 자신감은 정적 관계에 있다고 볼 수 있다.

03 다음 중 인간발달의 원리와 심리사회이론의 공통된 주요 개념에 해당하는 것은?

① 무의식 ② 열등감
③ 점성원리 ④ 자아
⑤ 집단무의식

04 다음 인간발달단계 중 구강기의 특징에 관한 설명으로 옳은 것을 모두 고른 것은?

ㄱ. 어머니에 대한 최초의 양가감정을 경험한다.
ㄴ. 부모와의 동일시를 통해 자아이상을 발달시킨다.
ㄷ. 구강기 후기에 공격성이 발달하기 시작한다.
ㄹ. 이 시기에 경험하는 박탈감이 성인기의 결벽증이나 인색함으로 이어진다.

① ㄱ, ㄴ, ㄷ ② ㄱ, ㄷ
③ ㄴ, ㄹ ④ ㄹ
⑤ ㄱ, ㄴ, ㄷ, ㄹ

05 에릭슨(E. Erikson)의 심리사회적 발달이론에서 다음의 아동에 해당되는 단계는?

5세 영민이에게 아빠가 "이제는 동생을 돌볼 나이가 되었으니 데리고 놀아라" 하신다. 영민이는 재미있게 혼자 놀고 싶지만, 동생을 돌보라는 아빠의 말씀에 책임감을 느낀다. 영민이는 동생에게 장난감을 가지고 함께 놀자고 적극적으로 말할지 말지 고민하고 있다.

① 신뢰 대 불신 ② 정체감 확립 대 정체감 혼란
③ 근면성 대 열등감 ④ 자율성 대 수치심
⑤ 주도성 대 죄의식

06 프로이트(Freud)의 정신분석이론과 구별되는 융(Jung)의 분석심리이론의 특징으로 옳지 않은 것은?

① 인간행동과 경험의 역동적이고 무의식적인 영향을 연구하였다.
② 성격의 여러 측면을 통합하여 자기실현을 할 수 있는 인생의 후반기를 강조하였다.
③ 인간의 성격은 과거사건 및 미래에 대한 열망에 의해 형성된다고 보았다.
④ 성격발달은 전 생애에 걸쳐 이루어지며, 후천적으로 변할 수 있다고 보았다.
⑤ 프로이트의 성적에너지인 리비도의 개념을 창의적인 생활력으로 확장시켰다.

07 피아제(Piaget)의 인지발달단계 중 전조작기의 특징에 해당하는 것을 모두 고른 것은?

ㄱ. 사물에 대한 근접탐색을 통해 환경을 이해한다.
ㄴ. 언어를 사용하여 사물을 내재화할 수 있는 능력을 가진다.
ㄷ. 실제 경험하지 않은 영역에 대해 논리적인 활동계획을 수립한다.
ㄹ. 보존개념을 어렴풋이 이해하기 시작하지만 아직 획득하지 못한 단계이다.

① ㄱ, ㄴ, ㄷ
② ㄱ, ㄷ
③ ㄴ, ㄹ
④ ㄹ
⑤ ㄱ, ㄴ, ㄷ, ㄹ

08 다음 보기의 내용에 해당하는 콜버그(Kohlberg)의 도덕성 수준으로 가장 적절한 것은?

A씨(氏)는 운동 중 자신의 휴대폰을 분실하였다. 자신이 잠시 벤치에 앉아 휴식을 취하다가 휴대폰을 벤치 위에 놓아둔 것을 깨닫게 된 것이다. A씨는 즉시 그 벤치로 되돌아갔고 그곳에서 휴대폰을 주운 B씨를 만나게 되었다. B씨는 자신이 휴대폰을 찾아준 것이므로 보상금을 달라고 요구하고 있다.

① 개인적·도구적 도덕성
② 대인관계적 도덕성
③ 인습적 수준의 도덕성
④ 법·질서·사회체계적 도덕성
⑤ 사회계약적 도덕성

09 다음 중 반두라(Bandura)가 주장한 개념으로 옳지 않은 것은?

① 모방(Modeling)
② 관찰학습(Observational Learning)
③ 자기효율성(Self-Efficacy)
④ 행동조성(Shaping)
⑤ 자기강화(Self-Reinforcement)

10 「칭찬은 고래도 춤추게 한다」라는 제목의 책이 있다. 이 책의 제목을 매슬로우(Maslow)의 욕구위계에 적용하는 경우 가장 적절한 것은?

① 생리적 욕구
② 안전 또는 안정에 대한 욕구
③ 애정과 소속에 대한 욕구
④ 자기존중 또는 존경의 욕구
⑤ 인지적 욕구

11 로저스(Rogers) 현상학 이론의 주요 개념 중 보기의 내용과 연관된 것은?

> ○ 청소년은 부모나 타인, 사회로부터 영향을 받으며, 그들의 평가를 민감하게 받아들일 수 있다.
> ○ 청소년이 외부에서 설정된 기준에 자신을 무조건적으로 맞추려고 하는 것은 결코 바람직하지 않다.

① 현실적 자기(Real Self)
② 객체로서의 나(Me)
③ 가치조건(Conditions of Worth)
④ 자기 인정에의 욕구(Need for Self-Regard)
⑤ 현상학적 장(Phenomenal Field)

12 다음 중 보울비(Bowlby)의 애착이론에 관한 설명으로 옳지 않은 것은?

① 애착은 인간에게서 나타나는 종 특유의 행동이다.
② 애착은 어떠한 위험으로부터 아동을 보호하기 위한 기능을 가진다.
③ 유아는 어머니에게 신호를 보내고, 어머니는 그 신호에 생물학적으로 반응한다.
④ 사회정서 발달에 있어서 중요한 생애 초기를 일컬어 '결정적 시기'라고 한다.
⑤ 에인즈워스(Ainsworth)는 보울비의 이론에 근거하여 낯선 상황실험을 하였다.

13 다음 중 보기의 가설에 사용된 변수의 종류를 순서대로 올바르게 나열한 것은?

> ㄱ. 교사의 관심과 지지가 높으면 ㄴ. 성적부진이 ㄷ. 학생의 심리적 스트레스에 미치는 영향을 감소시킬 수 있다.

	ㄱ	ㄴ	ㄷ
①	선행변수	종속변수	독립변수
②	독립변수	매개변수	종속변수
③	통제변수	독립변수	종속변수
④	조절변수	독립변수	종속변수
⑤	독립변수	종속변수	매개변수

14 다음 중 눈덩이표집의 특징에 해당하는 것을 모두 고른 것은?

> ㄱ. 연관성 있는 내용들을 파악할 때 유용하다.
> ㄴ. 표본대상들이 쉽게 노출되지 않는다.
> ㄷ. 일반화하기 어렵다.
> ㄹ. 대규모의 양적 조사에 적합하다.

① ㄱ, ㄴ, ㄷ ② ㄱ, ㄷ
③ ㄴ, ㄹ   ④ ㄹ
⑤ ㄱ, ㄴ, ㄷ, ㄹ

15 다음 중 유전자 이상에 의한 질병에 관한 설명으로 옳지 않은 것은?

① 헌팅턴병 – 비정상적 특성이 열성인자에 의해 전달되어 열성으로 유전된다.
② 혈우병 – 반성열성유전으로 어머니의 유전자 이상을 물려받으며, 거의 대부분의 경우 남성에게서 나타난다.
③ 페닐케토뉴리아 – 혈족결혼에 의해 많이 발병하며, 지능지수 50 이하의 지능장애를 동반하기도 한다.
④ 고셰병 – 글루코세레브로시데이즈(Glucocerebrosidase) 효소가 결핍되어 발병한다.
⑤ 취약 X(Fragile X) 증후군 – 정신지체를 일으키는 가장 흔한 유전성 질환이다.

16 퀴블러-로스(E. Kübler-Ross)가 제시한 노인이 죽음을 받아들이는 단계를 순서대로 올바르게 나열한 것은?

① 분노 – 우울 – 타협 – 부정 – 수용
② 분노 – 부정 – 타협 – 우울 – 수용
③ 우울 – 분노 – 부정 – 타협 – 수용
④ 우울 – 부정 – 분노 – 타협 – 수용
⑤ 부정 – 분노 – 타협 – 우울 – 수용

17 다음 중 영아기 신체발달에 관한 설명으로 옳은 것을 모두 고른 것은?

> ㄱ. 영아기는 신체적 성장이 가장 빠른 속도로 이루어지는 시기이다.
> ㄴ. 신생아는 머리 크기가 성인 머리의 약 70%에 이를 만큼 머리부터 발달한다.
> ㄷ. 영아의 발바닥을 간지럽게 하면 발가락을 발등 위쪽으로 부채처럼 펴는 경향을 '바빈스키 반사'라고 한다.
> ㄹ. 촉각은 출생 시 손과 발에 집중되어 있다.
> ㅁ. 시각은 영아의 감각능력 중 가장 먼저 성숙한다.

① ㄱ, ㄴ, ㄷ
② ㄱ, ㄷ, ㅁ
③ ㄴ, ㄹ, ㅁ
④ ㄷ, ㄹ, ㅁ
⑤ ㄴ, ㄷ, ㄹ

18 다음 중 후기 아동기(6~12세)의 심리적 발달에 관한 설명으로 가장 옳은 것은?

① 또래 집단을 통해 친구와 친밀감을 유지하려고 한다.
② 기초적인 사회적 애착관계를 형성한다.
③ 자율성이 발달하며 정서규제능력이 증가한다.
④ 사고과정을 통해서 많은 활동을 수행할 수 있는 형식적 조작기이다.
⑤ 눈 앞에 보이지 않는 대상이나 사건에 대해서 생각할 수 있다.

19 다음 중 성인기(30~65세)의 발달에 관한 설명으로 가장 옳은 것은?

① 친밀감 대 고립의 심리사회적 위기가 나타난다.
② 생리적인 변화에 있어서 남성의 갱년기가 여성의 갱년기보다 두드러진다.
③ 장기기억능력의 감퇴가 두드러진다.
④ 여성의 경우 폐경기에 이르게 되면서 작열감과 홍조현상을 경험한다.
⑤ 결정할 일이 많으므로 심리적인 유예기간이 필요한 시기이다.

20 다음 중 기질에 관한 설명으로 옳은 것은?

① 발달은 영아의 기질과 부모의 기질 간 상호작용의 산물은 아니다.
② 영아의 기질과 부모의 양육행동이 조화를 이루지 못하면 부모와 영아 모두 갈등을 경험하게 된다.
③ 발테스와 발테스(P. Baltes & M. Baltes)의 연구를 통해 3가지 기질 유형이 발견되었다.
④ 적응이 느린 아동은 수면이 규칙적이고 낯선 사람에게도 미소를 잘 짓는다.
⑤ 까다로운 아동은 낯선 상황에서 처음에는 움츠러들지만 곧바로 불안이 없어지고 흥미를 갖는다.

21 가드너(H. Gardner)의 다중지능 이론에 관한 설명으로 옳은 것은?

① 지능이란 어떤 사람들을 다른 사람들과 다르게 특징짓는 특질을 의미한다.
② 타인의 기분이나 동기를 읽어내는 대인관계 지능이 포함되어 있다.
③ 전통적 지능에서 다루지 않았던 맥락, 경험, 정보처리 기술의 3가지 요인을 강조한다.
④ 지능의 삼두 이론(Triarchic Theory)을 제안하였다.
⑤ 전통적인 심리측정적 관점의 한계를 지적하고, 지적 내용뿐만 아니라 지적 행동에 대해 주목한 견해이다.

22 다음 중 생물학적 노화이론에 관한 설명으로 옳지 않은 것은?

① 유전자 오류이론과 프로그램 이론은 유전적 이론에 해당한다.
② 산화기이론과 마모이론은 비유전적 세포이론에 해당한다.
③ 신경내분비 조절이론은 생체시계를 조절하는 뇌중추 신경원의 기능 저하를 노화의 원인으로 간주한다.
④ 면역이론은 체내 항체세포의 파괴를 노화의 원인으로 간주한다.
⑤ 유전자 오류이론은 RNA의 단백질 합성기능 저하에 따른 DNA의 오류 축적을 노화의 원인으로 간주한다.

23 다음 중 청소년기(12~19세)를 변화와 위기의 관점으로 보아 '정체성 위기'로 표현한 학자는?

① 안나 프로이트(Anna Freud)
② 에릭 에릭슨(Erik Erikson)
③ 하워드 패러드(Howard Parad)
④ 알프레드 아들러(Alfred Adler)
⑤ 에다 골드스타인(Eda Goldstein)

24 다음 중 과잉애착적인 행동과 분노에 찬 행동을 동시에 나타내 보이는 애착 유형에 해당하는 것은?

① 안정 애착
② 저항 애착
③ 회피 애착
④ 혼란 애착
⑤ 관계 애착

25 남성과 여성이 지향하고 선호하는 도덕성이 다르다고 본 학자는?

① 길리건(C. Gilligan)
② 콜버그(L. Kohlberg)
③ 마샤(J. Marcia)
④ 브론펜브레너(U. Bronfenbrenner)
⑤ 반두라(A. Bandura)

필수과목 02 　 집단상담의 기초

01 다음 중 집단규범의 특징으로 옳은 것은?
① 규범은 보통 광범위한 영역에 걸쳐 포괄적으로 개발된다.
② 규범은 집단의 행위보다는 생각과 느낌에 적용된다.
③ 규범은 집단원으로 하여금 어떠한 자유도 허용하지 않는다.
④ 규범은 집단의 유지 및 발전과 관련된 요소로 구성된다.
⑤ 규범의 변화속도는 매우 빠르다.

02 집단상담 중 피드백 제공 시 고려사항으로 옳지 않은 것은?
① 가치판단없이 피드백한다.
② 관찰가능한 행동에 대해 구체적으로 피드백한다.
③ 피드백 대상이 되는 집단원의 내적 준비 정도를 고려해서 피드백한다.
④ 변화가 필요하다고 생각되면 집단원이 압력으로 느끼더라도 피드백한다.
⑤ 피드백은 변화와 개선이 가능한 것에 한하여 주어져야 한다.

03 집단상담에 관한 설명으로 옳지 않은 것은?
① 비교적 정상 범위에 속하는 사람들을 대상으로 한다.
② 소속감이 생기고 동료의식이 발달한다.
③ 경제성, 실용성, 다양한 자원의 제공, 문제 예방 등의 강점이 있다.
④ 집단상담은 전문적인 상담기술이 필요하다.
⑤ 개인상담에 비해 개인의 문제를 깊게 다룰 수 있다.

04 다음 중 집단상담의 부정적 효과에 관한 설명으로 옳지 않은 것은?
① 시간 및 비용이 많이 소요된다.
② 비밀보장에 어려움이 있다.
③ 집단경험 자체를 목적으로 삼는 목적전치가 우려된다.
④ 개인의 가치관 및 생활양식 변화에 따라 안정감을 상실할 수 있다.
⑤ 집단의 압력에 의해 오히려 집단에 대한 저항감을 가질 수 있다.

05 집단상담 과정에서 저항으로 해석할 수 있는 행동을 모두 고른 것은?

> ㄱ. 침묵을 지키고 상호간에 어색한 웃음을 교환한다.
> ㄴ. 관찰자의 자세를 취한다.
> ㄷ. 자기를 개방하는 대신 타인의 문제만을 다루려 한다.
> ㄹ. 집단 밖의 이야기를 늘어놓거나 지적인 내용에 호소한다.
> ㅁ. 침묵을 지키거나 도움받을 문제가 없는 것처럼 행동한다.

① ㄱ, ㄴ, ㄷ ② ㄴ, ㄷ, ㄹ
③ ㄱ, ㄴ, ㄹ, ㅁ ④ ㄴ, ㄷ, ㄹ, ㅁ
⑤ ㄱ, ㄴ, ㄷ, ㄹ, ㅁ

06 다음 중 말러(Mahler)가 제시한 집단상담이 부적합한 경우에 해당하지 않는 것은?

① 내담자가 위기에 처해 있을 경우
② 내담자가 말하는 것에 대해 비정상적으로 두려움을 가지고 있는 경우
③ 내담자가 타인의 욕구와 감정에 대해 민감성을 가지고 있는 경우
④ 내담자의 인식, 자신의 감정, 동기에 대한 이해가 매우 부족할 경우
⑤ 내담자의 대인관계 기술이 극도로 효율적이지 못한 경우

07 다음 중 성장집단에 해당하는 것을 모두 고른 것은?

> ㄱ. 학교폭력 피해자 집단   ㄴ. 이혼가정의 취학아동모임
> ㄷ. 부모역할 훈련집단   ㄹ. 청소년 대상의 가치명료화집단

① ㄱ, ㄴ, ㄷ ② ㄱ, ㄷ
③ ㄴ, ㄹ ④ ㄹ
⑤ ㄱ, ㄴ, ㄷ, ㄹ

08 인간중심상담에서 집단상담자의 일치성에 관한 설명으로 옳지 않은 것은?

① 집단원과의 인간적 만남을 위해 노력한다.
② 내적 경험과 외적 표현이 일치한다.
③ 자기수용과 자기신뢰를 가진다.
④ '지금-여기'의 경험과 관련하여 현재에 집중한다.
⑤ 집단원에 대한 감정을 여과 없이 표현한다.

09 다음 보기의 내용이 설명하는 집단의 유형은?

> 집단원들의 집단에서의 '지금-여기'의 감정보다는 집단지도자에 의한 강의, 교수 등의 방법을 통해 집단의 방향, 집단의 진행 내용 및 방법 등을 사전에 계획적으로 구조화하여 집단원들을 체계적으로 교육하는 것을 목표로 한다.

① T-집단(Training Group)
② 참만남집단(Encounter Group)
③ 자조집단(Self-Help Group)
④ 구조화집단(Structured Group)
⑤ 가이던스집단(Guidance Group)

10 참만남집단의 모형 중 슈츠(Schutz) 모형의 특징에 해당하지 않는 것은?

① '개방적 참만남집단'에 해당한다.
② 신체적 느낌과 신체적 에너지의 이완을 통한 개인의 정서적 문제의 해방을 강조한다.
③ 신체적 활동에 관한 상상이 목표달성에 보다 유리하다.
④ 언어적인 방법들, 심리극, 도형, 명상 등의 방법들을 활용한다.
⑤ 집단원들 간의 지적인 토의를 통해 문제에 대한 근본적인 해결책을 탐구한다.

11 집단상담의 형태주의적 접근모형에 관한 설명으로 옳지 않은 것은?

① 게슈탈트(Gestalt) 상담에서 가장 중요한 시제는 현재이다.
② 실존주의 철학에서 강조하는 개인의 책임성을 강조한다.
③ 펄스(Perls)에 의해 개발되고 보급되었다.
④ 성숙한 인간은 자신의 긍정적인 측면을 강조하고 부정적인 측면을 배제한다.
⑤ 집단상담자는 내담자에게 여러 행동지향적 기법들을 사용할 수 있다.

12 집단상담의 의사교류 분석적 모형에서의 분석 기술에 해당하는 것을 모두 고른 것은?

> ㄱ. 인생각본 분석　　　　ㄴ. 의사교류 분석
> ㄷ. 구조분석　　　　　　ㄹ. 게임분석

① ㄱ, ㄴ, ㄷ　　　　② ㄱ, ㄷ
③ ㄴ, ㄹ　　　　　　④ ㄹ
⑤ ㄱ, ㄴ, ㄷ, ㄹ

13 집단상담의 현실치료적 접근모형에서 집단상담자의 역할에 해당하지 않는 것은?

① 집단원 모두가 집단에 관여하도록 하며, 현실의 문제에 직접 관여하도록 돕는다.
② 집단원으로 하여금 그들이 선택한 행동의 책임을 받아들이도록 한다.
③ 이전과 다른 행동이나 생각을 선택함으로써 자신의 느낌을 통제할 수 있다는 점을 이해시킨다.
④ 집단원이 현실적인 책임에서 벗어나는 행동을 하는 경우 자신의 과오를 스스로 깨닫도록 인내와 관망의 자세를 유지한다.
⑤ 핑계나 구실을 대는 행위에 대해 단호히 거부의 의사를 표시하여 집단원 스스로 자신의 행동에 책임을 지도록 추궁한다.

14 다음 보기의 내용에 해당하는 심리극의 기법으로 가장 적절한 것은?

> ○○청소년문화센터에서는 해당 지역의 중학교 교사들과 학생들을 대상으로 심리극을 실시하였다. 상담자는 사전에 해당 교사들과 학생들에 대한 설문조사를 통해 교사들이 현장에서 학생지도에 상당한 어려움을 느끼고 있는 반면, 학생들은 학업 스트레스와 학교 및 교사의 권위적이고 억압적인 지도방식에 불만을 가지고 있다는 사실을 알게 되었다. 이에 상담자는 교사와 학생을 번갈아가며 극의 주인공으로 내세워 교사의 경우 학생의 역할을, 학생의 경우 교사의 역할을 수행하도록 요구하였다. 심리극이 끝난 후 참여한 교사들과 학생들은 서로의 입장을 좀 더 이해할 수 있게 되었다.

① 빈 의자 기법　　　　② 거울기법
③ 역할전환　　　　　　④ 역할놀이
⑤ 이중자아 기법

15 집단역동에 영향을 주는 요인에 관한 설명으로 옳은 것은?

① 집단의 행동규준 – 집단에서 관심을 얻고자 집단원 사이에서 일어나는 현상
② 집단응집력 – 집단에서 노출하지는 않고 있지만, 집단활동에 영향을 초래할 수 있는 관심거리
③ 주제의 회피 – 집단에서 다루어야 할 주제는 회피하면서 어색하지 않은 주제를 다루는 것
④ 하위집단의 형성 – 집단 내에서 신뢰감이나 책임감을 형성하는 집단
⑤ 숨겨진 안건 – 집단원들이 집단에 갖는 매력의 정도와 관심도

16 다음 중 집단의 규범을 알 수 있는 단서에 해당하는 것을 모두 고른 것은?

> ㄱ. 집단의 문제해결방식
> ㄴ. 집단원의 심리적인 상태
> ㄷ. 집단에서 허용되는 정서적 표현
> ㄹ. 피드백에 대한 집단지도자의 반응

① ㄱ, ㄴ, ㄷ
② ㄱ, ㄷ
③ ㄴ, ㄹ
④ ㄹ
⑤ ㄱ, ㄴ, ㄷ, ㄹ

17 다음 중 청소년 집단상담의 기능에 해당하는 것을 모두 고른 것은?

> ㄱ. 청소년에게 이전과 다른 행동을 시도해보도록 격려한다.
> ㄴ. 생활상의 문제들에 대한 다양한 대응방법을 교환할 수 있는 기회를 제공한다.
> ㄷ. 자신이 다른 사람에게 미치는 영향력을 분석하도록 한다.
> ㄹ. 자신과 타인을 동일한 시각에서 볼 수 있도록 한다.

① ㄱ, ㄴ, ㄷ
② ㄱ, ㄷ
③ ㄴ, ㄹ
④ ㄹ
⑤ ㄱ, ㄴ, ㄷ, ㄹ

18 이형득이 제시한 집단상담의 4단계 발달과정에서 '준비단계'에 관한 설명으로 옳지 않은 것은?

① 집단원들의 긴장과 불안 수준이 매우 높은 단계이다.
② 집단 내 개별성원들 간의 갈등과 집단상담자에 대한 도전을 보이기도 한다.
③ 경쟁이나 대결, 상대적인 우위를 점하기 위한 조종 등 지배력 획득을 위한 시도가 두드러진다.
④ 집단원들에게서 나타나는 저항 반응은 일종의 자기보호를 위한 시도로 볼 수 있다.
⑤ 기본적인 과업은 참여자들에게 집단의 과정적 목표와 개인적 목표를 설정하도록 돕는 것이다.

19 집단상담의 과정 중 '종결단계'의 특징에 관한 설명으로 옳지 않은 것은?

① 집단상담자는 집단 과정의 전반적인 내용을 개관하고 요약한다.
② 집단원들 간의 친밀감과 애착이 더욱 고조되어 매우 높은 자기노출 수준을 보인다.
③ 목표 달성을 점검하고 학습 내용을 개괄한다.
④ 청소년 집단상담의 경우 청소년들은 거부당했다는 부정적인 느낌을 가지기도 한다.
⑤ 미해결 문제에 대한 해결 계획을 수립한다.

20 다음 보기의 내용이 설명하는 집단상담 개입기술로 옳은 것은?

> "대박이와 현지는 자신들의 생각을 포기하고 다른 사람이 원하는 것을 받아들여야 할 때 자신에게 화를 내는 것으로 보이네요."

① 연결하기(Linking)
② 보편화하기(Universalizing)
③ 격려하기(Encouraging)
④ 정보제공하기(Information-Giving)
⑤ 차단하기(Blocking)

21 집단과정을 촉진하기 위한 집단상담자의 행동으로 옳지 않은 것은?

① 집단원들이 불안과 긴장을 표현할 수 있도록 격려한다.
② 갈등이나 의견의 불일치를 공공연히 표현하도록 장려한다.
③ 집단상담자에게 의존하려는 경향을 줄인다.
④ 초청 혹은 도전을 통해 많은 집단원을 참여시킨다.
⑤ 효율적인 집단과정을 위해 개인적인 자기 탐색을 자제시킨다.

22 침묵하는 집단원에 대한 개입방법에 해당하는 것을 모두 고른 것은?

> ㄱ. 침묵 이면에 숨겨진 의미를 탐색할 수 있도록 촉진한다.
> ㄴ. 회기에 대한 준비 부족으로 인한 침묵은 적극 개입하여 집단활동을 유도한다.
> ㄷ. 다른 집단원이 침묵하는 집단원에 대해 비난하거나 공격적인 태도를 취하지 않도록 개입한다.
> ㄹ. 집단원이 집단역동을 방해하지 않는 한 침묵을 다루지 않아도 된다.

① ㄱ, ㄴ, ㄷ
② ㄷ, ㄹ
③ ㄱ, ㄴ
④ ㄴ, ㄷ, ㄹ
⑤ ㄱ, ㄴ, ㄷ, ㄹ

23 다음 보기의 내용과 연관된 집단원의 개인중심적 역할행동 유형에 해당하는 것은?

> 경기도 수원시에 있는 ○○고등학교에서는 자신의 진로문제로 고민을 하고 있는 학생들을 대상으로 집단상담 프로그램을 실시하였다. 그런데 집단상담 과정에서 A학생은 대학입시에 대한 자신의 심리적 부담감을 교묘히 숨긴 채 "우리가 대학에 가야만 하는 이유가 있을까요?", "왜 어른들은 우리가 대학에 가야만 하는지 그 명확한 이유에 대해 말할 수 있을까요?" 등 논리적·진단적인 방식으로 자신의 주장을 내세웠다.

① 참여하지 않기
② 공격하기
③ 문제없는 사람으로 자처하기
④ 지성에만 호소하기
⑤ 다른 사람들의 기분 맞추기

24 전문상담사로서 청소년상담사가 지켜야 할 내담자의 비밀보장에 관한 설명으로 옳지 않은 것은?

① 일반적으로 상담과정에서 내담자에 대해 알게 된 사실을 다른 사람들에게 말하면 안 된다.
② 아동 내담자의 경우에도 아동에 관한 정보를 부모에게 알려서는 안 된다.
③ 자살 우려가 있는 경우 내담자의 비밀을 지키는 것보다는 가족에게 알려 자살예방 조치를 취하는 것이 더욱 중요하다.
④ 상담 도중 알게 된 내담자의 중요한 범죄 사실에 대해서는 비밀을 지킬 필요가 없다.
⑤ 내담자의 정보를 공개할 경우 사전에 동의를 구하며, 꼭 필요한 최소한의 정보만 공개하도록 한다.

25 르웬버그와 돌고프(Loewenberg & Dolgoff)가 제시한 윤리적 원칙에 관한 설명으로 옳지 않은 것은?

① 인간은 개개인의 능력과 권력에 따라 동등하게 또는 차별적으로 취급받을 권리가 있다.
② 상담자는 내담자에게 진실된 태도를 유지해야 하며, 관련 정보를 공개해서는 안 된다.
③ 내담자의 특정문제 해결을 위해 부득이 대안을 선택할 수밖에 없는 경우, 언제나 내담자에게 최소한의 유해한 것을 선택하도록 한다.
④ 인간의 자유와 자율에 대한 권리는 소중하지만 무제한적인 것은 아니다.
⑤ 내담자의 인격과 사생활 보호를 위해 내담자의 비밀이나 사생활은 보호되어야 한다.

필수과목 03　심리측정 및 평가

01 심리검사에 대한 다음 설명 중 옳지 않은 것은?

① 직접적 측정방식은 자기보고식 답변의 신뢰성 문제가 있다.
② 직접적 측정방식은 태도 내면에 존재하는 신념과 같은 다른 정보를 알아낼 수 있는 장점이 있다.
③ 간접적 측정방식은 보다 완곡하고 우회적인 방법으로 태도를 측정한다.
④ 간접적 태도 측정은 측정 대상이 답변을 왜곡하거나 사회적으로 거부될 것 같은 태도를 숨기거나 다르게 표현하는 것을 방지해 주는 장점이 있다.
⑤ 심리생리학적 측정방법은 태도뿐만 아니라 피험자의 주목과 감정적 각성 등을 측정하는 데도 유용하다.

02 다음 중 심리평가의 요소에 포함되는 것을 모두 고른 것은?

ㄱ. 심리검사	ㄴ. 행동관찰
ㄷ. 전문지식	ㄹ. 면담정보

① ㄱ, ㄴ, ㄷ
② ㄱ, ㄷ
③ ㄴ, ㄹ
④ ㄹ
⑤ ㄱ, ㄴ, ㄷ, ㄹ

03 다음 중 심리평가를 위한 자료로서 면담에 관한 설명으로 옳지 않은 것은?

① 면담은 직접적인 평가 과정으로서, 평가 대상의 실제 속성에 대한 가장 근접한 자료를 제공한다는 점에서 유의미하다.
② 상담자는 면담을 통해 내담자의 방문 사유, 내담자의 가정 또는 직장 내 생활 및 적응 상태 등에 대한 폭넓은 정보를 얻을 수 있다.
③ 면담에 의해 수집된 자료는 충분한 검토와 함께 분석 및 추론 등에 의한 전문적인 진행 과정을 거침으로써 유효하게 활용될 수 있다.
④ 면담은 비구조적인 특징으로 인해 내담자에 대한 보다 의미 있는 자료를 제공한다.
⑤ 면담에 의한 자료는 자의적인 해석이나 의도적 또는 비의도적인 왜곡이 개입될 수 있으므로 정확성을 보장하기 어렵다.

04 MBTI에 관한 설명으로 옳지 않은 것은?

① 이상행동의 진단보다 개인이 가진 타고난 심리적 경향성을 측정한다.
② 특질이 성격의 기본단위라는 입장을 가지고 있다.
③ 융(C. Jung)의 심리유형에 관한 내용을 이론적 바탕으로 하고 있다.
④ ISTJ형은 감각을 주기능으로 사용하는 내향적 판단형이다.
⑤ 성격의 선천적 선호성을 알려주는 검사이다.

05 다음 중 지능검사의 점수(IQ)를 측정할 때 사용하는 척도에 해당하는 것은?

① 명목척도
② 서열척도
③ 등간척도
④ 비율척도
⑤ 누적척도

06 다음 보기의 내용에 해당하는 타당도는 무엇인가?

> ○ 검사가 대상 행동을 설명하는 이론을 얼마나 잘 반영하는지를 검증한다.
> ○ 지적 특성이나 성격 특성과 같은 복잡한 행동패턴을 측정하고자 할 때 특히 유용하다.
> ○ 측정하고자 하는 개념의 추상성이 높은 경우, 개념타당도를 확보하기가 상대적으로 더욱 어렵다.

① 구성타당도(Construct Validity)
② 내용타당도(Content Validity)
③ 안면타당도(Face Validity)
④ 공인타당도(Concurrent Validity)
⑤ 예언타당도(Predictive Validity)

07 집-나무-사람(HTP) 검사 시행에 관한 설명으로 옳지 않은 것은?

① 검사자는 수검자에게 자유롭게 그리기보다 그림을 알아보기 쉽게 그리도록 요구한다.
② 검사는 '집 → 나무 → 사람' 순으로 한다.
③ 처음 집을 그리도록 할 때에는 용지를 가로로 제시한다.
④ 검사자는 내담자의 반응을 상세히 기록한다.
⑤ 수검자가 심리적인 어려움을 적게 받는 대상에서부터 시작한다.

08 심리학 개론 시험성적이 정규분포를 이루고 평균이 70, 표준편차가 10이라고 할 때, 85점에 해당하는 Z점수와 T점수는?

① Z = 0, T = 50
② Z = +0.5, T = 60
③ Z = +0.5, T = 65
④ Z = +1.5, T = 60
⑤ Z = +1.5, T = 65

09 동형검사 신뢰도에 관한 설명으로 옳지 않은 것은?

① 검사내용의 차이에 따른 오차가 생길 수 있다.
② 일반적으로 동형성 계수를 통해 추정할 수 없다.
③ 연습효과를 감소시킬 수는 있으나, 완전한 제거는 어렵다.
④ 완벽한 동형검사를 제작하기 어렵다.
⑤ 검사-재검사 신뢰도의 제한점을 보완하는 한 방법이다.

10 다음 심리검사 중 그 유형이 나머지 넷과 다른 것은?

① Wechsler Intelligence Scale for Children
② Wechsler Adult Intelligence Scale
③ Personality Assessment Inventory
④ Myers-Briggs Type Indicator
⑤ Thematic Apperception Test

11 일반지능설을 통해 지능을 판단 또는 양식, 실용적 감각, 창의력, 상황에의 적응능력으로 간주하면서, 개인의 지능에 대한 포괄적인 척도를 개발한 학자는?

① 웩슬러(Wechsler)
② 카텔(Cattell)
③ 스피어만(Spearman)
④ 비네(Binet)
⑤ 써스톤(Thurstone)

12 준거참조검사에 관한 설명으로 옳지 않은 것은?

① 특정 내용에 대한 숙달 여부를 검사할 수 있다.
② 국가자격시험, 국가 수준의 학업성취도 평가 등이 해당한다.
③ 검사에서 측정하려고 하는 지식이나 기술영역을 명확하게 규정해야 한다.
④ 다른 사람의 수행 수준과 비교하여 점수를 해석한다.
⑤ 원점수를 설정된 기준에 비추어 판단한다.

13 비율지능지수(비율 IQ)는 비네(Binet) 검사 계열에서 사용하는 방식이다. 다음 중 비율지능지수의 공식으로 옳은 것은?

① 지능지수(IQ) = $\dfrac{\text{정신연령(MA)}}{\text{신체연령(CA)}} \times 100$

② 지능지수(IQ) = $\dfrac{\text{신체연령(CA)}}{\text{정신연령(MA)}} \times 100$

③ 지능지수(IQ) = $\dfrac{\text{개인점수} - \text{해당 연령규준의 평균}}{\text{해당 연령규준의 표준편차}} \times 100$

④ 지능지수(IQ) = $10 \times \dfrac{\text{개인점수} - \text{해당 연령규준의 평균}}{\text{해당 연령규준의 표준편차}} + 100$

⑤ 지능지수(IQ) = $15 \times \dfrac{\text{개인점수} - \text{해당 연령규준의 평균}}{\text{해당 연령규준의 표준편차}} + 100$

14 다음 중 웩슬러(Wechsler) 지능검사에서 질적 분석이 필요한 경우에 해당하지 않는 것은?

① 쉬운 문항에서 성공하는 반면, 어려운 문항에서 실패하는 경우
② 매우 드문 반응을 보이는 경우
③ 강박적으로 여러 가지 응답을 나열하는 경우
④ 공통성 문제 소검사에서 공통점이 아닌 차이점을 말하는 경우
⑤ 차례 맞추기 소검사에서 카드의 순서는 올바르게 맞추었으나, 그 내용을 명확히 설명하지 못하는 경우

15 박 교사는 학업성적이 낮은 초등학교 5학년 영수의 학습부진 원인이 지능 때문은 아닐까 하는 생각이 들어서, 같은 학교 상담교사에게 지능검사를 의뢰하였다. 다음 중 이 학생에게 사용하기에 적절한 검사는 무엇인가?

① K-WAIS-Ⅳ
② MBTI
③ K-WPPSI
④ K-WISC-Ⅳ
⑤ 로르샤하 검사

16 다음 중 한국 웩슬러 성인용 지능검사(K-WAIS-Ⅳ)에서 지각추론 검사에 해당하지 않는 것은?

① 토막짜기
② 행렬추론
③ 무게 비교
④ 빠진 곳 찾기
⑤ 기호쓰기

17 다음 중 미네소타 다면적 인성검사(MMPI)에서 각 임상척도의 평균과 표준편차로 옳은 것은?

	평 균	표준편차
①	50	10
②	50	15
③	75	10
④	100	14
⑤	100	15

18 미네소타 다면적 인성검사(MMPI)의 척도 중 분명한 정신적인 장애를 지니면서도 정상적인 프로파일을 보이는 사람들을 식별하기 위한 것으로서, 몇몇 임상척도의 진단상 변별력을 높이기 위한 교정 목적의 척도에 해당하는 것은?

① F(Infrequency)
② L(Lie)
③ K(Correction)
④ Pd(Psychopathic Deviate)
⑤ Pa(Paranoia)

19 다음 보기의 내용에 해당하는 표집방법은?

> ○○시 교육청에서는 중학생들의 방과 후 프로그램에 대한 필요성의 인지 여부를 조사하기 위해 성적을 기준으로 상, 중, 하로 구분한 다음, 각각의 계층이 모집단에서 차지하고 있는 비율에 맞추어 3,000명의 표본을 3개의 계층별로 무작위적으로 표집하였다.

① 의도적 표집　　　　　　　　② 집락표집
③ 층화표집　　　　　　　　　④ 할당표집
⑤ 단순무작위표집

20 MBTI의 성격유형별 특징 중 'ST 유형'의 특징으로 가장 옳지 않은 것은?
① 객관적·논리적·능률적이며, 정확하고 공정하다.
② 변화의 필요성을 인식하며, 변화의 시도를 위한 새로운 접근 및 대안들에 관심을 가지고 있다.
③ 과제를 조직하고 지시하는 등 조직화된 일을 능숙하게 수행한다.
④ 장기적인 계획을 잘 세우지 못하며, 미래 변화를 예측하는 데 어려움이 있다.
⑤ 대인관계에서 미숙한 양상을 보인다.

21 다면적 인성검사(MMPI-2)에서 다음 보기의 내용에 해당하는 척도는?

> ○ 개인의 전반적인 에너지와 활동수준을 평가
> ○ 정서적 흥분, 짜증스런 기분, 과장된 자기 지각을 반영

① 척도 1　　　　　　　　　② 척도 4
③ 척도 6　　　　　　　　　④ 척도 7
⑤ 척도 9

22 다음 보기에서 설명하는 능력은 GATB 직업적성검사의 어떤 적성을 공통적으로 측정하는가?

> ○ 실물이나 도해 또는 표에 나타나는 것을 세부까지 바르게 지각하는 능력, 시각으로 비교·판별하는 능력
> ○ 도형의 형태나 음영, 근소한 선의 길이나 넓이 차이를 지각하는 능력

① 운동조절적성　　　　　　② 형태지각적성
③ 사무지각적성　　　　　　④ 공간추리적성
⑤ 언어 및 수리적성

23 문장완성검사(SCT ; Senstence Completion Test)에 관한 설명으로 가장 옳은 것은?

① 완성되지 않은 문장을 완성하도록 하는 투사적 검사이다.
② 인격 심층에 관한 정보를 알 수 있는 검사이다.
③ 심사숙고하여 떠오르는 생각을 기록하도록 해야 한다.
④ 상상력과 창의력을 알아볼 수 있는 검사이다.
⑤ 로르샤하 검사(Rorschach Test)나 주제통각검사(TAT)에 비해 덜 구조화되어 있다.

24 로르샤하 검사의 채점에서 결정인에 해당되는 것을 모두 고른 것은?

ㄱ. 형 태	ㄴ. 반응영역
ㄷ. 유채색	ㄹ. 형태차원
ㅁ. 행동유형	

① ㄱ, ㄴ, ㄷ   ② ㄱ, ㄷ, ㅁ
③ ㄴ, ㄹ, ㅁ   ④ ㄱ, ㄷ, ㄹ
⑤ ㄷ, ㄹ, ㅁ

25 다음 중 벤더게슈탈트 검사(BGT)의 평가 항목에 해당하지 않는 것은?

① 형태의 일탈(Deviation of Form)
② 크기의 일탈(Deviation in Size)
③ 조직화(Organization)
④ 강도(Intensity)
⑤ 움직임 및 묘사요인(Movement and Drawing)

필수과목 04 상담이론

01 다음 중 상담목표의 구성요소에 관한 설명으로 옳지 않은 것은?

① 과정목표는 내담자의 변화에 필요한 상담분위기의 조성과 관련된다.
② 과정목표에 대한 결과의 1차적인 책임은 내담자에게 있다.
③ 결과목표는 내담자가 상담을 통해 이루고자 하는 구체적인 삶의 변화와 관련된다.
④ 결과목표는 일반적으로 객관적일수록 효과적이다.
⑤ 결과목표는 상황에 따라 수정이 가능해야 한다.

02 교류분석 상담이론의 주요개념으로서, 겉으로는 친밀한 것처럼 보이지만 결과적으로는 라켓 감정을 유발하는 이면교류를 일컫는 것은?

① 각 본
② 스탬프
③ 스트로크
④ 게 임
⑤ 부 인

03 다음 중 상담자의 전문적 자질에 관한 설명으로 옳지 않은 것은?

① 상담자는 심리학적 지식 및 상담이론에 대해 심층적으로 이해하고 있어야 한다.
② 상담자는 내담자의 경험의 차이가 곧 문화의 차이에서 비롯된 것임을 인식해야 한다.
③ 상담자는 인내심을 가지고 지속적으로 전문 수퍼비전을 받아야 한다.
④ 상담자는 내담자의 특성 및 상황에 부합하는 상담이론을 적용하여야 한다.
⑤ 상담자는 역량의 한계를 뛰어넘어 내담자의 문제해결을 위해 집중력을 발휘해야 한다.

04 다음 중 목표 설정의 효과성 판단기준에 해당하는 것을 모두 고른 것은?

> ㄱ. 목표는 상담자와 내담자 간의 상호합의에 의해 이루어져야 한다.
> ㄴ. 목표는 구체적이고 명확하며, 달성하기 쉬운 것이어야 한다.
> ㄷ. 효과적으로 설정된 목표는 수량화·수치화할 수 있다.
> ㄹ. 효과적으로 설정된 목표는 내담자의 역량보다 높은 수준을 유지한다.

① ㄱ, ㄴ, ㄷ
② ㄱ, ㄷ
③ ㄴ, ㄹ
④ ㄹ
⑤ ㄱ, ㄴ, ㄷ, ㄹ

05 게슈탈트 이론에서 '알아차림-접촉 주기'의 순서가 바르게 연결된 것은?

① ㄱ - 감각, ㄴ - 배경, ㄷ - 에너지 동원, ㄹ - 접촉, ㅁ - 알아차림
② ㄱ - 배경, ㄴ - 감각, ㄷ - 알아차림, ㄹ - 에너지 동원, ㅁ - 접촉
③ ㄱ - 감각, ㄴ - 접촉, ㄷ - 에너지 동원, ㄹ - 배경, ㅁ - 알아차림
④ ㄱ - 배경, ㄴ - 감각, ㄷ - 에너지 동원, ㄹ - 알아차림, ㅁ - 접촉
⑤ ㄱ - 감각, ㄴ - 배경, ㄷ - 접촉, ㄹ - 에너지 동원, ㅁ - 알아차림

06 다음 중 상담에서의 질문유형의 예로 옳지 않은 것은?

① 개방형 질문 - "어제 다른 반 아이들이 너희 반 교실에 들어왔을 때 무슨 일이 있었니?"
② 폐쇄형 질문 - "할머니는 현재 혼자 살고 계시니?"
③ 구조화 질문 - "오늘 무슨 이야기로 시작할까요?"
④ 유도형 질문 - "평소 아버지와의 관계가 좋지 않았죠?"
⑤ 복합형 질문 - "폭행을 당한 부위는 어디고, 그 때 옆에 누가 있었니?"

07 다음 보기의 대화에서 밑줄 친 부분과 연관된 상담기술로 가장 적절한 것은?

- 내담자 : 저는 학교 선생님들을 이해할 수 없어요. 그분들은 어떤 고정관념에 사로잡혀 있는 것 같아요.
- 상담자 : <u>학교 선생님들이 어떠한 고정관념을 가지고 있는지 자세하게 말해줄 수 있나요?</u>

① 구조화
② 명료화
③ 재진술
④ 초점화
⑤ 재명명

08 다음 중 의사소통기술로서 '나 전달법(I-Message)'을 사용하는 목적으로 가장 옳은 것은?

① 내담자의 문제를 사정하고 이를 해결하기 위해
② 내담자에게 문제에 대한 책임성을 묻기 위해
③ 내담자와의 상담 내용을 요약하고 이를 기록하기 위해
④ '느낌-제안-상황설명'을 구조화하기 위해
⑤ 특정 상황에 대해 비난적이지 않은 방법으로 묘사하기 위해

09 행동주의 원리 가운데 '프리맥(Premack)의 원리'에 적용된 원리는?

① 강화의 원리
② 소거의 원리
③ 변별의 원리
④ 일반화의 원리
⑤ 연합의 원리

10 다음 중 상담의 기능에 관한 설명으로 옳지 않은 것은?

① 심리적 고통을 해소한다.
② 대인관계 욕구를 충족시켜 준다.
③ 삶의 문제를 해결할 수 있다.
④ 정신병리 발생을 예방할 수 있다.
⑤ 자기성장을 촉진한다.

11 개인심리학의 상담과정에 관한 설명으로 옳은 것을 모두 고른 것은?

> ㄱ. 초기단계 – 내담자가 자신의 기본 욕구와 소망을 명료하게 인식하도록 한다.
> ㄴ. 탐색단계 – 내담자의 초기기억을 탐색한다.
> ㄷ. 해석단계 – 내담자의 자기이해와 통찰을 촉진하기 위하여 해석을 한다.
> ㄹ. 재정향단계 – 해석을 통해 획득된 내담자의 통찰이 실제 행동으로 전환한다.

① ㄱ, ㄴ
② ㄴ, ㄷ
③ ㄱ, ㄴ, ㄷ
④ ㄴ, ㄷ, ㄹ
⑤ ㄱ, ㄴ, ㄷ, ㄹ

12 개인심리학의 상담기법에 해당하는 것을 모두 고른 것은?

> ㄱ. 역설적 의도
> ㄴ. 단추 누르기
> ㄷ. 혐오치료 기법
> ㄹ. 가상행동
> ㅁ. 빈틈 메우기

① ㄴ, ㄹ
② ㄱ, ㄴ, ㄹ
③ ㄱ, ㄷ, ㅁ
④ ㄱ, ㄴ, ㄹ, ㅁ
⑤ ㄴ, ㄷ, ㄹ, ㅁ

13 다음 중 정신분석적 상담이론의 긍정적인 측면에 해당하지 않는 것은?

① 최초의 체계적인 성격이론으로서 효과적인 심리치료의 기술을 개발하였다.
② 성격의 발달에 있어서 유아기의 중요성을 강조하여 자녀양육에 대한 각성과 연구를 자극하였다.
③ 어떤 욕구나 동기가 인간의 사고나 행동에 결정적인 영향을 미친다는 점을 파악하였다.
④ 해석, 전이, 저항 현상 등을 밝혀내어 상담면접 및 치료과정에 적용하였다.
⑤ 인간이 자율적이고 합리적인 존재임을 강조하였다.

14 다음 중 통합적 상담에 관한 설명으로 옳지 않은 것은?

① 내담자에게 이익을 줄 수 있는 점들을 검토하려는 시도이다.
② 개별 내담자에게 최상의 심리치료가 어떤 것인지 알 수 없기 때문에 내담자에게 효과적인 상담방법을 탐색한다.
③ 통합의 궁극적 목표는 치료의 효과와 유용성을 높이는 것이다.
④ 다양한 체계로부터 개념과 방법을 선택하는 과정을 말한다.
⑤ 모든 내담자들에게 한 가지 상담이론으로 효과적인 상담을 하는 것이다.

15 다음 보기의 사례에서 교류분석상담의 자아상태와 교류형태의 연결이 모두 옳은 것은?

- 상담자 : 지난 상담에서 일주일 동안 시도해 보기로 한 대화 실험은 어땠니?
- 내담자 : 어, 선생님 밖에 불꽃놀이 하나 봐요. 우리 나가서 구경하면 안돼요?

① 상담자 - A, 내담자 - AC, 상보교류
② 상담자 - A, 내담자 - FC, 교차교류
③ 상담자 - A, 내담자 - FC, 상보교류
④ 상담자 - NP, 내담자 - FC, 상보교류
⑤ 상담자 - NP, 내담자 - AC, 교차교류

16 벡(A. Beck)이 제시한 인지적 오류 중 다음 보기의 내용에 해당하는 것은?

> 많은 사람들 앞에서 강의 후, 대다수의 긍정적인 반응보다 소수의 부정적인 반응에만 초점을 맞춰 강의가 실패했다고 단정하는 것

① 임의적 추론(Arbitrary Inference)
② 과잉일반화(Overgeneralization)
③ 개인화(Personalization)
④ 선택적 추론(Selective Abstraction)
⑤ 파국화(Catastrophizing)

17 다음 중 인간의 심리적 방어기제에 관한 설명으로 옳은 것은?

① 방어기제는 인간발달에 필요한 기제이다.
② 방어기제는 인간이 경험하는 다양한 불안에서 원초아를 보호하려는 심리적 기제이다.
③ 방어기제는 부적응적인 것이 대부분인 것으로 병리적인 관점에서 관찰해야 한다.
④ 가장 보편적인 방어기제는 합리화(Rationalization)로서, 그 대표적인 예로 '꿩 대신 닭'을 들 수 있다.
⑤ 억압(Repression)은 충동을 억누르기 위한 의식적인 노력인 반면, 억제(Suppression)는 충동을 무의식적으로 거부하는 것이다.

18 인간중심상담의 기본개념에 해당하는 것을 모두 고른 것은?

ㄱ. 사회적 관심	ㄴ. 완전히 기능하는 사람
ㄷ. 자기실현 경향	ㄹ. 미해결 과제
ㅁ. 자기 또는 자기개념	

① ㄱ, ㄴ, ㄷ
② ㄱ, ㄴ, ㄹ
③ ㄴ, ㄷ, ㄹ
④ ㄴ, ㄷ, ㅁ
⑤ ㄷ, ㄹ, ㅁ

19 다음 중 보기의 내용과 연관된 스트로크의 유형으로 가장 적절한 것은?

> 당신은 사랑받기 위해 태어난 사람입니다.

① 상징적 스트로크
② 긍정적 스트로크
③ 무조건적 스트로크
④ 조건적 스트로크
⑤ 신체적 스트로크

20 엘리스(Ellis)는 합리적 · 정서적 행동치료의 기법으로서 'ABCDE'를 제시하였다. 다음 중 상담자(치료자)의 개입이 이루어지는 단계에 해당하는 것은?

① A(Activating Event) - 선행사건
② B(Belief System) - 신념체계
③ C(Consequence) - 결과
④ D(Dispute) - 논박
⑤ E(Effect) - 효과

21 다음 중 벡(Beck)의 인지치료에 관한 내용으로 옳지 않은 것은?

① 자가치료(Self-Treatment)와 상담자와 내담자의 협동적 관계를 강조한다.
② 자동적인 사고, 도식, 신념 등이 정보처리과정상의 인지적 왜곡을 야기한다.
③ 증상에 대한 객관적 평가를 중시하며, 심리검사를 활용하고 개인의 주관적 경험과 이성적 판단을 중시한다.
④ 인지적 기술로서 탈중심화는 특히 불안 증상을 나타내 보이는 내담자에게 유효하다.
⑤ 인지삼제는 '자기 자신', '자신의 과거', '주변 환경'에 대한 부정적인 생각을 말한다.

22 다음 중 실존주의 상담에 관한 내용으로 옳지 않은 것은?

① 내담자의 치료와 위기 극복을 주된 목적으로 한다.
② 자유의 상황에서 내담자의 선택과 책임을 강조한다.
③ 정체성에 혼란을 느끼는 청소년에게 적합한 상담이다.
④ 내담자의 내면에 있는 심리적 실체로서 자아에 초점을 둔다.
⑤ 인간 존재의 불안은 상담과정에서 생산적인 치료를 위한 재료로 활용된다.

23 상담자 윤리에 관한 설명으로 옳지 않은 것은?

① 취득한 청소년상담관련 자격증이 있더라도 상담자는 상담관련 교육에 참여한다.
② 상담자는 내담자와 성적 관계를 맺었거나 유지하는 경우 상담관계를 형성하지 않는다.
③ 상담과정에서 내담자가 타인을 살해할 의도를 명백하게 밝혔더라도 내담자 보호를 위해 비밀을 유지한다.
④ 상담자는 성별, 인종, 장애 등을 이유로 내담자를 차별해서는 안 된다.
⑤ 상담자는 자신이 가지고 있는 상담역량 이상으로 상담을 할 수 있다고 광고를 해서는 안 된다.

24 현실치료에 관한 설명으로 옳지 않은 것은?

① 문제의 행동에 초점을 맞추며, 내담자의 책임감 없는 행동이나 변명, 합리화를 금지한다.
② 과거나 미래보다 현재에 초점을 두며, 무의식적 행동보다 행동선택에 대한 평가에 초점을 둔다.
③ 글래서(W. Glasser)의 5가지 기본 욕구는 소속, 존중, 자유, 즐거움 및 생존의 욕구이다.
④ 불만족스러운 관계 혹은 관계 결여에 관심이 있다.
⑤ 맞닥뜨림, 역설적 기법 등을 사용한다.

25 상담의 목표설정에 관한 설명으로 옳지 않은 것은?

① 호소 문제를 고려하여 목표를 설정한다.
② 구체적이고 실행 가능한 목표를 설정한다.
③ 여러 가지를 고려하여 현실적으로 설정한다.
④ 상담의 방향을 제시한다.
⑤ 상담 초기에 설정된 목표는 수정이 불가능하다.

교 시	문제형별	시 간	시험과목	
2교시	A	50분	① 학습이론 ② 청소년이해론 ③ 청소년수련활동론	1과목 선택

필수과목 05 학습이론

01 학습에 관한 설명으로 옳은 것을 모두 고른 것은?

> ㄱ. 학습은 경험과 연습의 결과이다.
> ㄴ. 학습에는 기술, 지식만 포함된다.
> ㄷ. 학습은 변화된 행동이 비교적 지속되어야 함을 전제로 한다.
> ㄹ. 학습에 의한 변화가 반드시 즉각적인 행동으로 나타나는 것은 아니다.

① ㄱ, ㄴ, ㄷ
② ㄱ, ㄴ, ㄹ
③ ㄱ, ㄷ, ㄹ
④ ㄴ, ㄷ, ㄹ
⑤ ㄱ, ㄴ, ㄷ, ㄹ

02 다음 중 맥클리랜드(McClelland)가 제시한 성취동기 육성의 4단계에 해당하지 않는 것은?

① 학습자가 성취동기에 흥미를 가지도록 돕는다.
② 학습자가 명확하고 구체적으로 목표를 설정하도록 돕는다.
③ 학습자의 개별적인 욕구 및 관심에 대해 사정한다.
④ 학습자가 자기 자신을 성취지향적인 사람으로 여기게 한다.
⑤ 학습자의 성취에 대한 노력에 대해 집단적인 지원을 제공한다.

03 다음 중 내재적 동기를 유발하기 위한 방안으로 적절한 것을 모두 고른 것은?

> ㄱ. 기대되는 학습결과를 알려준다.
> ㄴ. 긍정적 자아개념을 형성시킨다.
> ㄷ. 상과 칭찬, 벌을 사용한다.
> ㄹ. 동일시의 대상을 활용한다.

① ㄱ, ㄴ, ㄷ
② ㄱ, ㄷ
③ ㄴ, ㄹ
④ ㄹ
⑤ ㄱ, ㄴ, ㄷ, ㄹ

04 학습의 전이에 관한 내용으로 옳은 것을 모두 고른 것은?

> ㄱ. 포괄적인 법칙이나 개념보다 단편적인 지식을 학습할 때 전이가 촉진된다.
> ㄴ. 학습 내용과 실생활 간의 유사성이 작을수록 전이가 촉진된다.
> ㄷ. 수업방법 및 학습태도에 따라 전이 정도가 달라진다.
> ㄹ. 기본적 원리를 확실히 이해할수록 전이가 촉진된다.

① ㄱ, ㄴ
② ㄷ, ㄹ
③ ㄱ, ㄷ, ㄹ
④ ㄴ, ㄷ, ㄹ
⑤ ㄱ, ㄴ, ㄷ, ㄹ

05 다음 중 망각에 관한 내용으로 가장 옳은 것은?

① 소멸이론은 망각이 기억의 과정 중 인출 단계에서 발생한다고 본다.
② 간섭이론은 기억 과정에서 다른 정보들의 간섭을 받지 않으면 학습한 내용이 망각되지 않은 채 그대로 유지된다고 본다.
③ 역행간섭은 후행학습이 선행학습의 영향을 받아 낮은 회상률을 보이는 것을 말한다.
④ 응고이론은 망각이 정보처리적 접근에서 인출의 실패에 의한 것으로 본다.
⑤ 단서-의존 망각이론은 장기기억에 저장된 내용이 소멸될 수 있음을 주장한다.

06 성취목표지향성 유형 중 숙달목표를 가진 학습자의 특징으로 옳지 않은 것은?

① 타인의 인정보다는 자신의 성장을 위해 동기화된다.
② 타인과의 상대적 비교를 기준으로 성공여부를 판단한다.
③ 실패할 가능성에도 불구하고 새로운 내용이나 과제에 도전하는 것을 목표로 한다.
④ 타인의 수행에 관심을 두기보다는 스스로 얼마나 많은 것을 배울 수 있는가에 관심이 있다.
⑤ 학습에서의 실수나 실패도 배움의 과정으로 받아들이는 개방적인 태도를 가진다.

07 다음 중 조작적 조건형성의 기본원리에 관한 설명으로 옳지 않은 것은?

① 강화자극이 따르는 반응은 반복되는 경향이 있으며, 조작적 반응이 일어나는 비율을 증가시킨다.
② 일정한 반응 뒤에 강화가 주어지지 않는 경우 그 반응은 결국 사라지게 된다.
③ 일단 습득된 행동이라도 만족스러운 결과가 주어지지 않는 경우 즉시 소거된다.
④ 정교한 학습을 통해 유사한 자극에서 나타나는 조그만 차이를 변별하여 반응을 보이게 된다.
⑤ 조형(Shaping)은 목표 행동에 점진적으로 접근하도록 체계적인 강화를 하는 것이다.

08 다음 보기의 내용에 해당하는 개념은?

> ○ 고전적 조건형성의 원리를 적용한 것이다.
> ○ 특정한 상황이나 상상에 의해 조건 형성된 불안이나 공포를 극복하도록 하기 위한 것이다.

① 교란(Distraction)
② 체계적 둔감법(Systematic Desensitization)
③ 자극통제(Stimulus Control)
④ 수반성(유관) 계약(Contingency Contract)
⑤ 자기강화(Self-Reinforcement)

09 파블로프(Pavlov)의 굶주린 개 실험에서 먹이를 종소리와 연합하여 여러 번 제시하자, 개는 먹이 없이 종소리만 듣고도 침을 흘리게 되었다. 이와 같은 고전적 조건형성의 실험 과정에서 자극과 반응의 내용을 올바르게 연결한 것을 모두 고른 것은?

> ㄱ. 조건 반응 - 종소리로 인해 나오는 침
> ㄴ. 무조건 반응 - 먹이로 인해 나오는 침
> ㄷ. 조건 자극 - 조건화된 이후의 종소리
> ㄹ. 무조건 자극 - 조건화되기 이전의 종소리

① ㄱ, ㄴ, ㄷ
② ㄱ, ㄷ
③ ㄴ, ㄹ
④ ㄹ
⑤ ㄱ, ㄴ, ㄷ, ㄹ

10 다음 중 행동주의 상담에서 사용하는 기법에 해당하지 않는 것은?
① 체계적 둔감법
② 혐오치료
③ 충고와 설득
④ 토큰경제
⑤ 주장적 훈련

11 사회인지이론에서 제시한 자기효능감(Self-Efficacy)에 관한 설명으로 옳은 것은?
① 자기효능감이 높아도 결과기대(Outcome Expectation)는 낮을 수 있다.
② 자기효능감은 자신의 가치, 속성, 태도 등에 대한 전반적인 자기 지각이다.
③ 자기효능감의 수준은 과제 영역에 따라 다르지 않다.
④ 자기효능감은 다른 사람의 성공이나 실패를 관찰하는 것과는 관련이 없다.
⑤ 자기효능감이 낮으면 새로운 과제에 보다 적극적으로 도전하는 경향을 보인다.

12 개인에게 직접적인 영향을 미치는 것으로 성장과 함께 변화하는 생태학적 환경에 해당하는 것은?

① 미시체계
② 중간체계
③ 거시체계
④ 외부체계
⑤ 시간체계

13 장(Field) 이론의 주요 개념으로서, 자기 자신과 환경의 세부적인 국면을 변별하는 학습에 해당하는 것은?

① 위상(Topology)
② 분화(Differentiation)
③ 재구조화(Restructualization)
④ 영역(Regions)
⑤ 일반화(Generalization)

14 행동주의와 인지주의 학습이론에 관한 설명으로 옳은 것을 모두 고른 것은?

ㄱ. 행동주의는 형태주의 심리학에 기초한다.
ㄴ. 인지주의에서 학습 원리는 자극과 반응의 관계성에 기초한다.
ㄷ. 행동주의는 관찰 가능한 행동을 연구주제로 한다.
ㄹ. 인지주의는 관찰된 행동의 변화보다 행동 잠재력의 변화에 관심을 둔다.
ㅁ. 행동주의는 사고, 언어, 문제해결과 같은 복잡한 지적 과정을 강조한다.

① ㄱ, ㄴ
② ㄴ, ㄷ, ㅁ
③ ㄷ, ㄹ
④ ㄱ, ㄷ, ㄹ
⑤ ㄱ, ㄴ, ㄷ, ㄹ

15 인출과 망각에 영향을 주는 요인으로 옳지 않은 것은?

① 정보의 인출 단서
② 정보의 유의미성
③ 정보의 저장 방식
④ 습득한 다른 정보
⑤ 정보의 수용량

16 다음 보기의 사례에서 A양의 정서적 변화와 관련된 행동주의의 개념이 아닌 것은?

> A양은 초등학교 입학 초기에 학교가 낯설었다. 하지만 학교에서 담임선생님의 외모가 엄마와 비슷하여 마음의 안정을 찾았고, 시간이 지날수록 학교가 편한 곳이라는 느낌을 가지게 되었다.

① 무조건 자극
② 중성 자극
③ 행동 연쇄
④ 조건 자극
⑤ 조건 반응

17 인간의 뇌 발달에 관한 설명으로 옳은 것을 모두 고른 것은?

> ㄱ. 3세 아동의 시냅스 수가 성인의 시냅스 수보다 적다.
> ㄴ. 신경망 가지치기 시기는 각 대뇌피질 영역에 따라 다르다.
> ㄷ. 풍부한 환경은 시냅스의 연결을 가속화한다.
> ㄹ. 대뇌피질 영역 중 브로카와 베르니케 영역이 손상되면 실어증을 초래한다.
> ㅁ. 대뇌피질 영역 중 전두엽의 발달은 영유아 시기에 완성된다.

① ㄱ, ㄴ, ㄹ
② ㄴ, ㄷ, ㅁ
③ ㄱ, ㄹ, ㅁ
④ ㄴ, ㄷ, ㄹ
⑤ ㄱ, ㄴ, ㄷ, ㄹ

18 다음 보기의 내용에 해당하는 개념은 무엇인가?

> 정서적인 아픔이 너무 커서 그 일이 전혀 기억이 나지 않거나, 그 일의 일부 조각들만이 기억되는 현상

① 억압(Repression)
② 간섭(Interference)
③ 인출실패(Retrieval Failure)
④ 쇠퇴(Decay)
⑤ 억제(Suppression)

19 다음 보기의 학습이론가들이 공통적으로 채택한 심리학적 패러다임은?

> ○ 손다이크(E. Thorndike)　　○ 스키너(B. Skinner)　　○ 헐(C. Hull)

① 진화론적 관점
② 기능주의 관점
③ 구성주의 관점
④ 신경생리학적 관점
⑤ 인지적 관점

20 다음 중 단기기억(작동기억)에 관한 설명으로 가장 옳은 것은?

① 단기기억은 저장시간이 제한적이다.
② 단기기억의 용량은 제한이 없다.
③ 단기기억의 정보는 단절적인 주사(Scanning)를 통해 인출해낸다.
④ 단기기억의 정보는 비음운적 형태로 처리된다.
⑤ 단기기억은 장기기억에 비해 활성화 수준이 낮다.

21 다음 보기의 내용이 설명하는 조건화의 개념은 무엇인가?

> 엄마는 아이가 칭얼대면서 울 때마다 달래 주던 행동을 중단하고, 아이가 울 때 못 본척하고 달래 주지 않은 결과 아이의 우는 행동이 줄었다.

① 강 화
② 벌
③ 소 거
④ 조건 자극
⑤ 변 별

22 다음 중 장기기억의 내용으로서 과제 수행상의 과정지식에 해당하는 것은?

① 선언적 지식
② 절차적 지식
③ 명시적 지식
④ 조건적 지식
⑤ 암묵적 지식

23 다음 중 반두라(Bandura)의 사회학습이론에 관한 설명으로 옳은 것은?

① 인간행동은 개인・행동・환경의 상호작용으로 발달한다.
② 인간발달에서 인생 초기의 부정적 경험을 중요시한다.
③ 인간행동 발달과 관련된 문화적 배경을 강조한다.
④ 인간행동 발달에서 연령별 단계를 제시하고 있다.
⑤ 인간행동에서 외적 영향력보다 내적 영향력을 더욱 강조한다.

24 다음 중 관찰학습의 과정에서 모델을 모방하기 위해 심상 및 언어로 기호화된 표상을 외형적인 행동으로 전환하는 단계에 해당하는 것은?

① 주의집중과정　　　　　　　　　② 운동재생과정
③ 동기화과정　　　　　　　　　　④ 보존과정
⑤ 자기강화과정

25 다음 중 귀인에 영향을 미치는 요인을 모두 고른 것은?

| ㄱ. 성별의 차이 | ㄴ. 연령의 차이 |
| ㄷ. 개인적 성향의 차이 | ㄹ. 교사의 태도 |

① ㄱ, ㄴ, ㄷ　　　　　　　　　　② ㄱ, ㄷ
③ ㄴ, ㄹ　　　　　　　　　　　　④ ㄹ
⑤ ㄱ, ㄴ, ㄷ, ㄹ

선택과목 01　청소년이해론

01 청소년기 인지발달의 일반적 특성으로 옳지 않은 것을 모두 고른 것은?

　ㄱ. 추상적 사고　　　　　ㄴ. 가설연역적 사고
　ㄷ. 사고과정에 대한 사고　ㄹ. 불가역적 사고

① ㄱ, ㄴ, ㄷ
② ㄱ, ㄷ
③ ㄴ, ㄹ
④ ㄹ
⑤ ㄱ, ㄴ, ㄷ, ㄹ

02 콜버그(L. Kohlberg)의 도덕성 발달이론 중 다음 보기에 해당하는 발달단계는?

하인즈 딜레마에 대한 이야기를 접한 민국이는 "남의 것을 훔친 하인즈는 도둑으로 소문이 나서 그 마을에서는 창피해서 살 수 없다"라는 반응을 보였다.

① 벌과 복종 지향 단계
② 착한 아이 지향 단계
③ 법과 질서 지향 단계
④ 사회 계약 지향 단계
⑤ 보편 원리 지향 단계

03 다음 괄호 안 ㄱ~ㄷ에 들어갈 용어들이 순서대로 올바르게 나열된 것은?

관찰과 모델링에 의한 학습은 처음에는 사회학습이론이었으며, 이 입장은 (ㄱ)에서 시작되었으나 지금은 (ㄴ) 입장의 개념도 많이 포함되어 있어 그 명칭이 (ㄷ)으로 차차 바뀌었다.

	ㄱ	ㄴ	ㄷ
①	형태주의	행동주의	인지행동이론
②	행동주의	인지주의	인지행동이론
③	인지주의	행동주의	사회인지이론
④	인지주의	행동주의	인지행동이론
⑤	행동주의	인지주의	사회인지이론

04 우리나라의 청소년 관련 법령 내용 중 '청소년보호법'상의 목적에 해당하는 내용은?

① 청소년의 권리 및 책임과 가정·사회·국가 및 지방자치단체의 청소년에 대한 책임을 정하고 청소년정책에 관한 기본적인 사항을 규정한다.
② 청소년에게 유해한 매체물과 약물 등이 청소년에게 유통되는 것과 청소년이 유해한 업소에 출입하는 것 등을 규제하고, 청소년을 유해한 환경으로부터 보호·구제함으로써 청소년이 건전한 인격체로 성장할 수 있도록 한다.
③ 다양한 청소년활동을 적극적으로 진흥하기 위하여 필요한 사항을 정한다.
④ 청소년복지 향상에 관한 사항을 규정한다.
⑤ 아동·청소년대상 성범죄의 처벌과 절차에 관한 특례를 규정하고 피해아동·청소년을 위한 구제 및 지원 절차를 마련하며 아동·청소년대상 성범죄자를 체계적으로 관리함으로써 아동·청소년을 성범죄로부터 보호하고 아동·청소년이 건강한 사회구성원으로 성장할 수 있도록 한다.

05 다음 중 청소년의 연령 구분으로 옳은 것은?

① 청소년복지지원법 – 9세 이상 24세 이하
② 청소년활동진흥법 – 만 19세 미만
③ 아동·청소년의 성보호에 관한 법률 – 만 18세 미만
④ 소년법 – 만 14세 미만
⑤ 청소년보호법 – 9세 이상 24세 이하

06 다음 중 소년법상 우범소년의 조건에 해당하지 않는 것은?

① 부모나 교사에게 반항하는 성벽이 있다.
② 정당한 이유 없이 가출을 하는 성벽이 있다.
③ 집단적으로 몰려다니며 주위 사람들에게 불안감을 조성하는 성벽이 있다.
④ 술을 마시고 소란을 피우는 성벽이 있다.
⑤ 유해환경에 접하는 성벽이 있다.

07 청소년은 자아를 보호하기 위해 방어기제를 사용하기도 한다. 이러한 방어기제는 적응성을 기준으로 몇 가지 수준으로 구분되는데, 다음 중 부인의 수준(Disavowal Level)에 해당하는 방어기제를 모두 고른 것은?

| ㄱ. 전치(Displacement) | ㄴ. 합리화(Rationalization) |
| ㄷ. 억제(Suppression) | ㄹ. 투사(Projection) |

① ㄱ, ㄴ, ㄷ ② ㄱ, ㄷ
③ ㄴ, ㄹ ④ ㄹ
⑤ ㄱ, ㄴ, ㄷ, ㄹ

08 긴즈버그(E. Ginzberg)의 직업선택 발달과정으로 옳은 것은?

① 잠정적 단계 – 현실적 단계 – 환상적 단계
② 환상적 단계 – 현실적 단계 – 잠정적 단계
③ 잠정적 단계 – 환상적 단계 – 현실적 단계
④ 환상적 단계 – 잠정적 단계 – 현실적 단계
⑤ 현실적 단계 – 잠정적 단계 – 환상적 단계

09 문화에 관한 학자와 이론 내용이 올바르게 연결된 것은?

① 미드(M. Mead) – 인간을 호모 루덴스(Homo Ludens), 놀이하는 인간으로 명명했다.
② 호이징아(J. Huizinga) – 사모아 같은 부족사회에서는 '질풍과 노도'와 같은 청소년기의 특성이 나타나지 않는다.
③ 머튼(Merton) – 청소년문화의 특징을 주류문화의 개념으로 설명하였다.
④ 기어츠(C. Geertz) – 상징과 의미체계로 문화 개념을 설명하였다.
⑤ 화이트(White) – 문화는 '지식, 신앙, 예술, 법률, 도덕, 관습 그리고 사회의 구성원으로서의 인간에 의해 얻게된 다른 모든 능력이나 관습들을 포함하는 복합 총체'이다.

10 다음 중 미드(Mead)의 상징적 상호작용이론에 관한 설명으로 옳지 않은 것은?

① 개인의 자아는 '주체로서의 자아(I)'와 '객체로서의 자아(Me)'로 구분된다.
② 아동은 준비단계, 놀이단계, 게임단계를 거쳐 역할체계 내에서 역할 간의 관계를 이해하게 된다.
③ '일반화된 타자(Generalized Others)'는 역할 체계에 내면화된 규칙을 의미한다.
④ 청소년은 생물학적 요인보다는 문화적 요인에 의해 성격발달이 이루어진다.
⑤ 청소년이 경험하는 갈등과 혼란의 경험은 모든 문화에서 나타나는 보편적인 현상이다.

11 다음 중 생태체계적 관점에 관한 설명으로 옳지 않은 것은?

① 개인, 집단, 지역사회 등 다양한 체계에 적용이 가능하다.
② 문제의 원인을 단선적인 인과관계로 파악하는 데 유용한 틀을 제공한다.
③ 문제해결을 위한 적절한 모델을 선택할 수 있게 한다.
④ 인간과 사회환경 사이의 관계를 이해하는 준거틀을 제시하고 있다.
⑤ 구체적인 인간발달단계를 제시하지 않는다.

12 다음 중 가족체계에 대한 관점으로서 종적차원에 해당하는 것은?

① 가족은 지역사회의 하위체계이다.
② 가족 행동은 순환적으로 이루어진다.
③ 가족의 가치는 세대 간에 전수된다.
④ 가족은 주변체계와 상호작용한다.
⑤ 가족은 항상성을 유지하려는 속성이 있다.

13 다음 보기의 내용이 설명하는 용어는?

> ○ 부르디외(P. Bourdieu)가 제시한 것이다.
> ○ '행위자의 물질적·비물질적 존재 조건에 의해 형성되며, 취향의 차이를 일관되게 조직하는 것이다.

① 문화특질(Cultural Trait)
② 문화전계(Enculturation)
③ 아비투스(Habitus)
④ 패러다임(Paradigm)
⑤ 헤게모니(Hegemony)

14 바움린드(Baumrind)가 제시한 부모의 양육태도 유형으로서 '허용적(Permissive) 유형'에 관한 설명으로 옳은 것을 모두 고른 것은?

> ㄱ. 부모는 자녀에게 애정적이지만 단호한 제한을 설정하지 못한 채 자녀의 요구사항대로 거의 수용한다.
> ㄴ. 최근 맞벌이 가정과 한부모 가정 또는 외동아이 가정이 증가하는 환경에서 부모는 절제하지 못하는 모습을 보이게 되고, 무조건적으로 자녀의 요구를 허용하는 데서 문제가 출발한다고 볼 수 있다.
> ㄷ. 허용적인 부모 밑에서 자란 자녀는 부모가 없는 낯선 환경에 잘 적응하지 못하는 모습을 보이며, 사회적 책임감도 낮은 것으로 나타난다.
> ㄹ. 대부분의 경우 부모는 정서적 문제가 있거나 바빠서 여유가 없는 일상으로 인해 자녀를 일관성 있는 태도로 양육하지 못한다.

① ㄱ, ㄴ, ㄷ
② ㄱ, ㄷ
③ ㄴ, ㄹ
④ ㄹ
⑤ ㄱ, ㄴ, ㄷ, ㄹ

15 다음 중 약물오용(Misuse)에 관한 설명으로 옳은 것은?

① 의학적 상식, 사회적 관습이나 법규로부터 일탈하여 쾌락을 추구하기 위해 약물을 사용하거나 과잉으로 사용한다.
② 의학적인 목적으로 약물을 사용하기는 하지만, 이를 의사의 처방에 따르지 않고 임의로 사용하거나 또는 처방된 약을 지시에 따라 제대로 사용하지 않는다.
③ 중독성 있는 약물을 반복적으로 사용함으로써 신체의존이 강해지는 반면, 약물 효과가 점진적으로 감소하여 동일한 효과를 얻기 위해 약물의 사용량을 늘린다.
④ 중독성 있는 약물에 대한 강박적이고 과도한 집착으로 인해 부작용에도 불구하고 약물 사용을 적절히 통제하거나 스스로 조절하지 못한다.
⑤ 마약류 및 여타 약물을 지속적·주기적으로 사용한 결과 사용자에게 정신적·신체적 변화가 발생하여 사용자가 마약류 및 약물사용을 중단하거나 조절하지 못한다.

16 자아정체감에 관한 설명으로 옳지 않은 것을 모두 고른 것은?

> ㄱ. 연령이 증가할수록 자아정체감 성취의 비율도 증가한다.
> ㄴ. 마샤(J. Marcia)가 제시한 자아정체감의 지위(Status)에는 통합(Integration)이 포함된다.
> ㄷ. 마샤(J. Marcia)는 자아정체감의 지위(Status)를 위기와 관여(Commitment)에 따라 구분한다.
> ㄹ. 자아정체감은 프로이트(Freud)의 이론에서 가장 중요한 개념이다.

① ㄱ, ㄴ, ㄷ
② ㄱ, ㄷ
③ ㄴ, ㄹ
④ ㄹ
⑤ ㄱ, ㄴ, ㄷ, ㄹ

17 머튼(Merton)의 아노미 상태에 대한 5가지 적응양식 중 '문화적 목표는 수용하지만, 제도화된 수단을 거부하는 유형'에 해당하는 것은?

① 동조형(Conformity)
② 혁신형(Innovation)
③ 의례형(Rituals)
④ 도피형(Retreatism)
⑤ 반항형(Rebellion)

18 에릭슨(Erikson)이 제시한 성격발달단계 중 청소년기에 관한 설명으로 옳지 않은 것은?

① 대략 12~20세 정도로서 프로이트(Freud)의 생식기 이후에 해당한다.
② 자아정체감 대 정체감 혼란의 위기를 경험한다.
③ 자신의 역할과 능력을 시험할 수 있는 유예기간을 가진다.
④ 사회적·직업적 탐색을 하면서 인생관과 가치관을 확립해 나간다.
⑤ 위기 극복 시 능력감을 획득하며, 실패 시 무능력감에 빠지게 된다.

19 다음 중 청소년문화를 보는 시각으로서 보기의 내용에 해당하는 것은?

> ○ 청소년문화는 기성세대의 문화를 흉내 내거나 그것을 단순히 변형 또는 차용하지 않는다.
> ○ 기성세대와 달리 새로운 세대는 '새 술은 새 부대에'라는 식으로 그들 나름의 새로운 문화를 창조·형성해 나간다.

① 하위문화
② 비행문화
③ 반(反)문화
④ 미숙한 문화
⑤ 또 하나의 새로운 문화

20 일탈행동에 관한 중화이론에서 사용되는 기법과 그 예를 가장 올바르게 연결한 것은?

① 책임의 부인 – "난 그 사람 물건을 훔친게 아니야. 단지 빌려쓴 것 뿐이라고."
② 상해의 부인 – "난 그저 술에 취해서 그랬던 것 뿐이야."
③ 비난자에 대한 비난 – "그 놈이 맞을 짓을 했으니까 때린 것 뿐이라고."
④ 더 높은 충성심에의 호소 – "내가 그 놈을 때린 건 우리 조직의 명예를 지키기 위해서야."
⑤ 피해자에 대한 부인 – "난 애들한테서 고작 몇 푼 가져간 것뿐인데, 그 놈은 애들을 무자비하게 때리고 강제로 돈을 빼앗았다고."

21 다음 중 밀러(Miller)가 제시한 하층계급문화 이론에 관한 설명으로 옳지 않은 것은?

① 하층계급문화는 사고를 저지르는 데 대한 관심과 관대함을 가지고 있다.
② 남을 속여서라도 목적을 달성하는 것을 강조한다.
③ 자극과 모험을 선호하며, 간섭받기를 싫어한다.
④ 자신의 삶을 스스로 개척한다는 태도로써 운명주의에서 벗어난다.
⑤ 비행을 저지르는 것은 다른 사람의 관심을 끌기 위한 중요한 수단이 된다.

22 다음 중 청소년 단기쉼터에 관한 설명으로 거리가 먼 것은?

① 가정 밖(가출) 청소년의 문제해결을 위한 상담·치료 및 예방활동을 펼친다.
② 가정 밖(가출) 청소년에게 의식주, 의료 등 보호서비스를 제공한다.
③ 가정 및 사회복귀 대상 청소년을 분류한다.
④ 사례관리를 통해 다양한 자원과 연계한다.
⑤ 학업·자립지원을 위한 특화된 서비스를 제공한다.

23 다음 보기에서 설명하는 기구의 명칭은?

> 학교폭력의 예방 및 대책에 관련된 사항을 심의하기 위하여 교육지원청에 설치하는 기구

① 학교폭력대책심의위원회
② 학교폭력대책지역위원회
③ 청소년보호위원회
④ 청소년정책위원회
⑤ 학교폭력대책위원회

24 서덜랜드(Sutherland)의 차별접촉이론에서 문제행동의 사회화와 관련된 9가지 명제에 해당하지 않는 것은?

① 비행을 하느냐, 하지 않느냐는 비행 접촉빈도, 지속시간, 우선성 및 강도와는 무관하다.
② 비행학습의 내용에는 비행의 기술뿐 아니라 비행과 관련된 충동, 합리화, 동기, 태도도 포함된다.
③ 비행의 학습은 주로 일차적 집단과의 친밀한 인간관계를 통해 학습된다.
④ 비행의 동기와 태도의 방향은 법이나 규범에 대한 생태적 환경의 방향에 의해 결정된다.
⑤ 비행을 격려·고무하는 분위기가 억제·반대하는 분위기를 압도할 때 비행이 시도된다.

25 다음 중 청소년 학업중단을 예방하기 위한 정책적 대안으로 가장 적절하지 않은 것은?

① 정규학교 지원의 확대
② 상담전담교사 배치의 의무화
③ 실업계 직업교육의 확대 전환
④ 학교규율 자율제정의 확산
⑤ 도시형 대안학교 설립

선택과목 02 청소년수련활동론

01 다음 중 청소년기본법상의 정의로 가장 옳은 것은?

① 청소년 – 만 19세 미만의 자를 말한다.
② 청소년단체 – 청소년육성을 주된 목적으로 설립된 법인 또는 여성가족부령이 정하는 단체를 말한다.
③ 청소년지도자 – 청소년지도사와 청소년상담사만을 말한다.
④ 청소년복지 – 청소년이 정상적인 삶을 영위할 수 있는 기본적인 여건을 조성하고 조화롭게 성장·발달할 수 있도록 제공되는 사회적·경제적 지원을 말한다.
⑤ 청소년보호 – 사회여건과 환경을 청소년에게 유익하도록 개선하고 청소년을 보호하여 청소년에 대한 교육을 보완함으로써 청소년의 균형 있는 성장을 돕는다.

02 다음 중 청소년수련활동의 필요성에 관한 설명으로 가장 옳지 않은 것은?

① 전인교육을 통해 인간성 회복을 도모한다.
② 진정한 의미의 즐거움을 통해 삶을 재충전하도록 한다.
③ 공동체놀이를 통해 청소년문화를 형성한다.
④ 야외활동 및 야외교육을 통해 자연 속에서의 조화를 추구한다.
⑤ 전문화된 교육을 통해 학문적 지식 및 직업적 기술을 습득한다.

03 청소년활동진흥법령상 청소년수련지구에 설치하여야 하는 시설의 종류가 아닌 것은?

① 체육시설
② 문화시설
③ 모험활동시설
④ 녹 지
⑤ 청소년상담시설

04 청소년활동진흥법상 국가 및 지방자치단체의 '청소년문화활동의 지원' 내용을 모두 고른 것은?

| ㄱ. 전통문화의 계승 | ㄴ. 청소년문화활동의 기반 구축 |
| ㄷ. 학교 교과과정 지원 | ㄹ. 청소년정보처리활동 활성화 |

① ㄱ, ㄴ
② ㄱ, ㄷ
③ ㄴ, ㄹ
④ ㄹ
⑤ ㄱ, ㄴ, ㄷ, ㄹ

05 다음 중 미래사회에서 청소년의 핵심역량에 해당하는 것을 모두 고른 것은?

ㄱ. 자기관리능력	ㄴ. 시민의식
ㄷ. 진로개발능력	ㄹ. 기초학습능력

① ㄱ, ㄴ, ㄷ
② ㄱ, ㄷ
③ ㄴ, ㄹ
④ ㄹ
⑤ ㄱ, ㄴ, ㄷ, ㄹ

06 다음 중 청소년수련시설의 종류를 모두 고른 것은?

ㄱ. 유스호스텔	ㄴ. 청소년수련원
ㄷ. 청소년야영장	ㄹ. 청소년쉼터
ㅁ. 청소년특화시설	

① ㄱ, ㄴ, ㄷ
② ㄱ, ㄷ, ㄹ
③ ㄴ, ㄹ, ㅁ
④ ㄱ, ㄴ, ㄷ, ㅁ
⑤ ㄱ, ㄴ, ㄷ, ㄹ, ㅁ

07 청소년활동 프로그램 개발과정을 순서대로 나열한 것은?

ㄱ. 설 계	ㄴ. 기 획
ㄷ. 실 행	ㄹ. 평 가
ㅁ. 마케팅	

① ㄱ - ㄴ - ㄷ - ㄹ - ㅁ
② ㄴ - ㄱ - ㅁ - ㄷ - ㄹ
③ ㄴ - ㄱ - ㄷ - ㄹ - ㅁ
④ ㄴ - ㄱ - ㄷ - ㅁ - ㄹ
⑤ ㄱ - ㄴ - ㅁ - ㄷ - ㄹ

08 청소년기본법령상 특별시·광역시·도 및 특별자치도에 설치된 청소년상담복지센터에서 청소년상담사의 배치기준으로 옳은 것은?

① 2급 청소년상담사, 3급 청소년상담사를 각각 1명 이상 둔다.
② 1급 청소년상담사, 2급 청소년상담사, 3급 청소년상담사를 각각 1명 이상 둔다.
③ 1급 청소년상담사 1명, 2급 청소년상담사 2명, 3급 청소년상담사 3명 이상을 둔다.
④ 1급 청소년상담사 또는 2급 청소년상담사 2명 이상을 두고, 3급 청소년상담사 1명 이상을 둔다.
⑤ 청소년상담사 3명 이상을 둔다.

09 다음 중 청소년지도사의 역할과 기능에 관한 설명으로 옳지 않은 것은?

① 청소년의 고통과 아픔을 함께 하고 이해·수용하는 격려자
② 정책에 대해 토의하며 안건을 세우는 정책입안자
③ 체계적인 교육과 훈련을 통해 청소년지도현장의 노하우와 기술을 가진 전문가
④ 팀워크 조성 및 자발적·자율적·자치적 조직결정과 그 지원이 가능한 자
⑤ 청소년활동에 영향을 미치고 나아갈 방향을 제시할 올바른 정보제공자

10 여성가족부장관이 위탁하여 청소년상담사와 청소년지도사의 자격검정을 실시하는 특정 기관은?

① 한국청소년상담복지개발원
② 한국청소년활동진흥원
③ 청소년 관련 전문기관
④ 한국청소년수련시설협회
⑤ 한국산업인력공단

11 청소년활동진흥법령상 청소년수련활동 인증제도에 관한 설명으로 옳은 것은?

① 개인은 인증을 신청할 수 없지만, 청소년단체와 지방자치단체는 인증이 신청 가능하다.
② 국가는 인증을 받은 청소년수련활동을 공개하여서는 안 된다.
③ 인증위원회가 인증할 때에는 필요한 방법으로 인증신청의 내용을 확인할 수 있다.
④ 위험도가 높은 청소년활동은 인증을 신청할 수 없다.
⑤ 청소년 참가인원이 120명 이상인 경우 인증을 받아야 한다.

12 청소년활동진흥법상 "숙박형 청소년수련활동"의 계획을 해당 관청에 신고하지 않아도 되는 경우가 아닌 것은?

① 청소년이 부모 등 보호자와 함께 참여하는 경우
② 다른 법률에서 지도·감독 등을 받는 비영리 단체가 운영하는 경우
③ 다른 법률에서 지도·감독 등을 받는 비영리 법인이 운영하는 경우
④ 종교단체가 운영하는 경우
⑤ 비숙박형 청소년수련활동 중 인증을 받아야 하는 활동인 경우

13 국립중앙청소년수련원의 수련활동 인증프로그램 중 사회배려 청소년 지원사업으로 옳은 것을 모두 고른 것은?

> ㄱ. 유관기관 연계사업
> ㄴ. 둥근세상만들기캠프
> ㄷ. 행복공감청소년캠프
> ㄹ. 학교단체 저소득층 지원

① ㄱ, ㄴ, ㄷ
② ㄱ, ㄷ
③ ㄴ, ㄷ
④ ㄹ
⑤ ㄱ, ㄴ, ㄷ, ㄹ

14 청소년지도방법의 특징에 관한 설명으로 옳지 않은 것을 모두 고른 것은?

> ㄱ. 청소년지도방법은 목표를 달성하기 위한 의도적인 활동이다.
> ㄴ. 청소년지도방법은 목표를 달성하기 위한 비체계적인 활동이다.
> ㄷ. 청소년지도방법은 청소년의 자기주도적이고 능동적인 참여를 필요로 한다.
> ㄹ. 청소년지도방법은 청소년지도자와 청소년 간의 상호작용 속에서 이루어진다.

① ㄱ, ㄴ, ㄷ
② ㄱ, ㄷ
③ ㄴ, ㄷ
④ ㄱ, ㄷ, ㄹ
⑤ ㄱ, ㄴ, ㄷ, ㄹ

15 청소년활동진흥법상 한국청소년활동진흥원에 관한 설명으로 옳은 것은?

① 활동진흥원은 이사장을 포함한 10명 이내의 이사와 감사 1명을 둔다.
② 상임이사는 여성가족부장관이 임명하고, 비상임이사는 활동진흥원 이사장이 임명한다.
③ 감사는 임원추천위원회가 복수로 추천한 사람 중에서 여성가족부장관이 임명한다.
④ 이사장의 임기는 3년, 이사와 감사의 임기는 각각 2년으로 하되, 1년을 단위로 연임할 수 있다.
⑤ 활동진흥원에 관하여 청소년활동진흥법과 공공기관의 운영에 관한 법률에서 정한 사항 외에는 민법 중 사단법인에 관한 규정을 준용한다.

16 다음 중 청소년수련활동의 일반적인 분류를 올바르게 연결한 것은?

① 스포츠활동 – 음악, 미술, 무용, 연극
② 봉사활동 – 참만남집단, 감각적 의식증진집단
③ 예절활동 – 아동, 노인, 장애인 등을 대상으로 한 상담봉사
④ 놀이와 레크리에이션 – 사회성원으로서의 공동생활규범 습득을 위한 예절 프로그램
⑤ 탐구활동 – 사물과 현상에 대한 관찰·실험 활동, 지역사회나 유적지에 대한 조사활동

17 다음 보기의 내용들이 공통으로 해당되는 인증수련활동의 영역은?

> 탐사·등반활동, 야영활동, 해양활동, 극기훈련활동, 수상훈련활동, 안전지킴이활동

① 진로탐구활동
② 자기개발활동
③ 모험개척활동
④ 교류활동
⑤ 건강·스포츠활동

18 다음 보기의 내용에서 설명하고 있는 것은?

> 청소년에게 유해한 영향을 미칠 수 있는 각종 매체환경들에 대해 청소년 스스로 분별력 및 대응력을 향상시키도록 하기 위한 청소년 단체 중심의 활동 프로그램으로서, 성인들 중심으로 전개되는 일방적 청소년보호 활동 개념에서 벗어나 청소년의 권리와 참여가 전제된 청소년 중심의 자기보호 및 사회규범적 보호를 강조한다.

① 청소년어울림마당
② YP 프로그램
③ YC 프로그램
④ CYS-Net
⑤ 드림스타트

19 다음 중 청소년활동 프로그램의 평가기준의 내용으로 적절하지 않은 것은?

① 프로그램은 의미 있는 결과를 나타내 보였는가?
② 투입된 노력 대비 산출된 결과는 어느 정도 수준인가?
③ 프로그램을 통해 문제해결이 어느 정도 이루어졌는가?
④ 프로그램은 대상자의 요구 또는 사회의 요구에 적절히 대응하였는가?
⑤ 기회 및 자원이 개인 간 혹은 집단 간 차등하게 배분되었는가?

20 콜브(D. Kolb)가 제시한 경험학습의 진행과정이 아닌 것은?

① 추상적 개념화
② 구체적 경험
③ 반성적 관찰
④ 적극적 실험
⑤ 주도적 개입

21 다음 중 국제청소년성취포상제의 참여대상 청소년의 연령대로 옳은 것은?

① 만 18세 미만
② 만 19세 미만
③ 만 9세 이상 22세 이하
④ 만 13세 이상 24세 이하
⑤ 만 14세 이상 24세 이하

22 청소년활동진흥법상 다음 보기의 내용에 해당하는 시설은?

> 다양한 청소년수련거리를 실시할 수 있는 각종 시설 및 설비를 갖춘 종합수련시설

① 청소년수련관
② 유스호스텔
③ 청소년문화의 집
④ 청소년특화시설
⑤ 청소년야영장

23 청소년활동진흥법령상 인증을 받아야 하는 '위험도가 높은 청소년수련활동 프로그램'이 아닌 것은?

① 수상오토바이
② 패러글라이딩
③ 클라이밍
④ 4시간 이상의 야간등산
⑤ 5km 이상 도보이동

24 청소년수련활동인증위원회의 인증심사원이 되기 위한 자격조건에 해당하는 사람을 모두 고른 것은?

> ㄱ. 2급 청소년상담사 자격 소지자
> ㄴ. 3급 청소년지도사 자격 소지자
> ㄷ. 여성가족부 일반직 7급 공무원
> ㄹ. 청소년문화의 집에서 실무경력 5년 이상인 자

① ㄱ, ㄴ, ㄷ
② ㄱ, ㄷ
③ ㄴ, ㄹ
④ ㄹ
⑤ ㄱ, ㄴ, ㄷ, ㄹ

25 다음 보기의 괄호 안에 들어갈 내용은?

> 청소년기본법 시행규칙에 따라 청소년수련시설에 종사하는 청소년지도사는 2년마다 (   ) 이상의 보수교육을 받아야 한다.

① 10시간
② 15시간
③ 20시간
④ 25시간
⑤ 30시간

제4회 최종모의고사

청소년상담사 3급 최종모의고사

↻ 정답 및 해설 p.350

교 시	문제형별	시 간	시험과목
1교시	A	100분	① 발달심리 ② 집단상담의 기초 ③ 심리측정 및 평가 ④ 상담이론

필수과목 01 발달심리

01 발달 이론가와 성인 발달에 관한 주장이 올바르게 연결된 것을 모두 고른 것은?

> ㄱ. 발테스와 발테스(P. Baltes & M. Baltes) - 성공적 노화를 선택, 최적화, 상실의 3가지 요인으로 설명한다.
> ㄴ. 에릭슨(E. Erikson) - 성인 중기에 생산성을 확립할 방법을 찾지 못한 성인들은 침체감을 경험한다.
> ㄷ. 레빈슨(D. Levinson) - 인생주기 중 모두 5번에 걸친 전환기(과도기)를 제안한다.
> ㄹ. 하비거스트(R. Havighurst) - 성인기에는 가설적 사고에서 실용적 사고로 변화한다.

① ㄱ, ㄴ
② ㄴ, ㄷ
③ ㄷ, ㄹ
④ ㄱ, ㄴ, ㄹ
⑤ ㄱ, ㄴ, ㄷ, ㄹ

02 우리나라에서는 아동이 만 6세에 이르는 경우 학교교육을 받도록 하고 있다. 이와 관련된 것으로 가장 적절한 것은?

① 준비성
② 전이효과
③ 누적성
④ 문화실조
⑤ 결정적 시기

03 다음 중 에릭슨(Erikson)의 심리사회이론에 관한 설명으로 옳은 것은?

① 아동의 초기경험이 성격을 결정한다.
② 5단계의 과정으로 발달이 이루어진다.
③ 무의식과 성적 충동이 인간행동의 기초가 된다.
④ 자아정체감의 내적 측면은 공간적 동일성에 대한 인식을 말한다.
⑤ 위기는 개인의 욕구와 사회의 요구(기대) 간의 갈등에서 비롯된다.

04 다음 중 아들러(Adler)가 제시한 개념에 관한 설명으로 옳은 것을 모두 고른 것은?

> ㄱ. 사회적 관심과 열등감에 기반하여 네 가지의 생활양식 유형을 제안하였다.
> ㄴ. 우월에 대한 추구는 개인적·사회적 수준에서 나타난다.
> ㄷ. 창조적 자아는 생의 목표에 도달하기 위하여 설계한 좌표를 의미한다.
> ㄹ. 열등감은 보편적인 감정이며, 인간의 모든 행동을 동기화하는 근원이다.

① ㄱ, ㄴ, ㄷ ② ㄱ, ㄷ
③ ㄴ, ㄹ ④ ㄹ
⑤ ㄱ, ㄴ, ㄷ, ㄹ

05 다음 중 대상영속성의 개념을 획득한 아동에 관한 설명으로 가장 옳은 것은?

① 전조작기에 발달하기 시작하여 구체적 조작기에 이르러 확립된다.
② 대상영속성에 대한 도식은 공간, 시간 등의 개념을 이해하는 데 기초가 된다.
③ 생후 6개월 된 아이의 장난감을 치워버리면 그것을 찾으려고 한다.
④ 자신이 직관적으로 지각할 수 있는 영역에 있는 대상만을 의식한다.
⑤ 자신이 볼 수 있는 눈앞의 것에 전적으로 의존한다.

06 다음 중 보기의 내용과 연관된 것은?

> 어린이집 선생님은 간식 시간이 되어 아이들에게 과자를 나누어 주었다. 아이 한 명당 과자 한 봉지씩 똑같은 양으로 각자의 접시에 담아 주었다. 그러자 어느 아이는 과자의 양이 다른 친구들보다 적다고 불평했고, 다른 아이는 자신의 것이 더욱 많다고 만족스러워 했다.

① 자기중심성의 문제 ② 대상영속성의 문제
③ 가설-연역적 사고의 문제 ④ 보존개념의 문제
⑤ 비가역적 사고의 문제

07 다음 중 자기중심적 언어에 관한 비고츠키(Vygotsky)의 견해로 옳은 것은?

① 내적 언어단계 이전에 나타난다.
② 서열화 능력이 바탕이 된다.
③ 자기중심적 사고의 반영이다.
④ 보존개념으로 설명된다.
⑤ 아동은 스스로의 세계를 구조화하고 이해하는 존재라고 생각한다.

08 청소년에게 금연교육을 실시함에 있어 효과를 증진하기 위해 연예인들의 사례를 사용하였다. 이는 어느 학자의 이론과 관련이 있는가?

① 프로이트(Freud)의 정신역동이론
② 스키너(Skinner)의 행동주의이론
③ 반두라(Bandura)의 사회학습이론
④ 피아제(Piaget)의 인지발달이론
⑤ 아들러(Adler)의 개인심리이론

09 다음 중 매슬로우(Maslow)의 욕구이론에 관한 설명으로 옳지 않은 것은?

① 각 개인은 통합된 전체로 간주된다.
② 인간의 본성은 본질적으로 선하다.
③ 창조성이 인간의 잠재적 본성이다.
④ 하위욕구는 성장에 필요하고 상위욕구는 생존에 필요하다.
⑤ 하위에 있는 욕구가 더 강하고 우선적이다.

10 다음 중 매슬로우(Maslow)가 제시한 자아실현자의 특징에 해당하는 것을 모두 고른 것은?

> ㄱ. 자기 자신보다 외부의 문제에 더 큰 관심을 가진다.
> ㄴ. 모든 인간에 대해 감정적 이입과 애정을 느낀다.
> ㄷ. 고독과 프라이버시를 즐긴다.
> ㄹ. 절정경험이라는 신비한 경험을 한다.

① ㄱ, ㄴ, ㄷ
② ㄱ, ㄷ
③ ㄴ, ㄹ
④ ㄹ
⑤ ㄱ, ㄴ, ㄷ, ㄹ

11 다음 보기의 내용이 설명하는 개념은 무엇인가?

> ○ 자신의 우정, 사랑 등은 다른 사람은 결코 경험하지 못하는 아주 특별한 것으로 생각하고, 그러한 생각의 혼란 자체를 당연시하기도 한다.
> ○ 다른 사람이 경험하는 죽음, 위험, 위기가 자신에게는 일어나지 않으며, 혹시 일어나도 피해를 입지 않을 것이라고 확신하기도 한다.

① 상대적 사고
② 이상주의적 사고
③ 상상적 관중(청중)
④ 이원적 사고
⑤ 개인적 우화

12 다음 애착형성의 단계 중 유아가 분리불안을 나타내는 시기로 가장 옳은 것은?

① 출생~6주
② 3~6개월
③ 6~18개월
④ 18~24개월
⑤ 24~32개월

13 다음 중 애착형성을 위한 전략으로 옳은 것을 모두 고른 것은?

> ㄱ. 아이의 행동에 일관적으로 반응해야 한다.
> ㄴ. 아이와 신체적 접촉보다는 언어적 접촉을 시도해야 한다.
> ㄷ. 아이가 보내는 신호를 아이의 관점에서 해석해야 한다.
> ㄹ. 아이와 놀이를 할 경우 부모가 모델의 역할을 해야 한다.

① ㄱ, ㄴ, ㄷ
② ㄱ, ㄷ
③ ㄴ, ㄹ
④ ㄹ
⑤ ㄱ, ㄴ, ㄷ, ㄹ

14 다음 보기에서 성별은 무슨 변수에 해당하는가?

> 키와 취업이라는 두 변수 간에 상관관계가 있다는 연구결과가 나왔다. 그러나 조사대상을 남자와 여자로 구분하자 그와 같은 상관관계가 더 이상 나타나지 않았다.

① 독립변수 ② 종속변수
③ 매개변수 ④ 통제변수
⑤ 외생변수

15 다음 중 영가설(Null Hypothesis)에 관한 설명으로 옳은 것은?

① 가설검증 과정에 불필요한 가설이다.
② 일반적으로 연구가설을 말한다.
③ 조작화 되기 이전의 가설형태를 말한다.
④ 연구가설을 반증하는 과정에서 활용된다.
⑤ 가설검증을 통하여 거짓으로 판명난 가설이다.

16 다음 중 보기의 내용에 해당하는 자료수집 방법은?

> ○ 현재의 현상을 다면적 증거의 원천을 통해 실생활의 맥락에서 연구하는 질적·경험적 탐구방법이다.
> ○ 소수의 피험자를 깊이 연구함으로써 개인의 복잡한 내적 현상을 기술한다.

① 실험연구 ② 사례연구
③ 상관연구 ④ 혼합연구
⑤ 기술연구

17 다음 중 횡단적 연구의 단점에 해당하는 내용을 모두 고른 것은?

> ㄱ. 연구대상의 관리 및 선정이 비교적 어렵다.
> ㄴ. 상대적으로 경비, 시간, 노력이 많이 소요된다.
> ㄷ. 개선된 최신의 검사도구를 충분히 활용하기 어렵다.
> ㄹ. 표집된 대상의 대표성을 확인하기 어렵다.

① ㄱ, ㄴ, ㄷ   ② ㄱ, ㄷ
③ ㄴ, ㄹ   ④ ㄹ
⑤ ㄱ, ㄴ, ㄷ, ㄹ

18 종단조사의 연구방법으로서 동일 주제, 동일 응답자에 대해 장기간 반복하여 면접이나 관찰을 하는 것은 무엇인가?

① 추세조사   ② 패널조사
③ 상관적 연구   ④ 인구센서스
⑤ 동년배조사

19 염색체 이상에 의한 질병에 관한 설명으로 옳은 것을 모두 고른 것은?

> ㄱ. 다운 증후군(Down's Syndrome) - 몽고증이라고도 하며, 18번 염색체가 3개인 선천적 기형증후군이다.
> ㄴ. 터너 증후군(Turner's Syndrome) - 성염색체 이상으로 X염색체가 1개이며, 외견상 여성이지만 성적 발달이 부진하다.
> ㄷ. 에드워드 증후군(Edward's Syndrome) - 13번 염색체가 3개인 선천적 기형증후군으로서, 대부분 자연유산 되거나 출생 후 1년 이내에 사망한다.
> ㄹ. 클라인펠터 증후군(Klinefelter's Syndrome) - 정상인의 성염색체인 남성 XY, 여성 XX보다 X염색체가 더 많은 XXY, XXXY 등의 비정상적인 형태를 나타낸다.

① ㄱ, ㄴ, ㄷ   ② ㄱ, ㄷ
③ ㄴ, ㄹ   ④ ㄹ
⑤ ㄱ, ㄴ, ㄷ, ㄹ

20 다음 중 영아기(0~18개월)에 관한 설명으로 옳지 않은 것은?

① 영아기는 프로이트의 구강기, 에릭슨의 유아기, 피아제의 감각운동기에 해당한다.
② 부모와의 긍정적인 애착형성은 이후 사회적 관계형성 능력의 기초가 된다.
③ 영아기 기억상실은 언어적 부호화 능력, 명시적 기억 및 자기개념 등이 충분히 발달하지 못했기 때문에 나타난다.
④ 1차 정서가 나타나지만 2차 정서는 나타나지 않는다.
⑤ 이행운동 기능은 '머리들기 - 뒤집기 - 혼자앉기 - 혼자서기 - 기구잡고 걷기 - 잘 걷기 - 계단오르기' 등의 순으로 발달한다.

21 다음 중 학령전기(4~6세)의 특징에 해당하는 것을 모두 고른 것은?

> ㄱ. 직관적 · 가역적 사고를 한다.
> ㄴ. 자신의 성에 적합한 성역할 개념을 습득하게 된다.
> ㄷ. 목표 달성을 위해 순간적인 충동을 억제하며 자기통제능력을 발휘한다.
> ㄹ. 약 6세경에는 뇌의 무게가 성인의 90~95%에 달한다.

① ㄱ, ㄴ, ㄷ   ② ㄱ, ㄷ
③ ㄴ, ㄹ   ④ ㄹ
⑤ ㄱ, ㄴ, ㄷ, ㄹ

22 다음 중 청소년기의 심리적 부적응에 관한 설명으로 옳은 것을 모두 고른 것은?

> ㄱ. 거식증은 신체상과 체중감소에 강박적으로 집착하는 것으로서 의도적으로 음식을 거부하는 것이다.
> ㄴ. 폭식증은 엄청나게 많은 양의 음식을 먹는 것이 보통이며, 이어서 극도의 신체적 · 정서적 불쾌감을 느끼게 된다.
> ㄷ. 품행장애는 공격성, 타인의 권리를 침해하는 것, 규칙을 지키지 않는 것으로 정의할 수 있다.
> ㄹ. 청소년의 자살시도는 죽으려는 의도보다는 어려움을 호소하려는 의도인 경우가 더 많다.

① ㄱ, ㄴ, ㄷ   ② ㄱ, ㄷ
③ ㄴ, ㄹ   ④ ㄹ
⑤ ㄱ, ㄴ, ㄷ, ㄹ

23 다음 중 청소년기(12~19세)에 자아정체감을 확립하기 위한 노력도 없고, 기존의 가치관에 대한 의문도 제기하지 않으며, 의사결정도 하지 않는 상태에 해당하는 것은?

① 정체감 유예
② 정체감 유실
③ 정체감 혼미
④ 정체감 유착
⑤ 정체감 분열

24 다음 중 펙(Peck)이 제시한 성인기의 이슈에 해당하는 내용을 모두 고른 것은?

| ㄱ. 지혜의 중시 대 육체적 힘 중시 | ㄴ. 정서적 융통성 대 정서적 빈곤 |
| ㄷ. 대인관계의 사회화 대 성적 대상화 | ㄹ. 신체 몰두 대 신체 초월 |

① ㄱ, ㄴ, ㄷ
② ㄱ, ㄷ
③ ㄴ, ㄹ
④ ㄹ
⑤ ㄱ, ㄴ, ㄷ, ㄹ

25 다음 중 플린(Flynn) 효과에 관한 설명으로 옳지 않은 것은?

① 환경 증진 효과라고도 한다.
② 세대가 지날수록 IQ 지수가 점점 증가하는 현상이다.
③ 뉴질랜드의 정치학자 제임스 플린(J. Flynn)이 발견한 현상이다.
④ 지능점수가 10년마다 3점씩 상승한다는 사실과 관련이 있다.
⑤ 모든 사회경제 집단 내에서 일어나는 전 세계적 현상이다.

필수과목 02 집단상담의 기초

01 다음 중 집단상담에 관한 설명으로 가장 옳지 않은 것은?
① 집단을 활용하여 개인의 병리적인 문제를 치유한다.
② 전문적인 상담자를 필요로 한다.
③ 자기 이해와 수용, 개방을 촉진한다.
④ 집단원들 간의 상호작용을 강조한다.
⑤ 내담자의 잠재능력 개발을 목표로 한다.

02 집단상담을 준비하는 개별면담과정에서 집단상담자의 임무로 옳지 않은 것은?
① 집단상담에 대한 이해 도모
② 발생 가능한 문제 파악
③ 집단프로그램의 활동내용에 대한 평가 수행
④ 집단참여를 촉진하기 위한 정보 제공
⑤ 집단상담에 대한 현실적 기대 형성 조력

03 다음 중 집단상담의 목표에 해당하는 것을 모두 고른 것은?

> ㄱ. 자신에 대한 시각의 개선
> ㄴ. 자신의 결정에 대한 자각
> ㄷ. 가치관의 명료화 및 수정 여부 결정
> ㄹ. 효과적인 사회적 기술학습

① ㄱ, ㄴ, ㄷ ② ㄱ, ㄷ
③ ㄴ, ㄹ ④ ㄹ
⑤ ㄱ, ㄴ, ㄷ, ㄹ

04. 다음 중 보기의 A군을 위한 집단프로그램의 치료요인으로 적절하지 못한 것은?

> ○○중학교 2학년인 A군은 작고 왜소한 체격으로 소심한 성격을 가지고 있다. A군은 1학년 때부터 또래의 아이들에게 놀림을 받아오던 중 새로 전학을 온 이른바 일진 출신의 아이에게 지속적으로 금품을 갈취당하고 폭행을 당했다. 같은 반 아이들은 그 사실을 알면서도 자신들과 친하지 않다는 이유로 이를 묵인하였으며, 그로 인해 A군은 신체적·심리적으로 큰 상처를 입게 되었다.

① 사회적 지지를 통해 고립감을 극복하도록 한다.
② 폭력에 대처할 수 있는 사회기술을 개발하도록 한다.
③ 자신만의 문제가 아닌 보편적인 문제이므로 폭력상황을 수용하도록 한다.
④ 폭력에 압도된 감정을 자유롭게 표현함으로써 카타르시스를 경험하도록 한다.
⑤ 가족집단의 재현을 통해 가해상황이나 권위에 압도되지 않도록 한다.

05. 다음 중 청소년 대상 집단상담의 긍정적 효과에 해당하지 않는 것은?
① 청소년의 자아강도를 높임으로써 자아정체감 형성에 기여한다.
② 개인상담 시 성인과의 관계에서 오는 불편함을 감소시킨다.
③ 상대방에 대한 관심과 존중 등 사회성 향상 기술을 연마하도록 한다.
④ 경쟁에서 승리하는 법을 익히면서 자기중심적인 사고를 발달시킨다.
⑤ 안전한 구조 속에서 독립성 향상을 위한 행동을 연습하도록 한다.

06. 아들러(A. Adler)의 집단상담 해석을 통한 통찰의 단계에 관한 설명으로 옳은 것은?
① 새로운 결정이 이루어지고 목표가 수정된다.
② 효과적인 대안을 선택해서 실행한다.
③ 행동하는 방식의 이면에 숨겨진 동기를 다룬다.
④ 집단원이 과거의 잘못된 행동과 태도를 버린다.
⑤ '마치 ~인 것처럼'과 같은 행동지향적 기법을 자주 사용한다.

07 다음 중 집단의 유형이 올바르게 연결된 것은?

① 자조집단 - 약물중독자집단
② 치유집단 - 이혼한 부부의 자녀집단
③ 성장집단 - 공격성을 가진 아동들의 집단
④ 자조집단 - 단주모임
⑤ 교육집단 - 보호관찰 처분을 받은 청소년집단

08 해결중심 집단상담 이론에 관한 설명으로 옳은 것을 모두 고른 것은?

> ㄱ. 심리적 장애나 역기능적 행동보다는 긍정적인 측면에 초점을 맞춘다.
> ㄴ. 개인을 고유한 존재로 보고 자율성을 성취하도록 돕는다.
> ㄷ. 집단원이 건설적인 인생각본을 지니도록 돕는다.
> ㄹ. 상담자는 '알지 못함의 자세'를 취한다.

① ㄱ, ㄴ
② ㄴ, ㄷ
③ ㄷ, ㄹ
④ ㄱ, ㄹ
⑤ ㄱ, ㄴ, ㄷ, ㄹ

09 다음 보기의 내용에 해당하는 집단의 유형은?

> ○ 1960년대 기존 집단모형들의 한계를 보완하기 위해 고안된 것이다.
> ○ 1967년 미국 샌디에고(San Diego)에 '성장센터(Growth Center)'가 설립되었다.

① 가이던스집단(Guidance Group)
② T-집단(Training Group)
③ 지지집단(Support Group)
④ 참만남집단(Encounter Group)
⑤ 성장집단(Growth Group)

10 형태주의적 접근모형의 집단기술 중 집단상담자가 문제의 해결을 희망하는 사람을 빈 자리로 맞아들여 두 사람 간의 상호작용을 통해 직접적으로 문제에 접근하는 방법에 해당하는 것은?

① 빈 의자 기법
② 차례로 돌아가기
③ 뜨거운 자리
④ 자기 부분들 간의 대화
⑤ 질문형을 진술형으로 고치기

11 교류분석 집단상담자의 역할에 관한 설명으로 옳지 않은 것은?

① 교사, 분석자, 평가자 역할을 한다.
② 집단원들이 건설적인 인생각본을 지니도록 돕는다.
③ 집단원이 자각, 자발성, 친밀성을 회복하도록 조력한다.
④ 격려기법을 통해 집단원이 자신감을 형성하고 용기를 얻도록 돕는다.
⑤ 집단원이 재결단을 통해 유연하고 합리적인 인생각본으로 수정하도록 돕는다.

12 인간중심 집단상담자의 개입방식으로 옳지 않은 것을 모두 고른 것은?

ㄱ. 개인적인 경험을 말한다.
ㄴ. 집단과정에 대해 많은 의견을 말한다.
ㄷ. 집단원 스스로 찾아갈 수 있도록 도와준다.
ㄹ. 어떤 정서를 이끌어 내기 위해 계획된 방법을 사용한다.
ㅁ. 상담자의 직접적인 개입이 없어도 집단이 발전해 나갈 수 있다고 믿는다.

① ㄱ, ㄷ
② ㄴ, ㄹ
③ ㄴ, ㄹ, ㅁ
④ ㄱ, ㄷ, ㅁ
⑤ ㄱ, ㄷ, ㄹ, ㅁ

13 다음 중 집단역동의 구성요소에 해당하는 것을 모두 고른 것은?

ㄱ. 집단규범과 가치
ㄴ. 집단지도력
ㄷ. 지위와 역할
ㄹ. 상위집단

① ㄱ, ㄴ, ㄷ
② ㄱ, ㄷ
③ ㄴ, ㄹ
④ ㄹ
⑤ ㄱ, ㄴ, ㄷ, ㄹ

14 집단상담의 발달과정을 "도입-준비-작업-종결"의 4단계로 나눌 때, '도입단계'에서 집단상담자의 역할에 관한 설명으로 옳지 않은 것은?

① 집단상담의 목적과 성격에 대해 오리엔테이션을 한다.
② 참여자들을 소개하고 예기불안을 취급한다.
③ 참여자들에게 각자 자신의 의견과 느낌을 자유롭게 나누도록 격려한다.
④ 과정적 목표에서 개인적 목표로의 행동 목표를 설정한다.
⑤ 참여자들에게 집단에 대한 지배력을 주제로 건설적인 대화가 이루어지도록 돕는다.

15 집단상담의 발달과정을 "도입-준비-작업-종결"의 4단계로 나눌 때, '작업단계'에서 집단상담자의 역할에 해당하는 것을 모두 고른 것은?

ㄱ. 자기노출과 감정의 정화	ㄴ. 바람직한 대안행동의 취급
ㄷ. 비효과적인 행동패턴의 취급	ㄹ. 개방적인 집단분위기 조성

① ㄱ, ㄴ, ㄷ
② ㄱ, ㄷ
③ ㄴ, ㄹ
④ ㄹ
⑤ ㄱ, ㄴ, ㄷ, ㄹ

16 집단발달단계의 특징을 발달단계 순서대로 올바르게 나열한 것은?

ㄱ. 소극적 참여와 복합적 감정
ㄴ. 피드백 교환의 활성화와 강한 집단응집력
ㄷ. 집단원들 간의 낮은 신뢰감
ㄹ. 집단상담자에 대한 도전과 방어적 태도 형성

① ㄱ-ㄴ-ㄷ-ㄹ
② ㄱ-ㄷ-ㄹ-ㄴ
③ ㄷ-ㄹ-ㄱ-ㄴ
④ ㄷ-ㄹ-ㄴ-ㄱ
⑤ ㄹ-ㄱ-ㄴ-ㄷ

17 다음 보기의 대화에서 집단상담자가 사용한 상담기술은?

> - 집단원 : "A학생은 침묵만 하고 있어요. 우리 모두 A학생에게 그의 경험을 개방할 것을 요구해야 하지 않을까요?"
> - 상담자 : "A학생이 침묵을 지키고 있으니 A학생이 스스로 이야기할 수 있도록 우리가 좀 더 기다려 주는 것이 어떨까요?"

① 연결하기
② 해석하기
③ 직면하기
④ 행동제한하기
⑤ 자기노출하기

18 청소년 집단원의 부적절한 행동과 이에 대한 상담자의 상담기술 방법이 올바르게 연결된 것은?

① 적대적 태도 - 집단원 간의 피드백을 통해 적대적인 집단원으로 하여금 자기비판의 시간을 갖도록 유도한다.
② 독점하기 - 독점하는 행동에 대해 판단을 하고 관찰한 사실도 알려준다.
③ 사실적 이야기를 늘어놓기 - 집단 안의 역동에 참여하여 과거에서 느꼈던 감정에 초점을 맞추도록 돕는다.
④ 질문공세하기 - 질문 속에 포함된 핵심 내용을 자신을 주어로 해서 직접 표현해 보도록 권유한다.
⑤ 충고하기 - 충고를 하게 된 동기에 대해 스스로 탐색하는 것을 배제해야 한다.

19 자기성장 집단상담에 적합하지 않은 청소년내담자가 아닌 것은?

① 정신적으로 병적인 위치에 있는 청소년
② 극도의 위기상황에 처한 청소년
③ 편집증적이고 극히 자기중심적인 청소년
④ 일탈적인 성적 행동의 가능성을 가지고 있는 청소년
⑤ 정체감 혼란으로 고민하는 청소년

20 응집력이 높은 집단의 특성으로 옳은 것을 모두 고른 것은?

> ㄱ. 자발적으로 집단에 참여하며 모임 시간을 엄수한다.
> ㄴ. 자유스런 분위기에서 집단활동에 적극적으로 동참한다.
> ㄷ. 건강한 유머를 통해 친밀해지고 기쁨을 함께 한다.
> ㄹ. 타인의 반응에 민감하고, 조심스러운 반응표출을 보인다.

① ㄱ, ㄷ
② ㄴ, ㄹ
③ ㄱ, ㄴ, ㄷ
④ ㄴ, ㄷ, ㄹ
⑤ ㄱ, ㄴ, ㄷ, ㄹ

21 얄롬(Yalom)이 제시한 공동지도력의 유의사항에 해당하는 것을 모두 고른 것은?

> ㄱ. 토의시간을 확보한다.
> ㄴ. 서로의 강점을 침해하지 않는다.
> ㄷ. 동일한 전문용어를 사용하도록 한다.
> ㄹ. 경쟁력을 확보하여 우월해지도록 노력한다.

① ㄱ, ㄴ, ㄷ
② ㄱ, ㄷ
③ ㄴ, ㄹ
④ ㄹ
⑤ ㄱ, ㄴ, ㄷ, ㄹ

22 다음 중 집단상담의 기술로서 '경청하기'에 관한 설명으로 가장 옳은 것은?

① 내담자의 몸짓이나 표정보다는 말에 주의를 기울인다.
② 내담자의 어린 시절에서 비롯된 병리적인 현상에 주목한다.
③ 말을 하고 있는 내담자의 완전하고 개방되며 정직한 표현을 촉진한다.
④ 대인 간 상호작용을 하는 동안 자기중심의 접근법을 발달시킨다.
⑤ 경청의 요소로서 청취, 이해, 판단, 기억이 있다.

23 다음 중 집단상담자가 내담자의 행동을 제한해야 하는 경우에 해당하지 않는 것은?

① 내담자가 자신의 부정적인 감정을 표출하여 집단의 분위기를 어둡게 하고 있다.
② 내담자가 상담자의 질문에 답변하지 않은 채 계속해서 질문을 하고 있다.
③ 내담자가 집단 내 다른 성원에 대해 험담을 하고 있다.
④ 내담자가 집단 내 다른 성원에 대한 사적인 비밀을 캐내려 하고 있다.
⑤ 내담자가 집단상담의 무용성을 주장하면서 다른 성원들의 불참을 조장하고 있다.

24 청소년 집단상담자에게 요구되는 능력과 자질에 관한 설명으로 옳지 않은 것은?

① 청소년심리 및 발달에 관한 이해가 있어야 한다.
② 청소년 환경에 대한 이해가 있어야 한다.
③ 청소년 주변인들과의 원활한 의사소통기술을 갖추어야 한다.
④ 역할극이나 다양한 매체활용 능력이 있어야 한다.
⑤ 청소년의 부모를 배제하고 상담할 수 있는 능력이 있어야 한다.

25 전문상담사가 의사결정을 하는 경우 고려해야 하는 윤리적 원칙을 우선순위에 따라 순서대로 올바르게 나열한 것은?

ㄱ. 자율과 자유	ㄴ. 최소 손실
ㄷ. 비밀보장	ㄹ. 삶의 질

① ㄷ - ㄱ - ㄹ - ㄴ
② ㄷ - ㄱ - ㄴ - ㄹ
③ ㄱ - ㄷ - ㄹ - ㄴ
④ ㄱ - ㄴ - ㄹ - ㄷ
⑤ ㄱ - ㄴ - ㄷ - ㄹ

필수과목 03 심리측정 및 평가

01 다음 중 심리평가의 목적에 관한 설명으로 가장 옳지 않은 것은?

① 과학적·합리적·전문적인 조사연구를 통해 내담자의 문제를 명료화·세분화한다.
② 내담자에게 문제 상황의 심각성 정도를 인식시켜 치료적 관계를 유도한다.
③ 내담자에 대한 치료적 개입에 의해 발생할 수 있는 효과에 대해 평가한다.
④ 내담자의 문제에 대한 종합적인 정리를 통해 이론적 체계를 구축한다.
⑤ 내담자에 대한 이해를 통해 내담자 스스로 문제 상황을 극복할 수 있는 계기를 마련한다.

02 다음 중 정규분포에 관한 설명으로 옳지 않은 것은?

① 표본의 수가 커질수록 정규분포에 근접하게 된다.
② 심리검사 결과가 정규분포를 이룬다면, 평균으로부터 2표준편차 이내에 전체 사례의 68.26%가 포함된다.
③ 표본이 크고 이질적일수록 더 정규분포에 가까운 모양으로 나타난다.
④ 한 점수를 다른 유형의 점수로 전환할 때 정규분포의 속성들을 활용할 수 있다.
⑤ 정상분포에 해당하는 것으로서, 평균치가 최빈치 및 중앙치와 일치하고 좌우대칭이다.

03 다음 중 보기의 내용과 연관된 척도에 해당하는 것은?

> (질문) 당신의 평균학점은?
> 1. A(100~90) 2. B(89~80)
> 3. C(79~70) 4. D(69~60)
> 5. F(59~0)

① 명목척도
② 서열척도
③ 등간척도
④ 비율척도
⑤ 누적척도

04 다음 보기의 내용과 연관된 평가도구의 주요 조건으로 가장 옳은 것은?

> 동일한 검사를 가지고 동일한 학생을 대상으로 시간차를 두고 두 번 시험을 실시하였다. 그러자 그 결과가 똑같이 나타났다.

① 타당도
② 신뢰도
③ 실용도
④ 객관도
⑤ 변별도

05 비율척도에 관한 설명으로 옳지 않은 것을 모두 고른 것은?

> ㄱ. 절대영점을 포함하고 있다.
> ㄴ. 측정치 간에 등간성이 있다.
> ㄷ. 일반적으로 비모수통계가 적용된다.
> ㄹ. 순위에 대한 정보를 포함한다.
> ㅁ. 지능, 온도, 시험점수 등이 해당된다.

① ㄱ, ㄴ
② ㄷ, ㅁ
③ ㄴ, ㄹ, ㅁ
④ ㄱ, ㄴ, ㄷ, ㄹ
⑤ ㄱ, ㄴ, ㄷ, ㄹ, ㅁ

06 다음 중 보기의 내용에 해당하는 신뢰도 검증방법은?

> ○ 측정도구를 임의대로 반으로 나누고, 그 각각을 독립된 척도로 간주하여 이들의 측정결과를 서로 비교한다.
> ○ 항목을 구분하는 방식에 따라 신뢰도 계수의 추정치가 달라질 수 있으며, 측정문항이 적은 경우 사용할 수 없다.

① 검사-재검사법
② 대안법
③ 반분법
④ 내적 일관성 분석법
⑤ 관찰법

07 구성타당도(Construct Validity)를 확인하는 방법이 아닌 것은?

① 요인분석
② 실험처치에 따른 변화
③ 연령에 따른 발달적 변화
④ 중다특성-중다방법 행렬(Multi-Traits Multi-Methods Matrix)
⑤ 행동이나 특성과 관련된 정도

08 다음 중 보기의 내용과 연관된 규준의 종류에 해당하는 것은?

> ○ 보통 학교에서 실시하는 성취도검사나 적성검사의 결과를 나타낼 때 주로 사용한다.
> ○ 학생들의 점수를 정해진 범주에 집어넣음으로써 학생들 간의 점수차가 작을 때 발생할 수 있는 지나친 확대해석을 미연에 방지할 수 있다.

① 백분위점수　　　　　② 표준등급
③ 표준점수　　　　　　④ 학년규준
⑤ 원점수

09 철수는 최근 치른 영어 모의고사에서 '68점'을 받았다. 전체 평균이 '60점', 표준편차가 '4점'이라고 할 때, T점수로 옳은 것은?

① 50　　　　　　　　② 55
③ 60　　　　　　　　④ 65
⑤ 70

10 다음 중 투사적 검사에 관한 설명으로 옳은 것은?

① 구조적 검사(Structured Tests)라고도 한다.
② 개인들 간의 특성을 상대적으로 비교하는 데 역점을 둔다.
③ 수검자의 무의식적 요인이 반영된다.
④ 신뢰도와 타당도 수준이 비교적 높다.
⑤ 대표적으로 다면적 인성검사(MMPI)가 해당된다.

11 심리검사의 준거타당도에 관한 설명으로 옳지 않은 것은?

① 검사점수와 동시간대 존재하는 준거변인의 점수 간 상관계수를 계산하는 것이 공인타당도이다.
② 예언타당도는 미래의 행동유형을 측정하고자 하는 검사에 주로 사용된다.
③ 공인타당도와 예언타당도는 검사점수와 준거변인 중 하나라도 점수의 범위가 제한되면 상관계수 크기가 작아진다.
④ 공인타당도와 예언타당도 모두 통계적 수치가 타당도 계수로 제공된다.
⑤ 새로 개발된 측정도구에 의해 산출된 측정결과들이 비교의 기준이 되는 다른 측정결과들과 상관성이 높은 경우 기준타당도는 낮다고 할 수 있다.

12 다음 중 지능검사에 관한 설명으로 옳지 않은 것은?

① 비네(A. Binet)가 제작한 지능검사의 목적은 아동의 학습 능력을 감별하기 위해서였다.
② 써스톤(L. Thurstone)은 요인분석을 통해서 지능을 8개의 요인으로 구분하였다.
③ 길포드(J. Guilford)는 써스톤(L. Thurstone)의 지능요인들을 확장시켜 지능구조모형 SOI (Structure-Of-Intellect Model)를 만들었다.
④ 가드너(H. Gardner)는 지능요인에 운동능력(신체-운동지능), 음악적인 재능 등을 포함시켰다.
⑤ 스피어만(C. Spearman)은 지능을 일반요인 G(General Factor)와 특수요인 S(Special Factor)로 구분하였다.

13 로르샤하(Rorschach) 검사의 지표와 그 해석적 의미로 옳지 않은 것은?

① D – 스트레스에 대한 내성과 통제력
② T – 애정 욕구
③ Y – 타인에 대한 의존과 친밀감 욕구
④ MOR – 손상된 내용
⑤ Lambda – 경험에 대한 개방성

14 웩슬러(Wechsler) 지능검사에 관한 설명으로 옳은 것은?

① 아동용 지능검사 4판(K-WISC-Ⅳ)의 평균은 100이고, 표준편차는 10이다.
② 아동용 지능검사 4판(K-WISC-Ⅳ)의 실시 연령은 6세~20세 11개월이다.
③ 성인용 지능검사 4판(K-WAIS-Ⅳ)의 실시 연령은 16세~76세 11개월이다.
④ 소검사 간 점수들의 분산을 통해 각 소검사가 표상하는 인지적 특성을 추론할 수 있다.
⑤ 지능의 분포에서 평균상(High Average)에 속하는 지능지수(IQ)는 120~129이다.

15 웩슬러(Wechsler) 계열의 지능검사 중 대상연령이 가장 낮은 검사에서부터 높은 검사로 순서대로 올바르게 나열한 것은?

① WAIS-Ⅳ → WPPSI-R → WISC-Ⅳ
② WAIS-Ⅳ → WISC-Ⅳ → WPPSI-R
③ WISC-Ⅳ → WAIS-Ⅳ → WPPSI-R
④ WPPSI-R → WAIS-Ⅳ → WISC-Ⅳ
⑤ WPPSI-R → WISC-Ⅳ → WAIS-Ⅳ

16 한국 웩슬러 아동용 지능검사 4판(K-WISC-Ⅳ)의 시행순서 중 가장 먼저 실시하는 것은?

① 바꿔쓰기
② 모양 맞추기
③ 빠진 곳 찾기
④ 차례 맞추기
⑤ 토막짜기

17 MMPI-A를 해석할 때 검토해야 할 질문으로 옳지 않은 것은?

① 수검자의 알코올 및 약물문제는 어떠한가?
② 수검자의 쓰기 능력은 어떠한가?
③ 수검자의 강점과 장점은 어떠한가?
④ 수검자의 대인관계는 어떠한가?
⑤ 수검자의 학교문제는 어떠한가?

18 미네소타 다면적 인성검사(MMPI)의 타당도 척도에 관한 설명으로 옳은 것을 모두 고른 것은?

> ㄱ. ? 척도(Cannot Say) - 보통 30개 이상의 문항을 누락하거나 양쪽 모두에 응답하는 경우, 프로파일은 무효로 간주될 수 있다.
> ㄴ. L척도(Lie) - 측정 결과가 44T 이하로 낮은 경우, 수검자가 자신의 결점을 부정하며, 고지식한 성격을 가진 것으로 볼 수 있다.
> ㄷ. K척도(Correction) - 측정 결과가 70T 이상인 경우, 수검자가 자신의 정신병리에 대해 방어하거나 억압하려는 성향을 가진 것으로 볼 수 있다.
> ㄹ. F척도(Infrequency) - 측정 결과가 100T 이상인 경우, 수검자가 솔직한 태도로 검사를 수행하고 있는 것으로 볼 수 있다.

① ㄱ, ㄴ, ㄷ
② ㄱ, ㄷ
③ ㄴ, ㄹ
④ ㄹ
⑤ ㄱ, ㄴ, ㄷ, ㄹ

19 MMPI의 임상척도 중 범법행위나 약물남용, 반항 및 일탈행동과 밀접하게 연관된 것은?

① 척도 2 D
② 척도 4 Pd
③ 척도 8 Sc
④ 척도 9 Ma
⑤ 척도 0 Si

20 로르샤하 검사(Rorschach Test)의 카드 중 보기의 내용에 해당하는 것은?

> ○ 색상은 무채색이며, 양탄자 또는 동물가죽을 평범반응으로 한다.
> ○ 많은 사람들에 의해 성기의 상징으로 해석되므로 이른바 '성 카드(Sex Card)'라고 불린다.

① 카드 Ⅳ
② 카드 Ⅴ
③ 카드 Ⅵ
④ 카드 Ⅷ
⑤ 카드 Ⅸ

21 다음 중 주제통각검사(TAT)에 관한 설명으로 옳지 않은 것은?

① 머레이(Murray)가 프로이트(Freud)와 융(Jung)의 영향을 받아 고안한 대표적인 투사적 검사이다.
② 총 30장의 흑백그림카드와 1장의 백지카드로 구성되어 있다.
③ 한 사람의 수검자에게 20장을 적용할 수 있도록 구성되어 있다.
④ 카드의 추상적인 잉크반점은 수검자의 성격 및 정서, 갈등, 콤플렉스 등을 이해하는 수단이 된다.
⑤ 로르샤하 검사가 주로 사고의 형식적·구조적 측면을 밝히는 데 반해, 주제통각검사는 주로 사고의 내용을 규명한다.

22 다음 중 집-나무-사람 그림검사(HTP)에 관한 설명으로 옳지 않은 것은?

① 개인의 무의식이나 방어기제를 탐색할 수 있다.
② 수검자의 그림은 모호하고 구조화되지 않은 것이므로 해석이 어렵다.
③ 모든 연령의 수검자에게 실시가 가능하며 문맹자에게도 적합하다.
④ 집은 신체상(Body Image) 및 자기상(Self Image)을 반영한다.
⑤ 그림이 용지의 아래쪽에 위치한 경우 불안정, 부적절감을 반영한다.

23 성격평가질문지(PAI)에서 척도명과 척도군의 연결이 옳은 것은?

① 저빈도척도(INF) - 대인관계척도
② 공격성척도(AGG) - 임상척도
③ 지배성척도(DOM) - 치료고려척도
④ 자살관념척도(SUI) - 치료고려척도
⑤ 비지지척도(NON) - 타당도척도

24 지능이론가와 그의 주장으로 옳은 것은?

① 스피어만(Spearman) - 2요인 모형
② 써스톤(Thurstone) - 지능구조 모형
③ 길포드(Guilford) - 다중지능 모형
④ 버트(Burt) - 결정성 및 유동성 지능 모형
⑤ 가드너(Gardner) - 다요인/기본정신능력 모형

25 신뢰도 계수에 영향을 주는 요인으로 옳은 것을 모두 고른 것은?

ㄱ. 집단의 동질성	ㄴ. 신뢰도 추정방법
ㄷ. 문항의 난이도	ㄹ. 응답자 속성의 변화

① ㄱ, ㄴ
② ㄷ, ㄹ
③ ㄴ, ㄹ
④ ㄱ, ㄴ, ㄷ
⑤ ㄱ, ㄴ, ㄷ, ㄹ

필수과목 04 상담이론

01 상담자가 갖추어야 할 전문적 자질에 관한 설명으로 옳지 않은 것을 모두 고른 것은?

> ㄱ. 전문 지식을 바탕으로 적절한 질문을 할 수 있다.
> ㄴ. 경험과 통찰은 배제하고 지식과 이론을 중시한다.
> ㄷ. 자신의 청소년기에 대한 통찰력이 있어야 한다.
> ㄹ. 개인상담 경험이 필요하다.
> ㅁ. 개인의 성격에 영향을 미치는 사회문화적 요인은 배제한다.

① ㄱ, ㄴ
② ㄴ, ㄷ
③ ㄴ, ㅁ
④ ㄱ, ㄴ, ㄷ, ㅁ
⑤ ㄴ, ㄷ, ㄹ, ㅁ

02 상담의 기본원리와 설명의 연결이 옳지 않은 것은?

① 개별화의 원리 – 내담자 개개인의 독특한 자질을 이해하는 것
② 수용의 원리 – 각각의 내담자에게 적합한 상담방법을 활용하는 것
③ 자기결정의 원리 – 내담자 스스로 문제를 해결하고 성장할 수 있다고 믿는 것
④ 감정표현의 원리 – 내담자가 감정을 솔직하게 표현할 수 있도록 돕는 것
⑤ 무비판적 태도의 원리 – 어떠한 문제에 대해 일방적인 판단이나 비판을 하지 않아야 하는 것

03 상담의 첫 회기 장면에서 상담자가 수행한 행동으로 가장 적절하지 않은 것은?

① 상담자는 문제의 초점을 맞추기 위해 문제를 작업 가능한 수준으로 개념화하였다.
② 상담자는 상담시간 및 상담주기, 상담과정에서의 구체적인 역할, 상담료 등에 대해 이야기하였다.
③ 상담자는 내담자에게 고통스러운 감정을 표현할 기회를 제공하였다.
④ 상담자는 내담자가 원하는 것 또는 바라는 상태에 대해 질문하였다.
⑤ 상담자는 내담자로 하여금 문제에 적절히 대처할 수 있는 대안을 제시하였다.

04 다음 중 상담 종결단계의 과업에 관한 옳은 것으로 모두 고른 것은?

> ㄱ. 내담자의 의존성을 감소시킨다.
> ㄴ. 내담자와 함께 상담의 과정에 대해 평가한다.
> ㄷ. 내담자가 원할 경우 다른 기관에 의뢰한다.
> ㄹ. 내담자와 작업동맹관계를 형성한다.

① ㄱ, ㄴ, ㄷ
② ㄱ, ㄷ
③ ㄴ, ㄹ
④ ㄹ
⑤ ㄱ, ㄴ, ㄷ, ㄹ

05 다음 중 게슈탈트 상담의 주요 개념이 아닌 것은?

① 알아차림과 접촉
② 전행동
③ 전경과 배경
④ 지금-여기
⑤ 신경증 층

06 다음 보기의 내용이 설명하는 개념으로 옳은 것은?

> 정신분석에서 수용하기 힘든 원초적 욕구나 불쾌한 경험이 의식에 떠오르지 못하도록 무의식 속에 눌러 두는 것

① 반동형성
② 억 압
③ 부 인
④ 퇴 행
⑤ 주지화

07 다음 중 상담의 기술로서 해석(Interpretation)의 제시 형태로 옳지 않은 것은?

① 상담자가 판단한 내용을 확정적으로 해석해줌으로써 내담자의 명확한 이해를 돕는다.
② 적절한 때에 부수적인 경험적 증거를 제시하여 해석을 반복한다.
③ 내담자가 생각하거나 느낀다고 믿는 방향으로 점차적으로 진행한다.
④ 지적인 차원보다는 감정적 차원에 초점을 맞추는 것이 좋다.
⑤ 가능한 한 질문형태로 제시하여 내담자 스스로 해석하도록 돕는다.

08 상담자의 효과적인 개입의 예가 아닌 것은?

① "지금 너의 상태가 어떤지 궁금하구나."
② "너가 화가 난 것처럼 보이는구나."
③ "그 사건으로 인해 고민을 많이 했구나."
④ "거기 갔었어? 그리고 그 사람은 만났어? 무슨 이야기를 했니?"
⑤ "너는 공부를 열심히 하고 싶지만 수업시간에는 주로 게임을 하고 있구나."

09 다음 각 진술과 합리정서행동 치료의 비합리적 신념을 바르게 연결한 것은?

> ㄱ. "네가 날 떠난다면 난 많이 슬플 거야."
> ㄴ. "네가 내 친구라면 당연히 내 편을 들어야 마땅하지."
> ㄷ. "내가 화를 참지 못한다면 난 완전히 한심한 인간이야."
> ㄹ. "나는 네가 요청할 때 내게 구체적으로 말해주면 좋겠어."
> ㅁ. "이건 절대 참을 수 없어. 이런 일은 있을 수 없는 일이야."

① ㄴ - 타인에 대한 당위적 요구
② ㄹ - 자신에 대한 당위적 요구
③ ㄱ, ㄴ - 타인에 대한 당위적 요구
④ ㄷ, ㄹ - 자신에 대한 당위적 요구
⑤ ㄷ, ㅁ - 세상에 대한 당위적 요구

10 벡(A. Beck)이 제시한 인지적 오류의 내용에 대한 명칭으로 옳은 것은?

> 내담자가 두 번째 회기에 오지 않을 경우, 첫 회기에서 내가 뭘 잘못했기 때문이라고 강하게 믿는 것

① 임의적 추론(Arbitrary Inference)
② 과잉일반화(Overgeneralization)
③ 개인화(Personalization)
④ 선택적 추론(Selective Abstraction)
⑤ 파국화(Catastrophizing)

11 인간중심상담에서 '자기와 경험의 불일치'에 관한 설명으로 옳은 것을 모두 고른 것은?

> ㄱ. 부모가 제시한 가치조건과 자신의 현실적 경험의 불일치는 불안을 유발한다.
> ㄴ. 부모의 조건적 사랑을 받은 아동은 자신의 특성을 선택적으로 수용한다.
> ㄷ. 왜곡, 부인과 같은 심리적 기제는 자기와 경험의 불일치를 낮추고자 하는 시도이다.
> ㄹ. 아동은 부모의 기대와 가치를 내면화하여 현실적인 자기를 형성한다.
> ㅁ. 심리적 부적응은 의미 있는 타인의 조건적인 수용과 존중에 기인한다.

① ㄱ, ㄴ, ㅁ
② ㄱ, ㄴ, ㄹ
③ ㄱ, ㄴ, ㄷ, ㅁ
④ ㄴ, ㄷ, ㄹ, ㅁ
⑤ ㄱ, ㄴ, ㄷ, ㄹ

12 다음 중 자기가 화가 난 것을 의식하지 못한 채 상대방이 자기에게 화를 냈다고 생각하는 것은?

① 부정(Denial)
② 투사(Projection)
③ 전치(Displacement)
④ 반동형성(Reaction Formation)
⑤ 전환(Conversion)

13 다음 보기의 내용은 실존적 심리치료의 어떤 기법을 적용한 것인가?

> 불면증을 호소하는 내담자에게 잠을 자려고 일부러 애쓰는 대신, 하고 싶은 취미 활동을 적극적으로 해보도록 제안한다.

① 혐오기법
② 역설적 의도
③ 탈숙고
④ 빈 의자 기법
⑤ 변증법적 시도

14 상담자-내담자 관계에 관한 설명으로 옳지 않은 것은?

① 게슈탈트 상담에서는 상담자가 '지금-여기'의 경험을 내담자와 나눈다.
② 행동주의 상담에서는 상담관계를 치료전략 수립의 기초라고 본다.
③ 벡(A. Beck)의 인지치료에서는 내담자의 협동적 역할을 중시한다.
④ 인간중심 상담이론에서는 상담자의 허용적 태도를 중시한다.
⑤ 현실치료에서는 전이현상을 인정한다.

15 체계적 둔감화에 관한 설명으로 옳지 않은 것은?

① 고전적 조건형성 원리에 기초한 행동치료 기법이다.
② 특정한 대상에 불안을 느끼는 경우에 효과적이다.
③ 이완훈련, 불안위계 목록 작성, 둔감화로 구성된다.
④ 낮은 수준의 자극에서 높은 수준의 자극으로 상상을 유도한다.
⑤ 심상적 홍수법(Imaginal Flooding)과는 달리, 불안 유발 심상에 노출되지 않는다.

16 다음 중 보기에 제시된 개인심리 상담의 과정을 순서대로 올바르게 연결한 것은?

> ㄱ. 개인의 목표, 생활양식, 인생의 의미를 재구성할 수 있도록 재교육한다.
> ㄴ. 내담자가 자신의 오류와 현재 행동의 상관관계를 각성하도록 한다.
> ㄷ. 내담자의 목표, 생활양식, 중요한 경험에 부여한 의미를 탐색한다.
> ㄹ. 상담자와 내담자 사이에 따뜻하고 배려하는 공감적 관계를 형성한다.

① ㄷ - ㄹ - ㄴ - ㄱ
② ㄷ - ㄹ - ㄱ - ㄴ
③ ㄹ - ㄷ - ㄱ - ㄴ
④ ㄹ - ㄴ - ㄷ - ㄱ
⑤ ㄹ - ㄷ - ㄴ - ㄱ

17 다음 중 보기의 내용과 연관된 게슈탈트 상담의 기법에 해당하는 것은?

> ○ 현재 참여하지 않은 사람과 직접 대화를 나누는 형식을 취한다.
> ○ 내담자는 다른 사람에 대한 자신의 감정을 명료화 할 수 있으며, 새로운 행동을 시도해볼 수도 있다.

① 반전기법
② 대화실험
③ 빈 의자 기법
④ 욕구와 감정의 자각
⑤ 자기 부분들 간의 대화

18 다음 중 교류분석 상담에서 자극과 반응의 소통 양상에 따른 교류 분류의 내용으로 옳지 않은 것은?

① 교차교류는 3~4개의 자아 상태가 관련되며, 자극을 직접 받은 자아 상태에서 반응이 이루어지지 않는다.
② 상보교류는 2개의 자아 상태만이 관련되며, 자극과 반응의 방향이 수평적이다.
③ 상보교류에서는 언어적인 메시지와 비언어적인 메시지가 일치되어 나타난다.
④ 이면교류는 다른 사람의 어떤 반응을 기대하기 시작한 교류에 대해 예상외의 반응이 되돌아오는 것으로서, 인간관계 측면에서 고통의 근원이 된다.
⑤ 이면교류에는 표면적으로 당연해 보이는 메시지라도 어떠한 의도나 진의가 숨겨져 있다.

19 다음 중 보기의 내용과 연관된 것은?

○ 주로 게임 뒤에 맛보는 불쾌하고 쓰라린 감정을 의미한다.
○ 만성적 부정감정으로서 조작적이고 파괴적인 행동과 연관되며, 개인의 생각이나 행동을 구속한다.

① 생활각본
② 라켓 감정
③ 부정적 스트로크
④ 빈 의자 기법
⑤ 심리적 게임

20 다음 보기의 내용이 설명하는 개인심리학의 기법은?

내담자가 유쾌한 경험과 유쾌하지 않은 경험을 번갈아 가면서 생각하도록 하여, 각 경험과 관련된 감정에 관심을 갖도록 한다.

① 수프에 침 뱉기
② 역설적 의도
③ 수렁(악동) 피하기
④ 마치 ~인 것처럼 행동하기
⑤ 단추 누르기

21 현실치료 기법에 관한 설명으로 옳지 않은 것은?

① 내담자가 자주 사용하는 언어적 표현을 사용하여 내담자와 소통하는 것이 중요하다.
② 직접적이고 적극적인 상담을 통해 상담 기간을 단축시킬 수 있다.
③ 내담자의 말과 행동이 일치하지 않는 것을 인식시켜서 자신의 말과 행동을 책임지게 한다.
④ 내담자가 대인관계에 어려움을 겪고 있거나 새로운 행동을 실천하고자 할 때 역할연기를 활용한다.
⑤ 상담자 또는 치료자의 주관적인 가치판단이 배제된다.

22 다음 중 실존주의 상담의 원리에 해당하는 것을 모두 고른 것은?

| ㄱ. 자아중심성의 원리 ㄴ. 치료할 수 없는 위기의 원리 |
| ㄷ. 만남의 원리   ㄹ. 비도구성의 원리 |

① ㄱ, ㄴ, ㄷ
② ㄱ, ㄷ
③ ㄴ, ㄹ
④ ㄹ
⑤ ㄱ, ㄴ, ㄷ, ㄹ

23 다음 중 교류분석에서의 자아상태와 그 특징이 올바르게 연결된 것을 모두 고른 것은?

| ㄱ. CP – 설교적, 비판적, 규범적 |
| ㄴ. NP – 차분한, 목소리가 단조로운, 객관적인 |
| ㄷ. A – 이론적, 합리적, 객관적 |
| ㄹ. AC – 보호적, 지지적, 친절한 |

① ㄱ, ㄴ
② ㄱ, ㄷ
③ ㄴ, ㄷ
④ ㄱ, ㄷ, ㄹ
⑤ ㄴ, ㄷ, ㄹ

24 다음 중 '해석'에 관한 설명으로 옳지 않은 것은?

① 정신분석 상담의 주요 기법이다.
② 내담자의 태도를 거울에 비추어 주듯이 보여줌으로써 내담자의 자기이해를 도와준다.
③ 효과적인 해석은 내담자를 통찰로 이끌어 행동변화를 유도할 수 있다.
④ 상담자의 이론적 입장이나 관심사에 따라 다른 양상으로 제공할 수 있다.
⑤ 내담자가 자신의 문제를 새로운 각도에서 이해하도록 생활경험과 행동의 의미를 설명해 주는 상담기술이다.

25 다음 보기의 설명에 해당하는 행동수정의 원리는?

| 평소 숙제를 제출하지 않던 학생이 숙제를 해오자 청소를 면제해 주는 행동수정 원리 |

① 조 성
② 정적강화
③ 부적강화
④ 상호억제
⑤ 프리맥 원리

교시	문제형별	시간	시험과목	
2교시	A	50분	① 학습이론	1과목 선택
			② 청소년이해론	
			③ 청소년수련활동론	

필수과목 05 학습이론

01 학습 연구에서 인간 대신 동물을 대상으로 하는 이유로 적절하지 않은 것은?

① 동물은 선행학습에 의한 효과를 비교적 쉽게 통제할 수 있다.
② 인간은 연구에 참여하기를 거부하거나 연구결과를 왜곡할 수 있다.
③ 동물은 체계가 단순하여 단일한 변인의 효과를 분리해 내기가 더 쉽다.
④ 때로는 인간을 대상으로 하는 연구가 매우 어렵거나 윤리적으로 불가능하다.
⑤ 행동에 관한 동물연구는 모두에게 유용한 사실들을 제공해준다.

02 다음 동기의 구분 중 외재적 동기에 해당하는 것은?

① 상과 벌
② 개인적 호기심과 흥미
③ 목적의 자각
④ 자율행동 및 반사감정
⑤ 적절한 암시

03 학습의 정의에 대한 스키너(B. Skinner)의 기본 입장은 무엇인가?

① 강화는 이미 학습된 행동을 동기화하는 과정일 뿐이다.
② 학습은 행동의 변화에 선행되어 나타난다.
③ 학습은 행동의 변화 자체를 의미한다.
④ 학습과정은 행동의 변화를 통해 추론되어야 한다.
⑤ 학습은 행동을 매개하는 과정이다.

04 다음 보기의 현상을 가장 잘 설명할 수 있는 인지 개념에 해당하는 것은?

> 어떤 사물이나 현상에 대한 사람들의 인식은 동일하지 않다. 예를 들어, 집에 대해 이야기를 하도록 했을 때 아동기, 중년기, 노년기에 있는 사람들의 의견이 다르고, 거주자와 도둑의 입장이 다르다. 만약 이들을 서로 구분하여 집에 대한 기억을 살펴본다면 현저한 차이가 나타날 것이다.

① 회상(Recall)
② 도식(Schema)
③ 저장(Storage)
④ 망각(Forgetting)
⑤ 간섭(Interference)

05 다음 중 망각을 방지하는 방법으로 옳지 않은 것은?
① 초과학습을 수행한다.
② 동기화된 학습 자료를 활용한다.
③ 학습은 처음부터 완전히 습득한 후에 다음 학습으로 이행한다.
④ 분산학습보다는 집중학습을 수행한다.
⑤ 복습의 시기를 최초학습에 가깝도록 한다.

06 다음 중 고전적 조건형성의 기본원리와 가장 관련이 없는 것은?
① 동일한 조건 자극을 일관성있게 강화할수록 조건형성이 용이하게 이루어진다.
② 자극과 반응의 연합에 의한 행동은 계획적인 조형을 통해 복잡한 학습으로 발전할 수 있다.
③ 자극과 반응 간의 관계를 반복하여 횟수를 거듭할수록 조건형성이 용이하게 이루어진다.
④ 무조건 자극의 강도가 강할수록 조건형성이 용이하게 이루어진다.
⑤ 조건형성의 과정에서 조건 자극과 무조건 자극은 시간상 근접해야 한다.

07 다음 중 소거(Extinction)가 영구적인 망각이 아니라는 증거가 될 수 있는 것은?
① 자극 일반화(Stimulus Generalization)
② 변별(Discrimination)
③ 행동조성(Shaping)
④ 자발적 회복(Spontaneous Recovery)
⑤ 토큰경제(Token Economy)

08 다음 중 강화(Reinforcement)에 관한 설명으로 옳지 않은 것은?

① 계속적 강화계획보다는 간헐적 강화계획이 소거를 더욱 지연시킨다.
② 효과적인 강화를 위해서는 학습자에게 직접 강화물을 확인하여 강화를 개별화 하는 것이 좋다.
③ 한 번 형성된 행동을 유지시키기 위해서는 강화를 즉시 중단하는 것보다 점진적으로 줄이는 것이 좋다.
④ 직장인의 월급이나 아르바이트의 일당은 고정간격계획에 해당한다.
⑤ 어떤 행동에 대해 돈을 주거나 칭찬을 해 주는 것은 1차적 강화물이다.

09 다음 보기의 내용이 설명하는 개념은?

> ○○자동차회사에서는 최근 출시한 모델에 탑승자의 안전을 고려한 기능을 새로 추가하였다. 그 기능은 운전자 및 동승자가 안전벨트를 매지 않는 경우 경고등이 들어오는 것은 물론 시끄러운 버저소음이 울리도록 하는 것인데, 버저소음이 삑삑거리다가 (그 소리를 듣지 않기 위해) 벨트를 매고나면 버저소음이 사라진다.

① 부적처벌
② 정적처벌
③ 부적강화
④ 정적강화
⑤ 자기강화

10 행동과 벌에 관한 설명으로 옳지 않은 것은?

① 행동과 벌 사이의 수반성(Contingency)이 클수록, 벌 받은 행동은 더 많이 감소한다.
② 벌의 강도가 강할수록, 벌 받은 행동은 더 많이 감소한다.
③ 벌보다 강화가 더 강력할 경우, 벌 받은 행동은 덜 감소한다.
④ 벌의 강도를 낮게 시작해서 단계적으로 높일 경우, 벌 받은 행동은 더 많이 감소한다.
⑤ 벌은 즉각적이며 일관성 있게 주어져야 한다.

11 강화스케줄 중 반응률이 가장 높은 것에서 낮은 것으로 순서대로 올바르게 나열한 것은?

① 가변비율(VR) > 고정비율(FR) > 가변간격(VI) > 고정간격(FI)
② 가변비율(VR) > 가변간격(VI) > 고정비율(FR) > 고정간격(FI)
③ 가변간격(VI) > 가변비율(VR) > 고정비율(FR) > 고정간격(FI)
④ 가변간격(VI) > 고정비율(FR) > 가변비율(VR) > 고정간격(FI)
⑤ 고정비율(FR) > 가변비율(VR) > 가변간격(VI) > 고정간격(FI)

12 다음 보기의 내용과 관련이 있는 상담의 기법은?

> 올해 초등학교 1학년에 갓 입학한 A군은 학교에 대해 심한 불안감과 거부감을 가지고 있었다. A군의 어머니는 A군이 학교에 대한 불안감을 해소하고 학교에 적응할 수 있도록 처음에는 학교 주변의 다양한 볼거리로 관심을 유도했고, 다음으로 학교 운동장에서 또래아이들과 어울려 놀게 했다. 이후 교실의 분위기를 익히도록 했고, 이후 수업시간에 참여하도록 했다. 그러자 A군은 곧 학교에 적응할 수 있게 되어 학교에 대한 막연한 불안감과 거부감을 나타내 보이지 않게 되었다.

① 역할대행
② 행동조성
③ 시 연
④ 리허설
⑤ 체계적 둔감법

13 다음 중 행동주의 상담의 기법에 해당하는 것을 모두 고른 것은?

> ㄱ. 점진적 이완훈련(Progressive Relaxation Training)
> ㄴ. 맞닥뜨리기(Confrontation)
> ㄷ. 행동조성(Shaping)
> ㄹ. 훈습(Working-Through)

① ㄱ, ㄴ, ㄷ
② ㄱ, ㄷ
③ ㄴ, ㄹ
④ ㄹ
⑤ ㄱ, ㄴ, ㄷ, ㄹ

14 사회인지학습이론의 기본가정에 관한 설명으로 옳지 않은 것은?

① 학습은 시행착오의 과정이다.
② 간접적으로 강화를 경험하여도 학습이 가능하다.
③ 학습은 즉각적인 행동변화를 가져오지 않을 수도 있다.
④ 학습자는 환경의 영향을 받을 뿐만 아니라 환경에 영향을 미치기도 한다.
⑤ 주위 사람과 사건들에 주의 집중함으로써 정보를 획득한다.

15 다음 중 자극의 부호화에 관한 설명으로 옳지 않은 것은?

① 자극을 부호화하는 과정으로 조직화, 정교화, 스키마가 있다.
② 자료를 조직화하는 데는 위계를 사용하는 방법과 기억술을 이용하는 방법이 있다.
③ 시연(Rehearsal)은 정보저장을 위해 항목을 반복적으로 암송하는 것이다.
④ 학습된 정보를 다양한 항목과 연합시키는 것은 정교화 시연에 해당한다.
⑤ 유지 시연은 정보를 장기기억으로 이동시키는 데 유리하다.

16 다음 중 보기의 내용과 연관된 심리효과에 해당하는 것은?

> 어떤 음식을 먹은 후 구토나 복통 기타 여러 가지 불쾌감을 경험할 경우 다음부터는 그 음식을 먹지 않는다.

① 초두효과(Primacy Effect) ② 맥락효과(Context Effect)
③ 악마효과(Devil Effect) ④ 플라시보 효과(Placebo Effect)
⑤ 가르시아 효과(Garcia Effect)

17 고전적 조건형성에 영향을 미치는 요인으로 옳은 것을 모두 고른 것은?

> ㄱ. 조건 자극-무조건 자극 간격   ㄴ. 무조건 자극 강도
> ㄷ. 비율 긴장(Ratio Strain)   ㄹ. 한 자극이 다른 자극을 대치

① ㄱ, ㄴ, ㄹ ② ㄴ, ㄷ, ㄹ
③ ㄱ, ㄷ, ㄹ ④ ㄱ, ㄴ, ㄷ
⑤ ㄱ, ㄴ, ㄷ, ㄹ

18 2차 강화물(Secondary Reinforcers)로 옳은 것을 모두 고른 것은?

> ㄱ. 사 탕   ㄴ. 상 장
> ㄷ. 물   ㄹ. 칭 찬
> ㅁ. 피드백

① ㄱ, ㄴ, ㄹ ② ㄴ, ㄷ, ㄹ
③ ㄱ, ㄷ, ㄹ ④ ㄱ, ㄴ, ㄷ
⑤ ㄴ, ㄹ, ㅁ

19 학습에 관한 사회인지이론의 일반 원리로 옳지 않은 것은?

① 학습은 행동변화 없이도 일어난다.
② 상호결정론(Reciprocal Determinism)을 인정한다.
③ 학습에서 인지의 역할은 약화된다.
④ 타인의 행동과 그 행동의 결과에 대한 관찰을 통해 학습한다.
⑤ 강화와 벌은 학습에 간접적인 영향을 준다.

20 다음 중 기억에서 절차적 지식의 발달단계를 순서대로 올바르게 나열한 것은?

① 인지 → 연합 → 자동화
② 자동화 → 인지 → 연합
③ 연합 → 자동화 → 인지
④ 인지 → 자동화 → 연합
⑤ 자동화 → 연합 → 인지

21 다음 보기의 내용에 해당하는 과정은?

> 반두라(A. Bandura)의 관찰학습(모델링)의 과정 중 자기효능감이 가장 중요한 역할을 한다.

① 파지과정
② 인출과정
③ 동기화과정
④ 주의집중과정
⑤ 동작재현과정

22 비고츠키(L. Vygotsky)의 관점에서 본 공동조절학습(Co-Regulated Learning)에 관한 설명으로 옳은 것을 모두 고른 것은?

> ㄱ. 성인과 아동은 학습과정을 공유한다.
> ㄴ. 성인과 아동은 학습과제에 대한 특정 목표를 같이 설정한다.
> ㄷ. 성인이 성공적 학습의 준거를 설정하고, 아동은 자신의 수행을 평가한다.
> ㄹ. 성인의 도움(Scaffolding)은 학습의 초기부터 끝까지 같은 강도로 지속되어야 한다.
> ㅁ. 타인조절학습과 자기조절학습 사이에 공동조절학습이 있다.

① ㄱ, ㄴ, ㄹ
② ㄴ, ㄷ, ㄹ
③ ㄱ, ㄷ, ㄹ
④ ㄱ, ㄴ, ㄷ, ㄹ
⑤ ㄱ, ㄴ, ㄷ, ㅁ

23 다음 중 매슬로우(A. Maslow)의 욕구위계에 관한 설명으로 옳지 않은 것은?

① 인간은 선천적으로 자아실현 경향성을 가지고 있다.
② 생리적 욕구는 욕구위계에서 가장 하위 수준에 해당한다.
③ 소속 및 애정의 욕구와 자아존중 욕구는 성장욕구에 해당한다.
④ 자아실현 욕구는 욕구위계에서 가장 상위 수준에 해당한다.
⑤ 하위 수준의 욕구가 충족되지 않으면 상위 수준의 욕구는 만족될 수 없다.

24 다음 보기의 내용과 밀접하게 연관된 사회학습이론의 개념으로 가장 적절한 것은?

> ○○중학교 1학년인 A양은 소심한 성격으로 다른 교과 성적에 비해 유독 체육점수가 낮게 나오고 있다. 체육교과 담당이기도 한 A양의 담임선생님은 A양의 평소 행동과 수업 태도를 유심히 살펴보았고, A양이 특히 단체 놀이에 있어서 어려움을 보이고 있다는 사실을 깨닫게 되었다. A양의 담임선생님은 A양과의 상담을 통해 A양이 자신의 부족한 실력으로 인해 다른 친구들에게 피해를 입힐 수 있다는 생각에 사로잡힌 나머지 항상 주저하고 삼가려는 태도를 가지게 된 것을 알게 되었다. 이후 A양의 담임선생님은 A양에게 "너는 할 수 있어!"라고 확신을 심어주었으며, A양은 보다 자신감을 가지고 체육시간에 임하게 되었다.

① 자기언어
② 자기규제
③ 자기조절
④ 자기강화
⑤ 자기효율성

25 티치너(E. Titchener)의 구성주의(Structuralism) 심리학에 관한 설명으로 옳은 것은?

① 분트(W. Wundt)의 주의설(Voluntarism)을 수정 없이 계승했다.
② '실험, 내성, 민속학'의 3가지 모두 심리학 방법으로 사용해야 된다고 보았다.
③ 대상을 지각할 때의 즉각적인 경험만 보고하고, 그 대상에 대한 해석은 배제했다.
④ 심리학을 일종의 혼혈적 과학(Hybrid Science)이라고 보았다.
⑤ 마음은 수동적 요소가 아닌, 고정되어 있지 않고 역동적이며 과정적인 활동적 실체라고 하였다.

선택과목 01 청소년이해론

01 아동과 성인의 특징을 부분적으로 지니고 있으면서 양쪽 어디에도 속하지 않는 과도기적 존재를 가리켜 무엇이라고 하는가?

① 청년
② 유아기
③ 청소년
④ 어른
⑤ 노년기

02 1985년 UN이 제시한 청소년기의 구분방법으로 옳은 것은?

① 10세부터 19세 사이의 집단
② 12세부터 21세 사이의 집단
③ 13세부터 22세 사이의 집단
④ 15세부터 24세 사이의 집단
⑤ 17세부터 26세 사이의 집단

03 청소년들이 아동기 때와 달리 나타내는 사회적·인지적 특징으로 청소년들은 다른 사람들의 입장이 되어 그들의 생각이나 감정을 이해할 수 있는 능력이 있음을 밝힌 학자는?

① 셀만(Selman)
② 게젤(Gesell)
③ 설리반(Sullivan)
④ 에릭슨(Erikson)
⑤ 베네딕트(Benedict)

04 청소년 발달의 이론적 접근에서 생물학적 이론에 해당하는 것을 모두 고른 것은?

| ㄱ. 게젤의 성숙이론 | ㄴ. 미드의 학습이론 |
| ㄷ. 홀의 재현이론 | ㄹ. 임파워먼트 모델 |

① ㄱ, ㄴ, ㄷ
② ㄱ, ㄷ
③ ㄴ, ㄹ
④ ㄹ
⑤ ㄱ, ㄴ, ㄷ, ㄹ

05 반두라(A. Bandura)가 제시한 관찰학습 과정의 첫 단계는?

① 실행(Implementation) ② 주의(Attention)
③ 파지(Retention) ④ 동기(Motivation)
⑤ 운동재생(Motor Reproduction)

06 로저스(Rogers)가 주장한 인본주의적 관점으로 옳은 것을 모두 고른 것은?

> ㄱ. 현재 있는 그대로의 자기 모습인 실제 자아와 자기가 되고 싶은 모습인 이상적 자아와의 차이가 적절할 때 이상적인 자아가 되기 위한 노력을 기울이지만, 두 자아 간의 격차가 너무 커지면 오히려 부적응적인 문제를 유발한다고 하였다.
> ㄴ. 로저스(Rogers)는 기존의 이론들이 가지고 있는 인간에 대한 부정적이고 파괴적인 관점과는 달리, 인간의 근본적으로 자기실현을 취하려는 동기와 스스로 자신의 문제를 해결하고 이해할 수 있는 능력을 가지고 있다는 관점에서 출발하기 때문에, 청소년 역시 이러한 잠재력을 가지고 있다고 본다.
> ㄷ. 청소년기 자아는 아동기의 경험과 주변의 의미 있는 타인과의 경험에 의해 많은 영향을 받기 때문에 주변의 부모, 교사, 친구와 얼마나 긍정적인 경험을 하였느냐가 건강한 성장에 중요한 요인이 된다는 것이다.
> ㄹ. 신체적 욕구의 하나인 음식에 대한 욕구는 배고픔이 해소되거나 배가 부른 다음에는 그 욕구가 감소되거나 사라지지만, 심미적 욕구의 하나인 음악에 대한 욕구는 음악을 좋아하고 즐길수록 음악이 주는 기쁨을 더욱 더 즐기게 된다.

① ㄱ, ㄴ, ㄷ ② ㄱ, ㄷ
③ ㄴ, ㄹ ④ ㄹ
⑤ ㄱ, ㄴ, ㄷ, ㄹ

07 인지발달적 측면에서 성 역할을 설명한 학자로 옳은 것은?

① 로저스(C. Rogers) ② 에릭슨(Erikson)
③ 설리반(Sullivan) ④ 콜버그(L. Kohlberg)
⑤ 프로이트(S. Freud)

08 인터넷 중독에 영향을 주는 심리적 요인이 아닌 것은?

① 우울증 ② 사회적 불안감
③ 자기통제력 상실 ④ 충동성
⑤ 높은 자아존중감

09 다음 중 가족체계의 특징에 관한 설명으로 옳지 않은 것은?
① 순환적 인과론이 아닌, 선형적 인과론에 의해 보다 깊이 이해될 수 있다.
② 가족성원이라는 요소를 단순히 합한 것 이상의 의미를 갖는다.
③ 문제의 내용보다는 관계에서 이루어지는 과정에 초점을 둔다.
④ 궁극적으로 가족 개인의 욕구를 충족시키기 위해 기능한다.
⑤ 항상성을 유지하고자 한다.

10 또래집단에 의한 감정으로 옳지 않은 것을 모두 고른 것은?

ㄱ. 연대감	ㄴ. 자신감
ㄷ. 인 기	ㄹ. 이질감

① ㄱ, ㄴ, ㄷ
② ㄱ, ㄷ
③ ㄴ, ㄹ
④ ㄹ
⑤ ㄱ, ㄴ, ㄷ, ㄹ

11 청소년 관련법상 제시된 청소년 참여기구를 모두 고른 것은?

ㄱ. 청소년특별회의	ㄴ. 청소년운영위원회
ㄷ. 청소년동아리연합회	ㄹ. 청소년기자단

① ㄱ, ㄴ
② ㄱ, ㄹ
③ ㄴ, ㄷ, ㄹ
④ ㄱ, ㄴ, ㄷ
⑤ ㄱ, ㄴ, ㄷ, ㄹ

12 문화이론의 관점 중 문화기능주의적 관점에 관한 설명으로 옳지 않은 것은?
① 상호의존과 균형을 중시한다.
② 전반적인 사회질서를 흐트러뜨리지 않고 유지하려 한다.
③ 사회의 본질을 상호 의존적인 관계 또는 부분의 집합으로 구성된 체제(System)로 본다.
④ 상징과 의미체계로 문화 개념을 설명한다.
⑤ 콩트(A. Comte)와 스펜서(H. Spencer)에 의해 기초가 형성되었다.

13 긴즈버그(E. Ginzberg)의 직업선택 발달이론에서 잠정적 단계(Tentative Period)에 해당하는 것을 모두 고른 것은?

ㄱ. 흥미기(Interest Stage)	ㄴ. 가치기(Value Stage)
ㄷ. 능력기(Capacity Stage)	ㄹ. 환상기(Fantasy Stage)
ㅁ. 전환기(Transition Stage)	

① ㄱ, ㄴ
② ㄱ, ㅁ
③ ㄴ, ㄷ, ㄹ
④ ㄱ, ㄴ, ㄷ, ㅁ
⑤ ㄴ, ㄷ, ㄹ, ㅁ

14 설리반(H. Sullivan)의 인간 발달단계에 관한 설명으로 옳지 않은 것은?

① 편안하고 성공적인 대인관계가 인생에서 가장 중요하다고 보았다.
② 아동기에는 부모의 관심을 얻으려는 욕구가 강하다.
③ 아동기에는 또래 놀이친구를 얻고, 또래집단에 수용되고자 하는 욕구를 가진다.
④ 청소년기 발달에 친구관계가 중요한 역할을 함을 강조하고 있다.
⑤ 전(前) 청소년기에는 단짝 친구관계를 형성하려는 욕구가 강하다.

15 스턴버그(R. Sternberg)가 제시한 사랑의 3요소 중 헌신만 제외된 사랑의 형태는?

① 우애적 사랑(Companionate Love)
② 낭만적 사랑(Romantic Love)
③ 얼빠진 사랑(Fatuous Love)
④ 공허한 사랑(Empty Love)
⑤ 우정(Friendship)

16 다음 보기의 내용을 설명하고 있는 학자는?

> 하류층의 하위문화를 그들의 고유한 전통으로 이해한다. 그들의 문화는 중류문화의 규범으로부터 간섭 없이 존재하며 독자적 가치에 따라 행동하는 모습을 보인다는 것이다. 이 가치를 '관심의 초점'이라 부른다. 그들의 가치는 거의가 일탈적 모습을 띠며, 이것은 그 문화 내의 청소년들에 의해 동의된다.

① 머튼(Merton)
② 클라워드(Cloward)
③ 밀러(Miller)
④ 오린(Ohlin)
⑤ 서덜랜드(Sutherland)

17 소년법상 소년에 대한 보호처분 결정의 종류가 아닌 것은?

① 수강명령
② 사회봉사명령
③ 소년교도소 송치
④ 1개월 이내의 소년원 송치
⑤ 보호관찰관의 단기 보호관찰

18 청소년복지지원법상 청소년복지시설 또는 청소년복지지원기관 중 다음에 해당하는 것은?

> 일정 기간 청소년쉼터의 지원을 받는데도 가정·학교·사회로 복귀하여 생활할 수 없는 청소년에게 자립하여 생활할 수 있는 능력과 여건을 갖추도록 지원하는 시설

① 청소년쉼터
② 청소년자립지원관
③ 청소년치료재활센터
④ 이주배경청소년지원센터
⑤ 청소년회복지원시설

19 다음 중 가정 밖(가출) 청소년의 유형을 보기와 같이 분류한 학자는?

> ○ 떠돌이형   ○ 불안형   ○ 공포형

① 에셀스틴
② 호 머
③ 로버츠
④ 바르트
⑤ 밀 러

20 학교 부적응에 관한 설명으로 옳지 않은 것은?

① 학업부진은 학교 부적응 중 학업과 관련된 유형에 속한다.
② 개인의 정서문제는 학교 부적응과 관련이 있다.
③ 또래나 교사와의 관계는 학교 부적응에 영향을 미친다.
④ 학교 부적응 청소년에 대한 개입 시 부모나 보호자를 포함시키는 것이 바람직하다.
⑤ 학업중단 청소년의 추후지도를 위해 각급 학교에서는 방과 후 돌봄교실을 운영하고 있다.

21 다음 보기의 내용에 해당하는 개념은 무엇인가?

○ 남자청소년의 성적(性的) 발달을 유발하는 대표적인 남성호르몬
○ 남성의 2차 성징의 발현

① 스테로이드(Steroid)
② 에스트로겐(Estrogen)
③ 프로게스테론(Progesterone)
④ 테스토스테론(Testosterone)
⑤ 프로스타글란딘(Prostaglandin)

22 청소년복지지원법에서 규정하고 있는 청소년증 발급 나이로 옳은 것은?

① 9세 이상~18세 이하
② 9세 이상~19세 이하
③ 9세 이상~24세 이하
④ 13세 이상~18세 이하
⑤ 13세 이상~19세 이하

23 다음 보기의 내용이 설명하고 있는 국가정책 지원사업은?

> 여성가족부와 지방자치단체에서 공적서비스를 담당하는 청소년수련시설(청소년수련관, 청소년문화의 집)을 기반으로 청소년들의 건강한 방과 후 생활과 삶의 질 향상을 위해 가정이나 학교에서 체험하지 못했던 다양한 청소년활동 프로그램 운영, 청소년생활관리 등 청소년을 위한 종합서비스를 지원한다.

① 청소년쉼터사업
② 청소년자립지원사업
③ 청소년치료재활사업
④ 이주배경청소년지원사업
⑤ 청소년방과후아카데미 사업

24 다음 중 청소년문화의 특성으로 옳지 않은 것은?
① 대중문화에 대한 의존성이 강하다.
② 다양한 하위문화가 존재한다.
③ 문화생산자로 문화현장에 참여한다.
④ 청소년은 단순한 문화소비자이다.
⑤ 기본적으로 학교문화와 밀접하게 관련되어 있다.

25 청소년 또래집단의 동조행동에 관한 설명으로 옳은 것은?
① 청소년의 언어, 행동 등에는 영향을 미치지만 가치관에는 영향이 없다.
② 부정적인 동조행동으로 속어나 비어 사용 등은 자제한다.
③ 동조행동에 대한 또래집단의 압력은 청소년기에 가장 강력하다.
④ 또래집단 내에 높은 지위에 있거나 자신감 있는 청소년은 동조행동의 영향을 더 받는다.
⑤ 부모와 또래집단의 가치가 상충될 경우 청소년은 부모의 영향을 더 크게 받는다.

선택과목 02 청소년수련활동론

01 다음 보기에서 설명하는 활동은?

> 청소년의 균형적 발달을 위하여 청소년의 능동적 참여에 기초를 두고 생활권 또는 자연권에서 심신을 단련하고 자질을 배양하며, 다양한 취미를 개발하고, 정서를 함양할 뿐만 아니라 사회봉사활동을 통해 배움을 실천하는 조직적인 체험활동이다.

① 청소년상담활동
② 청소년수련활동
③ 청소년집단활동
④ 청소년단체활동
⑤ 청소년문화활동

02 청소년수련활동의 특성에 해당하지 않는 것을 모두 고른 것은?

| ㄱ. 목적적 활동 | ㄴ. 조직적 활동 |
| ㄷ. 체험적 활동 | ㄹ. 타율적 활동 |

① ㄱ, ㄴ, ㄷ
② ㄱ, ㄷ
③ ㄴ, ㄹ
④ ㄹ
⑤ ㄱ, ㄴ, ㄷ, ㄹ

03 경험학습이론에 관한 설명으로 옳은 것을 모두 고른 것은?

> ㄱ. 체험중심의 활동을 통해 청소년들의 참여를 강조한다.
> ㄴ. 청소년활동의 내용 및 방법은 일상생활과 관련성을 가진다.
> ㄷ. 반성적 관찰은 청소년들이 현장견학에서 체험한 내용을 토대로 논리적 분석과 이해과정을 통해 가설적 지식을 도출하는 단계이다.
> ㄹ. 콜브(D. Kolb)에 의하면, '구체적 경험 – 반성적 관찰 – 추상적 개념화 – 적극적 실험'의 순으로 진행된다.

① ㄱ, ㄴ
② ㄴ, ㄷ
③ ㄷ, ㄹ
④ ㄱ, ㄴ, ㄹ
⑤ ㄱ, ㄴ, ㄷ, ㄹ

04 다음 보기의 내용이 설명하고 있는 것은?

> 협의의 개념으로서 일반적으로 공연 등 각종행사를 할 때 배포되는 행사내용을 소개하거나 설명하는 소책자부터 어떤 활동을 목적으로 시간의 활동순서에 따라 구체적으로 나열한 사전계획표, 활동지침표, 편성표, 시간표, 활동순서에 따른 스케줄 등을 의미한다.

① 집단활동
② 수련거리
③ 수련터전
④ 문화활동
⑤ 실험활동

05 다음 보기의 내용이 설명하고 있는 청소년지도자의 역할로 옳은 것은?

> ○ 청소년과 함께 또는 동료와 함께하는 작업에 진취적인 자
> ○ 팀워크 조성 및 자발적·자율적·자치적 조직결성과 그 지원이 가능한 자

① 분석자
② 조직자
③ 전문가
④ 교육자
⑤ 격려자

06 숙박기능을 갖춘 생활관과 다양한 수련거리를 실시할 수 있는 각종 시설과 설비를 갖춘 종합수련시설은?

① 청소년수련원
② 청소년특화시설
③ 청소년야영장
④ 유스호스텔
⑤ 청소년문화의 집

07 청소년활동진흥법령상 청소년수련시설의 운영대표자가 될 수 없는 사람은?(단, 주어진 조건만 고려할 것)

① 1급 청소년지도사 자격증 소지자
② 2급 청소년지도사 자격증 취득 후 청소년육성업무에 3년 종사한 사람
③ 3급 청소년지도사 자격증 취득 후 청소년육성업무에 5년 종사한 사람
④ 「초·중등교육법」에 따른 정교사 자격증을 소지한 자로서 청소년육성업무에 1년 종사한 사람
⑤ 7급 일반직 공무원으로서 청소년육성업무에 3년 종사한 사람

08 인증수련활동의 유효기간으로 적절한 것은?
① 2년　　　　　　　　　　② 3년
③ 4년　　　　　　　　　　④ 5년
⑤ 6년

09 수련지구 안에 설치하여야 하는 시설의 종류 및 범위에 관한 설명으로 옳지 않은 것은?
① 수련시설 – 청소년수련원 및 유스호스텔 각각 1개소 이상
② 녹지 – 수련지구 지정면적의 30% 이상
③ 모험활동시설 – 수상·해양·항공 또는 산악훈련장, 극기훈련장, 모험활동장 그 밖에 이와 유사한 모험활동시설 중 1개소 이상
④ 문화시설 – 공연장, 박물관, 미술관, 과학관 그 밖에 이와 유사한 시설 중 1개소 이상
⑤ 자연탐구시설 또는 환경학습시설 – 자연학습원, 환경학습장, 동·식물원 그 밖에 이와 유사한 시설 중 1개소 이상

10 생활권 중심의 수련터전에 대한 발전방향으로 옳은 것을 모두 고른 것은?

> ㄱ. 주말에 적극적으로 운영할 수 있는 방안을 강구한다.
> ㄴ. 자립능력과 창의성 배양으로 청소년의 사회참여기회를 확대하는 기능을 해야 한다.
> ㄷ. 학교의 특기·적성교육 및 특별활동과 유기적으로 연계해야 한다.
> ㄹ. 지역과 자연환경 및 규모를 고려하여 시설을 특화시킨다.

① ㄱ, ㄴ, ㄷ　　　　　　　② ㄱ, ㄷ
③ ㄴ, ㄹ　　　　　　　　　④ ㄹ
⑤ ㄱ, ㄴ, ㄷ, ㄹ

11 청소년활동진흥법상 청소년수련시설 운영대표자가 정기 안전점검 실시 후, 그 결과를 제출해야 하는 대상에 해당하는 사람은?
① 보건복지부장관
② 특별자치도지사
③ 교육부장관
④ 국무총리
⑤ 행정안전부장관

12 청소년수련활동 인증제도 중 '활동프로그램'에 대한 인증기준으로 적절하지 않은 것을 모두 고른 것은?

| ㄱ. 프로그램 구성 | ㄴ. 지도자 자격 |
| ㄷ. 프로그램 자원운영 | ㄹ. 지도자 역할 및 배치 |

① ㄱ, ㄴ, ㄷ
② ㄱ, ㄷ
③ ㄴ, ㄹ
④ ㄹ
⑤ ㄱ, ㄴ, ㄷ, ㄹ

13 생존을 위한 노동으로부터 벗어난 자유 시간으로서, 참가자로 하여금 일상생활의 스트레스를 해소하며, 유쾌하고 즐거운 마음으로 자신의 발전을 위해 행해지는 자발적인 활동은 무엇인가?

① 여 가
② 체 육
③ 놀 이
④ 게 임
⑤ 레크리에이션

14 청소년복지지원법상 다음 보기의 내용이 설명하는 센터는?

| 학습·정서·행동상의 장애를 가진 청소년을 지원하기 위해 설치한 거주형 청소년치료재활센터 |

① 하자센터
② 청소년희망센터
③ 인터넷치유학교
④ 무지개청소년센터
⑤ 국립중앙청소년디딤센터

15 청소년활동의 핵심 구성요소로 옳은 것을 모두 고른 것은?

ㄱ. 교구재	ㄴ. 지도자
ㄷ. 자원운영	ㄹ. 청소년
ㅁ. 활동터전	

① ㄱ, ㄴ, ㄷ
② ㄱ, ㄷ
③ ㄴ, ㄹ, ㅁ
④ ㄱ, ㄴ, ㄷ, ㄹ
⑤ ㄱ, ㄴ, ㄷ, ㄹ, ㅁ

16 콜브(Kolb)가 제시한 체험학습의 4가지 순환적 원리를 순서대로 올바르게 나열한 것은?

| ㄱ. 확고한 경험 | ㄴ. 관찰과 반성적 사고 |
| ㄷ. 새로운 상황에 적용 | ㄹ. 추상적 개념의 형성 |

① ㄱ - ㄴ - ㄷ - ㄹ
② ㄱ - ㄴ - ㄹ - ㄷ
③ ㄴ - ㄱ - ㄷ - ㄹ
④ ㄷ - ㄹ - ㄱ - ㄴ
⑤ ㄹ - ㄷ - ㄴ - ㄱ

17 청소년활동 프로그램 개발 시 적용되는 선형모형에 관한 내용으로 옳지 않은 것은?
① 개발 단계별 구성요소에 대한 의사결정 과정이 강조된다.
② 개발 단계별 순차적 논리성이 강조된다.
③ 개발 경험이 적은 초보자에게 효과적이다.
④ 개발 단계별 지도자의 직무를 파악하는 데 효과적이다.
⑤ 개발이 완료되면 이전 단계로 되돌려 전면 수정하기 어렵다.

18 다음 중 봉사활동의 단계가 올바르게 나열된 것은?

ㄱ. 15~30시간의 전문적인 훈련을 받거나 지역사회의 봉사프로그램을 마친 후 6개월 동안 현장 활동을 한다.
ㄴ. 일정 기간 동안 평균 15시간의 전문적인 훈련을 받거나 지역사회의 봉사프로그램을 마친 후 약 3개월 동안 현장 활동을 한다.
ㄷ. 50시간의 전문적인 훈련을 받고, 9~12개월 동안 현장 활동을 한다.

① ㄱ → ㄴ → ㄷ
② ㄱ → ㄷ → ㄴ
③ ㄴ → ㄱ → ㄷ
④ ㄴ → ㄷ → ㄱ
⑤ ㄷ → ㄱ → ㄴ

19 다음 보기의 내용이 설명하고 있는 개념은?

> 청소년활동이 청소년지도자에 의해 설계되고, 청소년과 동등하게 공유되는 상태이다.

① 장식(Decoration) 단계
② 조작(Manipulation) 단계
③ 명목주의(Tokenism) 단계
④ 제한적 위임과 정보제공(Assigned but Informed) 단계
⑤ 성인주도(Adult Initiated) 단계

20 청소년활동 프로그램의 단계별 평가유형에 관한 설명으로 옳지 않은 것은?
① 요구평가 – 프로그램 실행 시 계획과 현실 사이의 차이점에 대한 평가
② 타당성평가 – 프로그램의 제한점이나 성공가능성 여부에 대한 평가
③ 경과평가 – 프로그램의 목적과 목표가 잘 결합되고 효과적인가에 대한 평가
④ 형성평가 – 프로그램을 진행하면서 수행하는 지도방법에 대한 평가
⑤ 비용평가 – 프로그램 개발에 필요한 재원 산출에 대한 평가

21 청소년활동 프로그램의 평가 과정을 순서대로 바르게 나열한 것은?

> ㄱ. 평가도구 제작　　　　　　　ㄴ. 평가의 세부 목표 설정
> ㄷ. 평가내용과 방법 결정　　　　ㄹ. 프로그램 평가 실시
> ㅁ. 프로그램 평가의 활용　　　　ㅂ. 평가결과의 처리와 분석

① ㄱ - ㄴ - ㄷ - ㄹ - ㅂ - ㅁ
② ㄴ - ㄷ - ㄱ - ㄹ - ㅂ - ㅁ
③ ㄴ - ㄷ - ㄱ - ㄹ - ㅁ - ㅂ
④ ㄷ - ㄱ - ㄴ - ㄹ - ㅂ - ㅁ
⑤ ㄷ - ㄴ - ㄱ - ㄹ - ㅁ - ㅂ

22 청소년활동 프로그램의 구성 형태에 관한 설명으로 옳지 않은 것은?

① 연속 프로그램 – 하나의 주제에서 여러 개의 활동을 나누어서 일정한 순서에 따라 연결한 프로그램
② 통합 프로그램 – 하나의 주제에서 세분화된 여러 개의 유사 활동이 체계적으로 연결된 프로그램
③ 종합 프로그램 – 하나의 주제에 맞추어 여러 영역의 활동이 연관성 있게 전개하는 프로그램
④ 단위 프로그램 – 어떤 하나의 내용을 여러 번에 거쳐 지도하기 위한 영구적인 프로그램
⑤ 개별 프로그램 – 부분별 프로그램이 각각 고유한 목표와 성격을 유지하는 프로그램

23 다음 보기의 내용에 해당하는 기법은?

○ 모레노(J. Moreno)가 개발한 방법이다.
○ 집단구성원들 상호간의 선호, 무관심, 배척 등의 관계를 파악하여 집단 내 구성원 간의 역학 구조를 이해하는 것

① 브레인스토밍(Brainstorming)   ② 패널토의
③ 사회성측정법(Sociometry)   ④ 감수성훈련
⑤ 사례연구

24 청소년프로그램 개발의 접근이론에 관한 설명으로 옳지 않은 것을 모두 고른 것은?

ㄱ. 비판주의는 청소년을 수동적이고 피동적인 존재로 간주한다.
ㄴ. 실증주의는 의도와 목표에 의해 내용을 결정하는 '목표-수단모델'의 성격이 강하다.
ㄷ. 구성주의(Constructivism)는 청소년을 의미창조의 주체적인 존재로 간주한다.
ㄹ. 구성주의(Constructivism)는 지식을 객관적 실재로 본다.
ㅁ. 비판주의는 사회경제적 힘에 의한 인간의 억압상태를 해방시키는 데 관심을 기울인다.

① ㄱ, ㄴ, ㄷ   ② ㄱ, ㄷ
③ ㄴ, ㄹ, ㅁ   ④ ㄱ, ㄹ
⑤ ㄱ, ㄴ, ㄷ, ㄹ

25 청소년의 진로교육 활성화를 위하여 시행되고 있는 정책으로 볼 수 없는 것은?

① 지역진로교육센터의 설치 · 운영   ② '진로와 직업' 교과의 운영
③ 진로심리검사의 의무화   ④ 진로교육법의 제정
⑤ 진로전담교사의 학교 배치

제5회 최종모의고사

청소년상담사 3급 최종모의고사

정답 및 해설 p.378

교 시	문제형별	시 간	시험과목
1교시	A	100분	1 발달심리 2 집단상담의 기초 3 심리측정 및 평가 4 상담이론

필수과목 01 발달심리

01 아동의 발달과정에서 정신적 표상의 사용 증거로 바르게 묶인 것은?

ㄱ. 대상영속성 이해 ㄴ. 지연 모방
ㄷ. 언어사용 ㄹ. 2차 순환반응
ㅁ. 가상놀이

① ㄱ, ㄴ, ㄷ, ㅁ
② ㄱ, ㄷ, ㄹ, ㅁ
③ ㄴ, ㄹ, ㅁ
④ ㄹ, ㅁ
⑤ ㄱ, ㄴ, ㄷ, ㄹ

02 다음 중 프로이트(Freud) 심리성적이론의 특징에 해당하지 않는 것은?

① 성적 욕구(리비도)를 강조한다.
② 심리결정론(정신적 결정론)에 기초한다.
③ 무의식을 가정한다.
④ 청소년기의 경험을 중시한다.
⑤ 어린 시절의 경험을 중시한다.

03 다음 중 아들러(Adler)의 개인심리이론에 관한 설명으로 가장 옳지 않은 것은?

① 청소년기의 자아정체감 형성이 성인의 삶을 크게 좌우한다.
② 인간은 미래에 대한 기대로서 가상의 목표를 가진다.
③ 가족형상이 개인의 성격형성에 영향을 미친다.
④ 열등감은 오히려 개인의 발달 동기가 된다.
⑤ 개인의 행동과 습관에서 삶에 전반적으로 적용되는 생활양식이 나타난다.

04 다음 중 자폐장애에 관한 설명으로 옳지 않은 것은?

① 기이한 언어를 반복적으로 사용한다.
② 사람들을 응시하거나 목소리를 주목하는 등의 사회적 활동은 가능하다.
③ 발달수준에 적합한 자발적 가상놀이를 잘하지 못한다.
④ 틀에 박힌 일이나 의식에 대해 고집스럽게 집착한다.
⑤ 사회의 상호 작용을 이해하는 것에 굉장한 어려움을 겪는다.

05 다음 중 피아제(Piaget) 인지발달이론의 한계점으로 옳은 것을 모두 고른 것은?

> ㄱ. 성인기 이후의 인지발달을 고려하지 않았다.
> ㄴ. 사회문화적·경제적 차이에 대해 충분히 고려하지 않았다.
> ㄷ. 발달과정에서 부모의 역할 및 교육의 중요성을 간과했다.
> ㄹ. 인지발달 과정에 있어서 아동 스스로의 역할을 간과했다.

① ㄱ, ㄴ, ㄷ ② ㄱ, ㄷ
③ ㄴ, ㄹ ④ ㄹ
⑤ ㄱ, ㄴ, ㄷ, ㄹ

06 다음 중 피아제(Piaget)가 제시한 감각운동기의 발달순서를 올바르게 나열한 것은?

① 반사활동 → 1차 도식의 협응 → 2차 도식의 협응 → 2차 순환반응 → 3차 순환반응
② 반사활동 → 1차 도식의 협응 → 2차 순환반응 → 3차 순환반응 → 2차 도식의 협응
③ 반사활동 → 1차 순환반응 → 2차 순환반응 → 2차 도식의 협응 → 3차 순환반응
④ 반사활동 → 1차 순환반응 → 1차 도식의 협응 → 2차 도식의 협응 → 2차 순환반응
⑤ 반사활동 → 1차 순환반응 → 1차 도식의 협응 → 2차 순환반응 → 3차 순환반응

07 하인즈(Heinz)의 딜레마에 관한 반응의 예이다. 콜버그(L. Kohlberg)의 도덕발달단계 중 어디에 해당하는가?

> ○ 절도에 찬성하는 이유 : 약을 쓰지 못하고 아내를 죽게 내버려 둔다면, 아내를 살리기 위해 돈을 훔치지 않은 것에 대해 하인즈가 비난을 받게 될 것이며, 아내의 죽음에 대해 하인즈와 약사가 조사를 받게 될 것이다.
> ○ 절도에 반대하는 이유 : 약을 훔친다면 바로 붙잡혀서 감옥에 갈 것이며, 혹시 하인즈가 도망간다고 해도 경찰에게 붙잡히게 될 것이 두려워지게 될 것이다.

① 처벌-복종 지향
② "착한 소년", "착한 소녀" 지향
③ 사회질서 유지 지향
④ 사회계약 지향
⑤ 보편적 윤리원칙 지향

08 다음 중 반두라(Bandura)의 자기효율성에 영향을 미치는 요인에 해당하지 않는 것은?
① 언어적 설득
② 대리경험
③ 장기적 보상
④ 성취경험
⑤ 정서적 각성

09 매슬로우(Maslow)가 제시한 인간욕구의 위계 중 보기의 내용에 해당하는 것은?

> 경기도 ○○시에서는 치매노인 중 희망자들을 대상으로 위치를 알 수 있는 전자 팔찌를 채워주는 사업을 고려하고 있다.

① 생리적 욕구
② 안전 또는 안정에 대한 욕구
③ 애정과 소속에 대한 욕구
④ 자기존중 또는 존경의 욕구
⑤ 인지적 욕구

10 다음 중 로저스(Rogers)가 제시한 '완전히 기능하는 사람(Fully Functioning Person)'의 특징에 해당하는 것을 모두 고른 것은?

> ㄱ. 자신의 느낌과 반응에 충실하다.
> ㄴ. 운명론적인 삶을 살아간다.
> ㄷ. 자신의 선택에 따른 실존적인 삶을 추구한다.
> ㄹ. 타인을 신뢰하고 수용한다.

① ㄱ, ㄴ, ㄷ
② ㄱ, ㄷ
③ ㄴ, ㄹ
④ ㄹ
⑤ ㄱ, ㄴ, ㄷ, ㄹ

11 다음 중 각인이론의 공헌점에 관한 설명으로 옳지 않은 것은?

① 인간발달에 있어서 학습과 경험의 역할 및 기능을 강조하였다.
② 동물행동학적 방법을 인간 행동의 연구에 접목시키는 새로운 접근방식을 제시하였다.
③ 성장의 신호에 대한 적절한 반응의 필요성을 주지시켰다.
④ 아동연구에 대한 관찰법의 적용에 영향을 미쳤다.
⑤ '결정적 시기'의 개념을 제시하였다.

12 성숙이론에 의한 발달의 원리 중 신생아의 경직성 목반사와 밀접하게 연관된 것은?

① 발달 방향의 원리
② 자기규제의 원리
③ 상호적 교류의 원리
④ 기능적 비대칭의 원리
⑤ 개별적 성숙의 원리

13 다음 중 개념의 조작화에 관한 설명으로 옳지 않은 것은?

① 표준화된 척도는 조작화의 산물이다.
② 추상적 세계와 경험적 세계를 연결하는 작업이다.
③ 명목적 정의(Nominal Definition)로서 충분히 조작화가 가능하다.
④ 개념적으로 정의된 내용이 실제로 관찰되게 정의하는 것이다.
⑤ 양적조사에서 매우 중요한 과정이다.

14 다음 중 변수(Variable)에 관한 설명으로 가장 옳은 것은?

① 종속변수는 예측변수이다.
② 매개변수는 독립변수의 원인변수이다.
③ 외생변수는 두 개의 변수 간의 관계를 정반대의 관계로 나타나게 하는 제3의 변수이다.
④ 선행변수는 인과관계에서 종속변수에 앞서면서 종속변수에 유효한 영향력을 행사하는 변수이다.
⑤ 선행변수를 통제해도 독립변수와 종속변수 간의 관계는 유지된다.

15 다음 중 가설의 조건으로 옳은 것을 모두 고른 것은?

> ㄱ. 계량화가 가능해야 한다.
> ㄴ. 가치중립적이어야 한다.
> ㄷ. 광범위한 범위에 적용 가능해야 한다.
> ㄹ. 경험적 검증을 위해 변수의 개념적 정의가 필요하다.

① ㄱ, ㄴ, ㄷ
② ㄱ, ㄷ
③ ㄴ, ㄹ
④ ㄹ
⑤ ㄱ, ㄴ, ㄷ, ㄹ

16 다음 중 표본추출의 과정을 순서대로 올바르게 나열한 것은?

① 모집단 확정 → 표집틀 선정 → 표집방법 결정 → 표집크기 결정 → 표본 추출
② 모집단 확정 → 표집방법 결정 → 표집틀 선정 → 표집크기 결정 → 표본 추출
③ 표집틀 선정 → 모집단 확정 → 표집방법 결정 → 표집크기 결정 → 표본 추출
④ 표집틀 선정 → 모집단 확정 → 표집크기 결정 → 표집방법 결정 → 표본 추출
⑤ 표집크기 결정 → 모집단 확정 → 표집틀 선정 → 표집방법 결정 → 표본 추출

17 발달연구에서 상이한 연령의 피험자를 선별하여 이 집단들 각각을 얼마 동안의 기간에 걸쳐서 연구하는 것으로서, 횡단적 연구와 종단적 연구의 장점들을 혼합하여 연구하는 방법은?

① 횡단적 접근법
② 종단적 접근법
③ 계열적 접근법
④ 자기보고 접근법
⑤ 직접관찰 접근법

18 다음 중 패널자료를 통해 빈곤이 청소년에 미치는 영향을 연구하는 경우 적합한 조사방법에 해당하는 것은?
① 탐색적 조사 - 종단조사 - 질적 조사
② 기술적 조사 - 횡단조사 - 양적 조사
③ 기술적 조사 - 종단조사 - 질적 조사
④ 설명적 조사 - 종단조사 - 양적 조사
⑤ 설명적 조사 - 횡단조사 - 질적 조사

19 임산부의 약물복용이 태아에게 가장 많은 영향을 미치는 시기에 해당하는 것은?
① 임신 전
② 1~3개월
③ 4~6개월
④ 8~9개월
⑤ 임신 전체 기간

20 영아의 발바닥을 간지럽게 하면 발가락을 발등 위쪽으로 부채처럼 펴는 반사운동에 해당하는 것은?
① 걷기반사
② 모로반사
③ 바빈스키반사
④ 연하반사
⑤ 쥐기반사

21 유아기(18개월~4세)에 관한 설명으로 가장 옳은 것은?
① 프로이트의 항문기, 에릭슨의 초기아동기에 해당한다.
② 영아기 때보다 급속한 신체적 성장이 이루어진다.
③ 반사적인 운동반응을 보인다.
④ 낯가림과 분리불안을 경험한다.
⑤ 보존개념을 획득한다.

22 후기 아동기(6~12세)의 자아개념 발달에 영향을 미치는 요인에 해당하는 것을 모두 고른 것은?

> ㄱ. 부모의 양육태도   ㄴ. 성공 및 실패 경험
> ㄷ. 또래집단   ㄹ. 아동의 연령

① ㄱ, ㄴ, ㄷ   ② ㄱ, ㄷ
③ ㄴ, ㄹ   ④ ㄹ
⑤ ㄱ, ㄴ, ㄷ, ㄹ

23 아동기 정서조절의 발달에 관한 설명으로 옳은 것을 모두 고른 것은?

> ㄱ. 연령이 증가함에 따라 정서 자극에 대한 반응 강도가 증가한다.
> ㄴ. 다양한 정서조절 전략을 융통성 있게 사용하는 능력이 증가한다.
> ㄷ. 행동조절 전략에서 인지조절 전략으로 변화한다.
> ㄹ. 부모에게 의지하기보다는 스스로 조절하는 능력이 증가한다.

① ㄱ, ㄴ, ㄷ   ② ㄱ, ㄷ
③ ㄴ, ㄷ, ㄹ   ④ ㄹ
⑤ ㄱ, ㄴ, ㄷ, ㄹ

24 하비거스트(Havighurst)가 제시한 성인 초기(19~30세)의 발달과제에 해당하는 것을 모두 고른 것은?

> ㄱ. 자녀를 양육하고 가정을 관리한다.
> ㄴ. 배우자와 함께 생활하는 방법을 학습한다.
> ㄷ. 마음 맞는 사람들과 사회적 집단을 형성한다.
> ㄹ. 경제적 독립의 필요성을 인정한다.

① ㄱ, ㄴ, ㄷ   ② ㄱ, ㄷ
③ ㄴ, ㄹ   ④ ㄹ
⑤ ㄱ, ㄴ, ㄷ, ㄹ

25 노년기(65세 이상)의 발달적 특징으로 옳지 않은 것은?

① 자아통합의 과업을 달성해야 하는 시기이다.
② 친근한 사물에 대한 애착심이 강하고 수동성이 증가한다.
③ 노인들은 인지기능의 쇠퇴에 직면하여 목표범위를 좁혀나가는 등의 최적화 책략을 사용한다.
④ 생에 대한 회상이 증가하고 융통성이 증가한다.
⑤ 연령에 따른 지능의 변화 양상은 지능의 하위 능력에 따라 다르다.

필수과목 02 집단상담의 기초

01 집단상담자의 자질에 관한 설명으로 옳지 않은 것은?

① 집단계획 및 조직능력이 있어야 한다.
② 상담이론에 대한 지식이 있어야 한다.
③ 새로운 경험에의 추구가 있어야 한다.
④ 전문가의 이미지 유지로 자기노출은 하지 않아야 한다.
⑤ 인간에 관한 폭넓은 식견이 있어야 한다.

02 가트라이트와 잰더(Gartwright & Zander)가 제시한 집단의 속성에 해당하는 내용을 모두 고른 것은?

| ㄱ. 집단의 욕구충족 | ㄴ. 공동관심사에 대한 집단규준 |
| ㄷ. 집단지도자의 빈번한 상호작용 | ㄹ. 환경에 대한 통일된 방식의 행동 경향 |

① ㄱ, ㄴ, ㄷ
② ㄱ, ㄷ
③ ㄴ, ㄹ
④ ㄹ
⑤ ㄱ, ㄴ, ㄷ, ㄹ

03 다음 중 집단상담의 원리에 해당하지 않는 것은?

① 자기수용
② 자기개방
③ 자기비판
④ 자기이해
⑤ 자기도전

04 개인심리학에 근거한 집단상담에 관한 설명으로 옳지 않은 것은?

① 사회적 관심을 집단원의 정신건강의 중요한 준거로 삼는다.
② 우월성 개념을 자기완성 또는 자기실현의 의미로 사용한다.
③ 집단상담을 통해 개인이 소속감을 얻게 하는 것을 목표로 한다.
④ 집단과정에서 집단원에게 이중자아의 역할을 해보게 한다.
⑤ 의식에 의한 선택과 책임, 삶의 의미, 성공과 완벽의 욕구를 강조하였다.

05 집단상담계획서에 반드시 포함되어야 할 내용으로 옳지 않은 것은?

① 집단의 목적
② 집단의 유형
③ 집단의 크기
④ 집단의 활동내용
⑤ 집단의 규칙

06 집단상담 기술과 그 예시가 바르게 연결된 것은?

① 폐쇄적 질문 – "지금 기분이 슬픈가요?"
② 반영하기 – "잠깐, 마무리할 시간이 다 되어서 그 이야기는 다음 시간에 하도록 할까요?"
③ 경청하기 – "슬픈 이야기를 웃으면서 하네요."
④ 직면하기 – "용기 있게 자신의 이야기를 하면서 적극적으로 참여하는 모습이 보기 좋아요."
⑤ 해석하기 – "아까 민준이도 송이처럼 친구사귀기가 힘들다고 이야기한 것 같은데, 민준이 이야기를 들어볼까요?"

07 청소년의 경우 개인상담에 비해 집단상담이 지니는 장점으로 옳지 않은 것은?

① 집단원들과의 교류를 통해 자기만의 피해의식으로부터 벗어날 수 있다.
② 집단상담자가 제공하는 안전한 구조 속에서 독립성을 연습해 볼 수 있다.
③ 자기중심적인 태도를 제한함으로써 타인에 대한 배려를 확장시킬 수 있다.
④ 집단이 주는 힘의 균형은 성인 상담자와의 불편한 관계를 완화시켜 줄 수 있다.
⑤ 개인상담에 비해 개인의 문제를 깊이 있게 다룰 수 있다.

08 게슈탈트 집단상담의 목표에 관한 설명으로 옳은 것을 모두 고른 것은?

> ㄱ. 통찰을 행동으로 옮긴다.
> ㄴ. 자기 내부의 양극단을 통합시킨다.
> ㄷ. 자신과 타인 간의 접촉을 경험하게 한다.
> ㄹ. 집단원 자신의 한계를 분명하게 정의한다.
> ㅁ. '지금-여기'에 입각하여 과거는 다루지 않고 현재를 다룬다.

① ㄱ, ㄴ, ㅁ
② ㄷ, ㄹ, ㅁ
③ ㄱ, ㄴ, ㄹ
④ ㄱ, ㄴ, ㄷ, ㄹ
⑤ ㄱ, ㄴ, ㄷ, ㄹ, ㅁ

09 집단상담이론 중 정신분석적 모형에 관한 설명으로 옳지 않은 것은?

① 인간심리에 대한 구조적 가정 및 부적응 행동에 대한 역동적 이해를 도모한다.
② 집단원의 인생 초기경험을 중시한다.
③ 집단원의 역사적인 근거를 탐색하여 현재의 문제 행동을 해결하고자 한다.
④ 집단원의 무의식적 갈등을 의식화하도록 하여 그 갈등을 해소하고자 한다.
⑤ 무의식적 자료에 접근하기 위해 구조 분석, 인생각본 분석 등의 기술을 활용한다.

10 다음 보기에서 설명하고 있는 개인심리학의 기법은?

> 내담자가 유쾌한 경험과 유쾌하지 않은 경험을 번갈아 가면서 생각하도록 하여, 각 경험과 관련된 감정에 관심을 갖도록 한다.

① 과제부여
② 수프에 침 뱉기
③ 수렁(악동) 피하기
④ 마치 ~인 것처럼 행동하기
⑤ 단추 누르기

11 다음 중 개인심리학적 집단상담에서 집단상담자의 기능 및 역할에 해당하는 것을 모두 고른 것은?

| ㄱ. 상담관계의 설정 | ㄴ. 심리적 진단을 통한 역동의 분석 |
| ㄷ. 일상적 행동목표의 해석 | ㄹ. 생활양식 변화를 위한 재교육 |

① ㄱ, ㄴ, ㄷ
② ㄱ, ㄷ
③ ㄴ, ㄹ
④ ㄹ
⑤ ㄱ, ㄴ, ㄷ, ㄹ

12 다음 중 집단상담의 합리적·정서적 행동치료모형(REBT)에 관한 설명으로 가장 옳지 않은 것은?

① 상담 및 치료의 과정은 논리적이고 경험적인 사고의 원리에 입각한 행동으로 대체하도록 돕는 것이다.
② '지금-여기'의 경험과 함께 다른 사람과의 교류능력을 증진하고 잠재력을 발휘하도록 한다.
③ 능동적·설득적인 방법을 통해 집단원의 비합리적인 사고에 대해 직접적으로 맞선다.
④ 역할놀이나 시범보이기 등을 통해 집단원의 가치관에 변화를 준다.
⑤ 집단원의 비합리적인 용어 사용에 주목하여 인지적 치료를 시도한다.

13 다음 중 보기의 내용과 연관된 의사교류 분석적 모형에서의 분석기술에 해당하는 것은?

> 구조적 욕구충족에 실패한 사람들은 자신들이 필요로 하는 인정자극을 받기 위해 약간은 거짓된 행동을 하게 된다. 이는 세련된 보상행동이나 암시적·이중적인 의사거래로 볼 수 있다.

① 생활각본 분석
② 인생각본 분석
③ 의사교류 분석
④ 게임 분석
⑤ 구조 분석

14 집단상담자의 자기노출에 관한 설명으로 옳은 것은?

① 현재 집단원이 경험하고 있는 것과 관련하여 자신이 알고 있는 정보를 알려주는 것이다.
② 집단원이 생각하고 느끼는 수준보다 높게 표현하는 것이 효과적이다.
③ 집단상담자의 부정적인 정서는 표현하지 않아야 한다.
④ 집단상담자에 대한 존경심이 생겨 오히려 집단원의 개방을 어렵게 한다.
⑤ 집단원과 대화하는 동안 집단상담자가 자신에 대한 감정이나 집단원에 대한 감정을 진솔하게 말해주는 것이다.

15 다음 중 집단상담의 행동주의적 접근모형에서 집단상담자의 역할로 가장 옳지 않은 것은?

① 집단원이 사회적으로 바람직한 행동을 하도록 유도한다.
② 집단원의 구체적인 문제를 제거하는 동시에 보다 생산적인 행동을 유도한다.
③ 집단원이 스스로 선택한 목표를 향해 나아가도록 암시를 준다.
④ 집단원의 부정적 인지와 스트레스 상황의 조건들을 해소한다.
⑤ 집단원이 바람직한 인간관계를 형성하도록 돕는다.

16 차단하기(Blocking) 기법 사용에 관한 설명으로 옳은 것을 모두 고른 것은?

> ㄱ. 부드러운 어조와 태도로 차단할 수 있다.
> ㄴ. 시선이나 반응회피와 같은 비언어적인 방법은 사용하지 않는다.
> ㄷ. 다른 집단원의 피드백과 병행해서 사용할 수 있다.
> ㄹ. 질문을 사용하여 차단할 경우 집단원에게 변명할 기회가 되지 않도록 유의해야 한다.
> ㅁ. 집단원의 행동이 집단에 부정적인 영향을 미칠 수 있다고 판단되는 시점에는 개입을 피한다.

① ㄱ, ㄴ
② ㄴ, ㄹ
③ ㄱ, ㄷ, ㄹ
④ ㄴ, ㄷ, ㅁ
⑤ ㄱ, ㄴ, ㄷ, ㄹ

17 청소년 집단상담의 발달단계별 상담자의 주요 활동 내용 중 '중간단계'의 활동 내용으로 옳은 것은?

① 집단원 간의 기초적인 유대 관계를 형성하도록 한다.
② 집단에서의 경험과 학습내용을 통합하고 강화하도록 돕는다.
③ 집단원 간의 갈등을 직면하게 하고, 논의하며, 해결해 나가도록 돕는다.
④ 집단경험과 관련하여 평가대상, 내용 및 방법을 구성한다.
⑤ 집단원 간의 피상적인 의사소통을 다루고, 저항을 효과적으로 처리한다.

18 다음 중 청소년 집단상담의 주요 대상과 가장 거리가 먼 것은?

① 진로 결정
② 성적 갈등의 해소
③ 학습장애 및 반응성 애착장애 극복
④ 탈 자기중심화
⑤ 외로움과 고립감의 극복

19 집단상담의 발달과정을 "도입-준비-작업-종결"의 4단계로 나눌 때, '도입단계'에서 집단상담자의 역할에 대한 내용으로 옳지 않은 것은?

① 참여자들의 예기불안을 취급하고 집단을 구조화한다.
② 참여자들의 저항을 생산적으로 처리하여 집단응집성을 발달시킨다.
③ 경청, 반영, 명료화 등의 기술을 통해 참여자들로 하여금 목표를 명확하게 설정하도록 돕는다.
④ 참여자들에게 집단의 규범을 지키도록 요구한다.
⑤ 집단의 활성화와 집단원들 간의 신뢰관계 형성을 위한 과정적 목표를 설정한다.

20 다음 중 보기의 내용과 연관된 집단상담의 발달단계에 해당하는 것은?

> ○ 집단원들 간의 부정적인 감정이 극복되고 협력적인 분위기로 발전된다.
> ○ 집단상담자나 집단원들은 상호간에 친근감을 느끼고 수용하게 되는데, 이것이 오히려 집단 및 집단 내 개별성원들의 발달에 부정적인 영향을 미칠 수 있다.

① 시작단계
② 갈등단계
③ 응집단계
④ 생산단계
⑤ 종결단계

21 다음 중 노든(Northern)이 제시한 집단발달단계를 순서대로 올바르게 나열한 것은?

① 모집단계 → 오리엔테이션 단계 → 탐색과 시험단계 → 문제해결 단계 → 종결단계
② 오리엔테이션 단계 → 모집단계 → 탐색과 시험단계 → 문제해결 단계 → 종결단계
③ 오리엔테이션 단계 → 탐색과 시험단계 → 모집단계 → 문제해결 단계 → 종결단계
④ 오리엔테이션 단계 → 문제해결 단계 → 모집단계 → 탐색과 시험단계 → 종결단계
⑤ 모집단계 → 탐색과 시험단계 → 오리엔테이션 단계 → 문제해결 단계 → 종결단계

22 집단과정에서 나타나는 집단상담자의 행동으로 옳은 것은?

① 자신의 감정을 자각하고 치료적으로 표현한다.
② 유머는 심리적 작업을 방해하기 때문에 사용할 수 없다.
③ 자신의 개인적인 경험을 매번 노출한다.
④ 집단의 효과에 대해 비판하는 내담자를 직면시킨다.
⑤ 집단원의 모든 진술이나 행동에 언어적으로 반응한다.

23 개인심리학적 집단상담기법에 관한 설명과 그 기법을 바르게 연결한 것은?

> ㄱ. 집단원이 두려워하는 행동이나 사고를 의도적으로 과장하여 하도록 하는 기법
> ㄴ. 집단원에게 행복한 경험과 불행한 경험을 번갈아 가면서 생각하도록 하고, 각 경험과 관련된 감정에 관심을 가지도록 하는 기법
> ㄷ. 집단원의 자기패배적 행동 뒤에 감춰진 의도나 목적을 드러내 밝힘으로써 내담자가 그 행동을 하는 것을 주저하게 하는 기법

① ㄱ - 격려기법, ㄴ - 단추 누르기, ㄷ - 수프에 침 뱉기
② ㄱ - 역설기법, ㄴ - 마치 ~인 것처럼 행동하기, ㄷ - 악동피하기
③ ㄱ - 역설기법, ㄴ - 단추 누르기, ㄷ - 수프에 침 뱉기
④ ㄱ - 격려기법, ㄴ - 마치 ~인 것처럼 행동하기, ㄷ - 충격기법
⑤ ㄱ - 증상처방, ㄴ - 단추 누르기, ㄷ - 악동피하기

24 다음 중 집단원의 말과 행동에 대해 집단지도자가 긍정적인 피드백을 주어 특정 행동을 조장시키려는 기술에 해당하는 것은?

① 심적 지지해주기
② 공감적 반응하기
③ 촉진하기
④ 강화해주기
⑤ 연결짓기

25 다음 중 폐쇄집단에 관한 설명으로 옳지 않은 것은?

① 같은 성원의 지속적인 유지로 인해 결속력이 매우 높다.
② 성원의 결석이나 탈락이 집단에 부정적인 영향을 미친다.
③ 성원 교체에 따른 안정성이나 집단정체성에 문제가 발생할 수 있다.
④ 안정적인 구성으로 집단원의 역할행동을 예측할 수 있다.
⑤ 소수의견이 집단의 논리에 의해 무시될 수 있다.

필수과목 03 심리측정 및 평가

01 심리검사 선정 시 고려해야 할 사항으로 옳지 않은 것은?

① 심리검사의 실용성을 고려해 보아야 한다.
② 검사자의 선호도를 조사해야 한다.
③ 검사 제작연도와 시행시간을 검토해야 한다.
④ 신뢰도와 타당도가 높은 표준화된 검사이어야 한다.
⑤ 수검자의 학력 등 수검자의 특성에 적합해야 한다.

02 다음 중 심리평가의 시행단계를 순서대로 올바르게 나열한 것은?

① 검사 환경 조성 → 검사 계획 및 심리검사 선정 → 검사 전 면담 → 검사 실시 → 채점 및 결과 해석 → 검사 후 면담 → 검사 결과의 상담 → 종합평가 및 진단
② 검사 환경 조성 → 검사 전 면담 → 검사 계획 및 심리검사 선정 → 검사 실시 → 채점 및 결과 해석 → 검사 후 면담 → 종합평가 및 진단 → 검사 결과의 상담
③ 검사 계획 및 심리검사 선정 → 검사 전 면담 → 검사 환경 조성 → 검사 실시 → 채점 및 결과 해석 → 검사 후 면담 → 검사 결과의 상담 → 종합평가 및 진단
④ 검사 계획 및 심리검사 선정 → 검사 환경 조성 → 검사 전 면담 → 검사 실시 → 채점 및 결과 해석 → 검사 후 면담 → 종합평가 및 진단 → 검사 결과의 상담
⑤ 검사 전 면담 → 검사 계획 및 심리검사 선정 → 검사 환경 조성 → 검사 실시 → 채점 및 결과 해석 → 검사 후 면담 → 종합평가 및 진단 → 검사 결과의 상담

03 다음 중 심리검사 및 심리평가에 관한 설명으로 옳지 않은 것은?

① 심리검사는 내담자의 의지와는 상관없이 긍정적으로든 부정적으로든 영향을 미친다.
② 심리검사는 일정한 규칙과 지시에 따라 이루어지는 기계적 작업이다.
③ 심리검사는 상담에서 내담자를 평가하기 위한 과정 중 하나이다.
④ 심리평가는 계속적이며 역동적인 과정이다.
⑤ 심리평가는 내담자의 강점, 사회적 자원, 흥미와 적성에 대해서도 평가한다.

04 다음 중 측정의 수준에 따른 척도의 사용으로 옳은 것은?
① 종교 – 명목척도
② 물가지수 – 서열척도
③ 청소년상담사 자격등급 – 등간척도
④ 경제성장률 – 등간척도
⑤ 섭씨온도 – 비율척도

05 검사 윤리에 관한 설명으로 옳지 않은 것은?
① 검사자는 자신이 제시한 결과해석에 대해 책임을 져야 한다.
② 검사자는 실시하는 검사의 제작 방식에 대해 충분한 지식을 갖추어야 한다.
③ 검사 결과가 수검자의 삶에 영향을 줄 수 있음을 인식해야 한다.
④ 검사규준 및 검사도구와 관련된 최근 동향과 연구방향을 민감하게 파악한다.
⑤ 심리검사 결과 해석 시 수검자의 연령과 교육수준보다 조금 낮추어서 설명한다.

06 다음 중 조사연구설계에서 외적 타당도를 저해하는 요인에 해당하는 것은?
① 조사반응성   ② 인과관계 방향의 모호성
③ 실험대상의 탈락   ④ 테스트 효과
⑤ 측정도구상의 문제

07 다음 중 표준화 검사를 위한 문항 작성 시 유의사항으로 옳지 않은 것은?
① 거의 모든 사람들이 '예' 또는 '아니오'라고 답할 가능성이 높은 문장은 삼간다.
② 부정적 감정을 표현하는 문항 수는 가급적 최소화한다.
③ 문장은 가급적 짧게 구성한다.
④ 조건절이나 이유절의 사용은 가급적 삼간다.
⑤ 강한 긍정이나 강한 부정, 이중부정은 가급적 삼간다.

08 2차 세계대전 당시 미국 공군에서 개발한 것으로 모든 원점수를 1~9까지의 한자리 숫자체계로 전환시킨 것은?

① 서열척도
② T점수
③ Z점수
④ H점수
⑤ 스테나인 점수

09 다음 중 지능에 대한 포괄적 정의를 통해 지능을 종합적·전체적 능력으로 간주한 학자는?

① 웩슬러(Wechsler)
② 피아제(Piaget)
③ 게이츠(Gates)
④ 스피어만(Spearman)
⑤ 핀트너(Pintner)

10 스턴버그(Sternberg)가 제시한 지능의 구조에 대한 이론 중 성분적 지능과 연관된 것은?

① 신기성을 다루는 능력 및 정보처리의 자동화 능력
② 현실상황에 대한 적응 및 환경과 조화를 이루는 능력
③ 직관력과 통찰력을 통해 새로운 문제를 신속하게 처리하는 능력
④ 사물의 본질적인 부분과 비본질적인 부분을 분간하는 능력
⑤ 새로운 지능을 획득하고, 이를 논리적 문제의 해결에 적용하는 분석적 능력

11 청소년 약물 중독 연구를 위해 놀이공원에 방문한 청소년을 대상으로 자료를 수집했을 경우에 해당하는 표집방법은?

① 편의표집(Convenience Sampling)
② 유층표집(Stratified Sampling)
③ 군집표집(Cluster Sampling)
④ 판단표집(Judgmental Sampling)
⑤ 체계적 표집(Systematic Sampling)

12 한국판 아동용 웩슬러 지능검사 4판(K-WISC-Ⅳ)의 실시규칙과 관련된 설명 중 옳지 않은 것은?

① 시작점에 대한 연령 범위는 포괄적이다.
② 역순 규칙은 어린 아동들이나 지적 결손으로 의심되는 나이가 많은 아동들용으로 고안된 것이다.
③ 중지규칙에서 〈숫자〉, 〈선택〉 2개의 소검사만이 모든 연령에 대해 단 하나의 시작점을 가지고, 나머지 다른 모든 소검사들에서는 시작점이 아동의 연령에 따라 달라진다.
④ 중지규칙은 소검사 실시를 언제 그만두는가를 결정하기 위한 기준들을 나타낸다.
⑤ 역순규칙에서 역순문항들이 있는 소검사들에서는 처음 실시되는 두 문항에서 아동이 완벽한 점수를 받으면 시작점 이전의 미실시 항목들에 대해서 모두 만점을 부여하고, 그 소검사를 계속한다.

13 대뇌 구조 중 특히 해마의 손상은 기억상실증을 유발하며 단기기억력을 크게 손상시킨다. 다음 중 해마 손상은 대뇌피질의 어느 영역의 손상을 의미하는가?

① 전두엽　　　　　　　　　　② 전전두엽
③ 측두엽　　　　　　　　　　④ 후두엽
⑤ 두정엽

14 다음 중 MMPI-2에 포함된 성격병리 5요인 척도에 해당하지 않는 것은?

① 정신증(PSYC)　　　　　　② 불안(ANX)
③ 공격성(AGGR)　　　　　　④ 통제 결여(DISC)
⑤ 부정적 정서성/신경증(NEGE)

15 미네소타 다면적 인성검사(MMPI)의 측정 결과로서, 특히 임상 척도인 'Hs (Hypochondriasis)'의 점수가 높게 나타난 수검자의 특성으로 가장 옳은 것은?

① 수검자는 자기중심적인 성격을 가지고 있으며, 평소 만성적인 경향이 있는 모호한 여러 신체증상들을 호소한다.
② 수검자는 대인관계에서 민감하고 의심이 많으며, 적대적이고 따지기를 좋아한다.
③ 수검자는 외향적 성향으로 자신감이 넘치며, 사회적 관계에서 능숙함을 보인다.
④ 수검자는 정신적 혼란과 불안정 상태에 있으며, 종종 비정상적인 생각을 품기도 한다.
⑤ 수검자는 연극적인 성격으로 자신의 심적 갈등을 회피하기 위해 부인기제를 사용한다.

16 마이어스-브릭스 성격유형검사(MBTI)의 성격유형지표 중 정보의 인식 및 수집 방식에 있어서 경향성을 반영하는 것은?

① 신체형(Y) / 정신형(M)
② 외향형(E) / 내향형(I)
③ 사고형(T) / 감정형(F)
④ 감각형(S) / 직관형(N)
⑤ 판단형(J) / 인식형(P)

17 문장완성검사(SCT)의 해석 요인으로서 결정적 요인에 해당하는 것을 모두 고른 것은?

| ㄱ. 신체적 요인 | ㄴ. 지적능력 요인 |
| ㄷ. 가정적·성장적 요인 | ㄹ. 정신역동적 요인 |

① ㄱ, ㄴ, ㄷ
② ㄱ, ㄷ
③ ㄴ, ㄹ
④ ㄹ
⑤ ㄱ, ㄴ, ㄷ, ㄹ

18 SCT검사에 관한 설명으로 옳은 것을 모두 고른 것은?

ㄱ. 개인의 지능구조에 대한 추론을 할 수 있는 검사는 아니다.
ㄴ. 미완성 문장은 직접적인 질문에 비해 수검자가 방어적인 태도를 취하도록 한다.
ㄷ. 단어연상검사로부터 발전된 투사적 검사이다.
ㄹ. 표준적인 실시방법은 검사자가 읽어주고 수검자가 반응을 쓰도록 하는 것이다.

① ㄱ, ㄴ
② ㄱ, ㄷ
③ ㄴ, ㄷ, ㄹ
④ ㄱ, ㄴ, ㄷ
⑤ ㄱ, ㄴ, ㄷ, ㄹ

19 집-나무-사람 그림검사(HTP)의 내용적 해석에서 나무(Tree)에 대한 해석 내용으로 가장 옳은 것은?

① 나무는 수검자의 대인관계 또는 타인에 대한 감정을 반영한다.
② 뿌리는 자아 강도, 내면화의 힘을 반영한다.
③ 기둥은 안정성 여부, 현실과의 접촉 수준을 반영한다.
④ 가지는 외계, 장식, 활력 수준을 반영한다.
⑤ 잎은 타인과의 접촉 성향, 수검자의 자원을 반영한다.

20 다음 중 벤더게슈탈트 검사(BGT)의 특징에 관한 설명으로 옳지 않은 것은?

① 형태심리학과 정신역동이론을 기초로 한다.
② 수검자의 주의력 및 단기기억력을 측정한다.
③ 정신지체나 뇌기능장애를 진단하는 데 효과적으로 적용할 수 있다.
④ 언어표현이 제한적이거나 언어적인 방어가 심한 환자에게 효과적으로 적용할 수 있다.
⑤ 수검자의 수검 공포와 검사자의 관계형성을 위한 완충검사로서의 역할을 한다.

21 집중경향치(Central Tendency)에 관한 설명으로 옳지 않은 것을 모두 고른 것은?

> ㄱ. 최빈값은 2개 이상이 될 수 없다.
> ㄴ. 평균값은 극단값의 영향을 크게 받는다.
> ㄷ. 사례의 수가 짝수인 경우 중앙값을 계산할 수 있다.
> ㄹ. 평균값에 대한 모든 점수들의 편차 합은 항상 0이다.
> ㅁ. 대칭적이고 양봉분포인 경우 평균값, 중앙값, 최빈값은 동일하다.

① ㄱ, ㄴ
② ㄱ, ㅁ
③ ㄴ, ㄷ, ㄹ
④ ㄱ, ㄴ, ㄷ
⑤ ㄱ, ㄴ, ㄷ, ㄹ, ㅁ

22 심리검사의 규준에 관한 설명으로 옳지 않은 것은?

① 규준의 최신성이 유지되어야 한다.
② 규준집단의 구성이 명확하게 규정되어야 한다.
③ 규준집단은 적정한 크기의 표본에 기초해야 한다.
④ 규준집단은 전집의 대표적인 표본이어야 한다.
⑤ 규준은 여러 가지의 분포를 이루는 점수집단의 형태로 나타난다.

23 한 검사 내에 있는 문항 간 일관성(Consistency)에 근거해서 신뢰도를 추정하는 방법은?

① 사분계수
② 평정자 간 상관
③ 동형검사 상관
④ Cronbach α 계수
⑤ 검사-재검사 상관

24 성격 5요인 중 개방성 요인에서 높은 점수를 얻었을 때 가장 기대되는 특성은?

① 자신의 감정을 솔직하게 표현한다.
② 사람사귀기를 좋아하는 성격이다.
③ 새로운 경험에 거부감이 적다.
④ 자기주장적이다.
⑤ 모험을 좋아한다.

25 백분위에 관한 설명으로 옳지 않은 것은?

① 백분위는 서열척도이다.
② 백분위는 능력검사와 성격검사에 사용된다.
③ 백분위 80은 100점 만점에서 80점에 해당된다.
④ 백분위 50은 중앙치에 해당한다.
⑤ 원점수가 같아도 백분위는 속한 규준집단에 따라 다르게 나타날 수 있다.

필수과목 04 상담이론

01 청소년상담의 일반적인 목표와 가장 거리가 먼 것은?
① 문제행동에 대한 변화를 촉진한다.
② 긍정적인 자아개념을 형성하도록 한다.
③ 환경에 대한 적응기술을 증진하도록 한다.
④ 취업알선 및 직업선택의 기회를 제공한다.
⑤ 사회성 및 대인관계를 개선하도록 한다.

02 다음 중 상담자와 내담자가 효과적인 의사소통으로 신뢰감을 형성할 수 있는 긍정적인 관계를 형성하는 것을 무엇이라 하는가?
① 격 려
② 조 정
③ 지 지
④ 라 포
⑤ 상호협력

03 다음 상담자의 행동은 상담관계 형성의 기본원리 중 어느 원리를 위배한 것인가?

> 가정불화에 이은 부모의 이혼으로 심리적인 고통을 호소하는 청소년내담자를 상담하는 과정에서 상담자가 내담자와 정서적인 유대를 맺기 위해 함께 울었다.

① 의도적 감정표현의 원리
② 수용의 원리
③ 개별화의 원리
④ 자기결정의 원리
⑤ 통제된 정서적 관여의 원리

04 다음 검사해석 중 이 상담자가 적용하고 있는 상담이론으로 옳은 것은?

> 혜민이는 자유와 즐거움에 대한 욕구가 매우 높은 편입니다. 이에 비해 혜민이의 남자친구는 생존과 사랑·소속에 대한 욕구가 매우 높습니다. 두 사람의 욕구에 있어서의 차이가 현재 겪고 있는 갈등에 영향을 줄 수 있다고 볼 수 있습니다.

① 교류분석
② 정신분석
③ 현실치료
④ 개인심리학
⑤ 게슈탈트치료

05 내담자의 인지능력을 향상시키기 위해 사용하는 상담자의 개입기술에 해당하는 것을 모두 고른 것은?

| ㄱ. 직 면 | ㄴ. 재보증 |
| ㄷ. 재명명 | ㄹ. 격려하기 |

① ㄱ, ㄴ, ㄷ
② ㄱ, ㄷ
③ ㄴ, ㄹ
④ ㄹ
⑤ ㄱ, ㄴ, ㄷ, ㄹ

06 다음 중 괄호 안을 재진술의 상담기술을 사용하여 표현할 경우 가장 적절한 것은?

- 내담자 : (창백한 안색으로) 선생님, 제가 오늘은 몸이 안 좋아서 일찍 집에 갔으면 합니다.
- 상담자 : (　　　　　　　　　　　　　　　　　　　)

① 몸이 안 좋다고 하니 심히 걱정스럽네요.
② 몸이 아프다고요? 구체적으로 어디가 아픈데요?
③ 몸이 안 좋다고 하니 오늘은 상담하기가 어렵겠네요.
④ 몸이 안 좋으니 오늘 상담을 다음으로 미루고 싶다는 말이군요.
⑤ 몸이 안 좋아서 그런 건가요? 아니면 상담이 별로 효과가 없다고 생각하는 건가요?

07 상담 첫 회기에서 주로 이루어지는 개입이 아닌 것은?

① "선생님의 말 때문에 많이 실망했나 보구나."
② "선생님에게 배신감을 느끼는지 궁금하구나."
③ "나도 선생님에 대해 비슷한 경험이 있단다."
④ "선생님의 말에 네가 어떻게 대답했는지 말해보렴."
⑤ "네가 공부하기가 싫어진 이유는 선생님에 대한 반감이 무의식적으로 작용했기 때문인 것 같구나."

08 게슈탈트 상담에서 '미해결 과제'에 관한 설명으로 옳은 것은?

① 미해결 과제는 전경과 배경의 교체를 촉진한다.
② 완결되거나 해소된 게슈탈트를 의미한다.
③ 분노, 불안과 같은 감정보다 안정, 평화로 나타난다.
④ 다른 게슈탈트가 선명하게 형성되는 것을 도와준다.
⑤ 미해결 과제를 해결할 수 있는 방법은 '지금-여기'를 알아차리는 것이다.

09 정신분석 상담과정에 관한 설명으로 옳지 않은 것은?

① 내담자의 무의식적 충동과 리비도를 강조하며 자기분석이 가능한 내담자에게 적합하다.
② 상담자는 내담자의 언어적 보고와 행동 등에서 내담자 갈등의 원인을 추론한다.
③ 꿈의 분석, 저항의 분석, 해석, 훈습의 기술을 사용하며, 저항, 방어기제, 전이에 대한 이해가 필요하다.
④ 상담자는 내담자가 보이는 상담자에 대한 감정을 주목해서 표면화시킨다.
⑤ 전이현상으로 인해 내담자는 상담자와 신뢰로운 관계를 맺지 못한다.

10 정신분석적 상담에서 내적 위험으로부터 아이를 보호하고 안정시켜주는 어머니의 역할처럼, 내담자가 막연하게 느끼지만 스스로는 직면할 수 없는 불안과 두려움에 대해 상담자의 이해를 적절한 순간에 적합한 방법으로 전해주면서 내담자에게 의지가 되어주고 따뜻한 배려로 마음을 녹여주는 활동을 무엇이라고 하는가?

① 간직하기
② 버텨주기
③ 훈 습
④ 역전이
⑤ 꿈의 분석

11 다음 중 방어기제에 관한 설명으로 옳은 것을 모두 고른 것은?

> ㄱ. 보통 무의식적으로 사용한다.
> ㄴ. 한 번에 한 가지 이상의 기제를 사용하기도 한다.
> ㄷ. 긍정적으로 사용될 때도 있다.
> ㄹ. 발달 전기에는 억압, 후기에는 퇴행이 나타난다.

① ㄱ, ㄴ, ㄷ
② ㄱ, ㄷ
③ ㄴ, ㄹ
④ ㄹ
⑤ ㄱ, ㄴ, ㄷ, ㄹ

12 인간중심상담에서 내담자의 심리적 부적응, 부조화된 행동 그리고 이해할 수 없는 행동의 가장 중요한 원인으로 간주하는 것은?

① 무의식적 갈등
② 자각의 부재
③ 현실의 왜곡과 부정
④ 자기와 경험 간의 불일치
⑤ 신경증적 불안

13 다음 보기의 내용은 로저스(Rogers)가 제시한 인간중심상담의 단계들이다. 다음 중 각 단계들을 순서대로 올바르게 나열한 것은?

ㄱ. 긍정적 감정의 수용 및 정리	ㄴ. 부정적 감정의 수용 및 정리
ㄷ. 가능한 결정 및 방향 제시	ㄹ. 자유로운 감정 표현의 유도
ㅁ. 자기 통찰 및 이해의 촉진	ㅂ. 긍정적 행동화

① ㄹ - ㄱ - ㄴ - ㅂ - ㅁ - ㄷ
② ㄹ - ㄴ - ㄱ - ㅁ - ㄷ - ㅂ
③ ㄹ - ㄱ - ㅂ - ㄴ - ㅁ - ㄷ
④ ㄹ - ㄴ - ㅂ - ㄱ - ㄷ - ㅁ
⑤ ㄹ - ㄱ - ㅂ - ㄴ - ㄷ - ㅁ

14 다음 중 접수면접 전 상담자가 검토해야 할 사항이 아닌 것은?
① 내담자가 상담을 신청한 경위 및 주 호소문제
② 상담자 선호 접근법에 따른 상담계획
③ 접수면접 시 내담자의 용모 및 행동 특성
④ 상담신청서에 내담자가 작성하지 않고 비워둔 것
⑤ 이전 상담 경험과 성과, 그리고 상담에 대한 내담자의 기대

15 다음 중 아들러(Adler)의 개인심리이론에 관한 설명으로 가장 옳은 것은?
① 생애 초기의 경험을 강조하며 의식을 성격의 중심으로 본다.
② 우월감은 삶의 궁극적인 목적인 반면, 열등감은 삶을 무기력에 빠트린다.
③ 생활양식은 개인의 경험 또는 사건 자체를 의미한다.
④ 사회적 관심은 사회적 목표를 개인의 목표로 전환하는 것이다.
⑤ 가족의 성격유형이나 출생순위보다는 성별의 차이가 미치는 영향력을 강조한다.

16 상담기법인 '해석'을 할 때 고려해야 할 내용으로 옳지 않은 것은?
① 내담자의 준비정도를 파악해야 한다.
② 내담자 스스로 문제를 이해하고 있는 수준을 파악한다.
③ 해석을 할 때 비판하거나 평가적으로 하지 않는다.
④ 해석은 정확하고 구체적으로 한 번만 제공한다.
⑤ 다양한 가능성을 고려하여 해석한다.

17 다음 중 합리적·정서적 행동치료에 관한 설명으로 옳지 않은 것은?

① 인간의 성격발달과 관련된 사회적인 면을 강조한다.
② 인간은 이성적인 동시에 비이성적이다.
③ 인간은 본래 비합리적으로 생각을 하지만, 그와 같은 비합리적인 사고를 바꿀 수 있는 힘이 있다.
④ 자신과 타인 및 세계에 대한 개인의 정보를 처리하는 과정에서 나타나는 인지적 왜곡을 문제의 핵심으로 본다.
⑤ 치료과정은 ABCDE 모형으로 설명할 수 있다.

18 다음 중 형태주의 상담의 목표로 가장 옳지 않은 것은?

① 내담자로 하여금 감정, 지각, 사고, 신체가 모두 하나의 전체로서 통합된 기능을 발휘할 수 있도록 돕는다.
② 내담자에게 자신의 경험에 대한 주체가 곧 자기라는 태도를 가지도록 한다.
③ 내담자에게 잠재력을 실현할 수 있도록 하여 변화와 성장에 이르도록 한다.
④ 내담자로 하여금 환경적 지지(Environmental Support)에서 자기 지지(Self Support)로 전환하도록 돕는다.
⑤ 내담자로 하여금 자각을 통해 성숙과 통합을 성취하도록 하여 완전히 기능하는 사람(Fully Functioning Person)이 되도록 돕는다.

19 다음 중 교류분석 상담이론에서 스트로크 제한규칙에 해당하는 것을 모두 고른 것은?

> ㄱ. 스트로크를 주는 것에 아무런 조건을 부여하지 마라.
> ㄴ. 스트로크를 원하지 않는다면 이를 적절히 거절하라.
> ㄷ. 다른 사람에게 하듯 자기 자신에게도 스트로크를 부여하라.
> ㄹ. 스트로크를 원해도 쉽게 받아들이지 마라.

① ㄱ, ㄴ, ㄷ ② ㄱ, ㄷ
③ ㄴ, ㄹ   ④ ㄹ
⑤ ㄱ, ㄴ, ㄷ, ㄹ

20 다음 중 인지치료에서 다루는 인지적 오류와 그 예를 잘못 연결한 것은?

① 임의적 추론 – "내가 문자메시지를 보냈는데 답장을 안 보내네. 혹시 일부러 안 보내는 게 아닐까?"
② 선택적 추상화 – "목표를 90% 달성했다고 해도 나에게는 나머지 10%가 치명적이야."
③ 개인화 – "여자친구가 나와 헤어지겠다고 하는 건 내가 사법고시에 떨어진 것 때문일 거야."
④ 과소평가 – "요리도 못하니 난 엄마로서 자격이 없어."
⑤ 과도한 일반화 – "평소 나를 도와주었던 친구가 이번에는 나의 도움 요청을 거부하고 있어. 한 마디로 이제 나와 인연을 끊겠다는 거지."

21 합리적·정서적 행동치료에서 주목하는 비합리적 신념의 예가 아닌 것은?

① 내가 바라는 것을 이루기 위해서는 노력해야 한다.
② 모든 사람으로부터 사랑과 인정을 받아야 한다.
③ 나쁜 짓을 한 사람들에게는 알맞은 처벌이 있어야만 한다.
④ 내가 원하는 것을 이루지 못하면 절대 행복할 수 없다.
⑤ 가치 있는 사람이 되려면 완벽하게 일을 잘해야 한다.

22 다음 보기의 사례에서 A가 보이는 인지오류는?

> A는 대강당에서 강연을 하였다. A가 강연을 하는 동안 대부분의 사람들은 긍정적인 반응을 보였지만 한두 명이 부정적인 반응을 보였다. 부정적인 반응을 보인 한두 명을 보고 A는 자기 강연이 완전히 망했다고 생각했다.

① 마음 읽기
② 선택적 추상화
③ 흑백논리
④ 의미 확대
⑤ 파국화

23 꿈에 관한 게슈탈트 상담의 설명으로 옳지 않은 것은?

① 꿈을 통해 미해결 과제가 드러난다.
② 꿈에 고정된 의미가 있다.
③ 성격의 일부가 현실에 투사된 것으로 본다.
④ 꿈을 통해 내면의 통합을 이룬다.
⑤ 꿈에 실존적 의미가 있다.

24 WDEP 모형에 따른 상담절차를 순서대로 올바르게 나열한 것은?

> ㄱ. 내담자가 자신의 좋은 세계(Quality World)를 탐색하여 자신의 바람을 명료하게 밝히도록 돕는다.
> ㄴ. 내담자가 현재 어떤 행동을 하며 살아가고 있는지를 명확하게 인식하도록 돕는다.
> ㄷ. 내담자의 전행동과 욕구나 바람과의 관계를 점검하여 생산적 행동과 비생산적 행동을 구분한다.
> ㄹ. 생산적 행동으로의 변화를 위한 계획수립을 돕는다.

① ㄱ - ㄴ - ㄷ - ㄹ
② ㄱ - ㄹ - ㄴ - ㄷ
③ ㄷ - ㄱ - ㄴ - ㄹ
④ ㄹ - ㄱ - ㄷ - ㄴ
⑤ ㄹ - ㄴ - ㄷ - ㄱ

25 교류분석에 관한 설명으로 옳지 않은 것을 모두 고른 것은?

> ㄱ. 사람은 욕구 충족을 위해서 환경을 통제할 수 있다는 통제이론에 근거하고 있다.
> ㄴ. 번(Berne)이 창시한 이론이다.
> ㄷ. 내적 경험을 무시하고 부모의 기준에 맞추는 것이 부적응의 원인이라고 본다.
> ㄹ. 성격의 구조는 부모 자아, 어른 자아, 어린이 자아로 구성되어 있다.
> ㅁ. 의사소통의 질을 개선할 수 있는 구체적인 방법을 제시해 준다.

① ㄱ, ㄴ, ㄷ
② ㄱ, ㄷ
③ ㄴ, ㄹ
④ ㄹ
⑤ ㄱ, ㄴ, ㄷ, ㄹ

교시	문제형별	시 간	시험과목	
2교시	A	50분	① 학습이론	1과목 선택
			② 청소년이해론	
			③ 청소년수련활동론	

필수과목 05　학습이론

01 다음 중 학습의 개념에 관한 설명으로 옳지 않은 것은?

① 학습은 경험이나 관찰의 결과로 유기체에서 일어나는 행동잠재력의 변화이다.
② 학습은 후천적인 변화의 과정으로서 선천적인 변화를 포함하지 않는다.
③ 학습은 계획적으로 제공된 학습의 조건과 상호작용하는 과정이다.
④ 학습은 심리학적 입장에서 가치지향적인 반면, 학교 학습에서는 가치중립적이다.
⑤ 개인에게 일어나는 변화 중 자율적·생득적 반응 경향에 의한 변화는 학습에 해당하지 않는다.

02 다음 중 교수-학습지도의 원리에 해당하는 것을 모두 고른 것은?

| ㄱ. 과학성의 원리 | ㄴ. 실용성의 원리 |
| ㄷ. 직접 경험의 원리 | ㄹ. 전문화의 원리 |

① ㄱ, ㄴ, ㄷ　　② ㄱ, ㄷ
③ ㄴ, ㄹ　　　　④ ㄹ
⑤ ㄱ, ㄴ, ㄷ, ㄹ

03 다음 중 성취동기가 높은 사람의 행동적 특성에 해당하지 않는 것은?

① 성취 가능한 적당한 모험을 통해 계산된 위험을 감수한다.
② 성취가능성에 대한 강한 자신감을 가진다.
③ 행동 결과에 대해 즉각적이고 강한 관심을 가진다.
④ 보상이나 지위를 위해 목표를 달성하고자 한다.
⑤ 자신의 행동에 대한 강한 책임감을 가진다.

04 다음 중 보기의 내용과 연관된 학습의 전이에 관한 이론에 해당하는 것은?

> 학문으로서 과학은 그 자체의 내용이나 이론, 공식을 학습하는 것도 중요하지만, 그보다 상상력이나 추리력 등을 발달시키는 것이 필요하다. 어린 시절부터 창의적인 활동을 통해 기본능력을 향상시킨 사람이 이후 훌륭한 과학자로 성장할 수 있는 것이다.

① 형식도야설
② 동일요소설
③ 일반화설
④ 형태이조설
⑤ 전문가-초보자 이론

05 다음 중 보기의 괄호 안에 들어갈 내용으로 알맞은 것은?

> 기억 정보의 처리과정은 부호화 → 저장 → (   )의 3단계로 이루어진다.

① 인출(Retrieval)
② 망각(Forgetting)
③ 파지(Retention)
④ 정교화(Elaboration)
⑤ 응고화(Consolidation)

06 우리나라 속담 중 "자라보고 놀란 가슴 솥뚜껑 보고 놀란다"와 연관된 학습이론에 해당하는 것은?

① 통찰설
② 기호형태설
③ 학습조건이론
④ 고전적 조건형성
⑤ 조작적 조건형성

07 다음 보기의 내용에서 실험대상인 개가 보인 신경증의 요인과 밀접하게 연관된 것은?

> 파블로프(Pavlov)는 개를 실험대상으로 하여 원과 타원을 구분하도록 하는 실험을 하였다. 실험 과정에서 처음에 순종적이던 개가 실험과정에서 안절부절 못하고 공격적이며 대소변을 가리지 못하는 등의 실험신경증(Experimental Neurosis)을 나타내 보이게 되었다.

① 강 화
② 소 거
③ 자극 변별
④ 자극 일반화
⑤ 자발적 회복

08 다음 보기의 사례에 해당하는 개념은?

> 학생들에게 봉사활동을 하면 화장실 청소를 면제해 주기로 하였다. 그 결과, 봉사활동을 하는 학생들이 증가하였다.

① 소 거
② 정적 강화
③ 부적 강화
④ 수여형 처벌
⑤ 제거형 처벌

09 강화계획에 관한 설명으로 옳은 것은?

① 변동비율강화의 경우 처음에는 강화 비율을 낮게 하였다가 점진적으로 비율을 높이는 것이 효과적이다.
② 연속강화계획은 습득된 새로운 행동이 소거되지 않게 하는 데 가장 효과적이다.
③ 학습자의 숙제 행동을 일관성 있게 유지시키기 위해서는 임의의 요일보다 정해진 요일에 숙제검사를 하는 것이 낫다.
④ 슬롯머신과 같은 도박은 강화시기를 예측할 수 없는 변동간격강화에 의한 행동이므로 오래 유지되는 경향이 있다.
⑤ 가변간격계획은 평균적으로 일정한 수의 반응이 일어난 경우 강화를 주는 것이다.

10 다음 보기의 내용에 해당하는 개념은?

> 행동주의에서 강화가 제공되지 않아도 학습이 일어나는 현상

① 조합법칙
② 지각학습
③ 음음효과
④ 대비효과
⑤ 은밀한 강화

11 다음 중 스키너(Skinner)의 이론에 관한 설명으로 가장 옳은 것은?

① 인간은 자신의 행동을 통제할 수 있는 힘이 있다.
② 처벌은 바람직하지 않은 행동 감소에 초점을 둔다.
③ 정적 강화는 불쾌한 경험으로부터의 구제를 의미한다.
④ 미소, 칭찬, 점수, 돈 등은 일차적 강화물에 해당한다.
⑤ 반응적 행동은 환경을 조작해서 어떤 결과를 낳게 하는 행동이다.

12 다음 내용에서 ○○○교사가 활용한 행동주의 원리는?

> ○○○교사는 학습내용의 파지를 촉진하기 위하여 새로운 학습내용을 설명한 후 곧바로 학생들이 알고 있는 것과의 관계를 설명하였다.

① 반복의 원리
② 강도의 원리
③ 소거의 원리
④ 근접성의 원리
⑤ 계속성의 원리

13 다음 강화스케줄 중 고정비율 강화계획에 해당하는 것은?

① 매달 정해진 기간에 지급되는 월급
② 매주 당첨자가 발표되는 로또복권
③ 공부하는 아이에게 1시간 내에 아무 때나 제공되는 간식
④ 자동차를 100대 생산할 때마다 지급되는 성과급
⑤ 은행이나 극장에서 줄을 서서 기다리기

14 행동주의 상담의 기법 중 불안감소기법에 해당하는 것을 모두 고른 것은?

> ㄱ. 자기표현훈련
> ㄴ. 토큰경제
> ㄷ. 체계적 둔감법
> ㄹ. 행동조성

① ㄱ, ㄴ, ㄷ
② ㄱ, ㄷ
③ ㄴ, ㄹ
④ ㄹ
⑤ ㄱ, ㄴ, ㄷ, ㄹ

15 마이켄바움(D. Meichenbaum)의 자기조절행동을 향상시키는 단계로 옳은 것은?

> ㄱ. 타인에 의한 외현적 안내
> ㄴ. 인지적 모델링
> ㄷ. 내면적 자기 안내
> ㄹ. 외현적 자기 안내 점진적 소멸
> ㅁ. 외현적 자기 안내

① ㄱ - ㄴ - ㄷ - ㄹ - ㅁ
② ㄱ - ㄴ - ㄷ - ㅁ - ㄹ
③ ㄴ - ㄱ - ㅁ - ㄹ - ㄷ
④ ㄴ - ㄷ - ㄱ - ㄹ - ㅁ
⑤ ㄴ - ㅁ - ㄷ - ㄱ - ㄹ

16 뇌발달에 관한 설명으로 옳은 것은?

① 시냅스(Synapse) 과밀 현상은 청소년기에 가장 크게 나타난다.
② 뇌는 영역별로 발달 최적시기 및 발달속도가 다르다.
③ 많이 사용하는 시냅스는 소멸되는 반면, 사용하지 않는 시냅스는 강화된다.
④ 코티졸(Cortisol)은 시냅스의 수를 늘인다.
⑤ 과밀화된 시냅스가 소멸된 이후에는 학습은 뇌구조에 영향을 미치지 않는다.

17 다음 보기의 내용에서 공통적으로 설명하는 고전적 조건형성이론의 자극 연결방식은?

> ○ 어머니가 동화책을 읽어준 뒤 1초 후에 아기에게 젖병을 물린다.
> ○ 종을 3초 동안 울리고 난 뒤 0.5초 후 개에게 먹이를 준다.

① 지연 조건형성
② 동시 조건형성
③ 강화 조건형성
④ 흔적 조건형성
⑤ 역행 조건형성

18 강화의 효과를 증진시키기 위한 방법으로 옳은 것은?

① 강화계획을 세울 때는 강화를 제공하는 시간, 횟수를 고려한다.
② 반응보다 강화를 먼저 제공하여 학습에 대한 기대를 높인다.
③ 강화지연시간은 시간이 지날수록 점차 길게 한다.
④ 제공되는 강화 강도를 감소시킨다.
⑤ 동기수준을 고려하지 않는다.

19 정보처리이론의 주요 개념 중 보기의 내용과 가장 밀접하게 연관된 것은?

> ○ 우리가 책을 읽거나 다른 사람과 이야기할 때 접하게 되는 모든 정보들은 이미 우리가 머리에 저장하고 있는 지식을 기초로 하여 해석하게 된다.
> ○ 새로운 자극을 유의미한 구조로 정교화시키므로 부호화에 유리하다.

① 감각등록
② 측면분석
③ 형태재인
④ 스키마(Schema)
⑤ 청킹(Chunking)

20 다음 중 정보처리에 의한 학습의 과정을 설명한 것으로 옳지 않은 것은?

① 측면분석과정은 감각수용기관에 도달하는 자극의 측면들을 분석하는 과정이다.
② 개념주도적 처리에서 정보는 입력과 동시에 식별된다.
③ 개념주도적 처리에서 입력은 기대에 부응하여 고차적인 지식이 저차적인 개별 정보의 해석에 기여한다.
④ 자료주도적 처리는 상향적 처리(Bottom-up Processing)라고도 한다.
⑤ 친밀한 패턴의 인식은 자동적이나, 낯선 패턴의 인식은 주의(Attention)의 과정이 필요하다.

21 다음 중 보기에 제시된 현상을 설명하는 데 있어서 가장 적합한 이론에 해당하는 것은?

> ○ 유명 연예인이 피아노를 치며 사랑을 고백하는 드라마가 유행한 뒤, 피아노 학원에 등록하는 청소년들이 많아졌다.
> ○ 리듬체조 국가대표인 손연재 선수가 올림픽에서 좋은 성적을 거두자, 학교 체육에서 체조수업의 비중이 예전보다 높아졌다.

① 현상학이론
② 인지발달이론
③ 생태학적 이론
④ 분석심리이론
⑤ 사회학습이론

22 반두라(Bandura) 사회학습이론에 의한 모델링(Modeling) 효과의 내용으로 가장 옳은 것은?

① 아동은 여러 모델보다는 단일 모델이 수행하는 행동을 더 잘 모방한다.
② 아동은 자신보다 높은 연령의 모델을 더 잘 모방한다.
③ 아동은 동성인 모델보다는 이성인 모델의 행동을 더 잘 모방한다.
④ 아동은 높은 사회경제적 지위를 가진 모델에 대해서는 별다른 관심을 기울이지 않는다.
⑤ 아동은 벌을 받은 모델보다는 상을 받은 모델을 더 잘 모방한다.

23 기억에 관련된 뇌의 신경전달 물질이 아닌 것은?

① 세로토닌(Serotonin)
② 코르티손(Cortisone)
③ 노르에피네프린(Norepinephrine)
④ 아세틸콜린(Acetylcholine)
⑤ 도파민(Dopamine)

24 다음 귀인의 요소 중 보기의 내용과 밀접하게 연관된 것은?

> • 학생 A : 어제 다른 반 친구들과의 야구시합에서 누가 이겼니?
> • 학생 B : 응, 우리가 이겼어. 걔네들 중에는 딱히 야구를 잘 하는 사람이 없거든.

① 능 력　　　　　　　　　　② 운
③ 노 력　　　　　　　　　　④ 과제난이도
⑤ 물리적 여건

25 에클스와 윅필드(J. Eccles & A. Wigfield)가 정의한 과제가치에 관한 설명으로 옳지 않은 것은?

① 내재적 흥미는 과제를 수행할 때 경험하는 흥미이다.
② 획득할 수 있는 가치는 과제를 잘하는 것에 대한 중요성이다.
③ 비용은 과제에 관여하는 것에 대한 긍정적 측면이다.
④ 효용가치는 미래 목표 측면에서 개인이 과제에 가지는 유용성이다.
⑤ 과제에 대한 개인의 정서적 경험은 과제가치에 영향을 준다.

선택과목 01 청소년이해론

01 스탠리 홀(S. Hall)의 인간발달에 관한 주장에 관한 설명으로 옳지 않은 것은?

① 청소년기에는 생물학적 과정이 사회성 발달을 유도한다.
② 청소년기는 아동에서 성인으로 옮겨가는 과도기로 불안정과 불균형을 경험한다.
③ 프뢰벨의 교육사상에서 나타나는 신비주의를 옹호하였다.
④ 성욕은 청소년기를 '질풍노도의 시기'로 만드는 원인 중의 하나이다.
⑤ 청소년기를 새로운 탄생의 시기로 보았다.

02 청소년보호법에 해당하는 청소년의 연령은?

① 9세 이상 24세 이하의 자
② 18세 미만의 자
③ 만 19세 미만의 자
④ 만 20세 미만의 자
⑤ 14세 미만의 자

03 청소년기의 발달과업에 관한 내용으로 적절하지 않은 것은?

① 부모 또는 다른 성인들이 추천해주는 진로를 선택할 것
② 자기의 능력과 적성을 객관적으로 인지하고 수용할 것
③ 동성과 이성을 포함하여 또래 친구들과 새롭고 성숙한 교우관계를 맺을 것
④ 사회적으로 책임질 수 있는 행동을 바라고 또는 성취할 것
⑤ 행동지침이 되는 가치관이나 윤리적 체계를 획득할 것

04 청소년의 조숙에 관한 설명으로 옳지 않은 것은?

① 소녀는 인기 있고 이성의 주목을 많이 받는다.
② 소녀는 불안이나 섭식장애 등 낮은 자기이미지를 갖는다.
③ 소년은 성적 활동·흡연·약물·알코올 등에 일찍 관련되고, 폭발적 행동경향성을 보인다.
④ 소년은 협조적·자기 통제적·사교적인 면을 보인다.
⑤ 소년은 충동성 및 통찰력과 창의력을 보이며 쾌활하다.

05 청소년기 정서의 특징에 관한 설명 옳은 것을 모두 고른 것은?

ㄱ. 격렬하고 쉽게 동요하는 경향이 있다.
ㄴ. 정서표현이 아동기보다 더 직접적이고 일시적이다.
ㄷ. 신체·생리적 변화는 강렬한 정서적 불안정성을 유발한다.
ㄹ. 심리·사회적 압박은 강한 정서적 불만이나 갈등을 유발한다.
ㅁ. 정서를 자극하는 것은 질병, 부상, 징계, 병원에 가는 것 등이다.

① ㄱ, ㄴ
② ㄱ, ㅁ
③ ㄱ, ㄷ, ㄹ
④ ㄴ, ㄷ, ㅁ
⑤ ㄴ, ㄷ, ㄹ, ㅁ

06 매슬로우(A. Maslow)의 욕구위계이론에 관한 설명으로 옳지 않은 것은?

① 낮은 단계일수록 욕구 강도가 강하다.
② 자아실현의 욕구는 하위단계 욕구가 충족된 다음에 나타난다.
③ 자아실현의 욕구는 구체적으로 나타난다.
④ 대부분의 사람들이 자아실현의 욕구를 달성한다.
⑤ 인간의 욕구를 5단계로 설명하고 있다.

07 게젤(Gesell)의 성숙이론에 관한 특징으로 옳은 것을 모두 고른 것은?

ㄱ. 게젤은 아동의 특징과 능력에 대한 표준을 제시하여 이를 토대로 부모나 교사가 그들의 성숙 수준에 부합하는 과제를 통해 그들 스스로 내적 계획에 따라 발달할 수 있도록 충분한 시간을 부여할 것을 강조하였다.
ㄴ. 부모나 교사가 아동의 발달에 대해 지나친 기대를 가진 나머지 아동의 성숙 수준을 넘어서는 성취를 요구하는 것은 오히려 아동의 발달에 부적절하며, 아동의 부적응 행동을 야기한다.
ㄷ. 개인의 자질과 성장유형은 그 아동이 속한 문화와 관련이 있으며, 바람직한 문화는 아동의 독특한 개성을 맞춰줄 수 있어야 한다.
ㄹ. 환경은 성숙에 영향을 미치며, 그 작용은 종합적이고 제한적이지 않다.

① ㄱ, ㄴ, ㄷ
② ㄱ, ㄷ
③ ㄴ, ㄹ
④ ㄹ
⑤ ㄱ, ㄴ, ㄷ, ㄹ

08 청소년기의 정신분석적 이론에 관한 설명으로 옳은 것을 모두 고른 것은?

> ㄱ. 프로이트의 딸인 안나 프로이트(Anna Freud)는 이를 보완하여 청소년기의 정신분석적 설명에 주력하였다.
> ㄴ. 청소년기에는 잠재된 오이디푸스 콤플렉스와 엘렉트라 콤플렉스가 무의식적인 공포를 갖게 하여 청소년기에 강한 불안을 갖게 되는데, 이러한 불안과 갈등, 죄의식에서 벗어나기 위해 방어기제를 사용하거나 애정적인 관계를 추구하게 된다.
> ㄷ. 청소년기는 기본적으로 내적 갈등, 심적 불형평, 엉뚱한 행동이 지배하는 시기로서, 청소년은 한편으로는 우주의 중심을 자신과 동일시할 정도로 아주 자기중심적인 면을 지니고 있는가 하면, 다른 한편으로는 자기 희생과 헌신을 보이는 면이 있다는 것이다.
> ㄹ. 3단계인 남근기가 청소년기에 해당하는 시기이다.

① ㄱ, ㄴ, ㄷ
② ㄱ, ㄷ
③ ㄴ, ㄹ
④ ㄹ
⑤ ㄱ, ㄴ, ㄷ, ㄹ

09 설리반(Sullivan)의 인간발달단계에서 '전 청소년기'의 대인관계 욕구를 설명하는 내용으로 옳은 것은?

① 성인사회에의 통합욕구를 가진다.
② 자신들의 놀이에 성인이 참여하기를 바라며, 성인이 바라는 행동을 주로 한다.
③ 사람들과의 접촉욕구 및 양육자로부터 사랑받고 싶은 욕구를 가진다.
④ 또래 놀이친구를 얻고자 하고, 또래집단에 수용되고자 하는 욕구를 가진다.
⑤ 동성친구를 갖고자 하는 욕구를 가진다.

10 베네딕트(Benedict)의 학습이론에 관한 설명으로 적절하지 않은 것은?

① 서구 산업사회와 원시사회에서의 청소년 발달의 차이점을 토대로 청소년 발달을 이론화하였다.
② 서구 산업사회는 성적 역할, 책임감, 지배성 등의 차원에서 성인기에 대한 아무런 준비를 아동기와 청소년기에 시키지 않다가 갑자기 성인으로 대우하게 된다고 하였다.
③ 준비 없이 부부관계를 맺고 자식을 낳으며, 가족에 대한 부양의 책임과 가족을 이끄는 역할을 제대로 수행하기를 기대하는 형편이라고 비판했다.
④ 산업화된 서구 문화권의 경우 아동의 행동과 성인의 행동 간의 상당한 불연속성이 존재하기 때문에, 아동이 성인으로 되기 위해 새로운 행동에 대한 충분한 교육이 전제되어야 한다고 하였다.
⑤ 청소년 발달에 관한 이론을 제시하지는 않았지만, 문화적 요인이 청소년기 발달에 매우 중요하다고 주장하면서 청소년의 행동을 이해하기 위해서는 청소년이 속한 문화적·사회적 제도에 대한 이해가 선행되어야 한다고 하였다.

11 생태학적 접근에서 '중간체계'에 관한 설명으로 옳은 것은?

① 미시체계 간의 강하고 지원적인 연결에 의해 발달이 이루어지며, 비지원적인 연결은 문제를 초래할 수 있다.
② 개인과 아주 가까운 주변에서 일어나는 활동과 상호작용을 나타낸다.
③ 아동과 청소년들이 그 맥락의 부분을 이루고 있지는 않지만, 아동과 청소년의 발달에 영향을 줄 수 있는 맥락들로 구성된다.
④ 청소년이 추구해야 하는 목표가 무엇인지를 규정하는 전체를 둘러싸고 있는 광범위한 이데올로기이다.
⑤ 각 개인이 그 체계 안에 있는 다른 사람에게 영향을 주고, 또 다른 사람으로부터 영향을 받는 발달의 진정한 역동적 맥락이다.

12 홀랜드(J. Holland)의 이론에서 '사회형'에 속하는 직업을 모두 고른 것은?

| ㄱ. 사회사업가 | ㄴ. 유치원 교사 |
| ㄷ. 성직자 | ㄹ. 은행원 |

① ㄱ, ㄴ ② ㄱ, ㄷ
③ ㄱ, ㄴ, ㄷ ④ ㄱ, ㄷ, ㄹ
⑤ ㄴ, ㄷ, ㄹ

13 가족의 발달주기에서 자녀가 생기는 제3단계의 요구사항에 관한 내용으로 옳은 것은?

① 배우자가 등장함으로써 확대가족 및 친구관계가 새롭게 편성된다.
② 신체 쇠약에 대한 관심과 자기 혹은 부부의 기능을 유지시켜 나간다.
③ 자녀를 위한 공간을 마련하기 위해 부부체계가 새로운 적응을 한다.
④ 부부체계가 2인 중심체계로 다시 정비된다.
⑤ 자녀가 가족체계 안팎을 넘나드는 것을 허용할 수 있도록 부모-자녀 관계가 변화된다.

14 또래와의 연대가 갖는 긍정적인 영향으로 옳은 것을 모두 고른 것은?

> ㄱ. 관심분야와 능력에 대한 확정 ㄴ. 지위와 이미지의 부상
> ㄷ. 소속감 제공 ㄹ. 자율성 발달의 활성화

① ㄱ, ㄴ, ㄷ ② ㄱ, ㄷ
③ ㄴ, ㄹ ④ ㄹ
⑤ ㄱ, ㄴ, ㄷ, ㄹ

15 지역사회와 관련하여 청소년복지의 중요성을 설명하는 내용으로 적절하지 않은 것은?
① 지역사회는 주민들과의 다양한 사회적 상호작용 속에서 성장·발달하는 준거환경이다.
② 청소년문제의 확산은 지역사회의 유해한 사회문화적 환경과 관계가 없다.
③ 지역사회에서는 청소년들에게 유용한 자원들이 잠재되어 있다.
④ 지역사회는 청소년과 관련된 국가의 정책의지가 그 실효성을 거둘 수 있는 현장이다.
⑤ 지역사회는 청소년들에게 있어 구체적인 생활의 원천적 거점이다.

16 다음 보기의 설명에 해당하는 성역할 발달이론은?

> 성역할 사회화에 대한 전통적인 견해가 성별의 양극개념을 초래한다고 보는 성역할 발달이론이다.

① 성도식이론 ② 정신분석이론
③ 인지발달이론 ④ 사회학습이론
⑤ 성역할 초월이론

17 현대사회의 미디어 환경에 관한 설명으로 옳은 것을 모두 고른 것은?

| ㄱ. 정보의 홍수문제 | ㄴ. 공간 개념의 축소 | ㄷ. 언어의 편향적 섭취 |

① ㄱ, ㄴ
② ㄱ, ㄷ
③ ㄴ
④ ㄴ, ㄷ
⑤ ㄱ, ㄴ, ㄷ

18 청소년들의 대중가요 수용방식을 볼 때, 자신들에게 부과되는 지배적 가치체계를 수용하지만 실제 현실적 조건과 가치체계의 모순을 느끼는 계층인 청소년들의 문화 수용방식은?

① 실제적 편입의 유형
② 상징적 저항의 유형
③ 상상적 편입의 유형
④ 실용적 편입의 유형
⑤ 대안 추구의 유형

19 다음 보기의 내용에서 낙인이론을 주장한 학자를 모두 고른 것은?

| ㄱ. 월터스 | ㄴ. 베커 |
| ㄷ. 머튼 | ㄹ. 레머트 |

① ㄱ, ㄴ, ㄷ
② ㄱ, ㄷ
③ ㄴ, ㄹ
④ ㄹ
⑤ ㄱ, ㄴ, ㄷ, ㄹ

20 학업을 중단한 청소년을 위한 정책 중 고용노동부에서 주관하는 기능사 양성훈련으로서 전국의 직업전문학교에서 교육을 실시하는 것은?

① 대안학교
② 학교사회사업
③ 직업훈련
④ 청소년쉼터
⑤ 청소년상담

21 약물 오·남용 및 중독의 원인에서 행동모델요인 중 '교우관계 추구형'에 관한 설명으로 옳은 것은?

① 청소년뿐만 아니라 모든 사람들은 인생을 살아나가는 과정에서 상당한 힘을 발휘하고 싶은 욕망들을 가지고 있는데, 약물은 어떤 경우 이들에게 강력한 힘을 가진 것 같은 착각을 제공해 주게 된다.
② 평소 과잉보호적인 부모에 의해 정상적인 모험에 대한 경험을 못해본 청소년들은 약물복용을 통해서 이를 해소하고자 한다.
③ 청소년기는 사춘기의 성적 불안을 약물복용을 함으로써 극복하고자 하며, 그 결과 약물에 지속적으로 의존하게 되는 것이다.
④ 청소년들뿐만 아니라 모든 사람들은 미적 감각을 느끼기 위해서 가끔 약물을 복용하게 되며, 그 결과 약물에 지속적으로 의지하게 되는 경우이다.
⑤ 고독하고 우울한 인생을 살아나가게 되는 사람들은 종종 친구를 사귈 때 마음의 긴장을 완화하기 위해서 약물을 이용하게 된다.

22 청소년기본법상 용어의 정의 중 다음 보기의 내용에 해당하는 것은?

> 청소년이 정상적인 삶을 영위할 수 있는 기본적인 여건을 조성하고 조화롭게 성장·발달할 수 있도록 제공되는 사회적·경제적 지원

① 청소년상담
② 청소년보호
③ 청소년복지
④ 청소년문화
⑤ 청소년활동

23 하트(Hart)의 청소년 참여사다리모델(The Ladder of Participation Model)에 관한 설명으로 옳지 않은 것은?

① 청소년 참여의 가장 높은 8단계를 항상 지향해야 하는 것은 아니다.
② 청소년은 참여의 조작적 단계(Manipulation)에서 프로그램이나 행사와 같은 쟁점에 대해 이해하지는 못하지만, 성인으로부터 이해관계자로 인정받는다.
③ 청소년은 참여의 명목적 단계(Tokenism)에서 의제에 대해 자문을 제공할 수 있지만, 의제형성이나 피드백 기회를 제공받지 못한다.
④ 청소년 참여원리 중 가장 중요한 것은 '정보가 주어진 상태에서의 선택권(Informed Choice)'이다.
⑤ 청소년 참여의 원리인 선택권이 가장 중요하다고 지적하고 있다.

24 청소년비행에 관한 낙인이론(Labeling Theory)의 관점이 아닌 것은?

① 어떤 행위에 대한 선악의 평가는 사회적으로 이루어진다.
② 일탈의 원인보다는 일탈행동을 규정하는 규범과 처벌하는 과정에 더 관심을 가진다.
③ 비행은 사회통제가 개인에게 영향력을 행사하지 못하는 경우에 발생한다.
④ 일탈자로 규정된 사람은 그 낙인을 벗어나기 힘들기 때문에 계속 다른 일탈행위를 하게 된다.
⑤ 한 개인을 문제행위자로 만드는 과정에 초점을 둔다.

25 사회통념적 관점에서 본 청소년의 정의로 옳지 않은 것은?

① 현대사회에서는 고등교육으로 인한 재학기간의 연장, 직업훈련기간의 연장 등으로 인하여 청소년기가 점점 길어지고 있다.
② 청소년기가 뚜렷하게 존재하지 않는 문화나 사회에서는 아동이 그 사회의 고유한 통과의례를 거치면서 성인으로 받아들여졌다.
③ 사회·문화·시대적 상황에 따라 상이하게 정의되고 있다.
④ 사회·문화적 배경에 따라 청소년기는 짧을 수도 길 수도 있고, 심지어 존재하지 않을 수도 있다.
⑤ 청소년은 생식 능력 유무의 관점에서 소년과 소녀로 구별된다.

선택과목 02 청소년수련활동론

01 청소년수련활동의 영역에 관한 설명으로 옳은 것을 모두 고른 것은?

> ㄱ. 주로 학교 등을 중심으로 이루어지는 학업, 복무, 노동의 고유활동 영역과 가정을 중심으로 이루어지는 자유활동인 임의활동 영역으로 차별화하고 있다.
> ㄴ. 법적 근거에 따라 청소년정책의 일환으로 청소년수련활동을 위한 프로그램이 개발되었고, 수련시설이 급속히 증가하였다.
> ㄷ. 수련활동을 돕는 청소년지도자의 법적 요건이 수립되었다.
> ㄹ. 정책적으로 진행되는 수련활동에 대한 이론 형성보다는 수련활동에 대한 학문적 정의에 우선되는 계기가 되었다.

① ㄱ, ㄴ, ㄷ
② ㄱ, ㄷ
③ ㄴ, ㄹ
④ ㄹ
⑤ ㄱ, ㄴ, ㄷ, ㄹ

02 프로그램중심 수련활동에 관한 설명으로 옳은 것을 모두 고른 것은?

> ㄱ. 집단성보다는 개인의 자발적 참여와 선택을 원칙으로 하며, 봉사활동을 비롯한 다양한 체험활동을 하나의 묶음으로 하여 일정한 수준의 체험을 성취한 결과를 종합 평가하거나 일정 자격을 부여하는 그 자체의 체계성을 갖는 수련활동이다.
> ㄴ. 학교와의 연계성과 활동이 집단성적인 측면에서는 긍정적이나 개인의 활동선택 가능성이 거의 없으며, 개인의 참여와 활동의 지속성 그리고 동기부여에서 그리 적극적이지 못하다.
> ㄷ. 특별자치시장·특별자치도지사·시장·군수·구청장은 청소년활동을 지원하기 위하여 필요한 경우 청소년활동에 적합하고 이용이 편리한 지역을 청소년수련지구로 지정할 수 있으며, 수련지구를 지정한 경우에는 수련지구조성계획을 수립·시행하여야 한다.

① ㄱ, ㄴ
② ㄱ, ㄷ
③ ㄴ
④ ㄴ, ㄷ
⑤ ㄷ

03 다음 중 수련거리의 특징에 관한 설명으로 적절하지 않은 것은?
① 수련거리라는 다양한 체험적 활동을 통해 청소년은 생활과 삶에 대한 다양한 인식이 가능하며, 활동을 통해 습득한 태도나 기술은 바로 생활에 투영될 수 있다.
② 수련거리의 정책성은 일정한 방향과 지침을 갖고 수행하는 프로그램이라는 의미를 갖는데, 일반적으로 개인의 이익에 부합하는 목적과 방향을 뜻한다.
③ 집단경험을 통해 사회적 상호관계 형성이라는 의도적인 목적을 달성하기 위해서는 전문성과 체계성이 전제가 되어야 한다.
④ 수련거리가 또 다른 전문성을 지니기 위해서는 집단적인 활동뿐만 아니라 청소년지도자 또는 청소년들에게 개별적이며 자발적 활동의 토대 위에 전문성을 갖고 조직할 수 있는 수련활동의 내용과 방법을 제공해야 한다.
⑤ 정책으로서 수련거리는 청소년에 대한 국가의 적극적인 책임을 강조한다.

04 청소년수련활동 인증제도의 인증수련활동 영역 분류체계에 해당하는 것을 모두 고른 것은?

ㄱ. 교류활동
ㄴ. 과학정보활동
ㄷ. 환경보존활동
ㄹ. 경제교육활동

① ㄱ, ㄴ, ㄷ
② ㄱ, ㄷ
③ ㄴ, ㄹ
④ ㄹ
⑤ ㄱ, ㄴ, ㄷ, ㄹ

05 단체수련거리에 관한 설명으로 옳은 것을 모두 고른 것은?

ㄱ. 청소년단체협의회 회원단체 등을 중심으로 다양한 청소년활동프로그램이 개발·보급되었다.
ㄴ. 청소년활동프로그램은 정책적 목적의 수련거리보다 성격이 뚜렷하며 활동내용, 방법, 시기, 장소, 효과, 평가 등이 명확하게 제시되어 있다.
ㄷ. 보다 체계적인 활동과정을 담아내지 못하고 있으며, 폭넓은 청소년활동의 목적과 프로그램의 보편적 성격을 지니고 있지 못하다.
ㄹ. 청소년수련활동을 전제로 하기보다는 생활의 다양한 분야에서 필요한 영역으로 제시된다.

① ㄱ, ㄴ, ㄷ
② ㄱ, ㄷ
③ ㄴ, ㄹ
④ ㄹ
⑤ ㄱ, ㄴ, ㄷ, ㄹ

06 수련거리의 개발절차 중 '실행 및 평가단계'에 관한 설명으로 옳은 것은?

① 수련거리구성(안)을 확정하여 수련거리로 제시한다.
② 수련거리개발의 핵심단계로서 활동의 목적과 내용, 방법, 유의사항, 준비물, 평가방법 등이 담겨져 있어야 한다.
③ 청소년들이 활동하는 현장, 즉 생활권 및 자연권 청소년수련시설이나 청소년활동지역과 장소에서 시범 적용함으로써 현장의 활용도를 높여야 한다.
④ 청소년이나 수련거리 수요자의 요구를 조사하고 분석한 후, 그에 적합한 활동주제를 선정한다.
⑤ 활동의 목적과 방향 등을 토대로 청소년의 활동내용과 시간, 장소, 환경 등을 상호 고려하는 방향에서 추진되어야 한다.

07 청소년지도자의 역할로 적절하지 않은 것은?

① 상담자
② 조직자
③ 격려자
④ 정보수요자
⑤ 교육자

08 청소년지도의 특성으로 옳은 것을 모두 고른 것은?

> ㄱ. 교육효과가 쉽게 눈에 보이지 않는다.
> ㄴ. 청소년이라는 집단의 독특성이 감안되어야 한다.
> ㄷ. 장기적인 안목에서 평가해야 한다.
> ㄹ. 정의적·기능적 영역보다 지적 영역이 더 많이 차지한다.

① ㄱ, ㄴ, ㄷ
② ㄱ, ㄷ
③ ㄴ, ㄹ
④ ㄹ
⑤ ㄱ, ㄴ, ㄷ, ㄹ

09 청소년수련활동시설 중 유스호스텔을 설명하는 내용으로 옳은 것은?

① 다양한 수련거리를 실시할 수 있는 각종 시설 및 설비를 갖춘 종합수련시설이다.
② 야영에 적합한 시설 및 설비를 갖추고, 수련거리 또는 야영 편의를 제공하는 수련시설이다.
③ 간단한 수련활동을 실시할 수 있는 시설 및 설비를 갖춘 정보·문화·예술 중심의 수련시설이다.
④ 청소년의 숙박 및 체류에 적합한 시설·설비와 부대·편익시설을 갖추고 숙식편의 제공, 여행청소년의 활동지원을 주된 기능으로 하는 시설이다.
⑤ 청소년의 직업체험·문화예술·과학정보·환경 등 특정 목적의 청소년활동을 전문적으로 실시할 수 있는 시설과 설비를 갖춘 수련시설이다.

10 청소년 체험활동 관련 정보를 제공하는 웹사이트가 아닌 것은?

① 꿈길(Ggoomgil)
② 크레존(Crezone)
③ 커리어넷(Career-Net)
④ 두볼(Dovol)
⑤ CYS-Net

11 수련터전개발의 원칙에 관한 설명으로 옳지 않은 것은?

① 지역사회의 자원을 활용할 수 있도록 연계해야 하며, 이와 함께 지역의 특성을 살릴 수 있도록 준비되어야 한다.
② 미래의 잠재적인 수요를 예측하여 특수한 경우를 제외하고는, 탄력적이고 다목적으로 활용할 수 있는 설비와 시설을 갖추어야 한다.
③ 대규모 수련터전의 조성을 최소화하고 지역중심의 소규모 수련터전을 확보하는 한편, 재정적 자립성과 효율성을 제고해야 한다.
④ 청소년들이 활동하는 다른 활동터전과 유사한 시설 및 공간이 조성되어야 한다.
⑤ 기존의 청소년활동지역과 시설을 우선 활용하여야 한다.

12 인증프로그램의 유형에 해당하는 것을 모두 고른 것은?

ㄱ. 기본형	ㄴ. 숙박형
ㄷ. 이동형	ㄹ. 고정형

① ㄱ, ㄴ, ㄷ
② ㄱ, ㄷ
③ ㄴ, ㄹ
④ ㄹ
⑤ ㄱ, ㄴ, ㄷ, ㄹ

13 수련활동의 지도원칙에 관한 설명으로 옳은 것을 모두 고른 것은?

> ㄱ. 수련활동은 혼자서 하는 것이므로 독립적이어야 한다.
> ㄴ. 수련활동의 장(場)은 인간교육의 장으로서 소집단활동이 활성화되어야 한다.
> ㄷ. 수련활동은 자발성이 중요하며, 청소년들이 직접 활동에 참여함으로써 즐길 수 있어야 한다.

① ㄱ, ㄴ
② ㄱ, ㄷ
③ ㄴ
④ ㄴ, ㄷ
⑤ ㄷ

14 경험학습에 관한 설명으로 옳지 않은 것은?
① 학습에서 결과물보다 과정을 강조한다.
② 지식 위주의 행동변화를 강조한다.
③ 학습활동 및 학습결과는 생활과 적절한 관련성을 가져야 한다.
④ 경험을 바탕으로 학습하는 것을 말한다.
⑤ 학습자의 흥미와 관심을 바탕으로 한다.

15 현행 교육과정의 창의적 체험활동에 관한 설명으로 옳지 않은 것은?
① 자율・자치활동, 진로활동, 동아리활동을 주요영역으로 한다.
② 지역사회의 인적・물적 자원을 계획적으로 활용하도록 한다.
③ 기존 교과와 관계없는 내용으로 분리하여 실시하여야 한다.
④ 영역별 시간 수는 학교의 특성을 고려하여 학교재량으로 배정한다.
⑤ 학생의 자주적인 실천활동을 중시한다.

16 야영활동의 계획기법 4단계 중 목적달성을 위한 행동지침의 단계는?

① 착상단계 ② 구상단계
③ 홍보계획단계 ④ 과제계획단계
⑤ 실시계획단계

17 모험활동의 지도방법 중 소집단의 규모는 8명 내지 10명이 적당하고 여기에 자격을 갖춘 지도자가 있어야 하며, 제1단계에서 학습하고 훈련받은 여러 기술들을 실제에 응용함으로써 확실히 자신의 기술로 만들 수 있는 단계는?

① 기초단계 ② 착상단계
③ 구상단계 ④ 대응단계
⑤ 자립단계

18 청소년들이 4가지 활동영역에서 자기 스스로 정한 목표를 성취해가며, 숨겨진 끼를 발견하고 꿈을 찾아가는 청소년자기도전포상제의 활동영역이 아닌 것은?

① 합숙활동 ② 자기개발활동
③ 신체단련활동 ④ 봉사활동
⑤ 탐험활동

19 다음 보기의 내용에 해당하는 기구는?

> 청소년활동진흥법상 청소년수련시설에서 청소년활동을 활성화하고 청소년의 참여를 보장하기 위해 운영해야 하는 청소년기구이다.

① 청소년운영위원회 ② 청소년참여위원회
③ 청소년특별회의 ④ 청소년보호위원회
⑤ 청소년정책위원회

20 국제청소년성취포상제에 관한 설명으로 옳은 것은?

① 은장 참가자부터는 합숙활동을 수행해야 한다.
② 타인과의 경쟁을 강조하고 수행결과를 중시한다.
③ 금장 활동영역에는 봉사, 자기개발, 신체단련, 탐험이 있다.
④ 영국의 에딘버러 공작에 의해 시작되었다.
⑤ 만 14세 이상 청소년은 금장 활동에 참여할 수 있다.

21 다음 보기의 내용이 공통으로 설명하는 것은?

> ○ 취약계층 등 나홀로청소년을 대상으로 방과 후 학습능력배양·체험활동·급식·건강관리·상담 등 종합학습지원 및 복지·보호활동을 통해 건전한 성장지원을 목적으로 한다.
> ○ 청소년수련관, 청소년문화의 집 등을 활용하고 있다.
> ○ 여성가족부와 지방자치단체가 공동으로 운영한다.

① 청소년어울림마당　　　② 방과후학교
③ 워킹스쿨버스　　　　　④ 청소년방과후아카데미
⑤ 지역아동센터

22 청소년기본법상 수용인원이 500명 이하인 청소년수련관에 배치해야 하는 급별 최소 청소년지도사 수는?

① 1급 또는 2급 각각 1명 이상을 포함, 4명 이상의 청소년지도사
② 1급 1명, 2급 2명, 3급 3명
③ 1급 1명, 2급 3명, 3급 3명
④ 1급 2명, 2급 2명, 3급 2명
⑤ 1급 2명, 2급 3명, 3급 3명

23 청소년활동진흥법 중 '비숙박형 청소년수련활동'에 대한 내용이다. 다음 괄호 안에 들어갈 숫자가 순서대로 옳은 것은?

> "비숙박형 청소년수련활동"이란 (　　)세 미만의 청소년을 대상으로 청소년수련시설 또는 그 외의 다른 장소에서 실시하는 청소년수련활동으로서 실시하는 날에 끝나거나 숙박 없이 (　　)회 이상 정기적으로 실시하는 청소년수련활동을 말한다.

① 19, 1　　② 19, 2
③ 19, 3　　④ 24, 1
⑤ 24, 2

24 다음 보기의 설명에 해당하는 청소년기구는?

> 시·군·구 등의 지방자치단체가 청소년정책과 관련한 청소년 의견을 수렴하기 위하여 설치·운영하고 있는 청소년기구

① 청소년복지위원회
② 청소년보호위원회
③ 청소년참여위원회
④ 청소년특별위원회
⑤ 청소년활동위원회

25 청소년기본법령상 '청소년특별회의'에 관한 설명으로 옳은 것은?
① 2년마다 개최하여야 한다.
② 참석대상과 운영방법 등의 세부사항은 여성가족부령으로 정한다.
③ 보건복지부장관은 회의참석 대상을 정할 때 성별·연령별·지역별로 각각 전체 청소년을 대표할 수 있도록 노력해야 한다.
④ 전국 단위의 회의를 개최한 후 특별시·광역시·도·특별자치도 단위의 지역회의를 개최하여야 한다.
⑤ 청소년 분야의 전문가와 청소년이 참여한다.

작은 기회로부터 종종 위대한 업적이 시작된다.

– 데모스테네스 –

청소년상담사 3급 최종모의고사

정답 및 해설

제1회	정답 및 해설
제2회	정답 및 해설
제3회	정답 및 해설
제4회	정답 및 해설
제5회	정답 및 해설

아이들이 답이 있는 질문을 하기 시작하면
그들이 성장하고 있음을 알 수 있다.

– 존 J. 플롬프 –

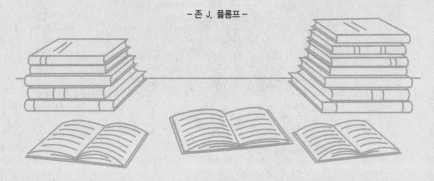

  끝까지 책임진다! 시대에듀!

QR코드를 통해 도서 출간 이후 발견된 오류나 개정법령, 변경된 시험 정보, 최신기출문제, 도서 업데이트 자료 등이 있는지 확인해 보세요! 시대에듀 합격 스마트 앱을 통해서도 알려 드리고 있으니 구글 플레이나 앱 스토어에서 다운받아 사용하세요. 또한, 파본 도서인 경우에는 구입하신 곳에서 교환해 드립니다.

제1회 정답 및 해설

필수과목 01 발달심리

01	02	03	04	05	06	07	08	09
①	④	③	④	②	②	③	②	②
10	11	12	13	14	15	16	17	18
④	⑤	①	②	④	②	④	②	⑤
19	20	21	22	23	24	25		
⑤	②	⑤	⑤	③	④	①		

01 ① 발달이란 수정에서부터 사망에 이르기까지 전 생애에 걸쳐 계속적으로 일어나는 변화를 말한다.

02 파튼(M. Parten)의 사회성 발달 놀이유형
- 연합놀이 : 둘 이상의 아동이 함께 공통적인 활동을 하고, 장난감을 빌려주고 빌리기도 하면서 논다.
- 몰입되지 않은 놀이(비몰입 놀이) : 자신의 신체를 가지고 논다.
- 평행놀이 : 다른 아동은 놀고 있지 않는 것처럼 보이지만, 주변의 일에 흥미를 가지고 있으며, 주로 아동들 틈에서 놀기는 하지만, 서로 접촉하거나 간섭을 하지 않고 혼자서 논다. 서로의 놀이에 직접적인 영향을 미치지 않지만, 마음속으로는 서로를 의식한다.
- 방관자적 놀이 : 대부분의 시간을 다른 아동이 노는 것을 관찰하면서 보낸다.
- 협동놀이 : 아동은 한 가지 활동을 함께 하고 서로 도우며 조직된 집단으로 편을 이루어 논다.
- 혼자놀이 : 가까이 있는 다른 아동들이 가지고 노는 장난감들과는 다른 자기만의 장난감을 가지고 혼자 논다. 다른 아동에게 접근하려고 하지 않는다.

03 ③ 항문기(1~3세)에 이르러 아이는 부모의 배변훈련에 의한 현실적인 요구를 통해 갈등을 경험하며, 그 과정에서 자아(Ego)가 발달하게 된다. 남근기(3~6세)에 이르러 아이가 부모와의 동일시 및 적절한 역할습득을 통해 양심과 자아상을 발달시키며, 그 과정에서 초자아(Superego)가 발달하게 된다.

구조적 모형(성격의 3요소)
- 원초아(Id) : 출생 시 타고나는 성격의 가장 원초적인 부분으로서, 본능적 충동과 쾌락의 원리에 의해 지배되므로, 충동적·비합리적·자애적으로 나타난다.
- 자아(Ego) : 출생 후에 발달하기 시작하는 것으로서, 성격의 조직적·합리적·현실지향적인 체계이다.
- 초자아(Superego) : 무엇이 옳고 그른가를 판단하는 데 관여하는 성격의 일부분으로서, 도덕성 및 죄책감과 연관된다.

04 프로이트(Freud)의 심리성적 발달단계와 에릭슨(Erikson)의 심리사회 발달단계

시기	심리사회적 위기	프로이트 발달단계
유아기 (출생~18개월)	신뢰감 대 불신감	구강기
초기아동기 (18개월~3세)	자율성 대 수치심·회의	항문기
학령 전기 (3~5세)	주도성 대 죄의식	남근기
학령기 (5~12세)	근면성 대 열등감	잠복기
청소년기 (12~20세)	자아정체감 대 정체감 혼란	생식기
성인 초기 (20~24세)	친밀감 대 고립감	-
성인기 (24~65세)	생산성 대 침체	-
노년기 (65세 이후)	자아통합 대 절망	-

05 마샤(Marcia)의 자아정체감 범주

- 정체감 성취(Identity Achievement) : 자아정체감의 위기를 성공적으로 극복하여 신념·직업·정치적 견해 등에 대해 스스로 의사결정을 할 수 있는 상태
- 정체감 유예(Identity Moratorium) : 현재 정체감 위기의 상태에 있으면서 자아정체감 형성을 위해 다양한 역할·신념·행동 등을 실험하고 있으나, 의사결정을 내리지 못한 상태
- 정체감 유실(Identity Foreclosure) : 자신의 신념, 직업선택 등의 중요한 의사결정에 앞서 수많은 대안에 대하여 생각해 보지 못하고, 부모나 다른 사람의 역할모델의 가치나 기대 등을 그대로 수용하여 그들과 비슷한 선택을 한 상태
- 정체감 혼미(Identity Diffusion) : 자아에 대해 안정되고 통합적인 견해를 갖는데 실패한 상태로서, 위기를 경험하지 않았고, 직업이나 이념 선택에 대한 의사결정을 하지 않을 뿐만 아니라 이러한 문제에 관심도 없는 상태

06 ② 같은 또래의 아동에 비하여 현저하게 부산한 행동을 보이며, 안절부절 못하고 충동적인 행동을 나타내기 때문에 가정이나 학교생활에 커다란 어려움을 겪을 수 있다.

07 피아제(Piaget)의 도덕성 발달단계

타율적 도덕성	• 전조작기의 도덕적 수준에 해당한다. • 아동은 성인이 정한 규칙에 일방적으로 복종한다. • 규칙은 절대적인 것으로서 변경이 불가능하다. • 행위의 의도보다 결과를 중요시한다.
자율적 도덕성	• 구체적 조작기의 도덕적 수준에 해당한다. • 아동은 규칙이 상호합의에 의해 이루어진 것으로서 변경이 가능하다는 사실을 인식한다. • 행위의 결과 자체보다는 그 의도의 옳고 그름에 따라 판단한다. • 규칙 위반이 반드시 처벌을 의미하지는 않는다.

08 ② 도둑질은 명백히 법과 사회질서에서 벗어난 행위이다. 개인은 사회 내에서 권위와 질서를 존중하며 사회적 의무를 수행할 책임이 있다. 이와 같이 사회질서의 유지와 법의 복종을 강조하는 것은 도덕성 발달단계 중 법·질서·사회 체계적 도덕성(제4단계)에 해당한다.

09 ㄷ. 아동의 인지는 아동 스스로 학습하려는 노력과 함께 다른 사람, 즉 부모나 교사 또는 좀 더 능력이 있는 또래와의 상호작용을 통해서 이루어진다고 주장한다.

10 ④ 양육자와 분리될 때 아동이 보이는 반응은 양육방식의 문화적 차이로 인해 달라질 수 있다.

애착의 정의
- 애착은 주양육자와 아동 간에 맺어진 강한 정서적 유대를 말한다.
- 할로우와 짐머만(Harlow & Zimmerman)의 실험에서, 어린 원숭이가 우유가 나오는 철사 대리모보다 따뜻하고 보드라운 담요 대리모를 더 선호하는 것을 통해, 애착형성에는 접촉과 편안함이 중요하다는 것을 알 수 있다.
- 유아는 울며 보채거나 혹은 옹알이를 하거나 미소를 짓는 등 자신의 생존에 필요한 애착 대상의 보살핌과 보호를 이끌어낼 수 있는 유발자극을 선천적으로 가지고 있다.
- 애착 대상에 대해 강한 집착을 보이며 분리불안을 나타내는 것은 '애착단계'에 이루어진다.
- 양육방식(태도), 아동의 기질에 따라 서로 다른 애착을 형성한다.
- 영아가 지니고 있는 귀여운 모습은 애착을 이끌어내는 한 요인이 된다.
- 낯선이 불안과 분리불안은 주양육자에 대한 인지적 표상이 형성되었음을 말해준다.

11 ⑤ 클라인펠터 증후군(Klinefelter's Syndrome) : 정상인의 성염색체는 남성 XY, 여성 XX를 나타내지만, 이 증후군에서는 X염색체가 더 많은 XXY, XXXY 등의 비정상적인 형태를 나타내며, 남성염색체가 있음에도 불구하고 여성의 신체적 특성을 보인다.

① 터너 증후군(Turner's Syndrome) : 성염색체 이상으로 X염색체가 1개이며, 전체 염색체 수가 45개(정상은 46개)이다. 외견상 여성이지만, 2차적 성적 발달이 없고 생식력이 없으며, 목이 짧은 것이 특징이다.

② 다운 증후군(Down's Syndrome) : 대부분은 21번째 염색체가 3개(정상은 2개) 있어서 전체 염색체 수가 47개로 되어 있는 기형으로서, 두개골이 넓고 짧다. 눈가에 두꺼운 주름이 있는 등 특징적인 외모를 가지고 있으며, 정신지체나 발달장애를 동반한다.

③ 영아돌연사 증후군(Sudden Infant Death Syndrome) : 돌 전의 건강한 아기가 예고 없이 갑자기 사망하는 경우, 즉 감염이나 선천적 질환 등의 분명한 원인 없이 불분명한 이유로 사망했을 경우에 해당된다.

④ 수퍼남성 증후군(Supermale Syndrome) : 남성의 성염색체에 여분의 Y염색체가 있는 질환으로서, 야콥증후군(Jacob Syndrome)이라고도 한다. 남아 500~1,000명 가운데 1명꼴로 나타나는 특성을 보이며, 정상적인 남성에 비해 공격적인 성격을 가지고 있어서 폭력행위를 저지르기 쉽다.

12 ㄹ. 동물행동학적 이론에 의하면, 유아는 단순히 보살핌을 받는 피동적인 존재가 아니라 스스로 보살핌을 이끌어내는 '적극적인 역할'로 양육자와 관계를 유지해 나가며, 성인에게도 유아의 신호에 반응할 수 있는 생득적 능력이 있어서 유아와 서로 상호작용을 하다보면 상호 유대감이나 애착이 형성된다.

13 ② 고전적 조건형성 이론에서는 자극을 가했을 때 자동적으로 나타나게 되는 학습된 반응을 강조한다. 관찰학습의 과정을 강조하는 것은 반두라(Bandura)의 사회학습이론이다.

14 토마스와 체스(Thomas & Chess)는 기질을 구성하는 9가지 요인(활동성, 규칙성, 접근·회피, 적응성, 반응강도, 반응역치, 기분, 주의산만성, 지구력)을 발견하였으며, 이 9가지 특성을 기준으로 하여 영아의 기질을 순한 영아, 까다로운 영아, 반응이 느린 영아 등의 3가지 유형으로 구분하였다.

토마스와 체스(S. Thomas & A. Chess)의 연구를 통한 3가지 기질 유형

순한 기질의 아동	• 수면이나 식사 등의 몸의 리듬이 규칙적이고 순조롭다. • 대체로 즐거운 감정표현이 많고, 긍정적인 정서를 가지며, 새로운 환경에 비교적 쉽게 적응하는 유형이다.
까다로운 기질의 아동	• 수면이나 식사 등의 몸의 리듬이 불규칙적이고, 칭얼대는 방식으로 부정적인 감정을 나타낸다. • 환경변화에 민감하기 때문에 새로운 환경에 적응하는 데 시간이 많이 걸리는 유형이다.
적응이 느린 기질의 아동	• 낮은 행동수준을 가지고 있으며, 다소 부정적이고 낮은 강도의 기분을 나타낸다. • 순한 면도 있지만, 새로운 환경에서 움츠러들어 적응을 하는 데 시간이 걸리는 유형이다.

15 ② 청소년의 발달에 있어 생물학적 요인을 너무나 과도하게 강조하면서 가족의 영향, 친구의 영향과 같은 환경적 요인을 과소평가하였다는 점에서 비판받고 있다.

16 자아 인식에 대해 르위스와 브룩스-건(Lewis & Brooks-Gunn)이 빨간 립스틱 실험을 하였다. 9~24개월 된 아기들의 코에 빨간 립스틱을 묻히고 거울을 보여 주었다. 약 15개월이 지나지 않은 아기들은 거울 안의 자기 모습에 대해 무관심했으며, 15~17개월 아기들은 자신의 코가 변했다는 것을 알아차리고 여기에 관심을 보였다. 또한, 18~24개월 아기들은 대부분이 자신의 코를 만지는 반응을 보였다. 이러한 연구결과를 통해, 약 2세까지 자아 인식 발달이 완성된다고 주장하였다.

17 불안장애의 하위유형은 분리불안장애, 선택적 함구증, 특정공포증, 사회공포증(사회불안장애), 공황장애, 광장공포증, 범불안장애로 7가지이다.

18 ⑤ 조현양상장애는 조현병과 동일한 임상적 증상을 나타내지만, 장애의 지속기간이 1개월 이상 6개월 이하인 경우를 말한다. 장애가 6개월을 넘으면 '조현병'으로 진단된다.

19 태아에게 영향을 미치는 요인
- 임산부의 영양상태
- 약물복용과 치료
- 연령 및 출산횟수
- 음주 및 흡연
- 임산부의 정서상태
- 사회·경제적 요인 등

20 ㄱ. 학령전기(4~6세)에는 신체의 지속적인 성장과 함께 걷기·달리기 등의 운동 기능이 발달하게 되며, 이를 계기로 동적인 신체운동을 선호하게 된다.
ㄷ. 사물의 두드러진 특성을 토대로 직관적인 사고를 하는 것은 학령전기의 인지발달적 특성에 해당한다.
ㄴ. 세상의 모든 사물이나 자연현상이 인간의 필요에 의해서 자신의 목적에 맞도록 쓰려고 만들어졌다는 '인공론적 사고'는 유아기(18개월~4세)의 인지발달적 특성에 해당한다.
ㄹ. 콜버그(Kohlberg)의 도덕성 발달단계 중 도덕성 판단에 있어서 타인의 의견을 중요시하며, 타인을 기쁘게 하는 것이 선이라고 생각하는 것은 인습적 수준(10~13세)의 3단계, 즉 대인관계적 도덕성의 단계에 해당된다.

21 청소년기(12~19세)의 특징
- 프로이트의 생식기, 에릭슨의 청소년기, 피아제의 형식적 조작기 초기에 해당한다.
- 제2성장 급등기로서 사춘기를 경험하며, 2차 성징과 함께 생식기관의 성숙이 뚜렷이 나타난다.
- 추상적·연역적·상대론적 사고가 가능하다.
- 이성문제, 진로문제 등의 다양한 선택과 결정을 내리는 과정에서 자아정체감을 형성하는 한편, 상상적 청중이나 개인적 우화와 같은 자아중심성을 보이기도 한다.
- 질풍노도의 시기, 심리적 이유기, 사회적 주변인의 시기, 심리사회적 유예기간에 해당한다.
- 청소년의 공격성 발달은 어떤 또래들과 어울리는 가에 의해 많은 영향을 받는데, 청소년기 남성은 신체적 공격, 여성은 관계적 공격에서 높은 수준을 보인다.

22 ⑤ 안정기는 다음 시대를 적절하게 살아가기 위해 새로운 삶의 구조(Life Structure)를 형성하는 시기이다. 인생주기는 기본적이고 보편적인 양상에 따라 진행되는 출생에서부터 죽음까지의 과정을 의미한다. 인생(혹은 생애) 구조에는 직업, 가족, 결혼, 종교와 같은 요소들이 포함된다.

23 ③ 물활론적 사고는 피아제(Piaget)의 전조작기(2~7세)에 나타나는 인지발달 특성으로서, 생명이 없는 대상에게도 감정과 생명을 부여하는 것이다. 이러한 물활론적 사고는 보통 3~4세 무렵 나타나기 시작하여, 4세 이후 두드러지며, 6~7세경에 이르러 줄어드는 양상을 보인다. 학령전기 아동이 태양, 집, 자동차 등의 무생물을 그릴 때 눈·코·입 등을 그리는 것도 물활론적 사고의 예로 볼 수 있다.

24 ④ 신체적·도덕적·사회적 발달은 독립적이기보다는 통합적이고 총체적이다.

25 ① 성인기(중년기) 후반에 이르러 신진대사의 저하 현상이 두드러지게 나타나기 시작하며, 특히 흡연, 음주, 과로, 운동부족 등으로 인해 체중이 늘기 시작한다. 그로 인해 보통 40대 이후부터 하체는 가늘어지고 상체는 비대해지는 경향을 보이게 되어, 성인병에 대한 위험성이 증가한다.

필수과목 02 집단상담의 기초

01	02	03	04	05	06	07	08	09
②	①	②	②	⑤	⑤	④	②	③
10	11	12	13	14	15	16	17	18
②	⑤	②	④	③	②	④	②	③
19	20	21	22	23	24	25		
③	⑤	①	①	④	⑤	②		

01 ① 집단상담은 궁극적으로 개인의 성장을 목적으로 한다.
③ 집단상담은 의식적 사고와 행동 그리고 허용적 현실에 초점을 둔 정화, 신뢰, 돌봄, 이해, 수용 및 지지 등의 치료적 기능들을 포함하는 일종의 역동적인 대인 간 과정이다.
④ 집단상담의 지도자는 상담심리학, 성격심리학 등의 학문에 대한 전문적 지식을 보유하고 있어야 하며, 개인상담에 대한 성공적인 경험, 성격역동에 대한 광범위한 이해, 집단역동에 관한 올바른 이해, 타인과의 의사소통 및 인간관계 형성 발생의 능력 등을 갖춘 훈련받은 전문가이어야 한다.
⑤ 효과적인 상담자는 치료적 관계에서 통합되고 비방어적이며, 신뢰적이고 진술하다. 또한, 내담자에 대한 수용과 무조건적인 긍정적 존중, 비소유적인 온정을 제공한다.

02 ① 정신분석 : 집단상담자는 집단원이 문제에 대한 통찰의 수준을 높여 경험적 확신을 가질 수 있도록 훈습을 통해 반복적으로 설명하고 분석하여야 한다.

② 현실치료 : 사람들이 스스로 인생의 방향을 설정하고, 좀 더 효율적인 행동선택을 하도록 도와주는 방법이다.
③ 인지치료 : 부적응적 행동 유형을 바꾸기 위해 그 행동을 유지시키는 사고 유형을 변화시키는 것이다.
④ 교류분석 : 인간의 교류나 행동에 관한 이론체계이자 동시에 효율적인 인간변화를 추구하는 치료이다.
⑤ 중다양식 치료 : 특정한 내담자에게 필요하고, 효과가 있다면 어떤 치료기법이라도 절충적으로 사용하는 것이다.

03 집단의 성립요건
 • 두 사람 혹은 그 이상의 사람으로 이루어진 집합체
 • 소속에 의한 집단의식
 • 소속감
 • 공동의 목적이나 관심사
 • 지속적인 상호작용

04 ② 집단상담은 자기를 이해하고 수용하는 과정을 통해 타인을 이해하고 수용할 수 있도록 한다. 이러한 과정을 통해 집단원은 집단의 소속감과 일체감을 체험하며, 집단활동 능력 및 대인관계 기술을 습득할 수 있게 된다. 그러나 타인의 기대에 부응하려는 태도는 진정한 자기이해 및 수용에 부합하지 않는다.

05 ① 집단지도는 교육적인 과정이 강조되는 반면, 집단치료는 치료적인 과정이 강조된다.
② 집단지도는 집단원에 대한 정보제공 및 지적인 발달을 도모하는 반면, 집단치료는 집단원의 성격구조 변화에 관여한다.
③ 집단지도의 규모는 작은 경우 10~60명, 큰 경우 100~300명으로 비교적 대규모인 반면, 집단치료의 규모는 보통 4~8명 정도로 상대적으로 소규모이다.
④ 집단지도는 상담횟수가 보통 1~8회 정도로 비교적 단기적인 반면, 집단치료는 상담횟수가 대략 10~50회 정도로 상대적으로 장기적이다.

06 ⑤ 집단에 적합하지 않은 성격적 특징이나 지극히 개인적인 문제를 가지고 있는 내담자의 경우, 그와 같은 개인적인 문제가 충분히 다루어지지 않을 수 있으며, 오히려 집단상담자의 특정한 지도성에 의해 희생자가 될 수 있다.

집단상담의 긍정적 효과
- 시간 및 비용의 절감
- 편안함 및 친밀감
- 구체적 실천의 경험
- 현실검증의 기회 제공
- 소속감 및 동료의식
- 풍부한 학습 경험
- 지도성의 확대
- 관찰 및 경청
- 개인상담으로의 연결
- 대리학습 가능
- 새로운 행동을 연습하는 장

07 ④ 보편성은 참여자 자신만 심각한 문제, 생각, 충동을 가진 것이 아니라, 다른 사람들도 자기와 비슷한 갈등과 생활경험, 문제를 가지고 있다는 것을 알고 위로를 얻는 것이다.
① 집단은 집단원들에게 문제가 개선될 수 있다는 희망을 심어주는데, 희망의 주입은 이와 같은 희망 그 자체가 치료적 효과를 가질 수 있다는 것이다.
② 감정 정화(Catharsis)는 집단 내의 비교적 안전한 분위기 속에서 집단원이 그동안 억압되어온 감정을 자유롭게 발산하는 것이다.
③ 정보전달은 집단원들이 집단상담자에게서 다양한 정보를 습득함으로써 자신의 문제에 대해 보다 명확하게 이해하고, 동료 참여자에게서 직·간접적인 제안, 지도, 충고 등을 얻는 것이다.
⑤ 모방행동은 집단상담자와 집단원이 새로운 행동을 배우는 데 좋은 모델이 될 수 있다는 것이다.

08 ㄴ·ㄹ 개별상담(개인상담)이 필요한 경우에 해당한다.

집단상담이 필요한 경우
- 내담자가 여러 사람들을 보다 잘 이해하고, 다른 사람이 자기를 어떻게 보는지 알아야 할 필요성이 있는 경우
- 내담자가 자신과 성격이나 생활배경 등이 다른 사람들에 대해 배려와 존경심을 습득할 필요성이 있는 경우
- 내담자가 다른 사람과의 의사소통이나 대인관계 등 사회성 향상을 위한 기술을 습득할 필요성이 있는 경우
- 내담자가 다른 사람과의 유대감·소속감·협동심을 향상할 필요가 있는 경우
- 내담자가 자신의 관심사나 문제에 대한 다른 사람의 반응 및 조언을 필요로 하는 경우
- 동료나 타인의 이해와 지지가 내담자의 행동 변화에 도움이 되리라고 판단되는 경우
- 내담자가 자신의 문제에 대한 검토나 분석을 기피하거나 유보하기를 원하고, 자기노출에 대해 필요 이상의 위협을 느끼는 경우

09 ③ 우월한 태도 : 다른 집단원들보다 우월하다는 태도를 보이며, 다른 집단원들 위에 군림하려는 자세를 말한다.
① 독점하기 : 끊임없이 다른 집단원과 동일시하는 경향이 있어서, 다른 집단원과 관련된 상황을 자신과 연결시켜 자신의 일상생활에 대한 이야기를 장황하게 늘어놓는 것을 말한다.
② 습관적 불평 : 집단초기에 나타나는 것으로서, 거의 매번 집단에 대해 불평불만을 늘어놓거나 다른 집단원과 다툼과 논쟁을 벌이는 것을 말한다.
④ 적대적 공격 : 집단원 자신의 내면에 들어있는 부정적인 감정을 집단상담자나 다른 집단원들에게 표출하는 것을 말한다.
⑤ 사실적 이야기 늘어놓기 : 자신의 느낌이나 생각을 말하기보다 과거에 있었던 사실 중심의 이야기를 늘어놓는 것을 말한다.

10 **응집력이 높은 집단의 특성**
- 출석률과 집단 참여도가 높아진다.
- 자기 자신을 개방하고, 자기 탐색에 집중한다.
- 고통을 함께 나누며 해결해 나간다.
- 자유로운 분위기에서 집단활동에 적극적으로 동참한다.
- 즉각적으로 자신의 느낌과 생각을 표현한다.
- 서로 보살피며, 있는 그대로 수용해 준다.
- 부정적 감정을 표현하게 되며, 정직한 피드백을 교환한다.
- 건강한 유머를 통해 친밀해지고 기쁨을 함께 한다.

- 상호 협조적이며, 깊은 인간관계를 맺는다.
- 집단의 규범을 준수하며, 규칙을 지키지 않는 다른 집단원에게 압력을 행한다.

11 집단역동을 파악하기 위해 관찰할 요소
- 서로 어떻게 말하고 반응하는가?
- 누가 주로 말하고 누가 주로 듣는가?
- 집단원들은 집단에 대해 소속감을 가지고 있는가?
- 집단원이 책임감이 있는가?
- 집단원들은 집단 참여에 대해 어떻게 느끼는가?
- 집단원 간의 신뢰감이 있는가?
- 누가 누구에게, 얼마나 자주, 길게 말하는가?
- 집단원들은 집단상담자에게 어떠한 태도를 보이는가?
- 집단원 간의 동맹을 하고 있는가?
- 집단원들은 다른 집단원들에게 어떤 감정을 느끼고 있는가?
- 집단원이 힘을 과시하고 있는가?

12 ① 대인관계 입력 : 집단이 나에게, 내가 다른 사람들에게, 어떤 인상을 주는지에 대해 가르쳐 준다.
③ 정보공유 : 집단원들은 집단상담자에게서 다양한 정보를 습득함으로써, 자신의 문제에 대해 보다 명확하게 이해하며, 동료 참여자에게서 직·간접적인 제안, 지도, 충고 등을 얻는다.
④ 정화(Catharsis) : 집단 내의 비교적 안전한 분위기 속에서 집단원은 그동안 억압되어온 감정을 자유롭게 발산할 수 있다.
⑤ 대인관계 출력 : 사람과 잘 지내는 기술을 개선, 집단과 타인에 대해 신뢰감을 더욱 느끼게 되어 집단 내의 한 특정한 집단원과의 어려움을 극복한다.

13 ① 형태주의는 "전체는 부분의 총합이 아니다"라는 사실을 강조한다. 즉, '나'가 있기 위해서는 '너'가 있어야 하며, 마찬가지로 '너'가 있기 위해서는 '나'가 있어야 한다는 것이다. 이와 같이 하나의 공동체 안에서 '나'와 '너'는 단순히 전체를 구성하는 어느 한 부분이 아닌, 공동체 형성의 필연적 요소에 해당한다.

② '집단 속의 개인상담'으로서 집단원들 간의 상호작용에 초점을 두기보다는, 상담자가 중심이 되어 한 번에 한 내담자의 문제를 집중적으로 다룬다.
③ 내담자의 현재 경험에 중점을 두고, 그것에 대한 내담자의 자각이 이루어지도록 돕는다.
⑤ 집단상담자는 내담자로 하여금 불안과 공포 등의 불쾌한 정서에 머물러 있는 기회를 제공한다. 이는 치료적 과정에 해당하는 것으로서, 내담자로 하여금 내적 갈등을 경험하여 자각에 이르도록 하며, 이를 통해 불일치와 양극화를 해소하도록 하기 위함이다.

14 ③ 수치심 공격 연습은 특히 정서적인 기법으로서, 내담자의 불안이 수치감이나 굴욕감, 죄책감, 당혹감에서 비롯된다는 사실에 초점을 둔다. 즉, 내담자의 부정적인 감정에는 비논리적·비합리적인 신념이 자리하고 있으며, 따라서 이러한 신념을 직접적으로 직면하고 다룸으로써 정서적 혼란상태에서 벗어날 수 있다는 것이다. 예를 들어, 자기 스스로 말주변이 없고 어눌해서 바보스럽다고 느끼는 내담자를 길거리로 데려가서 지나가는 행인에게 말을 걸어본다거나, 평소 굴욕감에 사로잡혀 의기소침한 상태에 있는 내담자를 대로변으로 데려가서 지나가는 버스를 향해 "멈춰!"라고 외치도록 하는 방법 등이 해당한다.

15 행동주의적 접근모형에서 집단의 기술
- 행동을 강화시키는 기술 : 행동계약, 자기주장 훈련, 시범보이기 등
- 행동을 약화시키는 기술 : 소거, 양립할 수 없는 행동의 강화, 체계적 과민성 제거, 심적 포화 등

16 이중자아 기법
- 심리극의 핵심적인 기법으로서, 자신의 감정을 명확히 표현하지 못하는 주인공에게 매우 유효한 기법이다.
- 보조자아가 주인공의 뒤에서 주인공의 또 다른 자아로서의 역할을 수행하면서, 주인공이 실제로 표현하기 주저하는 내면심리를 대신하여 표현한다.
- 주인공에게 매우 강력한 자극제 역할을 하는 동시에 보조자아로 하여금 감정이입 기술을 배양할 수 있도록 하는 기회를 제공한다.

17 직면하기(맞닥뜨림하기)
- 집단원의 말이나 행동이 일치하지 않거나 모순점이 있을 때, 그것을 지적해주는 기술이다.
- 상대방에게 공격이나 위협으로 받아들여질 수 있으므로 사용상 주의를 필요로 한다.
- 이전에 한 말과 지금 하는 말이 불일치할 때, 말과 행동이 불일치할 때 적용한다.

18 집단상담의 4단계 발달과정(이형득, 1999)
도입단계(ㄱ) → 준비단계(ㄹ) → 작업단계(ㄷ) → 종결단계(ㄴ)

19 ① 집단상담자는 인내심을 가지고 집단 및 집단과정을 신뢰하고 관망하는 능력을 길러야 한다.
② 집단상담자는 갈등관계에 있는 집단들의 적대감과 갈등의 느낌을 집단에게 보다 분명하고 직접적으로 표현하도록 격려한다.
④ 집단상담자는 집단원들에게서 나타나는 갈등이 필연적인 것이며, 이를 잘 관리할 경우 오히려 신뢰성을 강화하는 계기가 된다는 사실을 인식시킴으로써, 그들 스스로 자신들의 갈등을 성공적으로 취급하도록 돕는다.
⑤ 집단상담자는 직접 응답하는 대신, 집단에 도움을 요청함으로써 참여를 촉진한다.

20 ⑤ '시작단계'에 해당하는 특징이다.

집단상담의 발달과정(Hansen)

시작단계	• 집단원 상호간의 탐색, 집단구조에 대한 불확실성, 행동에 대한 불안감이 나타난다. • 집단원은 집단지도자에게 의존하는 성향을 보이며, 자기 역할을 파악하기 위해 노력한다.
갈등단계	• 집단상담의 시작단계가 지나면, 집단원들이 서로간에 부정적인 정서반응을 나타내면서 집단 내적 갈등이 일어나게 되는데, 이는 집단상담의 과정상 필연적인 것이다. • 집단원들은 자신들의 불만을 표시하며, 경우에 따라 집단상담자를 원망하거나 공격하기도 한다.
응집단계	• 집단이 갈등단계를 넘어서면 부정적인 감정이 극복되고, 조화롭고 협력적인 집단분위기가 발전되면서 점차 집단원들 간에 응집력이 발달하게 된다.
생산단계	• 친근감을 느끼면서 수용하는 응집단계를 넘어서, 깊은 통찰을 통한 행동 변화의 준비가 이루어지면서 생산단계로 나아가게 된다. • 생산단계에서 집단은 집단원 간의 피드백 및 직면이 가능해지며, 변화를 위한 모험을 시도하기도 한다.
종결단계	• 집단원들이 바람직하지 못한 행동에서 벗어나 새로운 행동을 학습함으로써 목표를 달성한다. • 집단원들은 자신의 문제가 해결됨으로써 점차 자기노출을 감소하며, 유대관계의 분리로 인해 아쉬운 감정을 느낀다.

21 ① 상황이론은 지도자의 행동이 상황에 따라 달라질 수 있다는 가정에 기초하고 있다. 즉, 그때의 상황이 지도자의 행동을 결정하는 요인이 된다고 보고, 상황이 달라짐에 따라 다른 리더십이 요청될 수도 있다고 보는 입장이다. 상황이론에서는 리더십에 영향을 미치는 요소로서 지도자가 속한 집단, 집단목표, 구조, 성격, 사회문화적 요인, 시간적·공간적 요인 등을 들고 있다. 이러한 상황이론은 피들러(Fiedler)의 '상황적합이론', 하우스(House)의 '목표-경로이론', 첼라두라이(Chelladurai)의 '다차원이론' 등이 대표적이다.
② 행동이론은 "지도자는 어떤 행동을 하며, 어떻게 행동을 하는가?"라는 관점에 초점을 두고, 적합한 지도자의 행동 유형을 규명하고자 한다.
③ 관리망 연구에서 최적의 리더십 스타일은 이상형 또는 팀형이다.
④ 리더십을 생산과 인간에 대한 행동유형으로 구별한 것은 관리망 연구에 해당한다.
⑤ 거래적-변혁적 리더십 이론에서 거래적 리더십은 기존의 리더십 이론에서 제시된 일반적인 리더의 특징에 부합한다. 지도자는 업무 할당, 업무 결과 평가, 의사결정 등의 일상적인 역할에 주력한다.

22 집단상담의 계획 시 고려사항
- 집단의 구성(동질성과 이질성)
- 집단의 크기
- 집단의 개방수준(개방집단과 폐쇄집단)
- 집단의 지속기간 및 회합의 빈도
- 집단의 장소와 분위기(물리적 환경의 배려)
- 집단의 조직성 등

23 ④ 상담 목표는 '도입단계'에서 설정한다.

작업단계의 집단상담자 역할
- 자기노출과 감정의 정화를 한다.
- 적절한 행동모델이 된다.
- 집단의 응집력을 강화한다.
- 맞닥뜨림과 공감과 같은 적절한 반응에 대해 모범을 보인다.
- 집단원의 사고와 정서변화를 촉진한다.
- 집단전체와 개인이 보이는 패턴에도 관심을 보이며, 자신이 관찰한 것을 개방한다.
- 집단원의 공통된 주제를 찾고, 보편성을 제공한다.
- 집단에서 치료적 요인에 항상 주목하고, 이런 요인들을 최대한 활용한다.
- 집단원이 깊은 수준의 자기탐색을 할 수 있게 돕는다.

24 ⑤ 공동지도력은 전문지도자의 추가고용 등에 따라 상대적으로 비용이 많이 든다.

공동상담의 장·단점

장점	• 한 상담자가 직접 집단활동에 참여하거나 집단을 지도하는 동안, 다른 상담자는 집단 전체를 객관적인 입장에서 관찰할 수 있으므로, 집단원의 상호작용을 관찰할 수 있는 범위가 넓어진다. • 집단원의 전이반응을 촉진시킬 수 있다. • 한 상담자는 과업목표에 치중하고, 다른 상담자는 사회정서적 문제에 집중하는 식으로 역할을 분담함으로써, 다양한 역할 모델링의 기회가 제공되어 집단활동을 효율적으로 이끌어 갈 수 있다. • 서로 다른 관점을 교환함으로써, 보다 효과적인 방안을 모색할 수 있다. • 상담자의 신체적·정서적 소진을 감소시킬 수 있다. • 상담자 간의 피드백을 통해 서로 다른 관점에서 상호작용을 할 수 있으므로, 집단 내 전문성 향상을 가져올 수 있고, 각자의 전문성을 적절하게 활용할 경우 집단역동을 활성화시킬 수 있다. • 두 상담자 간의 상호작용을 통해 집단원들에게 시범을 보임으로써, 집단원들 간 갈등상황에서 적절한 갈등 해결 방법의 모델이 될 수 있다. • 공동지도자가 참석해 있으므로 역전이를 어느 정도 방지할 수 있다. • 초보지도자의 훈련에 가장 효과적인 방법이 될 수 있다. • 집단원의 욕구를 충족시키기 위한 역할을 구조화하는 기회를 갖는다. • 정신역동적 집단에서는 상담자의 역전이 반응을 다른 상담자가 점검할 수 있다. • 한 집단상담자가 부득이하게 불참할 경우 다른 집단상담자가 집단상담을 진행할 수 있다.
단점	• 상담자들 간 화합이 이루어지지 않은 채 의견충돌이 일어나는 경우 집단이 양극화될 수 있다. • 상담자들이 각자 자신의 역할과 기능을 제대로 발휘하지 못하는 경우, 치료적 역할모델로서 기능할 수 없다. • 상담자들이 자신의 입장을 고수하거나 상대방의 능력을 인정하지 않는 경우, 권력다툼이나 갈등·경쟁관계가 발생할 수 있다. • 한 상담자가 집단원들과 결탁하여 다른 상담자에 대항할 수 있다. • 절친한 상담자들의 경우, 자신들의 사적인 문제를 해결하기 위해 집단을 이용할 수 있다. • 집단의 유지 및 발전에 지장을 초래하기도 하며, 비용도 많이 든다.

25 ① 자기개방 : 집단상담자가 상담을 효과적으로 이끌기 위해 상담에 참여한 집단원에게 자신에 대한 주관적인 정보를 개방(노출)하는 기술
③ 구조화 : 집단의 목표, 과정, 절차 등을 체계적으로 구성해 두고, 정해진 계획과 절차에 따라 진행하는 것
④ 요약하기 : 집단원의 생각이나 감정, 그가 한 이야기 등을 전체적으로 묶어 간략하게 정리하는 것
⑤ 초점 맞추기 : 상담자는 과거보다는 현재에, 내담자의 감정보다는 행동에 초점을 두는 것

필수과목 03 　심리측정 및 평가

01	02	03	04	05	06	07	08	09
①	⑤	④	⑤	②	③	③	③	④
10	11	12	13	14	15	16	17	18
③	⑤	③	⑤	④	③	④	①	④
19	20	21	22	23	24	25
④	①	②	③	④	⑤	③

01 심리검사의 해석과정에서의 유의점
- 전문적인 자질과 경험을 갖춘 사람이 검사결과를 해석해야 한다.
- 규준에 따라 해석되어야 한다.
- 다른 검사나 관련 자료를 함께 고려하여 결론을 내린다.
- 피검사자를 명명하거나 낙인을 찍어서는 안 된다.
- 자기충족예언을 해서는 안 된다.
- 검사결과가 악용되어서는 안 된다.

02 심리평가의 주요 내용

인지기능에 대한 평가	• 전반적인 지적 기능에 대한 평가 • 논리적·추상적 사고능력, 주의집중력 등에 대한 평가 • 문제 상황이나 스트레스 상황에서의 인지적 대처양식에 대한 평가 • 인지적 능력의 결함이나 장애, 취약성 등에 대한 평가
성격역동에 대한 평가	• 불안, 우울, 충동성, 공격성 등 현재 정서 상태에 대한 평가 • 내담자의 문제에 영향을 미치는 정서적 측면에 대한 평가 • 내담자의 문제와 성격적인 특성의 관련성에 대한 평가 • 자아강도, 정서조절, 충동통제력에 대한 평가
대인관계에 대한 평가	• 가족, 친구, 동료, 타인과의 상호적 대인관계에 대한 평가 • 대인관계의 양상 및 패턴에 대한 평가 • 대인관계에서의 기능 및 역할 수행에 대한 평가
진단 및 감별진단	• 검사 결과 및 검사 수행 시 나타난 정서적·행동적 양상에 대한 평가 • 생활사적 정보 등을 포함한 종합적 평가 • 성격장애, 기분장애, 정신지체 등 정신의학적 진단분류
예후 및 방향 제시	• 문제의 해결을 위한 적절한 치료유형 및 치료 전략의 제시 • 치료적 경과 및 앞으로의 행동에 대한 예측

03 심리검사의 일반적 시행과정
- 제1단계 : 심리검사의 선택
- 제2단계 : 검사요강에 대한 이해
- 제3단계 : 검사에 대한 동기화
- 제4단계 : 검사의 실시
- 제5단계 : 검사의 채점
- 제6단계 : 검사 결과에 대한 해석

04 심리평가의 기능
- 문제의 명료화 및 세분화
- 수검자에 대한 이해
- 문제 해결을 위한 상담계획 세우기
- 상담결과와 효과에 대한 평가
- 통찰 기회 제공
- 개인의 인지적 기능 및 강점 평가

05 ② 보기의 내용은 '리커트척도(Likert Scale)' 또는 '총화평정척도(Summated Rating Scale)'에 해당하는 것으로서, 이와 같은 척도는 주로 인간의 태도를 측정하는 데 사용된다. 서열적 수준의 변수를 측정하는 '서열척도'의 일종으로, 척도의 신뢰도와 타당도를 높이기 위해 일련의 문항들을 하나의 척도로 사용하는 다문항척도이다. 일단의 태도문항들로 구성되어 있으며, 이들 문항은 거의 동일한 태도가치를 갖는다고 인정된다. 또한, 이들 각 문항에 대해 응답자는 찬성 또는 반대로 나타나는 데 있어서 선택적인 정도의 차이를 표시하게 된다. 각 개인의 태도에 대한 점수는 그가 택한 이 척도의 모든 문항의 점수를 총화하여, 그것을 전 문항수로 나눈 평균으로 알 수 있다.

척도의 종류	
명목척도 (명명척도)	• 단순한 분류의 목적을 위해 측정대상의 속성에 수치를 부여하는 것을 말한다. • 상호 배타적인 특성을 가지며, 동일한 집단에 속해 있는 대상은 동일한 척도값을 가져야 한다. • 가장 낮은 수준의 측정으로서 이름을 부여하는 명목적인 것을 의미하고, 여기에 부여된 숫자는 질적이며 수치적 의미는 없다. • 성, 인종, 종교, 결혼 여부, 직업 등의 구별이 해당한다.
서열척도	• 일종의 순위척도로서, 그 측정대상을 속성에 따라 서열이나 순위를 매길 수 있도록 수치를 부여한 척도이다. • 서열 간의 간격이 동일하지 않으며, 절대량을 의미하지 않는다. • 사회계층, 선호도, 서비스 효율성 평가, 청소년상담사 자격등급 등의 측정에 이용된다.
등간척도	• 일종의 구간척도로서, 측정하고자 하는 사물의 대상이나 현상을 분류하고 서열을 정할 수 있을 뿐만 아니라 이들 분류된 범주 간의 간격까지도 측정할 수 있는 척도이다. • 등간격이므로 산술계산에 사용될 수 있으나, 절대영점이 없다. • 지능, 온도, 시험점수 등이 해당된다.
비율척도	• 척도를 나타내는 수가 등간일 뿐만 아니라 절대영점을 가지고 있는 경우에 이용되는 척도이다. • 측정치 간에 등간성이 있다. • 순위관계에 대한 정보도 포함하고 있는 척도이며, 명명척도, 서열척도, 등간척도보다 많은 정보를 포함한다. • 연령, 무게, 키, 수입, 출생률, 사망률, 이혼율, 가족 수, 졸업생 수 등이 해당한다.

06 신뢰도의 유형

문항내적 합치도	• 한 검사 내에 있는 문항 하나하나를 각각 독립된 별개의 검사로 간주하여, 문항 내 정답과 오답 사이의 일관성을 일종의 상관계수로 표시한다. • 단 한 번의 시행으로 신뢰도를 구할 수 있으나, 검사내용이 이질적인 경우 신뢰도 계수가 낮아진다.
동형검사 신뢰도	• 미리 두 개의 동형검사를 제작하고, 그것을 같은 피험자에게 실시해서 두 동형검사에서 얻은 점수 사이의 상관을 산출하는 방법이다. • 기억효과, 연습효과의 통제가 가능하다. • 두 검사를 완전히 동질적으로 구성하기가 곤란하다.
반분 신뢰도	• 검사를 한 번 실시한 후 이를 적절한 방법에 의해 두 부분의 점수로 분할하여 그 각각을 독립된 두 개의 척도로 사용함으로써 신뢰도를 계산한다. • 반분하는 방식에 따라 각기 다른 신뢰도를 추정하므로, 단일의 측정치를 산출하지 못한다.
검사-재검사 신뢰도	• 한 개의 평가도구 혹은 검사를 같은 집단에 두 번 실시해서 그 전후의 결과에서 얻은 점수를 기초로 하여 상관계수를 산출하는 방법이다. • 검사와 재검사 사이의 시간 간격이 길어질수록 신뢰도 계수는 작아진다. • 연습효과·기억효과로 인해 후의 시험결과가 높게 나타날 수 있다.
채점자 신뢰도	• 채점자 간 신뢰도 : 한 채점자가 다른 채점자와 얼마나 유사하게 평가하였느냐의 문제 • 채점자 내 신뢰도 : 한 채점자가 많은 측정 대상에 대하여 계속적으로 일관성 있게 측정하였느냐의 문제 • 채점자 내 신뢰도는 채점자 간 신뢰도 추정의 기본조건이다.

07
- Z점수 = $\dfrac{\text{원점수} - \text{평균점수}}{\text{표준편차}}$

  = $\dfrac{76 - 72}{4}$ = 1

  ∴ Z점수 = 1

- T점수 = 10 × Z점수 + 50

  = 10 × 1 + 50 = 60

  ∴ T점수 = 60

08 정규분포곡선
- 정규분포(Normal Distribution)는 연속확률변수와 관련된 전형적인 분포 유형으로서, 가우스 분포(Gaussian Distribution)라고도 한다.
- 정규분포의 모양과 위치는 분포의 평균과 표준편차로 결정된다.
- 정규분포곡선은 평균값이 최빈값 및 중앙값(중위수)과 일치하는 정상분포에 해당한다.
- 평균을 중심으로 연속적 · 대칭적 종 모양 형태를 지닌다.
- 첨도는 '0', 평균은 '0', 표준편차는 '1'이다.
- 평균값 '0'에서 전체 도수의 약 34%가 속해 있는 Z값은 '1', 약 48%가 속해 있는 Z값은 '2'이다.
- '-1'과 '1'사이의 Z값은 약 68.2%, '-2'와 '2'사이의 Z값은 95.4%, '-3'과 '3'사이의 Z값은 99.7%로 나타난다.
- 자연현상과 사회현상의 대부분이 해당되며, 표본의 대표성에 관한 유용한 정보를 제공해 준다. 특히 관찰대상의 수가 클수록 그 분포는 정규분포와 유사하다.

09 ㄱ · ㄷ 객관적 검사(구조적 검사)이다.

객관적 검사와 투사적 검사의 종류

객관적 검사 (구조적 검사)	• 성인용 웩슬러 지능검사(WAIS) • 다면적인성검사(MMPI) • 성격유형검사(MBTI) • 성격평가질문지(PAI) • 기질 및 성격검사(TCI) • 16성격 요인검사(16PF) • NEO 인성검사(NEO-PI-R) • 일반 직업적성검사(GATB)
투사적 검사 (비구조적 검사)	• 로르샤하 검사(Rorschach Test) • 주제통각검사(TAT) • 집-나무-사람검사(HTP) • 문장완성검사(SCT) • 인물화 검사(DAP)

10 ③ 지능에 대한 조작적 정의를 제시한 학자는 프리먼(Freeman), 보링(Boring) 등으로, 정의로서는 명확하나 지능의 정신적인 본질에 관한 내용을 담고 있지 못하다.
① 웩슬러(Wechsler)는 지능에 대해 어떠한 목적을 향해 합리적으로 행동하고 체계적으로 사고하며, 환경을 효과적으로 다루는 유기체의 종합적인 능력으로 간주함으로써 지능에 대한 포괄적 정의를 제시하였다.
② 터먼(Terman)은 지능을 추상적인 사고를 할 수 있는 능력이자, 이를 구체적인 사실과 연관시킬 수 있는 능력으로 보았다.
④ 스턴(Stern)은 지능을 전체 환경에 대한 적응력이자, 생활상의 새로운 문제와 상황에 대처하는 정신적 적응력으로 보았다.
⑤ 디어본(Dearborn)은 지능을 교육을 받을 수 있는 능력 또는 유익한 것을 학습할 수 있는 능력으로 보았다.

11 ⑤ 웩슬러(Wechsler) 지능검사는 '편차 IQ'의 개념을 사용하며, 동일연령을 대상으로 실시하여 평균 100, 표준편차 15를 적용 · 산출한다.

12 비율척도
- 척도를 나타내는 수가 등간일 뿐만 아니라 절대영점을 가지고 있는 경우에 이용되는 척도이다.
- 연령, 무게, 키, 수입, 출생률, 사망률, 이혼율, 가족 수, 졸업생 수 등이 해당한다.

13 ⑤ 수열완성형 검사는 수의 열이 내포하고 있는 일정한 규칙성을 발견하는 것으로서, 지능의 구성요인 중 추리 요인(R Factor)을 측정하기 위해 사용된다. 수 요인(N Factor)은 더하기나 곱하기, 큰 숫자나 작은 숫자 찾기 등의 기초적인 산수문제로 측정한다.

14 ① 미네소타 다면적 인성검사(MMPI)는 550개의 문항을 포함하고 있으나, 그 중 16개의 문항이 중복되어 총 566개의 문항으로 구성되어 있다.
② MMPI의 10가지 임상척도는 수검자의 주요 비정상행동을 측정하는 반면, 4가지 타당도 척도는 수검자의 검사태도를 측정한다.

③ 수검자는 각 문항에 대해 '그렇다' 혹은 '아니다'의 두 가지 답변 중 하나를 택하여 반응하도록 되어 있다.
⑤ 현재 임상장면에서 널리 사용되고 있는 MMPI는 383개의 문항으로 구성된 단축형이다. 참고로 MMPI-2의 단축형으로서 MMPI-2-RF(다면적 인성검사 II 재구성판)의 경우 338개의 문항으로 구성되어 있다.

15 10가지 임상척도

척도 1 Hs (Hypochondr-iasis, 건강염려증)	• 수검자가 호소하는 신체적인 증상의 수를 반영한다. • 높은 점수는 만성적인 경향이 있는 모호한 여러 신체증상을 나타낸다. • 높은 점수의 수검자들은 일반적으로 불행감을 느끼고 자기중심적이며, 애처롭게 호소하는 동시에 적대적이고 타인의 주의집중을 바란다.
척도 2 D (Depression, 우울증)	• 검사 수행 당시 수검자의 우울한 기분, 자신에 대한 과소평가, 열등감 등을 반영한다. • 높은 점수의 수검자들은 우울하고 비관적이며, 근심이 많고 무기력하다. 또한 지나치게 억제적이며 쉽게 죄의식을 느낀다. • 점수증가는 심한 심리적 고통, 변화나 증상완화에 대한 소망을 반영한다.
척도 3 Hy (Hysteria, 히스테리)	• 현실적 어려움이나 갈등을 회피하는 방법으로 부인을 사용하는 경향 및 정도를 반영한다. • 높은 점수는 스트레스 처리에 있어서 부정과 억압방어와 같은 신경증적 방어사용을 나타낸다. 이들은 의존적이고 소박하고 외양적이며, 유아적이고 자기도취적이다.
척도 4 Pd (Psychopathic Deviate, 반사회성)	• 갈등의 정도, 특히 가정이나 권위적 대상 일반에 대한 불만, 자신 및 사회와의 괴리, 권태 등을 반영한다. • 반항, 가족관계 분열, 충동성, 학업이나 직업문제, 범법행위, 알코올이나 약물남용 등 반사회적 행동을 나타낸다.
척도 4 Pd (Psychopathic Deviate, 반사회성)	• 높은 점수의 수검자들에게 있어서 반사회적 인격장애가 흔하다. 이들은 외향적·사교적이며 남에게 호감을 주고 남을 잘 속인다. 또한 쾌락에 탐닉하고 자기 과시적이며, 신뢰할 수 없고 미성숙하며 적대적이다.
척도 5 Mf (Masculinity-Femininity, 남성성-여성성)	• 대인관계 상황에서 수줍음, 직업에 대한 흥미를 측정, 심미적이고 종교적인 취향, 능동성과 수동성에 대한 내용을 포함하고 있다. • 높은 점수의 남성은 예민하고 탐미적이며, 수동적이거나 여성적인 경향이 있다. 이들은 성적 정체감에 대한 갈등, 이성애적 욕구의 저하를 나타낸다. 낮은 점수의 남성은 남성적이고 공격적이며, 거칠고 모험을 즐긴다. 또한 무모하고 실질적이며 관심이 좁다. • 높은 점수의 여성은 남성적이고 거칠며 공격적이고 자신감이 있다. 이들은 감정적이지 않으며 무딘 경향이 있다. 낮은 점수의 여성은 수동적이고 복종적이다. 또한 흠을 잡는 잔소리꾼이고 과민하다.
척도 6 Pa (Paranoia, 편집증)	• 대인관계에서의 민감성, 의심증, 집착증, 피해의식, 자기 정당성 등을 반영한다. • 높은 점수의 수검자는 투사하고 남을 비난하며 원망한다. 이들은 일반적으로 적대적이거나 따지기를 좋아한다.
척도 7 Pt (Psychasthenia 강박증)	• 심리적 고통이나 불안의 정도를 반영하며, 걱정을 많이 하는 성격(특성불안)에서의 만성적 불안과 연관된다. • 높은 점수는 긴장되고 불안하며 생각에 집착한다. 또한 강박적이고 공포를 느끼며 융통성이 결여되어 있다.
척도 8 Sc (Schizophrenia 정신분열증)	• 정신적 혼란과 불안정 상태를 반영한다. • 높은 점수는 전통적인 규범에서 벗어나는 정신분열성 생활방식을 반영한다. 이들은 위축되어 있고 수줍어하며 우울하다. 또한 열등감과 부족감을 느끼고 긴장되며 혼란되어 있다. 이들은 흔치 않은 이상한 생각을 품고 있다.

척도 9 Ma (Hypomanina, 경조증)	• 심리적·정신적 에너지의 수준을 반영한다. • 높은 점수는 사교적이고 외향적·충동적 성향과 힘이 넘쳐흐르며, 낙관적인 상태를 반영한다. 반면에 쉽게 지루해하며 인내력이 부족하다. 이들은 자유분방한 도덕 관념을 가지고 있다.
척도 0 Si (Social Introversion, 내향성)	• 혼자 있는 것을 좋아하는 정도(내향성)를 반영한다. • 높은 점수는 내성적이어서 수줍어하며 위축되어 있다. • 높은 점수는 사회적으로 보수적이고 순응적이며, 지나치게 억제하며 무기력하다. 또한 긴장하고 융통성이 없으며 죄의식에 잘 빠진다.

16 ④ PAI(Personality Assessment Inventory) : 성격과 정신병리를 평가하기 위한 객관검사로서, 임상장면에서 환자나 내담자에 대한 중요한 정보를 제공하기 위해 개발한 자기보고형 검사를 말한다.
① MMPI-2 : 기존 MMPI의 제한점을 개선하고 새로운 문항들과 척도들이 추가되어 성인의 정신병리를 평가하는 도구들 중 가장 널리 사용되고, 가장 많은 연구가 이루어진 객관적 성격검사이다.
② K-WAIS-Ⅳ : 미국 원판인 WAIS-Ⅳ(2008)를 한국판으로 번안하여 표준화한 개인용 지능검사이다.
③ CAT(아동용 주제통각검사) : 투사적 검사의 종류이다. 투사적 검사는 모호한 검사자극에 대한 개인의 반응을 분석하며, 개인의 의식 영역 바깥에 있는 정신현상을 측정하는 것이다.
⑤ SCL-90-R : 간이 정신 진단검사로서, MMPI의 검사의 기능처럼 정신 건강정도와 임상적 증상의 정도를 평가하는 검사이다. 보다 간편하게 응답할 수 있는 검사이다.

17 언어이해지표(VCI)에서 핵심소검사는 '공통성', '어휘', '이해'가 있고, 보충소검사로는 '상식', '단어추리'가 있다.

18 ④ 미네소타 다면적 인성검사(MMPI)의 경우, 주요 비정상행동을 측정하는 10가지 임상척도와 수검자의 검사태도를 측정하는 4가지 타당성 척도로 이루어진 반면, 성격평가질문지(PAI)는 4가지 타당성 척도, 11가지 임상척도, 5가지 치료척도, 2가지 대인관계척도로 이루어져 있다.

성격평가질문지(PAI)
• 1991년 미국의 심리학자 모레이(Moray)에 의해 고안된 객관적 검사이다.
• 주로 부적응적인 환자들을 대상으로 정신병리를 평가하는 임상적 평가도구로서, 자기보고식 검사에 해당한다.
• 총 344문항이며, "전혀 그렇지 않다", "약간 그렇다", "중간이다", "매우 그렇다" 중에서 하나를 선택하는 4지 선다형으로 이루어져 있다.
• 척도는 과거의 정신장애 분류와 최근의 임상적 진단을 토대로 선별되었으며, 4개의 척도군, 즉 타당성 척도(4개), 임상척도(11개), 치료척도(5개), 대인관계척도(2개)로 구성되어 있다.
• 환자에 대한 치료계획을 수립하고, 치료의 시행 및 평가에 대한 중요한 구성개념을 측정하는 것을 목표로 한다.
• 수검자는 검사의 지시와 문항을 제대로 이해할 수 있을 만큼 신체적·정신적으로 이상이 없어야 한다.

19 써스톤(L. Thurstone)의 기초정신능력(Primary Mental Ability) 7가지 요인

언어이해 (V Factor)	• 언어의 개념화, 추리 및 활용 등에 대한 능력이다. • 어휘력 검사와 독해력 검사로 측정한다.
수 (N Factor)	• 계산 및 추리력, 즉 수를 다루며 계산하는 능력이다. • 더하기나 곱하기, 큰 숫자나 작은 숫자 찾기 등의 기초적인 산수문제로 측정한다.
공간시각 (S Factor)	• 공간을 상상하고 물체를 시각화할 수 있는 능력이다. • 상징물이나 기하학적 도형에 대한 정신적 조작을 요하는 검사로 측정한다.

지각속도 (P Factor)	• 어떤 대상이나 현상을 빠르고 정확하며, 구체적이고 객관적으로 파악하는 능력이다. • 상징들의 신속한 재인을 요하는 검사로 측정한다.	
기 억 (M Factor)	• 지각적·개념적 자료들을 명확히 기억하고 재생할 수 있는 능력이다. • 단어, 문자 등을 이용한 회상 검사로 측정한다.	
추 리 (R Factor)	• 주어진 자료들로써 일반원칙을 밝히며, 이를 목표달성을 위해 생산적으로 적용·추리하는 능력이다. • 유추검사나 수열완성형 검사로 측정한다.	
단어유창성 (W Factor)	• 상황에 부합하는 유효적절한 단어를 빠르게 산출해낼 수 있는 능력이다. • 제한시간 내에 특정 문자(예 '가' 또는 'A')로 시작하는 단어를 최대한 많이 제시하도록 요구하는 방식의 검사로 측정한다.	

20 ① 감각형(S)은 과거지향적, 세부적, 진지한 관찰을 특징으로 하며, 숲보다는 나무를 보려는 경향이 있다.
② 직관형(N)은 신속한 일처리를 강조하며, 나무보다는 숲을 보려는 경향이 있다.
③ 사고형(T)은 판단을 할 때 사실과 논리에 근거를 두고, 객관적인 가치에 따라 결정을 내리는 것을 선호한다.
④ 적응성, 개방성, 수용성을 추구하는 것은 인식형(P)에 해당한다.
⑤ 일에 대해 철저한 준비와 계획을 중시하는 것은 판단형(J)에 해당한다.

21 집-나무-사람(HTP) 검사의 내용적 해석

'사람 그림'의 몸통	• 자아 강도 • 어깨 : 책임성, 책임수행 능력 • 가슴 : 남자의 경우 힘과 능력, 여자의 경우 성적 성숙 및 애정욕구 • 허리 : 성적 행동, 성충동 • 엉덩이 : 성적 발달 미숙
'집 그림'의 벽면	• 자아 강도 및 통제력 • 연결이 부적절한 벽 : 일차적 욕구에 대한 집착, 자아상실감 • 허물어질 듯한 벽 : 자아의 붕괴 • 벽면이 깨끗한 경우 : 우울증, 현실도피 성향, 대인관계 결핍 • 벽에 방의 내부를 그린 경우 : 정신지체, 정신분열 • 벽의 한쪽 면과 다른 쪽 면이 어긋난 경우 : 이중인격, 해리성 장애
'나무 그림'의 기둥(Trunk)	• 자아 강도, 내면화의 힘 • 크거나 높은 경우 : 자아 강도 부족 및 그에 대한 과도한 보상 • 기둥이 빈약한 경우 : 위축감, 무력감 • 기둥이 기울어진 경우 : 외적 요인에 의한 내적 자아 손상 및 압박 • 옹이구멍이 있는 경우 : 성장과 정상 외상 경험

22 ㄷ. 주제통각검사(TAT)는 30장의 흑백그림카드와 1장의 백지카드 등 총 31장으로 구성되어 있다. 그림카드 뒷면에는 공용도판, 남성공용도판(BM), 여성공용도판(GF), 성인공용도판(MF), 미성인공용도판(BG), 성인남성전용도판(M), 성인여성전용도판(12F), 소년전용도판(B), 소녀전용도판(G)으로 구분되어 있다.

23 ④ MMPI는 여러 척도 간 중복 문항이 많아 이런 경우 문항과 척도의 진단 변별력이 낮다.

MMPI(다면적 인성검사)
• 세계적으로 가장 널리 쓰이고 가장 많이 연구되어 있는 객관적 성격검사이다.
• 비정상적인 행동과 증상을 객관적으로 측정하여 임상진단에 관한 정보를 제공해주는 것이 주목적이다.
• 1943년 미국 미네소타 대학의 하더웨이와 매킨리(Hathaway & McKinley)가 이전의 논리적 제작방식을 탈피하여 경험적 제작방식을 이용하여 개발하였다.

24 ① 근접의 오류 : 평정자가 시간적으로나 공간적으로 근접해 있는 특성들에 대해 서로 비슷한 평정치를 부여하는 현상이다.
② 관대화의 오류(관용의 오류) : 평정자가 평정대상자의 실제 능력이나 실적에 비해 관대하게 평정하여 원만하게 처리하려는 현상이다.
③ 표준의 오류 : 평정자들 간에 서로 다른 기준(표준)을 둠으로써 결과가 다르게 나타나는 현상이다.
④ 연쇄화 경향의 오류(인상의 오류) : 평정자가 어떠한 측면을 기준으로 처음 문항에 대해 좋게 또는 나쁘게 평가한 것을 다른 문항에까지 함께 평가해버리는 현상이다.

25 정신상태평가

영 역	세부내용
일반적 기술	• 외 모 • 면담 시 태도 • 행동과 정신운동활동
감정과 정서	• 기 분 • 정서적 표현 • 적절성
말	• 양 • 속 도 • 연속성
지 각	• 환 각 • 착 각
사 고 (Thought)	• 사고과정 • 사고내용
감각과 인지	• 의 식 • 지남력 • 집중력 • 기억력 • 계산력 • 상식과 지능 • 추상적 사고능력
판단과 병식	• 상황적 판단력 • 사회적 판단력
정신기능 사정척도	정신건강과 정신장애의 가설적인 연속선상에서 심리적・사회적 기능을 고려하여 점수로 나타냄

필수과목 04 상담이론

01	02	03	04	05	06	07	08	09
①	③	③	③	⑤	④	③	①	⑤
10	11	12	13	14	15	16	17	18
④	⑤	②	⑤	③	③	④	①	⑤
19	20	21	22	23	24	25		
④	①	②	①	③	⑤	⑤		

01 ① 상담은 도움을 필요로 하는 내담자와 도움을 제공하는 상담자의 공동주체에 의한 활동으로서, 내담자와 상담자 간의 상호협력적인 관계를 기초로 한다.

02 상담과 심리치료의 비교

구 분	상 담	심리치료
주요 대상	정상적인 내담자	환자(성격장애, 정신장애 등)
장 소	학교, 지역사회, 봉사기관	병원, 진료기관, 환자가정
문제 형태	교육적・상황적 문제	재구성적・심층 분석적 문제
문제 의식	당면한 문제의 선택 및 결정, 해결	정서적 장애 및 이상행동에 관여
초 점	의식 내용의 자각에 역점	무의식적 동기의 자각에 역점
방 법	일시적 욕구불만이나 갈등의 해결	정서 또는 행동의 치료 및 교정
자 료	현재적・의식적 자료	과거의 역사적 사실 무의식적 자료
기 간	비교적 단기간 (1~20회 정도)	비교적 장기간 (20~100회 정도)
전문가	• 심리상담전문가 • 카운슬러 (Counselor)	• 정신과 의사 • 임상심리전문가
기타 비용	일반적으로 무료	일반적으로 유료

03 ㄴ・ㄹ 이중관계는 상담자가 내담자에게 두 가지 또는 그 이상의 역할을 동시에 수행할 때 성립되는 것으로서, 상담자가 내담자의 상담 교육을 위해 슈퍼바이저 역할을 하는 것도 이중관계에 해당하며, 내담자와의 성관계도 이중관계에 해당된다.

04 상담의 과정(Brammer, 1977)
준비와 시작 → 명료화 → 구조화 → 관계심화 → 탐색 → 견고화 → 계획 → 종료

05 ⑤ 안구운동 둔감법 및 재처리 과정(EMDR)은 외상 후 스트레스 장애를 가진 사람들의 치료용으로서, 미국의 프란신 샤피로(Francine Shapiro) 박사에 의해 창안이 되고, 지금까지 꾸준하게 발전해 온 안구운동을 통한 민감 소실 재처리요법이다. 적절한 훈련과 지도감독을 받지 않은 사람은 이 상담기법을 시행하면 안 된다.

06 반영(Reflection)
- 상담자가 내담자의 행동 속에 내재된 내면감정을 정확히 파악하여 이를 내담자에게 전달해주는 것을 말한다.
- 상담자는 반영을 통해 내담자의 태도를 거울에 비추어 주듯이 보여줌으로써 내담자의 자기 이해를 도와줄 뿐만 아니라 내담자로 하여금 자기가 이해받고 있다는 인식을 주게 된다.
- 반영을 할 때는 말로 표현된 내용 자체보다는 그것의 밑바탕에 깔려 있는 감정을 그대로 되돌려주기 위해 노력해야 한다.
- 상담자는 내담자의 행동을 유심히 관찰하여 말로써 표현한 것 뿐만 아니라 자세, 몸짓, 목소리, 눈빛 등 비언어적 행동에서 나타나는 감정까지도 반영해야 한다.
- 상담자는 내담자가 실제로 말한 핵심 내용을 간단하게 재진술하거나 바꾸어 말함으로써 내용을 반영할 수 있다.
- 상담자가 "당신은 ~을 말하는 것 같군요", "당신은 ~을 느끼고 있는 거로군요" 등의 표현을 사용하여 반영하는 경우, 내담자는 "네, 맞아요", "정말 그래요" 등과 같은 반응을 보이게 된다.

07 치환(전위), 투사, 부인(부정)
- 치환 또는 전위(Displacement) : 자신이 어떤 대상에 대해 느낀 감정을 보다 덜 위협적인 다른 대상에게 표출하는 것이다.
- 투사(Projection) : 사회적으로 인정받을 수 없는 자신의 행동과 생각을 마치 다른 사람의 것인 양 생각하고 남을 탓하는 것이다.
- 부인 또는 부정(Denial) : 의식화되는 경우 감당하기 어려운 고통이나 욕구를 무의식적으로 부정하는 것이다.

08 상담 과정(초기-중기-종결)의 과업

상담 초기	• 상담구조화 • 촉진적 상담관계 형성 • 상담목표 설정 및 문제해결 과정 • 내담자의 문제 이해 및 평가(호소문제, 현재 및 최근의 주요 기능 상태, 스트레스 원인, 호소문제와 관련된 개인사 및 가족관계, 외모 및 행동)
상담 중기	• 과정 목표 설정 • 문제해결을 위한 대안의 모색 • 직면을 통한 내담자의 변화 촉진 • 상담과정에서 얻은 통찰을 실행에 옮기도록 도움 • 호소문제와 관련된 감정, 사고, 행동 등을 인식하도록 도움
상담 종결	• 종결 시기 정하기 • 정서적 반응 다루기 • 변화 또는 효과의 유지 및 강화 • 미래에 대한 계획 세우기 • 의존성 감소시키기 • 의뢰하기 • 평가하기

09 해석(Interpretation)
- 내담자가 새로운 방식으로 자신의 문제를 돌아볼 수 있도록 사건들의 의미를 설정해주고, 그 문제를 새로운 각도에서 이해할 수 있도록 생활경험 및 행동의 의미에 대해 설명하는 것이다.
- 외견상 분리되어 있는 내담자의 말 또는 사건들의 관계를 연결하거나 방어, 저항, 전이 등을 설명한다.
- 내담자의 사고, 행동, 감정의 패턴을 드러내거나 이를 통해 나타나는 문제를 이해할 수 있도록 새로운 틀을 제공한다.

- 내담자에게 자신에 대한 통찰을 촉진하고 자기통제력을 향상하도록 한다.
- 내담자에게 자신의 감정을 파악하여 그 원인을 이해하도록 함으로써 좀 더 자유롭게 감정을 인정하고 받아들일 수 있도록 한다.
- 해석은 내담자가 받아들일 준비가 되어있을 때 조심스럽게 해야 하며, 내담자의 심리적인 균형을 깨뜨리지 않도록 주의해야 한다.

10 명료화(Clarification)
- '명확화'라고도 하며, 내담자의 말 중에서 모호한 점이나 모순된 점을 명확하게 밝히는 것이다.
- 상담자는 내담자로 하여금 모호한 점이나 모순된 점을 명확히 이해하고 넘어가도록 하기 위해, 내담자에게 다시 그 점에 대해 질문을 한다.
- 상담자는 내담자에게 자신의 생각이나 감정을 분명하게 표현할 수 있도록 격려하며, 상담자 자신 또한 그것을 잘 이해하고 있음을 입증한다.
- 상담자가 내담자의 말을 정확히 이해하고, 내담자가 스스로의 의사와 감정을 구체화하여 재음미하도록 하기 위해서도 필요하다.
- 상담자는 내담자에게 "~라고 말한 것은 구체적으로 무엇을 뜻합니까?", "~에 대해 자세하게 말해줄 수 있나요?" 등의 표현을 사용하여 그 말의 의미를 명백하게 기술할 수 있다.

11 상담의 과정에서 내담자가 침묵을 지키는 이유
- 내담자가 상담 초기 관계형성에서 두려움을 느끼는 경우
- 상담 중 논의된 것에 대해 내담자가 이를 음미하고 평가하며 정리해보고자 하는 경우
- 내담자가 상담자에게 적대감을 가지고 저항하는 경우
- 내담자가 자신의 말에 대한 상담자의 확인이나 해석을 기대하고 있는 경우
- 내담자가 자신의 감정 표현으로 인한 피로에서 회복하고 있는 경우
- 내담자가 다음에 무엇을 논의할 것인지 상담자로 하여금 결정해주기를 기다리고 있는 경우
- 내담자가 할 말이 더 이상 생각나지 않거나 무슨 말을 해야 할지 모르는 경우
- 내담자가 자신의 생각이나 느낌을 표현하고자 노력하고 있음에도 불구하고 적절한 표현이 떠오르지 않는 경우

12 ② 정신분석적 상담이론은 인간심리에 대한 구조적 가정 및 여러 가지 형태의 부적응 행동에 대한 역동적 이해 등의 이론적 배경에 기초를 두어, 개인의 무의식적 심리과정에 대한 역사적인 근거를 탐색하여 현재의 문제행동을 해결하는 것을 치료의 초점으로 삼는다.

13 상담의 통합적 접근이론

공통요인이론 (Common Factors)	서로 다른 이론 체계에서 공통적 요인을 탐색하여 이론을 재구성하는 방법이다.
기술적 절충주의 (Technical Eclecticism)	어떤 특정 이론에 동의하지 않고 차이에 집중하면서 여러 학파의 기법을 모으는 방법이다.
이론적 통합 (Theoretical Integration)	여러 기법들을 단순히 모으는 것이 아니라 개념적·이론적으로 새로운 틀의 토대를 구축하는 것으로, 둘 이상의 이론을 통합하여 총괄적인 개념을 정립하는 것이 그 목적이다.
동화적 통합 (Assimilative Integration)	단일의 이론적 학파에 근거를 두고, 그 이론의 장점과 다른 치료적 접근의 실제를 선택적으로 결합하는 통합 방식이다.

14 인간중심 상담의 기술
- 일치성 또는 진실성 : 상담자는 내담자와의 상담관계에서 순간순간 경험하는 자신의 감정이나 태도를 있는 그대로 솔직하게 인정해야 한다.
- 감정이입적 이해와 경청 : 상담자는 내담자의 주관적인 경험을 감지하고 내담자의 마음속으로 들어감으로써 내담자로 하여금 자신의 감정을 더욱 강렬하게 경험하며, 내부의 불일치를 인식할 수 있도록 돕는다.
- 무조건적 긍정적 관심 또는 존중 : 상담자는 아무런 조건 없이 수용적인 태도로 내담자의 사고나 감정, 행동에 대한 권리를 인정하며, 내담자로 하여금 자신이 존중받고 있다는 느낌을 가지도록 한다.

15 ③ 행동주의 상담은 본래 현실적인 공포나 불안의 제거 및 학습을 통한 행동수정이 중요한 목표였으나, 최근에는 자기 지시(Self-Direction)가 강조되고 있는 추세이다. 자기 지시는 행동적

상담에 있어서 인지적인 측면에 초점을 둔 반두라(Bandura)의 사회학습이론에 근거한 것으로서, 내담자로 하여금 스스로 자신의 행동수정 프로그램을 이끌어 가도록 하는 것이다.

16 ④ 재구성(Reframing) : 내담자가 문제를 다른 시각에서 보거나 다른 방법으로 이해하도록 돕는 기술이다.
① 개인화(Personalization) : 자신과 관련시킬 근거가 없는 외부사건을 자신과 관련시키는 기법을 말한다.
② 사고중지(Thought Stopping) : 내담자의 부정적이고 비합리적이며 자동적인 생각이 떠오를 때 '그만'이라고 외쳐서 그러한 생각을 떨쳐버리게 만드는 기법이다.
③ 의미축소(Minimization) : 어떤 사건의 의미나 중요성을 실제보다 지나치게 축소하는 기법을 말한다.
⑤ 증거탐문(Questioning The Evidence) : 환자와 치료자가 특정 믿음을 뒷받침하기 위해 사용되는 증거를 검토해 보는 기법이다.

17 아들러(Adler)의 창조적 자기(Creative Self)
- '창조적 자기 또는 창조적 자아'는 아들러의 개인 심리이론을 특징짓는 개념으로서, 인간이 스스로 자신의 삶을 만들어 나간다는 것을 의미한다.
- 자유와 선택을 강조하는 개념으로서, 개인이 생(生)의 의미로서 목표를 설정하고 이를 달성하기 위해 노력을 기울이는 과정을 담고 있다.
- 자아의 창조적인 힘이 인생의 목표와 목표추구 방법을 결정하며, 사회적 관심을 발달시킨다.
- 개인은 유전과 경험을 토대로 창조적 자기를 형성하며, 자신의 고유한 생활양식을 형성한다.

18 전경과 배경(Figure & Ground)
- 개인은 어떠한 대상이나 사건을 인식할 때 자신이 관심을 가지고 있는 부분을 부각시키는 반면, 그 외의 부분을 밀쳐내는 경향이 있다.
- '전경'은 관심의 초점으로 부각되는 부분을 말하는 반면, '배경'은 관심 밖으로 밀려나는 부분을 의미한다.
- 개인이 전경으로 떠올랐던 게슈탈트를 해소하고 나면 전경은 배경으로 물러나며, 이후 새로운 게슈탈트가 형성되어 다시 전경으로 떠오른다.
- 건강한 사람은 매 순간 자신에게 중요한 게슈탈트를 분명하게 전경으로 떠올릴 수 있는 데 반해, 그렇지 못한 사람은 전경과 배경을 명확하게 구별하지 못한다.

19 ㄹ. 여성주의 상담은 한 사람을 이해하려면 문제를 일으킨 사회적 맥락과 정치적·문화적 맥락을 염두에 두어야 한다고 전제한다.

20 현실주의 상담의 과정(Glasser)
- 제1단계 : 관계형성 단계
- 제2단계 : 현재 행동에의 초점화 단계
- 제3단계 : 자기행동 평가를 위한 내담자 초청 단계
- 제4단계 : 내담자의 행동계획 발달을 위한 원조 단계
- 제5단계 : 내담자의 의무수행 단계
- 제6단계 : 변명 거부 단계
- 제7단계 : 처벌 금지 단계
- 제8단계 : 포기 거절 단계

21 ② 공포층은 자신의 모습으로 살기보다는 환경에 적응하기 위해 자신의 욕구를 억압하고 주위의 기대에 맞추어 행동하는 단계이다.

22 ① 상담관계가 잘 이루어지지 않거나 상담자에 대한 저항으로써 침묵이 일어난 경우, 대개 내담자가 눈싸움을 하는 듯한 자세나 부정적 표정을 지으며 침묵을 지키는 수가 있다. 이때는 상담자가 무조건 기다릴 것이 아니라, 그 침묵의 원인이 되는 내담자의 숨은 감정을 언급하고 다루어 나가야 한다.

침 묵
- 내담자가 당황하거나 저항할 때 나타날 수 있다.
- 상담자의 개입으로 인해 내담자가 깊이 생각할 때 나타날 수 있다.
- 비자발적인 내담자의 경우 적대감이나 불안으로 인해 나타날 수 있다.

23 ③ 게슈탈트(Gestalt) 상담의 내용에 해당한다. '게슈탈트'란 전체, 형상, 형태, 모습 등의 뜻을 지닌 독일어로서, 게슈탈트 심리학자들에 의하면 개체는 대상을 지각할 때 그것들을 산만한 부분들의 집합이 아닌 하나의 의미 있는 전체, 즉 '게슈탈트'로 만들어 지각한다는 것이다. 게슈탈트 상담은 인간에게 완성을 추구하는 경향이 있으며, 그로 인해 자신의 현재 욕구에 따라 게슈탈트를 완성해 간다고 본다. 즉, 인간은 '지금-여기'의 현실에서 자신의 필요에 의해 게슈탈트를 형성한다는 것이다.

24 ⑤ 다문화 상담자는 내담자가 가진 세계관을 존중하고 공유하며 절충적 상담을 해야 하며, 타문화 전문가와의 접촉을 유지하고 전통적인 조력자와 협업하는 자세가 중요하다.

다문화상담자가 갖추어야 할 역량
- 자신과 내담자의 문화적 특성 및 배경에 대해 구체적인 정보와 지식을 학습한다.
- 문화의 다양한 차원들과 그것이 치료에 어떤 영향을 미치는지 배운다.
- 타 문화에 대한 관심과 지식을 가져야 하며, 상담 기술의 문화적 적용을 한다.
- 다양한 배경 사이에 존재하는 공통 배경에 주의를 기울이는 것을 배운다.
- 자신의 가치관이 다른 문화권의 내담자를 상담할 때 방해가 될 수 있음을 인식한다.
- 수용적 태도로 문화의 차이를 인정하고 이해한다.
- 문화의 차이로 인한 문제와 개인적인 문제를 구분한다.
- 선입견을 배제하고, 융통성을 발휘하여 유연성 있게 대처한다.
- 내담자의 세계관을 존중하고 공유하며, 절충적 상담을 실천한다.
- 다문화적 관점을 발전시키기 위해 일상에서 소수자들을 접할 기회를 갖는다.

25 ⑤ 수프에 침 뱉기 : 내담자의 행동과 흡사한 행동을 재현하여 내담자가 자신의 부정적인 행동을 종식하도록 한다.
① 단추 누르기 : 내담자가 유쾌한 경험과 유쾌하지 않은 경험을 번갈아 가면서 생각하도록 하여, 각 경험과 관련된 감정에 관심을 갖도록 한다.

② 과제부여 : 내담자의 문제해결을 위해 치료자가 특정한 과제를 개발하여 내담자에게 이를 부과하고 이행하도록 하게 함으로써 내담자가 성공감을 맛보게 하고, 새로운 일에 대한 자신감을 갖고 도전할 수 있도록 하는 기법이다.
③ 수렁(악동) 피하기 : 내담자가 자기 패배적인 자기 지각을 유지시키는 것을 피하도록 돕고, 비효율적인 지각이나 행동을 언급하는 대신, 더 큰 심리적인 건강을 가져올 수 있도록 격려의 행동을 하는 것을 말한다.
④ 마치 ~인 것처럼 행동하기 : 상담자는 두려워하는 내담자에게 문제가 해결된 것처럼 상상하고 행동하도록 역할놀이 상황을 설정한다.

필수과목 05 학습이론

01	02	03	04	05	06	07	08	09
②	④	①	①	④	②	⑤	③	⑤
10	11	12	13	14	15	16	17	18
②	③	⑤	①	①	③	⑤	④	①
19	20	21	22	23	24	25		
③	⑤	④	③	②	①	③		

01 ㄱ. 티치너(Titchener)는 구성주의 학습이론의 대표자이며, 기능주의 학습이론가는 윌리엄 제임스(W. James)이다.
ㄷ. 인간의 의식을 이해하기 위해 내성법을 주로 사용한 학습이론은 구성주의 학습이론이다.

02 ④ 학습 = a − (b + c + d)
(a 개인에게 일어나는 모든 변화, b 생득적 반응 경향에 의한 변화, c 성숙에 의한 변화, d 일시적 변화)

03 ① 내재적 동기를 유발하기 위한 방안에 해당한다.
외재적 동기를 유발하기 위한 방안
- 경쟁심을 유발한다.
- 상과 칭찬, 벌을 사용한다.
- 성공감과 실패감을 이용한다.
- 기대되는 학습결과를 알려준다.

- 완전 해답보다는 부분 해답을 제시한다.
- 명세적인 수업 목표를 제시한다.

04 ① 숙달목표지향성이 낮은 학생은 도전적 과제보다는 쉽게 성취할 수 있는 과제를 선호한다.

숙달목표지향성
- 지능은 유동적이라는 신념(도구적-증가적 개념)을 가지고, 과제의 숙달, 향상, 이해증진에 중점을 둔다.
- 어떤 외적보상보다는 학습과정 그 자체에 가치를 부여한다.
- 다소 어렵기는 하지만, 자신의 기능을 촉진시킬 수 있는 과제를 선택하는 경향이 있다.
- 성공을 많은 노력과 효과적인 학습전략에 귀인하고, 실패 시에는 노력부족으로 귀인하는 경향이 있다.
- 매우 바람직한 학습목표를 가진 학생은 높은 자기효능감을 가지게 된다.
- 어려움에 끈질기게 직면하고, 성공은 내적이고 통제가능한 원인에 기인한다고 생각함으로써 도전적인 학습상황을 받아들이며, 새롭고 도전적인 과제를 학습할 때 더 큰 만족감을 느낀다.
- 숙달목표를 가진 학생의 경우, 정규수업이 끝난 후에도 학습에 지속적인 관심과 노력을 기울이며, 구체적인 질문과 요점정리 같은 효과적인 전략을 사용한다.
- 숙달목표 지향적인 학습자들이 수행목표 지향적인 학습자들보다 초인지 전략을 더 많이 사용하는 경향이 있다.

수행목표지향성
- 지능은 고정되어 있다는 신념(실체론적 신념)을 가지고, 자신의 능력이 다른 사람의 능력과 어떻게 비교되느냐에 초점을 맞춘다.
- 학습과정보다 학습결과에 더 관심을 가진다.
- 과제 수행의 실패를 능력 부족에 귀인하는 경향이 있다.
- 자신의 유능함을 보여줄 수 있는 과제나 자신의 무능함을 감출 수 있는 과제를 선택하는 경향이 있다.
- 수행평가가 동기에 미치는 영향으로, 수행접근 지향 학생(자신의 능력을 보여주고 싶어 하는)은 자신감이 있고, 높은 자기효능감을 보이는 경향이 있지만, 반대로 수행회피 목표를 가진 학생은 자신감이 부족하고, 낮은 자기효능감을 가지기 쉽다.
- 수행회피 지향을 가진 학생이 수행목표를 가지게 된다면, 그들의 학습동기는 심하게 손상될 수 있다.

05 기억의 측정방법
- 회상(Recall) : 학습이나 경험한 것을 사전에 어떠한 단서 없이 기억해내도록 하는 방법이다.
- 재인(Recognition) : 이전에 학습한 것 또는 경험한 것을 그렇지 않은 것들과 함께 제시하여 선별해내도록 하는 방법이다.
- 재학습(Relearning) : 이미 학습한 것을 두 번째 학습하는 데 소요되는 시간이나 노력의 절약 수준을 측정하는 방법이다.

06 ② 연쇄기억술(Chain Mnemonics)은 암기해야 할 요소들 사이를 연관지어 기억하는 방법이다.
① 약어(Acronym)는 첫 자만 따서 외우는 것과 같이 원래의 어형보다 간략히 만들어 기억하는 방법이다.
③ 핵심단어법(Keyword Method)은 한 단어가 지닌 이미지를 이용하여 다른 단어를 기억하는 것을 말한다.
  예 책을 의미하는 스페인어인 'Libro'라는 단어를 외우기 위해 소리와 형태가 유사한 영어 단어의 'Liberty'를 연상한 다음에 자유의 여신상이 횃불대신 큰 책을 높이 쳐들고 있는 모습을 상상함
④ 페그워드법(Pegword Method)은 일상생활에서 집안의 벽에 못을 박아 그 곳에 물건들을 걸어 보관해 두는 것처럼, 규격화된 단어목록을 일종의 못(peg)으로 사용하여 기억을 돕는 방법이다.
  예 도는 맛좋은 도넛, 레는 시원한 레몬
⑤ 장소법(Loci Method)은 학습할 항목들을 일련의 물리적 장소나 물리적 장소에 놓인 대상들의 배열과 연합시키는 방법이다.

07 ⑤ 미신적 행동과 학습된 무력감은 조작적 조건형성과 연관된다. '미신적 행동'은 우연히 특정 행동과 그 결과가 조건화되는 것으로서, 야구선수가 빨간 장갑을 착용한 날 우연히 성적이 좋게 나오자, 이후 빨간 장갑을 지속적으로 착용하는 것을 예로 들 수 있다. 또한, '학습된 무력감'은 야구선수가 혼신의 노력으로 최선을 다 했음에도 결과가 좋지 않자 자포자기의 심정으로 무력한 모습을 보이는 것이다.

08 ③ '변별의 원리'는 구체적인 상황에서 보다 정교한 학습이 이루어지는 것을 말한다. 식사예절은 모든 연령이나 장소 또는 상황에서 보편적으로 지켜지는 것이 있는 반면, 연령 또는 장소나 상황에 따라 지켜지는 것이 있다. 예를 들어, 음식을 먹으면서 트림을 하는 것은 보편적으로 금지된 식사예절이나, 식사 중 이야기를 하는 것은 동양과 서양의 식사문화에 따라 다른 관점에서 고려된다. 이처럼 유사한 자극에서 나타나는 작은 차이에 따라 서로 다른 반응을 보이는 것이 변별의 원리이다.
① '강화의 원리'는 강화자극(보상)이 따르는 반응은 반복되는 경향이 있다는 것이다.
② '소거의 원리'는 일정한 반응 뒤에 강화가 주어지지 않으면 반응은 사라진다는 것이다.
④ '조형의 원리'는 실험자 또는 치료자가 원하는 방향 안에서 일어나는 다양한 반응들만을 강화하고, 원하지 않는 방향의 행동에 대해 강화 받지 못하도록 하여 결국 원하는 방향의 행동을 할 수 있도록 하는 것이다.
⑤ '강도의 원리'는 고전적 조건형성의 기본원리에 해당하는 것으로서, 처음에 제시되는 조건 자극보다 나중에 제시되는 무조건 자극이 강도의 측면에서 더욱 커야한다는 점을 강조한다.

09 조건자극의 일반화
특정 조건자극에 대해 조건반응이 성립되었을 때 그와 유사한 조건자극에 대해서도 똑같은 조건반응을 보이는 학습현상이다.
예 자라 보고 놀란 가슴 솥뚜껑 보고 놀란다.

10 학습의 주요 법칙(Thorndike)

효과의 법칙	• 학습 과정에 의한 결과는 만족과 불만족으로 나타나며, 이때 만족스러운 결과에 이르러야 강화가 이루어진다. • 만족의 법칙 : 어떤 일에 대한 만족스러운 결과는 지속적인 의욕을 불러일으키며, 자극과 반응의 결합이 강화됨으로써 학습의 진보가 이루어진다. • 불만족의 법칙 : 어떤 일에 대한 불만족스러운 결과가 지속되는 경우 자극과 반응의 결합이 약화됨으로써 의욕이 상실되며 포기하게 된다.
연습의 법칙	• 학습은 지속적인 연습을 통해 행동의 변화로 이어지며, 목표를 향한 행동의 반복적인 시행이 목표달성을 유리하게 한다. • 사용의 법칙 : 자극과 반응의 결합이 빈번할수록 이들의 결합이 강화되며, 학습의 진보가 이루어진다. • 불사용의 법칙 : 자극과 반응의 결합이 드물수록 이들의 결합이 약화되며, 학습의 퇴보가 이루어진다.
준비성의 법칙	• 학습자가 새로운 사실과 지식을 습득할 준비가 되어 있을수록 자극과 반응의 결합이 만족스럽게 이루어진다. • 학습자의 지능, 성격, 성숙도, 의지, 사전학습 노력 등이 학습의 주요 요인이 된다.

11 ① 정적 처벌
② 자기강화
④ 부적 처벌
⑤ 정적 강화

12 ⑤ 자기 자신의 유능성에 대한 영역특수적 판단은 '효능기대'와 유사한 개념이다. 효능기대는 어떤 성과를 산출하는데 필요한 행동을 성공적으로 수행할 수 있을 것이란 기대·신념을 말하며, 결과기대는 어떤 행동이 어떤 결과(성과)를 일으킬 것이라는 개인의 추정·기대를 말한다.

13 뇌의 역할
• 전두엽 : 외부로부터 들어오는 정보를 조합하고 사고와 인식을 담당한다.
• 두정엽 : 신체 감각 정보를 받아들이고 해석하는 역할을 담당하고, 주의 집중, 단어의 소리정보 처리, 사물의 공간적 특성에 대한 사고에 관여한다.
• 측두엽 : 청각정보를 담당한다.
• 후두엽 : 시각정보를 담당한다.
• 편도체 : 동기, 학습, 감정과 관련된 정보를 처리한다.
• 해마 : 기억과 공간의 개념 감정적 행동을 조절한다.

14 ① 토큰경제(Token Economy) 또는 환권보상치료는 바람직한 행동들에 대한 체계적인 목록을 정해 놓은 후, 그러한 행동이 이루어질 때 그에 상응하는 보상(토큰)을 하는 행동치료 기법이다. 이러한 토큰경제를 통해 물리적 강화물(토큰)과 사회적 강화물(칭찬)을 연합함으로써 내적 동기의 가치를 학습하도록 한다.

15 ③ 와이너(B. Weiner)는 인과 소재, 안정성, 통제성 등의 차원으로 귀인 유형을 구분하였는데, 능력 귀인은 내적, 안정적, 통제불가능한 귀인 유형으로 분류된다.

16 ⑤ 과거행동의 행동의 결과에 따라 행동의 변화가 생기는 스키너(Skinner)의 조작적 조건형성 이론에 속한다.

파블로프(Pavlov)의 고전적 조건화 형성
- 무조건 자극 없이도 중립자극으로 무조건적 반응을 유도하게 된다.
- 구체적 자극에 따라 유발되는 구체적 행동을 말한다.
- 반응적 행동에는 눈 깜박임, 타액분비 반응, 공포 반응 등이 있다.
- 인간의 연상적 학습을 설명해준다.
- 대부분의 정서적인 반응들은 고전적 조건형성을 통해 학습될 수 있다.

17 ㄷ. 사실과 정보단위들을 암기하는 데 집중하는 표층처리는 여러 주장들 간의 연결이나 새로운 지식과 기존의 경험을 서로 연결해 보려고 시도하는 심층처리보다 중요하지 않다고 하였다.
ㅁ. 정교화 시연은 유지형 시연보다 심층처리가 잘 일어난다.

18 ① 쾰러는 학습이 자극 반응의 조건형성이나 시행착오의 반복에 의해서가 아닌 전체적 구조에 대한 사태 파악, 즉 '통찰(Insight)'에 의해 이루어진다고 주장하였다. 그는 침팬지를 대상으로 한 실험을 통해 침팬지가 천장에 매달린 바나나를 얻기 위해 다양한 시도를 하다가 실패로 돌아가자, 우리 속 전체 상황을 조망한 후 통찰을 통해 성공을 거두는 장면을 목격하였다. 그는 이와 같은 장면에서 문제해결이 단순히 과거 경험의 집적이 아닌 경험적 사실의 재구성에 의한 구조 변화에서 비롯되며, 이것은 우연이나 시행착오가 아닌 문제해결에 대한 해법이 갑자기 완벽하게 이루어지는 통찰의 순간에 이루어지는 것으로 보았다.

19 ㄱ. 객관적인 지식의 존재를 부정하는 상대주의적 인식론에 근거하고 있다.
ㄹ. 지식은 학습자, 교사와 또래와 함께 의미를 창출하는 상호작용의 과정이다.
ㄴ. 구성주의 학습은 학습자가 지식을 내부로 표상하여 자신의 경험적 해석을 통하여 구성해 가는 과정으로 반성적이고 사색적이다.
ㄷ. 일정한 교육목표를 규정하여 학습자들에게 일방적으로 제시하는 것은 실증주의 학습이며, 구성주의 학습은 이를 거부한다.

구성주의 학습이론의 특징
- 지식은 인식의 주체에 의해 구성된다. 즉, 지식은 개인이 수동적으로 구성하는 것이 아니라, 스스로의 경험을 바탕으로 능동적으로 구성한다는 것이다.
- 지식은 맥락적이다. 우리가 습득하는 지식은 지식습득의 맥락과 개인의 선수지식, 경험 등에 따라 다르게 학습되며, 전이도 그 상황에 따라 좌우된다.
- 지식은 사회적 협상을 통해 이루어진다. 즉, 인식 주체에 의해 주관적으로 구성되고, 상황에 따라 상이하게 구성되며, 타인들과의 상호작용 속에서 그 타당성이 검토되어 지식으로 형성된다.
- 객관적인 지식의 존재를 부정하는 상대주의적 인식론에 근거하고 있다. 즉, 구성주의에서 학습은 개인적 경험과 흥미에 따라 지식의 가치가 판단된다.

20 ① 구체적 사실보다 일반적인 원리를 학습할 때 전이가 촉진된다.
② 학습의 전이(Transfer)에는 여러 가지 변수가 있으며, 연령도 이에 해당된다.
③ 전이는 의식적으로 노력하지 않아도 나타날 수 있다.
④ 선행학습이 후행학습을 어렵게 하거나 방해하는 경우도 전이에 포함된다.

학습의 전이

학습 이전에 이미 형성된 습관이 어떤 습관을 획득하거나 재학습하는 데 영향을 미치는 경우에 나타나는 현상이다. 학습의 전이를 통해 선행학습의 효과가 후속학습에 영향을 미치게 된다.

21 ④ 메타인지(Meta-Cognition)는 개인이 자신의 인식을 보다 높은 차원에서 객관적으로 검토할 수 있는 능력을 말한다. 자신의 사고 내용과 과정을 대상으로 수행하는 정신적 활동으로서, 자신의 인지 과정에 대한 자각과 조절을 의미한다. 이러한 메타인지는 작업기억(작동기억)을 통해 정보의 흐름을 조절할 수 있도록 하며, 유의미한 부호화에 영향을 미친다. 특히, 아동의 경우 연령이 높을수록 주의전략이 발달함으로써 중요 정보와 관련이 있는 자극에 대해 주의를 잘 기울이는 반면, 중요 정보와 관련이 없는 자극에 대해 주의를 기울이지 않게 된다.

22 관찰학습의 과정

주의집중과정 → 보존과정(기억·파지과정) → 운동재생과정(생산과정) → 동기화과정(자기 강화과정)

23 가네(Gagné)의 학습조건이론
- 가네(Gagné)는 행동주의 관점과 정보처리이론 관점을 절충하였다. 그는 기존의 행동주의 관점이 인간행동의 변화와 복잡한 행동양상을 설명하는 데 한계가 있다고 보았다.
- 학습이란 인간의 성향(Disposition)이나 능력(Capability)의 변화가 일정 기간 지속적으로 유지되는 상태를 말하며, 단순히 성장의 과정에 따른 행동 변화는 포함하지 않는다.
- 학습은 외부 환경적 자극을 새로운 능력의 획득을 위해 필요한 내적 정보처리의 단계로 변화시키는 일련의 인지과정이다.
- 기본적으로 해당 학습과제를 획득하기 위해서는 본질적인 내적 조건으로서 선행학습이 되어 있어야 하며, 보조적인 내적 조건으로서 학습동기가 준비되어 있어야 한다.
- 내적 조건과 함께 교수 방법으로서의 외적 조건이 조화를 이룰 때 성공적인 학습이 발생하게 된다.

24 ① 프리맥의 원리 : 행동주의 기법의 하나인 프리맥의 원리란 높은 빈도의 행동(게임 등 선호하는 활동)은 낮은 빈도의 행동(숙제와 같은 덜 선호하는 행동)에 대해 효과적인 강화인자가 될 수 있다는 것으로, 이 원리가 효과적이기 위해서는 낮은 빈도의 행동(덜 선호하는)이 먼저 일어나야 한다. 예를 들어 게임을 하기 위해서 우선 싫어하는 숙제부터 먼저 하며, 나중에 좋아하는 게임을 즐기는 경우가 이에 해당한다.
② 자극통제 : 행동수정 기법 중의 하나로, 단서들에 의해 조성된 행동을 그 단서들을 통제함으로써 조절하는 것을 말한다.
③ 반응대가 : 바람직하지 못한 행동을 했을 때, 그 행동에 대한 대가로서 이미 주어진 정적강화를 상실하게 하는 것이다.
④ 차별강화 : 어떤 종류의 행동은 체계적으로 강화를 하고, 다른 것은 그렇게 하지 않는 조작적 훈련으로 소거를 강화와 조합하여 사용함으로써, 행동의 빈도를 감소시키고자 하는 방법이다.
⑤ 잠재적 억제 : 무조건 자극 없이 어떤 자극에 노출되는 경험은 그 자극이 조건 자극이 되는 것을 방해하는 것을 말한다.

25 자기조절학습, 공동조절학습, 타인조절학습

자기조절학습	• 독립적 • 솔선수범에 가치를 둠 • 긍정적인 자기효능감 소유 • 초인지적 인식 발달 • 내적으로 동기화 • 깊이 있는 참여
공동조절학습	• 자기와 타인이 학습과정을 공유 • 자기와 타인은 학습과제에 대한 특정 목표를 같이 설정 • 타인이 성공적 학습의 준거를 설정하고, 자신은 자신의 수행을 평가
타인조절학습	• 의존적 • 지시를 따르는 것을 선호함 • 비교적 낮은 자기효능감 소유 • 비교적 낮은 초인지 능력 소유 • 외적으로 동기화 • 표면적 참여

선택과목 01 청소년이해론

01	02	03	04	05	06	07	08	09
⑤	④	②	⑤	⑤	①	③	④	①
10	11	12	13	14	15	16	17	18
④	③	③	①	①	⑤	③	②	⑤
19	20	21	22	23	24	25		
③	⑤	⑤	①	④	①	①		

01 ⑤ 청소년 및 청소년기의 개념은 사회적·문화적·시대적 상황에 따라 다르다. 특히 사회·문화적 배경에 따라 청소년기는 짧을 수도 길 수도 있으며, 심지어 존재하지 않을 수도 있다. 청소년기가 뚜렷하게 존재하지 않는 문화나 사회에서는 아동이 그 사회의 고유한 통과의례를 거치면 성인으로 받아들여지기도 한다. 현대 사회에서는 고등교육으로 인한 재학기간의 연장, 직업훈련 기간의 연장 등으로 인해 청소년기가 점차적으로 길어지고 있는 추세이다.

02 ㄱ. 인간의 생애발달은 유아기, 아동기, 청소년 전·후기, 성인기의 5단계를 거쳐 이루어진다.
ㄴ. 청소년의 발달에 있어 생물학적 요인을 너무나 과도하게 강조하면서 가족의 영향, 친구의 영향과 같은 환경적 요인을 과소평가하였다는 비판을 받고 있다.

03 ② 상상적 청중(Imaginary Audience)은 자신이 마치 무대 위의 주인공처럼 다른 사람들로부터 주의와 관심의 대상이 되고 있다고 믿는 것이다. 이는 청소년기 인지구조의 변화에 따라 추상적인 사고가 발달함으로써 타인에 대한 지각에서 왜곡이 발생한 결과이다. 청소년은 타인이 항상 자신에게 관심을 가지고 자신을 주시하고 있다고 믿는 경향이 있다. 그로 인해 청소년은 타인이 자신에 대해 어떠한 생각을 하고, 어떻게 반응할 것인지 예측하려고 한다. 즉, 타인은 청중이 되고, 자신은 그들의 관심의 초점이 되는 것이다.

04 규범을 준수하도록 만드는 개인의 유대요인(Hirschi)
- 애착 : 의미 있는 타인에 대한 애정적인 유대관계를 말하며, 부모와 애착이 잘 형성된 청소년들은 유대관계 때문에 문제행동을 쉽게 하지 못한다.
- 관여 : 일상적인 사회적 목표나 수단을 존중하고 그에 순응하는 것이며, 이렇게 하지 않을 때 야기되는 결과에 대한 두려움으로 문제행동을 하지 않는다. 공부를 잘하는 학생이 문제행동을 통해 평판도 잃고, 좋은 직장에 취업할 기회도 잃지 않을 것이라는 논리이다.
- 참여 : 일상적인 활동에 참여하는 것으로서, 무엇인가에 적극적으로 참여할 경우 문제 행동을 할 절대적 시간이 없기 때문에 문제행동을 하지 않는다는 단순한 논리이다.
- 신념 : 개인이 전통적인 가치를 어느 정도 수용하고 있는가에 따라 달라진다. 즉, 비행에 대한 부정적인 태도를 가질수록 문제행동을 할 가능성이 줄어든다는 논리이다.

05 문화의 속성

학습성	문화는 선천적으로 타고나는 것이 아니라, 출생 후 성장과정에서 학습으로 얻어진다.
축적성	언어와 문자를 사용하여 경험을 후대에 전하여 문화를 계속적으로 저장하고 발전시키며 전승하는 속성을 가진다.
공유성	한 사회의 구성원들에게 공통적인 경향으로 나타나는 행동 및 사고방식이며, 그 구성원들은 문화적 특성을 공유한다.
전체성	문화의 각 요소들은 상호 유기적이며, 전체적 통합성을 가진다.
가변성	문화는 정체된 것이 아니라 변화하며, 사회 외부에서 들어온 요소에 의해 변화가 일어난다. 또 연속적으로 계승되지만, 그 과정에서 항상 변화를 수반한다.

06 성격이론
- 특성이론 : 사람의 성격을 묘사하고 분류하는 이론 → 유형이론(체액기질설, 체형기질설, 양향설 등), 특질이론(알포트, 카델, 아이젱크)
- 과정이론 : 성격이 어떻게 형성되고 형성된 성격이 어떤 의미를 갖는지에 관한 이론 → 정신분석(정신분석, 신정신분석), 행동주의(조건형성이론, 사회학습이론), 인본주의(현상학적 이론)

07 인류발달역사의 재현으로서 인간발달단계(Hall)
- 유아기(0~4세) : 유아는 동물적이고 원시적인 발달을 재현한다.
- 아동기(5~7세) : 아동의 술래잡기나 장난감 총 놀이는 과거 인류의 동굴생활과 수렵·어획활동을 재현한다.
- 청소년 전기(8~14세) : 인류가 인간으로서의 특성과 야만적인 특성을 동시에 가지듯이, 아동이 야영시대의 삶을 재현한다. 특히, 이 시기에 연습과 훈련을 통해 읽고, 쓰고, 말하는 등의 기술을 획득한다.
- 청소년 후기(15~25세) : 인류가 야만생활에서 문명시대로 접어들듯이, 청소년은 제2의 탄생기를 맞이하면서 급진적인 변화를 경험하게 된다.
- 성인기(25세 이후) : 인류의 문명적인 생활이 구축된다.

08 ① 아동기 : 아동의 놀이에 성인이 참여해 주기를 원함
② 소년·소녀기 : 또래 놀이친구를 얻고자 하는 욕구가 커짐
③ 전 청소년기 : 친밀한 동성친구를 갖고 싶은 욕구를 느낌
⑤ 청소년 후기 : 성인사회에의 통합욕구

설리반(H. Sullivan)의 대인관계이론
설리반은 인간의 발달단계에 따라 대인관계 욕구가 변화한다고 보고, 유아기부터 청소년 후기까지 6단계로 구분하여 상호작용의 욕구에 대해 설명하였다.

발달시기	연 령	대인관계 욕구
유아기	출생~ 2·3세	안정감의 욕구, 사람들과의 접촉 욕구, 양육자로부터 사랑받고 싶은 욕구
아동기	3~6세	자신들의 놀이에 성인이 참여하기를 바라며, 성인이 바라는 행동을 주로 함
소년/소녀기	7~10세	또래집단에 수용되고자 하는 시기
전 청소년기	11~12세	동성의 친구와 우정을 돈독히 해나가는 시기
청소년 초기	13~16세	이성친구와 애정적인 관계를 형성하게 되는 시기
청소년 후기	17~20세까지	성인사회에의 통합욕구

09 ㄹ. 긴즈버그(Ginzberg)의 직업발달단계 중 '잠정기(Tentative Period, 11~17세)'의 하위단계에 해당하는 전환단계(17~18세)이다.

현실기(Realistic Period, 17세 이후~청·장년기)
직업에서 요구하는 조건과 자신의 개인적 요구 및 능력을 고려하여 현명한 선택을 하고자 한다. 이 시기는 탐색 단계, 구체화 단계, 특수화 단계의 3가지 하위단계로 나뉜다.

10 ④ 가족체계의 궁극적인 목적은 체계 자체의 유지보다는 가족성원 개인의 욕구를 충족시키기 위해 기능하는 것이다.

가족체계의 분류

부부하위체계	부부하위체계는 상호보완적인 관계를 이루어야 하며, 다른 체계의 간섭을 방지할 수 있도록 적절한 경계선을 설정해야 한다. 경계선이 느슨하면 자녀나 친인척 등이 부부체계를 간섭할 수 있다.
부모하위체계	자녀를 양육하고 사회화하는 과업을 수행하며, 자녀가 부모와의 적절히 상호작용할 수 있는 경계선이 설정되어야 한다.
형제하위체계	또래관계를 배울 수 있는 곳으로 협력하고 협상하며 희생하거나 혹은 자신을 보호하며, 경쟁하는 방법을 학습할 수 있다. 형제하위체계의 경계선은 아동을 성인들의 간섭으로부터 보호하여 사생활과 흥미영역을 보존할 수 있도록 해주며, 시행착오를 할 수 있는 공간을 허용한다.

11 청소년의 저항문화 또는 반(反)문화
- 기성세대의 문화를 '주류문화'라고 할 때, 청소년 문화는 '반(反)주류 문화'가 된다.
- 청소년문화는 기존의 질서와 기성세대의 모든 문화적 틀을 송두리째 거부·부정하고 무시하며, 자신들의 새로운 문화를 대안으로 내세우면서 개혁과 변화를 요구한다.
- 새로운 세대의 청소년문화가 기성세대의 문화에 대해 반항하는 것은 청소년이 미숙하거나 어리석어서가 아닌, 기성세대와 다른 가치관·인생관·역사관을 가지며 그들과 다른 삶의 방식을 추구하기 때문이다.
- 1960년대 이른바 '젊은이들의 돌풍'에서 나타난 청소년의 거침없는 옷차림과 행동, 예절이나 사회규범에 대한 무시 등은 사실상 기성세대의 문화에 대한 반대와 저항의 표현이었다.

12 ③ 길리건(Gilligan)은 도덕성이 '정의'와 '배려'라는 두 개의 상호 의존적인 요소로 이루어져 있고, 이 요소들은 도덕적 문제를 파악하는 특수한 방식을 나타내며, 각각의 요소들은 서로 다른 발달유형을 보여준다고 주장하였다.

길리건(C. Gilligan)의 도덕성
- 남성의 도덕성 : 개인의 권리와 독립성을 강조하는 '정의' 도덕성
- 여성의 도덕성 : 인간관계와 상호 의존성, 책임을 강조하는 '배려' 도덕성

13 생태적(환경적) 체계의 구성(Bronfenbrenner)
- 미시체계(Microsystem) : 개인에게 직접적인 영향을 미치는 사회적·물리적 환경
  예 가족, 학급, 친구 등
- 중간체계(Mesosystem) : 둘 이상의 미시체계 간의 연결이나 상호작용으로 이루어지는 환경
  예 아동의 경우 가정과 또래집단 또는 가정과 학교의 상호교류 등
- 외체계 또는 외부체계(Exosystem) : 개인이 직접 참여하여 환경적 맥락의 부분을 이루고 있지는 않지만 그 개인에게 영향을 미치는 환경
  예 아동의 경우 부모의 직장, 부모의 친구, 학교의 상급기관, 자신의 형제가 속한 학급 등
- 거대체계 또는 거시체계(Macrosystem) : 개인이 속한 문화나 하위문화, 사회 계층적 맥락으로서 개인에게 간접적인 영향을 미치는 환경
  예 정치, 경제, 문화, 종교 등
- 시간체계(Chronosystem) : 아동이 성장함에 따라 겪게 되는 부모의 죽음 등의 외적인 사건이나 심리적 변화 등의 내적인 사건을 구성요소로 전 생애에 걸쳐 일어나는 변화와 사회역사적인 환경을 포함한다.
  예 가족제도의 변화, 결혼관의 변화, 직업관의 변화 등

14 ① '정체감 유실'은 자신의 신념, 직업선택 등의 중요한 의사결정에 앞서 수많은 대안에 대하여 생각해 보지 못하고, 부모나 다른 사람의 역할 모델의 가치나 기대 등을 그대로 수용하여 그들과 비슷한 선택을 하는 경우를 말한다.

15 ① 동조형(Conformity), ② 혁신형(Innovation), ③ 의례형(Ritualism), ④ 반역형(Rebellion)

도피형(Retreatism)
문화적 목표와 제도화된 수단을 모두 거부하고, 사회로부터 후퇴 내지 도피하는 경우를 말한다. 이 유형은 합법적 수단을 통한 목표 성취 노력의 계속적 실패와 도덕적 규범의 내면화에 따른 양심의 가책으로 인해 위법적 수단을 사용할 능력이 없어 나타나는 유형으로, 약물중독이나 알코올중독, 인터넷 중독 등을 예로 들 수 있다.

16 ③ 문화에 대한 관념론적 입장이다. 관념론적 입장에서는 도구, 행동, 제도 등을 문화에 포함시키지 않고, 단지 우리가 관찰할 수 있는 행동으로 이르게 하는 기준, 표준, 또는 규칙만을 문화라고 부른다.

문화의 개념에 대한 총체론적 관점
- 문화는 '한 인간집단의 생활양식의 총체'이다.
- 테일러(Tylor)의 정의 : 문화는 '지식, 신앙, 예술, 법률, 도덕, 관습 그리고 사회의 구성원으로서의 인간에 의해 얻게 된 다른 모든 능력이나 관습들을 포함하는 복합 총체'이다.
- 화이트(White)의 정의 : '인간이 상징을 할 수 있는 유일한 동물'임에 유의하여, 이것이 바로 문화의 기초라고 파악하였다.

17 ② 청소년일시쉼터는 가정 밖 청소년과 성매매 구조 청소년 등 위기 청소년들의 긴급구조와 일시보호를 위해 설립되었으며, 24시간~7일 이내 일시보호 기간으로 운영되며, 이동형 일시쉼터와 고정형 일시쉼터로 나뉜다.
① 무지개청소년센터는 청소년복지지원법 제18조에 따른 이주배경청소년을 대상으로 정착·통합을 지원하고 다문화 역량을 강화하는 등의 업무를 하는 비영리 재단법인이다.
③ 청소년단기쉼터 사례관리를 통한 신속한 가정 복귀 및 유관시설 연계를 목표로 하며, 입소기간은 3개월에서 최장 9개월이다.
④ 학교밖청소년지원센터는 학교 밖 청소년에게 상담, 교육, 직업 체험 및 취업, 자립 지원 등의 다양한 지원을 제공하는 기관이다.
⑤ 청소년상담복지센터는 청소년과 부모에 대한 상담 복지지원 및 청소년 상담 또는 긴급구조를 위한 전화 운영, 청소년 폭력·학대 등으로 피해를 입은 청소년의 긴급구조, 법률 및 의료 지원 등을 주요기능으로 하며 2024년 3월 기준 총 센터 수는 240개이다.

18 ⑤ '청소년이용음란물'은 '아동·청소년의 성보호에 관한 법률'에서 다룬다.

청소년유해환경
청소년유해환경이란 청소년유해매체물, 청소년유해약물 등, 청소년유해업소 및 청소년폭력·학대를 말한다(청소년보호법 제2조 제8호).

19 성폭력 피해 청소년이 경험하는 후유증의 단계
• 충격과 혼란 : 피해자는 성폭력 충격으로 인해 자신에 대한 무력감과 타인에 대한 불신감을 가진다.
• 부정 : 피해자는 자신의 성폭력 피해 사실을 인정하지 않으려 한다.
• 우울과 죄책감 : 피해자는 자신을 비난하며 수치심과 절망감을 느낀다.
• 공포와 불안 : 피해자는 자신이 성폭력으로 인해 커다란 약점을 가지게 되었다는 생각에 불안해한다.
• 분노 : 피해자는 가해자는 물론 자기 자신, 상담자, 주변사람들에게까지 분노를 느낀다.
• 재수용 : 피해자는 성폭력 피해에 대한 재조명을 통해 성폭력이 자신의 잘못에 의해 발생한 것이 아님을 인식하며, 자신을 소중한 존재로 인정한다.

20 벤야민(W. Benjamin)과 아우라
• 문화산업이 등장한 시대에 들어서면서 예술작품의 복제가 가능하게 되었다.
• 예술작품의 복제는 아우라(Aura)의 파괴를 가져왔다.
• 문화산업의 등장은 예술 수용방식에 있어 수용자의 능동적인 측면을 부각시켰다.

21 ㄴ. 제3호 – 사회봉사명령(14세 이상만 가능)

보호처분의 결정

종류	내용	기간	처분 성격
제1호	보호자 또는 보호자를 대신하여 소년을 보호할 수 있는 자에게 보호 위탁	6개월(6개월 범위에서 한번 연장 가능)	사회내 처우
제2호	수강명령 (12세 이상만 가능)	100시간 이내	
제3호	사회봉사명령 (14세 이상만 가능)	200시간 이내	
제4호	보호관찰관의 단기보호관찰	1년(연장 불가)	
제5호	보호관찰관의 장기보호관찰	2년(1년 범위에서 한번 연장 가능)	
제6호	아동복지법에 따른 아동복지시설이나 그 밖의 소년보호시설에 감호 위탁	6개월(6개월 범위에서 한번 연장 가능)	시설내 처우
제7호	병원, 요양소 또는 보호소년 등의 처우에 관한 법률에 따른 의료재활소년원에 위탁	6개월(6개월 범위에서 한번 연장 가능)	
제8호	1개월 이내의 소년원 송치	1개월 이내	
제9호	단기 소년원 송치	6개월 이내	
제10호	장기 소년원 송치 (12세 이상만 가능)	2년 이내	

22 피해학생의 보호
학교폭력대책심의위원회는 피해학생의 보호를 위하여 필요하다고 인정하는 때에는 피해학생에 대하여 다음 아래의 어느 하나에 해당하는 조치(수개의 조치를 동시에 부과하는 경우를 포함)를 할 것을 교육장에게 요청할 수 있다(학교폭력예방 및 대책에 관한 법률 제16조 제1항 참조).
- 학내외 전문가에 의한 심리상담 및 조언
- 일시보호
- 치료 및 치료를 위한 요양
- 학급교체
- 그 밖에 피해학생의 보호를 위하여 필요한 조치

23 청소년 자살의 특징
- 외부 자극의 변화에 민감하게 반응함으로써 충동적으로 일어나는 경향이 있다.
- 사소한 일에조차 심각한 충격을 받음으로써 자살하는 경향이 있다.
- 자신의 현재와 미래에 대해 오랫동안 심사숙고하기 보다는 다분히 감정적이고 순간적으로 자살을 선택하는 경향이 있다.
- 다른 자살자들의 행동을 따라 모방자살을 하는 경향이 있다.
- 자신의 심적인 고통을 자살의 방법을 통해 외부에 알리고자 하는 제스처형 또는 호소형 자살이 많다.
- 우울증이나 약물남용은 청소년 자살의 원인 중 하나이다.
- 자살 시도는 여학생이 남학생보다 대체로 많은 편이다.
- 가족 간의 유대는 자살을 예방하는 보호요인이 된다.
- 입시위주의 교육환경과도 관계가 깊다.

24 ① 일차적 약물남용은 약물의 사용이 관련 요인들의 영향 이전에 먼저 나타나는 것인 반면, 이차적 약물남용은 관련 요인들의 영향을 받아 약물을 사용함으로써 나타나는 것이다.

25 ② 도피성 가출 : 긴장 유발적인 가정 전체로부터의 탈출이나 거부를 지향하는 경우
③ 추방형 가출 : 가족이나 주위 환경으로부터 가출을 하도록 떠밀려 나온 경우
④ 방랑성 가출 : 밖에서 생활하는 것이 좋아 1~2년 정도 밖에서 배회하면서 사는 것이 생활이 된 경우
⑤ 생존성 가출 : 가족의 신체적 · 심리적 학대로부터 생존을 위해 어쩔 수 없이 도망쳐 나온 경우

선택과목 02 청소년수련활동론

01	02	03	04	05	06	07	08	09
③	⑤	②	④	④	②	⑤	④	④
10	11	12	13	14	15	16	17	18
⑤	③	③	③	③	⑤	④	③	③
19	20	21	22	23	24	25		
①	④	①	④	①	①	⑤		

01 ③ 청소년기본법상 '청소년복지'의 정의와 연관된다. '청소년복지'라 함은 청소년이 정상적인 삶을 누릴 수 있는 기본적인 여건을 조성하고 조화롭게 성장·발달할 수 있도록 제공되는 사회적·경제적 지원을 말한다(청소년기본법 제3조 제4호).

청소년육성(청소년기본법 제3조 제2호)
'청소년육성'이란 청소년활동을 지원하고 청소년의 복지를 증진하며 근로 청소년을 보호하는 한편, 사회여건과 환경을 청소년에게 유익하도록 개선하고 청소년을 보호하여 청소년에 대한 교육을 보완함으로써 청소년의 균형 있는 성장을 돕는 것을 말한다.

02 ⑤ '청소년수련활동'이란 청소년이 청소년활동에 자발적으로 참여하여 청소년 시기에 필요한 기량과 품성을 함양하는 교육적 활동으로서 청소년지도자와 함께 청소년수련거리에 참여하여 배움을 실천하는 체험활동을 말한다(청소년활동진흥법 제2조 제3호).

03 ② 여성가족부장관이 정하여 고시하는 청소년단체, 한국청소년상담복지개발원, 청소년상담복지센터, 이주배경청소년지원센터, 청소년복지시설 등의 단체에 종사하는 청소년상담사는 매년 8시간 이상의 보수교육을 받아야 한다(청소년기본법 시행규칙 제10조의3 제1항 참고).

04 ④ 청소년수련활동은 참가자인 청소년들의 자발적인 참여를 전제로 한다(청소년활동진흥법 제2조 제3호 참고). 따라서 청소년들의 주체적인 참여 및 자치적인 운영이 이루어져야 하며, 자율적인 행동규범이 수립・실행되어야 한다.

05 콜브(D. Kolb)의 경험학습 진행과정
콜브(D. Kolb)는 인간이 학습하는 유형을 구체적 경험, 추상적 개념화, 행동적(적극적) 실험, 반성적 관찰의 4가지로 나누었다.
- 구체적 경험 : 경험을 중시하고, 개인적 가치를 기준으로 판단하며, 독특한 사례나 예를 통해 학습하는 경향
- 추상적 개념화 : 논리적이고 체계적인 평가를 하며, 분석과 논리를 기준으로 판단하는 경향
- 행동적 실험 : 외향적이면서 자신이 스스로 업무나 작업을 수행하면서 학습하는 경향
- 반성적 관찰 : 내성적이고 수동적이며, 사려 깊고 사변적으로 학습하는 경향

06 청소년활동 프로그램 개발의 패러다임
- 구성주의 패러다임 : 객관적으로 실재하는 환경과 대상에 대해 강조하는 인간의 실존적 가치를 인정하여, 청소년을 실존적이고 의미를 창조해가는 주체적인 존재로 간주하는 것이다.
- 실증주의 패러다임 : '지식이란 인식의 주체인 인간과 분리되어 존재한다'는 객관주의 인식론을 인정함으로써 기계론적 교육관에 초점을 맞춘 것, 즉 객관적으로 존재하는 지식을 프로그램 참여자인 청소년들에게 전달하는 것이다.
- 비판주의 패러다임 : 인간이 생활하고 있는 사회의 구조적 모순을 적극적으로 개선하고 변혁시켜 나가는 비판적 실천행위(Praxis)를 강조하는 것이다.

07 청소년지도자의 연수
- 청소년지도사의 연수는 30시간 이상으로 하며, 청소년지도사로서의 자질과 전문성을 함양할 수 있는 내용으로 실시한다(청소년기본법 시행령 제21조 제2항).
- 청소년상담사의 연수는 100시간 이상으로 하며, 연수 내용은 이론 강의와 실습 등으로 한다(동법 시행령 제24조 제3항).

08 ④ '선형적 접근'에 관한 설명이다.

청소년프로그램 개발 접근의 원리

선형적 접근	• 프로그램의 개발 단계를 순차적으로 진행해 나가는 방법 • 프로그램 개발 접근방법 중 가장 일반적인 방법 • 청소년지도 현장에서 주로 사용되고 있는 전통적인 기법 • 청소년지도 현장에서 많이 활용되는 이유 : 단계마다의 과업이 명확하고 단순하여 안정감을 가지고 있기 때문, 초보자도 쉽게 적용할 수 있기 때문
비선형적 접근	• 여러 개의 프로그램 개발 단계를 동시에 진행하는 방식 : 같은 시간에 몇 개의 절차가 동시에 이루어지기 때문에, 시간상의 제약을 받지 않으며, 각 단계가 계속적으로 순환되는 특징을 가지고 있음 • 융통성이 많은 접근방법 : 선형접근에 비해 훨씬 더 어렵고 더 많은 자원을 필요로 하며, 기획과정에서 상당한 능력과 전문성이 부가적으로 요청됨
비통합적 접근	• 프로그램에 대한 잠재적 고객, 즉 청소년의 참여를 고려하지 않고 청소년단체나 기관, 그리고 청소년지도사가 독자적으로 프로그램 개발을 전개하는 방식 • 잠재적 고객의 참여(Participation)와 집중(Focus)을 제한시키는 형태로 프로그램 개발의 전개과정이 진행됨 → 고립성(Isolation) • 청소년의 요구(Need)와 가치(Value)를 반영시키려는 의식적인 노력을 하지 않음 • 장점 : 단시간 내에 일방적으로 이루어지는 정책적인 행위와 같으며, 미비한 계획을 쉽게 개정하거나 수정할 수 있음 • 단점 : 청소년단체나 청소년기관이 청소년과의 연계체제를 마련하지 않음으로써, 청소년의 흥미와 필요를 왜곡하거나 부정할 수 있다는 문제점을 발생시킬 소지가 있음
통합적 접근	• 프로그램 개발에 영향을 미치는 요인들을 종합적으로 고려 → 체제분석적 접근 • 전개방식이 총체적이고 분석적이기 때문에 프로그램 개발의 전 과정이 복잡하고, 프로그램개발자의 전문적인 능력을 필요로 하지만, 여타 접근방법에 비해 오차를 최소화시킬 수 있다는 장점이 있음

09 청소년수련관에서 청소년지도사의 배치기준

1급 또는 2급 청소년지도사 각각 1명 이상을 포함하여 4명 이상의 청소년지도사를 두되, 수용인원이 500명을 초과하는 경우에는 500명을 초과하는 250명당 1급, 2급 또는 3급 청소년지도사 중 1명 이상을 추가로 둔다(청소년기본법 시행령 별표5).

10 청소년이용시설의 종류

수련시설이 아닌 시설로서, 그 설치목적의 범위에서 청소년활동의 실시와 청소년의 건전한 이용 등에 제공할 수 있는 다음의 시설(청소년활동진흥법 제10조 및 시행령 제17조 참조)
- 문화시설
- 과학관
- 체육시설
- 평생교육기관
- 자연휴양림
- 수목원
- 사회복지관
- 시민회관·어린이회관·공원·광장·둔치 등, 그 밖에 이와 유사한 공공용시설
- 그 밖에 다른 법령에 따라 청소년활동과 관련되어 설치된 시설

11 청소년수련시설의 설치 · 운영
(청소년활동진흥법 제11조 참조)
- 국가는 둘 이상의 시·도 또는 전국의 청소년이 이용할 수 있는 국립청소년수련시설을 설치·운영하여야 한다.
- 특별시장·광역시장·특별자치시장·도지사·특별자치도지사(이하 시·도지사) 및 시장·군수·구청장은 각각 청소년수련관을 1개소 이상 설치·운영하여야 한다.
- 시·도지사 및 시장·군수·구청장은 읍·면·동에 청소년문화의 집을 1개소 이상 설치·운영하여야 한다.
- 시·도지사 및 시장·군수·구청장은 청소년특화시설·청소년야영장 및 유스호스텔을 설치·운영할 수 있다.

12 ③ 매월 1회 이상 시설물에 대한 안전점검을 실시하여야 하며, 점검 결과를 시설물 안전점검기록대장에 기록·관리하여야 한다(청소년활동진흥법 시행령 별표1).

13 수련시설 운영대표의 자격
(청소년활동진흥법 시행령 제8조 제1항)
- 1급 청소년지도사 자격증을 소지한 사람
- 2급 청소년지도사 자격증 취득 후 청소년육성업무에 3년 이상 종사한 사람
- 3급 청소년지도사 자격증 취득 후 청소년육성업무에 5년 이상 종사한 사람
- 초·중등교육법 제21조에 따른 정교사 자격증 소지자 중 청소년육성업무에 5년 이상 종사한 사람
- 청소년육성업무에 8년 이상 종사한 사람
- 7급 이상의 일반직공무원 또는 이에 상당하는 별정직공무원(고위공무원단에 속하는 일반직공무원 또는 별정직공무원을 포함)으로서 청소년육성업무에 3년 이상 종사한 사람(이외의 공무원 중 청소년육성업무에 종사한 사람의 경우에는 5년 이상)

14 ③ 한국청소년단체협의회는 설립 목적에 지장이 없는 범위에서 수익사업을 할 수 있으며, 발생한 수익은 한국청소년단체협의회의 운영 또는 한국청소년단체협의회의 시설 운영 외의 목적에 사용할 수 없다(청소년기본법 제40조 제6항).

15 청소년활동 프로그램 개발과정

기 획	프로그램 개발팀 구성, 청소년기관 분석, 잠재적 참여자 분석, 프로그램 개발 타당성 분석, 프로그램 개발 기본방향 설정, 아이디어 창출, 청소년 요구 및 필요분석, 우선순위 설정 등
설 계	프로그램 목적 및 목표설정, 내용선정, 내용 계열화, 활동체계 설계, 활동내용 설계, 활동운영 설계, 활동매체 설계 등
마케팅	잠재적 고객분할, 프로그램 마케팅 방법 및 기법결정, 마케팅 자료 및 매체제작, 마케팅 실행 등
실 행	청소년관리(등록, 학습, 참여), 지도자 관리(섭외, 교수), 활동자료관리, 자원 확보 및 관리 등
평 가	프로그램 평가 목적설정, 평가영역 및 준거설정, 평가지표 및 도구개발, 평가자료수집 및 분석, 프로그램 보고 및 개정 등

16 청소년운영위원회의 구성·운영
(청소년활동진흥법 제4조 및 시행령 제3조)
- 청소년수련시설을 설치·운영하는 개인·법인·단체 및 위탁운영단체는 청소년활동을 활성화하고 청소년의 참여를 보장하기 위하여 청소년으로 구성되는 청소년운영위원회를 운영하여야 한다.
- 청소년운영위원회는 10명 이상 20명 이하의 청소년으로 구성하여야 한다.
- 위원의 임기는 1년으로 한다.
- 위원장은 위원 중에서 호선(互選)한다.
- 위원장은 운영위원회를 대표하고, 운영위원회의 직무를 총괄한다.
- 위원장이 부득이한 사유로 직무를 수행할 수 없는 경우에는 위원장이 미리 지명한 위원이 그 직무를 대행한다.
- 위원장은 필요시 회의를 소집하며, 그 의장이 된다.
- 그 외에 운영위원회의 운영에 필요한 사항은 위원회의 의결을 거쳐 위원장이 정한다.
- 국가 및 지방자치단체는 예산의 범위에서 운영위원회의 운영에 필요한 경비를 지원할 수 있다.

17 ③ 한국청소년상담복지개발원의 기능에 해당한다.

한국청소년활동진흥원의 주요 기능
(한국청소년활동진흥원 정관 제4조)
- 청소년의 다양하고 창의적인 체험활동 활성화
- 청소년활동 프로그램의 개발·보급·평가 및 시범운영
- 청소년육성에 필요한 정보 등의 종합적 관리 및 제공
- 청소년 관련 제 기관 및 시설과의 상호 연계지원·지도·평가
- 국가·지방자치단체가 설치하는 청소년수련시설의 위탁유지·관리 및 운영
- 청소년지도자의 양성·교육 및 교류 진흥
- 국내외 청소년 교류활동의 진흥 및 지원
- 남·북청소년 교류활동의 진흥 및 지원
- 청소년자원봉사활동 및 참여·권리증진 활동의 활성화 지원
- 청소년특별회의, 청소년수련활동 인증제도, 청소년성취포상제도, 청소년 방과 후 활동의 운영 및 지원, 청소년프로그램 공모, 청소년 어울림마당·동아리활동 및 청소년의 달 행사의 운영 및 지원
- 수련시설 종합 안전·위생점검 지원 및 안전 관련 교육·컨설팅·홍보
- 숙박형 등 청소년수련활동 계획의 신고 지원에 대한 컨설팅 및 교육
- 그 밖에 여성가족부장관이 지정하거나 활동진흥원의 목적을 수행하기 위하여 필요한 사업

18 청소년지도방법의 원리
- 자기주도성의 원리 : 청소년이 활동의 주체가 되어 적극적으로 참여하고, 활동의 목적·내용·시기 등을 선택하며 결정할 수 있도록 하는 원리이다.
- 창의성의 원리 : 청소년지도방법에서 창의적인 방법의 계발, 청소년의 창의적인 능력 함양을 고려해야 하는 것을 의미한다.
- 다양성의 원리 : 청소년지도방법에 있어서 청소년의 다양한 차이와 요구를 감안하여, 이에 적합한 방법을 모색해야 함을 의미한다.
- 협동성의 원리 : 청소년 간에 유기적인 협력이 이루어질 수 있도록 청소년지도방법이 고안되고 실행되어야 함을 의미한다.
- 활동중심의 원리 : 청소년지도방법에 있어서 청소년의 실천적 행위와 체험이 중심이 되어야 함을 의미한다.

19 ① 신체적·정신적 건강 증진은 물론 경쟁적 활동을 통해 도전정신을 함양하도록 하는 것은 스포츠활동의 목적에 해당한다. 놀이와 레크리에이션은 비경쟁·협동놀이를 통해 사귐과 나눔의 의미를 전달하는 것을 목적으로 한다.

20 CYS-Net(지역사회청소년통합지원체계)
- 지역사회 시민, 청소년 관련 기관 및 단체들이 상호 협력하여 위기상황에 처한 청소년을 발견·구조·치료하는 데 참여함으로써 이들이 건강한 민주시민으로 성장할 수 있도록 돕는다.
- 청소년상담복지센터를 중심으로 학교·교육청·경찰관서·노동관서·국공립 의료기관을 비롯하여 청소년쉼터를 비롯한 청소년지원시설들 간의 연계·협력으로 이루어진다.
- 청소년상담복지센터에서는 위기청소년에 대한 상담 등의 서비스를 우선적으로 제공하며, 이들이 취업이나 의료보호 등의 서비스를 필요로 할 경우 연계기관으로 의뢰한다.

21 ① 설치근거는 청소년기본법(제12조)이다.

청소년특별회의

목 적	매년 전국 17개 시·도 청소년 대표, 청소년전문가들이 토론과 활동을 통하여 청소년의 시각에서 청소년이 바라는 정책과제를 정부에 제안한다.
법적 근거	국가는 범정부적 차원의 청소년정책과제의 설정·추진 및 점검을 위하여 청소년 분야의 전문가와 청소년이 참여하는 청소년특별회의를 해마다 개최하여야 한다(청소년기본법 제12조).
주요 기능	청소년의 시각에서 청소년이 바라는 정책과제를 정부에 건의 및 모니터링한다.

22 ① 형평성 평가, ② 적정성 평가, ③ 적절성 평가, ⑤ 효과성 평가

23 청소년지도를 위한 집단역동에 활용되는 방법에는 브레인스토밍(Brainstorming), 필립66, 역할연기, 사회성측정법(Soicometry), 감수성훈련, 포럼, 심포지엄, 세미나, 배심토론, 소집단 원탁토론, 소집단 분과토의 등이 있다.

24 ① 국제청소년성취포상제는 '비경쟁성' 기본이념에 따라 타인과의 경쟁이 아닌 개인적인 도전을 전제로 한다. 이러한 포상제는 개인적인 선택을 기본으로 하며, 참여자 개인의 능력과 흥미를 반영한다.

국제청소년성취포상제의 기본이념
- 비경쟁성
- 자발성
- 균형성
- 성취지향성
- 지속성
- 개별성
- 발전적
- 단계성
- 고무적
- 재 미

25 청소년 방과후아카데미 지원내용

구 분		세부내용
체험·역량 강화 활동	디지털 체험활동	• 강습형태가 아닌 디지털분야 체험활동으로 운영 • 디지털분야 : 코딩, AI, App 제작, VR·AR 체험, 드론, 영상제작, 미디어, 컴퓨터 활용 등
	일반 체험활동	강습형태가 아닌 체험활동 위주로 청소년들의 창의·인성 함양을 위한 다양한 체험활동 프로그램 운영(예술체험활동, 과학체험활동, 직업개발활동, 봉사활동, 리더십개발활동 등)
	진로개발 역량 프로그램 (진로체험)	• 강습형태가 아닌 전문적인 체험활동으로 운영 • 청소년 주도의 프로젝트 (PBL, Program-Based Learning)
	창의·융합 프로그램	
	주말 체험활동 (분기별 2회 급식 포함 5시수)	주말 체험활동과정 운영 시 외부활동 권장 * 외부는 단순히 운영시설의 건물 밖 공간을 의미하는것만이 아니라, 다양한 테마활동이 가능한 외부현장(시설, 공간)을 의미함
	지역사회 참여활동	방과후아카데미 자체기획으로 청소년들이 지역사회에서 봉사활동을 하거나, 지역에서 개최하는 각종 지역행사에 의미 있는 역할을 담당하여 참여하는 활동으로 주말 체험활동과 연계하여 편성
	주중 자기개발 활동과정	• 청소년들이 중심이 되어 진행하는 활동(자치활동, 동아리활동 등) • 각 운영기관에서 자유롭게 편성하여 운영하는 과정 • 실무자가 중심이 되어 운영하는 프로그램
	주중 자기개발 활동과정 (필요 시 1회당 2시수 이상)	
	특별지원	청소년캠프(방학), 부모(보호자) 교육, 초청인사 특별강의, 발표회 등
학습 지원	보충학습 지원	청소년들의 자율적인 숙제, 보충학습지도, 독서지도 등의 프로그램 위주로 운영
	교과학습	전문 강사진의 교과학습 중심의 학습지원
생활 지원		급식, 상담, 건강관리, 생활일정 관리(메일링 서비스) 등의 생활지원

제2회 정답 및 해설

청소년상담사 3급 최종모의고사

최종모의고사 제2회 p.54

필수과목 01 발달심리

01	02	03	04	05	06	07	08	09
②	③	④	④	②	④	⑤	⑤	②
10	11	12	13	14	15	16	17	18
⑤	②	①	③	①	⑤	④	②	④
19	20	21	22	23	24	25		
⑤	⑤	⑤	③	④	④	⑤		

01 ② 인간발달은 기능 및 구조의 성장 또는 성숙에 의한 '상승적 변화'와 함께 그에 대비되는 기능 및 구조의 약화 또는 쇠퇴에 의한 '하강적 퇴행적 변화'로 구분된다. 즉, 인간발달은 이와 같은 상승적 변화는 물론, 하강적 변화 모두를 포함하는 개념이다. 일반적으로 인간은 청년기 또는 성인 초기에 이르기까지 신체 크기의 증대와 더불어 심리기능의 고차원화가 이루어지는 반면, 그 이후로부터 신체적·심리적 기능이 약해지고 위축되면서 하강적 변화를 경험하게 된다.

02 에릭슨(E. Erikson)의 심리사회적 발달단계

시 기	심리사회적 위기와 능력
유아기 (출생~18개월)	기본적 신뢰감 대 불신감 - 희망 대 공포
초기아동기 (18개월~3세)	자율성 대 수치심·회의 - 의지력 대 의심
학령전기 또는 유희기(3~5세)	주도성 대 죄의식 - 목적의식 대 목적의식 상실
학령기 (5~12세)	근면성 대 열등감 - 능력감 대 무능력감
청소년기 (12~20세)	자아정체감 대 정체감 혼란 - 성실성 대 불확실성
성인 초기 (20~24세)	친밀감 대 고립감 - 사랑 대 난잡함
성인기 (24~65세)	생산성 대 침체 - 배려 대 이기주의
노년기 (65세 이후)	자아통합 대 절망 - 지혜 대 인생의 무의미함

03 ① 배아기는 주요 신체기관과 신경계가 형성되는 시기이다.
② 배아기는 기형발생물질에 민감하게 영향을 받는 시기이다.
③ 배아기는 신체기관의 분화가 일어나는 시기이다.
⑤ 태아기는 모든 기관 체계가 정교해지는 시기이다.

태내 발달

배포기	• 정자와 난자가 결합한 수정란이 급격하게 세포분열을 하는 시기 • 자궁 속으로 들어온 후 배포(자궁에 도착할 무렵에 58개로 분할된 세포)가 자궁벽에 착상되어 임신이 이루어지는 약 2주간의 기간
배아기	• 수정 후 2주가 경과한 시점에서 8주까지의 기간 • 주요 신체기관과 신경계가 분화되고 형성되는 시기 • 심장의 형성 및 심장박동 시작 • 기형발생물질에 의한 구조적 기형 발생 가능성이 가장 큼
태아기	• 배아기보다 중추신경계가 더 빠르게 발달하는 시기 • 모든 기관체계가 정교해지는 시기

04 ① 획득형은 활동수준은 중간이고, 사회적 관심은 낮은 유형이다.
② 지배형은 활동수준은 높으나, 사회적 관심은 낮은 유형이다.
③ 아들러(Adler)는 열등감을 긍정적인 관점에서 인간의 성숙과 자기완성을 위해 반드시 필요하다고 보았다.
⑤ 개인이 추구하는 궁극적 목표는 현실에서 검증되지 않은 가상의 목표로서 미래지향적인 경향을 나타낸다.

05 융(Jung)의 분석심리이론
- 35세부터 40세를 전후하여 정신적 변화가 오게 되며 외향적 목표와 야망은 그 의미를 잃기 쉬운데, 융은 그러한 변화가 일어나는 것은 사회가 보상한 성취의 성격이 어떤 측면들을 희생시킨 대가로 얻어진 것이기 때문이라고 보았다.
- 중년기에는 외부세계를 정복하는데 쏟았던 에너지를 자신의 내부에 초점을 맞추도록 자극받으며 잠재력에 대해 깊은 관심을 가지게 된다. 이에 따라 남자는 여성적인 측면을, 여자는 남성적인 측면을 표현하게 되며, 이는 의식에만 집중하던 경향이 무의식의 세계를 깨달음으로써 바뀌기 때문이다.
- 중년기에 청년기나 성인기의 가치와 목표에 여전히 매달려 있게 되면 더 이상 발달하지 못한다. 그 가치들은 이미 가치를 상실했으므로 새로 의미를 찾아야 하며, 그렇지 못하면 절망에 빠지게 되는 것이다. 이것은 한 때 영원한 것으로 보이던 목표와 야망들이 이제는 그 의미를 잃게 되었음을 느끼고, 마치 뭔가 결정적인 것이 빠진 것 같은 불완전함과 우울함, 침체감을 종종 느끼는 중년의 위기감을 설명해준다.

06 ① EEG 기법 : 감성을 측정하기 위해서 인간의 뇌에서 일어나는 화학적 인지작용의 결과인 전기적 뇌파 신호를 측정하여 분석하는 방법이다.
② 미시 발생적 기법 : 상대적으로 짧은 기간 동안 일어나는 변화를 말하는 기법이다.
③ 습관화 기법 : 반복을 통해 친숙해진 자극에 대한 반응이 감소하는 것을 말한다.
⑤ 시각절벽 기법 : 깊이 착각을 불러일으키도록 쌓은 플랫폼으로서, 영아의 깊이 지각에 대한 실험에 사용하는 기법이다.

07 ⑤ '착하다', '나쁘다', '탐욕스럽다' 등의 표현을 통해 어떠한 행위를 이른바 착한 사람의 행위기준과 비교하여 평가하는 것은 인습적 수준의 도덕성으로서 대인관계적 도덕성의 단계에 해당한다.

08 ⑤ 강화된 행동은 습관이 되며, 이러한 습관이 성격의 일부를 형성한다. 또한, 강화된 행동은 자극일반화와 자극변별을 가능하도록 하며, 적절한 발전과정을 통해 건전한 성격을 형성하게 된다.

09 ① 사회학습이론은 사회적 학습이 심상·사고·계획 등의 인지적 활동에 의해 이루진다고 본다. 또한, 동기에 의해 학습한 행동의 수행 가능성을 높일 수 있다고 본다.
③ 사회학습이론은 인간의 행동을 불러일으키는 요인으로서 환경적 자극을 제시하며, 이러한 환경적 자극의 변화를 통해 인간의 행동이 변화할 수 있다고 본다.
④ 반두라(Bandura)는 개인이 자신의 노력으로 원하는 결과를 얻을 수 있다는 신념이나 기대를 '자기효율성(Self-Efficacy)'이라고 하였다.
⑤ 자신이 통제할 수 있는 보상을 자기 스스로에게 주어서 자신의 행동을 유지하거나 변화시키는 자기강화(Self-Reinforcement)가 가능하다.

10 ⑤ '유기체적 평가과정(Organismic Valuing Process)' 및 '완전히 기능하는 사람(Fully Functioning Person)' 등의 개념을 제시한 학자는 대표적인 현상학 이론가인 로저스(Rogers)이다.

로저스(Rodgers)의 현상학 이론
- 로저스는 경험적 세계 또는 주관적 경험으로서 '현상학적 장(Phenomenal Field)'을 제시하였다. 또한, 인간이 삶의 의미를 찾고 주관적인 자유를 실천해 나감으로써 점진적으로 스스로를 완성해 나가는 '자기실현 경향(Self-Actualizing Tendency)'을 가지고 있다고 강조하였다.
- 로저스는 인간이 자아 형성 과정에서 '유기체적 평가과정'에 의해 지배된다고 보았는데, 이는 인간이 자기를 유지 또는 향상시키는 것으로 인식

된 경험들에 대해 긍정적인 평가를 내림으로써 이를 더욱 추구하는 반면, 자아증진을 부정 또는 반대하는 것으로 인식된 경험들에 대해 부정적인 평가를 내림으로써 이를 피하게 된다는 것이다.
- 로저스가 제시한 '완전히 기능하는 사람'은 자신의 욕구와 자아실현 경향에 따라 행동함으로써 자신의 잠재력을 인식하며, 탁월한 능력과 완벽한 이해로써 실존적으로 살아가는 사람을 말한다.

11 ㄱ. 개성화(Individuation)는 융(Jung)의 분석심리이론의 주요 개념에 해당한다. 여기서 개성화는 개인이 자신의 전체 인격을 실현하는 과정을 의미하는 것으로서, 의식과 무의식, 자아와 음영, 외적 인격과 내적 인격이 서로 균형을 이루는 상태로 볼 수 있다.
ㄷ. 생활양식(Life Style)은 아들러(Adler)의 개인심리이론의 주요 개념에 해당한다. 여기서 생활양식은 삶에 대한 개인의 성향 또는 성격을 의미하는 것으로서, 개인이 생각하고 느끼며 행동하는 것의 기반이 된다.

12 청소년기의 인지적 특징은 추상적 사고, 가설적·연역적 사고, 체계적·조합적 사고, 논리적 추론, 이상주의적 사고 등이 있다.

13 ㄴ. 빨리 잘 달리고, 달리면서 방향을 바꿀 수 있는 것은 4~5세경이다.
ㄷ. 발을 앞으로 내밀고 팔을 쭉 뻗어 공을 던질 수 있는 것은 5~6세경이다.

영·유아기의 나이에 따른 대근육 운동기능의 발달

나 이	대근육 운동기능
2~3세경	• 걷기 : 율동적으로 잘 걷는다. • 달리기 : 몸을 뻣뻣하게 세우고 달린다. 방향을 바꾸거나 갑자기 멈추는 것이 어렵다. • 뛰기 : 두 발로 깡충깡충 뛴다. • 페달밟기 : 장난감 자동차에 올라타고 두 발로 민다. • 오르기 : 계단을 오를 때 한쪽 발을 먼저 올려놓고, 그다음 다른 쪽 발을 그 옆에 놓는다. 높은 곳에 올라갈 수 있지만 내려오지는 못한다. • 던지기 : 목표물을 향해 공을 던지는데 두 팔을 사용한다. 발이나 몸은 움직이지 못한다.
3~4세경	• 걷기 : 팔을 앞뒤로 흔들며 걷는다. 직선 위를 잘 걷는다. • 달리기 : 유연하게 잘 달리고 출발과 정지를 잘 한다. • 뛰기 : 두 발로 높이 뛰어오른다. 한 발로 장애물을 뛰어 넘는다. • 페달밟기 : 세발자전거를 탈 수 있다. • 오르기 : 계단을 오를 때는 한발로 차례차례 오르지만, 내려올 때는 두 발을 모아서 내려온다. • 던지기 : 몸을 앞뒤로 흔들며 한쪽 팔로 공을 던진다.
4~5세경	• 걷기 : 곡선 위를 걷는다. 평균대 위를 걷는다. • 달리기 : 빨리 잘 달리고, 달리면서 방향을 바꿀 수 있다. • 뛰기 : 깡충깡충 뛰면서 앞으로 나간다. • 페달밟기 : 세발자전거를 빠르고 유연하게 잘 탄다. • 오르기 : 발을 번갈아가면서 계단을 오르내린다. 사다리, 정글짐, 미끄럼틀, 나무 등을 타고 오르내린다. • 던지기 : 팔꿈치를 사용해서 공을 던진다.
5~6세경	• 걷기 : 성인처럼 걷는다. • 달리기 : 속력을 내서 잘 달린다. • 뛰기 : 높이뛰기, 멀리뛰기, 줄넘기를 한다. • 페달밟기 : 두발자전거를 탈 수도 있다. • 오르기 : 성인처럼 오르고 내린다. • 던지기 : 발을 앞으로 내밀고 팔을 쭉 뻗어 공을 던진다.

14 ① 기술적 조사는 둘 이상 변수 간의 상관관계를 기술할 때 적용하며, 현상을 정확하게 기술하는 것을 주목적으로 한다. 어떠한 사건이나 현상의 크기, 비율, 수준 등에 대한 단순 통계적인 자료를 수집하여 문제에 대한 답을 구하며, 특히 사회적 문제에 대해 정확한 실태 파악을 하여 정책적 대안을 마련하는 데 유효하게 사용된다.

15 유아의 단어의미 이해

신속표상대응	짧은 순간에 어떤 단어를 한 번만 듣고도 그 단어의 의미를 습득한다.
어휘대조론	유아는 익숙하지 않은 단어를 들었을 때 그 새로운 단어가 이미 알고 있는 단어들과는 다른 독특한 의미를 갖는다고 생각한다.
상호배타성의 원칙	각각의 사물은 하나의 명칭만을 가진다고 생각한다(멍멍이, 야옹이 등).
전체-사물 가정	단어가 사물의 일부분이나 부분적 특성보다는 사물 전체를 의미한다고 생각한다.
과잉확대	멍멍이를 강아지 외에 고양이나 소, 양과 같이 네발이 달리고 털이 있는 동물을 가리킨다고 생각한다.
과잉축소	'개'라는 단어를 자기 집 개에게만 축소해서 적용한다.

16 ④ 종단적 연구는 비용이 많이 들고, 시간 소모가 많다.

횡단적 연구
- 어느 한 시점에서 다수의 분석단위에 대한 자료를 수집하는 연구이다.
- 연령이 다른 개인 간의 발달적 차이를 단기간에 비교하려는 경우 사용한다.
- 자료수집이 비교적 짧은 기간에 이루어지며, 간단하고 비용이 절감된다.
- 어떤 현상의 진행과정 변화에 대한 측정이 불가능하다.
- 동시대 출생집단(Cohort) 효과가 연령 효과에 혼입될 우려가 있다.
- 연구결과는 연령집단 간 차이를 기술하며, 피험자 손실의 문제가 거의 없다.
- 한 시점에서만 관찰하기 때문에 개인이 어떻게 발달하는지는 알 수 없다.

종단적 연구
- 둘 이상의 시점에서 동일한 분석단위를 장기간에 걸쳐 추적하여 연구한다.
- 개인의 연령에 따른 연속적인 변화 양상을 파악하려는 경우 사용한다.
- 비용이 많이 들고, 시간 소모가 많다.
- 오랜 시간에 걸쳐 연구되므로 피험자의 탈락이 발생할 수 있다.
- 특정 개인이나 특정 집단에서 얻은 자료를 일반화하는 데 한계가 있다.
- 반복검사로 인한 연습효과가 존재하여 결과가 왜곡될 수 있다.
- 동시대 출생집단 효과의 영향을 받지 않는다.

17 ② 모로반사 : 신생아를 갑자기 치거나 큰 소리를 듣게 하면 깜짝 놀라서 팔·다리를 쫙 폈다가 오므리는 현상을 말한다. 생후 2~3개월경에 사라진다.
③ 쥐기반사 : 신생아에게 무엇을 쥐어주면 빼내기 힘들 정도로 그 물건을 꼭 쥐는 현상을 말한다. 이 현상은 2~3개월 후에 사라진다.
④ 바빈스키반사 : 신생아의 발바닥을 살살 긁어 보면 발가락을 쭉 폈다가 다시 오므리는 현상을 말한다. 보통 생후 4~6개월이면 사라지는데, 만약 늦도록 이 현상이 사라지지 않으면 신경발달 지체 여부를 의심해봐야 한다.
⑤ 빨기반사 : 신생아의 입가에 무엇을 갖다 대면, 재빨리 이를 물고 빠는 현상을 말한다.

18 ④ 유아는 자신과 부모가 분리된 별개의 존재라는 사실을 인식하게 되므로, 자기 중심적·자기 주장적인 양상을 보이게 된다. 대략 3세경부터 반항적인 행동을 보이게 되는데, 이와 같은 정서적 독립 및 분리개별화는 유아의 자율성 발달에 영향을 미치게 된다.
①·② 영아기(출생~18개월)
③ 후기아동기 또는 학령기(6~12세)
⑤ 전기아동기 또는 학령전기(4~6세)

19 ① 비사회적-비변별적-특정인-다인수 애착의 순서로 나타난다.
② '특정인 애착 단계'에서 영아는 낯선 사람을 두려워하고 경계한다.
③ '비변별적 애착 단계'에서 영아는 사람과 떨어지는 것을 싫어하고, 혼자 남겨두거나 바닥에 내려놓는 것을 싫어한다.
④ '비사회적 단계'는 출생 후 대략 6주까지이다.

쉐퍼와 에멀슨(Schaffer & Emerson)의 애착발달 단계

비사회적 애착단계 (0~6주)	아기는 사람이나 물체 등에 특별한 반응이 없다. 이 단계의 마지막에는 사람의 얼굴과 웃는 표정에 더 반응을 보인다.
비변별적 애착단계 (6주~6, 7개월)	사람들과 자주 미소 짓고 사람과 사회적 자극을 좋아한다. 사람과 떨어지는 것을 싫어하고, 혼자 남겨두거나 바닥에 내려놓는 것을 싫어한다.
특정인 애착단계 (약 7~9개월)	아기는 특정한 사람이나 낯선 사람을 두려워하고 경계한다. 즉, 주양육자와 떨어졌을 때 저항·불안 증세를 보이며, 낯가림이 시작된다.
다인수 애착단계 (약 9~18개월)	주양육자 외의 다른 사람, 즉 아버지, 형제자매, 할아버지, 할머니 등에게도 애착을 형성한다.

20 ⑤ 학령기 또는 후기아동기(6~12세)에는 또래집단을 통해 동성의 친구와 친밀감을 유지하려고 하며, 집단의 규범과 압력에 점점 더 민감해진다. 아동은 친구들과의 일상적인 상호작용을 통해 삶의 여러 측면에 있어서 다양한 방식들이 존재한다는 사실을 깨닫게 되며, 사회적 공동체의 조직화 원리를 이해하기 시작한다.

21 ⑤ 정체감 유실은 자신의 신념이나 목적을 충분히 고려하지 않은 채 외부에서 자기에게 기대하는 역할을 바로 수용해 버리는 것이다. 가족을 비롯하여 자기에게 중요한 다른 사람들의 요구에 따라 자신의 정체감을 미숙하게 결정짓는 것을 말한다.

22 ③ 청년기(19~29세)에 관한 설명이다. 청소년기(12~19세)는 제2성장급등기로서 사춘기를 경험하며, 2차 성징과 함께 생식기관의 성숙이 뚜렷이 나타나는 시기이다.

23 ㄴ. 청년기(19~29세)에 관한 설명이다.

성인기(중년기, 30~65세)의 특징
- 에릭슨의 성인기, 피아제의 형식적 조작기 중·후기에 해당한다.
- 신체적 능력과 건강이 감퇴하기 시작하며, 갱년기를 경험한다.
- 단기 기억력은 약화되지만 장기 기억력에는 변화가 없으며, 오랜 인생경험에 의한 지혜로 인해 문제해결 능력이 높아진다.
- 감각기관의 능력이 감소하며, 급격한 에너지 소모를 필요로 하는 일보다 지구력을 요하는 일에 더 유리하다.
- 개성화를 통해 자아의 에너지를 외적·물질적인 차원에서 내적·정신적인 차원으로 전환한다.

24 ㄱ. 노인은 직업적 역할의 상실로 인해 경제적 능력이 약화된다. 또한, 사회적 지위가 저하되면서 공식적·제도적 역할이 축소된다.
ㄴ. 노인은 자기중심적이고 원시적인 방법으로 문제를 해결하려는 경향을 나타내 보인다.
ㄷ. 노인은 인지적 능력이 감소하는 경향이 있으나, 추론능력 등 경험의 축적을 통해 습득된 능력은 비교적 유지된다.

25 ① 게젤(A. Gesell) : 아동은 타고난 유전적 요인에 의해 성장과 발달이 이루어지며, 발달속도의 개인차는 유전적 기제의 차이에서 비롯된다고 하였다.
② 촘스키(N. Chomsky) : 언어적 성취는 유전적 프로그램에 의한 것으로 보았다.
③ 왓슨(J. B. Watson) : 성격 형성은 환경에 의해 좌우된다고 보았다.
④ 보울비(J. Bowlby) : 발달 초기에 중요한 타인과 맺었던 초기 애착은 전 생애에 걸쳐 영향을 미친다고 보았다.

필수과목 02 집단상담의 기초

01	02	03	04	05	06	07	08	09
③	②	③	③	③	①	①	④	③
10	11	12	13	14	15	16	17	18
①	①	④	④	④	③	②	③	③
19	20	21	22	23	24	25		
④	③	②	③	④	①	②		

01 실존치료(실존주의 상담이론)
- 실존주의적인 접근은 기존의 정신분석이론 및 행동주의 이론에 반발하여 인본주의 심리학에 기초를 둔다.
- 인간의 본질에 대한 철학적인 탐구를 강조하며, 인간의 가장 직접적인 경험으로서 자기 자신의 존재에 초점을 둔다.
- 인간존재의 불안의 원인을 본질적인 시간의 유한성과 죽음 또는 부존재의 불안에서 기인하는 것으로 본다.
- 자유의 상황에서 개인의 선택 및 그에 따른 책임을 강조한다.
- 인간존재의 참된 의미를 발견하는 것을 근본적인 목적으로 하며, 내담자의 주관적인 세계를 중시하고 성장을 돕는다.
- 프랭클(Frankl)은 '의미에의 의지(Will to Meaning)'를 강조하며 '의미요법(Logotherapy)'을 개발하였다.

02
- ㄴ. 과업지향적 역할에 해당한다. 과업지향적 역할을 수행하는 집단원은 다른 유형의 성원들에 비해 집단의 목표달성에 보다 많은 기여를 하게 된다.
- ㄹ. 자기중심적 역할에 해당한다. 자기중심적 역할을 수행하는 집단원은 자신의 개인적인 이익을 위해 집단의 목표와 이익을 희생시키기도 한다.

03 집단상담의 목표
- 자신과 타인에 대한 신뢰감 형성
- 자신에 대한 지식습득과 정체성 발달
- 인간의 욕구나 문제들의 공통성과 보편성 인식
- 자기이해, 자기수용, 자기존중감 증진 및 자신에 대한 시각의 개선
- 정상적인 발달문제와 갈등을 해결하는 새로운 방식 발견
- 자신과 타인에 대한 주도성·자율성·책임감의 증진
- 자신의 결정에 대한 자각과 지혜로운 결정능력 증진
- 특정행동의 변화를 위한 구체적 계획 수립과 완수
- 효과적인 사회적 기술학습
- 타인의 욕구와 감정에 대한 민감성 증진
- 타인에 대한 배려와 염려를 바탕으로 한 직면의 기술 습득
- 타인의 기대에 부응하는 태도에서 벗어나 자신의 기대에 부합하는 방식의 습득
- 가치관의 명료화, 가치관의 수정 여부 및 수정 방식 결정

04 BASIC-ID의 내용
- B(Behavior, 행동) : 관찰하고 측정할 수 있는 행위, 습관, 반응에 관한 것
- A(Affective Reponses, 감정) : 감정, 기분, 강한 느낌에 관한 것
- S(Sensations, 감각) : 촉각·미각·후각·시각·청각의 기본적 오감에 관한 것
- I(Images, 심상) : 자신의 자기상, 기억, 꿈, 공상 등을 포함
- C(Cognitions, 인지) : 기본적 가치·태도·신념을 형성하는 통찰, 철학, 생각, 의견, 자기-말, 판단 등을 의미
- I(Interpersonal Relationships, 대인관계) : 타인과의 상호작용을 의미
- D(Drugs or Biology, 약물·생리) : 약물 이상의 의미를 가지며, 섭식습관이나 운동양식

05
- ㄱ. 지도자가 교육적 활동이나 교육적 결정을 위한 자료수집 활동에 직접 관여하는 것은 집단지도의 특징에 해당한다.
- ㄷ. 집단상담은 집단지도에 비해 일반적으로 집단의 규모가 작다. 집단상담의 경우 그 규모는 보통 5~15명 또는 6~12명 정도인데 반해, 집단지도의 경우 그 규모는 보통 10~60명 또는 100~300명 정도이다.

06 집단의 치료적 효과(Yalom)
- 희망의 주입 : 집단은 집단원들에게 문제가 개선될 수 있다는 희망을 심어주는데, 이때 희망 그 자체가 치료적 효과를 가질 수 있다.
- 보편성 : 참여자 자신만 심각한 문제, 생각, 충동을 가진 것이 아니라 다른 사람들도 자기와 비슷한 갈등과 생활경험, 문제를 가지고 있다는 것을 알고 위로를 얻는다.
- 정보전달 : 집단원들은 집단상담자에게서 다양한 정보를 습득함으로써 자신의 문제에 대해 보다 명확하게 이해하며, 동료 참여자에게서 직·간접적인 제안, 지도, 충고 등을 얻는다.
- 이타심 : 집단원들은 위로, 지지, 제안 등을 통해 서로 도움을 주고받는다. 자신도 누군가에게 도움을 줄 수 있고, 타인에게 중요할 수 있다는 발견은 자존감을 높여준다.
- 1차 가족집단의 교정적 재현 : 집단은 가족과 유사한 점이 있다. 다시 말해, 집단상담자는 부모, 집단원은 형제자매가 되는 것이다. 집단원은 부모형제들과 교류하면서 집단 내에서 상호작용을 재현하는데, 그 과정을 통해 그 동안 해결되지 못한 갈등상황에 대해 탐색하고 도전한다.
- 사회기술의 개발 : 집단원으로부터의 피드백이나 특정 사회기술에 대한 학습을 통해 대인관계에 필요한 사회기술을 개발한다.
- 모방행동 : 집단상담자와 집단원은 새로운 행동을 배우는 데 좋은 모델이 될 수 있다.
- 대인관계학습 : 집단원과의 상호작용을 통해 자신의 대인관계에 대한 통찰과 자신이 원하는 관계형성에 대한 아이디어를 가질 수 있다. 또한, 집단은 대인관계 형성의 새로운 방식을 시험해 볼 수 있는 장이 된다.
- 집단응집력 : 집단 내에서 자신이 인정받고, 수용된다는 소속감은 그 자체로서 집단의 긍정적인 변화에 영향을 미친다.
- 감정 정화(Catharsis) : 집단 내의 비교적 안전한 분위기 속에서 집단원은 그 동안 억압되어온 감정을 자유롭게 발산할 수 있다.
- 실존적 요인들 : 집단원과의 경험 공유를 통해 자기 자신이 다른 사람에게 아무리 많은 지도와 후원을 받는다고 해도, 자신들의 인생에 대한 궁극적인 책임은 스스로에게 있다는 것을 배운다.

07 과업집단
- 과업의 달성, 성과물의 산출, 명령이나 지시의 수행 등을 목적으로 한다.
- 조직의 문제에 대한 해결방안을 모색하며, 이를 위해 새로운 아이디어를 개발하고 효과적인 전략을 수립하는 등 과업을 수행한다.
- 공동의 목표를 가지고 동일한 주제에 대해 관심이나 재능을 가지고 있는 사람들로 구성된다.
- 구성원 개인의 성장보다는 의사결정 과정을 통해 결과물을 산출하는 데 초점을 둔다.
- 과제수행이 완료되는 경우 기능의 정지와 함께 집단이 해체된다.
- 집단원들의 자기개방 수준은 낮다.
- 팀, 위원회, 이사회, 연합체, 협의체, 치료회의, 행정집단, 사회행동집단 등

08
ㄱ·ㄹ·ㅁ 집단상담 과정 중 생산적인 집단이란 '작업단계'에 있는 집단을 말한다. 집단발달과정에서 작업단계는 가장 핵심적인 단계로서, 응집성이 강하게 일어나고 친밀감이 형성되는 중요한 시기이며, 집단원들이 희망을 갖는 단계이다.
ㄴ. 종결단계에 이루어지는 요인이다.
ㄷ. 추수작업에 이루어지는 요인이다.

09 정신분석적 모형에 의한 집단의 진행단계
예비적 개별분석 → 꿈과 환상을 통한 촉진관계 정립 → 저항의 분석 → 전이의 분석 → 훈습 → 재교육 및 사회적 통합

10
① 참만남 집단은 집단상담자에 의해 사전에 기획된 집단 목표를 가지고 있지 않다. 집단상담자는 안내자, 촉진자로서의 역할을 통해 집단 참가자들이 집단의 목적과 목표를 자발적으로 결정하도록 하고 있다. 따라서 집단상담자는 집단의 성패에 대해 전적인 책임을 지지 않으며, 집단 참가자들이 집단의 전 과정에 대해 우선적인 책임을 부여받는다.

11
②·④·⑤ 욕구 또는 소망에 대한 탐색(Want)
③ 행동방향에 대한 탐색(Direction and Doing)

12 집단과정을 촉진할 때 유의할 점
- 집단원들에게 그들의 느낌을 솔직하게 말하도록 돕는다.
- 안전하고 수용적이며 신뢰적인 분위기를 조성하는 데 힘쓴다.
- 집단원이 개인적인 문제를 탐색하거나 새로운 행동을 실험해보고자 할 때 격려와 지지를 해준다.
- 초청 혹은 도전을 통해 가능한 많은 집단원을 참여시킨다.
- 집단상담자에게 의존하는 경향을 줄이고, 불안과 긴장을 표현하도록 격려한다.
- 갈등이나 의견의 불일치를 공공연히 표현하도록 장려하고, 의사소통의 장벽을 극복하도록 돕는다.

13 ④ 행동주의적 접근모형은 정상 행동과 이상 행동이 모두 학습 원리에 의해 학습된 것이라고 전제한다. 즉, 문제란 학습과정을 통해 습득된 부적응 행동에 불과하다. 따라서 보다 새롭고 적응적인 행동과 인지를 학습시키고, 기능장애적인 행동과 인지를 없애거나 탈(脫)학습시키기 위해 학습이론에 입각한 행동수정 책략을 사용한다.

14 ㅁ. '독백 기법'에 관한 설명이다. '거울 기법'은 주인공이 지켜보고 있는 가운데 보조자가 주인공의 역할을 대신함으로써, 주인공이 관중의 입장에서 자신의 행동을 이해하고 평가하도록 하는 기법이다.

15 청소년 집단상담에서 집단역동에 영향을 미치는 요소
- 모방행동
- 이타심
- 보편성
- 안정감과 긴장감
- 변화를 시도하는 자유
- 피드백(Feedback)
- 정보교환
- 인간관계 형성 기법의 학습

16 ①·⑤ 작업단계, ③·④ 준비단계
도입단계
- 도입단계 또는 초기단계는 방향설정과 탐색이 이루어지는 단계로서, 집단원들이 서로 친숙해지고 서로에 대해 아는 것에서부터 시작한다.
- 집단 초기에 표현되는 집단원들의 불안이나 부정적인 반응을 집단상담자가 어떻게 다루느냐에 따라 신뢰관계의 형성 여부가 결정된다.
- 집단 초기에 집단원들은 집단 과정에 몰두하기보다 주저와 의심의 태도로 관망하는 시간을 가지며, 다른 사람들이 자신을 일방적으로 판단하고 공격할지도 모른다는 두려움을 느끼게 된다.
- 집단 초기에 나타나는 저항은 두려움에 대한 방어적인 태도와 '숨은 안건'으로 나타난다.

17 ③ 응집단계는 집단원들이 갈등의 부정적인 감정을 극복하고 조화와 협력의 집단분위기를 통해 집단응집력이 발달하게 되는 시기이다. 집단 내 호의적인 분위기에 의해 집단원들이 서로에게 관심과 애착을 가지게 되며, 이러한 과정에서 집단원들은 보다 깊은 수준에서 자신의 억압된 정서를 표출하여 자신이 가지고 있던 부정적인 감정이나 동기에 의해 생긴 긴장을 해소하기 이른다.

18 ① 표출된 불안감은 다루어야 한다.
② 부적절한 공격은 차단한다.
④ 집단원 간의 갈등은 서로 말하도록 한다.
⑤ 집단원 간의 갈등은 상담자가 개입하여 갈등을 경험하고 이해하도록 해야 한다.

19 ④ 집단상담의 과정을 주도적으로 이끌어가는 것이 곧 집단상담자의 자질이자 역할이다. 이는 집단상담에 참여하는 사람들의 상당수가 부모의 미숙성한 양육 태도로 인해 상처를 받으며 성장해왔기 때문이다. 특히, 청소년 집단상담에서 집단상담자는 부모와 같은 역할을 수행하여 청소년 내담자들에게 옳고 그름을 가르쳐주고 잘못된 행동에 대해 엄하게 꾸짖는다. 또한, 청소년 내담자에게 위험이 닥치는 경우 든든한 보호자로서의 역할을 수행하며, 그들의 부정적인 감정을 이해하고 그들의 어려움을 경

20 ① 심리극은 주인공, 보조자아가 구성요소
② 현실치료는 선택이론 구성요소, 접촉은 형태주의 구성요소
④ 정신분석은 전이, 해석이 구성요소
⑤ 행동주의는 소거, 모델링이 구성요소

21 ② 게슈탈트 치료(형태주의 상담이론)의 중요한 목표는 '알아차림'과 '접촉의 증가'이다. 자신의 욕구와 감정을 분명히 알아차리고 수용하며, 환경과의 접촉을 통해 문제를 해소하도록 돕는다. 따라서 게슈탈트 치료는 유기체의 자각 또는 알아차림을 통한 접촉 결여를 주요 문제로 간주한다.
① 지나간 과거에 대해서는 더 이상 생각하지 않고, 아직 오지 않은 미래에 대해서는 걱정하지 않으며, 현재를 반가운 선물로 받아들이는 것이 게슈탈트 치료이다.
③ 실존주의 상담이론의 개념이다. 인간존재의 불안의 원인을 본질적인 시간의 유한성과 죽음 또는 부존재의 불안에서 기인하는 것으로 보며, 이러한 불안을 오히려 생산적인 치료를 위한 재료로 활용하여 내담자의 변화를 이끌어낸다.
④ 현실치료에 관한 설명이다.
⑤ 게슈탈트 집단상담의 목표는 집단구성원들의 성장 촉진, 집단원의 자각형성, 각 집단원의 내적 분열 통합, 불안의 수용 등이 있다.

22 ㄴ. 감수성 훈련집단은 비구조화 집단의 형태로 진행된다.
ㄷ. 비구조화 집단은 '과정중심' 집단이다. 비구조화 집단의 종류에는 감수성 훈련집단, T집단, 참만남 집단 등이 있다.

감수성 훈련집단(인간관계 훈련집단)의 특징
• '지금-여기'에서의 정서적 경험에 초점을 맞추고, 참가자의 이해, 타인과의 관계회복, 공동체 형성 등을 목표로 하는 훈련집단이다.
• 집단의 역동과 조직에 대한 이해·개선을 도모한다.
• 학습방법을 학습하기 위한 실험실과 같은 기능을 한다. 감수성 훈련은 가상의 실험실을 만드는 것으로부터 시작한다. 우리가 살아가는 현실과는 다른 조건의 실험실을 만들어 놓고, 체험을 통해서 그간 자신의 삶의 경험을 통해 구축해 놓은 사고의 체계, 정서의 체계, 행동의 체계 등을 다시 한 번 다른 관점에서 바라보는 것을 시도한다.

23 ④ 집단원을 대상으로 실시된 연구의 결과물은 해당 집단원의 요구가 있는 경우에는 다른 집단원과 관련된 사적인 정보를 제외하고는 제공하도록 한다.

24 ① 폐쇄적 질문 : 대답할 수 있는 범위를 한정하여 그 범위 내에서만 대답을 요구하며, 일반적으로 '예'나 '아니오'의 단답식으로 질문하기 때문에 집단원에게서 제한된 정보만을 얻을 수 있다.
② 구조화 : 상담과정의 본질, 제 조건 및 목적에 대하여 상담자가 정의를 내려주는 것을 말한다.
③ 반영 : 집단원이 전달하고자 하는 의사의 본질을 스스로 볼 수 있도록 집단원의 말과 행동에서 표현되는 감정·생각·태도를 집단상담자가 다른 참신한 말로 하는 기술을 말한다.
④ 재진술 : 상황이나 사건 등 내담자가 말하는 내용을 상담자의 언어로 바꾸어 말함으로써, 내담자로 하여금 자신이 말한 내용에 대해 주의를 기울이도록 하는 반응을 말한다.
⑤ 직면 : 집단원의 말이나 행동이 일치하지 않거나 모순점이 있을 때, 그것을 지적해주는 기술이다.

25 ② 관심 기울이기 : 집단지도의 가장 기초적인 기술로서, 집단 내 개별성원들에게 전적인 관심을 표명하면서 그들의 이야기에 대해 "예", "그렇군요" 등의 간단한 말이나 고개를 끄덕이는 등의 동작으로 즉각적인 반응을 보이는 것이다.
① 경청하기 : 집단원이 하는 말을 귀담아 듣는 것으로서, 그 말의 내용을 파악하는 것은 물론, 몸짓·표정·음성에서의 섬세한 변화에도 주의를 기울이는 것이다.
③ 반영하기 : 집단지도자가 집단 내 개별성원의 행동이나 말, 주요 감정을 다른 참신한 말로 바꿔주는 것이다.

④ 촉진하기 : 집단지도자가 집단 내 지지적·수용적인 분위기를 형성함으로써 집단원들이 보다 적극적으로 집단활동에 참여할 수 있도록 하는 것이다.
⑤ 명료화(명확화)하기 : 집단지도자가 어떤 중요한 문제의 밑바닥에 깔려있는 혼동되고 갈등적인 느낌을 가려내어 이를 분명히 해주는 기술이다.

필수과목 03 심리측정 및 평가

01	02	03	04	05	06	07	08	09
①	①	④	⑤	④	③	②	③	①
10	11	12	13	14	15	16	17	18
④	①	②	②	①	④	③	④	⑤
19	20	21	22	23	24	25		
②	④	⑤	⑤	③	②	②		

01 심리평가의 기능
- 문제의 명료화 및 세분화
- 수검자에 대한 이해 및 치료적 관계로도 유지
- 문제 해결을 위한 상담계획 세우기
- 상담결과와 효과에 대한 평가
- 수검자에게 통찰의 기회 제공
- 개인의 인지적 기능 및 강점 평가

02 ① 심리적 구인은 인간의 심리적 특성을 가상적·추상적으로 나타낸 개념이다. 적성, 흥미, 창의성 등 그 예이다. 따라서 직접적으로 측정이 불가능하다.

03 ④ 투사적 검사는 검사자극이 모호하기 때문에 수검자는 검사반응을 왜곡하기 어렵다.

04 측정(Measurement)
- 추상적·이론적 세계를 경험적 세계와 연결시키는 수단이다. 즉, 이론을 구성하고 있는 개념이나 변수들을 현실세계에서 관찰이 가능한 자료와 연결시키는 과정이다.
- 이론적인 명제에서 도출된 가설들을 경험적으로 검증하기 위해서는 그 안에 포함된 개념들이 적절한 방법을 통해 경험적으로 변환되어야 하는데, 이를 위한 작업이 측정의 문제이다.
- 넓은 의미에서는 어떤 사실을 묘사 또는 기술하는 방법의 하나라고 할 수 있지만, 일반적으로는 묘사대상이 되는 사상(事象)에 수치를 부여한다는 의미로 사용된다. 따라서 측정은 '일정한 규칙에 따라 사물 또는 사건에 대해 수치를 부여하는 것'이라고 할 수 있다.
- 특정 분석단위에 대해 질적 또는 양적인 값을 결정하는 과정이다.
- 측정의 기능으로는 일치 및 조화의 기능, 객관화 및 표준화의 기능, 계량화의 기능, 반복 및 의사소통의 기능 등을 들 수 있다.
- '개념화' → '변수와 지표의 구체화' → '조작화'의 단계를 거친다.

05 척도의 조건
- 신뢰성 : 척도는 상황적 변수에도 불구하고 동일한 측정이 이루어져야 한다.
- 타당성 : 척도는 대상을 적절하게 대표할 수 있어야 한다.
- 유용성 : 척도는 실제적인 활용이 가능하도록 유용해야 한다.
- 단순성 : 척도는 계산과 이해가 용이하도록 단순해야 한다.

06 정신상태검사에서 평가하는 주요 항목
- 전반적 외모, 태도 및 행동
- 감정과 정서
- 언어와 사고
- 의식 및 인지기능
- 정신운동 기능

07 ① 반분신뢰도(Split-Half Reliability) : 반분법에 의한 것으로서, 전체 문항 수를 반으로 나눈 다음 상관계수를 이용하여 두 부분이 모두 같은 개념을 측정하는지 검증하는 방법이다.
③ 문항내적합치도(Item Internal Consistancy) : 내적 일관성 분석법에 의한 것으로서, 사람들이 각각의 문항에 얼마나 일관성 있게 답했는지를 파악함으로써 신뢰도를 검증하는 방법이다.

④ 동형검사 신뢰도(Equivalent-Form Reliability) : 대안법에 의한 것으로서, 준비된 측정도구에 의해 측정값을 얻은 후 그와 유사한 측정도구에 의한 측정값을 얻어 두 측정값 간의 상관계수를 구함으로써 신뢰도를 검증하는 방법이다.
⑤ 관찰자 신뢰도(Observer Reliability) : 관찰의 안정성을 기초로 한 것으로서, '관찰자 내 신뢰도(Inter-Observer Reliability)'와 '관찰자 간 신뢰도(Intra-Observer Reliability)'로 구분된다.

08 ③ 준거참조검사는 '영역참조검사(Domain-Referenced Test)'라고도 하며, 보통 범주를 구분하기 위해 기준점수(분할점수 또는 경계선점수)를 설정하고, 원점수를 설정된 기준에 비추어 판단한다.

09 ② 탐구형 : 탐구심이 많고, 논리적·분석적·합리적이며, 정확하고, 지적 호기심이 많으며, 비판적·내성적이고, 수줍음을 잘 타며, 신중하다.
③ 예술형 : 상상력이 풍부하고, 감수성이 강하며, 자유분방하며, 개방적이다. 또한, 감정이 풍부하고 독창적이며 개성이 강한 반면, 협동적이지는 않다.
④ 관습형 : 정확하고, 빈틈이 없고, 조심성이 있으며, 세밀하고, 계획성이 있으며, 변화를 좋아하지 않으며, 완고하고, 책임감이 강하다.
⑤ 기업형 : 지배적이고, 통솔력·지도력이 있으며, 말을 잘하고, 설득적이며, 경쟁적이고, 야심적이며, 외향적이고, 낙관적이고, 열성적이다.

10 ㄱ·ㄴ·ㄷ 객관적 검사에 해당한다.
ㄹ. 문장완성검사(SCT ; Sentence Completion Test)는 단어연상검사의 변형·발전된 형태로서, 다수의 미완성 문장들에 대해 수검자가 자신의 생각대로 문장을 완성하도록 하는 투사적 검사에 해당한다. 이러한 SCT는 자유연상을 토대로 하므로 수검자의 내적 갈등이나 욕구, 환상, 주관적 감정, 가치관, 자아구조, 정서적 성숙도 등을 효과적으로 파악할 수 있다.

11 최초로 체계적인 지능검사를 개발한 사람은 비네(Binet)로서, 그는 정신과 의사인 시몽(Simon)과 함께 학습지진아 선별을 목적으로 한 최초의 아동용 지능검사를 개발하였다. 이 지능검사를 기초로 1916년 미국 스탠포드 대학의 터먼과 고다드(Terman & Goddard)가 미국의 문화에 부합하도록 수정한 스탠포드-비네(Stanford-Binet) 검사가 고안되었으며, 처음으로 지능지수(IQ)의 개념이 사용되었다.

12 MMPI-2와 MMPI-A의 내용척도

MMPI-2	MMPI-A
• 불안	• 불안
• 강박성	• 강박성
• 우울	• 우울
• 건강 염려	• 건강 염려
• 분노	• 분노
• 냉소적 태도	• 냉소적 태도
• 낮은 자존감	• 낮은 자존감
• 기태적 정신상태	• 기태적 정신상태
• 사회적 불편감	• 사회적 불편감
• 가정 문제	• 가정문제
• 부정적 치료 지표	• 부정적 치료 지표
• 반사회적 특성	• 품행문제
• A유형 행동	• 소외
• 공포	• 낮은 포부
• 직업적 곤란	• 학교문제

13 지능검사 시행상 유의사항
• 표준 시행과 더불어 검사행동 관찰의 중요성을 고려해야 한다.
• 결과의 의미 있는 해석을 위해 표준절차를 엄격하게 따라야 한다.
• 수검자의 주의를 분산시키는 자극(조명, 환기, 소음)이 없어야 한다.
• 수검자의 최대능력이 발휘될 수 있는 분위기에서 시행될 수 있도록 한다.
• 일반적으로 간단하게 설명해 준 다음에 질문하는 것이 바람직하다.

14 ① K-WAIS(WAIS-R의 한국판)와 비교할 때, 이전판에서 제공되던 3가지 지능지수 중 전체 지능지수만 제공되고, '언어성 및 동작성 지능지수'는 제공되지 않는다.

15 ㄱ. 그 문항의 실시 지침에 추가 탐문할 것이 언급되어 있지 않은 한 명백히 틀린 대답에 대해서는 추가 질문하지 않는다.
ㄴ. 특정 반응이 옳은지 틀린지에 대해서는 피드백을 주어서는 안 된다. 아동의 자발적인 반응이 명백히 틀렸고 추가 질문을 할 필요가 없으면, 두 번째 반응을 요구하지 않고 실패한 문항으로 간주한다.

16 세계관 유형에 따른 성격유형(Dilthey)
- 감성적 인간 : 감각적·충동적이며, 지상의 행복과 향락을 추구한다.
- 영웅적 인간 : 자신의 의지로써 주변의 저항을 극복하며, 자유를 획득하고자 한다.
- 사색적 인간 : 범신론과 함께 세계적 감정을 통한 인간의 통일성을 믿는다.

17 ④ F(Infrequency)는 타당도 척도 중 비전형 척도로서, 비전형적인 방식으로 응답하는 사람들을 탐지하기 위한 것이다.
① Si(Social Introversion)는 임상척도로서, 혼자 있는 것을 좋아하는가(내향성), 타인과 함께 있는 것을 좋아하는가(외향성)와 같이 다른 사람과의 관계형성 양상을 반영한다.
② D(Depression)는 임상척도로서, 검사 수행 당시 수검자의 우울한 기분, 즉 상대적인 기분 상태를 알아보기 위한 척도이다.
③ Hy(Hysteria)는 임상척도로서, 현실적 어려움이나 갈등을 회피하는 방법으로 부인기제를 사용하는 성향 및 정도를 반영한다.
⑤ Sc(Schizophrenia)는 임상척도로서, 정신적 혼란과 불안정 상태, 자폐적 사고와 왜곡된 행동을 반영한다.

18 (중)다특성-(중)다방법 행렬
(Multitrait-Multimethod Matrix)
- 둘 이상의 특성을 둘 이상의 방법으로 측정하여 그 결과를 분석하는 방법으로서, 동일한 특성을 서로 다른 방법에 의해 측정한 후, 이들 방법들을 통해 측정한 결과 사이에 어느 정도의 상관관계가 있는지를 알아보는 방법이다.
- 켐벨(Campbell)과 피스케(Fiske)가 제안한 방법으로서, 2개 이상의 개념에 대해 측정할 수 있는 도구를 각각 2개 이상 개발하고, 수렴타당도과 변별타당도를 동시에 평가하는 방법이다.

19 ㄱ. 비언어적 검사로 문화적 영향을 덜 받는다.
ㄷ. 수검자에 대한 정신병리적 진단 및 뇌손상 여부도 탐지할 수 있고, 정신지체나 뇌기능 장애를 진단하는 데 효과적으로 적용할 수 있다.

벤더게슈탈트검사(BGT)의 특징
- BGT는 형태심리학과 정신역동이론을 기초로 개인의 심리적 분석이 가능하다.
- 검사자는 수검자에게 약 '11cm×10cm' 크기의 카드 9장으로 구성된 도형들을 제시한다. 카드는 도형 A를 포함하여 도형 1~8까지로 구성된다.
- 검사자는 수검자가 해당 도형들을 어떻게 지각하여 재생하는지 관찰함으로써 성격을 추론할 수 있으며, 수검자에 대한 정신병리적 진단 및 뇌손상 여부도 탐지할 수 있다.
- 언어표현이 아닌 단순한 도형 그림 작성 방식이므로, 언어능력이나 언어 표현이 제한적인 사람, 언어적인 방어가 심한 환자에게 효과적으로 적용할 수 있다.
- 정신지체나 뇌기능 장애를 진단하는 데 효과적으로 적용할 수 있다.
- 일종의 투사적 검사로서, 시각-운동 협응능력 및 시지각 능력을 측정한다.
- 수검자의 수검 공포와 검사자의 관계형성을 위한 완충검사로서의 역할을 한다.
- 여분의 모사 용지를 준비하여 수검자가 요구하면 더 사용할 수 있게 한다.
- 비언어적 검사로 문화적 영향을 덜 받으며, 시각, 운동 및 통합 기능을 평가한다.

벤더게슈탈트 검사(BGT)의 장·단점

장 점	• 검사도구의 휴대가 용이하며, 검사실시가 단순하다. • 검사 결과에 대한 채점 및 해석이 상대적으로 쉬운 편이다. • 실시 시간이 비교적 짧다. • 언어발달이 완전하지 못한 5세 이상 아동이나 언어적 방어가 심한 환자에 대해서도 적용할 수 있다. • 정신지체나 뇌손상의 여부를 진단할 수 있다. • 교육장면에서 아동 및 청소년의 학업성취도, 학습장애를 진단할 수 있다.

단 점	• 수검자의 투사를 토대로 하므로 객관적인 채점이 사실상 불가능하다. • 지각장애가 시지각 과정에서 나타난 것인지 운동반응에서 나타난 것인지 규명하기 어렵다. • 공간 조직기능을 측정하기 어렵다.

20 로르샤하(Rorschach) 검사의 반응 영역
- W : 반점 전체를 보는 경우
- D : 자주 사용되는 반점 영역을 보는 경우
- Dd : 남들이 잘 보지 않는 부분이지만, 검사자의 판단상 그럴 듯하게 보일 경우
- S : 카드의 여백을 본 경우

21 ⑤ 써스톤(L. Thurstone)은 '기본정신능력 모형'에 따라서 7개 요인(언어이해력, 어휘유창성, 수리능력, 공간능력, 기억력, 추리력, 지각속도)이 존재한다는 기본정신능력(Primary Mental Ability)을 주장하였다.
① 젠센(Jensen)은 기계적 학습이나 연상능력 같은 획득가능한 제1수준의 능력과, 개념형성·분석·종합·문제해결 같이 비교적 복잡한 정신과정의 제2수준의 능력으로 각각 구분하였다.
② 카텔(Cattell)은 지능을 유전적·신경생리적 영향에 의해 발달이 이루어지는 유동성 지능과 경험의 누적에 의해 형성되는 결정성 지능으로 구분하였다.
③ 버논(Vernon)은 위계적 모델을 개발했는데, 그 이론은 정신능력검사들 사이에 공통요인(일반요인, General Factor)인 g를 정점에 위치시키고, 아래에 집단 요인(기계-공간 요인, 언어-수 요인)이 자리 잡고, 가장 밑에는 좀 더 세부적인 과제, 특수적 요인들이 위치한다고 주장하였다.
④ 스턴버그(R. Sternberg)는 지능을 개인의 내부세계와 외부세계에서 비롯되는 경험의 측면에서 성분적 지능, 경험적 지능, 상황적 지능으로 구분하였다.

22 ①·④ 치료고려척도, ②·③ 임상척도

대인관계 척도

DOM (지배성)	개인이 대인관계에서 통제적·순종적 또는 자율적인 정도를 평가하기 위한 척도
WRM (온정성)	대인관계에서 관여하고 공감하는 정도와 거절하고 불신하는 정도를 평가하기 위한 척도

23 로르샤하(Rorschach) 검사의 채점항목

반응영역	수검자의 주된 반응이 어느 영역에 대해 일어나고 있는가?
발달질	반응의 질은 어떠한가? 반응영역에서 발달수준은 어떠한가?
결정인	반응하기 위해 잉크반점의 어떤 부분이 사용되었는가? 반응을 결정하는 데 영향을 미친 반점의 특징은 어떠한가?
형태질	반응이 잉크반점의 특징에 얼마나 부합하는가?
쌍반응	사물에 대해 대칭적으로 지각하고 있는가?
반응내용	반응은 어떤 내용의 범주에 포함되는가?

24 ㄴ. 주제통각검사는 30장의 흑백그림카드와 1장의 백지카드 등 총 31장으로 구성되어 있다.
ㄹ. 사고의 형식적인 측면이 아닌, '내용'을 주로 볼 수 있게 해준다.

25 규준의 종류

발달 규준	• 수검자가 정상적인 발달경로에서 얼마나 이탈해 있는지를 표현하는 방식으로 원점수에 의미를 부여하는 것 • 연령규준, 학년규준
집단내 규준	• 수검자가 정상적인 발달경로에서 얼마나 이탈해 있는지를 표현하는 방식으로 원점수에 의미를 부여하는 것 • 백분위점수, 표준점수, 편차 IQ, 표준등급
전국 규준	어떤 검사를 표준화할 때 전국적으로 거주지역, 연령, 남녀, 사회계층, 교육수준, 종교 등과 같은 인구통계학적 유층을 고려하여 모집단을 대표할 수 있도록 표집한 규준집단에서 수집한 자료를 사용하여 작성한 규준
특수 규준	하위집단규준, 특수집단규준, 특수규준

필수과목 04 상담이론

01	02	03	04	05	06	07	08	09
②	⑤	④	②	⑤	⑤	①	⑤	④
10	11	12	13	14	15	16	17	18
④	⑤	④	③	①	⑤	①	③	④
19	20	21	22	23	24	25		
⑤	④	②	⑤	④	③	①		

01 ① 상담은 상담자의 이론적인 지식은 물론 임상적인 경험을 필요로 한다.
③ 상담은 언어를 매개로 하며, 항상 면접을 포함한다.
④ 상담은 전 과정이 언어적·비언어적 상호작용으로 전개된다.
⑤ 내담자들의 여러 문제들 중에는 집단적 활동을 통해 보다 적절히 해결될 수 있는 것도 있다.

02 ⑤ '위기상담'은 위기상황에서 위태롭거나 단절되었을 때 요청되는 회복적 기능으로 짧은 기간에 도움을 제공하여야 한다. 그러므로 위기상담은 일반상담과 같이 동일하게 다루는 것이 아니라 특별한 위기를 다루는 기술이므로, 상담자가 직접적이고 즉각적인 개입을 하여야 한다.

03 상담자의 자질(Rogers)
- 인간관계에 대한 민감성
- 객관적인 태도와 정서적으로 격리된 태도
- 자기 자신을 이해하며 자신의 정서적인 제한점 결점을 아는 능력
- 개인에 대한 존중과 있는 그대로 받아들일 줄 아는 능력
- 인간행동의 이해

04 ② 구조화 단계(제3단계)에서 이루어지는 상담의 구조화는 심리적 조력관계의 본질, 제한점, 목표 등을 규정하고 상담자와 내담자의 역할과 책임, 그리고 가능한 약속 등의 윤곽을 명백하게 하는 것이다.

① 명료화 단계(제2단계)에서 이루어지는 명료화는 내담자가 도움을 청하는 원인과 문제의 배경을 파악하여 이를 명백하게 하며, 문제 자체가 무엇인지, 상담의 진정한 대상이 누구인지 분명히 밝히는 것이다.
③ 견고화 단계(제6단계)에서 견고화는 이전 단계에서 제시된 많은 대안, 대체될 행동·감정·사고 등에서 가장 적합한 것을 선정하여 이를 실제 적용해 나가는 것이다.
④ 계획단계(제7단계)에서 계획은 상담을 끝맺거나 혹은 계속할 것을 결정할 때 필요한 여러 가지 사항들을 계획으로 수립하고 검토하는 것이다.
⑤ 준비와 시작단계(제1단계)에서의 준비 및 시작은 상담에 들어가기에 앞서 내담자로 하여금 마음의 준비를 할 수 있도록 배려하며, 상담의 원활한 진행을 위해 상담자와 내담자 간에 신뢰를 증가시키는 과정이다.

05 목표 설정 시 지켜야 할 기준(Egan)
- 목표는 행동보다는 결과 또는 성취로 진술되어야 한다.
- 목표는 검증이 가능하며, 구체적인 행동으로 이어질 수 있는 것이어야 한다.
- 목표는 가시적이고 실제적인 차이로 나타나는 것이어야 한다.
- 목표는 내담자의 능력 및 통제력을 고려하여 현실적인 것이어야 한다.
- 목표는 내담자의 가치에 적절한 것이어야 한다.
- 목표는 그 도달을 위한 현실적인 기간이 설정되어야 한다.

06 행동주의 상담의 주요 기법
- 바람직한 행동을 할 수 있도록 내담자를 돕는 기법 : 정적 강화, 부적 강화, 차별 강화, 행동조성, 간헐 강화, 모델링, 행동연습, 행동계약, 토큰경제체제, 프리맥의 원리 등
- 바람직하지 못한 행동을 하지 않도록 내담자를 돕는 기법 : 상반된 행동의 강화, 소멸(소거), 처벌, 주장훈련, 체계적 둔감법, 이완훈련, 심적포화, 혐오기술 등

07 ① 경청의 특징 중 하나는 내담자의 말에 대해 선택적으로 받아들인다는 것이다. 이는 상담자가 내담자에게 주목하지 않는다거나 내담자의 말을 자신의 취향에 따라 취합하는 것을 의미하지 않는다. 상담자는 상담의 주제 및 내담자의 핵심적인 문제와 관련하여 내담자의 진술 흐름이 그에 부합하는 것에 대해 주목하여야 한다.

08 실존주의 상담에서 인간의 궁극적 관심사
- 죽음과 비존재 : 실존불안의 가장 근본적인 원천, 비존재에 대한 불안감이다.
- 무의미성 : 삶은 그 자체 내에 긍정적인 의미는 없으며, 인간이 스스로 그 의미를 창조해야 한다.
- 자유와 책임 : 자유는 책임을 가정하며, 인간은 선택할 수 있는 자유를 가진 자기 결정적인 존재이기 때문에 책임을 져야 한다.
- 고립 : 개인이 세상에 홀로 와서 살다가 떠난다는 인간조건에 뿌리를 둔다.

09 ㄱ. 융의 분석심리학에 관련된 내용으로서, 자아는 전체로서 인간 성격의 조화와 통합을 위해 노력하는 원형이라고 보았다.

10 ④ 요약(Summarizing)은 내담자의 진술이 어느 정도 경과한 후 내담자의 말을 통해 제시된 내용을 상담자가 다시 정리하는 것이다. 특히, 상담 장면에서는 상담자가 내담자의 생각과 감정을 매 회기 상담이 끝날 무렵 하나로 묶어 정리할 수 있다. 이와 같은 요약은 지금까지 다루어온 내용을 정확하고 간결하게 제시함으로써 상담 도중에 나타난 문제점, 진행 정도 및 다음 단계에 대한 계획을 파악하는 데 도움을 준다. 다만, 내담자의 말을 통해 제시된 내용을 정리하는 경우, 내담자의 이해를 촉진하기 위해 가급적 내담자의 언어를 사용하는 것이 효과적이다.

11 내담자의 자기노출 수준(자아의식 모델)

	타 인	
자 신	개방영역	맹인영역
	은폐영역	미지영역

- 개방영역(Open Area) : 자신의 사고·감정·행동이 자기 자신은 물론 타인에게도 알려진 영역에 해당한다. 인간관계에 있어서 의사소통이 원활히 이루어지며, 생산적이고 효과적인 관계를 형성한다.
- 맹인영역(Blind Area) : 자신의 사고·감정·행동이 타인에게는 알려져 있으나, 정작 자기 자신은 깨닫지 못하는 영역에 해당한다. 자아도취적인 사람, 자신의 잘못을 깨닫지 못하는 사람들에게서 나타나며, 인간관계에서 별다른 이유가 드러나지 않음에도 불구하고 타인과 생산적이고 효과적인 관계를 형성하지 못한다. 이 영역은 타인의 피드백에 의해 개방영역으로 전환될 수 있다.
- 은폐영역(Hidden Area) : 자신의 사고·감정·행동에 대해 자기 자신은 잘 알고 있으나, 타인은 알지 못하는 영역에 해당한다. 자기 표현력이 부족한 사람, 자기 자신을 타인에게 있는 그대로 내보이기를 주저하는 사람에게서 나타나며, 인간관계에서 자신의 기능을 충분히 발휘하지 못하여 생산적이고 효과적인 관계를 형성하지 못한다. 이 영역은 자기개방을 통해 개방영역으로의 전환이 가능하다.
- 미지영역(Unknown Area) : 자신의 사고·감정·행동에 대해 자기 자신은 물론 타인 또한 알지 못하는 영역에 해당한다. 예기치 않은 행동이나 감정을 표출하는 사람에게서 나타나며, 인간관계에서 타인의 접근이 용이하지 않다. 이 영역은 추리나 회상, 경험이나 관찰을 통해 파악되는 것으로서, 개인이 가진 근본적이면서 독특한 힘이 축적되어 있는 곳이기도 하다.

12 ④ ABCDE는 합리적·정서적 행동치료의 용어이다. 합리적·정서적 행동치료는 인간이 비합리적인 신념으로 인해 부적응적 정서와 행동에 고착되는 것과 이의 치유과정을 설명하는 이론이다. 게슈탈트 상담은 형태주의 상담이다.

13 ③ 상담관계가 잘 이루어지지 않거나 상담자에 대한 저항으로 침묵이 발생하는 경우, 대개 내담자가 눈싸움을 하는 듯한 자세나 부정적인 표정을 지으며 침묵을 지키는 수가 있다. 이 경우 상담자는 무조건 기다릴 것이 아니라 그 침묵과 원인이 되는 내담자의 그때 그 자리에서의 숨은 감정을 언급하고 다루어 나가야 한다.

14 ① 정신분석적 상담이론은 억압되어 있는 감정이나 충동들을 자유롭게 표현할 수 있도록 도움으로써, 문제되는 무의식의 내용을 의식수준으로 끌어올려 각성시키고자 한다. 특히, 내담자의 어린 시절의 경험과 무의식을 강조하여 인간의 적응을 방해하는 무의식 속의 억압된 충동을 포착하며, 이로써 현재의 행동에 영향을 미치도록 한다.

15 ⑤ 상담은 분명하고 합리적인 시간계획을 가지고 있어야 하므로, 상담자가 내담자에게 개인 여가시간까지 할애하는 것은 옳지 않다. 즉, 상담은 '언제'라고 하는 분명한 시간계획을 가지고 있어야 한다.

16 ② 훈습(Working-Through) : 내담자의 전이 저항에 대해 기대되는 수준의 통찰과 이해가 성취될 때까지 상담자가 반복적으로 직면하거나 설명함으로써 내담자의 통찰력이 최대한 발달하도록 하며, 자아통합이 이루어지도록 하는 것이다.
③ 꿈의 분석(Dream Analysis) : 내담자의 꿈속에 내재된 억압된 감정과 무의식적인 욕구를 꿈의 내용을 분석함으로써 통찰하도록 하는 것이다.
④ 전이(Transference) : 내담자가 유아기 때 중요한 대상(특히 부모)에 대해 가졌던 관계를 상담자에게 표출하는 것이다.
⑤ 간직하기(Containing) : 내담자가 불안과 두려움을 느끼는 충동과 체험에 대해 상담자가 즉각적으로 반응하는 대신 이를 마음속에 간직하여 적절히 통제함으로써 위험하지 않도록 변화시키는 것이다.

17 ③ 반동형성(Reaction Formation)은 자신이 가지고 있는 무의식적 소망이나 충동을 본래의 의도와 달리 반대되는 방향으로 바꾸는 것이다. 예로 "미운 놈에게 떡 하나 더 준다."는 속담을 들 수 있다.
① 전치 또는 치환(Displacement)에 해당한다. 전치 또는 치환은 자신이 어떤 대상에 대해 느낀 감정을 보다 덜 위협적인 다른 대상에게 표출하는 것이다.

② 부정 또는 부인(Denial)에 해당한다. 부정 또는 부인은 의식화되는 경우 감당하기 어려운 고통이나 욕구를 무의식적으로 부정하는 것이다.
④ 퇴행(Regression)에 해당한다. 퇴행은 생의 초기에 성공적으로 사용했던 생각이나 감정, 행동에 의지하여 자기 자신의 불안이나 위협을 해소하려는 것이다.
⑤ 보상(Compensation)에 해당한다. 보상은 심리적인 약점이나 제한점이 있는 사람이 이를 보완하기 위해 대안이 될 수 있는 다른 무엇을 과도하게 발전시키는 것이다.

18 ④ 상담자는 반영(Reflection)을 통해 내담자의 태도를 거울에 비추어 주듯이 보여줌으로써, 내담자의 자기 이해를 도와줄 뿐만 아니라 내담자로 하여금 자기가 이해받고 있다는 인식을 주게 된다.

19 행동주의 상담의 과정
- 제1단계 – 상담관계(Rapport) 형성 : 상담자는 가치판단 없이 내담자에게 관심을 가지며, 내담자의 말을 수용하고 이해한다.
- 제2단계 – 문제행동 규명 : 상담자는 내담자로 하여금 자신의 문제행동을 구체적인 행동으로써 나타내도록 돕는다.
- 제3단계 – 현재상태 파악 : 상담자는 내담자의 문제를 파악하여 이를 구체적으로 분석한다.
- 제4단계 – 상담목표 설정 : 상담목표는 상담자 및 내담자의 구체적인 행동표적이 된다.
- 제5단계 – 상담기술 적용 : 바람직한 행동을 강화하거나 바람직하지 못한 행동을 소거하는 기술, 내담자 스스로 자신의 행동을 통제할 수 있도록 돕는 기술 등이 사용된다.
- 제6단계 – 상담결과 평가 : 상담자는 상담 과정 및 상담 기술의 효과성과 효율성에 대해 평가한다.
- 제7단계 – 상담 종결 : 상담자는 최종 평가에 따라 상담을 종결할 것인지 추가적인 상담을 수행할 것인지 판단한다.

20 ㄱ. 신경증 환자나 정신증 환자와 같이 자기 확신이 없고 자신과 타인 사이에 분열을 보이는 사람은 주로 '회피형'에 해당한다.
ㄴ. 반사회적인 유형으로서 자기주장적이고 공격적인 성향을 보이는 알코올중독자나 가학성애자, 독재자, 범죄자 등은 주로 '지배형'에 해당한다.
ㄷ. 기생적인 방식으로 외부세계와 관계를 맺으며, 다른 사람에게 의존하여 자신의 욕구를 충족하려는 성향은 '획득형'에 해당한다. 반면, '회피형'은 획득형과 달리 실패에 대한 두려움으로 인해 다른 사람에게 의존하여 무엇인가를 얻어내려고도 하지 않는다.

21 ② 게슈탈트(형태주의) 상담은 현상학 및 실존주의의 영향을 받아 인간을 전체적이고 현재 중심적이며, 선택의 자유에 의해 잠재력을 각성할 수 있는 존재로 본다. 따라서 게슈탈트 상담의 상담자는 내담자로 하여금 '지금-여기'의 현재의 현실에서 자신이 무엇을 어떻게 보고 느끼는지, 무엇이 경험을 방해하는지 각성하도록 돕는다. 그리고 내담자로 하여금 미해결 과제로 인한 불편한 정서적 경험에 직면하고 자신의 행동결과를 수용하도록 함으로써, 책임감을 증진하고 통합과 성장에 이를 수 있도록 돕는다.

22 유머(Humor)
- 현실주의 상담 또는 현실치료는 인간의 기본 욕구인 즐거움과 흥미를 강조한다.
- 상담자는 유머를 사용함으로써 내담자와 친근한 관계를 유지하며, 상담 과정에서 내담자의 참여와 소속의 욕구를 충족시킬 수 있다.
- 유머는 내담자로 하여금 현재 자신의 문제에 대한 새로운 시각을 가질 수 있도록 한다.
- 유머는 시기적절하게 사용되어야 한다. 내담자와의 상담관계가 형성되기 전에 유머를 사용하는 것은 바람직하지 않다.

23 ㄹ. NP(양육적 부모자아)는 어린이의 성장을 도와주는 어머니 같은 부분이며, 동정적·보호적·양육적이다.

자아의 상태
- 비판적 부모 자아(CP ; Critical Parent) : 주로 비판·비난·질책을 한다. 양심이나 이상 모두 깊이 관계하고 있으므로, 어린이들이 살아가기 위한 여러 가지 규칙 등을 가르쳐주며, 엄격한 면을 나타낸다.
- 양육적 부모 자아(NP ; Nurturing Parent) : 어린이의 성장을 도와주는 어머니 같은 부분이며, 양육적·보호적·동정적이다. 상대방이 원조를 필요로 할 때 부모처럼 보살펴주고 위로해주며, 따뜻한 말을 해준다.
- 어른 자아(A ; Adult) : 사고적 개념과 연관되며, 합리적인 사고와 현실지향적인 행동을 한다. 또한, 내적 욕구와 외적 욕구를 중재하는 중재자 역할을 수행한다.
- 자유로운 어린이 자아(FC ; Free Child) : 누구에게나 구속받지 않고 자연스럽게 행동하는 부분으로서, 양친의 행실의 영향을 받고 있지 않다. 감정적·본능적·자기중심적·적극적이며, 호기심이나 창조성의 원천이기도 하다.
- 순응적인 어린이 자아(AC ; Adapted Child) : 자기를 예절바르게 교육시키려고 애쓰는 부모에게 순종하고 있는 부분이다. 대인관계를 원만하게 끌고 나가는 것 같이 보일 수 있으나, 실제의 자기를 항상 억제하고 있으므로 내부적으로 여러 가지 문제를 숨기고 있다.

24 ③ 선택적 추상화는 다른 중요한 요소들은 무시한 채 사소한 부분에 초점을 맞추고, 그 부분적인 것에 근거하여 전체 경험을 이해하는 것이다.

25 가필드(S. Garfield)가 제시한 상담의 치료적 공통요인에는 치료 관계, 해석, 통찰, 이해, 정서적 발산과 정화, 강화, 자기둔감화, 문제의 직면, 인지적 구성, 이완 등이 있다.

필수과목 05 학습이론

01	02	03	04	05	06	07	08	09
⑤	①	③	⑤	④	③	①	③	①
10	11	12	13	14	15	16	17	18
②	②	③	⑤	⑤	④	②	⑤	⑤
19	20	21	22	23	24	25		
①	③	①	④	④	③	①		

01 구성주의 학습이론
- 구성주의 학습이론은 객관적인 지식의 존재를 부정하는 상대주의적 인식론에 근거하고 있다. 즉, 구성주의에서 학습은 개인적 경험과 흥미에 따라 지식의 가치가 판단된다.
- 구성주의에서 '구성'은 활동의 결과가 아닌, 학습자 스스로 능동적으로 설계해 나가는 구성과 과정을 의미한다.
- 우리가 습득하는 지식은 지식습득의 맥락과 개인의 선수 지식, 경험 등에 따라 다르게 학습되며, 전이도 그 상황에 따라 좌우된다. 이것을 '상황적 인지(Situated Cognition)'라고 한다.
- 지식은 사회적 협상을 통해 이루어진다. 즉, 인식 주체에 의해 주관적으로 구성되고 상황에 따라 상이하게 구성되며, 타인들과의 상호작용 속에서 그 타당성이 검토되어 지식으로 형성된다.

02 맥클리랜드(McClelland)가 제시한 인간의 3가지 욕구

성취욕구	• 어려운 일을 성취하려는 욕구, 목표를 달성하고 그것을 능가하려는 욕구이다. • 일을 신속하고 독자적으로 해내려고 하며, 스스로의 능력을 성공적으로 발휘하여 자긍심을 높이려고 한다.
권력욕구	• 조직의 지도자가 되어 다른 사람을 통제·지시하려는 욕구이다. • 다른 사람에 대해 영향력을 행사하여 자기가 바라는 대로 이끌고자 한다.
친교욕구	• '결연욕구' 또는 '귀속욕구'라고도 하며, 다른 사람과 친근하고 밀접한 관계를 맺으려는 욕구이다. • 다른 사람들과 좋은 관계를 유지하려고 노력하며, 친절하고 동정심이 많다.

03 학습동기 유발을 위한 다양한 방법
- 능력에 맞는 학습, 놀이중심의 학습, 성공감을 기르도록 하는 학습, 시험에 대비한 학습 등 학습자의 흥미를 불러일으키는 방법을 활용한다.
- 학습의 목적에 대해 학습자가 명확히 알 수 있도록 한다.
- 학습의 결과를 학습자에게 즉각적이고 정확히 알려준다.
- 학습자로 하여금 성공감을 가지도록 하며, 실패감에 좌절하지 않도록 한다.
- 학습자들로 하여금 교사를 신뢰하도록 한다.
- 개별적인 교수법을 발휘한다.
- 가능한 한 다양하고 흥미로운 학습 자료를 활용한다.

04
① 학습 과정에서 동일요소가 있는 경우 전이 효과가 상대적으로 높다.
② 지능이 높은 학습자일수록 적극적인 전이가 나타난다.
③ 선행학습과 후행학습 간의 시간 차이가 짧은 경우 전이 효과가 상대적으로 높다.
④ 선행학습이 후행학습에 미치는 전이 효과는 선행학습의 정도(량)에 따라 다르다.

05 기억의 과정
- 기명(Memorizing) : 사물의 인상이나 경험의 내용이 머릿속에 각인된다.
- 파지(Retention) : 각인된 인상이 보존된다.
- 재생(Reproduction) : 보존된 인상이 의식의 수준에 이른다.
- 재인(Recognition) : 과거에 경험했던 것과 비슷한 상황에 이르렀을 때 인상이 떠오른다.

06
③ 선행학습이 후행학습에 영향을 받아 낮은 회상률을 보이는 것을 '역행간섭(Retroactive Interference)'이라고 하며, 후행학습이 선행학습의 영향을 받아 낮은 회상률을 보이는 것을 '순행간섭(Proactive Interference)'이라고 한다. 간섭이론에서는 이와 같은 역행간섭과 순행간섭이 모두 파지를 방해함으로써 망각을 유발한다고 본다.

07 ① 다른 사람의 행동을 단순히 모방하는 것이 아니며, 여기에는 내적인 인지요소들이 포함된다.

모방에 영향을 미치는 요인
- 반두라(A. Bandura)의 실험적 연구에 따르면, 아동은 위대하다고 생각되는 사람의 행동을 위대하다고 생각하지 않는 사람의 행동보다 더 잘 모방한다.
- 자기와 동성인 모델의 행동을 이성인 모델의 행동보다 더 잘 모방한다.
- 돈·명성·높은 사회경제적 지위 등을 지닌 모델을 더 잘 모방한다.
- 벌을 받은 모델을 거의 모방하지 않으며, 연령이나 지위에서 자기와 비슷한 모델을 상이한 모델보다 더 잘 모방한다.
- 모델링의 기능은 반응촉진, 관찰학습, 억제, 탈억제라고 할 수 있다.
- 모델은 반드시 실제 인물이 아니라도 효과가 있다.
- 행동, 환경, 개인은 서로 양방향적 영향을 미친다.

08 ① 파블로프(Pavlov)의 개 실험에서 먹이는 무조건 자극, 종소리는 조건 자극에 해당한다.
② 스키너(Skinner)의 쥐 실험에서 먹이는 무조건 자극, 지렛대는 조건 자극에 해당한다.
④ 고전적 조건형성에서는 인간을 환경의 자극에 반응하는 수동적인 존재로 보며, 기계론적·결정론적인 입장에서 인간의 행동을 설명한다.
⑤ 조작적 조건형성에서는 목적지향적·수의적 행동이 학습된다.

09 ① 왓슨(Watson)은 존스 홉킨스 대학(Johns Hopkins University)에서 생후 9개월 된 아기 알버트(Albert)에게 쥐 실험을 하였다. 우선 아기가 선천적으로 동물에 거부감을 가지고 있는지 실험하기 위해 흰쥐, 토끼, 강아지, 원숭이를 차례대로 노출시켰다. 그러자 아기는 별다른 거부감 없이 동물들에게 호감을 보였다. 다음으로 아기에게 흰쥐를 전달하고, 알버트가 흰쥐를 손으로 만지려는 순간 금속성 파열음을 울리는 과정을 반복적으로 시행하였다. 그러자 알버트는 점차적으로 쥐에게 거부감을 나타내더니 나중에는 쥐를 보자마자 도망을 치기 시작하였다. 이러한 실험은 토끼와 강아지를 소재로 하여 이어졌으며, 알버트는 그러한 털짐승에 대해서는 물론, 심지어 단순한 솜뭉치에도 거부감을 표시하였다. 이로써 왓슨은 아기의 공포반응은 학습된 것이며, 비슷한 조건에서 그 공포가 전이된다는 사실을 발견하였다.

10 ② 처벌은 대상자에게 그가 원하는 어떤 것을 빼앗거나 또는 원하지 않는 어떤 것을 줌으로써 바람직하지 못한 반응의 확률을 감소시키는 것이다. 이 경우 전자는 부적 처벌, 후자는 정적 처벌에 해당한다. 학교 과제를 소홀히 하고 집안 심부름을 거부하는 A군에게서 유쾌 자극에 해당하는 스마트폰을 압수하는 것은 부적 처벌에 해당한다.
① 부적 강화는 불쾌 자극을 제거함으로써 바람직한 반응의 확률을 높이는 것이다. 예를 들어, 발표자에 대한 보충수업 면제를 통보함으로써 학생들의 자발적인 발표를 유도할 수 있다.
③ 소거는 강화물을 계속 주지 않을 때 반응의 강도가 감소하는 것을 말한다. 예를 들어, 하급자가 공손하게 인사를 해도 상급자가 이를 받아주지 않고 무시해 버리는 경우, 하급자의 인사하는 빈도는 줄어들게 되어 마침내 인사행동은 사라지게 된다.
④ 행동조성은 점진적 접근방법으로서, 행동을 구체적으로 세분화하여 단계별로 구분한 후 각 단계마다 강화를 제공함으로써 복잡한 행동을 학습하도록 하는 기법이다.
⑤ 모델링은 다른 사람이 행동하는 것을 보고 들으면서 그 행동을 따라하는 것이다. 사회학습 이론에서는 직접경험에 의한 학습보다는 모델링을 통한 관찰학습과 모방학습을 강조한다.

11 ② 소거는 강화가 제거되는 경우 이미 형성된 조작적 행동이 줄어들거나 더 이상 나타나지 않는 것을 말한다. 고정간격 강화계획의 경우 학습 초기단계에는 효과적이라고 해도 강화가 중지되는 순간 행동이 소거될 수 있다. 반면, 간헐적 강화계획 중 가변(변동)비율 강화계획은 지금 강화가 중지되더라도 다음 강화가 언제 이루어질지 예측할 수 없으므로 반응률이 높고 지속적으로 나타난다. 따라서 소거에 대한 저항이 가장 큰 강화계획은 가변(변동)비율 강화계획이라 할 수 있다.

12 ③ 과잉정당화(Overjustification) : 과잉정당화 효과는 자기 행동의 동기를 자기 내부에서 찾지 않고 외부에서 주어진 보다 뚜렷한 보상 탓으로 돌리는 현상을 말한다.
① 몰입(Flow) : 자기목적적인 경험으로서, 활동 자체를 즐기면서 모든 관심을 완전히 투사하고 있는 상태를 말한다.
② 자기결정(Self-Determination) : 자신이 무엇을 하고, 그것을 어떠한 방법으로 할 것인가를 선택하고자 하는 욕구를 말한다.
④ 자기조절(Self-Regulation) : 수행과정, 판단과정, 자기반응 과정을 통해 자신의 행동을 스스로 평가·감독하는 것이다.
⑤ 외재 동기(Extrinsic Motivation) : 외재적 강화인의 만족을 위한 동기를 말한다. 외재적 강화인이란 칭찬이나 벌과 같이 주어진 과제 자체와는 관련이 없는 것으로서, 이때 학습자는 활동 그 자체에는 관심이 없고, 활동의 결과에만 관심을 기울일 수도 있다.

13 ⑤ 베르트하이머(M. Wertheimer)는 게슈탈트 심리학의 창시자 중 한 사람으로서, 형태심리학적 입장을 취한다.

14 프리맥의 원리(Premack's Principle)
• 프리맥에 따르면, 높은 빈도의 행동(선호하는 활동)은 낮은 빈도의 행동(덜 선호하는 행동)에 대해 효과적인 강화인자가 될 수 있다.
• 프리맥의 원리가 효과적이기 위해서는 낮은 빈도의 행동(덜 선호하는)이 먼저 일어나야 한다.
• 예를 들어, 음식을 맛있게 먹기 위해서 우선 싫어하는 음식부터 먼저 먹고, 나중에 좋아하는 음식을 즐기도록 한다.

15 행동주의 상담의 주요 기법
• 불안감소기법 : 체계적 둔감법, 홍수법, 혐오치료, 금지조건형성, 주장적 훈련, 자기표현훈련 등
• 학습촉진기법 : 강화, 변별학습, 대리학습(모델링), 행동조성(조형), 토큰경제 등

16 ② 기능적 분석 : 특정 문제행동의 원인과 결과를 이해하기 위해 행동에 영향을 미치는 환경 전체를 분석하는 방법으로서, 어떤 상황에서 그 행동이 일어나고 어떤 결과가 그 행동을 계속 유지하게 하는지를 분석한다.
① 수반성(유관) 계약 : 행동치료에서 뒤따라 올 어떤 결과를 위하여 수행해야 하는 행동을 자세히 설명하면서 합의를 이루는 기술이다.
③ 자기지각 : 자신이 취한 행동을 먼저 스스로 관찰하고 그 행동이 나오게 되는 것이 자신의 태도 때문이라고 추론하는 것을 말한다.
④ 복합 강화 계획 : 단순한 강화 계획의 조합으로 이루어진 강화 계획이다.
⑤ 포화 : 어떤 행동을 더 이상 하고자 하는 동기가 없어진 상태를 말한다.

17 ① 생활공간(Life Space) : 어떤 순간이나 오랜 시간 개인의 행동에 영향을 미치는 요인들의 전체 형태를 의미한다.
② 분화(Differentiation) : 모호하고도 구조화되지 않은 생활공간 내의 영역들이 보다 지적으로 구조화되고 특수화되는 것을 말한다.
③ 위상(Topology) : 생활공간의 기능적 부분들의 배경이나 경계를 보여줄 때와 구조화나 의미화를 시킬 때 사용한다.
④ 재구조화(Restructualization) : 각 영역의 의미를 자기 자신과 상호관계에 비추어 변경하는 것으로, 생활공간의 방향을 재정의하는 것이다.

18 ① 학습된 무기력은 피할 수 없는 환경에 반복적으로 노출된 경험으로 인하여 실제로 자신의 능력으로 극복할 수 있음에도 불구하고, 스스로 그러한 상황에서 자포자기 하는 것이다.
② 처벌의 강도가 처음에는 약하다가 점점 강해지면 처벌에 적응하게 되므로, 처음부터 강한 처벌을 주어야 문제행동이 감소한다.
③ 자발적 회복은 소거된 행동이 다시 조건 자극을 제공하면 일시적으로 조건반응이 나타나는 것이다.
④ 행동과 처벌 사이의 시간 간격이 짧을수록 처벌 효과가 커진다. 즉각적으로 주어졌을 때 벌의 효과가 가장 크다.

19 ㄷ. 구조주의 : 구성 요소들이 상호 의존적이어서 개개의 요소가 독자적으로는 파악될 수 없는 조직된 하나의 통일체를 구축하고 있는 전체를 의미한다.
    ㄹ. 합리주의 : 비합리적·우연적인 것을 배척하고, 이성적·논리적·필연적인 것을 중시하는 태도를 말한다.

20 ③ 사회학습은 모델을 직접 관찰함으로써 이루어지는 경우가 많으나, 최근에는 대중매체의 발전으로 언어나 사진, 그림과 같은 상징적 모델을 모방하는 경우도 많다.

21 ① 후광효과(Halo Effect) : 어떤 사람에 대해 부분적으로 가지고 있는 긍정적인 인상을 통해 그 사람의 전체적인 면을 높이 평가하는 것을 말한다. 처음 본 사람이 옷차림도 단정하고 예의가 바른 경우, 그 사람의 능력 또한 뛰어날 것이라고 평가한다.
    ② 최신효과(Recency Effect) : 마지막에 제시된 정보가 먼저 제시된 정보보다 인상 형성에 더 큰 영향을 미치는 것을 말한다. 타인과의 만남에서 첫인상도 좋아야겠지만 끝인상도 중요한 이유에 해당한다.
    ③ 빈발효과(Frequency Effect) : 반복해서 제시되는 정보들이 먼저 제시된 정보들에 영향을 미치는 것을 말한다. 첫인상이 좋지 않더라도 반복해서 좋은 인상을 보인다면, 그 사람에 대한 부정적인 인상이 긍정적으로 변경된다.
    ④ 잠복효과 또는 잠재효과(Latent Effect) : 지금은 표현되고 있지 않지만, 어떤 조건이 충족되는 경우 가시화될 수 있는 효과를 말한다.
    ⑤ 상호성 원리(Reciprocity Principle) : 다른 사람이 자신에게 베푼 호의만큼 그에 상응하는 호의를 베풀려고 한다는 것이다.

22 ④ 장기기억은 정보를 무제한적·영구적으로 저장할 수 있는 곳이다. 다만, 기억해 낼 필요가 없는 한 의식하지 못하는 상태의 기억에 해당한다.

23 ④ 선행학습이 후행학습에 영향을 받아 낮은 회상률을 보이는 것을 '역행간섭'이라 한다.

24 ③ '대리적 강화'는 아동이 자신의 행동에 대해서 직접적인 강화를 받지 않더라도 관찰과 모방을 통해서 학습이 가능하다. 따라서 반두라(Bandura)는 행동에 강화가 수반되지 않아도 학습이 일어날 수 있다고 보았다.

25 ① 이중부호이론(Dual-Code Theory)에 의하면, 정보를 언어부호와 시각부호로 약호화하여 저장한다. 예컨대, '코끼리'를 부호화할 때, '코끼리'라는 단어뿐만 아니라 심상까지 같이 기억하는 경우, 심상이나 단어 중 하나만 인출해도 그 항목을 재생할 수 있다.

선택과목 01 청소년이해론

01	02	03	04	05	06	07	08	09
①	③	②	①	①	⑤	④	④	①
10	11	12	13	14	15	16	17	18
⑤	②	⑤	④	③	①	③	①	①
19	20	21	22	23	24	25		
④	②	④	②	②	④	②		

01 ① 청소년은 신체적으로 성숙하지만 정신적으로 여전히 미숙한 상태에 있으므로, 어린이와 어른 중 어느 쪽에도 속하지 못한 채 주변을 맴돌게 된다. 이는 현대사회가 원시사회와 달리 성인이 되기 위해 여러 가지 능력을 갖출 것을 전제 조건으로 하기 때문이다. 이와 같이 청소년은 사회에서 성인으로 인정받기 위해 일종의 준비기간을 거치게 되며, 그 이전까지는 '주변인(Marginal Man)'에 머물게 된다. 레빈(Lewin)이 제시한 주변인으로서 청소년은 사회에서의 불확실한 자신의 위치와 역할로 인해 갈등이나 불만을 품게 되며, 정신적인 방황을 경험하기도 한다.

02 ③ 청소년기는 부정적 자아상이 확립되어 사회적 거부와 배척의 감정 또는 고립감을 갖게 된다. 따라서 아동기에 더 긍정적 자아개념을 가진다.

03 범법소년의 분류

범죄소년	14세 이상 19세 미만으로 범죄를 저질러 형사 책임이 있는 소년
촉법소년	10세 이상 14세 미만으로 형벌 법령에 저촉되는 행위를 하였으나, 형사 책임 능력이 없는 관계로 처벌을 받지 아니하며 보호처분의 대상이 된 소년
우범소년	10세 이상 19세 미만으로 그의 성격이나 환경에 비추어 다음과 같이 장래 형벌 법령에 저촉되는 행위를 할 우려가 있는 소년 • 집단적으로 몰려다니며 주위 사람들에게 불안감을 조성하는 성벽(性癖)이 있는 것 • 정당한 이유 없이 가출하는 것 • 술을 마시고 소란을 피우거나 유해환경에 접하는 성벽이 있는 것

04
② 정체감 성취, ③ 정체감 유실, ④·⑤ 정체감 혼란(혼미)에 관한 설명이다.

마샤의 자아정체감 범주

구 분	정체감 성취	정체감 유예	정체감 유실	정체감 혼란(혼미)
위 기	+	+	−	−
전 념	+	−	+	−

05
② 다윈(Darwin) : 생물은 생활환경에 적응하면서 단순한 것으로부터 복잡한 것으로 진화하며, 생존경쟁에 적합한 것은 살아남고 그렇지 못한 것은 도태된다는 진화론을 주장하였다.
③ 에릭슨(Erikson) : 인간의 발달단계를 8단계로 구분하고, 각 발달단계마다 해결해야 할 중요한 발달과업과 위기를 성공적으로 달성할 때 개인은 건강한 발달을 할 수 있다고 주장하였다.
④ 설리반(Sullivan) : 인간의 발달단계에 따라 대인관계 욕구가 변화한다고 보고, 유아기부터 청소년 후기까지 6단계로 구분하여 상호작용의 욕구에 대해 설명하였다.
⑤ 프로이트(Freud) : 인간을 비합리적이고, 결정론적인 존재로 가정하여 인간의 행동 기본이 기본적인 생물학적인 충동과 본능을 만족시키는 욕망에서 동기화된다고 본다.

06 설리반(Sullivan)의 대인관계이론에 따른 인간발달 단계

• 유아기(출생에서 2~3세까지) : 양육자에게 사랑받고 싶은 욕구, 사람들과의 접촉 욕구
• 아동기(3~6세까지) : 자신들의 놀이에 성인이 참여하기를 바라는 욕구
• 소년/소녀기(7~10세까지) : 또래와의 놀이를 위해 또래집단에 수용되고자 하는 욕구
• 전 청소년기(11~12세까지) : 동성친구와 친밀한 관계를 맺고자 하는 욕구
• 청소년 초기(13~16세까지) : 성적 접촉의 욕구, 이성친구와 친밀한 관계를 맺고자 하는 욕구
• 청소년 후기(17~20세까지) : 성인사회에 통합하고자 하는 욕구

07
⑤ 남성 성기의 발육을 촉진하는 대표적인 남성호르몬은 테스토스테론(Testosteron)이다. 에스트로겐(Estrogen)은 대표적인 여성호르몬으로서, 여성의 2차 성징을 유발하여 가슴과 성기를 성숙하게 한다.

08 프로이트(Freud)의 심리성적 발달단계와 에릭슨(Erikson)의 심리사회 발달단계

시 기	심리사회적 위기	프로이트 발달단계
유아기 (출생~18개월)	신뢰감 대 불신감	구강기
초기아동기 (18개월~3세)	자율성 대 수치심·회의	항문기
학령 전기 (3~5세)	주도성 대 죄의식	남근기
학령기 (5~12세)	근면성 대 열등감	잠복기
청소년기 (12~20세)	자아정체감 대 정체감 혼란	생식기
성인 초기 (20~24세)	친밀감 대 고립감	−
성인기 (24~65세)	생산성 대 침체	−
노년기 (65세 이후)	자아통합 대 절망	−

09 콜버그(Kohlberg)의 도덕성 발달이론

전인습적 수준 (4~10세)	• 제1단계(타율적 도덕성) : 처벌과 복종을 지향한다. • 제2단계(욕구충족의 수단) : 상대적 쾌락주의에 의한 욕구충족을 지향한다(도구적 상대주의 지향).
인습적 수준 (10~13세)	• 제3단계(대인관계의 조화) : 개인 상호간의 조화를 중시하며, 착한 소년·소녀를 지향한다. • 제4단계(법과 질서의 준수) : 사회질서에의 존중을 지향한다.
후인습적 수준 (13세 이상)	• 제5단계(사회계약정신) : 민주적 절차로 수용된 법을 존중하는 한편, 상호 합의에 의한 변경가능성을 인식한다. • 제6단계(보편적 도덕원리) : 개인의 양심과 보편적인 윤리원칙에 따라 옳고 그름을 인식한다.

10 ① 회유형, ② 초이성형, ③ 산만형, ④ 일치형

11 또래 친구관계의 기능
- 동료의식 : 시간을 함께 보내고 공동 활동을 하는 친근한 동료를 갖게 한다.
- 자극 : 흥미 있는 정보와 즐거움을 제공한다.
- 물리적 자원 : 시간, 자원, 도움을 제공하는 관계를 형성한다.
- 자아 지지 : 지지, 격려, 피드백을 통해 스스로 유능하고 매력적이며, 가치 있는 사람이라고 느낄 수 있도록 해준다.
- 사회적 비교 : 상호간의 비교를 통해 자신들이 어느 위치에 있는지 알 수 있도록 한다.
- 친밀감 및 애정 : 자신을 노출하고 타인과 친근한 신뢰관계를 맺을 수 있도록 유도한다.

12 청소년기의 친구선택 및 관계유지에 영향을 미치는 요인

유사성	성격, 가치, 태도, 경험 등의 유사한 정도
호혜성	상호 이해 및 수용, 신뢰 및 원조 등의 공유 정도
조화성	함께 활동하고 즐김으로써 느끼는 편안함의 정도
구조적 요인	지리적인 근접성 또는 만남의 기간
역할모델	친구의 우수하고 탁월한 자질을 높이 평가하며, 이를 좋아하는 정도

13 ④ 비행문화는 바람직하지 못한 문제투성이의 문화 또는 기존 질서를 파괴하거나 무시함으로써 수많은 사회적 문화를 야기하게 되는 심각한 일탈과 비행의 부정적인 문화로 인식하는 시각이다.

청소년문화를 보는 다양한 시각들(청소년문화의 성격)
- 미숙한 문화 : 청소년문화를 거의 간과하거나 무시하는 시각
- 새로운 문화 : 한 사회의 생동적 발전을 위하여 없어서는 안 될 귀중한 자극인 동시에 활력소로 보는 시각
- 저항의 문화(반 문화) : 기성문화를 주류문화, 청소년 문화를 반주류 문화로 보는 시각
- 하위문화 : 기성문화와 대등한 또 하나의 문화로서가 아니라, 단지 기성문화의 하위문화로서 보려는 시각

14 ③ 머튼(Merton)은 뒤르껭(Durkheim)의 아노미 개념을 독창적으로 수정하여 사회체계를 '문화적 목표(Cultural Goal)'와 '제도화된 수단(Institutionalized Means)'으로 구분하고, 이들 간의 괴리현상에 의해 아노미가 나타난다고 주장하였다. 이때 문화적 목표는 권력이나 금전 등 사회의 대다수 구성원들에 의해 바람직한 것이자 소유하고 싶은 것으로 간주되고 있는 이상이나 가치를 말하며, 제도화된 수단은 교육이나 근면 등 문화목표를 달성하기 위한 합법적 경로 및 방법을 의미한다.

15 중화이론(Techniques of Neutralization Theory) 마짜(Matza)와 사이크스(Sykes)의 비행 청소년들이 비행을 정당화 하는 유형
- 책임의 부정 : 다른 것에 원인을 돌리는 것
- 피해자 부정 : 피해자의 과실과 책임을 탓하는 것
- 비난자 비난 : 비행을 비난하는 사람들은 더 비난받을 행동을 한다고 주장하는 것
- 높은 충성심에 호소 : 자기 소속집단에 대한 의리와 충성심의 강조
- 가해의 부정 : 자신의 행위로 손상을 입거나 재산상 피해를 당한 사람이 없음을 이유로 자신의 행위를 합리화

16 ㄴ. '상상의 청중' 현상이다. '개인적 우화(Personal Fable)'는 청소년이 자신은 특별하고 독특한 존재이므로, 자신의 감정이나 경험의 세계는 다른 사람과 근본적으로 다르다고 믿는 것이다. 엘킨드(D. Elkind)가 제시한 청소년기 자아중심성으로 인하여 나타나는 현상은 상상 속의 청중과 개인적 우화를 들 수 있다.

17 ① 일탈행동은 유전이나 심리적 특성에 의한 것이 아니라 학습된 것이다. 이러한 학습은 보통 친밀한 사적 관계에서 비롯되며, 타인과의 의사소통 과정에서 이루어진다.

18 ㄱ. 여성가족부장관 또는 지방자치단체의 장은 가정 밖 청소년의 발생 예방 및 지원을 위한 교육·홍보·연구·조사 등 각종 정책을 수립·시행하여야 한다(청소년복지지원법 제16조 제1항).
ㄴ. 국가 및 지방자치단체는 다문화가족의 청소년, 그 밖에 국내로 이주하여 사회 적응 및 학업 수행에 어려움을 겪는 청소년의 사회 적응 및 학습능력 향상을 위하여 상담 및 교육 등 필요한 시책을 마련하고 시행하여야 한다(동법 제18조 참조).

19 청소년 시청 보호시간대
청소년보호법 제18조에 따라 청소년유해매체물을 방송해서는 안 되는 방송시간은 평일은 오전 7시부터~오전 9시까지와 오후 1시부터~오후 10시까지로 하고, 토요일과 「관공서의 공휴일에 관한 규정」 제2조에 따른 공휴일 및 여성가족부장관이 정하여 고시하는 「초·중등교육법」 제2조에 따른 초등학교·중학교·고등학교의 방학기간에는 오전 7시부터~오후 10시까지로 한다. 다만, 「방송법」에 따른 방송 중 시청자와의 계약에 의하여 채널별로 대가를 받고 제공하는 방송의 경우에는 오후 6시부터~오후 10시까지로 한다(청소년보호법 시행령 제19조 제1항 참조).

20 ② 학습장애와 학습부진은 학습지진과 달리 정상적인 지능 범위 내에 있으면서도 학습에의 어려움을 느끼며 학업성취도가 낮은 경우에 해당한다. 그러나 학습 부진이 특히 불안 및 우울 등 개인의 정서적 요인이나 가정불화 및 부적절한 교우관계 등 환경적 요인에 의한 것인 반면, 학습장애는 특히 대뇌의 특정 영역에서의 발달적인 기능장애에 의해 나타나는 것으로 알려져 있다.

21 ④ 신경성 폭식증(Bulimia Nervosa)의 특징에 해당한다. 신경성 식욕부진증 또는 거식증(Anorexia Nervosa)은 체중 증가에 대한 극심한 두려움으로 인해 음식 섭취를 현저히 감소시키거나 거부함으로써 체중이 비정상적으로 감소하는 이상 증상을 말한다. 반면, 신경성 폭식증 또는 폭식증(Bulimia Nervosa)은 단시간 내에 많은 양의 음식을 섭취한 후, 그로 인한 체중 증가를 피하기 위해 의도적이고 정기적인 보상행동을 하는 이상증상을 말한다. 특히, 신경성 식욕부진증과 달리, 신경성 폭식증을 가진 청소년은 자신의 극단적인 행동에 대해 부끄럽게 생각하므로, 은밀한 곳에서 폭식과 함께 토하는 등의 보상행동을 하는 경향이 있다.

22 자폐 스펙트럼 장애
- 사회적 상호작용과 의사소통에서 장애를 나타낼 뿐만 아니라 제한된 관심과 흥미를 지니며 상동적인 행동을 반복적으로 나타내는 장애들을 포함한다.
- DSM-Ⅳ에서 전반적 발달장애에 포함되었던 자폐증, 소아기 붕괴성 장애, 아스퍼거장애, 기타의 전반적 발달장애를 DSM-5에서 자폐 스펙트럼 장애로 통합하였다. 레트장애는 고유한 유전적 원인이 밝혀졌기 때문에 자폐 스펙트럼 장애에서 제외되었다.
- 행동, 흥미 또는 활동에 있어서 제한적이고 반복적인 패턴이 다음 4가지 중 2개 이상의 증상으로 나타난다.

> - 정형화된 혹은 반복적인 운동동작, 물체의 사용이나 언어를 사용한다.
> - 동일한 것에 대한 고집, 일상적인 것에 대한 완고한 집착 또는 언어적·비언어적 행동의 의식화된 패턴을 나타낸다.
> - 매우 제한적이고 고정된 흥미를 지니는데 그 강도나 초점이 비정상적이다.
> - 감각적 자극에 대한 과도한 혹은 과소한 반응성을 나타내거나 환경의 감각적 측면에 대해서 비정상적인 관심을 나타낸다.

23 이주배경청소년지원센터의 업무 (청소년복지지원법 시행령 제15조)
이주배경청소년 복지에 관한 종합적 안내, 이주배경청소년과 그 부모에 대한 상담 및 교육, 이주배경청소년의 지원을 위한 인력의 양성 및 연수, 이주배경청소년에 대한 국민의 올바른 이해를 돕기 위한 사업, 이주배경청소년의 실태에 관한 조사·연구, 이주배경청소년의 사회적응을 위한 프로그램 개발 및 보급, 그 밖에 이주배경청소년지원센터의 목적을 수행하기 위하여 필요한 업무 등을 수행한다.

24
④ 허쉬(T. Hirschi)의 사회유대이론에 관한 설명이다. 허쉬는 모든 사람들은 범죄동기를 가지고 있으나 범죄를 저지르지 않는 것은 사회적 유대를 통한 통제 때문이고, 유대의 약화로 인하여 범죄행위가 발생한다고 보았다.

25
② 필로폰은 중추신경과 말초신경을 흥분시켜 호흡 운동과 심장 박동을 빠르게 하여 긴장 상태를 유지하게 하는 '중추신경 흥분제'에 해당한다. 상용할 경우에 강박관념, 환시·환청, 피해망상증, 위경련 등의 정신적·신체적 피해를 초래한다.
①·③·④·⑤ 중추신경 억제제이다.

선택과목 02 청소년수련활동론

01	02	03	04	05	06	07	08	09
①	②	③	②	④	①	③	①	④
10	11	12	13	14	15	16	17	18
③	⑤	②	②	⑤	③	⑤	①	②
19	20	21	22	23	24	25		
⑤	①	④	④	①	②	④		

01 청소년시설(청소년기본법 제3조 제6호)
'청소년시설'이란 청소년활동·청소년복지 및 청소년보호에 제공되는 시설을 말한다.

02
② 몰입은 학습자가 인지한 활동과제의 수준과 자신의 능력의 수준이 모두 높을 때 발생한다. 만약 활동과제의 수준이 자신의 능력 수준을 뛰어넘게 되면 학습자는 걱정하게 된다. 반대로 활동과제의 수준이 청소년의 능력수준보다 낮으면 지루함을 느낀다. 지루함을 느낀 청소년이 몰입을 경험하기 위해서는 활동과제의 수준을 높여야만 한다.

몰입(Flow)
- 칙센트미하이(M. Csikszentmihalyi)가 제시한 개념이다.
- 자기목적적인 경험으로서 활동 자체를 즐기면서 모든 관심을 완전히 투사하고 있는 상태이다.
- 무언가에 흠뻑 빠져 있는 심리적 상태이다.
- 현재 하고 있는 일에 심취한 무아지경의 상태이다.

03 한국청소년활동진흥원의 설치
(청소년활동진흥법 제6조)

청소년육성을 위한 다음의 사업을 하기 위하여 한국청소년활동진흥원을 설치한다.
- 청소년활동·청소년복지·청소년보호에 관한 종합적 안내 및 서비스 제공
- 청소년육성에 필요한 정보 등의 종합적 관리 및 제공
- 청소년수련활동 인증위원회 등 청소년수련활동 인증제도의 운영
- 청소년 자원봉사활동의 활성화
- 청소년활동 프로그램의 개발과 보급
- 국가가 설치하는 수련시설의 유지·관리 및 운영업무의 수탁
- 국가 및 지방자치단체가 개발한 주요 청소년수련거리의 시범운영
- 청소년활동시설이 실시하는 국제교류 및 협력사업에 대한 지원
- 청소년지도자의 연수
- 숙박형 등 청소년수련활동 계획의 신고 지원에 대한 컨설팅 및 교육
- 수련시설 종합 안전·위생점검에 대한 지원
- 수련시설의 안전에 관한 컨설팅 및 홍보
- 안전교육의 지원
- 그 밖에 여성가족부장관이 지정하거나 활동진흥원의 목적을 수행하기 위하여 필요한 사업

04 OECD의 DeSeCo 프로젝트

자율적으로 행동하기	• 자신의 자원, 권리, 제한점, 욕구를 규명하고 평가, 방어 • 프로젝트 실행 및 기획 • 학습전략 등을 개발 • 상황, 체제, 관계 등을 분석
도구 활용하기	• 목표달성을 위한 기술활용 • 정보 및 지식의 수집·분석·활용 • 문해력, 수리력
이질적인 집단과 상호작용하기	• 타인과 관계형성 • 갈등관리 및 해소 • 시너지 활동 • 집단작업 및 협동 • 타인에 대한 도움 • 집단에 대한 참여

05 청소년수련거리의 특징
- **정책성** : 수련거리는 국가의 청소년 기본정책을 반영한다.
- **체험성** : 수련거리는 다양한 체험적 활동으로 이루어진다.
- **전문성(체계성)** : 수련거리는 전문적·체계적·조직적인 활동이다.
- **집단활동** : 수련거리는 집단활동을 통한 사회적 상호관계 형성을 도모한다.
- **덕성 함양** : 수련거리는 지덕체의 균형 있는 성장을 통한 올바른 인간 양성을 도모한다.

06 청소년상담사의 결격사유
(청소년기본법 제21조 제4항 참조)

1. 미성년자, 피성년후견인 또는 피한정후견인
2. 파산선고를 받고 복권되지 아니한 사람
3. 금고 이상의 형을 선고받고 그 집행이 끝나거나 집행을 받지 아니하기로 확정된 후 3년이 지나지 아니한 사람
4. 금고 이상의 형을 선고받고 그 집행유예의 기간이 끝나지 아니한 사람

4의2. 제3호 및 제4호에도 불구하고 다음 아래의 어느 하나에 해당하는 죄를 저지른 사람으로서 형 또는 치료감호를 선고받고 확정된 후 그 형 또는 치료감호의 전부 또는 일부의 집행이 끝나거나(집행이 끝난 것으로 보는 경우를 포함) 집행이 유예·면제된 날부터 10년이 지나지 아니한 사람
- 「아동복지법」 제71조 제1항의 죄
- 성폭력범죄
- 아동·청소년대상 성범죄

5. 법원의 판결 또는 법률에 따라 자격이 상실되거나 정지된 사람

07
① 수용인원 500명을 초과하는 청소년수련관에는 500명을 초과하는 250명당 1급, 2급 또는 3급 청소년지도사 중 1명 이상을 추가로 둔다.
② 수용인원 500명 이하의 유스호스텔에는 청소년지도사를 1명 이상 둔다.
④ 청소년특화시설에는 1급 또는 2급 청소년지도사 1명 이상을 포함하여 2명 이상의 청소년지도사를 둔다.
⑤ 수용인원 500명 이하의 청소년수련원에는 1급 또는 2급 청소년지도사 1명 이상을 포함하여 2명 이상의 청소년지도사를 둔다.

08 청소년수련시설의 종류
(청소년활동진흥법 제10조 참조)
- 청소년수련관
- 청소년수련원
- 청소년문화의 집
- 청소년특화시설
- 청소년야영장
- 유스호스텔

09 청소년수련지구에 설치하여야 하는 시설의 종류
(청소년활동진흥법 시행령 별표4)

수련시설	청소년수련원 및 유스호스텔 각각 1개소 이상
체육시설	실내체육시설 1개소 이상 및 실외체육시설 3개소 이상
문화시설	공연장, 박물관, 미술관, 과학관, 그 밖에 이와 유사한 시설 중 1개소 이상
자연탐구시설 또는 환경학습시설	자연학습원, 환경학습장, 동·식물원 그 밖에 이와 유사한 시설 중 1개소 이상
모험활동시설	수상·해양·항공 또는 산악훈련장, 극기훈련장, 모험활동장, 그 밖에 이와 유사한 모험활동 시설 중 1개소 이상
녹지	수련지구 지정면적의 10% 이상

10 ③ 청소년정책 관계기관 협의회의 역할에 해당한다.

한국청소년단체협의회의 역할
(청소년기본법 제40조 제1항)
- 회원단체의 사업과 활동에 대한 협조·지원
- 청소년지도자의 연수와 권익증진
- 청소년관련분야의 국제기구활동
- 외국 청소년단체와의 교류 및 지원
- 남·북청소년 및 해외교포청소년과의 교류·지원
- 청소년활동에 관한 조사·연구·지원
- 청소년관련 도서출판 및 정보지원
- 청소년육성을 위한 홍보 및 실천운동
- 지방청소년단체협의회에 대한 협조 및 지원
- 그 밖에 청소년육성을 위하여 필요한 사업

11 ① 데이컴법 : 직무(Job) 혹은 직업(Work)을 분석하는 매우 효과적인 방법으로서, 교육목표와 교육내용을 비교적 단시간 내에 추출하는 데 효과적이다.

② 결정적 사건분석법 : 필요한 관찰과 평가를 위해 가장 적절한 지위에 있는 사람들로부터 특정한 행동에 대한 기록을 얻어내고자 하는 방법이다.
③ 개별이력법 : 요구를 개인적으로 결정하고 기록하는데 이용되는 방법으로서, 전문직에 종사하는 사람들의 교육요구를 분석하고자 할 때 사용한다.
④ 델파이법 : 전문가의 직관과 판단으로 미래를 예측하거나 연구하는 방법으로서, 지역적으로 산재해 있는 사람들의 상호작용을 촉진시킬 수 있다. 미국 랜드연구소에서 개발한 의견조사방법이다.

12 허쉬(P. Hersey)와 블랜차드(K. Blanchard)가 제시한 리더십 유형

지시형	• 높은 과업 - 낮은 관계행동 • 의지와 능력이 모두 낮음
설득형 (코치형)	• 높은 과업 - 높은 관계행동 • 능력은 낮지만 의지는 높음
참여형 (지원형)	• 낮은 과업 - 높은 관계행동 • 부하는 능력은 높지만 의지가 낮음
위임형	• 낮은 과업 - 낮은 관계행동 • 부하는 능력도 높고 의지도 높음

13 ① 명목주의(Tokenism) 단계 : 청소년들의 의견이나 생각을 표출하지만, 청소년활동에 전혀 영향을 미치지 못하는 상태
③ 동등한 파트너십(Equal Partnership) 단계 : 청소년활동에 대한 아이디어들이 청소년에 의해 시작되며, 실행과정에 청소년지도자를 파트너로 참여시키는 상태
④ 상의와 정보제공(Consulted And Informed) 단계 : 청소년활동이 청소년지도자에 의해 설계·운영되지만, 청소년들의 생각이나 의견이 심각하게 고려되는 상태
⑤ 제한적 위임과 정보제공(Assigned But Informed) 단계 : 제한적으로 청소년들에게 역할이 부여되고, 그 과정을 통해 활동의 궁극적 목적이나 필요성을 이해하는 것

14 청소년육성기금의 조성
(청소년기본법 제54조 및 시행령 제36조 참조)
- 정부의 출연금
- 국민체육진흥법 및 경륜·경정법에 따른 출연금
- 개인·법인 또는 단체가 출연하는 금전·물품 그 밖의 재산
- 기금의 운용으로 생기는 수익금
- 다른 기금으로부터의 전입금
- 여성가족부장관이 인정하는 수입금

15 ⑤ 참여교육의 원리에 기초하여 학생들의 자발적인 의견제시 및 공유로 진행되는 것이지 강의를 전개하는 것은 아니다.

브레인스토밍(Brainstorming)
- 집단의 구성원이 어떤 문제나 과제에 대해 창의적인 집단사고를 통하여 해결방안을 모색하는 방법이다.
- 비형식적이며, 참여자의 지위·능력 등에 구애받지 않고 문제를 토의한다.
- 구성원의 어떠한 아이디어에 대해서도 비판하지 않는다.

16 ① 청소년수련활동은 목적적인 활동이다. 이는 청소년수련활동이 일회적인 단일 행사활동에 그치는 것이 아닌, 근본적으로 청소년의 균형 있는 성장을 목적으로 하기 때문이다. 따라서 청소년수련활동은 청소년의 심신단련, 자질배양, 정서함양, 사회봉사 등의 체험을 통해 덕체지(德體智)를 함양하도록 하기 위한 구체적인 목적이 내재된 활동에 해당한다고 볼 수 있다.

청소년수련활동의 특성
- 집단적·경험적 활동
- 청소년 중심의 활동
- 자발적 활동
- 체험적 활동
- 탐구적 활동
- 모험적 활동
- 지속적·반복적·장기적 활동
- 도전적·모험적 활동

17 ② 청소년특별회의 : 청소년기본법 제12조에 의하여 여성가족부 및 17개 시·도 청소년과 청소년 전문가들이 토론과 활동을 통해 청소년의 시각에서 청소년이 바라는 정책과제를 발굴하고, 정부에 건의하여 정책화하는 청소년 참여기구이다.
③ 여수국제청소년축제 : 여수에서 국내·외 청소년들이 함께 만들어 가는 축제이다.
④ 대한민국청소년박람회 : '청소년의 달'에 개최하는 국내 최대 규모의 청소년축제의 장이다
⑤ 국제청소년성취포상제 : 비경쟁성, 균형성, 성취지향성, 자발성, 지속성 등의 10가지 기본 이념을 바탕으로 활동이 이루어지며, 참여 청소년들이 자기주도성과 도전정신을 통해 자신의 역량을 지속적으로 개발시킬 수 있는 습관을 가질 수 있게 한다.

18 인증기준의 구성

구 분	영역 및 유형	기 준
공통기준	활동 프로그램	• 프로그램 구성 • 프로그램 자원운영
	지도력	• 지도자 자격 • 지도자 역할 및 배치
	활동환경	• 공간과 설비의 확보 및 관리 • 안전관리 계획
개별기준	숙박형	• 숙박관리 • 안전관리 인력 확보 • 영양관리자 자격
	이동형	• 숙박관리 • 안전관리 인력 확보 • 영양관리자 자격 • 휴식관리 • 이동관리
특별기준	위험도가 높은 활동	• 전문지도자의 배치 • 공간과 설비의 법령 준수
	학교단체 숙박형	학교단체 숙박형 활동관리
	비대면방식 실시간 쌍방향	실시간 쌍방향 활동 운영 및 관리
	비대면방식 콘텐츠 활용 중심	콘텐츠 활용 중심 활동 운영 및 관리
	비대면방식 과제수행 중심	과제수행 중심 활동 운영 및 관리

19 ⑤ 청소년지도프로그램은 청소년지도의 목적달성을 위한 수단적 성격을 가질 뿐 그 자체가 목적에 해당하지 않는다.

20 ① 여성가족부장관은 공개를 위하여 온라인 종합정보제공시스템을 구축·운영하여야 한다. 여성가족부에서는 오프라인을 통한 참여기구 운영 외에도, 온라인 소통의 장인 청소년활동정보서비스(www.youth.go.kr) 홈페이지를 통해 다양한 경로의 참여 기회를 제공하고 있으며, 지역사회변화프로그램 등 청소년 참여활동을 격려하고 활성화하기 위한 다양한 프로그램을 운영·지원하고 있다.

21 청소년복지시설의 종류(청소년복지지원법 제31조)
- 청소년쉼터 : 가정 밖 청소년에 대하여 가정·학교·사회로 복귀하여 생활할 수 있도록 일정 기간 보호하면서 상담·주거·학업·자립 등을 지원하는 시설이다.
- 청소년자립지원관 : 일정 기간 청소년쉼터 또는 청소년회복지원시설의 지원을 받았는데도 가정·학교·사회로 복귀하여 생활할 수 없는 청소년에게 자립하여 생활할 수 있는 능력과 여건을 갖추도록 지원하는 시설이다.
- 청소년치료재활센터 : 학습·정서·행동상의 장애를 가진 청소년을 대상으로 정상적인 성장과 생활을 할 수 있도록 해당 청소년에게 적합한 치료·교육 및 재활을 종합적으로 지원하는 거주형 시설이다.
- 청소년회복지원시설 : 「소년법」 제32조 제1항 제1호에 따른 감호 위탁 처분을 받은 청소년에 대하여 보호자를 대신하여 그 청소년을 보호할 수 있는 자가 상담·주거·학업·자립 등 서비스를 제공하는 시설이다.

22 국제청소년성취포상제 활동영역

신체단련 활동	신체단련을 통해 몸과 마음을 건강하게 하는 활동
봉사활동	타인과 지역사회에 도움을 줄 수 있는 활동
자기개발 활동	개인의 관심 분야를 배우고 익히는 활동
탐험활동	자연에서 도전정신과 팀웍 그리고 환경의 소중함을 깨닫는 활동
합숙활동	• 새로운 사람들과 가치있는 목적을 공동으로 이루는 활동 • 합숙활동은 금장 단계에서 추가로 활동해야 함

23 인증 프로그램의 조건
- 프로그램의 질적 수준 : 프로그램의 활동목표는 청소년활동으로서 성과를 기대할 수 있을 정도의 질적 수준을 갖추어야 한다.
- 공공성과 신뢰성 : 프로그램은 상시적 또는 정기적으로 개설됨으로써 청소년의 선택 및 참여의 기회가 열려 있어야 한다.
- 적합성 : 프로그램은 청소년의 발달단계를 고려하며, 청소년에 대한 사회적 기대에 부합하는 것이어야 한다.

24 ① 인증위원회는 위원장과 부위원장 각 1명을 포함한 15명 이내의 위원으로 구성한다(청소년활동진흥법 제35조 제3항).
② · ⑤ 인증위원회의 위원은 여성가족부와 교육부의 고위공무원단에 속하는 일반직공무원 또는 이에 상당하는 특정직공무원 중에서 해당 기관의 장이 각각 지명하는 사람, 활동진흥원의 이사장, 청소년활동의 안전에 관한 전문자격이나 전문지식을 가진 사람 중에서 여성가족부장관이 위촉하는 사람, 그 밖에 청소년활동에 관한 지식과 경험이 풍부한 사람 중에서 여성가족부장관이 위촉하는 사람으로 하되, 청소년활동의 안전에 관한 전문자격이나 전문지식을 가진 사람 중에서 여성가족부장관이 위촉하는 사람이 1명 이상 포함되어야 한다(동법 제35조 제4항).
③ 청소년수련활동 인증위원회에 의해 위촉된 위원의 임기는 3년으로 하되 연임할 수 있다(동법 시행령 제19조 제3항).

25 국제청소년교류활동의 지원
(청소년활동진흥법 시행령 제32조)
- 국가 및 지방자치단체는 국제청소년교류활동의 지원에 관한 시행계획의 수립·추진을 위하여 필요한 경우에는 공공기관, 사회단체, 청소년단체 등의 장에게 사전 협의와 협조를 요청할 수 있다.
- 국가 및 지방자치단체는 시행계획을 수립한 경우에는 이를 관계 공공기관, 사회단체, 청소년단체 등에 통보하여야 한다.
- 여성가족부장관은 외교부장관과 협의하여 청소년교류협정의 체결을 연차적으로 확대하고 다변화하여야 한다.

제3회 정답 및 해설

필수과목 01 발달심리

01	02	03	04	05	06	07	08	09
①	⑤	③	②	⑤	①	③	①	④
10	11	12	13	14	15	16	17	18
④	③	④	④	①	①	⑤	①	①
19	20	21	22	23	24	25		
④	②	②	④	②	②	①		

01 ㄹ. 발달의 순서는 중심에서 말초로, 상부에서 하부로, 전체운동에서 특수운동으로, 미분화운동에서 분화운동으로 발달하는 경향이 있다.

02 ⑤ '정적' 상관관계는 어느 한 쪽이 증가(감소)하면, 다른 한 쪽도 증가(감소)하는 것을 말한다. 예를 들어, 아동의 학교 성적이 높을수록 자신감이 높다면 정적인 상관관계에 놓인 것으로 해석할 수 있다.

03 ③ 에릭슨의 심리사회이론은 점성원리(Epigenetic Principle)를 기초로 한다. 점성원리란 성장하는 모든 것은 기초안을 가지며, 이 기초안에서 부분이 발생하고, 각 부분이 특별히 우세해지는 시기가 있으며, 이 모든 부분이 발생하여 기능하는 전체를 이루게 된다는 것이다. 인간은 생물학적으로 수태되면서 이미 기본적인 요소들을 가지지만, 시간의 경과에 따라 이 요소들이 결합·재결합하여 새로운 구조를 형성한다. 마찬가지로 인간발달의 원리에 있어서도 각 요소가 다른 모든 요소에 체계적으로 연관되면서 연속적으로 발달하는 이 원리를 따른다.

04 ㄴ. 양심과 자아이상의 발달은 남근기(3~6세)의 발달적 특징에 해당한다.
ㄹ. 항문기(1~3세)에 나타나는 항문보유적 성격은 성인기의 결벽증이나 인색함으로 이어진다.

05 ⑤ 학령전기 또는 유희기(3~5세) : 이 시기의 아동은 주도성을 가지고 계획을 세우고 목표를 설정하며 그것을 달성하고자 노력하지만, 부모는 그런 주도성을 제한하고 책임감과 죄의식을 통해 양육한다.
① 유아기(출생~1년 또는 18개월) : 배가 고프거나 대변이나 소변을 본 후 양육자가 자신을 돌보아 주는 경험을 통해 양육자뿐만 아니라 세상과 인간에 대한 믿음이 형성되게 된다.
② 청소년기(12~20세) : 급격한 신체성장과 생리적 변화 속에서 '나는 누구인가' 하는 개인적 질문과 '곧 다가올 거대한 사회질서 속에서 과연 나의 위치는 어디인가' 하는 사회적 질문을 통해 자아정체감을 확립하며, 그렇지 못할 경우 정체감 혼란을 겪게 된다.
③ 학령기(5~12세) : 학교에 입학해서 그 사회가 요구하는 기술과 지식을 배우는데, 성공 경험은 아동에게 능력과 숙달감, 근면감을 느끼게 해주지만, 실패 경험은 열등감과 '나는 아무 곳에도 쓸모가 없다'는 느낌을 갖게 한다.
④ 초기아동기(1년 또는 18개월~3세) : 스스로 어떤 일을 할 수 있는 능력(자신의 괄약근 통제, 혼자서 서기 등)이 내부에서 형성되는데 비해, 수치심과 회의가 외부 사회의 기대와 압력을 의식함으로써 생겨난다.

06 ① 인간행동과 경험의 역동적이고 무의식적 영향을 연구한 학자는 프로이트(Freud)이다.

프로이트(Freud)의 정신분석이론과 융(Jung)의 분석심리이론 비교
- 프로이트는 인간의 기본적 성격구조가 대략 5세 이전의 과거 경험에 의해 결정된다고 보았으며, 인간의 행동이 인식할 수 없는 무의식에 의해 동기화된다고 보았다. 또한, 인간의 무의식적 동기 중 심리성적 욕구로서 '리비도(Libido)'를 강조하였으며, 인간 정신을 다양한 힘들이 상호작용하는 에너지 체계로 보았다.
- 반면, 융은 인간의 마음이 개인의 경험을 합한 것 이상으로 보고, 개인의 경험이 집단무의식(Collective Unconscious) 안에 융합되어 개인의 특정 경험과 관련이 없는 모든 인류의 공통적인 하부구조를 형성한다고 보았다. 또한, 의식과 무의식을 대립적인 관점이 아닌 통합적인 관점으로 봄으로써, 인간이 의식과 무의식의 대립을 극복하여 하나의 통일된 전체적 존재가 된다고 보았다. 따라서 융은 개인을 독립된 존재가 아닌 역사를 통해 연결된 존재로 보았으며, 사회적 규범이나 문화적 요구에 적응하는 동시에 자기실현을 위해 나아가는 성장지향적 존재로 보았다.

07 ㄱ. 감각운동기(감각적 동작기)
ㄷ. 형식적 조작기

전조작기(2~7세)
- 사고는 가능하나 직관적인 수준이며, 아직 논리적이지 못하다.
- 감각운동기에 형성되기 시작한 대상영속성을 생후 24개월 이후 완전히 획득하게 된다.
- 보존개념을 어렴풋이 이해하기 시작하지만, 아직 획득하지 못한 단계이다.
- 전조작기 사고를 나타내는 대표적인 예로서 상징놀이, 물활론, 자아중심성을 들 수 있다.
- 아동은 상징을 사용하여 보이지 않는 대상을 표현하며, 언어를 사용하여 사물이나 사건을 내재화할 수 있는 능력을 가지게 된다.
- 전조작기의 논리적 사고를 방해하는 요인은 자아중심성, 집중성, 비가역성이다.

08 ① 분실 휴대폰을 찾아주며 보상을 요구하는 사람은 상대방의 이익보다는 자기욕구의 충족을 우선시하는 사람이다. 이와 같이 상대적 쾌락주의에 의해 개인적인 욕구충족을 강조하는 것은 도덕성 발달단계 중 전인습적 수준의 개인적·도구적 도덕성의 단계(제2단계)에 해당한다.

09 ④ 행동조성(Shaping) : 스키너의 조작적 조건형성을 응용한 점진적 접근방법으로서, 행동을 구체적으로 세분화하여 단계별로 구분한 후, 각 단계마다 강화를 제공함으로써 복잡한 행동을 학습하도록 하는 행동치료 기법이다. 스키너의 행동수정 연구에 영향을 받은 아이작, 토마스, 골디아몬드(Isaacs, Thomas & Goldiamond)는 행동조성을 통해 긴장형 조현병 환자의 언어행동을 회복시키는 데 성공함으로써 그 유효성을 입증하였다.
① 모방(Modeling) : 다른 사람이 행동하는 것을 보고 들으면서 그 행동을 따라하는 것으로, 반두라는 인간이 어떤 모델의 행동을 관찰·모방함으로써 학습하게 된다고 주장하였다.
② 관찰학습(Observational Learning) : 직접적인 보상이나 처벌 없이 타인의 행동에 대한 관찰을 통해 행동을 습득하는 것으로, 이는 인간의 행동이 개인적 변인과 환경적 변인의 계속적인 상호작용의 결과임을 나타내는 것이다.
③ 자기효율성 또는 자기효능감(Self-Efficacy) : 내적 표준과 자기강화에 의해 형성되는 것으로, 어떤 행동을 성공적으로 수행할 수 있다는 신념을 말한다.
⑤ 자기강화(Self-Reinforcement) : 자신이 통제할 수 있는 보상을 자기 스스로에게 주어서 자신의 행동을 유지하거나 변화시키는 과정을 말한다.

10 ④ 자기존중 또는 존경의 욕구는 개인이 자기 자신과 다른 사람에게서 존중 또는 존경을 받고 싶은 욕구를 말한다. 이는 긍지·자존심·인정·명예·위신 등에 대한 욕구로서, 외부적으로 얻을 수 있는 사회적인 성공은 물론 내부적으로 얻을 수 있는 자신감, 만족감 등을 포함한다.

11 가치조건(Conditions of Worth)
- 인간은 각자의 경험을 통해 가치를 형성하는 한편, 타인에게 부여받게 되는 가치에 의해 영향을 받는다.
- 특히, 아동의 경우 긍정적 자기존중을 얻기 위한 과정에서 부모의 양육 태도에 의해 가치조건화가 이루어진다.
- 인간은 자신의 행동이 어떠한 조건에 의해 평가됨에 따라 가치조건을 알게 된다.
- 가치조건은 개인으로 하여금 자기를 찾고자 하는 노력보다는 부모나 사회에 의해 설정된 기준에 자신을 맞추려는 태도를 유발함으로써 자기실현의 경향에 부정적인 영향을 미친다.
- 가치조건에 의해 긍정적 또는 부정적인 것으로 평가된 행동이라고 해서, 그것이 일방적으로 만족 또는 불만족의 결과를 가져오는 것은 아니다.

12 ④ '결정적 시기(Critical Period)'는 로렌츠(Lorenz)가 각인이론을 통해 제시한 개념이다. 보울비(Bowlby)는 이 시기를 일컬어 '민감한 시기(Sensitive Period)'라고 하였다. 민감한 시기는 생애 초기 대략 3년 정도에 해당하며, 이 시기가 사회정서 발달에 결정적인 역할을 하게 된다.

13 ④ 독립변수는 원인을 가져다주는 기능을 하는 변수인 반면, 종속변수는 결과를 나타내는 기능을 하는 변수이다. 반면, 조절변수는 종속변수에 영향을 미치는 독립변수의 인과관계를 조절할 수 있는 또 다른 변수로서, 강하면서 불확정적인 효과를 통해 독립변수와 종속변수 간의 이론적인 관계를 성립하도록 유도하는 변수이다. 보기에서 성적부진은 일종의 원인으로 볼 수 있고, 학생의 심리적 스트레스에 미치는 영향은 결과로 간주할 수 있다. 그리고 교사의 관심과 지지는 결과에 대한 영향력을 조절하는 기능을 하는 것으로 볼 수 있다.

14 ㄹ. 누적표집(눈덩이표집)은 일반화의 가능성이 적고 계량화가 곤란하므로 질적조사에 적합하다.

누적표집 또는 눈덩이표집(Snowball Sampling)
- 처음에 소수의 인원을 표본으로 추출하여 그들을 조사한 다음, 그 소수인원을 조사원으로 활용하여 그 조사원의 주위 사람들을 조사하는 방식이다.
- 첫 단계에서 연구자가 임의로 선정한 제한된 표본에 해당하는 사람으로부터 추천을 받아 다른 표본을 선정하는 과정을 되풀이하여 마치 눈덩이를 굴리듯이 표본을 누적한다.
- 연구자가 특수한 모집단의 구성원을 전부 파악하고 있지 못한 경우, 표본의 소재에 관한 정보가 부족하거나 비밀을 확인하려는 경우 제한적으로 활용된다.
- 전문가들의 의견조사에 유용하며, 소규모 사회조직의 연구에 적합하다.
- 응답자의 사생활 보호에 유리하며, 연관성 있는 내용들을 중심으로 비교적 정확한 자료를 얻을 수 있다.
- 최초의 표본을 추출하는 것이 쉽지 않으며, 일반화되기 어렵다.

15 헌팅턴병(Huntington's Disease)
- 대부분의 유전병이 열성인자에 의한 것인 데 반해, 헌팅턴병은 비정상 특성이 우성인자에 의해 전달되어 상염색체(4번 염색체)상에서 우성으로 유전된다.
- 유전성·퇴행성 신경계 질환으로서, 아동기·청년기·성년기까지는 별문제가 없으나, 중년기가 되어 신경세포가 손상되기 시작하면서 환각, 망상, 우울증, 성격변화를 포함한 정신장애와 근육이 무력해지는 운동기능장애가 나타난다.
- 발병시기부터 자신이 의도하지 않은 움직임을 보이는 무도증(Chorea)을 나타내며, 치매를 수반하기도 한다.

16 퀴블러-로스(Kübler-Ross) 모델(죽음의 5단계)
- 부정(Denial) : 자신에 대한 방어기제로서, 의식적 또는 무의식적으로 실제 상황을 받아들이지 못하는 것
- 분노(Anger) : 부정을 더 이상 할 수 없을 때, 신이나 가까운 지인 또는 자기 자신에게 분노를 직접적으로 표현하는 것
- 타협(Bargaining) : 불가피한 사실을 연기·지연할 수 있다는 희망을 가지고 타협하는 것
- 우울(Depression) : 자신의 병을 더 이상 부인하지 못하고 우울 상태에 빠지는 것
- 수용(Acceptance) : 발생할 결과를 받아들이며, 머나먼 여정을 떠나기 전 평온한 상태에 이르는 것

17 ㄹ. 촉각은 환경에 대한 지식을 습득하는 주요 수단으로서, 출생 시 입술과 혀에 집중되어 있다.
ㅁ. 시각은 영아의 감각 능력 중 가장 늦게 성숙한다.

18 ② 부모를 통한 기초적인 사회적 애착관계의 형성은 영아기(0~18개월)의 발달과업에 해당한다.
③ 자율성이 발달하며 정서규제능력이 증가하는 것은 유아기(18개월~4세)의 특징에 해당한다.
④ 후기아동기(6~12세)는 대략 피아제의 구체적 조작기(7~12세)에 일치한다.
⑤ 눈앞에 보이지 않는 대상이나 사건에 대해 생각할 수 있는 대상영속성은 감각 운동기부터 발달하기 시작하여 전조작기(2~7세)에 이르러 확립된다.

19 ① 친밀감 대 고립의 심리사회적 위기는 에릭슨(Erickson)의 발달단계 중 성인 초기(20~24세)에 해당한다.
② 여성의 경우 40대 후반에서 50대 초반에 여성 호르몬인 에스트로겐의 감소와 함께 난소 기능의 저하, 생리불순 등을 경험하며, 이후 폐경에 이르게 된다. 이에 반해, 남성의 갱년기는 여성의 경우에서처럼 생리적인 변화가 두드러지게 나타나지는 않는다. 다만, 이혼이나 직업전환 등에 따른 상실감, 무력감, 불안감 등 심리적인 변화를 느끼게 된다.
③ 성인기(중년기)에는 전반적으로 기억력이 감퇴되는 것으로 보이지만, 장기기억능력에는 큰 변화가 없다.
⑤ 다양한 역할 및 결정 상황에서의 방황과 혼란으로 인해 심리적 유예기간이 필요한 시기는 청소년기(12~19세)에 해당한다.

20 ① 발달은 영아의 기질과 부모의 기질 간 상호작용의 산물이다.
③ 토마스와 체스(S. Thomas & A. Chess)의 연구를 통해 3가지 기질 유형이 발견되었다.
④ '순한 기질의 아동'은 수면이 규칙적이고 낯선 사람에게도 미소를 잘 짓는다. '적응이 느린 기질의 아동'은 낯선 상황에서 처음에는 움츠러들지만, 곧바로 불안이 없어지고 흥미를 갖는다.
⑤ '까다로운 기질의 아동'은 수면이나 식사 등의 몸의 리듬이 불규칙적이고, 칭얼대는 방식으로 부정적인 감정을 나타내며, 환경변화에 민감하기 때문에 새로운 환경에 적응하는 데 시간이 많이 걸리는 유형이다.

21 ① 전통적인 심리측정적 관점에서 본 견해이다.
③·④·⑤ 정보처리적 관점에 관한 설명이다.

다중지능이론
- 지능은 단일한 능력요인 혹은 다수의 능력요인으로 구성된 하나의 지능으로 구성되는 것이 아니라 서로 별개로 구분되는 다수의 지능으로 구성된다고 한다.
- 지능에는 8가지 유형이 있다(언어적 지능, 수학적 지능, 공간적 지능, 신체-운동 지능, 음악적 지능, 대인관계 지능, 개인 내적 지능, 자연탐구적 지능).
- 각각의 능력은 독립적이며, 8개의 능력이 지능의 전체를 말하는 것은 아니다.
- 대표적 학자로는 가드너(H. Gardner)가 있다.

22 ④ 면역이론은 면역계가 점진적으로 퇴화되어 항체 세포의 식별능력이 저하되고, 그로 인해 자신의 정상세포를 이물질로 인식하는 등 본래의 기능을 발휘하지 못함으로써 노화가 진행된다고 주장한다.

23 ② 에릭슨(Erikson)은 인간발달이 인간의 필요와 사회적(환경적) 요구 사이의 갈등을 해결해 나가는 과정을 통해 이루어진다고 보았다. 각 발달단계에서 인간은 자신의 필요와 사회적인 여건 및 환경적인 요구에 적응하기 위해 심리적인 노력을 하게 되고, 그러한 노력은 긴장이나 갈등을 통해 심리·사회적인 위기로 나타난다. 이에 대해 에릭슨은 인간의 발달을 8단계로 나누고, 각 단계별로 극복해야 할 위기 및 발달과업을 제시하였으며, 이 위기 동안 발달과업의 성취 여부를 양극의 개념으로 설명하였다. 에릭슨에 따르면, 발달과업의 성취 여부에 따라 발달의 위기 극복의 여부가 좌우된다. 정체성 위기(Identity Crisis)는 청소년기를 변화와 위기의 관점으로 본 에릭슨의 고유한 표현이다.

24 ② 저항 애착(Resistant Attachment)은 대략 10~15% 정도의 유아에게서 나타난다. 이 유형의 유아는 낯선 상황 자체에 민감한 반응을 보이며, 장난감을 가지고 놀기보다 어머니의 곁을 좀처럼 떠나지 않으려고 한다. 어머니가 밖으로 나가는 경우 심한 분리불안 증상을 보이면서 낯선 사람과의 접촉에 거부반응을 나타낸다. 이후 어머니가 돌아오면 과도하게 접근하여 과잉 애착행동을 보이면서 분노와 저항적인 행동을 나타내는 등 양면적인 모습을 보인다.

25 길리건(C. Gilligan)의 도덕성
- 남성의 도덕성 : 개인의 권리와 독립성을 강조하는 정의 도덕성
- 여성의 도덕성 : 인간관계와 상호 의존성, 책임을 강조하는 배려 도덕성

필수과목 02 집단상담의 기초

01	02	03	04	05	06	07	08	09
④	④	⑤	①	⑤	③	④	⑤	⑤
10	11	12	13	14	15	16	17	18
⑤	④	⑤	④	③	③	②	①	⑤
19	20	21	22	23	24	25		
②	①	⑤	①	④	②	②		

01 규범의 특징
- 집단의 영향 과정을 단순화한다.
- 집단의 생각과 느낌보다는 그 집단의 행위에 적용된다.
- 보통 중요한 부분, 문제시되는 행위 등에 한해 개발되는 경향이 있다.
- 변화속도는 일반적으로 느리다.
- 일부 구성원에게 특권적인 지위와 일탈할 수 있는 자유를 부여하기도 한다.
- 집단의 유지·발전과 관련된 요소로 구성된다.

02 ④ 피드백(Feedback)은 변화와 개선이 가능한 것에 한하여 주어져야 하고, 강요적이어서는 안 되며, 피드백을 받는 사람이 그것을 소화할 수 있는 마음의 준비가 되었을 때 이루어져야 한다.

03 ⑤ 개인상담에 비해 개인의 문제를 깊게 다루는 데 한계가 있다.

04 ① 집단상담은 상담자가 다수의 내담자들과 접촉하므로, 시간 및 비용 절감의 효과가 있다.

집단상담의 부정적 효과
- 대상의 부적합성
- 목적전치
- 집단의 압력
- 비밀보장의 어려움
- 지도자의 전문성 부족
- 변화에 따른 부작용

05 집단상담 과정에서 저항으로 해석될 수 있는 행동
- 침묵을 지키고 상호간에 어색한 웃음을 교환한다.
- 관찰자의 자세를 취한다.
- 말을 많이 하거나 질문과 충고를 주고받는다.
- 대체로 안전한 문제나 집단 밖의 이야기를 늘어놓거나 지적인 내용에 호소한다.
- 자기를 개방하는 대신 타인의 문제만을 다루려 한다.
- 자신은 도움 받을 문제가 없는 것처럼 행동하기도 한다.
- 상호간에 조심스럽게 지지적이고 예의를 갖춘 행동을 한다.
- 의사소통의 내용과 스타일은 대체로 피상적이고 제한적이며, 틀에 박힌 것들로 이루어진다.

06 ③ 타인의 욕구와 감정에 대해 민감성을 증진시키는 것은 집단상담의 구체적인 목표 가운데 하나이다.

집단상담이 부적합한 경우(Mahler)
- 내담자가 위기에 처해 있을 경우
- 내담자 보호를 위해 비밀이 철저히 보장되어야 할 경우

- 자아개념과 관련된 검사를 해석할 경우
- 내담자가 말하는 것에 비정상적으로 두려움을 가지고 있는 경우
- 내담자의 대인관계 기술이 극도로 효율적이지 못한 경우
- 내담자의 인식, 자신의 감정·동기·행동에 대한 인식이 매우 부족할 경우
- 일탈적인 성적 행동의 가능성을 가지고 있는 경우
- 주의집중에 대한 내담자의 요구가 집단에서 다루어지기 어려운 경우

07 ㄱ. 과제해결집단, ㄴ. 지지집단, ㄷ. 교육집단

기능에 따른 집단의 유형

교육집단	부모역할 훈련집단, 청소년 성교육집단, 위탁가정의 부모가 되려는 집단, 입양에 관심을 갖는 부모 집단, 특정 질병 정보를 얻고자 하는 집단 등
과제해결집단	학교폭력 피해자 집단, 성폭력 피해자 집단 등
성장집단	부부의 결혼생활 향상집단, 청소년 대상 가치명료화 집단, 여성을 위한 의식고양집단, 퇴직을 준비하는 집단, 잠재력 계발집단 등
심리치료집단	사회공포증 극복을 위한 심리치료집단, 우울증 치료를 위한 환자집단 등
지지집단	이혼가정의 취학아동모임, 암환자가족 모임, 자녀양육의 어려움을 공유하는 한부모집단 등
자조집단	단주모임, 단약모임, 정신장애인 가족 모임 등

08 ⑤ 일치성(진실성)은 상담자가 순간순간 경험하는 자신의 감정이나 태도를 있는 그대로 표현하고 개방하는 진솔한 태도로서, 상담자가 겉으로 표현하는 것과 내면에서 경험한 것이 일치하는 것을 말한다. 일치성(진실성)은 단순한 자기노출과는 구별된다. 자기노출은 자신에 대한 정보, 생각, 느낌, 경험을 그대로 여과 없이 표현하는 것으로 내담자의 경험에 의한 상담자의 반응을 의미하는 진실성과는 구별된다.

09 ① T-집단 : 비구조화된 소집단에서 집단원 모두가 직접 참여하여 스스로의 목표를 설정하고 상호간에 피드백을 주고받는다. 집단 활동을 관찰·분석·계획·평가하고 집단원으로서의 역할을 학습하는 등 직접적인 경험을 통해 집단의 전반적인 과정에 대해 학습하며, 커뮤니케이션 및 피드백의 구체적인 행동기술을 습득하는 것을 주된 목표로 한다.
② 참만남집단 : T-집단의 한계를 보완하기 위한 것으로서, 동시대의 실존주의와 인도주의 사상을 도입한 것이다. 개별성원들 간의 인간적인 만남을 통해 인간관계 및 인간실존에 대해 자각하도록 도우며, 개인의 성장 및 대인관계의 발전을 통해 궁극적으로 자아실현에 이를 수 있도록 하는 것을 목표로 한다.
③ 자조집단 : 서로 유사한 문제나 공동의 관심사를 가진 사람들이 자발적으로 구성하여 각자의 경험을 공유함으로써 개인이 각자 자신의 문제 상황에 대처할 수 있도록 하며, 자신에 대한 긍정적인 느낌과 함께 자신의 삶에 책임감을 가지도록 돕는 것을 목표로 한다.
④ 구조화집단 : 문제 상황에 처한 집단원으로 하여금 인생의 힘든 전환기를 헤쳐 나가도록 하기 위해, 일정한 주제·구조·내용을 토대로 특정한 주제에 대해 이해하거나 특수한 기술을 개발하도록 돕는 것을 목표로 한다.

10 슈츠(Schutz) 모형
- '개방적 참만남집단'이라고도 한다.
- 신체적 느낌과 신체적 에너지의 이완을 통한 개인의 정서적 문제의 해방을 강조한다.
- 집단상담자는 지적인 이해보다 '행함(Doing)'과 '경험(Experiencing)'을 강조한다.
- 신체적 활동에 관한 상상이 지적인 토의보다 문제들을 정서적으로 생생하게 표현할 기회를 많이 갖도록 한다.
- 언어적인 방법들, 심리극, 도형, 신체운동연습 혹은 명상 등의 방법들을 활용한다.

11 ④ 성숙한 인간은 자기 자신의 긍정적인 측면과 부정적인 측면을 모두 온전히 수용하는 인간을 말한다. 형태주의적 접근모형에서는 이와 같은 성숙한 인간을 강조하는데, 그로 인해 내담자로 하여금 자신의 부정적인 측면과 함께 억눌린 불안과 공포 등을 자유롭게 해방시킬 것을 요구한다. 이 과정에서 내담자는 자신의 잠재력을 스스로 발견하고, 자기 성격을 투사와 착각으로부터 벗어나도록 할 수 있다.

12 의사교류 분석적 모형에서의 4가지 분석기술

구조분석	집단원들로 하여금 각 개인의 자아 구조 상태를 검토해 볼 수 있도록 돕는다.
의사교류 분석	구조분석을 기초로 하여 집단원 각 개인이 집단상담자나 다른 집단원과의 관계에서 행하고 있는 의사교류 혹은 의사소통의 양상과 성질을 파악한다.
게임분석	암시적인 의사교류를 게임의 종류 및 만성부정감정의 유형과 연관지어 분석한다.
인생각본 (생활각본) 분석	집단원 개인의 인생계획이나 이전 결정의 내용 등을 면밀히 검토한다.

13 ④ 집단상담의 현실치료적 접근모형에서 집단상담자는 직면의 기술을 사용하여 집단원의 책임을 강조하며, 어떠한 변명도 허용하지 않는다. 또한, 집단원이 현실적인 책임에서 벗어나는 행동을 하는 경우 그에게 직접적으로 책임있는 행동을 할 것을 촉구한다. 다만, 이와 같은 직면은 집단원의 저항을 유발할 수 있으므로 주의를 요한다.

14 역할전환
- 남편이 아내의 역할을, 교사가 학생의 역할을 하는 등 일상생활 속에서 역할을 바꾸어 연기해보는 것이다.
- 주인공은 전환된 역할을 통해 상대방의 기분과 감정을 체험함으로써 상대방을 이해하는 동시에 자기중심적인 습관에서 벗어날 수 있게 된다.
- 주인공으로 하여금 상대방이 어떠한 방식으로 행동하는 지를 볼 수 있도록 하는 한편, 보조자로 하여금 자신이 맡은 역할에 대한 비언어적인 단서를 제공받음으로써 해당 역할의 성격을 재조정할 수 있도록 한다.

15 집단역동에 영향을 주는 요인

집단의 배경	처음 만난 집단인지 여부, 참가자의 성향, 집단에 대한 사전 경험이 있는 사람들의 유무와 비율, 집단에 대한 집단원들의 기대와 요구 정도
집단의 참여형태	상담자 중심의 집단과 집단원 중심의 집단의 참여 형태여부, 어떤 개인이나 비형식적인 하위 집단이 집단을 지배하는 식으로 참여 형태여부
의사소통의 형태	집단원들 간의 깊은 이해와 그들의 사상, 가치관, 감정을 분명하게 전달하고 있는가의 문제
집단의 응집성	집단원들이 하나의 통합된 전체로 묶여져 있는 유대관계 및 매력의 정도와 관심도
집단의 분위기	집단모임이 풍기는 정서적인 분위기
집단행동의 규준	집단에서 용납될 수 있는 행동이 무엇인가에 관한 원리 혹은 표준
집단원들의 사회적 관계 유형	집단원 간의 호감 또는 우정과 반감의 관계성, 즉 집단원들 간의 사회적 관계의 유형
하위집단의 형성	집단 내에서 주도권을 잡거나 파벌을 형성하는 비형식적으로 형성된 하위 집단
주제의 회피	다루어야만 할 가치를 지닌 대화 주제임에도 불구하고, 무의식 중에 회피하고 어색하지 않은 주제만 취급
지도성의 경쟁	지정된 상담자가 집단의 지도성을 공유할 만한 여지를 보이거나 지위가 확립되어 있지 못할 때 나타나는 경쟁
숨겨진 안건	집단원 자신만이 알고 집단에서 노출하지는 않고 있지만, 집단활동에 영향을 초래할 수 있는 관심거리나 문제
제안의 묵살	어떤 집단원의 의견이 묵살되는지 여부
신뢰수준	집단원 상호간에 어느 정도로 깊은 관계를 맺을 수 있는지 정도

16 집단규범을 확인할 수 있는 단서들
- 집단에서 허용되는 정서적 표현
- 집단에서 논의가 가능하거나 불가능한 주제
- 집단의 문제해결방식
- 집단의 지도자에 대한 자세
- 피드백에 대한 집단원의 반응
- 개별성원의 기여에 대한 관점 및 반응
- 집단원들에게 부여하는 꼬리표, 역할

17 청소년 집단상담의 기능
- 자신과 타인을 이전과 다르게 보고 느낄 수 있는 기회를 제공한다.
- 이전과 다른 행동을 시도해보도록 격려하고 지원한다.
- 생활상의 문제들을 점검하며, 그와 같은 문제들에 대응하기 위한 다양한 방법들을 교환할 수 있는 기회를 제공한다.
- 자신과 타인이 서로 영향을 주고받는 경험과 함께 자신이 다른 사람에게 미치는 영향력을 분석하도록 한다.

18 ⑤ 도입단계(시작단계)에서의 기본적인 과업에 해당한다. 준비단계의 기본적인 과업은 안정되고 신뢰적인 집단분위기를 조성하는 것이다.

19 ② 집단원들은 과정상 종결단계에 이르러 목표 달성이 이루어지는 경우 집단 종결에 대한 아쉬움 등과 함께 자기노출을 감소하는 경향이 있다. 이때 집단상담자는 집단원들 간의 잔여감정을 해소할 수 있도록 도와야 한다.

종결단계의 주요 과제
- 목표달성 점검과 학습내용 개괄하기
- 분리감정 다루기
- 집단상담의 초기 지각과 후기 지각 비교
- 미해결 문제 다루기
- 집단경험 뒤돌아보기
- 행동변화의 실습
- 보다 심도 있는 학습 수행하기
- 피드백 주고받기
- 다짐과 과제
- 좌절 극복하기
- 집단상담에서 배운 것을 실생활에 옮기는 지침

20 연결하기(Linking)
- 한 집단원의 말과 행동을 다른 집단원의 관심과 연결하고 관련짓는 기술이다.
- 집단원이 제기하는 여러 가지 문제의 관련 정보나 자료들을 서로 연관시킨다.
- 연결하기를 통해 집단원은 자기 문제를 다른 각도에서 보거나, 미처 의식하지 못했던 문제의 진정한 원인이나 해결책을 찾는 데 도움을 얻을 수 있다.

21 집단과정을 촉진할 때 유의할 점
- 집단원들이 자기 느낌을 솔직하게 말할 수 있도록 돕는다.
- 안전하고 수용적이며, 신뢰적인 분위기를 조성하는 데 힘쓴다.
- 집단원이 개인적인 문제를 탐색하거나 새로운 시도를 할 때 격려와 지지를 해준다.
- 초청 혹은 도전을 통해 가능한 많은 집단원을 참여시킨다.
- 집단상담자에게 의존하는 경향을 줄이고, 불안과 긴장을 표현할 수 있도록 격려한다.
- 갈등이나 의견의 불일치를 공공연히 표현하도록 장려하고, 의사소통의 장벽을 극복하도록 돕는다.

22 ㄹ. 집단원이 침묵을 하거나 참여의 의지를 보이지 않는 경우, 집단상담자는 공격적으로 표현을 강요하지 않으며, 침묵의 의미를 탐색하거나 모임이 끝날 무렵 집단경험에 대한 간단한 질문을 통해 참여를 유도한다.

23 ④ '지성에만 호소하기' 또는 '주지화'는 집단원이 지적인 토론을 통해 자기은폐를 시도하는 경우에 해당한다. 자신의 감정을 논리적·해설적·진단적 방식으로 다루어 자기 내면의 감정을 포착할 수 없도록 하여, 문제행동에 대한 해결을 어렵게 만든다.

24 ② 상담의 윤리적 원칙으로서 비밀보장은 내담자의 사생활을 보호하는 것은 물론, 상담자와 내담자 간의 신뢰관계 형성을 통해 상담관계(Rapport)를 촉진하는 역할을 한다. 그러나 아동상담과

같이 미성년자인 아동을 대상으로 하는 경우, 비밀보장의 원칙은 "아동에게 무엇이 최선인가?"에 따라 상담자가 결정을 내리는 것이 일반적이다. 그럼에도 불구하고 법적인 보호자로서 부모의 알 권리 또한 부정할 수 없으므로, 이 경우 사전에 비밀보장에 대한 한계를 부모와 아동에게 알려주며, 아동의 동의하에 정보를 부모에게 제공하는 것이 바람직하다.

25 ② 진실성과 정보 개방의 원칙(윤리원칙7) : 상담자는 내담자에게 진실된 태도를 유지해야 하며, 관련 정보는 공개해야 한다.
① 평등과 불평등의 원칙(윤리원칙2)
③ 최소 해악·손실의 원칙(윤리원칙4)
④ 자율과 자유의 원칙(윤리원칙3)
⑤ 사생활보호와 비밀보장의 원칙(윤리원칙6)

필수과목 03 심리측정 및 평가

01	02	03	04	05	06	07	08	09
②	⑤	①	②	③	①	①	⑤	②
10	11	12	13	14	15	16	17	18
⑤	④	④	①	①	④	⑤	①	③
19	20	21	22	23	24	25		
③	②	⑤	②	①	④	④		

01 ② 직접적 측정방식(써스톤 척도, 리커트 척도)은 단순하고 이용이 편리한 반면, 응답자의 자기보고식 답변의 신뢰성 문제가 존재하고, 태도 내면에 존재하는 신념 등과 같은 다른 정보를 알아낼 수 없다는 단점이 있다.

02 ⑤ 심리평가의 요소로는 심리검사, 내담자의 생활사적·발달사적 정보, 면담을 통한 정보, 자연적 또는 체계적 상황에서의 행동관찰, 내담자에 대한 기록, 관련 분야에 대한 전문적인 지식 등이 포함된다.

03 ① 행동관찰의 특징에 해당한다. 행동관찰은 내담자가 드러내 보이는 행동을 통해 내담자의 일상적인 생활 상황에서의 행동, 즉 긴장과 압력, 대인관계, 문제 상황에서의 행동 양상을 추론할 수 있도록 한다.

심리평가(Psychological Assessment)
- 한 사람의 심리적 특성을 이해하기 위한 일련의 전문적인 과정이다.
- 심리평가 과정은 심리검사, 면담, 행동관찰로 구성한다.
- 정신병리에 대한 전문적인 지식이 요구된다.

04 ② 특질이 성격의 기본단위라는 입장을 취한 것은 카텔(Cattell)의 특질이론에 해당한다.

MBTI(Myers-Briggs Type Indicator)
- 융(C. G. Jung)의 심리유형이론을 토대로 마이어스와 브릭스(Myers & Briggs)가 제작한 객관적 검사 또는 자기보고형 검사이다.
- MBTI는 인간의 건강한 심리에 기초를 두고 만들어진 심리검사 도구이다.
- 성격의 선천적 선호성을 알려주는 검사이다.

05 측정의 4가지 수준에 의한 적용 예
- 명목(명명)척도 : 성별, 결혼유무, 종교, 인종, 직업유형, 장애유형, 지역, 계절 등
- 서열척도 : 사회계층, 선호도, 석차, 소득수준, 수여 받은 학위, 자격등급, 장애등급, 변화에 대한 평가, 서비스 효율성 평가 등
- 등간척도 : IQ, EQ, 온도, 학력, 학점, 시험점수, 물가지수, 사회지표 등
- 비율척도 : 연령, 무게, 신장, 수입, 매출액, 출생률, 사망률, 이혼율, 경제성장률, 졸업생 수, 서비스 대기인수, 서비스 수혜기간 등

06 구성타당도(Construct Validity)
구성타당도는 검사가 대상 행동을 설명하는 이론을 얼마나 잘 반영하는지를 검증한다. 복잡한 변수들 간의 상호관계를 분석하여 상관이 높은 변수들을 요인으로 규합하는 요인분석법을 위해 매우 많은 수의 응답자를 필요로 한다. 특히, 지적 특성이나 성격 특성과 같은 복잡한 행동패턴을 측정하고자 할 때 특히 유용하다.

07 ① 검사자는 수검자에게 그림을 잘 그리고, 못 그리는 것이 중요하지 않으므로, 자유롭게 그릴 것을 요구한다.

08
- Z점수 = (원점수 − 평균) ÷ 표준편차
  = (85 − 70) ÷ 10
  = 15 ÷ 10
  = +1.5
- T점수 = 10 × Z점수 + 50
  = 10 × 1.5 + 50
  = 65

Z점수, T점수, H점수

Z점수	• 원점수를 평균이 0, 표준편차가 1인 Z분포상의 점수로 변환한 점수 • Z점수 = (원점수 − 평균) ÷ 표준편차
T점수	• 평균이 50, 표준편차가 10이 되도록 Z점수를 변환한 점수 • T점수 = 10 × Z점수 + 50
H점수	• T점수를 변형한 것으로 평균이 50, 표준편차가 14인 표준점수 • H점수 = 14 × Z점수 + 50

09 ② 일반적으로 두 검사 점수 간의 적률상관계수(동형성 계수)로 추정한다.

동형검사 신뢰도
- 두 개 이상의 유사한 측정도구를 사용하여 동일한 표본에 적용한 결과를 서로 비교하여 신뢰도를 추정하는 방법이다.
- 검사−재검사 신뢰도의 변형으로서, 각각의 측정도구가 매우 유사해야만 신뢰도를 추정할 수 있는 수단으로 인정받을 수 있다.
- 문항수, 문항표현방식, 문항내용 및 범위, 문항난이도, 검사지시 내용, 구체적인 설명, 시간제한 등 다양한 측면에서 동등성이 검증되어야 한다.
- 일반적으로 두 검사 점수 간의 적률상관계수(동형성 계수)로 추정한다.
- 실제로 완벽하게 동형검사를 제작하기가 매우 어렵다.

10 ⑤ 주제통각검사(TAT ; Thematic Apperception Test) : 수검자가 동일시 할 수 있는 인물과 상황을 그림으로 제시하여 수검자의 반응양상을 분석 및 해석하는 투사적 검사에 해당한다.

①·② 아동용 웩슬러 지능검사(WISC ; Wechsler Intelligence Scale for Children)와 성인용 웩슬러 지능검사(WAIS ; Wechsler Adult Intelligence Scale) : 지능의 다양한 영역을 총체적인 관점으로 평가하는 객관적 검사이다.

③ 성격평가질문지(PAI ; Personality Assessment Inventory) : 1991년 미국의 심리학자 머레이(Morey)가 성격과 정신병리를 평가하기 위한 객관검사로서, 임상장면에서 환자나 내담자에 대한 중요한 정보를 제공하기 위해 개발한 자기보고형 검사를 말한다.

④ 마이어스−브릭스 성격유형검사(MBTI ; Myers-Briggs Type Indicator) : 개인의 성격을 4개의 양극 차원에 따라 분류하고, 이를 토대로 총 16가지의 성격유형으로 구분하는 객관적 검사이다.

11 비네(Binet)의 일반지능설
- 비네는 '사고의 방향성', '행동의 목적성', '자기비판성'을 지능의 본질로 보았다.
- 지능은 이해, 방향, 창작, 비판 등의 다양한 요소들을 포함한다.
- 지능은 판단 또는 양식, 실용적 감각, 창의력, 상황에의 적응능력과 연관된다.
- 비네는 개인의 이해력, 판단력, 논리력, 추리력, 기억력 등을 검사할 수 있는 포괄적인 척도를 개발하였다.
- 지능은 전체적인 통일체로서 각 요소들이 상호 밀접한 관련을 맺고 있으므로, 어떤 특정 요소를 별개인 양 분석할 수 없다. 예를 들어, 기억은 주위와 연관되고, 감각적 판별은 연상 과정과 관련이 있다.

12 준거참조검사
- 개인의 검사 점수를 미리 정해져 있는 어떤 준거(기준점수)와 비교하여 해석하는 검사를 말한다.
- 특정 기준에 근거한 해석으로 점수를 해석하는 절대평가 목적의 검사에 해당한다.
- 보통 범주를 구분하기 위해 기준점수(분할점수 또는 경계선점수)를 설정하며, 원점수를 설정된 기준에 비추어 판단한다.
- 운전면허시험을 비롯한 각종 국가자격시험, 국가 수준의 학업성취도 평가 등이 준거참조검사에 해당한다.
- 검사에서 측정하려고 하는 지식이나 기술영역을 명확하게 규정해야 한다.

13 ① 스탠포드-비네(Stanford-Binet) 검사와 같은 비네(Binet) 검사 계열에서는 개인의 지적능력을 비율지능지수(비율 IQ)로 나타낸다. 비율지능지수는 정신연령(MA ; Mental Age)과 신체연령 또는 생활연령(CA ; Chronological Age)을 대비시켜 비율로 나타내는 방식으로서, 비율지능지수(Ratio IQ)는 아동의 정신연령을 신체연령으로 나누어 '100'을 곱한 것이다.

14 웩슬러(Wechsler) 지능검사에서 질적 분석이 필요한 경우
- 수검자가 어려운 문항에서 성공하면서도 정작 쉬운 문항에서 실패하는 경우
- 매우 드문 반응을 보이거나 기괴한 내용으로 응답하는 경우
- 강박적으로 여러 가지 응답을 나열하는 경우
- 부연설명을 계속하거나 지나치게 구체적인 반응 방식을 보이는 경우
- 감정적인 반응을 보이거나 정서가 섞인 응답을 하는 경우
- 숫자 외우기(Digit Span) 소검사에서 '바로 따라 외우기'보다 '거꾸로 따라 외우기'를 더 잘하는 경우
- 산수문제(Arithmetic) 소검사에서 하나의 정확한 숫자를 대지 않은 채 '서너 개', '대여섯 개' 등의 근접 대답을 하는 경우
- 공통성 문제(Similarity) 소검사에서 공통점이 아닌 차이점을 말하거나, 공통점이 아예 없다고 말하면서 문제 자체를 부정하는 경우
- 빠진 곳 찾기(Picture Completion) 소검사에서 그림에서 보이지 않는 부분에 대해 자주 언급하는 경우
- 차례 맞추기(Picture Arrangement) 소검사에서 카드의 순서는 올바르게 맞추었으나, 그 내용을 명확히 설명하지 못하는 경우
- 바꿔쓰기(Digit Symbol) 소검사에서 문제를 자주 건너뛰는 경우

15 ④ 한국판 웩슬러 아동용 지능검사 4판(K-WISC-Ⅳ)은 6세 0개월~16세 11개월까지의 아동의 인지적 능력을 평가하기 위한 개별 검사도구이다.
① K-WAIS-Ⅳ는 16세 0개월~69세 11개월까지의 청소년과 성인의 인지능력을 개인적으로 평가할 수 있도록 만들어진 임상도구이다.
② MBTI는 성격유형을 파악하기 위한 검사이다.
③ K-WPPSI는 만 3세~만 7세 5개월의 유아를 대상으로 한 지능검사이다.
⑤ 로르샤하 검사는 잉크반점(Ink-Blot)으로 된 카드들에 대해 정신과 환자들이 일반인과 다르게 반응한다는 사실에 주목하여, 405명의 수검자들을 대상으로 한 테스트에서 잉크반점기법이 조현병을 진단하는 데 유효한 도구가 된다는 사실을 입증하였다.

16 한국 웩슬러 성인용 지능검사(K-WAIS-Ⅳ)의 소검사

구 분	언어이해	지각추론	작업기억	처리속도
핵심소검사	공통성 어휘 상식	토막짜기 행렬추론 퍼즐	숫자 산수	동형찾기 기호쓰기
보충소검사	이해	무게비교 빠진 곳 찾기	순서화	지우기

17 ① 미네소타 다면적 인성검사(MMPI)는 세계적으로 가장 널리 쓰이고 가장 많이 연구되어 있는 성격검사로서, 비정상적인 행동과 증상을 객관적으로 측정하여 임상진단에 관한 정보를 제공하는 것을 주목적으로 한다. 16개의 중복된 문항을 포함하여 총 566문항으로 구성되며, 주요 비정상행동을 측정하는 10가지 임상척도와 수검자의 검사태도를 측정하는 4가지 타당성 척도에 따라 채점된다. 특히, 원점수를 T점수로 환산하여 평가하며, 이때 T점수는 평균이 50, 표준편차가 10이 되도록 Z점수를 변환한 점수에 해당한다.

18 K척도(교정 척도, Correction)
- K척도는 분명한 정신적인 장애를 지니면서도 정상적인 프로파일을 보이는 사람들을 식별하기 위한 것이다.
- 총 30개의 문항으로 구성되어 있으며, 방어성과 경계심을 측정한다.
- L척도의 측정내용과 중복되기도 하지만, L척도보다는 은밀하게, 그리고 보다 세련된 사람들에게서 측정한다는 점이 다르다.
- 측정 결과가 70T 이상인 경우, 수검자의 정신병리에 대한 방어 또는 억압 성향을 나타낸다.

19 ③ 층화(유층)표집 : 모집단을 보다 동질적인 몇 개의 층(Strata)으로 나눈 후, 이러한 각층으로부터 무작위 표집을 하는 방법이다. 전체 모집단에서 표본을 선정하기보다 이미 알고 있는 지식을 이용하여 모집단을 동질적인 부분 집합으로 나누고, 이들 각각으로부터 적정한 수의 요소를 선정하게 된다. 이러한 층화표집은 '집단 내 동질적', '집단 간 이질적'인 특징을 나타낸다.
① 의도적 표집 : 구체적인 특성이나 자질을 근거로 표본을 추출하는 방법을 말한다.
② 집락(군집)표집 : 모집단을 많은 수의 집락(집단)으로 구분하고, 그 집락들 중에서 대상 집락을 무작위 추출하여 추출된 집락에서 표본을 추출한다.
④ 할당표집 : 연구자의 모집단에 대한 사전지식을 기초로 하여 모집단의 특성을 나타내는 하위 집단별로 표본수를 할당한 다음 표본을 추출하는 방법이다.
⑤ 단순무작위표집 : 모집단 내에서 개별적인 사례나 개인이 표본으로 선택될 확률이 동일하고, 각각의 선택이 서로 간에 영향을 미치지 않도록 표본을 추출하는 방법이다.

20 ② NF 유형의 특징에 해당한다. ST 유형은 감정형과 사고형의 조합으로서, 객관적·논리적·능률적인 태도로 현재 상황에서의 조직화된 일에 능숙한 반면, NF 유형은 직관형과 감정형의 조합으로서, 미래와 변화에 대한 관심을 토대로 새로운 접근 및 대안들을 제시한다.

MBTI의 ST유형
- 능률적이고 실질적이며 신뢰감을 준다.
- 판단에 있어서 객관적이며 논리적이고 비개인적이며 공정하다.
- 구조화된 환경을 선호하며, 정확하고 올바른 것을 좋아한다.
- 잘 정의된, 또 연습이 잘 된 일을 수행한다.
- 과제를 조직하고 지시하며, 완성할 수 있다.
- 사실과 이전의 경험을 가장 잘 다루는 사람이다.
- 반면, 매우 지시적이고 타인의 욕구를 무시한다.
- 장기적인 계획을 잘 세우지 못한다.
- 미리 변화를 예측하지 못한다.
- 대인관계에서 미숙하며 지시적이다.

21 ⑤ 척도 9(경조증)는 심리적·정신적 에너지의 수준을 반영하며, 사고나 행동에 대한 효율적 통제의 지표로 활용된다.
① 척도 1(건강염려증), ② 척도 4(반사회성), ③ 척도 6(편집증), ④ 척도 7(강박증)

22 GATB에 의해 검출되는 적성의 분류

지능 (G ; General Intelligence)	일반적인 학습능력, 설명이나 지도내용과 원리를 이해하는 능력, 추리판단하는 능력, 새로운 환경에 신속하게 순응하는 능력 등
언어능력 (V ; Verbal Aptitude)	언어의 뜻과 함께 그와 관련된 개념을 이해하고 사용하는 능력, 언어 상호 간의 관계와 문장의 뜻을 이해하는 능력, 보고 들은 것이나 자신의 생각을 발표하는 능력 등
수리능력 (N ; Numerical Aptitude)	신속하고 정확하게 계산하는 능력 등
사무지각 (Q ; Clerical Perception)	문자나 인쇄물, 전표 등의 세부를 식별하는 능력, 잘못된 문자나 숫자를 찾아 교정하고 대조하는 능력, 직관적인 인지능력의 정확도나 비교·판별하는 능력 등
공간적성 (S ; Spatial Aptitude)	공간상의 형태를 이해하고 평면과 물체의 관계를 이해하는 능력, 기하학적 문제해결 능력, 2차원이나 3차원의 형체를 시각적으로 이해하는 능력 등
형태지각 (P ; Form Perception)	실물이나 도해 또는 표에 나타나는 것을 세부까지 바르게 지각하는 능력, 시각으로 비교·판별하는 능력, 도형의 형태나 음영, 근소한 선의 길이나 넓이 차이를 지각하는 능력, 시각의 예민도 등
운동반응 (K ; Motor Coordination)	눈과 손 또는 눈과 손가락을 함께 사용하여 빠르고 정확하게 운동할 수 있는 능력, 눈으로 겨누면서 정확하게 손이나 손가락의 운동을 조절하는 능력 등
손가락 재치 (F ; Finger Dexterity)	손가락을 정교하고 신속하게 움직이는 능력, 작은 물건을 정확하고 신속하게 다루는 능력 등
손의 재치 (M ; Manual Dexterity)	손을 마음대로 정교하게 조절하는 능력, 물건을 집고 놓고 뒤집을 때 손과 손목을 정교하고 자유롭게 운동할 수 있는 능력 등

23 문장완성검사(SCT ; Sentence Completion Test)
- SCT는 미완성된 문장을 통해 수검자의 투사를 유도하고, 욕구·감정·태도를 파악하는 투사적 심리검사 방법이다.
- 자유연상을 토대로 하므로, 수검자의 내적 갈등이나 욕구, 환상, 주관적 감정 등을 효과적으로 파악할 수 있다.
- SCT는 로르샤하 검사나 주제통각검사(TAT)보다 더 구조화되어 있다.
- 언어표현을 사용하므로 수사법, 표현의 정확성 여부, 표현된 정서, 반응 시간 등이 중요한 의미를 지닌다.
- 보통 50~60개 문장을 통해 수검자의 복합적인 성격 패턴을 도출해낸다.
- 집단으로 실시하는 것도 가능하다.
- 개인의 적응에 중요한 대표적 영역들인 가족, 성, 대인관계, 자기개념 등 4가지 영역을 탐색할 수 있는 검사이다.

24 결정인

기 호	정 의	해 석
F	형태(Form)	통제, 지연
M, FM, m	운동(Movement)	개념화, 욕구, 스트레스
C, CF, FC, Cn	유채색(Chromatic Color)	정서표현의 조정
C', C'F, FC'	무채색(Achromatic Color)	정서억제
T, TF, FT	음영-재질(Shading-Texture)	애정욕구
V, VF, FV	음영-차원(Shading-Dimension)	부정적 자기 평가
Y, YF, FY	음영-확산(Shading-Diffuse)	불안감, 무력감
FD	형태차원(Form Dimension)	내 성
(2) / rF, Fr	쌍반응(Pairs) / 반사반응(Reflections)	자기초점, 자아중심성

25 벤더게슈탈트 검사(BGT)의 평가항목
- 조직화(Organization)
- 크기의 일탈(Deviation in Size)
- 형태의 일탈(Deviation of Form)
- 형태의 왜곡(Distortion of Form)
- 움직임 및 묘사요인(Movement and Drawing)

필수과목 04 상담이론

01	02	03	04	05	06	07	08	09
②	④	⑤	①	②	③	②	⑤	①
10	11	12	13	14	15	16	17	18
②	④	②	⑤	⑤	②	④	①	④
19	20	21	22	23	24	25		
③	④	⑤	①	③	③	⑤		

01 상담목표의 구성요소

과정목표	• 내담자의 변화에 필요한 상담분위기의 조성과 관련된다. • 과정목표에 대한 결과의 1차적인 책임은 상담자에게 있다. 예 라포 형성, 감정이입 및 긍정적 존중, 편안한 분위기 조성 등
결과목표	• 내담자의 호소문제나 내담자가 상담을 통해 이루고자 하는 구체적인 삶의 변화와 연관된다. • 목표는 구체적·객관적이어야 하며, 수정이 가능해야 한다. 예 원만한 인간관계 형성, 자신감 있는 자기주장, 계획성 있는 생활 등

02
④ 게임(Game)은 최소 한 사람에게 나쁜 감정을 갖게 하고 끝내는 일련의 교류로서, 친밀감이 형성되는 것을 방해한다.

03
⑤ 상담자는 정직한 태도로써 자신의 한계를 인정하며, 자신의 능력 범위 안에서 최선을 다해 상담에 임해야 한다. 이는 상담자가 상담 장면에서 지켜야 할 윤리에 해당한다.

상담자의 전문적 자질
- 상담이론 및 지식에 대한 심층적인 이해와 활용
- 상담기술의 훈련
- 다양한 환경 및 문화적 차이에 대한 이해
- 상담자 윤리의 준수

04 목표 설정의 효과성 판단기준(Dyer & Vriend)
- 목표는 상담자와 내담자 간의 상호합의에 의해 이루어져야 한다.
- 목표는 구체적이고 명확하며, 달성하기 쉬운 것이어야 한다.
- 자기파괴적 행동을 보이는 내담자에게는 쉽게 달성할 수 있는 목표가 적합하다.
- 효과적으로 설정된 목표는 성취할 가능성이 높으며, 성공지향적이다.
- 효과적으로 설정된 목표는 수량화·수치화할 수 있으며, 측정이 가능하다.
- 효과적으로 설정된 목표는 행동적이며, 관찰이 가능하다.
- 효과적으로 설정된 목표는 내담자가 이를 명확히 이해하며, 재진술할 수 있다.

05 알아차림과 접촉주기 단계
- 제1단계(배경) : 물러남
- 제2단계(감각) : 어떤 욕구나 감정이 신체감각의 형태로 나타남
- 제3단계(알아차림) : 욕구나 감정을 알아차려 게슈탈트로 형성하여 전경으로 떠올림
- 제4단계(에너지 동원) : 이를 해소하기 위해 에너지를 동원함
- 제5단계(행동으로 옮김) : 에너지를 동원하여 환경과 접촉하기 위해 행동으로 옮김
- 제6단계(접촉) : 환경과의 접촉을 통해 게슈탈트를 해소하며, 이렇게 해소된 게슈탈트는 배경으로 물러나고 개체는 휴식을 취함

06 ③ 구조화 질문은 질문의 주제를 제한하되, 내담자가 원하는 대로 답변할 수 있도록 하는 질문이다. 이러한 질문방법은 검사평가 내용이 검사의 목적에 따라 일정하게 준비되어 수검자로 하여금 일정한 형식에 반응하도록 하는 객관적 심리검사나, 비교대상이 되는 개인의 행동이나 사건에 대해 동일한 참조체계를 가지고 평가할 수 있도록 하는 평정척도 등에서 사용된다.

07 ② 명료화(Clarification)는 내담자의 문제와 관련된 생각이 어떤 것인지 특히, 언어적 표현에 초점을 두고 요약하는 것이다. 전형적인 명료화는 개방형 질문이나 완곡한 명령 등의 형태를 나타낸다.

08 나 전달법(I-Message)
- '나 전달법'은 상담자와 내담자 간에 보다 분명하고 직접적으로 메시지를 소통하도록 하는 방법이다.
- 나 전달법과 대비되는 '너 전달법(You-Message)'은 상대방에 대한 충고나 위협으로 인식되어 저항에 부딪칠 수 있다.
- 나 전달법은 상대방에 대한 비난이나 책임을 묻는 것이 아닌, 변화의 필요성과 변화에의 의지를 암묵적으로 전달하는 것이다.
- 나 전달법은 특정 행동에 대한 간결한 묘사와 그에 따른 경험적 감정, 그리고 그로 인한 명백한 영향을 담는다.

09 ② 소거의 원리 : 바람직하지 못한 행동에 강화를 주지 않음으로써 반응의 강도 및 출현빈도를 감소시키는 것이다. 아이의 잠투정은 엄마에게 안아달라고 하는 목적을 지니고 있는 경우가 많은데, 이때 엄마가 모르는 척하면서 반응을 보이지 않으면 나중에는 사라지게 된다는 원리이다.
③ 변별의 원리 : 유사한 자극들 간의 차이를 깨닫고 반응에서 차이를 보이는 것을 말한다. 개에게 종소리를 울릴 때는 고기(강화)를 주고, 부저소리일 때는 고기를 주지 않아 종소리와 부저소리를 구별하도록 하는 것이다.
④ 일반화의 원리 : 변별의 원리와 반대되는 것으로서, 조건화 과정의 조건자극(종소리)과 유사한 자극(부저소리)에 대해 조건반응(침을 흘림)이 일어나는 현상을 말한다. 다른 관점에서 '자라보고 놀란 가슴, 솥뚜껑보고 놀란다.'라는 우리 속담처럼 갈치구이를 먹다가 목에 가시가 걸린 적이 있는 아이가 식사 때마다 다른 생선도 피하려는 모습을 예로 들 수 있다. 이 경우의 자극일반화는 변별에 실패한 상태라고 할 수 있다.
⑤ 연합의 원리(조건 형성) : 평소 특정한 반응을 이끌어내지 못했던 자극(중성 자극 ; 종소리)이 무조건적인 반응(무조건 반응 ; 침흘림)을 이끌어내는 자극(무조건 자극 ; 고기)과 연합하는 것을 말한다.

프리맥(Premack)의 원리
강화의 상대성을 이용한 것으로서, 선호하는 반응은 덜 선호하는 반응을 강화하여 행동의 발생빈도를 증가시킨다. 아동이 컴퓨터 게임을 선호하고 수학공부하는 것을 별로 원하지 않는 경우, 아동이 수학을 스스로 공부하는 행동을 증가시키기 위하여 수학공부를 한 뒤에 컴퓨터 게임을 하도록 하는 것은 프리맥의 원리를 이용하는 것이다.

10 ② 상담은 올바른 적응을 위해 조력을 필요로 하는 내담자와 조력자로서 전문적 훈련을 받은 상담자 간의 직접적인 면접을 통해 이루어가는 전인적 학습과정이다. 또한, 상담을 통해 내담자의 정신 건강을 증진하고 인간관계를 개선하도록 하는 것을 목표로 하고 있지만, 직접적으로 대인관계의 욕구 자체를 충족시키는 활동은 아니다.

11 개인심리학 상담과정 4단계

제1단계 치료관계 형성 (초기단계)	치료자는 내담자가 그의 삶에 책임감을 느끼도록 협동관계 형성
제2단계 개인역동성 탐색 (탐색단계)	가족 내 개인의 위치 탐색, 초기 기억, 꿈, 우선적 과제(우월, 통제, 편안함, 즐거움) 탐색
제3단계 통합과 요약 (해석단계)	수집된 자료들을 분리·요약하고, 요약내용을 내담자와 토의하고 해석함
제4단계 재교육 (재정향단계)	해석을 통해 획득된 내담자의 통찰이 실제 행동으로 전환되게 하는 단계

12 ㄷ. 혐오치료 : 역조건 형성의 일종으로서 바람직하지 못한 행동에 혐오자극을 제시하여 부적응적인 행동을 제거한다.
ㅁ. 빈 틈 메우기 : 인지치료의 기법으로서 사람들이 경험하는 스트레스 사건과 정서적 혼란 사이의 빈 틈을 확인하여 채우는 방법이다.

개인심리학의 상담기법
격려하기, 심상만들기, 가상행동, 역설적 의도, 수프에 침 뱉기, 단추 누르기, 과제 부여, 수렁(악동) 피하기, 시범 보이기, 자기간파, 마치 ~처럼 행동하기 등

13 ⑤ 정신분석적 상담이론은 인간의 성적인 동기와 쾌락적인 충동을 지나치게 강조하며, 무의식에 초점을 두어 인간의 자율성·합리성·책임성을 경시하는 문제점을 보였다.

14 ⑤ 통합적 상담은 모든 내담자들에게 효과적인 단일접근법은 없다고 믿기 때문에, 한 가지 상담이론에 얽매이지 않고 다양한 상담이론을 알아서 효과적인 상담방법을 탐색한다.

15 상담자는 어른 자아(A)의 상태로 정서적으로 성숙하고 행동의 자율성이 있으며, 지적 능력으로 적응능력이 풍부해서 현실 음미를 할 수 있는 능력이 있다. 내담자는 자유로운 어린이 자아(FC)의 상태로 누구에게나 구속받지 않고 자연스럽게 행동하는 부분으로서, 감정적·본능적·자기중심적·적극적이며, 호기심이나 창조성의 원천이기도 한다. 사례의 대화에서는 교차교류 형태를 보인다. 교차교류는 다른 사람의 어떤 반응을 기대하기 시작한 교류에 대해 예상외의 반응이 되돌아오는 것을 말한다.

자아상태의 구별

구 분		특 징
CP (비판적 부모자아)	긍정적 측면	설교적, 전통적, 규범적, 이상추구
	부정적 측면	권위적, 강압적, 독단적, 편견적, 비판적
NP (양육적 부모자아)	긍정적 측면	보호적, 지지적, 친절한, 인정적
	부정적 측면	과보호적, 맹목적, 훈계적
A (어른자아)	긍정적 측면	이론적, 합리적, 객관적, 차분한
	부정적 측면	인간미 없는, 냉정한, 단조로운
FC (자유로운 어린이자아)	긍정적 측면	감정적, 개방적, 명랑한, 흥분된, 자유로운
	부정적 측면	반항적, 공격적, 공포적
AC (순응적인 어린이자아)	긍정적 측면	순응적, 겸손한, 조심스러운
	부정적 측면	폐쇄적, 우유부단한, 눈치를 보는

16 ④ 선택적 추론(Selective Abstraction) : 다른 중요한 요소들은 무시한 채 사소한 부분에 초점을 맞추고, 그 부분적인 것에 근거하여 전체 경험을 이해한다.
① 임의적 추론(Arbitrary Inference) : 어떤 결론을 지지하는 증거가 없거나 그 증거가 결론에 위배됨에도 불구하고 그와 같은 결론을 내린다.
② 과잉일반화(Overgeneralization) : 한두 개의 고립된 사건에 근거해서 일반적인 결론을 내리고, 그것을 서로 관계없는 상황에 적용한다.
③ 개인화(Personalization) : 자신과 관련시킬 근거가 없는 외부사건을 자신과 관련시키는 성향으로서, 실제로는 다른 것 때문에 생긴 일에 대해 자신이 원인이고 자신이 책임져야 할 것으로 받아들인다.
⑤ 파국화(Catastrophizing) : 어떠한 사건에 대해 자신의 걱정을 지나치게 과장하여 항상 최악을 생각함으로써 두려움에 사로잡힌다.

17 ① 방어기제는 인간발달에 필요한 기제이다. 일반적으로 방어기제는 갈등상황을 피하고 긴장이나 불안, 좌절로부터 우리 자신을 보호하기 위해 사용된다. 특히, 청소년기에는 여러 가지 변화가 나타나면서 불안을 증가시키는데, 이때 방어기제는 이성적인 방법으로 불안에 대처하지 못하는 것에 대비하여 사용된다.
② 방어기제는 인간이 경험하는 다양한 불안에서 자아를 보호하려는 심리적 기제이다.
③ 방어기제는 병적인 것이 아닌 정상적인 것으로서 자아를 보호하기 위한 수단이다. 따라서 내담자의 방어기제 사용이 지나치게 고착되거나 강도가 높게 나타나는 경우가 아닌 한 병리적인 것으로 판단하지 않는다.
④ '꿩 대신 닭'은 대치(Substitution)의 예에 해당한다. 가장 보편적인 방어기제로서 합리화의 대표적인 예는 '여우와 신 포도'이다.
⑤ 억압(Repression)은 충동을 무의식적으로 거부하는 것인 반면, 억제(Suppression)는 충동을 억누르기 위한 의식적인 노력이다.

18 인간중심상담의 기본개념으로는 현상학적 장, 자기 또는 자기개념, 적응·부적응 및 자아발달, 자아실현 경향, 무조건적 긍정적 관심, 완전히 기능하는 사람 등이 있다.

ㄱ. '사회적 관심'은 개인심리상담이론에 관련한 개념이다. 이상적인 공동사회의 목표를 달성하고자 개인의 목표를 사회적 목표로 전환하는 것으로서, 사회적 관심이 발달함에 따라 열등감과 소외감이 감소된다.
ㄹ. '미해결 과제'는 게슈탈트 상담에 관련한 개념이다. 완결되지 않은 게슈탈트를 의미하는 것으로서, 분노·원망·고통·슬픔·불안·죄의식 등과 같이 명확히 표현되지 못한 감정을 포함한다.

19 스트로크의 구분
- 긍정적 스트로크 : "참 잘했어요.", "정말 멋있네요." 등
- 부정적 스트로크 : "정말 실망스럽네요.", "그게 당신의 한계로군요." 등
- 조건적 스트로크 : "만약 공부를 열심히 한다면 용돈을 올려줄게." 등
- 무조건적 스트로크 : "당신은 사랑받기 위해 태어난 사람입니다." 등
- 신체적 스트로크 : 안아주고 쓰다듬어 주는 등의 신체적 접촉
- 상징적 스트로크 : 얼굴 표정, 대화 태도, 사용하는 말투 등

20 ④ 논박(Dispute) : 내담자가 가지고 있는 비합리적 신념이나 사고에 대해 그것이 사리에 부합하는 것인지 논리성·현실성·효용성에 비추어 반박하는 것으로서, 내담자의 비합리적 신념체계를 수정하기 위한 것이다. 상담자는 내담자가 가지고 있는 비합리적 사고에 대해 논박함으로써, 내담자가 느끼는 장애가 내담자 자신의 지각과 자기진술에 의한 것임을 강조한다. 이러한 비합리적 사고에 대한 논박은 내담자가 자신의 비합리적 사고를 포기할 때까지 또는 그 강도가 약화될 때까지 지속적이고 당위적으로 이루어져야 한다.
① 선행사건(Activating Event) : 내담자의 감정을 동요시키거나 내담자의 행동에 영향을 미치는 사건을 의미한다.
② 신념체계(Belief System) : 선행사건에 대한 내담자의 비합리적 신념체계나 사고체계를 의미한다.

③ 결과(Consequence) : 선행사건을 경험한 후 합리적 또는 비합리적 신념체계를 통해 그 사건을 해석함으로써 느끼게 되는 정서적·행동적 결과를 말한다.
⑤ 효과(Effect) : 논박으로 인해 나타나는 효과로서, 내담자가 가진 비합리적인 신념을 철저하게 논박하여 합리적인 신념으로 대체한 결과를 말한다.

21 ⑤ 벡(Beck)은 우울증 환자들을 치료하면서 인지치료를 발전시켰다. 본래 정신분석적 치료를 했으나 그것의 한계를 절감했던 벡은 우울증의 원인을 억압적 충동이나 공격성이 아닌 자동적인 사고나 도식, 신념 등에 의한 인지적 왜곡에서 비롯된 것으로 보았다. 그는 우울증상을 경험하는 사람들의 자동적 사고를 3가지로 구분하여 이를 '인지삼제(Cognitive Triad)'로 규정하였다. 여기서 인지삼제는 '자기 자신', '자신의 미래', '주변 환경'에 대한 부정적인 생각을 말한다.

22 ① 실존주의 상담은 내담자의 치료와 위기 극복이 아닌, 인간 존재의 순정성 회복을 주된 목적으로 한다.

23 ③ 상담과정에서 내담자가 타인을 살해할 의도를 명백하게 밝혔을 경우는 청소년상담자의 비밀유지 예외의 경우에 해당한다.

청소년상담자의 윤리적 문제에서 비밀유지 예외의 경우
- 내담자가 자신 혹은 타인을 해칠 가능성이 있는 경우
- 아동학대와 관련된 경우(신체적·심리적·성적 학대)

24 ③ 글래서(W. Glasser)의 5가지 기본욕구는 사랑·소속, 힘, 자유, 즐거움 및 생존의 욕구이다.

글래서(W. Glasser)의 인간의 기본욕구
- 생존에 대한 욕구 : 건강하게 생존하기 위해 생리적 기능을 하는 속성
- 사랑·소속에 대한 욕구 : 사랑하고 소속되며 자신을 나누려는 속성
- 힘에 대한 욕구 : 경쟁하고 성취하며 중요한 존재이고 싶어 하는 속성
- 자유에 대한 욕구 : 내적인 자유와 자신의 의지에 따라 선택하고 싶어 하는 속성
- 즐거움에 대한 욕구 : 새로운 것을 배우고 놀이를 통해 즐기고자 하는 속성

25 ⑤ 상담목표는 융통성 있게 변화시킬 수 있어야 한다. 전에 설정한 목표에 너무 집착하게 되면, 내담자의 감정이나 신체적인 상태를 올바르게 파악할 수 없어 상담을 실패할 수 있다.

상담목표의 선정
- 상담목표는 학습의 방향, 즉 상담의 방향을 제시하는 것이다.
- 목표설정은 상담에 있어서 상담자와 내담자의 행동 표적이 된다.

필수과목 05 학습이론

01	02	03	04	05	06	07	08	09
③	③	③	②	②	②	③	②	①
10	11	12	13	14	15	16	17	18
③	①	①	②	③	⑤	③	④	①
19	20	21	22	23	24	25		
②	①	③	②	①	②	⑤		

01 ㄴ. 학습에는 기술, 지식뿐만 아니라 가치, 태도, 정서반응의 습득도 포함된다.

학습의 일반적 정의
- 학습이란 경험이나 연습의 결과로 발생되는 비교적 영속적·지속적인 행동의 변화이다.
- 학습에는 기술, 지식뿐만 아니라 가치, 태도, 정서반응의 습득도 포함된다.
- 후천적 변화의 과정으로서, 특수한 경험이나 훈련 또는 연습과 같은 외부자극이나 조건, 즉 환경에 의해 개인이 내적으로 변하는 것이다.
- 학습은 주로 훈련과 연습의 결과로서 개인 내적인 변화를 의미하는 반면, 발달은 주로 유전적 요인에 의한 변화로서 개인 외적인 변화를 의미한다.

- 학습은 학습자들이 정해진 학습 목표를 성취하기 위해 계획적으로 제공된 학습의 조건과 상호작용하는 과정이다.
- 학습은 정신구조의 변화이며, 이 변화는 즉각적인 행동의 변화로 나타날 수도 있지만 아닐 수도 있다.

02 성취동기 육성의 4단계(McClelland)
- 제1단계 : 학습자가 명확하고 구체적으로 목표를 설정하도록 돕는다.
- 제2단계 : 학습자가 성취동기에 흥미를 가지도록 돕는다.
- 제3단계 : 학습자가 자기 자신을 성취지향적인 사람으로 여기게 한다.
- 제4단계 : 학습자의 성취에 대한 노력에 대해 집단적인 지원을 제공한다.

03 ㄱ · ㄷ 외재적 동기를 유발하기 위한 방안에 해당한다.

내재적 동기를 유발하기 위한 방안
- 긍정적 자아개념을 형성시킨다.
- 동일시의 대상을 활용한다.
- 학습목표나 과제를 학습자의 욕구, 관심과 일치시킨다.
- 지적 호기심을 자극한다.

04 ㄱ. 단편적인 지식보다 포괄적인 법칙이나 개념을 학습할 때 전이가 촉진된다.
ㄴ. 학습 내용과 실생활 간의 유사성이 클수록 전이가 촉진된다.

학습의 전이
- 새로운 학습에서 중요한 것은 다양한 장면에 적용되어야 하며, 새로운 예 또는 새로운 상황에 일반화 시킬 수 있어야 한다는 것이다.
- 학습자가 그 기능을 새로운 맥락에서 적용할 수 있을 때 학습 전이가 이루어지는 것이다.

05 ① 소멸이론(흔적쇠퇴이론)은 망각이 기억의 과정 중 저장 단계에서 발생한다고 본다.
③ 역행간섭(Retroactive Interference)은 선행학습이 후행학습의 영향을 받아 낮은 회상률을 보이는 것을 말한다.
④ 단서-의존 망각이론의 내용에 해당한다.
⑤ 단서-의존 망각이론은 망각이 저장된 기억의 소멸이 아닌 재생 불능에 의한 것으로 본다. 즉, 일단 장기기억에 저장된 내용은 인출의 유무와 상관없이 대부분 그대로 남아있다.

06 ② 성취목표지향성 유형 중 수행목표(Performance Goal)를 가진 학습자의 특징이다.

성취목표지향성 유형
- 수행목표 : 단순히 타인보다 앞선 수행을 통해서 남들로부터 인정을 받는 데 초점을 맞춘 목표
- 숙달목표 : 자신이 스스로 설정한 기준과 자기계발이라는 측면에서 주어진 내용을 학습하고 숙달하며, 도전적인 과제를 성취하려고 노력하는 목표

07 ③ 일단 습득된 행동은 만족스러운 결과가 주어지지 않는다고 하여 즉시 소거되지는 않는다. 즉, 한 번 습득된 행동은 보상이 주어지지 않더라도 동일한 상황에 직면하는 경우 다시 나타난다. 이는 조작적 조건형성의 기본원리 중 '자발적 회복의 원리'에 해당한다.
① 강화의 원리, ② 소거의 원리, ④ 변별의 원리, ⑤ 조형의 원리

08 ② 체계적 둔감법(Systematic Desensitization) : 행동주의 상담에서 널리 사용되고 있는 고전적 조건형성의 기법으로서, 혐오스런 느낌이나 불안한 자극에 대한 위계목록을 작성한 다음, 낮은 수준의 자극에서 높은 수준의 자극으로 상상을 유도함으로써 불안이나 공포에서 서서히 벗어나도록 한다.
① 교란(Distraction) : 학습과정에서 집중력을 떨어뜨리는 요인들을 말한다.
③ 자극통제(Stimulus Control) : 행동수정의 한 가지 기법으로서, 단서들에 의해 조성된 행동을 그 단서들을 통제함으로써 조절하는 일을 말한다.
④ 수반성 계약(Contingency Contract) : 조건부(유관) 계약이라고 하며, 행동치료에서 뒤따라올 어떤 결과를 위하여 수행해야 하는 행동을 설명하면서 합의를 이루는 기술이다.
⑤ 자기강화(Self-Reinforcement) : 자신이 통제할 수 있는 보상을 자기 스스로에게 주어, 자신의 행동을 유지하거나 변화시키는 과정이다.

09 파블로프(Pavlov)의 굶주린 개 실험
- 무조건 자극(UCS ; Unconditioned Stimulus) : 먹이
- 무조건 반응(UCR ; Unconditioned Response) : 먹이로 인해 나오는 침
- 중성 자극(NS ; Neutral Stimulus) : 조건화되기 이전의 종소리
- 조건 자극(CS ; Conditioned Stimulus) : 조건화된 이후의 종소리
- 조건 반응(CR ; Conditioned Response) : 종소리로 인해 나오는 침

10 ③ 충고와 설득은 윌리암슨(Williamson)의 특성-요인 상담의 기법에 해당한다. 특성-요인 상담은 내담자의 의사결정 능력을 향상시키며, 합리적인 과정을 통해 자신의 학문적·직업적 능력에 부합하는 직업을 선택하도록 돕는 직업상담(진로상담)의 한 유형이다. 개인의 심리적 특성과 성공적 작업행동 요인에 중점을 두므로 '특성-요인 이론'으로 불리고, 상담자가 내담자에 대해 지시적 입장에 서기 때문에 '지시적 상담'이라고도 불린다. 윌리암슨은 과학적·객관적 방법에 의한 자료수집 및 분석, 진단 및 정보제공을 통해 내담자로 하여금 최선의 선택을 할 수 있도록 돕는 것을 목표로 하였다.

11 ① 자기효율성(Self-Efficacy) 또는 자기효능감은 내적 표준과 자기 강화에 의해 형성되는 것으로서, 특정 과제를 성공적으로 수행할 수 있다는 자신의 능력에 대한 신념이다. 자기효능감은 노력의 정도에 영향을 줄 수 있고, 자기효능감이 높으면 새로운 과제에 보다 적극적으로 도전하는 경향을 보인다. 자기효능감이 높아도 결과기대는 낮을 수 있다.

자기효율성의 근원

완숙 경험	직접적 경험으로서, 효능감 정보에 대한 가장 강력한 근원이 된다. 성공은 효능감을 높이는 반면, 실패는 효능감을 낮춘다.
각성 수준	과제를 접하면서 가지게 되는 염려나 걱정은 효능감을 낮추는 반면, 자극과 흥분은 높인다.
대리 경험	누군가 다른 사람이 성취의 모델이 되는 것으로 학생이 모델과 더 가깝게 동일시한 경우 효능감에 미치는 효과는 더 커진다.
사회적 설득	격려의 말이나 수행에 대한 구체적인 피드백이 될 수 있다.

12 생태적(환경적) 체계의 구성(Bronfenbrenner)
- 미시체계(Microsystem) : 개인에게 직접적인 영향을 미치는 사회적·물리적 환경
  예 가족, 학급, 친구 등
- 중간체계(Mesosystem) : 둘 이상의 미시체계 간의 연결이나 상호작용으로 이루어지는 환경
  예 아동의 경우 가정과 또래집단 또는 가정과 학교의 상호교류 등
- 외체계 또는 외부체계(Exosystem) : 개인이 직접 참여하여 환경적 맥락의 부분을 이루고 있지는 않지만 그 개인에게 영향을 미치는 환경
  예 아동의 경우 부모의 직장, 부모의 친구, 학교의 상급기관, 자신의 형제가 속한 학급 등
- 거대체계 또는 거시체계(Macrosystem) : 개인이 속한 문화나 하위문화, 사회계층적 맥락으로서 개인에게 간접적인 영향을 미치는 환경
  예 정치, 경제, 문화, 종교 등
- 시간체계(Chronosystem) : 아동이 성장함에 따라 겪게 되는 부모의 죽음 같은 외적인 사건이나 심리적 변화 같은 내적인 사건을 구성요소로, 전 생애에 걸쳐 일어나는 변화와 사회역사적인 환경

13 ① 위상(Topology) : 생활공간의 기능적 부분들의 배경이나 경계를 보여주거나 구조화, 의미화를 시킬 때 사용하는 개념이다.
③ 재구조화(Restructualization) : 생활공간의 방향을 재정의하는 것으로서, 어떤 행동이 어떤 결과를 가져올 것이라는 것을 학습하는 것이다.
④ 영역(Regions) : 생활공간의 유기적인 부분이며, 대상이나 활동에 대한 심리적인 의미이다.
⑤ 일반화(Generalization) : 일련의 개별사례들의 공통적인 특징을 밝혀내고, 그것들을 하나의 목록으로 묶음으로써, 일반적인 개념을 형성하는 과정이다.

14 ㄱ. 행동주의 학습이론은 행동주의 심리학에, 인지주의 학습이론은 형태주의심리학과 인지주의 심리학에 기초한다.
ㄴ. 행동주의에서 학습원리는 자극과 반응의 관계성에 기초한다.
ㅁ. 인지주의는 사고, 언어, 문제해결과 같은 복잡한 지적 과정을 강조한다.

15 **인출과 망각**

인출	장기기억에 저장되어 있는 정보에 접근하는 과정으로, 장기기억에 저장된 정보의 인출은 부호화 과정과 인출단서에 의해 결정된다.
망각	• 일단 기억한 학습이 시간이 경과되거나 사용하지 않음으로써 약화되고 소멸되어 다시 재생되지 않는 현상을 말한다. • 습득한 다른 정보와 대치됨으로 인하여 망각되기도 한다. • 정보의 유의미화 과정에서 정보에 대한 간섭의 원인이 되기도 하고, 회상을 더 어렵도록 만들기도 한다(역행간섭과 순행간섭). • 정보의 저장방식도 망각과 인출에 영향을 준다.

16 ③ 행동 연쇄는 행동에 대한 일련의 순차적 반응을 분석하여 자극-반응의 연결과정을 통하여 행동 수정이나 행동 관리를 실시하는 것을 말한다.

17 ㄱ. 3세 아동의 시냅스 수가 성인의 시냅스 수보다 많다.
ㅁ. 전두엽은 영유아 시기에 빠르게 발달하지만, 성인이 된 후에도 계속 발달한다.

뇌의 영역별 최적시기

유아기 (만 3~6세)	전두엽이 보다 빠르게 발달하며, 성인이 된 후에도 계속 발달한다.
아동기 (만 6~12세)	두정엽과 측두엽의 발달속도가 가장 빠르다.
청소년기 (13~18세)	후두엽(시각중추)과 측두엽이 빠르게 발달한다.

18 ① 억압(Repression) : 괴롭히는 욕구나 생각 또는 경험을 의식 밖으로 몰아냄으로써 감정적 갈등이나 스트레스를 처리하는 방어기제이다.
② 간섭(Interference) : 기억 이전이나 이후의 정보에 의해서 기억정보가 방해를 받기 때문에 망각이 일어난다고 설명한다.
③ 인출실패(Retrieval Failure) : 인출 과정의 와해로 인해 망각이 일어나는 것으로서, 인출 단서와 약호화가 일치하지 않을 때 인출실패의 가능성이 높다.
④ 쇠퇴(Decay) : 망각의 원인에 대한 초기 이론으로서, 기억흔적이 시간이 흐르면서 희미해지기 때문에 망각이 일어난다고 본다. 즉, 사용하지 않거나 또는 사용의 빈도가 적으면 흔적이 점차 쇠퇴한다.
⑤ 억제(Suppression) : 방어기제 중 하나로서 억압은 좀 더 원초적이고 본능적인 무의식의 세계에 존재한다면, 억제는 의식적인 수준에서 머물러 자아를 조정하는 기제라고 본다.

19 ② 손다이크(E. Thorndike), 스키너(B. Skinner), 헐(C. Hull)은 행동주의 학파로서 기능주의의 영향을 받았다. 특히, 손다이크는 기능주의의 영향 하에 동물의 학습에 관한 실험을 통해 동물의 지능에 관한 연구로 학위를 받았다. 그는 동물의 학습에 관한 실험에서 나타난 연합과정을 분석하여, 시행착오에 의한 우연한 반응이 옳은 결과를 낳고 만족을 줌으로써 그 반응이 그때의 사태와의 연합을 강하게 한다는 것(효과의 법칙)과 반응과 사태가 반복됨으로써 한층 연합이 강화된다는 것(학습의 법칙)을 주장하였다.

20 ① 단기기억은 감각기억보다는 저장시간이 길지만, 10~20초 정도의 제한적인 지속시간을 보인다.
② 단기기억의 용량은 제한적으로, 처리할 수 있는 정보의 수가 성인의 경우 5~9개 정도인 것으로 알려져 있다.
③ 단기기억의 정보는 연속적인 주사(Successive Scanning)를 통해 인출해 낸다.
④ 단기기억의 정보는 주로 음운적, 시공간적 형태로 처리된다.
⑤ 단기기억 내에 있는 정보는 장기기억의 정보에 비해 활성화 수준이 높다.

21 ③ 문제 행동의 빈도를 줄이기 위한 방법으로 강화를 중지하는 것을 소거라 한다.
① 강화는 반응이 다시 발생하도록 빈도를 증가시키는 것이다.
② 벌은 이전의 부적 행동의 빈도를 줄이는 것이다.
④ 파블로프(Pavlov) 실험에서 개에게 종소리를 들려주면서 음식을 제공하는 경우, 종소리가 조건자극이 된다.
⑤ 변별은 조건화가 완전해짐으로써 다른 유사한 자극에 대해 반응을 일으키지 않는 것이다.

22 장기기억의 내용
- 선언적 지식(서술적 지식) : 사실적 정보에 대한 지식으로서 내용지식을 말한다. 학습한 사실이나 개념, 법칙 등에 대한 장기기억에 해당하며, 기억 속에 명제로서 표상된다.
- 절차적 지식 : 과제를 수행할 때 입증되는 지식으로서 과정지식을 말한다. 선언적 지식과 달리 언어적으로 표현할 수 없으며, 행위의 유용성을 기준으로 행위를 처방하는 양상을 보인다.

23 ② 인간발달에서 인생 초기의 경험을 강조한 대표적인 학자는 프로이트(Freud)이다.
③ 인간행동 발달과 관련하여 사회문화적 배경을 강조한 대표적인 학자는 에릭슨(Erikson)이다.
④ 반두라(Bandura)는 인간행동이 연령별 발달단계가 아닌, 개인이 처해 있는 상황 및 그에 대한 해석에서 결정된다고 보았다.
⑤ 반두라(Bandura)는 외적 영향력으로서 환경적 자극의 변화에 의해 인간행동이 변화할 수 있다고 보았다.

24 반두라(A. Bandura)의 관찰학습 과정

주의집중 과정	모델에 주의를 집중시키는 과정으로서, 모델은 매력적 특성을 가지고 있어서 주의를 끌게 되며, 관찰자의 흥미와 같은 심리적 특성에 대해서도 영향을 받는다.
보존과정 (기억·파지 과정)	모방한 행동을 상징적 형태로 기억 속에 담는 것을 말한다.
운동재생 과정	모델을 모방하기 위해 심상 및 언어로 기호화된 표상을 외형적인 행동으로 전환하는 단계이다.
동기화과정 (자기강화 과정)	관찰을 통해 학습한 행동은 강화를 받아야 동기화가 이루어져 행동의 수행가능성을 높인다. 행동을 학습한 후 그 행동을 수행할 여부를 결정하는 데 중요한 역할을 하는 것이 바로 강화이다.

25 귀인에 영향을 미치는 요인
- 다른 사람과의 비교 정도
- 결과의 일관성
- 과거의 성공 또는 실패 경험
- 성별의 차이
- 연령의 차이
- 개인적 성향의 차이
- 그 밖에 사회적·문화적 원인, 교사의 태도, 행동의 독특성 등

선택과목 01 청소년이해론

01	02	03	04	05	06	07	08	09
④	②	⑤	②	①	①	③	④	④
10	11	12	13	14	15	16	17	18
⑤	②	③	③	①	②	③	②	⑤
19	20	21	22	23	24	25		
⑤	④	④	⑤	③	①	①		

01 ㄹ. 불가역적 사고는 유아기 때의 특성에 해당한다. 예컨대, 뭉쳐진 점토를 길게 늘여놓으면 점토가 더 많아졌다고 생각하는 경우로 조작적 사고능력이 부족하여 변형된 상황을 지적으로 역전시킬 능력이 없는 사고를 말한다. 이와는 반대로 어떤 상태의 변화 과정을 거꾸로 되돌려 생각할 수 있는 것은 가역적 사고이며, 구체적 조작기(7~11세)에 획득되는 능력이다.

02 콜버그(L. Kohlberg)의 도덕성 발달이론

전인습적 수준 (4~10세)	제1단계 타율적 도덕성	처벌과 복종을 지향한다.
	제2단계 욕구충족의 수단	상대적 쾌락주의에 의한 욕구충족을 지향한다.
인습적 수준 (10~13세)	제3단계 대인관계의 조화	개인 상호간의 조화를 중시하며, 착한 소년소녀를 지향한다.
	제4단계 법과 질서의 준수	사회질서에의 존중을 지향한다.
후인습적 수준 (13세 이상)	제5단계 사회계약정신	민주적 절차로 수용된 법을 존중하는 한편, 상호합의에 의한 변경가능성을 인식한다.
	제6단계 보편적 도덕원리	개인의 양심과 보편적인 윤리원칙에 따라 옳고 그름을 인식한다.

03 사회인지이론(사회학습이론)

행동발달에 대한 반두라(A. Bandura) 이론은 사회학습이론이라 할 수 있는데, 관찰과 모델링에 의한 학습으로 알려진 사회학습이론은 행동주의 학습이론과 인지학습이론을 결합한 형태의 행동발달이론이라 할 수 있다. 이는 인간이 어떤 행동을 학습하는데 있어서 외부로부터의 자극뿐만 아니라 인간 내부의 인지적 요인이 함께 작용하여 학습이 진행된다는 것이다.

04
① 청소년기본법, ③ 청소년활동진흥법, ④ 청소년복지지원법, ⑤ 아동·청소년의 성보호에 관한 법률에 대한 목적이다.

05
② 청소년활동진흥법 : 9세 이상 24세 이하의 자
③ 아동·청소년의 성보호에 관한 법률 : 19세 미만의 자
④ 소년법 : 19세 미만의 자
⑤ 청소년보호법 : 만 19세 미만의 자

06 우범소년의 조건(소년법 제4조 참조)
- 집단적으로 몰려다니며 주위 사람들에게 불안감을 조성하는 성벽이 있는 것
- 정당한 이유 없이 가출하는 것
- 술을 마시고 소란을 피우거나 유해환경에 접하는 성벽이 있는 것

07 적응성 기준에 따른 방어기제의 구분

높은 적응 수준	예견, 이타주의, 유머, 승화, 억제 등
정신적 억제 수준	전치, 주지화, 해리, 억압 등
가벼운 이미지 왜곡 수준	평가절하, 이상화, 전능감 등
부인의 수준	부정, 합리화, 투사 등
주요 이미지 왜곡 수준	자폐적 공상, 투사적 동일시, 자신이나 타인에 대한 이미지의 분열
행동의 수준	행동화, 수동적 공격성 등

08 긴즈버그(E. Ginzberg)의 직업선택의 3단계

환상기	직업선택의 문제에서 자신의 능력이나 가능성, 현실 여건 등을 고려하지 않고, 욕구를 중시한다.
잠정기	흥미단계(11~12세) → 능력단계(13~14세) → 가치단계(15~16세) → 전환단계(17~18세)
현실기	탐색단계 → 구체화단계 → 특수화단계

09
① 미드(M. Mead) : 사모아 같은 부족사회에서는 '질풍과 노도'와 같은 청소년기의 특성이 나타나지 않는다고 보았다.
② 호이징아(J. Huizinga) : 인간을 호모 루덴스(Homo Ludens), 놀이하는 인간으로 명명했다.
③ 머튼(Merton) : 개인이 문화적 목표와 제도화된 수단에 어떻게 적응하느냐에 따라 5가지 유형으로 구분하였다.
⑤ 화이트(White) : '인간이 상징을 할 수 있는 유일한 동물'임에 유의하여, 이것이 바로 문화의 기초라고 파악하였다.

기어츠(C. Geertz)
- 상징과 의미체계로 문화 개념을 설명한다.
- 특정 사건이나 현상에 대한 심층적 기술(Thick Description)을 강조한다.

- 사회적으로 특정 사건이나 상황에 부여하는 의미를 문화 이해의 중요한 핵심이라고 본다.

10 ⑤ 미드(Mead)는 청소년이 생물학적 요인보다 문화적 요인에 의해 성격발달이 이루어진다고 보았다. 즉, 청소년이 경험하는 갈등과 혼란, 질풍노도의 시기에 대한 경험은 특정한 문화의 소산일 뿐 보편적인 현상이 아니라는 것이다. 이를 토대로 청소년의 행동을 이해하기 위해 그가 속한 사회문화적 측면에 대해 이해해야 한다고 주장하였다.

11 ② 생태체계적 관점은 '환경 속의 인간'이라는 기본 관점을 토대로 문제의 원인을 단선적인 인과관계로 파악하는 것이 아닌, 인간과 환경 간의 복잡하고 다변화 하는 상호연관성에 초점을 둔다.

12 ③ 가족은 가족의 생애주기(Family Life Cycle)에 따라 발달하며, 각각의 생애주기 단계에 따라 발달적 과업을 가진다. 또한, 가족은 여러 세대에 걸쳐 다양한 가치가 세대 간에 전수되어 조정·통합되는 과정을 거친다. 이와 같이 가족을 시간적·발달적 차원에서 고려하는 것은 가족에 접근하는 관점으로써 종적차원에 해당한다. 반면, 횡적차원은 가족을 공간적·체계적 관점에서 고려한다. 횡적차원에서는 가족을 사회체계의 기본단위로 간주하여 체계의 요소들이 각각의 부분으로 상호작용하며, 하나의 전체를 이루는 복합체로 간주한다.

13 아비투스(Habitus)
- '일정 방식의 행동과 인식, 감지와 판단의 성향체계(문화적 취향)'로서, 개인의 역사 속에서 개인들에 의해 내면화되고 체화되며, 또한 일상적 실천들을 구조화하는 매커니즘을 의미한다.
- 사회의 장(場)에서 지배계급의 의미 있는 관계들(권력)에 기초해 형성되며 요구된다.
- 사회구성원에 대한 행위문법의 일종으로서, 특수한 실천들의 생산을 위한 도식 내에서 하나의 계급을 다른 계급과 구별짓는 구실을 한다.

14 바움린드(Baummrind)의 4가지 자녀양육 유형

권위있는 부모	애정과 통제를 모두 갖춘 부모로서, 자녀와 대화할 때에는 온정적이며 온화한 태도를 보이고 동시에 부모가 단호한 태도를 보일 때에는 자녀의 그릇된 행동을 통제하거나 성숙한 행동을 하도록 요구하는 경우이다.
권위주의적인 부모	부모는 자녀에게 무조건적인 규칙을 따르도록 하지만, 반면 자녀가 원하는 것에는 상당히 둔감한 유형을 말한다.
허용적인 부모	부모는 자녀에게 애정적이지만 단호한 제한을 설정하지 못한 채 자녀의 요구사항대로 거의 수용한다.
혼란된 부모	대부분의 경우 부모는 정서적 문제가 있거나 바빠서 여유가 없는 일상으로 인해 자녀를 일관성 있는 태도로 양육하지 못한다.

15 ① 약물남용(Abuse)
③ 약물내성(Tolerance)
④ 약물중독(Addiction)
⑤ 약물의존(Dependence)

16 ㄴ. 마샤(J. Marcia)가 제시한 자아정체감의 지위(Status)에 정체감 성취, 유예, 유실, 혼란이 있다.
ㄹ. 자아정체감은 에릭슨(Erikson)의 이론에서 가장 중요한 개념이다. 자아정체감이란 말이 가지고 있는 공통적인 의미를 모아 놓으면 '자기 존재의 동일성과 독특성을 지속하고 고양시켜 나아가는 자아의 자질'이라고 할 수 있다.

마샤(Marcia)의 자아정체감 범주(지위)

구 분	정체감 성취	정체감 유예	정체감 유실	정체감 혼란
위 기	+	+	−	−
관여(전념)	+	−	+	−

- 정체감 성취 : 자아정체감의 위기를 성공적으로 극복하여 신념·직업·정치적 견해 등에 대해 스스로 의사결정을 할 수 있는 상태를 말한다.
- 정체감 유예 : 현재 정체감 위기의 상태에 있으면서 자아정체감 형성을 위해 다양한 역할·신념·행동 등을 실험하고 있으나, 의사결정을 내리지 못하는 상태를 말한다.

- 정체감 유실 : 자신의 신념, 직업선택 등의 중요한 의사결정에 앞서 수많은 대안에 대하여 생각해 보지 못하고, 부모나 다른 사람의 역할모델의 가치나 기대 등을 그대로 수용하여 그들과 비슷한 선택을 하는 경우를 말한다.
- 정체감 혼란(혼미) : 자아에 대해 안정되고 통합적인 견해를 갖는데 실패한 상태를 말한다. 이는 위기를 경험하지 않았고, 직업이나 이념 선택에 대한 의사결정을 하지 않을뿐만 아니라 이러한 문제에 관심도 없다.

17 아노미 유형

머튼(R. Merton)은 개인이 '문화적 목표'와 '제도화된 수단'에 어떻게 적응하는가에 따라 5가지 적응양식을 제시하였다.

동조형	• 문화적 목표와 제도화된 수단 양자를 모두 수용한 유형 • 동조형을 제외한 나머지 4가지 유형은 모두 일탈행위로 규정 • 정상적인 행위자
혁신형	• 문화적 목표는 수용하지만, 제도화된 수단을 거부하는 유형 • 일탈자의 전형적인 형태 • 화이트칼라의 탈세·횡령·수뢰 및 문서위조 등
의례형	• 문화적 목표를 거부하고, 제도화된 수단을 수용하는 유형 • 절차적 규범 또는 규칙의 준수에만 몰두 • 자기 일의 목표를 망각하고 무사안일로 행동하는 관료
도피형	• 문화적 목표와 제도화된 수단을 모두 거부하고, 사회로부터 후퇴 내지 도피하는 유형 • 합법적 수단을 통한 목표성취 노력의 계속적 실패와 도덕적 규범의 내면화에 따른 양심의 가책 때문에, 위법적 수단을 사용할 능력이 없어서 나타나는 유형 • 약물 중독, 알코올 중독자
반항형	• 기존의 문화적 목표와 제도화된 수단을 모두 거부하는 동시에 새로운 목표와 수단으로 대치하려는 유형 • 보수파의 이데올로기에 반항해 현존 사회구조의 욕구불만 원인을 규명하고, 욕구불만이 없는 새로운 사회구조를 건설하려 함 • 사회운동가, 혁명집단, 히피족 등

18 청소년기(자아정체감 대 정체감 혼란 - 성실성 대 불확실성)

- 청소년기는 12세부터 20세까지 지속되며, 프로이트의 생식기 이후에 해당한다.
- 청소년은 다양한 역할 속에서 방황과 혼란을 경험하며, 이는 '심리사회적 유예기간(Psychosocial Moratorium)'이라는 특수한 상황에 의해 용인된다.
- 심리사회적 유예기간 동안 청소년은 자신의 역할과 능력을 시험할 수 있으며, 사회적·직업적 탐색을 통해 정체감을 형성한다.
- 자아정체감 혼미는 직업 선택이나 성역할 등에 혼란을 가져오고, 인생관과 가치관의 확립에 심한 갈등을 일으킨다.
- 자아정체감 대 정체감 혼란의 갈등이 성공적으로 해결되어 얻어진 심리사회적 능력이 스스로의 약속을 지킬 수 있는 '성실성'이며, 실패는 정체감 혼란에서 비롯되는 '불확실성'이다.

19 또 하나의 새로운 문화

- '새 술은 새 부대에'라는 식으로, 새로운 세대는 기성세대의 문화를 흉내 내거나 그것을 단순히 변형 또는 차용하지 않으며, 그들 나름의 새로운 문화를 창조·형성해 나간다.
- 요즘 청소년에게서 나타나는 이상한 몸짓이나 말투, 괴상한 옷차림, 이해하기 어려운 남녀 간의 행동 등은 단지 어른에게만 이상하게 보이는 것일 뿐 청소년들에게는 지극히 자연스럽고 정상적인 것이다.
- 사회의 핵심적인 문화 요소는 항상 유지·보존되는 특성을 나타내 보이지만, 세대가 교체됨에 따라 새로운 문화 요소가 생성되어 문화에 변화를 일으킨다. 이러한 변화는 사회적 혼란을 야기하기도 하지만, 사회의 생동적 발전을 위한 활력소가 되기도 한다.

20
① 상해의 부인(Denial of Injury)
② 책임의 부인(Denial of Responsibility)
③ 피해자에 대한 부인(Denial of Victim)
⑤ 비난자에 대한 비난(Condemnation of the Condemners)

21 하층계급문화 이론(Miller)
- 하층계급사회에서 그들만의 특징적인 가치와 생활방식이 오랫동안 존재해오고 있으며, 그러한 문화의 규범을 따르는 것이 사회 전체의 가치와 규범을 위반하는 것이 된다고 본다.
- 하층계급문화는 사고를 저지르는 데 대한 관심과 관대함, 강인함과 힘, 남을 속여서라도 목적을 달성하는 것을 강조한다. 또한, 자극과 모험을 선호하고 간섭받기를 싫어한다.
- 현재 상태를 자신의 의지보다는 운명이나 다른 어떤 힘에 의해 지배받고 있다고 믿음으로써 운명주의적인 생각에 빠지는 경향이 있다.
- 하층계급사회에서는 비행을 저지르는 것이 다른 사람의 관심을 끌고 인정을 받는 데 있어서 중요한 방법이 된다.

22 ⑤ 가정복귀가 어렵거나 특별히 장기간 보호가 필요한 위기청소년을 대상으로 학업·자립지원 등 특화된 서비스를 제공하는 것은 중장기쉼터의 역할에 해당한다.

23 ① 학교폭력예방법(약칭) 제12조 제2항에 규정된 사항에서 심의위원회의 심의가 필수적이다. 만약 학교장이나 교사 등이 심의위원회의 심의를 거치지 않고 독자적으로 처리하거나, 심의위원회가 아닌 다른 기구의 심의를 거쳐 처리하는 것은 법률에 위배된다.

24 ① 비행을 하느냐, 하지 않느냐는 비행 접촉빈도, 지속시간, 우선성 및 강도에 따라 결정된다.
서덜랜드(Sutherland)의 차별접촉이론(접촉차이론)
문제행동을 사회화 관점, 학습된 행위로 이해한 최초의 이론이다. 청소년들이 문제행동을 직·간접으로 자주 접하게 되면 문제청소년이 될 수 있다고 본다. 즉, 문제행동은 사람들 사이의 상호작용에 의해 학습되는 행위로서 전반적으로 사회문화가 문제행동에 대해 무감각하거나 우호적인 분위기를 형성할 때 학습에 의한 문제행동들이 시도된다고 본다.

25 ① 가정환경이 어려운 학업중단 청소년들을 대상으로 교육을 실시하고 검정고시의 기회를 제공하는 비정규학교를 지원·육성해야 한다. 이러한 비정규학교는 대안학교로서의 역할을 수행함으로써 청소년의 학업중단에 따른 사회적 적응의 문제를 예방할 수 있다.

선택과목 02 청소년수련활동론

01	02	03	04	05	06	07	08	09
④	⑤	⑤	①	⑤	④	②	⑤	②
10	11	12	13	14	15	16	17	18
⑤	③	⑤	⑤	④	④	⑤	③	②
19	20	21	22	23	24	25		
⑤	⑤	⑤	①	⑤	④	②		

01 ① '청소년'이란 9세 이상 24세 이하인 사람을 말한다(청소년기본법 제3조 제1호).
② '청소년단체'란 청소년육성을 주된 목적으로 설립된 법인이나 대통령령으로 정하는 단체를 말한다(동법 제3조 제8호).
③ '청소년지도자'란 청소년지도사 및 청소년상담사와 청소년시설·청소년단체·청소년관련기관에서 청소년육성에 필요한 업무에 종사하는 사람을 말한다(동법 제3조 제7호).
⑤ '청소년보호'란 청소년의 건전한 성장에 유해한 물질·물건·장소·행위 등 각종 청소년 유해환경을 규제하거나 청소년의 접촉 또는 접근을 제한하는 것을 말한다(동법 제3조 제5호).

02 청소년수련활동의 필요성
- 건전한 여가선용 기회의 제공
- 공동체놀이를 통한 청소년문화의 형성
- 진정한 의미의 즐거움을 통한 삶의 재충전
- 자연 속에서의 야외활동 및 야외교육
- 인간성 회복을 위한 전인교육
- 열린 사회교육의 추구

03 청소년 수련지구에 설치하여야 하는 시설의 종류 (청소년활동진흥법 시행령 별표4)

수련시설	청소년수련원 및 유스호스텔 각각 1개소 이상
체육시설	실내체육시설 1개소 이상 및 실외체육시설 3개소 이상
문화시설	공연장, 박물관, 미술관, 과학관, 그 밖에 이와 유사한 시설 중 1개소 이상
자연탐구시설 또는 환경학습시설	자연학습원, 환경학습장, 동·식물원, 그 밖에 이와 유사한 시설 중 1개소 이상
모험활동시설	수상·해양·항공 또는 산악 훈련장, 극기훈련장, 모험활동장, 그 밖에 이와 유사한 모험활동 시설 중 1개소 이상
녹지	수련지구 지정면적의 10% 이상

04 청소년문화활동의 지원(청소년활동진흥법 제6장)
- 청소년문화활동의 진흥(제60조)
- 청소년문화활동의 기반 구축(제61조)
- 전통문화의 계승(제62조)
- 청소년축제의 발굴지원(제63조)
- 청소년동아리활동의 활성화(제64조)
- 청소년의 자원봉사활동의 활성화(제65조)

05 미래사회에서 청소년의 핵심역량
- 창의력
- 의사소통능력
- 대인관계능력
- 기초학습능력
- 국제사회문화이해
- 문제해결력
- 정보처리능력
- 자기관리능력
- 시민의식
- 진로개발능력

06
청소년수련시설에는 청소년수련관, 청소년수련원, 청소년문화의 집, 청소년특화시설, 청소년야영장, 유스호스텔 등이 있다(청소년활동진흥법 제10조 참조).

07 청소년활동프로그램 개발과정
- 기획(Program Planning) : 프로그램 개발팀 구성, 청소년기관 분석, 잠재적 참여자 분석, 프로그램 개발 타당성 분석, 프로그램 개발 기본방향 설정, 아이디어 창출, 청소년 요구 및 필요분석, 우선순위 설정 등
- 설계(Program Design) : 프로그램 목적 및 목표 설정, 내용선정, 내용 계열화, 활동체계 설계, 활동내용 설계, 활동운영 설계, 활동매체 설계 등
- 마케팅(Program Marketing) : 잠재적 고객 분할, 프로그램 마케팅 방법 및 기법결정, 마케팅 자료 및 매체 제작, 마케팅 실행 등
- 실행(Program Implementation) : 청소년관리(등록, 학습, 참여), 지도자관리(섭외, 교수), 활동자료관리, 자원확보 및 관리 등
- 평가(Program Evaluation) : 프로그램 평가 목적설정, 평가영역 및 준거설정, 평가지표 및 도구 개발, 평가자료 수집 및 분석, 프로그램 보고 및 개정 등

08 청소년상담사의 배치기준

「청소년복지지원법」 제29조에 따라 특별시·광역시·도 및 특별자치도에 설치된 청소년상담복지센터	청소년상담사 3명 이상을 둔다.
「청소년복지지원법」 제29조에 따라 시·군·구에 설치된 청소년상담복지센터	청소년상담사 1명 이상을 둔다.
「청소년복지지원법」 제31조에 따른 청소년복지시설	청소년상담사 1명 이상을 둔다.

09 청소년지도자의 역할과 기능
- 전문가 : 체계적인 교육과 훈련을 통해 청소년지도현장의 노하우와 기술을 가진 자
- 교육자 : 청소년의 윤리, 예절, 책임의식, 지도안 마련 및 시행자
- 정보제공자 : 청소년활동에 영향을 미치고 나아갈 방향을 제시할 올바른 정보 제공자
- 격려자 : 청소년의 고통과 아픔을 함께 하고 이해·수용하는 자
- 조직자 : 팀워크 조성 및 자발적·자율적·자치적 조직결성과 그 지원이 가능한 자
- 상담자 : 상담기법, 고객 만족서비스 기법 등을 바탕으로 상호학습 터전의 마련이 가능한 자

- 프로그램의 설계자 및 진행자 : 전문성·체계성·창의성을 발휘하여 보다 바람직한 성과수확이 가능한 자
- 분석자 : 청소년과 함께하는 수련·문화·직업·봉사활동 등의 경과 및 결과분석자

10 청소년지도사 및 청소년상담사의 자격검정 위탁기관 (청소년기본법 시행령 제20조, 제23조 참조)
- 청소년지도사 : 한국청소년활동진흥원 또는 한국산업인력공단
- 청소년상담사 : 한국청소년상담복지개발원 또는 한국산업인력공단

11 ③ 인증위원회는 인증을 할 때에는 현장방문 등 필요한 방법으로 인증신청의 내용을 확인할 수 있다.
① 청소년활동의 공공성, 신뢰성, 적합성을 확보하기 위하여 국가·지방단체, 수련시설, 이용시설, 청소년단체, 개인/법인/단체가 인증을 신청하는 것이다.
② 국가는 인증을 받은 청소년수련활동을 공개하여야 하며, 인증수련활동에 참여한 청소년의 활동기록을 유지·관리하고, 청소년이 요청하는 경우에는 이를 제공하여야 한다.
④·⑤ 숙박형 청소년수련활동과 비숙박 청소년수련활동 중 청소년 참가인원이 150명 이상이거나, 위험도가 높은 수련 활동으로 지정된 활동은 신고해야 한다.

12 숙박형 등 청소년수련활동 계획의 신고 (청소년활동진흥법 제9조의2 제1항)
숙박형 청소년수련활동 및 비숙박형 청소년수련활동을 주최하려는 자는 여성가족부령으로 정하는 절차와 방법에 따라 특별자치시장·특별자치도지사·시장·군수·구청장(자치구의 구청장을 말한다)에게 그 계획을 신고하여야 한다. 다만, 다음 아래의 경우는 제외한다.
- 다른 법률에서 지도·감독 등을 받는 비영리 법인 또는 비영리 단체가 운영하는 경우
- 청소년이 부모 등 보호자와 함께 참여하는 경우
- 종교단체가 운영하는 경우
- 비숙박형 청소년수련활동 중 청소년수련활동의 인증 절차에 따라 인증을 받아야하는 활동이 아닌 경우

13 국립수련시설의 대상 맞춤형 특화 프로그램 제공을 통한 사회적 책무의 실천을 확대하여 사회배려 청소년의 역량개발과 건강성장을 지원하는 프로그램이다.
- 유관기관 연계사업 : 사회배려 청소년 사업 유관기관과의 연계를 통해 정부3.0 구현 및 사회배려 청소년의 역량개발 및 건강 성장 지원
- 둥근세상만들기캠프 : 장애, 저소득, 다문화 청소년 및 가족 캠프
- 행복공감청소년캠프 : 전국의 아동복지시설 청소년 대상 캠프
- 학교단체 저소득층 지원 : 학교단체 시범청소년수련활동 참가학교의 저소득층 청소년에게 활동 참여 기회를 제공하여 청소년활동 체험의 불균형 해소

14 ㄴ. 청소년지도는 지도목표, 내용선정 및 조직, 실행계획, 평가의 전 과정을 체계적으로 설계한 결과물인 프로그램에 근거하여 이루어지므로 계획적인 활동이다.

15 ④ 청소년활동진흥법 제6조의3 제6항
① 활동진흥원에 이사장을 포함한 15명 이내의 이사와 감사 1명을 둔다(동법 제6조의3 제1항).
② 상임이사는 활동진흥원 이사장이 임명하고, 비상임이사는 여성가족부장관이 임명한다(동법 제6조의3 제3항 및 제4항 참조).
③ 감사는 임원추천위원회가 복수로 추천하여 공공기관의 운영에 관한 법률에 따른 공공기관운영위원회의 심의·의결을 거친 사람 중에서 기획재정부장관이 임명한다(동법 제6조의3 제5항).
⑤ 활동진흥원에 관하여 청소년활동진흥법과 공공기관의 운영에 관한 법률에서 정한 사항 외에는 민법 중 재단법인에 관한 규정을 준용한다(동법 제6조의7).

16 ① 문화활동, ② 인간관계수련활동, ③ 봉사활동, ④ 예절활동

17 수련활동인증제 활동영역과 예시

영 역	영역별 활동 예시
건강·스포츠 활동	신체단련활동, 약물예방활동, 흡연·음주·비만예방활동, 안전·응급처치활동, 성교육활동
과학정보 활동	모형 및 로봇활동, 인터넷활동, 우주천체활동, 정보캠프활동, 영상매체활동
교류활동	청소년국제교류활동, 남북 청소년교류활동, 국제이해활동, 다문화이해활동, 세계문화비교활동
모험개척 활동	탐사·등반활동, 야영활동, 해양활동, 극기훈련활동, 수상훈련활동, 안전지킴이활동
문화예술 활동	지역문화, 세계문화, 대중문화, 전통예술활동
봉사협력활동	일손돕기활동, 위문활동, 지도활동, 캠페인활동, 자선·구호활동, 지역사회개발 및 참여활동
자기(인성)개발 활동	표현능력개발 수련활동, 자기탐구활동, 심성수련활동, 자기존중감 향상 프로그램
진로탐구 활동	청소년모의창업, 경제캠프, 사회생활기술, 진로탐색활동
환경보존 활동	생태활동, 환경탐사활동, 자연지도만들기, 숲체험, 환경살리기 활동, 시설보존활동

18 YP 프로그램(청소년 스스로 지킴이 활동 프로그램)
- 미국의 청소년 매핑(Youth Mapping Project)과 청소년 에너지 패트롤(Energy Patrol)에 착안한 학교 내 청소년유해환경감시단 모델링 실천연구팀의 청소년 패트롤(Youth Patrol) 활동에서 유래한다.
- 청소년들이 노출되는 폭력, 음주, 흡연 등 다양한 유해환경은 물론 게임, 휴대폰, TV, 간행물 등 청소년에게 유해한 영향을 미칠 수 있는 각종 매체환경 등에 대해 청소년 스스로 분별력·대응력을 향상시키도록 하는 것을 목적으로 한다.
- 청소년이 스스로 유해환경에 대한 변별력을 갖추고 대응해 나가도록 과제활동을 수행하며, 지역사회의 건전한 청소년 성장환경을 조성하기 위해 교사, 학부모 등의 협력을 이끌어 낸다.
- YP 프로그램은 '청소년 참여(Youth Participating)', '청소년 과제(Youth Projecting)', '청소년 순찰(Youth Patrolling)', '청소년 권리(Youth Powering)'로 설명된다.

19 청소년활동 프로그램의 평가기준
- 형평성 : 기회 및 자원이 개인 간 혹은 집단 간 공평하게 분배되었는가?
- 효과성 : 프로그램은 의미 있는 결과를 나타내 보였는가?
- 효율성 : 투입된 노력 대비 산출된 결과는 어느 정도 수준인가?
- 적정성 : 프로그램을 통해 문제해결이 어느 정도 이루어졌는가?
- 대응성 : 프로그램은 대상자의 요구 또는 사회의 요구에 적절히 대응하였는가?
- 적절성 : 프로그램의 결과는 실제로 가치 있는 것이었는가?

20 콜브(D. Kolb)가 제시한 경험학습의 진행과정
- 구체적 경험(Concrete Experience) : 특수한 경험이나 사람들과의 직·간접적인 활동, 느낌 및 사람들에 대한 민감성으로부터 학습
- 반성적 관찰(Reflective Observation) : 판단하기 전 주의 깊은 관찰, 다른 관점에서 사물을 보는 시각, 어떤 사물로부터 의미를 찾는 행위로부터 학습
- 추상적 개념화(Abstract Conceptualization) : 제시된 아이디어에 대한 논리적인 분석, 체계적인 계획, 어떤 상황을 이해하기 위한 지적 활동
- 적극/능동적 실험(Active Experimentation) : 주어진 일을 직접 완성할 수 있는 능력이나 새롭게 설정된 가설을 검증하기 위한 실험

21 ⑤ 국제청소년성취포상제는 만 14세 이상 24세 이하의 모든 청소년들이 신체단련, 자기개발, 봉사, 탐험 및 합숙(금장에 한함) 활동 등을 통해 자신의 잠재력을 개발하는 것은 물론, 지역사회와 국가를 변화시킬 수 있는 삶의 기술을 습득하도록 하기 위한 국제적 자기성장 프로그램이다. 이 프로그램은 청소년의 자기주도적인 학습 능력을 키우고 자신의 적성과 능력에 부합하는 개인별 맞춤 성취목표를 통해 도전과 인내심을 기르는 동시에 자신감을 가지도록 하는 것을 목표로 한다.

22 ② 유스호스텔 : 청소년의 숙박 및 체류에 적합한 시설·설비와 부대·편익시설을 갖추고, 숙식편의 제공, 여행청소년의 활동지원을 기능으로 하는 시설이다.
③ 청소년문화의 집 : 간단한 청소년수련활동을 실시할 수 있는 시설 및 설비를 갖춘 정보·문화·예술 중심의 수련시설이다.
④ 청소년특화시설 : 청소년의 직업체험, 문화예술, 과학정보, 환경 등 특정 목적의 청소년활동을 전문적으로 실시할 수 있는 시설과 설비를 갖춘 수련시설이다.
⑤ 청소년야영장 : 야영에 적합한 시설 및 설비를 갖추고, 청소년수련거리 또는 야영편의를 제공하는 수련시설이다.

23 위험도가 높은 청소년수련활동
(청소년활동진흥법 시행규칙 별표7)

수상활동	래프팅, 모터보트, 동력요트, 수상오토바이, 고무보트, 수중스쿠터, 레저용 공기부양정, 수상스키, 조정, 카약, 카누, 수상자전거, 서프보드, 스킨스쿠버
항공활동	패러글라이딩, 행글라이딩
산악활동	암벽타기(자연암벽, 빙벽), 산악스키, 야간등산(4시간 이상의 경우만 해당한다)
장거리걷기활동	10Km 이상 도보이동
그 밖의 활동	유해성 물질(발화성, 부식성, 독성 또는 환경유해성 등), 하강레포츠, ATV 탑승 등 사고위험이 높은 물질·기구·장비 등을 활용하여 이루어지는 청소년수련활동

24 청소년수련활동인증위원회의 인증심사원이 되기 위한 자격조건(청소년활동진흥법 시행규칙 제15조 제1항)
청소년수련활동인증위원회는 다음의 어느 하나에 해당하는 자격요건을 갖춘 자 중에서 인증심사원을 선발한다.
• 1급 또는 2급 청소년지도사 자격 소지자
• 청소년활동분야에서 5년 이상의 실무경력이 있는 사람

25 청소년지도사 보수교육
다음 아래의 기관 또는 단체에 종사하는 청소년지도사는 2년마다 15시간 이상의 보수교육을 받아야 한다(청소년기본법 시행규칙 제10조의2 제1항 참조).
• 법 제3조 제8호에 따른 청소년단체 중 여성가족부장관이 정하여 고시하는 단체
• 「청소년활동진흥법」 제7조에 따른 지방청소년활동진흥센터 및 같은 법 제10조 제1호에 따른 청소년수련시설

제4회 정답 및 해설

필수과목 01 발달심리

01	02	03	04	05	06	07	08	09
②	⑤	⑤	③	②	④	①	③	④
10	11	12	13	14	15	16	17	18
⑤	⑤	③	②	④	④	②	④	②
19	20	21	22	23	24	25		
③	④	③	⑤	③	①	①		

01 ㄱ. 발테스와 발테스(P. Baltes & M. Baltes) : 성공적 노화를 선택, 최적화, 보상의 3가지 요인으로 설명한다.
ㄹ. 하비거스트(R. Havighurst) : 사회적 활동수준을 유지하는 것이 성인후기 삶의 만족도를 높인다.

02 ⑤ '결정적 시기'는 발달이 가장 용이하게 이루어지는 시기를 말하는 동시에, 발달의 새로운 현상이 시작되는 곳에서부터 이후 불가역 상태에 이르게 되는 지점을 의미한다.

03 ① 에릭슨(Erikson)은 프로이트와 같이 아동의 초기경험을 강조하지만, 결정론적인 입장을 고수하지 않는다.
② 프로이트(Freud)는 '구강기 – 항문기 – 남근기 – 잠복기 – 생식기'로 이어지는 5단계 발달단계를 제시하였지만, 에릭슨은 '유아기 – 초기아동기 – 학령전기 – 학령기 – 청소년기 – 성인초기 – 성인기 – 노년기'로 이어지는 8단계 발달단계를 제시하였다.
③ 무의식과 성적 충동이 인간행동의 기초가 된다고 주장한 학자는 프로이트이다. 에릭슨은 의식과 사회적 충동을 인간행동의 기초로 보았다.
④ 자아정체감의 내적 측면은 시간적 동일성과 자기연속성에 대한 인식을 말한다.

04 ㄱ. 사회적 관심과 활동수준에 기반하여 4가지 생활양식 유형, 즉 지배형, 획득형, 회피형, 사회적으로 유용한 형을 제안하였다.
ㄷ. 생의 목표에 도달하기 위하여 스스로 설계한 좌표에 해당하는 것은 생활양식이다. 반면, 창조적 자아는 인간이 스스로 자신의 삶을 만들어나가는 존재임을 의미한다.

05 **대상영속성 개념의 발달**
- 대상영속성은 눈앞에 보이던 사물이 갑자기 사라져도 그 사물의 존재가 소멸되지 않는다는 것을 인식할 수 있는 능력을 말한다.
- 영아를 대상으로 한 대상영속성 실험에서, 생후 8개월된 영아에게 공을 가지고 놀도록 한 후 천으로 그 공을 가리자, 영아는 공에 대한 흥미를 잃은 채 공을 찾으려 하지 않았다. 그러나 생후 10개월 된 영아에게 동일한 실험 과정을 적용하자, 영아는 숨겨진 공을 찾으려고 하였다. 이것은 생후 10개월 된 영아에게서 대상영속성의 개념이 발달하고 있음을 나타내는 것이다.
- 대상영속성은 학자들에 따라 6단계로 설명하기도 한다. 대상영속성의 발달단계에서 3단계에 해당하는 생후 4~8개월의 기간에 대상영속성의 개념이 점차적으로 형성되기 시작하여 마지막 6단계인 생후 18~24개월의 기간에 대상영속성이 확립되기까지, 아이는 사물에 대한 관심과 함께 공간, 시간 등의 기본적인 개념을 이해하기에 이른다. 즉, 영아는 점차적으로 시행착오적인 행동에서 벗어나 상황에 대해 사고하기 시작하는 생후 18~24개월에 대상영속성을 획득한다는 것이다.

06 ④ 사물의 수량이나 면적에 무엇이 추가되거나 제거되지 않았으므로, 그 수량이나 면적은 형태상의 변화와 관계없이 동일하다. 이는 보존개념에 관한 문제에 해당한다.

07 ① 비고츠키(Vygotsky)는 피아제와 달리, 자기중심적 언어(Egocentric Speech)의 사용은 단순히 자기 생각을 표현하는 것이 아니라 문제 해결을 위한 사고의 도구라고 생각했다. 아동의 문제해결 초기단계에는 비언어적인 사고가 사용되지만, 아동이 2세 정도 되었을 때 사고와 언어가 결합된다. 이후 4~6세의 아동은 자기중심적 언어 사용, 즉 혼잣말(Private Speech, Self Talk)을 빈번히 한다. 예를 들어, 놀이과정 중 "이젠 밥을 먹어야지"라고 먼저 말한 뒤 밥을 먹는다. 7~8세경에는 자신의 머릿속에서 무성 형태로 언어를 조작하는 법을 배우는데, 이를 내적 언어단계라고 한다.

08 ③ 청소년들은 자신이 매력을 느끼는 모델인 연예인의 금연 경험을 관찰하고 모방함으로써 흡연행동을 수정할 수 있다. 따라서 이는 반두라(Bandura)의 사회학습이론을 적용한 홍보전략에 해당한다. 반두라는 인간의 행동은 보상이나 처벌의 조작결과로 형성되는 것이 아니라 다른 사람의 행동을 관찰하고 모방한 결과 이루어진다고 주장하였다. 인간 행동의 원인이 행동적·인지적·환경적 영향력 간의 끊임없는 상호작용에 있다고 보았으며, 그 과정에서 인간은 외적 자극에 단순히 반응만 하는 수동적 존재가 아니라, 능동적으로 사고하는 존재라고 보았다.

09 ④ 하위욕구는 생존에 필요하고, 상위욕구는 성장에 필요하다. 매슬로우(Maslow)는 인간을 생존적 경향과 실현적 경향을 함께 가진 존재로 보았으며, 욕구가 행동을 일으키는 동기요인이라고 주장하였다. 그는 욕구를 크게 제1형태의 욕구와 제2형태의 욕구로 구분하였으며, 전자는 결핍성 욕구로서 생존적 경향이 강한 것으로, 후자는 잠재능력 및 재능을 발휘하려는 욕구로서 자기성장의 경향이 강한 것으로 제시하였다.

10 매슬로우(Maslow)가 제시한 '자아실현자'의 특징
- 현실에 대해 정확히 인지하며, 효과적으로 지각한다.
- 자발적이고 순수하며, 사고나 행동에 있어서 꾸밈이 없다.
- 자기 자신보다 외부의 문제에 더 큰 관심을 가진다.
- 자신에게 해롭거나 불편해하지 않으면서 고독과 프라이버시를 즐긴다.
- 독립의 욕구로 인해 사회적 환경으로부터 비교적 독립되어 있다.
- 자신의 본성과 더불어 다른 사람에 대해 수용적인 태도를 보인다.
- 모든 인간에 대해 감정적 이입과 애정을 느끼며, 인본주의를 지지한다.
- 철학적이며 유머감각이 있다.
- 자연, 어린아이 등과 같은 삶의 기본적인 것들에 경외심과 기쁨을 느낀다.
- 목적과 수단을 분명하게 구분하며, 목적을 수단보다 중요시한다.
- 문화적응에 저항하며 특정문화를 초월한다.
- 절정경험이라는 신비한 경험을 한다.
- 완벽한 존재는 없다. 자아실현자라도 인간적인 약점은 있다.

11 ⑤ '개인적 우화'는 자신이 마치 독특한 존재이기라도 한 것처럼, 자신의 사고와 감정이 다른 사람과 근본적으로 다르다고 믿는 것이다.

12 애착형성의 단계
- 애착 전 단계(출생~6주) : 애착 대상과 낯선 대상을 구분하지 않는다.
- 애착형성단계(3~6개월) : 낯익은 사람과 낯선 사람을 구분하기 시작하나, 분리불안은 나타나지 않는다.
- 애착단계(6~18개월) : 애착 대상에 대해 강한 집착을 보이며, 분리불안을 나타낸다.
- 상호관계 형성단계(18~24개월) : 애착 대상이 다시 돌아온다는 사실을 알게 되며, 분리불안이 감소한다.

13 애착형성을 위한 5가지 전략
- 아이와의 애착형성은 양보다 질이 중요하다.
- 아이의 행동에 대해 즉각적이고 일관적으로 반응해야 한다.
- 아이의 신호에 대해 민감하게 반응하며, 아이의 관점에서 그 신호를 정확히 해석해야 한다.
- 아이와의 지속적인 신체접촉을 통해 아이가 보호받고 있다는 느낌을 가지도록 해야 한다.
- 아이와의 놀이나 상호작용에서 가급적 아이가 이끄는 대로 따르는 것이 바람직하다.

14 ④ 키와 취업이라는 두 변수 간에 상관관계가 있다고 연구결과가 나왔으나, 이후 성별에 따른 구분의 과정에서 상관관계가 없는 것으로 나타났다면, 이는 두 변수 간에 가식적인 관계를 만드는 제3의 변수인 '외생변수'와 연관된다. 문제에서는 이러한 외생변수를 연구과정에서 통제하였으므로, 결과적으로 '통제변수'라고 볼 수 있다.

15 ④ 연구가설(Research Hypothesis)은 연구문제에 대한 잠정적 대답으로서, 연구자가 기대하는 연구결과에 대한 서술을 말한다. 예를 들어, 남녀 간 성별이 소득에 미치는 영향을 분석하는 연구에서, 연구자는 "남녀 간 월 평균소득은 차이가 있다."로 가설을 설정할 수 있다. 이러한 연구가설은 연구자가 연구를 통해 주장하고자 하는 가설이라는 점에서 종종 '대립가설(Alternative Hypothesis)'과 동일시 된다. 반면, 가설에 대한 통계적 검증과 관련하여 연구가설을 반증하는 과정에서 활용되는 '영가설(Null Hypothesis)'은 연구가설과 논리적으로 반대의 입장을 취하는 것으로서, 처음부터 버릴 것을 예상하는 가설이다. 이러한 영가설은 의미 있는 차이나 관계가 없는 경우의 가설에 해당하며, 앞서 남녀 간 성별이 소득에 미치는 영향을 분석하는 연구에서 "남녀 간 월 평균소득은 차이가 없다."는 식으로 표현된다.

16 사례연구
- 사례연구는 현상에 대한 자세한 기술 및 설명·평가를 목적으로 한다.
- 현상과 맥락 간의 경계가 불분명한 경우 다면적 증거 원천들을 사용함으로써 현재의 현상을 실생활 맥락 내에서 연구하는 질적·경험적 탐구방법이다.
- 관찰연구가 비교적 많은 수를 대상으로 하는 것에 반해, 사례연구는 한두 명의 대상을 깊이 있게 연구한다.
- 대상자에 대한 깊이 있는 면접과 관찰을 통해 대상자의 변화를 포착하며, 그 경과를 체계적으로 연구한다.

17 횡단적 연구
- 어느 한 시점에서 다수의 분석단위에 대한 자료를 수집하여 현상의 단면을 분석한다.
- 연령에 따른 성장의 특성을 밝혀 일반적인 성향을 파악한다.
- 개선된 최신의 검사 도구를 충분히 활용할 수 있어 선택이 비교적 자유롭다.
- 연구대상의 관리 및 선정이 비교적 용이하다.
- 상대적으로 경비, 시간, 노력이 절감된다.
- 성장의 일반적 경향 파악만 가능할 뿐, 개인적 특성은 알 수 없다.
- 표집된 대상의 대표성을 확인하기 어렵다.

18 ② 패널조사(Panel Study)는 조사대상을 고정시키고, 동일한 조사대상에 대하여 동일 질문을 반복 실시하여 조사하는 방법으로 고정된 조사대상의 전체를 '패널(Panel)'이라고 한다. 본래는 시장조사에서 소비자의 소비행동과 소비태도의 변화과정을 분석하기 위해서 이용되었는데, 최근에는 여론의 형성과정과 변동과정의 연구에 이용되기도 하고, 직업이동의 궤적을 밝혀내기 위해서 이용되는 등 응용범위가 넓다.

19 ㄱ. 다운 증후군(Down's Syndrome)은 대부분(약 95%)은 21번째 염색체가 3개(정상은 2개) 있어서 전체 염색체 수가 47개(정상은 46개)로 되어 있는 기형이다.
ㄷ. 에드워드 증후군(Edward's Syndrome)은 18번 염색체가 3개인 선천적 기형증후군으로서, 90% 이상이 생후 6개월 이내에 사망하고, 체중미달·성장 지연·심각한 영양 장애·약한 울음·반복적 무호흡증이 특징이다.

20 ④ 1차 정서는 기쁨・분노・공포 등의 정서를 말하고, 2차 정서는 당황・수치・죄책감・질투・자긍심 등의 정서를 말한다. 1차 정서는 영아기 초기부터 나타나는 반면, 2차 정서는 첫 돌이 지나면서 나타나게 된다.

21 ㄱ. 학령전기(4~6세)에는 직관적・비가역적 사고를 한다.
ㄷ. 학령기 또는 후기아동기(6~12세)의 특징에 해당한다.

22 청소년기의 심리적 부적응
- 거식증 : 신체상과 체중감소에 강박적으로 집착하는 것으로서 의도적으로 음식을 거부하는 것이다.
- 폭식증 : 엄청나게 많은 양의 음식을 먹는 것이 보통이며, 이어서 극도의 신체적・정서적 불쾌감을 느끼게 된다.
- 우울증 : 견딜 수 없을 정도의 울적한 기분, 대인관계의 위축, 권태감, 무력감, 수면 및 식사문제 등이 수반된다.
- 자살시도 : 죽으려는 의도보다는 어려움을 호소하려는 의도인 경우가 더 많다.
- 품행장애 : 지나친 공격성, 타인을 해치는 행위, 자기 물건이나 남의 물건을 파괴하는 행동, 사기와 도둑질, 그 나이에 지켜야 할 규칙들을 빈번히 어기는 것 등을 특징으로 한다.

23 자아정체감 범주(Marcia)

정체감 성취	정체성 위기와 함께 정체감 성취에 도달하기 위한 격렬한 결정 과정을 경험한다.
정체감 유예	정체성 위기로 격렬한 불안을 경험하지만, 아직 명확한 역할에 전념하지 못한다.
정체감 유실	정체성 위기를 경험하지 않았음에도 사회나 부모의 요구와 결정에 따라 행동한다.
정체감 혼란(혼미)	정체성 위기를 경험하지 않았으며, 명확한 역할에 대한 노력도 없다.

24 ㄹ. 신체 몰두 대 신체 초월은 펙(Peck)이 제시한 노년기의 이슈에 해당한다.

펙(Peck)이 제시한 성인기(중년기)의 4가지 이슈
- 지혜를 중요시 할 것인가 아니면 육체적 힘을 중요시 할 것인가
- 대인관계를 사회화 할 것인가 아니면 성적 대상화 할 것인가
- 정서적 융통성 대 정서적 빈곤
- 지적 융통성 대 지적 엄격성

25 플린(Flynn) 효과는 세대가 지날수록 IQ 지수가 점점 증가하는 현상으로 뉴질랜드의 정치학자 제임스 플린(J. Flynn)이 발견한 현상으로서, 1950년대부터 미국 군대 지원자의 지능검사 점수를 종단적으로 살펴본 후, 지능점수가 10년마다 3점씩 상승한다는 사실을 밝혀냈다.

필수과목 02 집단상담의 기초

01	02	03	04	05	06	07	08	09
①	③	⑤	③	④	③	④	④	④
10	11	12	13	14	15	16	17	18
③	④	②	①	⑤	①	④	④	④
19	20	21	22	23	24	25		
⑤	③	①	③	①	⑤	④		

01 ① 집단상담은 정상 범위에서 심하게 일탈하지 않은 사람들을 대상으로 한다. 심각한 정서적・성격적 문제를 가지고 있는 사람은 제외되며, 본격적인 치료보다는 성장과 적응에 초점을 둔다.

02 ③ 집단상담 수행 후의 집단상담자의 임무이다. 집단상담의 평가는 집단활동을 통해 어느 정도 목표가 달성되었으며, 얼마만큼의 진전이 이루어졌는가에 대해 알아보는 과정이다.

03 집단상담의 목표
- 자신과 타인에 대한 신뢰감 형성
- 자신에 대한 지식습득과 정체성 발달
- 인간의 욕구나 문제들의 공통성과 보편성 인식
- 자기이해, 자기수용, 자기존중감 증진 및 자신에 대한 시각의 개선
- 정상적인 발달문제와 갈등을 해결하는 새로운 방식 발견
- 자신과 타인에 대한 주도성·자율성·책임감의 증진
- 자신의 결정에 대한 자각과 지혜로운 결정능력 증진
- 특정행동의 변화를 위한 구체적 계획 수립과 완수
- 효과적인 사회적 기술학습
- 타인의 욕구와 감정에 대한 민감성 증진
- 타인에 대한 배려와 염려를 바탕으로 한 직면의 기술 습득
- 타인의 기대에 부응하는 태도에서 벗어나 자신의 기대에 부합하는 방식의 습득
- 가치관의 명료화, 가치관의 수정 여부 및 수정 방식 결정

04 ① 보편성, ② 사회기술의 개발, ④ 감정 정화(Catharsis), ⑤ 1차 가족집단의 교정적 재현

05 ④ 자기중심성은 청소년기 사고유형의 특징 중 하나이다. 이러한 자기중심성은 이기적이고 비사회적인 사고를 통해 타인을 의식하지 않은 채 자기 자신을 중심으로 정신활동이나 행위를 영위하는 상태를 말한다. 청소년은 아직 완전한 성인이 아니므로 객관적인 이해가 부족하여 자의식이 강하게 나타난다. 그리하여 상상적 청중이나 개인적 우화와 같은 왜곡된 사고를 하게 된다. 따라서 청소년 대상 집단상담은 이와 같은 청소년의 자기중심적인 사고를 완화시키며, 경쟁에서 승리하는 법이 아닌 상대방을 이해하고 존중하는 법을 익히도록 하는 방향으로 전개되어야 한다.

06 ①·②·④·⑤ 아들러(A. Adler) 집단상담의 재정향(Reorientation) 단계에 해당한다.
개인심리학 상담의 과정
적절한 치료관계의 형성 → 내담자의 역동성 탐색과 분석 → 해석을 통한 통찰의 발달 → 재정향(Reorientation)을 통한 원조

07 ④ 자조집단은 지도자의 전문적 도움 없이 집단원들 간에 서로 돕는 집단이다.
①·⑤ 치유집단, ② 지지집단, ③ 사회화집단

08 ㄴ·ㄷ 의사교류(상호교류)분석 접근에 대한 내용이다. 해결중심 접근은 집단원의 병리적 측면에 관심을 기울이기보다는 성공경험, 강점과 자원, 능력과 잠재력 등 집단원의 건강한 측면에 초점을 둔다. 집단상담자의 역할로는 해결중심적 대화와 '알지 못함의 자세'가 있다.

09 ④ 참만남집단은 집단 내 개별성원들이 상호 긴밀한 의사소통을 유지하면서 서로 간에 감정과 생각을 주고받는 과정에서 감정표현 능력을 향상하도록 하는 것은 물론, 고도의 친교적 집단경험을 통해 태도나 가치관, 생활양식 등에 변화를 가져오도록 한다.

10 ① 빈 의자 기법 : 현재 치료 장면에 없는 사람과 상호작용할 필요가 있는 경우 내담자에게 그 인물이 맞은 편 빈 의자에 앉아 있다고 상상하도록 하여 대화하는 방법이다.
② 차례로 돌아가기 : 집단원들이 한 사람씩 차례로 돌아가면서 문제에 대한 자신들의 감정이나 행동을 표현하도록 하는 방법이다.
④ 자기 부분들 간의 대화 : 내담자의 인격에서 분열된 부분 또는 갈등을 느끼는 부분들 간에 대화가 이루어지도록 하는 방법이다.
⑤ 질문형을 진술형으로 고치기 : 보다 직접적인 표현방식으로의 전환을 통해 순간 경험의 보다 명확한 각성이 이루어지도록 하는 방법이다.

11 ④ 격려기법을 통해 집단원이 자신감을 형성하고 용기를 얻도록 돕는 것은 아들러(Adler)의 개인심리상담의 집단상담자의 역할이다.

12 ㄴ. 인간중심 집단상담자는 집단과정에 대해 많은 의견을 말하는 것이 아니라, 파트너의 역할을 하도록 한다.
ㄹ. 인간중심 집단상담자는 어떤 정서를 이끌어내기 위해 계획된 방법을 사용하기보다는 집단과정 그 자체를 중요시한다.

13 집단역동의 구성요소
- 집단구조 및 의사소통
- 집단 내 상호작용
- 집단응집력
- 집단규범과 가치
- 집단구성원의 지위와 역할
- 집단지도력 및 집단문화갈등

14 ⑤ 집단상담자의 '준비단계'에서의 역할에 해당한다.

도입단계(초기단계)에서 집단상담자의 역할
- 참여자를 소개하고 예기불안을 취급하며, 집단을 구조화한다.
- 수용과 신뢰의 분위기를 형성하여 집단원들로 하여금 자유롭게 각자 자신의 의견과 느낌을 나누도록 격려한다.
- 집단원들에게 집단의 규범을 지키도록 하며, 상호 협력적인 태도를 가질 수 있도록 유도한다.
- 집단상담의 목적과 성격에 관한 오리엔테이션을 함으로써 참여자가 집단 경험을 자신의 성장을 위해 최대한 활용할 수 있도록 돕는다.
- 집단의 활성화와 집단원들 간의 신뢰관계 형성 등에 관한 과정적 목표를 설정하고, 이어서 집단 내 개별성원들로 하여금 각자 개인적 목표를 설정하도록 돕는다.

15 ㄹ. 개방적인 집단분위기를 조성하는 것은 준비단계에서 집단상담자의 역할에 해당한다.

집단상담의 '작업단계'에서 집단상담자의 역할
- 적절한 행동모델을 보여주며, 집단에 대한 자신의 감정을 나타낸다.
- 위험을 감수하는 데 대한 집단원들의 의지에 지지를 보내는 한편, 대립이나 갈등, 변화에의 반발 등 부정적인 태도에 대해 반박한다.
- 집단원들의 행동 변화를 가져오는 치료적 요소를 인식하며, 집단원들이 자신의 생각과 감정에 따라 변화할 수 있도록 적절히 개입한다.
- 공감, 자기노출 등의 기법을 통해 집단원들의 감정을 정화하며, 문제 상황과 연관된 행동패턴을 탐색·이해하도록 돕는다.
- 집단원들이 보다 깊이 자신을 탐색할 수 있도록 도우며, 새로운 행동방식을 실행할 수 있도록 격려한다.
- 브레인스토밍 등의 방법을 통해 집단원들이 자유롭게 대안을 제시하고 이를 학습할 수 있도록 돕는다.

16 ㄷ. 시작단계 : 집단원들 간의 낮은 신뢰감, 높은 불안감
ㄹ. 갈등단계 : 집단상담자에 대한 도전, 저항과 방어적 태도 형성
ㄴ. 응집·생산단계 : 강한 집단응집력, 피드백 교환의 활성화
ㄱ. 종결단계 : 복합적 감정, 소극적 참여

17 ④ 행동제한하기 : 특정 집단원을 비난하거나 공격하는 것이 아닌, 비생산적이고 집단 발전에 도움이 되지 않는 행동을 하지 못하도록 제한하는 것이다.
① 연결하기 : 특정 집단원의 행동이나 말을 다른 집단원의 관심사와 연결시키는 데 사용되는 집단상담자의 통찰력 표현의 한 기법이다.
② 해석하기 : 집단원의 행동이나 징후에 대하여 설명을 해줌으로써 무의식적 동기를 의식화하도록 돕는 기술이다.
③ 직면하기 : 내담자의 자기 이해를 돕기 위해 상담자의 눈에 비친 내담자의 행동특성 또는 사고방식의 스타일을 지적하여, 내담자가 상담자나 외부에 비친 자신의 모습을 되돌아보고 통찰의 순간을 경험하도록 하는 직접적이고 모험적인 자기대면의 방법이다.
⑤ 자기노출하기 : 상담자가 자신의 경험이나 사고, 생각을 내담자에게 전달하는 것을 말한다.

18 ④ 질문공세하기 : 다른 집단원에게 여러 가지 질문을 늘어놓는 것을 말한다. 질문 속에 포함된 핵심내용을 자신을 주어로 해서 직접적인 방식으로 표현해보도록 한다.
① 적대적 태도 : 적대적 태도를 보이는 집단원은 자신이 가지고 있는 부정적인 감정을 집단상담자나 다른 집단원들에게 표출한다. 이때 상담자는 적대적 태도를 보이는 집단원이 집단에서 무엇을 원하는지 탐색하고 직접 확인해야 한다. 적대적인 행동은 다른 사람들에게 오는 두려움이나 열등감, 무능력한 것에 대한 방어의 한 방법으로 나타나기 때문에, 자기비판의 시간을 갖는 것은 옳은 대처방안이 아니다.
② 독점하기 : 지나치게 말이 많고 침묵하면 불안해하며, 주위의 초점이 되고 싶어 하는 욕구를 가지고 집단을 지배하려는 집단원이다. 상담자는 시의 적절하게 조절하는 중재 기술을 가지

고, 독점하는 행동에 대해 판단을 배제하고 관찰한 사실만을 알려준다.
③ 사실적 이야기를 늘어놓기 : 자신의 느낌이나 생각에 대해 말하기보다 과거를 중심으로 이야기를 이끌어가며 늘어놓는 것을 말하는 데, 상담자는 집단 안의 역동에 참여하여 '지금-여기'에 초점을 맞추고, 과거의 이야기에서 야기된 감정을 적절하게 표출할 수 있도록 유도한다.
⑤ 충고하기 : 집단원이 다른 참여자에게 충고를 하는 경우, 집단상담자는 그와 같은 충고를 하게 된 동기에 대해 스스로 탐색하도록 해주며, 그와 관련된 느낌을 취급하도록 돕는다.

19 집단상담이 부적합한 경우(Mahler)
- 정신적으로 병적인 경우
- 내담자가 위기에 처해 있을 경우
- 내담자 보호를 위해 비밀이 철저히 보장되어야 할 경우
- 자아개념과 관련된 검사를 해석할 경우
- 내담자가 비정상적으로 말하는 것에 두려움을 가지고 있는 경우
- 내담자의 대인관계 기술이 극도로 효율적이지 못하거나 극도로 예민한 경우
- 내담자의 인식, 자신의 감정, 동기, 행동에 대한 인식이 매우 부족할 경우
- 일탈적인 성적 행동의 가능성을 가지고 있는 경우
- 주의집중에 대한 내담자의 요구가 집단에서 다루어지기 어려운 경우
- 자아가 와해된 경우나 극도로 의존적인 경우
- 반사회적이거나 충격적 행동을 하는 경우

20 응집력이 높은 집단의 특성
- 자기 자신을 개방하고 자기 탐색에 집중한다.
- 자발적으로 집단에 참여하며 모임 시간을 엄수한다.
- 고통을 함께 나누며 해결해 나간다.
- 자유스런 분위기에서 집단활동에 적극적으로 동참한다.
- 즉각적으로 자신의 느낌과 생각을 표현한다.
- 서로 보살피며 있는 그대로 수용해 준다.
- 정직한 피드백을 교환한다.
- 건강한 유머를 통해 친밀해지고 기쁨을 함께 한다.
- 깊은 인간관계를 맺는다.

21 공동지도력의 유의사항(Yalom)
- 서로의 강점을 침해하지 않는다.
- 동일한 전문용어를 사용하도록 한다.
- 토의시간을 확보한다.
- 경쟁적이지 않고, 상호지지적이어야 한다.
- 서로에 대해 편안하고 개방적이어야 한다.

22
① 상담자는 내담자의 말뿐만 아니라 몸짓, 표정, 음성 등의 섬세한 변화에도 주의를 기울인다.
② 상담자는 단순히 병리적인 접근법을 사용하지 않으며, 내담자의 다양한 잠재적 감정과 반응에 주목한다.
④ '경청하기'는 대인 간 상호작용을 하는 동안 타인중심의 접근법을 발달시킨다.
⑤ 경청의 요소는 청취, 이해, 기억, 반응이 있다.

23
① 내담자가 자신의 부정적인 생각이나 감정을 표출할 경우에는 행동을 제한하기보다 그 감정을 진정으로 받아들여서 내담자가 자유롭게 표출하도록 격려하여 준다. 즉, 상담자는 상담과정에서 내담자가 표출하는 감정을 인정·수용·명료화하여 주어야 한다.

24
⑤ 청소년의 부모와 협력할 수 있는 기술을 가져야 한다.

청소년 집단상담자에게 요구되는 능력과 자질
- 청소년 환경과 청소년심리·발달에 관한 이해가 있어야 한다.
- 청소년상담자는 개인에 대한 이해가 선행되어야 한다.
- 각 연령집단의 발달과업 특성 및 정상 행동범위에 대한 이해가 필요하다.
- 청소년 집단원이나 주변인들과의 적합한 의사소통 기술을 갖춘다.
- 자신의 가치관이 다문화 청소년에게 미칠 수 있는 영향을 인식한다.
- 청소년의 부모와 협력할 수 있는 기술을 갖는다.
- 역할극 및 다양한 매체를 활용할 수 있어야 한다.

25 윤리적 의사결정을 위한 지침
(Loewenberg & Dolgoff)
- 윤리원칙1 : 생명보호의 원칙
- 윤리원칙2 : 평등과 불평등의 원칙

- 윤리원칙3 : 자율과 자유의 원칙
- 윤리원칙4 : 최소 해악·손실의 원칙
- 윤리원칙5 : 삶의 질 원칙
- 윤리원칙6 : 사생활보호와 비밀보장의 원칙
- 윤리원칙7 : 진실성과 정보 개방의 원칙

필수과목 03 심리측정 및 평가

01	02	03	04	05	06	07	08	09
④	②	③	②	②	③	⑤	②	⑤
10	11	12	13	14	15	16	17	18
③	⑤	②	③	④	⑤	⑤	②	②
19	20	21	22	23	24	25		
②	③	④	④	④	①	⑤		

01 심리평가의 목적
- 내담자 및 주변 환경에 대한 이해
- 문제의 명료화 및 세분화
- 내담자에 대한 이해
- 치료계획 및 치료전략의 제시
- 치료적 관계의 유도
- 치료결과 및 효과에 대한 평가

02 심리검사 결과가 정규분포를 이룰 경우
- 평균으로부터 1표준편차 이내에 전체 사례의 68.26%가 포함
- 평균으로부터 2표준편차 이내에 전체 사례의 95.44%가 포함
- 평균으로부터 3표준편차 이내에 전체 사례의 99.73%가 포함

03 등간척도
- 등간척도는 명목척도와 서열척도의 특성을 포함하여 크기의 정도를 제시하는 척도이다.
- 측정대상의 특수한 속성에 따라 대상의 '크다/작다'의 구분뿐만 아니라, 그 간격에 있어서의 동일함을 의미하는 동일성의 척도이다. 즉, 서열척도가 등급의 순위만을 표시해주는 데 반해, 등간척도는 그 간격이 일정하다는 의미를 내포한다.
- 등간척도는 '+, -'의 산술이 가능하다.
- 등간척도는 명목척도, 서열척도의 특수성을 포함하는 동시에 측정대상의 속성에 있어서 동일한 수학상의 거리, 즉 차이를 나타내는 특수성을 갖는다.
- 등간척도가 그 본질에 있어서 동일한 거리를 요구하고 있는 이상, 대상의 속성이 동일한 거리의 차를 가지지 않는다면 이론상으로 적용하기 어렵다.
- 등간척도가 적용되었을 때 산출할 수 있는 통계치로는 최빈값, 중앙값, 산술평균, 표준편차가 있다.
- 등간척도를 통해 분석될 수 있는 통계기법은 모수통계가 적용되며, 대표적으로 t검증, 분산분석(F검증), 상관관계분석 등이 있다.

04 검사도구의 주요 조건
- 타당도(Validity) : 측정하고자 하는 개념이나 속성을 얼마나 실제에 가깝게 정확히 측정하고 있는가?
- 신뢰도(Reliability) : 동일한 대상에 대해 같거나 유사한 측정도구를 사용하여 반복 측정할 경우 동일하거나 비슷한 결과를 얻을 수 있는가?
- 객관도(Objectivity) : 검사자의 채점이 어느 정도 신뢰할만하고 일관성이 있는가?
- 실용도(Usability) : 검사도구가 얼마나 적은 시간과 비용, 노력을 투입하여 얼마나 많은 목표를 달성할 수 있는가?

05
ㄷ. 명목척도와 서열척도로 측정된 변인은 비모수통계(Nonparametric Statistics)를 적용하고, 등간척도와 비율척도로 측정된 변인은 T검증이나 상관관계분석, 변량분석과 같은 모수통계(Parametric Statistics)를 적용한다.
ㅁ. 지능, 온도, 시험점수 등은 등간척도이다. 비율척도에는 연령, 무게, 키, 수입, 출생률, 사망률, 이혼율, 가족 수, 졸업생 수 등이 해당된다.

06 반분신뢰도 또는 반분법(Split-Half Reliability)
- 검사를 한 번 실시한 후 이를 적절한 방법에 의해 두 부분의 점수로 분할하여, 그 각각을 독립된 두 개의 척도로 사용함으로써 신뢰도를 측정하는 방법이다.
- 조사항목의 반을 가지고 조사결과를 획득한 다음, 항목의 다른 반쪽을 동일한 대상에게 적용하여 얻은 결과와 일치성 또는 동질성 정도를 비교한다.

- 양분된 각 측정도구의 항목 수는 그 자체가 각각 완전한 척도를 이룰 수 있도록 충분히 많아야 한다. 또한, 반분된 항목 수는 적어도 8~10개 정도가 되어야 하며, 전체적으로 16~20개 정도의 항목을 가지고 있어야 한다.
- 반분신뢰도는 단 한 번의 시행으로 신뢰도를 구할 수 있으나, 반분하는 방식에 따라 각기 다른 신뢰도를 측정하므로 단일의 측정치를 산출하지 못한다. 특히, 측정도구를 반분하는 과정에서 검사의 초반과 후반에 연습효과나 피로효과가 발생할 수 있는지, 특정 문항군이 함께 묶여 제시되는지 확인해야 한다.

07 구성타당도(Construct Validity)
- 측정하려는 추상적 개념이 실제로 측정도구에 의해 얼마나 측정되었는지의 정도를 말한다.
- 구성타당도를 평가하는 방법으로는 요인분석 방법, 상관관계분석, 실험처치 비교, 능력 및 연령에 따른 발달적 변화, 중다특성-중다방법 행렬 등이 있다.

08 ②
'표준등급'은 백분점수의 범위를 나타내는 것으로서, 원점수를 정상분포로 가정하여 각각의 구간에 대해 점수를 부여한 것이다. '스테나인(Stanine)'이라고도 하며, 학교에서 실시하는 성취도검사나 적성검사의 결과를 나타낼 때 주로 사용한다. 표준등급은 개별 대상의 점수차가 적은 경우 발생할 수 있는 지나친 확대해석을 미연에 방지할 수 있다.

09
Z점수 = (68 − 60) ÷ 4 = 2
T점수 = 10 × 2 + 50 = 70

Z점수, T점수, H점수

Z점수	• 원점수를 평균이 0, 표준편차가 1인 Z분포 상의 점수로 변환한 점수 • Z점수 = (원점수 − 평균) ÷ 표준편차
T점수	• 평균이 50, 표준편차가 10이 되도록 Z점수를 변환한 점수 • T점수 = 10 × Z점수 + 50
H점수	• T점수를 변형한 것으로 평균이 50, 표준편차가 14인 표준점수 • H점수 = 14 × Z점수 + 50

10
① 구조적 검사(Structured Tests)는 객관적 검사에 해당한다.
② 객관적 검사가 개인들 간의 특성을 상대적으로 비교하는 데 역점을 두는 반면, 투사적 검사는 개인의 독특하고 다양한 반응을 측정하는 데 초점을 둔다.
④ 객관적 검사에 비해 신뢰도가 낮으며, 타당도의 검증이 어렵다.
⑤ 다면적 인성검사(MMPI)는 대표적인 객관적 검사에 해당한다. 투사적 검사에는 로르샤하 검사(Rorschach Test), 주제통각검사(TAT), 집-나무-사람검사(HTP) 등이 있다.

11
⑤ 새로 개발된 측정도구에 의해 산출된 측정결과들이 비교의 기준이 되는 다른 측정결과들과 상관성이 높은 경우 기준타당도는 높다고 할 수 있다.
① 공인타당도는 준거타당도를 살펴보고자 하는 검사에 대하여 그 준거가 동시간대에 존재하는 경우를 말한다. 예컨대, 새로 개발된 심리검사의 결과가 기존에 존재하는 심리검사의 결과와 높은 상관계수를 보인다면 공인타당도가 높다고 할 수 있다.
② 예언타당도는 수검자의 미래의 행동유형을 측정하는 검사로서, 만약 대학 신입생 선발 시 내신성적을 반영하는 경우, 내신성적이 추후 대학성적과 상관이 높은 것으로 나타난다면 예언타당도가 높은 것인 반면, 내신성적이 대학성적과 상관이 없는 것으로 나타난다면 예언타당도는 낮은 것이다.
③ 공인타당도와 예언타당도는 검사점수와 준거변인 중 하나라도 점수의 범위가 제한되면 상관계수 크기가 작아지는 문제점이 있다.
④ 공인타당도와 예언타당도 모두 통계적 수치가 타당도 계수로 제공되는 공통점이 있지만, 예언타당도의 경우 자료의 절단으로 인해 추정된 상관계수가 실제 타당도계수보다 과소 추정되는 문제가 발생할 수 있다.

12 써스톤(Thurstone)의 다요인설
스피어만(C. Spearman)의 2요인설에 대한 비판으로서, 지능이 일반적인 특성으로 설명되기 보다는 개별적인 능력들로 구성되어 있다고 보았다. 써스톤이 제시한 7가지 요인으로는 언어요인(Verbal

Factor), 수요인(Number Factor), 공간요인(Spacial Factor), 지각요인(Perceptual Factor), 논리요인(Reasoning Factor), 기억요인(Memory Factor), 단어유창성요인(Word Fluency Factor)이 있다.

13 ③ Y : 불안감, 무력감

14 ④ 소검사 간 점수들의 분산·분석을 통해 수검자의 인지적 기능의 세부적인 모습, 성격구조의 특징 등을 추론할 수 있다.
① 웩슬러 지능검사는 동일연령을 대상으로 평균 100, 표준편차 15를 적용하고, 소검사의 표준점수는 평균 10, 표준편차 3이다.
② 한국판 웩슬러 아동용 지능검사 4판(K-WISC-IV)은 6세 0개월~16세 11개월까지의 아동의 인지적 능력을 평가하기 위한 개별 검사도구이다.
③ 한국판 웩슬러 성인용 지능검사 4판(K-WAIS-IV)은 16세 0개월~69세 11개월까지의 청소년과 성인의 인지능력을 개인적으로 평가할 수 있도록 만들어진 임상도구이다.
⑤ 지능검사 해석에서 130 이상이면 최우수이고, 120~129이면 우수, 110~119이면 평균 상에 속한다.

15 웩슬러(Wechsler) 지능검사의 개발과정

용도	구분	개발연도	대상연령
성인용	WAIS(Wechsler Adult Intelligence Scale)	1955년	16~64세
	WAIS-R (Wechsler Adult Intelligence Scale-Revised)	1981년	16~74세
	WAIS-III (Wechsler Adult Intelligence Scale-III)	1997년	16~89세
	WAIS-IV (Wechsler Adult Intelligence Scale-IV)	2008년	16세 0개월~69세 11개월
아동용	WISC (Wechsler Intelligence Scale for Children)	1949년	5~15세
	WISC-R (Wechsler Intelligence Scale for Children-Revised)	1974년	6~16세
	WISC-III (Wechsler Intelligence Scale for Children-III)	1991년	6~16세
	WISC-IV (Wechsler Intelligence Scale for Children-IV)	2008년	6세 0개월~16세 11개월
	WISC-V (Wechsler Intelligence Scale for Children-V)	2019년	6세 0개월~16세 11개월
유아용	WPPSI (Wechsler Preschool & Primary Scale of Intelligence)	1967년	4~6.5세
	WPPSI-R (Wechsler Preschool & Primary Scale of Intelligence-Revised)	1989년	3~7.5세

16 표준 소검사 실시순서
토막짜기 → 공통성 → 숫자 → 공통 그림찾기 → 기호쓰기 → 어휘 → 순차 연결 → 행렬추리 → 이해 → 동형찾기 → 빠진 곳 찾기 → 선택 → 상식 → 산수 → 단어 추리

17 다면적 인성검사(MMPI-A : 청소년용)의 해석 시 검토해야 할 질문
- 반응태도
- 증상과 행동
- 학교문제
- 알코올 및 약물문제
- 대인관계
- 신체적·성적 학대
- 강점과 장점

18 ㄴ. L척도(Lie)는 수검자가 자신을 좋게 보이려고 하는 다소 고의적이고 부정직하며 세련되지 못한 시도를 측정하기 위한 타당도 척도이다. 측정 결과가 70T 이상으로 높은 경우 자신의 결점을 부정하고 도덕성을 강조하며 고지식하다. 또한, 부인이나 억압의 방어기제를 사용하는 환자에게서 나타날 수 있다. 반면, 측정 결과가 44T 이하로 낮은 경우 비교적 자신의 결점을 인정하고 솔직하며 허용적이다. 다만, 자신을 병적으로 보이려는 환자에게서 나타날 수도 있다.

ㄹ. F척도(Infrequency)는 비전형적인 방식으로 응답하는 사람들을 탐지하기 위한 것으로서, 어떠한 생각이나 경험이 일반대중의 그것과 다른 정도를 측정한다. 측정 결과가 65~80T 정도인 경우 수검자의 신경증이나 정신병, 현실검증력 장애를 의심할 수 있다. 그러나 측정 결과가 100T 이상인 경우 망상, 환청, 뇌의 기질적 손상 등 심각한 정신과적 장애를 가진 것으로 의심할 수 있다. 다만, 이 경우 수검자의 문항에 대한 이해의 어려움이나 자신의 상태에 대한 의도적인 왜곡을 짐작할 수도 있다.

19 ② 척도 4 Pd(Psychopathic Deviate), 즉 반사회성 척도는 가정이나 권위적 대상 일반에 대한 불만, 자신 및 사회와의 괴리, 권태는 물론 반항, 충동성, 학업이나 진로문제, 범법행위, 알코올이나 약물남용 등을 반영한다.
① 척도 2 D(Depression), 즉 우울증 척도는 사기저하, 자신에 대한 과소평가, 열등감, 미래에 대한 희망 상실, 현재 자신의 생활환경에 대한 일반적인 불만 등을 반영한다.
③ 척도 8 Sc(Schizophrenia), 즉 정신분열증 척도는 정신적 혼란과 불안정 상태, 자폐적 사고와 왜곡된 행동을 반영한다.
④ 척도 9 Ma(Hypomania), 즉 경조증 척도는 사고의 비약이나 과장, 과잉활동적 성향, 과도한 흥분상태나 민감성, 불안정성을 반영한다.

⑤ 척도 0 Si(Social Introversion), 즉 내향성 척도는 혼자 있는 것을 좋아하는지 또는 타인과 함께 있는 것을 좋아하는지와 같은 대인관계형성 양상을 반영한다.

20 ③ 카드 Ⅵ은 해부학적인 성적 구조를 볼 수 있는 것으로서, 특히 수검자의 성적 반응을 살펴볼 수 있는 카드이다. 따라서 수검자가 이미지를 다루는 방식을 통해 수검자의 성적인 측면에 대한 정보를 얻을 수 있다. 또한, 카드 Ⅵ은 인간관계에서의 친밀성을 연상시키기도 한다.

21 ④ 추상적인 잉크반점을 통해 수검자의 다양한 반응을 유도하는 것은 로르샤하 검사(Rorschach Test)에 해당한다. 로르샤하 검사는 '카드 Ⅰ'에서 '카드 Ⅹ'에 이르기까지 총 10장의 잉크반점 카드(Ink-Blot Card)로 구성되어 있다. 반면, 주제통각검사(TAT)는 30장의 구상적인 흑백그림카드와 1장의 백지카드 등 총 31장으로 구성되어 있다.

22 HTP의 투사적 상징
- 집(House) : 가정생활, 가족 간 상호관계, 부부관계, 아동기 부모와의 관계
- 나무-사람(Tree-Person) : 신체상(Body Image) 및 자기상(Self Image), 대인관계, 타인에 대한 감정

23 ① 저빈도척도(INF) - 타당도척도
② 공격성척도(AGG) - 치료고려척도
③ 지배성척도(DOM) - 대인관계척도
⑤ 비지지척도(NON) - 치료고려척도

척도의 종류
- 타당도척도 : ICN(비일관성), INF(저빈도), NIM(부정적 인상), PIM(긍정적 인상)
- 임상척도 : SOM(신체적 호소), ANX(불안), ARD(불안관련 장애), DEP(우울), MAN(조증), PAR(망상), SCZ(정신분열병), BOR(경계선적 특징), ANT(반사회적 특징), ALC(알코올문제), DRG(약물문제)
- 치료고려척도 : AGG(공격성), SUI(자살관련), STR(스트레스), NON(비지지), RXR(치료거부)
- 대인관계척도 : DOM(지배성), WRM(온정성)

24 ② 써스톤(Thurstone) : 다요인/기본정신능력 모형
    ③ 길포드(Guilford) : 지능구조 모형
    ④ 카텔 & 혼(Catell & Horn) : 결정성 및 유동성 지능 모형
    ⑤ 가드너(Gardner) : 다중지능 모형

25 **심리검사의 신뢰도에 영향을 미치는 요인**
    문항의 난이도, 문항의 반응수, 검사시간, 검사시행 후 경과시간, 집단의 동질성, 검사문항의 수, 개인차, 응답자 속성의 변화, 신뢰도 추정방법 등

필수과목 04 상담이론

01	02	03	04	05	06	07	08	09
③	②	⑤	①	②	②	①	④	①
10	11	12	13	14	15	16	17	18
③	③	②	③	⑤	⑤	⑤	③	④
19	20	21	22	23	24	25		
②	⑤	⑤	⑤	②	②	③		

01 ㄴ. 경험과 통찰을 바탕으로 지식과 이론을 반영해야 한다.
    ㅁ. 개인의 성격에 영향을 미치는 사회문화적 요인을 이해한다.

02 **수용의 원리**
    내담자를 하나의 인격체로 존중하는 것, 내담자의 장단점, 성격의 긍정적 측면과 부정적 측면, 긍정적 정서와 부정적 정서, 건설적 태도와 파괴적 태도 등을 있는 그대로 이해하고 인정해야 한다는 것이다.

03 ⑤ 상담 과정에서 어떠한 내담자의 경우 자신의 문제를 탐색하고 그와 관련된 감정표현의 기회를 가지는 것만으로 문제가 해결되기도 한다. 또한, 상담자의 입장에서 문제의 해결책이 분명하며, 내담자가 더 이상의 도움을 받지 않아도 자신의 문제를 해결할 수 있을 것으로 예상하기도 한다. 상담의 첫 회기에서는 문제의 해결책이 될 수 있는 적절한 대안을 탐색하는 과정이 요구된다. 물론 첫 회기에서 내담자에게 어떠한 해결책을 대안으로 제시할 수도 있으나, 단회상담이 아닌 이상 보다 적절한 대안을 탐색하는 것이 바람직하다. 이와 같이 상담을 계속하는 것도 내담자의 문제를 해결하기 위한 하나의 대안일 수 있다.

상담의 첫 회기에서의 과제
- 상담을 위해 우호적·공감적·개방적·무비판적인 분위기를 조성한다.
- 상담의 구조화 및 오리엔테이션을 통해 상담자와 내담자가 상담을 통해 기대하는 바를 전달한다.
- 내담자의 문제 영역을 구체화하며, 문제의 초점을 맞추기 위해 문제를 작업 가능한 수준으로 개념화한다.
- 내담자에게 감정을 표현할 기회를 제공하여 내담자의 고통스러운 감정이나 경험을 탐색한다.
- 내담자가 진정으로 원하는 것이 무엇인지 파악한다.
- 내담자 문제에 대한 탐색을 통해 해결책이 될 수 있는 대안을 검토해본다.

04 ㄹ. '작업동맹관계'는 상담자와 내담자가 상호존중과 신뢰를 토대로 문제를 해결하기 위해 구체적인 목표에 합의하며, 그 목표를 달성하기 위해 협력적인 노력을 펼치는 관계를 말한다. 상담을 초기·중기·종결의 3단계로 구분하는 경우 이와 같은 작업동맹관계는 상담의 초기 단계에서부터 형성하는 것이 바람직하며, 상담 과정 전체를 통해 지속적으로 심화시키는 것이 상담목표 달성에 유리하다.

상담 종결 시의 과업
- 종결시기 정하기
- 정서적 반응 다루기
- 변화 또는 효과의 유지 및 강화
- 미래에 대한 계획세우기
- 의존성 감소시키기
- 의뢰하기
- 평가하기

05 ② 전행동(Total Behavior)은 현실치료 상담에 해당하는 내용이다. 인간의 전행동은 활동하기, 생각하기, 느끼기, 생리기능의 4가지로 구성되며, 인간은 자신이 원하는 것이 있을 때 전체행동을 통해 그것을 얻고자 노력한다.

게슈탈트 상담의 주요 개념
- 알아차림과 접촉
- 지금-여기
- 자각과 책임감
- 미해결 과제
- 신경증 층(Five Layer)
- 접촉경계 장애
- 전경과 배경

06 ② 억압(Repression) : 정신분석에서 죄의식이나 괴로운 경험, 수치스러운 생각을 의식에서 무의식으로 밀어내는 것으로서, 선택적인 망각을 의미한다.
① 반동형성(Reaction Formation) : 자신이 갖고 있는 무의식적 소망이나 충동을 본래의 의도와 달리 반대되는 방향으로 바꾸는 것이다.
③ 부인 또는 부정(Denial) : 의식화되는 경우 감당하기 어려운 고통이나 욕구를 무의식적으로 부정하는 것이다.
④ 퇴행(Regression) : 생의 초기에 성공적으로 사용했던 생각이나 감정과 행동에 의지하여 자기 자신의 불안이나 위협을 해소하려는 것이다.
⑤ 주지화(Intellectuallization) : 위협적이거나 고통스러운 정서적 문제를 피하기 위해 또는 그것을 둔화시키기 위해 사고·추론·분석 등의 지적 능력을 사용하는 것이다.

07 해석(Interpretation)의 제시 형태
- 잠정적 표현 : 상담자가 판단한 내용을 단정적으로 해석해 주기보다는 암시적이거나 잠정적인 표현을 사용한다.
- 점진적 진행 : 상담자의 해석은 내담자의 생각보다 늦어서도 안 되고 너무 앞서서도 안 된다. 내담자가 생각하거나 느낀다고 믿는 방향으로 점차적으로 진행하여야 한다.
- 반복적 제시 : 내담자가 해석된 내용을 이해하지 못하거나 저항을 하는 경우, 상담자는 적절한 때에 부수적인 경험적 증거를 제시하면서 해석을 반복해야 한다.
- 질문형태의 제시 : 해석은 내담자를 관찰하여 얻은 예감이나 가설을 토대로 하므로 가능한 한 질문형태로 제시하여 내담자 스스로 해석하도록 돕는다.
- 감정몰입을 위한 해석 : 지적인 차원보다는 감정적 차원에 초점을 맞추는 것이 좋다.

08 상담자는 가급적 내담자가 스스로 이야기할 수 있도록 유도하는 것이 바람직하며, 상담자가 질문을 많이 사용하여 내담자에게 연속적으로 응답을 요구하는 것은 바람직하지 못하다.

09 ㄴ. 타인에 대한 당위적 요구는 타인에게 바라는 당위적 기대가 이루어지지 않을 때 인간에 대한 불신감을 갖게 된다.

비합리적 신념
'반드시 ~해야 한다(Must, Should).'라는 절대적이고 완벽주의적인 당위적 요구의 형태를 띠고 있다.

당위주의

자신에 대한 당위성	자기 자신에게 현실적으로 충족할 수 없는 과도한 기대와 요구를 부과하는 것을 말한다.
타인에 대한 당위성	타인에게 바라는 당위적 기대가 이루어지지 않을 때 인간에 대한 불신감을 갖게 되어 그 상황을 참아낼 수 없는 것을 말한다.
조건(세상)에 대한 당위성	세상의 조건들이 내가 원하는 방향으로만 돌아가는 것을 당연히 하며, 만약 그렇지 않을 경우 참을 수 없는 것을 말한다.

10 ③ 개인화(Personalization) : 자신과 관련시킬 근거가 없는 외부사건을 자신과 관련시키는 성향으로서, 실제로는 다른 것 때문에 생긴 일에 대해 자신이 원인이고 자신이 책임져야 할 것으로 받아들인다.
① 임의적 추론(Arbitrary Inference) : 어떤 결론을 지지하는 증거가 없거나 그 증거가 결론에 위배됨에도 불구하고 그와 같은 결론을 내린다.
② 과잉일반화(Overgeneralization) : 한두 개의 고립된 사건에 근거해서 일반적인 결론을 내리고 그것을 서로 관계없는 상황에 적용한다.
④ 선택적 추론(Selective Abstraction) : 다른 중요한 요소들은 무시한 채 사소한 부분에 초점을 맞추고, 그 부분적인 것에 근거하여 전체 경험을 이해한다.
⑤ 파국화(Catastrophizing) : 어떠한 사건에 대해 자신의 걱정을 지나치게 과장하여 항상 최악을 생각함으로써 두려움에 사로잡힌다.

11 ㄹ. 성장하는 아동에게 부모의 기대와 가치를 부여하게 되면 아동들 개인에게 내재화되어 자기개념을 형성하게 된다. 그러나 외적으로 부여된 가치 조건에 따라 살아가게 되면서 자기개념과 경험 간에 불일치가 생긴다.

12 ② 투사(Projection)는 비난받을만한 자신의 행동이나 생각, 사회적으로 용인되지 않는 행동이나 생각을 마치 다른 사람의 것인 양 생각하고 남을 탓하는 것이다. 즉, 자신의 심리적 속성이 타인에게 있는 것처럼 생각하고 행동하는 것이다.

13 ③ '탈숙고'는 반성을 제거하는 기법으로서, 지나친 자기관찰에서 벗어나 의미와 가치를 주는 다른 것에 관심을 보이도록 이끄는 기법이다. 지나친 숙고는 개인의 자발성과 활동성에 방해가 된다. 탈숙고를 통해 지나친 숙고를 상쇄시킴으로써 개인의 자발성과 활동성을 회복시키고, 지나친 숙고로 인한 기대불안의 악순환에서 벗어나게 하기 위해 사용한다.

14 ⑤ 전통적인 정신분석 치료에서는 내담자의 전이 현상을 중요한 치료적 요인으로 활용한다. 그러나 현실치료에서는 상담자는 전이적 대상이 아니라, 따뜻한 인간적인 위치에서 내담자와 친밀한 관계를 맺는다.

15 체계적 둔감법(Systematic Desensitization)
- 체계적 둔감법은 행동주의 상담에서 널리 사용되고 있는 고전적 조건형성의 기법으로서, 특정한 상황이나 상상에 의해 조건형성된 불안이나 공포를 극복하도록 하기 위한 행동치료 기법이다.
- 혐오스러운 느낌이나 불안한 자극에 대한 위계목록을 작성한 다음, 낮은 수준의 자극에서 높은 수준의 자극으로 상상을 유도함으로써 혐오나 불안에서 서서히 벗어나도록 하는 방법이다.
- 체계적 둔감법은 불안과 공포, 혐오증 등이 있는 내담자로 하여금 그로 인한 부적응 행동이나 회피행동을 치료하는 데 효과가 있다.

16 개인심리 상담의 과정
- 상담(치료)관계의 형성(제1단계) : 상담자와 내담자 사이에 따뜻하고 배려하는 공감적 관계를 형성한다.
- 개인역동성의 탐색(제2단계) : 내담자의 목표, 생활양식, 중요한 경험에 부여한 의미를 탐색한다.
- 해석을 통한 통찰의 발달(제3단계) : 내담자가 자신의 오류와 현재 행동의 상관관계를 각성하도록 한다.
- 새로운 방향의 선택 또는 재교육(제4단계) : 개인의 목표, 생활양식, 인생의 의미를 재구성할 수 있도록 재교육한다.

17 ③ '빈 의자 기법'은 현재 치료 장면에 없는 사람과 상호작용할 필요가 있는 경우 내담자에게 그 인물이 맞은 편 빈 의자에 앉아 있다고 상상하도록 하여 대화하는 방법이다. 내담자는 상대방에 대한 자신의 생각과 감정을 표출함으로써 이를 명료화 할 수 있으며, 역할을 바꾸어 대화를 시도함으로써 상대방의 생각과 감정을 이해할 수도 있다. 또한 내담자는 이 기법을 통해 자기 자신의 억압된 부분과 접촉할 수 있으며, 이를 통해 자신의 내면세계를 탐색할 수도 있다.

18 ④ 교차교류의 특징에 해당한다. 이면교류는 현재적인 교류와 잠재적인 교류의 양쪽이 동시에 작용하는 복잡한 교류로서, 가식적인 메시지가 전달된다.

19 라켓 감정(Racket Feeling)
- 만성적 부정감정으로서 개인의 생각이나 행동을 구속한다.
- 개인의 자연스러운 감정을 상쇄하여 지워버린다.
- 타인으로부터 인정자극을 받으려는 숨은 의도가 있다.
- '지금-여기'에 부합하지 않는 감정을 나타내 보인다.
- 개인 간 친밀한 의사교류를 방해한다.
- 부정감정을 축적하여 다음의 한풀이 행동을 위한 정당한 근거로 제시한다.

20 ① 수프에 침 뱉기 : 내담자가 반복적으로 나타내는 자기파멸적인 행동동기를 확인하고 그것을 매력적이지 못한 것으로 만듦으로써 내담자가 상상한 이익을 제거한다. 즉, 내담자의 행동과 흡사한 행동을 재현하여 내담자가 자신의 부정적인 행동을 종식하도록 한다.
② 역설적 의도 : 자신의 잘못된 행동을 객관적인 입장에서 확인하도록 하여, 그러한 행동의 책임이 자신에게 있음을 깨닫도록 한다.
③ 수렁(악동) 피하기 : 내담자가 자기패배적인 자기 지각을 유지시키는 것을 피하도록 돕고, 비효율적인 지각이나 행동을 언급하는 대신 더 큰 심리적인 건강을 가져올 수 있도록 격려의 행동을 하는 것을 말한다.
④ 마치 ~인 것처럼 행동하기 : 상담자는 두려워하는 내담자에게 문제가 해결된 것처럼 상상하고 행동하도록 역할놀이 상황을 설정한다.

21 ⑤ 글래서(Glasser)는 '감정'을 개인의 책임 있고 올바른 방법으로 행동하는 데 있어서 좋은 지시자로 간주하였다. 이는 현실주의 상담에서 개인의 행동을 현실적인 책임의 문제와 결부시킬 때 가치판단이 개입될 수 있다는 사실을 인정한 것이다. 그로 인해 현실주의 상담에서는 상담의 과정에서 상담자의 주관적인 가치판단이 개입될 소지가 있으며, 상담자의 가치가 일방적으로 내담자에게 강요될 수 있다는 문제점이 지적되고 있다.

22 실존주의 상담의 원리
- 비도구성의 원리 : 상담자와 내담자의 관계는 기술적인 관계가 아니므로, 상담은 도구적·지시적이 되어서는 안 된다.
- 자아중심성의 원리 : 실존주의 상담은 내담자의 자아세계 내면에 있는 심리적 실체에 초점을 둔다.
- 만남의 원리 : 실존주의 상담은 '지금-여기'에서의 상담자와 내담자의 만남을 중시한다.
- 치료할 수 없는 위기의 원리 : 실존주의 상담의 목적은 위기의 극복이 아닌, 인간 존재의 순정성 회복에 있다.

23 자아상태의 구별

구 분	특 징	
CP (비판적 부모자아)	긍정적 측면	설교적, 전통적, 규범적, 권위적, 비판적, 이상추구
	부정적 측면	권위적, 강압적, 독단적, 편견적, 비판적
NP (양육적 부모자아)	긍정적 측면	보호적, 지지적, 친절한, 인정적
	부정적 측면	과보호적, 맹목적, 훈계적
A (어른자아)	긍정적 측면	이론적, 합리적, 객관적, 차분한, 객관적인
	부정적 측면	인간미 없는, 냉정한, 단조로운
FC (자유로운 어린이자아)	긍정적 측면	감정적, 개방적, 명랑한, 흥분된, 자유로운
	부정적 측면	반항적, 공격적, 공포적
AC (순응적인 어린이자아)	긍정적 측면	순응적, 겸손한, 조심스러운
	부정적 측면	폐쇄적, 우유부단한, 눈치를 보는

24 ② '반영'의 예에 해당한다. 반영은 내담자의 말 이면의 정서적 요소를 표현하고 자기감정을 이해하도록 돕는 기술을 말한다.

25 ③ '부적 강화'란 불쾌 자극을 철회하여 행동의 빈도를 증가시키는 것을 말한다.

필수과목 05 학습이론

01	02	03	04	05	06	07	08	09
⑤	①	③	②	④	②	④	⑤	③
10	11	12	13	14	15	16	17	18
④	①	⑤	②	①	⑤	⑤	①	⑤
19	20	21	22	23	24	25		
③	①	③	⑤	③	⑤	③		

01 ⑤ 행동에 관한 동물연구는 단지 이론가에게만 유용한 사실들을 제공해 줄 뿐이다.

동물연구와 인간의 학습

동물연구를 하는 이유	• 동물의 경우 유전의 영향을 통제하는 것이 가능하다. • 동물의 경우에는 참가자의 학습경험(선행학습)을 통제하는 것이 가능하다. • 인간에게는 윤리적 이유 때문에 할 수 없는 실험을 동물을 대상으로는 할 수 있다. • 인간은 연구에 참여하기를 거부하거나 연구 결과를 왜곡할 수 있다. • 동물은 체계가 단순하여 단일한 변인의 효과를 분리해 내기가 더 쉽다.
동물연구를 반대하는 이유	• 한 종을 대상으로 한 실험을 다른 종에게 일반화할 때에는 조심해야 할 필요가 있다. • 행동에 관한 동물연구는 단지 이론가에게만 유용한 사실들을 제공해 줄 뿐이다. • 쥐가 인간을 대상으로 실험할 권리가 없는 것과 똑같이 인간도 쥐를 대상으로 실험할 권리가 없다. • 컴퓨터 모사법으로 연구에 사용되는 동물을 대체할 수 있다.

02 **내재적 동기와 외재적 동기**

내재적 동기	자율행동 및 반사감정, 호기심, 흥미, 수집, 과시, 적절한 암시, 목적의 자각, 긍정적 자아개념 등
외재적 동기	학습 결과의 확인, 학습 목표의 확인, 성공감과 실패감, 상과 벌, 개인적 흥미유발, 협동과 경쟁심의 적절한 사용, 교사의 적극적 노력 등

03 ③ 대부분의 학습이론가들은 학습과정이 직접적으로 연구될 수 없으며, 대신 행동에서의 변화를 통해 추론되어야 한다고 주장한다. 스키너(Skinner)를 제외한 학습이론가들은 학습을 '행동을 매개하는 과정'으로 간주한다. 여기서 학습은 매개변인으로 간주된다. 반면, 스키너는 '행동상의 변화 자체를 학습으로 간주하며, 추론과정은 필요 없다'고 주장한다.

04 ② 도식(Schema)은 인간이 사물을 받아들이는 데 사용하는 정신체계로서, 사물이나 사건에 대한 전체적인 윤곽 또는 지각의 틀을 말한다. 인간은 태어날 때 반사적인 행동유형으로서 '빨기 도식'을 가지며, 이후 성장하면서 환경에 적응하기 위한 내적인 정신활동으로서 '조작 도식'을 형성하게 된다. 그러나 이러한 도식은 개인의 인지구조에 따라 특정 자극에 '선택적인 주의'를 기울임으로써 서로 다른 양상을 보이게 되며, 경우에 따라 왜곡된 도식에 의해 자동적 사고를 하기도 한다. 인지이론은 인간의 인지상의 문제가 효과적인 사고를 방해하는 도식에서 비롯된 것으로 가정한다.

05 **망각을 방지하는 방법**
• 학습내용을 의미 있게 논리적인 지식체계로 유도하여 학습한다.
• 동기화된 학습 자료를 활용한다.
• 학습은 처음부터 완전히 습득한 후에 다음 학습으로 이행한다.
• 복습의 시기는 최초학습에 가까울수록 기명과 파지에 효과적이다.
• 분산학습이 집중학습보다 파지에 효과적이다.
• 기억된 자료 간의 간섭은 파지를 저해한다.
• 초과학습은 망각을 방지한다.

06 ② 조작적 조건형성의 기본원리 중 '조형의 원리'에 해당한다. 스키너(Skinner)는 행동조형에 관한 쥐의 미로실험에서 쥐가 미로의 문제를 해결하는 데 약간의 근접한 행동을 하는 경우 강화를 주는 과정을 단계적으로 발전시켜 나감으로써 이후 쥐가 보다 복잡한 미로를 학습할 수 있다는 사실을 발견하였다.

① 고전적 조건형성의 기본원리 중 '일관성의 원리'에 해당한다. 이 원리는 질이 다른 여러 가지 자극을 주는 것보다 일관적 자극을 주는 것이 바람직하다는 것이다.
③ 고전적 조건형성의 기본원리 중 '계속성의 원리'에 해당한다. 이 원리는 특히 반복학습을 중요시하며, 자극과 반응 간의 지속적이고 근접적인 연합을 강조한다.
④ 고전적 조건형성의 기본원리 중 '강도의 원리'에 해당한다. 이 원리는 처음에 제시되는 조건자극보다 나중에 제시되는 무조건 자극이 강도의 측면에서 더욱 커야한다는 점을 강조한다.
⑤ 고전적 조건형성의 기본원리 중 '시간의 원리' 또는 '근접의 원리'에 해당한다. 이 원리는 조건형성의 과정에서 조건 자극이 무조건 자극보다 시간적으로 동시에 또는 약간 앞서서 주어져야 한다는 점을 강조한다.

07 ④ 자발적 회복은 얼마간의 휴식기간을 가진 후에 소거된 반응이 다시 나타나는 현상을 말한다. 즉, 일단 습득된 행동은 만족스러운 결과가 주어지지 않는다고 하여 즉시 소거되지는 않는다.

08 ⑤ 1차적 강화물은 무조건 강화자극에 해당하는 것으로서, 학습에 의하지 않고도 강화의 효과를 가지는 자극을 말한다. 이에 반해, 2차적 강화물은 조건 강화자극에 해당하는 것으로서, 본래 중성자극이었던 것이 강화 능력을 가진 다른 자극과 연결됨으로써 강화의 속성을 가지게 된 자극을 말한다. 예를 들어, 1차적 강화물로는 음식이나 과자, 장난감 등이 있으며, 2차적 강화물로는 미소, 칭찬, 토큰(보상) 등이 있다.

09 ③ '부적강화'는 불쾌 자극을 제거하여 바람직한 반응의 확률을 높이는 것으로서, 특정 반응 후 불쾌감을 유발하는 부정적인 자극이 종료되도록 하는 것이다. 자동차 탑승자들은 시끄러운 버저소음을 듣지 않기 위해 모두 안전벨트를 착용해야 하며, 이로써 탑승자들의 안전도가 높아지게 된다. 이 경우 버저소음은 부적강화물, 안전벨트를 착용하는 것은 부적강화에 해당한다.

10 ④ 일반적으로 체벌을 가할 때 벌의 강도를 점점 높인다든지 벌의 빈도를 점점 높이면, 의도한 대로 행동이 약화되는 것이 아니라 그 반대의 효과, 즉 벌에 습관화되어 벌에 대한 저항을 높이는 결과를 초래한다.

11 ① 반응률이 높은 강화계획 순서는 '가변비율(VR ; Variable-Ratio Schedule) > 고정비율(FR ; Fixed-Ratio Schedule) > 가변간격(VI ; Variable-Interval Schedule) > 고정간격(FI ; Fixed-Interval Schedule)' 순이다.

12 체계적 둔감법(Systematic Desensitization)
- 월페(Wölpe)의 상호억제원리를 기초로 한 고전적 조건형성의 기법으로서, 행동주의 상담에서 널리 사용되고 있다.
- 상호억제원리는 신경증적 행동의 원인을 학습에 의한 것으로 보고, 학습된 것을 억제·제지함으로써 행동을 수정할 수 있다는 것이다.
- 체계적 둔감법은 특정한 상황이나 상상에 의해 조건형성된 불안이나 공포를 극복하도록 하기 위한 것이다.
- 혐오스러운 느낌이나 불안한 자극에 대한 위계목록을 작성한 다음, 낮은 수준의 자극에서 높은 수준의 자극으로 상상을 유도함으로써 불안이나 공포에서 서서히 벗어나도록 한다.
- 불안이나 공포, 혐오증, 강박관념 등이 있는 내담자로 하여금 그로 인한 부적응 행동이나 회피행동을 치료하는 데 효과가 있다.

13 ㄴ. 맞닥뜨리기 또는 직면(Confrontation)은 현실주의 상담의 기법에 해당한다. 상담자는 내담자가 현실적인 책임에서 벗어나는 행동을 하거나 그에 대해 변명을 하는 경우, 내담자에게 책임 있는 행동을 할 것을 촉구한다.
ㄹ. 훈습(Working-Through)은 정신분석적 상담의 기법에 해당한다. 상담자는 내담자의 전이저항에 대해 기대되는 수준의 통찰과 이해가 성취될 때까지 반복적으로 직면하거나 설명함으로써 내담자의 통찰력이 최대한 발달하도록 하며, 자아통합이 이루어지도록 돕는다.

14 ① 시행착오 이론은 손다이크(Thorndike)의 행동주의 학습이론에 해당한다. 사회인지학습이론은 어떤 모델의 행동을 관찰 모방함으로써 학습하게 된다는 것으로서, 주위 사람과 사건들에 주의 집중함으로써 정보를 획득하는 학습이다.

15 ⑤ 유지 시연(Maintenance Rehearsal)은 정보의 기억을 위해 항목들을 단순히 반복학습하는 것이다. 이러한 유지 시연은 항목들을 단시간 동안 단기기억 속에 유지시키는 데는 도움이 되지만, 장기기억으로 정보를 이동시키는 데는 별다른 도움이 되지 않는다. 예를 들어, 상대방에게서 전해들은 주소나 전화번호를 잊지 않기 위해 반복적으로 암송하는 것이 유지 시연에 해당한다.

16 ⑤ 가르시아 효과(Garcia Effect)는 특정한 음식과 그 음식의 섭취 후 반응 사이에 인과관계가 성립하며, 그것이 학습효과에 의해 지속적인 양상으로 전개되는 것을 말한다.

17 ㄷ. 비율 긴장(Ratio Strain)은 강화 비율을 너무 급격히 혹은 너무 길게 늘려서 반응의 패턴이 붕괴되는 것을 말하며, 스키너(Skinner)의 조작적 조건형성 이론에 속한다.

18 1차적 강화물은 생리적·선천적 욕구를 만족시키는 자극물(음식, 공기, 물 등)을 말하며, 2차적 강화물은 본래는 중성자극이었으나, 1차적 강화물과 연합하여 학습되거나 조건화된 강화물(칭찬, 돈, 상장, 피드백 등)을 말한다.

19 ③ 학습에서는 개인의 신념, 자기 지각 등과 같은 인지적 요인들의 역할이 중요하다.

20 절차적 지식의 발달단계
- 인지 단계(제1단계) : 절차에 관한 선언적 지식(서술적 지식)을 획득하여 선언적 지식이 지정하는 단계를 밟는다.
- 연합 단계(제2단계) : 작업기억의 대부분을 사용하여 개개의 단계를 보다 큰 단위로 결합한다.
- 자동화 단계(제3단계) : 전체 절차를 최소한의 의식적인 생각만으로 처리할 수 있게 된다.

21 반두라(A. Bandura)의 관찰학습 과정
- 주의집중과정 : 모델의 행동을 관찰하고 주의 깊게 집중하며, 모델을 정확하게 지각하는 과정
- 파지과정 : 모델을 통해 받은 내용과 인상을 기억하여 장기간 보존하는 과정
- 운동재생과정 : 기억되어 있는 모델의 행동을 본인의 신체로 직접 재생산하는 과정
- 동기화과정 : 행동 수행에 영향을 미칠 수 있는 강화조건에 따라 모델의 행동이 수행되는 과정 (자기효능감은 동기화를 위한 중요한 변수)

22 ㄹ. 아동 스스로 과제를 다룰 수 있는 '실제적 발달수준'과 자신보다 인지적으로 유능한 성인(교사나 부모)이나 또래의 도움을 받아 과제를 해결할 수 있을 것으로 기대되는 '잠재적 발달수준' 간의 간격을 비고츠키(L. Vygotsky)는 근접발달영역(ZPD)이라 하였다. 비계설정(Scaffolding)은 아동이 스스로 문제를 해결할 수 있는 수준에 도달하기까지 성인이 도움을 줄 때 아동의 요구에 맞게 조절함으로써 아동의 노력을 지원하는 하나의 체계를 의미한다. 성인의 도움(Scaffolding)은 학습 초기의 강한 강도에서 점차 줄어들어야 한다.

23 결손욕구(결핍욕구)와 성장욕구(메타욕구)

결손 욕구	• 우선적으로 만족되어야 하는 욕구 • 긴장을 해소하고 평형을 복구하려 하려는 욕구 • 타인지향적이고 의존적임 예 자기존중 욕구, 애정과 소속 욕구, 안전 욕구, 생리적 욕구
성장 욕구	• 잠재력을 실현하려는 욕구 • 결코 만족되지 않는 욕구이며, 지속되길 기대함 • 자율적이고 자기지시적이어서 스스로를 도울 수 있음 예 자아실현 욕구, 인지적 욕구, 심미적 욕구

24 자기효율성(Self-Efficacy)
- 자기효율성은 내적표준과 자기강화에 의해 형성되는 것으로서, 어떤 행동을 성공적으로 수행할 수 있다는 신념이다.
- 자기효율성은 총체적 자기개념을 지칭하기보다는 특정 상황이나 과제에 대처하는 지각된 능력과 연관된다.
- 상황에 적합한 행동의 선택, 시간과 노력의 투입 정도 등을 결정하는 근거가 되기도 한다.

25 ① 티치너(E. Titchener)는 영국인으로서 독일 심리학을 미국에 옮겨 와 영국의 연합주의를 심리학 연구의 틀로 만든 인물이다. 분트심리학의 내용이나 방법, 기풍을 계승하긴 했지만, 자기 나름대로 수정을 했다. 그는 미국 코넬 대학에서 심리학 실험실을 설치하고, 코넬 대학을 심리학의 구성주의 본영으로 만들었다.
② · ④ · ⑤ 분트(Wundt)의 주의설에 대한 내용이다.

분트(W. Wundt)의 주의설
- 심리학을 자연과학, 실험과학 더하기 민속심리학과 같은 그런 측면이 가미된 일종의 혼혈적 과학(Hybrid Science)이라고 보았다.
- '실험, 내성, 민속학'의 3가지 모두 심리학 방법으로 사용해야 된다고 보았다.
- 내성은 제한적·한계적 방법이다.
- 마음이 의지라는 행위를 통해 경험을 능동적으로 조직화하는 방식에 더 관심이 있었으며, 이를 주의설이라 하였는데, 이는 마음의 능동적인 성질을 반영한 것이다.
- 마음은 수동적 요소가 아닌, 고정되어 있지 않고 역동적이며, 과정적인 활동적 실체라고 하였다.

티치너(E. Titchener)의 구성주의
- 심리학을 자연과학이라고 보았다.
- 요소주의 관점에서 내성법을 사용하여 연구하였다.
- 내성은 완벽한 방법이며, 훈련만 잘하면 된다.
- 마음에 대한 티치너의 모형은 영국 경험론자들의 모형과 유사했다. 즉, 마음이 능동적인 동인이라는 생각을 믿지 않았고, 마음을 수동적인 연합적 경험의 결과로 보았다.
- 인간의 정신작용에 대해 수동적 마음을 가정하였다.
- 대상을 지각할 때의 즉각적인 경험만 보고하고, 그 대상에 대한 해석은 배제하였다.

선택과목 01 청소년이해론

01	02	03	04	05	06	07	08	09
③	④	①	②	②	①	④	⑤	①
10	11	12	13	14	15	16	17	18
④	①	④	④	②	②	③	③	②
19	20	21	22	23	24	25		
①	⑤	④	①	⑤	④	③		

01 어원적 관점에서 본 청소년의 정의
- 청소년은 아동과 성인의 특징을 부분적으로 지니고 있으면서 양쪽 어디에도 속하지 않는 과도기적 존재이다.
- 청소년은 생식 능력 유무의 관점에서 소년과 소녀로 구별된다.
- 청소년은 성장 진행 여부의 관점에서 청년과 구별된다.
- 청소년은 발달과정상 다른 시기와 차별화를 이루는 독특한 특징을 지닌다.

02 청소년기의 구분방법
- UN(1985년) : 15세부터 24세 사이의 집단
- 국제식량기구(FAO) : 10세부터 24세까지 사이의 결혼여부를 불문한 남녀 인구부문

03 ② 게젤(Gesell)은 아동의 발달이 자연 상태에서 자신의 잠재가능성을 발휘하면서 이루어진다는 루소(Rousseau)의 자연주의 이론을 토대로 아동의 내재적 능력의 자연적 계발을 강조하였다.
③ 설리반(Sullivan)에 따르면, 인간의 발달단계에 따라 대인관계 욕구가 변화한다고 보고 유아기부터 청소년 후기까지 6단계로 구분하여 상호작용의 욕구에 대해 설명하였다.
④ 에릭슨(Erikson)은 인간의 발달단계를 8단계로 구분하고, 각 발달단계마다 해결해야 할 중요한 발달과업과 위기가 있는데, 이러한 과업과 위기를 성공적으로 달성할 때 개인은 건강한 발달을 할 수 있다고 주장하였다.
⑤ 베네딕트(Benedict)는 서구 산업사회와 원시사회에서의 청소년 발달의 차이점을 토대로 청소년 발달을 이론화하였다.

04 ㄱ·ㄷ 생물학적 발달이론의 대표적 학자는 홀(Hall)과 게젤(Gesell)이 있다. 특히, 홀은 인간에게 예정된 발달단계에 따라 발생하는 행동유형, 즉 인간 발달이 생물학적 요인(유전자)에 의해 결정된다고 주장하였으며, 게젤은 인간이 이미 유전적인 요소에 의해 성장의 방향이 결정되어 있다고 보았다.

ㄴ. 미드(Mead)의 학습이론은 청소년 발달에 관한 이론을 제시하지는 않았지만, 문화적 요인이 청소년기 발달에 매우 중요하다고 주장하면서 청소년의 행동을 이해하기 위해서는 청소년이 속한 문화적·사회적 제도에 대한 이해가 선행되어야 한다고 하였다.

ㄹ. 임파워먼트(Empowerment) 모델은 클라이언트가 잠재력이 있는 존엄한 인간이고 자원이며, 자신의 삶을 통제할 수 있는 역량이 있다고 보는 관점이다. 즉, 20세기에 들어서면서 미국의 시민권 운동, 흑인인권운동, 저항운동, 노동 운동, 시민권리단체 등의 활발한 활동과 더불어 사회복지실천현장에서 일반 체계이론, 생태체계이론, 강점관점 등이 통합되면서 등장한 새로운 모델이다.

05 ② 모방하려는 모델의 행위에 주의를 집중하는 것으로 관찰학습의 첫 단계이다. 관찰자의 선택적 주의집중은 과거의 강화에 영향을 받는다.

반두라(A. Bandura)의 관찰학습 과정

주의집중 과정	모델에 주의를 집중시키는 과정으로서, 모델은 매력적 특성을 가지고 있어서 주의를 끌게 되며, 관찰자의 흥미와 같은 심리적 특성에 대해서도 영향을 받는다.
보존과정 (기억·파지 과정)	모방한 행동을 상징적 형태로 기억 속에 담는 것을 말한다.
운동재생 과정	모델을 모방하기 위해 심상 및 언어로 기호화된 표상을 외형적인 행동으로 전환하는 단계이다.
동기화과정 (자기강화 과정)	관찰을 통해 학습한 행동은 강화를 받아야 동기화가 이루어져 행동의 수행가능성을 높인다. 행동을 학습한 후 그 행동을 수행할 여부를 결정하는 데 중요한 역할을 하는 것이 바로 강화이다.

06 ㄹ. 매슬로우(Maslow)가 주장한 인본주의적인 관점에 관한 설명이다. 즉, 인간의 욕구는 결핍 욕구(Deficiency Needs)와 성장 욕구(Growth Needs)로 구분할 수 있는데, 결핍 욕구는 욕구가 충족되는 만큼 그 욕구에의 갈망이 감소하지만, 성장 욕구는 욕구가 충족될수록 그 욕구에 대한 갈망이 더욱 증가한다.

07 ④ 콜버그(L. Kohlberg)는 성 역할 발달이 인지발달의 부산물로 이루어지는 것으로 보았으며, 아동이 고정관념적 성 역할 동일시를 발전시키는 단계에서 분석을 마쳤다.

콜버그(Kohlberg)의 아동의 성 역할 발달

성 정체성 발달(3세경)	남자와 여자를 범주화하는 능력이다.
성 안정성 발달(4세경)	남아는 남자 어른이 되고, 여아는 여자 어른이 된다는 인식이다.
성 항상성 발달(6세경)	성이란 놀이, 복장, 외모의 변화에도 불구하고 변하지 않는다는 인식이다.

08 인터넷 중독의 개인심리적 특성
- 우울증 : 영(Young)과 로저스(Rogers)는 인터넷 사용자 온라인조사를 통하여 인터넷 중독군이 비중독군에 비해 높은 수준의 우울증을 나타내고 있는 것으로 보고하였다.
- 충동성 : 많은 학자들이 행동중독의 주된 요인으로 충동성을 지적하고 있는데, 인터넷 중독도 역시 행동중독의 한 유형이므로, 충동성과의 밀접한 관련성을 쉽게 유추할 수 있다. Young은 인터넷 중독군이 자신의 인터넷 사용을 적절하게 통제하지 못하며, 그로 인해 직업, 금전상 어려움을 야기한다는 점에서 분명한 충동조절 장애라고 주장했고, 그린필드(Greenfield) 역시 탈억제가 인터넷 중독군의 중요한 특성의 하나라고 보고하였다.
- 외로움 : 현실사회의 인간관계에서 고립되어 외로움을 느끼는 사람들은 가상현실의 참여를 통해 이를 대체하고자 한다.
- 이 외에도 우울감, 강박적 경향, 산만함과 집중력 저하, 낮은 자존감, 사회적 불안감 등 다양한 종류의 문제가 인터넷 중독과 관계된다.

09 ① 선형적 인과론이 아닌, 순환적 인과론에 의해 보다 깊이 이해될 수 있다.

가족체계
- 가족체계에 대한 일반적 이해 : 청소년들에게 영향을 미치는 환경체계들 가운데 주요한 체계는 가족이다. 가족은 청소년들이 가장 오랜 관계역사를 가진 집단일 뿐만 아니라, 가장 근원적인 물리적·심미적 영향력을 행사할 수 있는 집단이기 때문이다.
- 가족체계 특징 : 가족성원들 간에 성역할, 세대에 따라 경계선이 생기고 이에 따라 하위체계가 구성된다.
- 부부하위체계, 부모하위체계, 형제하위체계 등 : 가족체계 내에서는 성원들 간의 결탁관계, 삼각관계 등이 복잡하다. 상호작용의 패턴을 통해 그 성격을 이해할 수 있으며, 시간이 흘러감에 따라 변화되어 간다.

10 또래집단에 의한 감정
- 연대감(Affiliation) : 청소년들은 또래집단과 연대를 가지므로, 동일 연령집단으로부터 심리적·사회적인 지지를 받을 수 있다. 청소년들은 또래집단과 상호 작용하면서 자신의 유아적인 충동적 욕구를 조절하고, 적절한 성역할 행동을 발전시키게 되며 사회적·도덕적 가치를 형성하게 된다.
- 자신감(Competence) : 청소년들은 부모들로부터의 의존관계에서 점차 벗어나 또래들로부터 수용을 받으면서 자기가치감, 자기존중감, 자기유능감을 형성하게 된다.
- 인기(Popularity) : 또래집단 내에서의 인기는 집단 내에서의 지위, 집단의 다른 성원들이 나를 어떻게 지목하는가와 관련된다.

11 청소년 참여기구
- 청소년특별회의 : 여성가족부 및 17개 시·도 청소년과 청소년 전문가들이 토론과 활동을 통해 청소년의 시각에서 청소년이 바라는 정책과제를 발굴하고 정부에 건의하여 정책화하는 청소년 참여기구이다.
- 청소년운영위원회 : 생활권 청소년수련시설의 운영관련 자문평가를 통해 청소년이 주인이 되는 시설이 되도록 마련된 제도적 기구로서, 10명 이상~20명 이하의 청소년으로 구성된다.
- 청소년참여위원회 : 청소년들을 정부 및 지방자치단체의 정책 및 사업과정에 주체적으로 참여하도록 함으로써, 청소년시책의 실효성 제고 및 권익 증진 도모를 목적으로 하며, 정부 및 지방자치단체의 청소년 관련 정책 및 사업에 대해 청소년들이 의견을 제시하거나 자문 및 평가할 수 있는 청소년 참여기구이다.

12 ④ 기어츠의 문화이론에 대한 내용이다.

문화기능주의
- 구조기능주의(Structural Functionalism)의 이론으로 콩트와 스펜서가 기초를 형성한다.
- 사회의 본질을 상호 의존적인 관계 또는 부분의 집합으로 구성된 체제(System)로 본다.
- 사회를 생물학적 유기체에 비유하여 상호의존적인 여러 기관이나 부분이 전체의 생존과 존립에 공헌하고 있는 관계로 보면서, 사회의 지속과 번영을 위하여 질서·균형·안정을 추구하며, 더 나아가 사회 구성원간의 합의와 통합을 이루는 것이 중요하다고 본다.

13 긴즈버그(E. Ginzberg)의 직업선택 단계
- 환상기 : 아동은 자기가 원하는 직업이면 무엇이든 하고 싶고, 하면 된다는 식의 환상 속에서 비현실적인 선택을 하는 경향을 갖게 된다. 즉, 이 단계는 직업선택의 문제에서 자신의 능력이나 가능성, 현실여건 등을 고려하지 않고 욕구만을 중시한다.
- 잠정기 : 이 시기에 개인은 자신의 흥미, 능력, 취미에 따라 직업선택을 하려는 경향을 갖는다. 후반기에 가면, 능력과 가치관 등의 요인도 조금 고려하지만, 현실 상황을 별로 고려하지 않기 때문에 직업선택의 문제에서 다분히 비현실적인 성격을 띠므로, 이 시기의 특성은 잠정적이라 볼 수 있으며, 다음의 하위단계로 나뉜다.

흥미단계 (11~12세)	자신의 흥미나 취미에 따라 직업을 선택하려고 한다.
능력단계 (13~14세)	자신이 흥미를 느끼는 분야에서 성공을 거둘 수 있는 능력을 지니고 있는지 시험해 보기 시작한다. 다양한 직업이 있고 직업에 따라 보수나 훈련조건, 작업조건 등이 다르다는 것을 처음으로 의식하게 된다.

가치단계 (15~16세)	직업선택 시 다양한 요인을 고려해야 함을 인식한다. 따라서 자신이 좋아하는 직업에 관련된 모든 정보를 알아보려고 하며, 그 직업이 자신의 가치관 및 생애 목표에 부합되는지 평가해 본다.
전환단계 (17~18세)	주관적 요소에서 현실적인 외부요인으로 관심이 전환되며, 현실적인 외부요인이 직업선택의 주요인이 된다.

• 현실기 : 직업에서 요구하는 조건과 자신의 개인적 요구와 능력을 고려하여 현명한 선택을 하고자 한다. 이 시기는 다음의 3가지 하위단계로 나누어진다.

탐색단계	자신의 진로선택을 위해 필요하다고 판단되는 교육이나 경험을 쌓으려고 노력하는 단계로서, 취업기회를 탐색하고 취업하려고 노력한다.
구체화 단계	자신의 직업목표를 구체화하고, 직업선택의 문제에서 내·외적 요인들을 두루 고려하여 특정 직업 분야에 몰두하게 된다. 이 단계에서는 타협이 중요한 요인이 된다.
특수화 단계	자신의 결정을 구체화시키고, 보다 세밀한 계획을 세우며, 고도로 세분화·전문화된 의사결정을 하게 된다.

14 ③ 소년/소녀기 단계에 대한 설명이다. 아동기에는 자신들의 놀이에 성인이 참여하기를 바라며, 성인이 바라는 행동을 주로 하면서 부모의 관심을 얻으려는 욕구가 강한다.

15 스턴버그(R. Sternberg)는 사랑의 삼각이론에서 사랑에는 '친밀감', '열정', '헌신'의 3요소가 있다고 하였다.
② 낭만적 사랑 : 친밀감과 열정은 있으나, 헌신이 없는 사랑
① 우애적 사랑 : 친밀감과 헌신은 있으나, 열정이 없는 사랑
③ 얼빠진 사랑 : 열정과 헌신은 있으나, 친밀감이 없는 사랑
④ 공허한 사랑 : 정열이나 친밀감 없이 헌신만 있는 사랑
⑤ 우정 : 친밀감과 헌신이 높은 상태로 친구사이에서 생기는 감정

16 ① 머튼(Merton)의 아노미 이론(Anomie Theory) : 아노미의 발생 원인을 문화적 목표(부의 획득, 금전적 성공)와 제도화된 수단(검약, 교육 등)과의 괴리현상에서 찾고 있다. 머튼은 개인이 문화적 목표와 제도화된 수단에 어떻게 적응하는가에 따라 '동조형, 혁신형, 의례형, 도피형, 반역형'의 다섯 가지 적응양식을 제시하였다.
②·④ 클라워드(Cloward)와 오린(Ohlin)의 차별기회 이론 : 머튼의 아노미 이론과 서덜랜드의 차별접촉 이론을 통합한 이론으로서, 합법적 기회도 차등적이고 비합법적 기회도 차등적이다. 즉, 돈을 벌기 위한 수단도 계층에 따라 차별화되고, 도둑질을 배우는 기회도 차별화되어 있다.
⑤ 서덜랜드(Sutherland)의 차별접촉 이론(접촉 차이론) : 문제행동을 사회화 관점 및 학습된 행위로 이해한 최초의 이론이다. 청소년들이 문제행동을 직·간접으로 자주 접하게 되면 문제청소년이 될 수 있다고 본다.

17 보호처분 결정의 종류(소년법 제32조)
• 보호자 또는 보호자를 대신하여 소년을 보호할 수 있는 자에게 감호 위탁
• 수강명령
• 사회봉사명령
• 보호관찰관의 단기 보호관찰
• 보호관찰관의 장기 보호관찰
• 「아동복지법」에 따른 아동복지시설이나 그 밖의 소년보호시설에 감호 위탁
• 병원, 요양소 또는 「보호소년 등의 처우에 관한 법률」에 따른 의료재활소년원에 위탁
• 1개월 이내의 소년원 송치
• 단기 소년원 송치
• 장기 소년원 송치

18 ② 청소년자립지원관(법 제31조) : 일정 기간 청소년쉼터 또는 청소년회복지원시설의 지원을 받았는데도 가정·학교·사회로 복귀하여 생활할 수 없는 청소년에게 자립하여 생활할 수 있는 능력과 여건을 갖추도록 지원하는 시설
① 청소년쉼터(법 제31조) : 가정 밖 청소년에 대하여 가정·학교·사회로 복귀하여 생활할 수 있도록 일정 기간 보호하면서 상담·주거·학업·자립 등을 지원하는 시설
③ 청소년치료재활센터(법 제31조) : 학습·정서·행동상의 장애를 가진 청소년을 대상으로 정상적인 성장과 생활을 할 수 있도록 해당 청소년에게 적합한 치료·교육 및 재활을 종합적으로 지원하는 거주형 시설
④ 이주배경청소년지원센터(법 제30조) : 이주배경청소년 복지에 관한 종합적 안내, 이주배경청소년과 그 부모에 대한 상담 및 교육, 이주배경청소년의 지원을 위한 인력의 양성 및 연수, 이주배경청소년에 대한 국민의 올바른 이해를 돕기 위한 사업, 이주배경청소년의 실태에 관한 조사·연구, 이주배경청소년의 사회 적응을 위한 프로그램 개발 및 보급, 그 밖에 이주배경청소년지원센터의 목적을 수행하기 위하여 필요한 업무 등을 수행
⑤ 청소년회복지원시설(법 제31조) : 감호 위탁 처분을 받은 청소년에 대하여 보호자를 대신하여 그 청소년을 보호할 수 있는 자가 상담·주거·학업·자립 등 서비스를 제공하는 시설

19 그린과 에셀스틴(Greene & Esselstyn)의 분류
- 떠돌이형 : 모험이나 쾌락
- 불안형 : 복잡한 가정문제로부터 탈출
- 공포형 : 성적 학대나 가정폭력으로부터 탈출

20 ⑤ 방과 후 돌봄교실은 초등학교 재학생을 대상으로 운영되고 있다. 학업중단 청소년의 추후지도는 직업교육기관이나 센터로 연계하여 진행한다.

21 ④ 테스토스테론(Testosterone)은 정소의 간질세포에서 생성·분비되는 대표적인 남성호르몬의 하나로서, 정낭과 전립선 등의 발육, 정자형성의 촉진, 남성의 2차 성징의 발현 등의 특징을 보인다.

22 청소년증(청소년복지지원법 제4조)
- 특별자치시장·특별자치도지사 또는 시장·군수·구청장(자치구의 구청장을 말한다)은 9세 이상 18세 이하의 청소년에게 청소년증을 발급할 수 있다.
- 청소년증은 다른 사람에게 양도하거나 빌려주어서는 아니 된다.
- 누구든지 청소년증 외에 청소년증과 동일한 명칭 또는 표시의 증표를 제작·사용하여서는 아니 된다.
- 청소년증의 발급에 필요한 사항은 여성가족부령으로 정한다.

23 청소년방과후아카데미 사업
- 여성가족부와 지방자치단체에서 공적서비스를 담당하는 청소년수련시설(청소년수련관, 청소년문화의 집)을 기반으로 청소년들의 건강한 방과 후 생활과 삶의 질 향상을 위해 가정이나 학교에서 체험하지 못했던 다양한 청소년활동 프로그램 운영, 청소년생활관리 등 청소년을 위한 종합서비스를 지원하는 국가정책 지원사업이다.
- 지원 대상은 초등학교 4학년부터~중학교 3학년까지이며, 취약계층 등 방과 후 홀로 시간을 보내는 청소년들에 대한 건전한 성장 지원을 목적으로 한다.

24 ④ 청소년은 단순한 문화소비자가 아닌, 문화생산자로 문화현장에 참여한다.

청소년문화
청소년들이 공유하고 있는 청소년세대 특유의 삶의 방식으로서, 청소년 집단 간에 명시적·잠재적 사회화를 통해 형성되고 전수되어지는 청소년세대의 행동방식과 정신적 지표로 젊음을 풍기는 영상, 젊은이다운 행동, 젊은이 나름대로 쓰는 말을 통해 표출된다.

25
① 청소년의 언어, 가치관 등 모든 면에 영향을 미친다.
② 부정적인 동조행동으로 속어나 비어 사용 등이 있다.
④ 또래집단 내에 높은 지위에 있거나 자신감 있는 청소년은 동조행동의 영향을 덜 받는다.
⑤ 부모와 또래집단의 가치가 상충될 경우 청소년은 또래집단의 영향을 더 크게 받는다.

선택과목 02 청소년수련활동론

01	02	03	04	05	06	07	08	09
②	④	④	②	②	①	④	③	②
10	11	12	13	14	15	16	17	18
①	②	③	①	⑤	③	②	①	③
19	20	21	22	23	24	25		
⑤	④	②	④	③	④	③		

01 청소년수련활동
- 학교의 교과활동 이외에 주로 야외를 중심으로 심성계발과 모험 및 극기 훈련 등으로 이루어지는 청소년시설 또는 단체중심의 집단활동이다.
- 청소년활동진흥법 제2조는 "청소년이 청소년활동에 자발적으로 참여하여 청소년 시기에 필요한 기량과 품성을 함양하는 교육적 활동으로서, 청소년 지도자와 함께 청소년수련거리에 참여하여 배움을 실천하는 체험활동을 말한다"라고 규정하고 있다.

02
ㄹ. 자율적 활동 : 청소년수련활동은 청소년이 학업활동과 같이 의무적으로 해야 하는 것이 아니라, 자율적 선택에 의한 활동이다. 그러나 이때 자율성은 수련활동의 당사자인 청소년의 참여적 측면에서의 자율성과 프로그램 선택의 자율성 등 복합적인 의미로 받아들여질 수 있어, 개념 정의로 볼 때 수련활동의 자율성 영역은 상당히 불명확한 의미를 내포할 수 있다.

03
ㄷ. 청소년들이 현장견학에서 체험한 내용을 토대로 논리적 분석과 이해과정을 통해 가설적 지식을 도출하는 단계는 추상적 개념화이다.

04 수련거리
- 수련거리는 청소년수련활동에 필요한 프로그램과 이와 관련되는 사업(청소년활동진흥법 제2조 제6호)으로 규정하고 있다(수련거리 = 수련프로그램).
- 프로그램으로서의 속성 : 수련거리는 프로그램과 이에 관련된 사업을 목적으로 하기도 하지만, 실제로 대부분 수련거리는 수련활동에 필요한 지침 또는 방법을 담은 안내서로서의 기능을 하고 있다.
- 사업으로서의 성격 : 수련거리는 수련활동을 위한 사업으로서 의미가 있다.

05 청소년지도자의 역할
- 전문가
  - 체계적인 교육과 훈련을 통해 청소년지도현장의 노하우와 기술을 가진 자
  - 지속적인 연수와 보수교육을 통해 전문성 제고 및 그를 통한 위상정립에 최선을 다하는 자
- 교육자
  - 청소년의 윤리, 예절, 책임의식, 지도안 마련 및 시행자
  - 수련, 문화, 직업, 여가, 봉사, 교육활동 등의 지도가 가능한 자
- 정보제공자
  - 청소년활동에 영향을 미치고 나아갈 방향을 제시할 올바른 정보제공자
  - 특히 진로 및 직업설계에 관한 정확한 정보제공이 가능한 자
- 격려자
  - 청소년의 고통과 아픔을 함께하고 이해·수용하는 자
  - 청소년에게 '할 수 있다'는 자기 확신부여가 가능한 자
- 조직자
  - 청소년과 함께 또는 동료와 함께하는 작업에 진취적인 자
  - 팀워크 조성 및 자발적·자율적·자치적 조직 결성과 그 지원이 가능한 자

- 상담자
  - 통상적인 문제해결방안의 모색 및 상담
  - 상담기법, 고객 만족서비스 기법 등을 바탕으로 상호학습 터전의 마련이 가능한 자
- 프로그램의 설계자 및 진행자
  - 청소년의 특성 및 요구에 따른 활동프로그램의 설계·개발 및 진행자
  - 전문성·체계성·창의성을 발휘해 보다 바람직한 성과수확이 가능한 자
- 분석자
  - 청소년과 함께하는 수련·문화·직업·봉사활동 등의 경과 및 결과분석자
  - 가능한 그 내용을 차례별·일정별·사안별 처리결과로 정리, 다음 활동계획에 반영이 가능한 자

06 ② 청소년특화시설 : 청소년의 직업체험·문화예술·과학정보·환경 등 특정 목적의 청소년 활동을 전문적으로 실시할 수 있는 시설과 설비를 갖춘 수련시설이다.
③ 청소년야영장 : 야영에 적합한 시설 및 설비를 갖추고, 수련거리 또는 야영편의를 제공하는 수련시설이다.
④ 유스호스텔 : 청소년의 숙박 및 체재에 적합한 시설·설비와 부대·편익시설을 갖추고 숙식편의 제공, 여행청소년의 활동지원 등을 주된 기능으로 하는 수련시설이다.
⑤ 청소년문화의 집 : 간단한 수련활동을 실시할 수 있는 시설 및 설비를 갖춘 정보·문화·예술 중심의 수련시설이다.

07 수련시설의 운영대표자의 자격
(청소년활동진흥법 시행령 제8조 제1항)
- 1급 청소년지도사 자격증 소지자
- 2급 청소년지도사 자격증 취득 후 청소년육성업무에 3년 이상 종사한 사람
- 3급 청소년지도사 자격증 취득 후 청소년육성업무에 5년 이상 종사한 사람
- 「초·중등교육법」 제21조에 따른 정교사 자격증 소지자 중 청소년육성업무에 5년 이상 종사한 사람
- 청소년육성업무에 8년 이상 종사한 사람
- 7급 이상의 일반직공무원 또는 이에 상당하는 별정직공무원(고위공무원단에 속하는 일반직공무원 또는 별정직공무원을 포함)으로서 청소년육성업무에 3년 이상 종사한 사람
- 제6호 외의 공무원 중 청소년육성업무에 5년 이상 종사한 사람

08 인증수련활동의 사후관리
(청소년활동진흥법 시행규칙 제15조의5)
- 인증수련활동의 유효기간은 인증받은 날부터 4년 이내로 한다. 다만, 유효기간의 연장이 필요한 경우 인증위원회의 의결을 거쳐 그 기간을 연장할 수 있다.
- 유효기간을 연장하려는 자는 인증위원회에서 정하는 유효기간연장신청서를 작성하여 인증위원회에 제출하여야 한다.
- 인증위원회는 인증수련활동에 대하여 이행 여부를 확인할 수 있으며, 이행확인의 절차에 대하여는 인증위원회의 규정으로 정한다.
- 시정요구에 대하여 시정을 한 자는 그 결과를 인증위원회에 제출하여야 하며, 시정요구 및 시정 결과의 제출에 필요한 절차는 인증위원회의 규정으로 정한다.

09 ② 녹지는 수련지구 지정면적의 10% 이상이어야 한다.

10 ㄹ. 자연권 중심의 수련터전에 대한 발전방향을 설명하고 있다.

수련터전의 발전방향

생활권 중심의 수련터전	• 주말에 적극적으로 운영할 수 있는 방안을 강구한다. • 자립능력과 창의성 배양으로 청소년의 사회참여 기회를 확대하는 기능을 해야 한다. • 학교의 특기·적성교육 및 특별활동과 유기적으로 연계해야 한다.
자연권 중심의 수련터전	• 지역과 자연환경 및 규모를 고려하여 시설을 특화시킨다. • 자발적 집단과 개별활동을 요구하는 청소년들을 유인할 수 있는 여건을 조성한다. • 가족단위의 활동공간으로서 위치해야 한다.

11 수련시설의 운영대표자는 시설에 대하여 정기 안전점검 및 수시 안전점검을 실시하여야 한다. 수련시설의 운영대표자는 정기 안전점검 및 수시 안전점검을 실시한 후 그 결과를 특별자치시장·특별자치도지사·시장·군수·구청장에게 제출하여야 한다(청소년활동진흥법 제18조).

12 청소년수련활동 인증제도의 인증기준

구 분	영역 및 유형	기 준
공통 기준	활동 프로그램	• 프로그램 구성 • 프로그램 자원운영
	지도력	• 지도자 자격 • 지도자 역할 및 배치
	활동환경	• 공간과 설비의 확보 및 관리 • 안전관리 계획
개별 기준	숙박형	• 숙박관리 • 안전관리 인력 확보 • 영양관리자 자격
	이동형	• 숙박관리 • 안전관리 인력 확보 • 영양관리자 자격 • 휴식관리 • 이동관리
특별 기준	위험도가 높은 활동	• 전문지도자의 배치 • 공간과 설비의 법령 준수
	학교단체 숙박형	학교단체 숙박형 활동관리
	비대면방식 실시간 쌍방향	실시간 쌍방향 활동 운영 및 관리
	비대면방식 콘텐츠 활용 중심	콘텐츠 활용 중심 활동 운영 및 관리
	비대면방식 과제수행 중심	과제수행 중심 활동 운영 및 관리

13 ② 체육 : 신체활동을 중요한 수단으로 하여 인간의 행동을 바람직한 방향으로 변화시키려는 교육의 한 영역이다.
③ 놀이 : 허구적이고 비생산적이며, 자유롭게 쾌락을 추구하는 인간의 기본활동이다.
④ 게임 : 단순 혹은 복합적인 신체기능, 전술, 확률에 의하여 결과가 결정되는 놀이 형태로서, 양측 또는 그 이상의 상대 사이에 미리 정한 승부의 결정기준에 의한 조직적이고 경쟁적인 신체 운동적 놀이이다.
⑤ 레크리에이션 : 각자가 선택한 활동에 스스로 참가하여 직접 만족을 느낄 수 있으며, 자기표현의 기회를 발견하고, 쉬고, 즐기고, 기쁨을 얻으며, 새로운 생활영위에 보탬이 됨과 동시에 사회적으로 받아들일 수 있는 창조적이고 건설적인 여가선용의 활동이다.

14 국립중앙청소년디딤센터
정서·행동 면에서 어려움을 호소하는 청소년을 대상으로 보호와 치료, 교육, 그리고 자립을 지원하기 위해 건립된 기숙형 국립 청소년 복지시설이다. 상담치료실, 대안교육실, 생활관, 체육관, 운동장 및 생태체험 학습장 등을 갖추고, 인터넷게임 중독, 학대 및 학교폭력 피해, 따돌림, 학교부적응 등으로 인해 정서·행동 장애를 겪는 만 9~18세(만 9세 입교시기 기준, 수료 시 만 18세 유지) 청소년에게 치료재활·생활보호·자립지원·교육서비스 등을 종합적으로 제공하고 있다.

15 청소년활동의 핵심 구성요소
• 활동주체로서의 청소년
• 학습경험 촉진자로서의 지도자
• 활동경험으로서의 프로그램
• 활동환경으로서의 활동터전

16 콜브(Kolb)가 제시한 체험학습의 4가지 순환적 원리
• 학습자는 어떤 종류의 구체적 경험을 하게 되는데, 이는 학습을 위해 계획된 경험일 수도 있고, 일상적 경험일 수도 있다.
• 학습자는 반성적 관찰에 시간을 투자하게 되는데, 학습자는 경험에 대해 "내가 무엇을 관찰했는가? 내가 무엇을 알고 있는가?" 등을 질문한다.
• 학습자는 반성적 관찰을 통해 획득한 통찰력을 추상적 개념화를 창조하는 데 사용한다. "여기에서는 어떤 원칙이 작용하는가? 여기서 학습한 일반원리는 무엇인가?"
• 학습자는 새로운 학습을 활동적 실험으로 적용해 본다. "다음번에 나는 무엇을 할 것인가? 이 원리를 다른 상황에서 어떻게 적용할 것인가?"

17 선형모형은 프로그램 개발을 위한 접근 방법 중 가장 일반적으로 사용되는 것으로서, 개발단계별 지도자의 직무를 파악하는데 효과적이다. 이 모형은 한 단계가 마무리 된 후에 비로소 다음 단계에서 수행될 절차가 연속적으로 진행되므로 순차적 논리성이 강조되며, 개발이 완료되면 이전 단계로 되돌려 전면 수정하기 어렵다. 단계마다의 과업이 명확하고 단순하여 안정감을 가지고 있기 때문에 초보자가 쉽게 적용할 수 있다.

18 봉사활동의 단계
- 초급단계 : 일정 기간 동안 평균 15시간의 전문적인 훈련을 받는다. 또는 지역사회의 봉사프로그램을 마친 후 약 3개월 동안 현장 활동을 한다.
- 중급단계 : 15~30시간의 전문적인 훈련을 받는다. 또는 지역사회의 봉사프로그램을 마친 후 6개월 동안 현장 활동을 한다.
- 고급단계 : 50시간의 전문적인 훈련을 받고, 9~12개월 동안 현장 활동을 한다.

19 ① 장식(Decoration) 단계 : 청소년들의 참여가 피상적으로 이루어지는 단계로서, 청소년활동이 청소년지도자에 의해 주도되고 운영되는 것에 반해, 청소년들은 장식품처럼 동원되는 상태이다.
② 조작(Manipulation) 단계 : 청소년을 이해관계자로 인정하지 않는 단계로서, 프로그램 활동 내용에 대한 이해가 전혀 없는 상태에서 청소년지도자의 지시를 일방적으로 따르는 상태이다.
③ 명목주의(Tokenism) 단계 : 청소년은 자문을 제공할 수 있지만, 청소년활동에는 전혀 영향을 미치지 못하는 상태이다.
④ 제한적 위임과 정보제공(Assigned But Informed) 단계 : 제한적으로 청소년들에게 역할이 부여되며, 그 과정을 통해 청소년활동의 궁극적인 목적이나 필요성을 이해하게 되는 상태이다.

20 ④ '과정평가'에 관한 설명이다.

21 청소년활동 프로그램의 평가과정

평가의 세부목표 설정	세분된 목표에서 평가될 내용과 행동, 대상과 방법에 대한 윤곽이 포함되거나 암시되어야 할 것이며, 평가 후의 활용에 대한 하나의 지침이 될 수도 있어야 한다.
평가내용과 방법 결정	내용은 프로그램에서 다룬 내용이 될 수 있음은 물론 그러한 프로그램 내용별 행동, 즉 지식의 습득, 이해, 태도의 변화, 기능의 습득 등도 포함하는 것이어야 하며, 평가내용이 결정되면 이들 내용을 어떤 방법으로 평가할 것인가를 미리 결정해야 한다.
평가도구 제작	모든 평가는 평가목표를 달성하기 위한 내용을 적절한 방법으로서 측정, 평정할 척도(Scale) 또는 도구(Instrument)를 어떻게 만드느냐 하는 것에 따라 그 정확성이 좌우된다.
프로그램 평가 실시	평가목표를 달성하기 위한 평가의 내용 및 도구가 제작되면 정하여진 방법에 따라 평가를 실시하게 된다.
평가결과의 처리와 분석	평가를 실시하여 수집된 자료는 마치 조사나 다른 연구자료를 처리 또는 분석하는 방법과 똑같이 '데이터의 편집(Editing) – 부호붙이기(Coding) – 표만들기(Tabulating) – 통계분석(Computing)'의 절차에 따라 처리 분석하는 것이 보통이다.
프로그램 평가의 활용	평가활용 시에는 프로그램의 개선점 등을 분석하고 더 좋은 방안을 모색한다.

22 ④ 단위 프로그램은 어떤 하나의 내용을 한 번에 지도하기 위한 일회성의 프로그램이다.

23 ① 브레인스토밍(Brainstorming) : 집단의 구성원이 어떤 문제나 과제에 대해 창의적인 집단사고를 통하여 해결방안을 모색하는 방법으로서, 비형식적이며, 참여자의 지위나 능력 등에 구애받지 않고 아이디어의 제시를 요구하고 아이디어가 누적되는 가운데 새로운 발상을 도출해 내는 기법이다.
② 패널토의 : 특정 주제에 대하여 서로 의견을 달리하는 3~6명의 참가자들이 사회자의 진행에 따라 청중 학습자 앞에서 토의하는 방식이다.
④ 감수성훈련 : 인간이해의 훈련이며, 자기이해와 타인이해 그리고 집단의 성장과정 체험 등을 통한 체험학습으로써, 허용적이고 수용적인 태도를 육성하기 위한 교육훈련기법이다.
⑤ 사례연구 : 단일한 사례 혹은 복합적인 사례에 초점을 맞추어 다각적이고 심층적인 분석을 하는 것으로써 사례는 개인, 프로그램, 의사결정, 조직, 사건 등이 대상이 될 수 있다.

24 ㄱ. 청소년을 수동적이고 피동적인 존재로 간주하는 것은 실증주의이다.
ㄹ. 구성주의에서 보는 '지식'의 개념은 그동안 객관주의 관점에서 가정하는 '지식'의 개념과 많이 다르다. 지식은 주관적이고 각자가 구성해 나가는 것으로 보았다. 즉, 구성주의는 '실재' 혹은 '현실'을 '인식주의자 또는 관찰자가 자신의 현실에서 경험적–인지적 활동을 통하여 구성하는 것'으로 보았다.

25 ③ 중·고교 단계 각 1회 이상 직업체험은 필수화되어 있으며, 진로상담 및 진로 심리검사는 연 2회 이상 제공되고 있으나, 의무로 정해져 있지는 않다.

제5회 정답 및 해설

필수과목 01 발달심리

01	02	03	04	05	06	07	08	09
①	④	①	②	①	③	①	③	②
10	11	12	13	14	15	16	17	18
②	①	④	③	⑤	①	①	③	④
19	20	21	22	23	24	25		
②	③	①	⑤	③	①	④		

01 ㄹ. 2차 순환반응은 4~10개월에 나타나는 반응으로서, 선천적인 반사를 넘어서 학습을 통해 획득한 반응의 양상을 보이며, 이전에 획득한 반응을 의도적으로 외부환경에 적용한다.

정신적 표상(18~24개월)
- 점차 시행착오적인 행동에서 벗어나 행동하기 이전에 상황에 대해 사고한다.
- 상상력이 발달하고, 가상놀이가 나타난다.
- 상징적 능력이 발달하여 언어를 사용하고, 정신적 표상이 증가된다.
- 대상영속성(어떤 대상이 더 이상 보이지 않을 때에도 그 대상은 계속해서 존재한다는 개념)을 획득한다.
- 지연 모방(어떤 행동을 목격 후 바로 모방하는 것이 아니라, 일정한 시간이 지난 후에 그 행동을 재현하는 것)을 나타낸다.

02 ④ 프로이트(Freud)는 대략 5세 이전 아동기 초기의 경험을 중시하였다. 인간발달에 있어서 청소년기를 강조한 학자는 에릭슨(Erikson)이다.

03 ① 아들러(Adler)는 인간발달에 있어서 생애 초기 4~6년 동안의 경험이 성인의 삶을 크게 좌우한다고 보았다. 사실 아들러는 프로이트(Freud)의 심리결정론이 지나치게 생물학적이고 본능을 강조하는 것에 대해 거부감을 가지고 있었으나, 생애 초기의 경험이 성인기에 지대한 영향을 미친다는 생각에는 동조하였다. 다만, 아들러는 프로이트와 같이 과거에 대한 탐색에 몰두하기보다는 과거의 경험이 현재에 미치는 영향에 초점을 두었다.

04 ② 자폐 증상이 있는 아동은 얼굴을 마주 보는 것을 싫어하고, 인간 사회의 상호 작용을 이해하는 것에 굉장히 어려움을 겪어 사회적 활동이 힘들다.

05 ㄹ. 피아제(Piaget)의 인지발달이론은 개인의 경험과 사회적 상호 작용을 중시하였으며, 그로 인해 개인의 자아와 세계관을 구성하는 것이 사회적 상호 작용과 함께 그에 따른 역할 획득에 있다고 보았다. 이러한 사회화의 과정에서 특히 개인의 능동적인 역할을 강조하였으며, 아동은 정보를 수동적으로 받아들이는 것이 아닌 자신이 보고, 듣고, 느끼는 것을 지각하고 이를 선택하여 해석한다고 보았다.

06 감각운동기(0~2세)의 발달순서
- 반사활동(0~1개월) : 반사가 효율적으로 이루어지지만, 행동과 욕구를 분별하지 못한다.
- 1차 순환반응(1~4개월) : 유쾌한 자극에 대해 의도적인 행동을 서서히 나타내 보이며, 선천적인 반응을 자신의 신체에 적용시켜 새로운 반응을 획득한다.
- 2차 순환반응(4~10개월) : 선천적인 반사를 넘어서 학습을 통해 획득한 반응의 양상을 보이며, 이전에 획득한 반응을 의도적으로 새로운 상황에 적용한다.

- 2차 도식의 협응(10~12개월) : 이전 단계에서 획득한 도식이 새로운 상황을 통해 확대되며, 목적 달성을 위해 도식을 수단적으로 사용하며 여러 방법으로 조합한다.
- 3차 순환반응(12~18개월) : 흥미로운 것을 발견하기 위해 행동을 반복하며, 인과적 상황에 대한 실험 및 시행착오적인 행동을 보인다.
- 사고의 시작(18~24개월) : 점차 시행착오적인 행동에서 벗어나, 행동하기 이전의 상황에 대해 사고한다.

07 ① 제시문은 콜버그(L. Kohlberg)의 도덕발달단계 중 1단계 '처벌과 복종 지향'에 대한 하인즈(Heinz)의 딜레마이다. 콜버그는 이 단계를 대부분 어린이들이 갖고 있는 수준이라고 보았으며, 권위에 대한 두려움과 처벌의 회피에만 관심을 갖게 된다고 보았다.

08 반두라(Bandura)의 자기효율성(자기효능감)에 영향을 미치는 요인
- 성취경험 : 실제적인 성취경험은 자기효율성의 가장 강력한 요인이다.
- 대리경험 : 관찰학습을 통해 다른 사람의 수행에 대한 정보를 수집하는 것도 자기효율성에 영향을 미친다.
- 언어적 설득 : 다른 사람의 칭찬이나 확신을 주는 말이 자기효능감에 영향을 미친다.
- 개인의 정서적 각성 : 자기효율성이 높은 상태에서는 불안이나 회의의 부정적인 감정조차도 도전과 성공을 향한 열의로 전환될 수 있다.

09 ② 치매노인에게 위치를 알 수 있는 전자 팔찌를 채워주는 것은 치매노인의 신체적 안전이나 위험으로부터의 보호를 고려한 조치로 볼 수 있다. 매슬로우(Maslow)의 인간욕구 위계 중 제2단계에 해당하는 '안전 또는 안정에 대한 욕구'는 이와 같이 인간의 신체적·정신적 위험에 대한 불안과 공포에서 벗어나고자 하는 욕구 또는 추위·질병·위험 등으로부터 자신의 건강과 안전을 지키고자 하는 욕구를 말한다.

10 완전히 기능하는 사람(Fully Functioning Person)의 특징
- 창조적으로 살아간다.
- 개방적으로 체험한다.
- 삶에 충실하다.
- '자신'이라는 유기체에 대해 신뢰한다.
- 자신의 느낌과 반응에 따라 충실하고 자유롭게 산다.
- 자신의 선택에 따른 실존적인 삶을 추구한다.

11 ① 로렌츠(Lorenz)의 각인이론은 진화론적 관점과 동물행동학적 방법 등을 인간 행동의 연구에 접목시킴으로써 새로운 접근방식을 제시하였으며, 아동 연구에 대한 관찰법의 적용에 영향을 미쳤다. 또한 '각인'을 통해 인간발달에 있어서 '결정적 시기'의 개념을 도출하였다. 그러나 그의 각인이론은 객관적이고 체계적인 검증 및 비판이 부족하며, 인간발달에 있어서 '결정적 시기'의 개념을 지나치게 강조함으로써 학습과 경험의 역할 및 기능을 도외시했다는 비판을 받고 있다.

12 ④ '기능적 비대칭의 원리'는 발달이 구조상 대칭적이더라도 기능상 약간 불균형을 이루어서 어느 한쪽이 우세한 경우 오히려 더욱 기능적이라는 점을 강조한다. 신생아는 머리를 한쪽 방향으로 돌리고 누울 때 경직성 목반사가 나타난다. 이는 머리를 한쪽 방향으로 돌리고 팔은 머리가 돌려진 방향으로 내미는 자세로 이른바 '펜싱자세'라고도 한다. 게젤은 이와 같은 원리가 오른손잡이와 왼손잡이의 구분과 밀접하게 연관되어 있다고 생각했다.

13 ③ 명목적 정의(Nominal Definition)는 어떠한 개념이 내포하고 있는 실질적인 내용이나 속성을 고려하지 않은 채 연구자가 해당 개념에 대해 일정한 조건을 약정하여 규정한 것이다. 개념에 대해 포괄적·논리적으로 특별한 의미를 부여하여 일정한 용어로 일관성 있게 정의를 내리는 것이므로 '규약적 정의'라고도 한다. 그러나 실험 연구를 위해서는 연구 주제에 해당하는 특정 개념에 내포된 변인을 조작하는 과정이 요구된다. 특히, 조작적 정의(Operational Definition)를 통해 추상적인 개념을 경험적·실증적으로

측정이 가능하도록 구체화하는 절차가 필수적이다. 다만, 조작적 정의는 실용주의적인 측면에서 될 수 있는 한 실행 가능하고 관찰 가능한 조작을 좀 더 명확하게 표현한 용어로 구성한 것이며, 확인이 가능한 정의에 불과하다. 이러한 조작적 정의의 기능으로 확인하고자 하는 의미의 정확한 전달과 함께 행동의 지침이 되는 용어로서 '재생가능성'을 들 수 있다.

14 ④ · ⑤ 선행변수는 인과관계에서 독립변수에 앞서면서 독립변수에 유효한 영향력을 행사하는 변수를 말한다. 선행변수를 통제해도 독립변수와 종속변수 사이의 관계는 사라지지 않지만, 독립변수를 통제하는 경우 선행변수와 종속변수 사이의 관계는 약화되거나 사라진다.
① 종속변수는 '피예측변수(Predicted Variable)', 독립변수는 '예측변수(Predict Variable)'라고도 한다.
② 매개변수는 독립변수와 종속변수 간에 직접적인 관련이 없으나, 제3의 변수가 두 변수의 중간에서 매개자 역할을 하여 두 변수 간에 간접적인 관계를 맺도록 하는 변수이다. 즉, 매개변수는 독립변수의 결과인 동시에 종속변수의 원인이 된다.
③ 두 개의 변수 간의 관계를 정반대의 관계로 나타나게 하는 제3의 변수는 왜곡 변수이다.

15 ㄹ. 가설은 경험적으로 검증하기 위해 변수의 조작적 정의가 필요하다.

가설의 조건
- 이론적인 근거를 토대로 해야 하며, 경험적인 검증이 가능해야 한다.
- 구체적이어야 하고, 현상과 관련성을 가져야 한다.
- 간단명료하며, 계량화가 가능해야 한다.
- 광범위한 범위에 적용 가능해야 한다.
- 둘 또는 셋 이상 변수들의 상관관계 방향에 대해 한정적으로 정확히 밝혀야 한다.
- 연구자의 가치, 편견, 주관적인 견해에서 벗어나 가치중립적이어야 한다.
- 조건문 형태의 복문으로 나타낸다.

16 표집의 과정
- 모집단 확정(제1단계) : 연구결과의 일반화를 위한 대상을 확정하는 것으로서, 모집단은 조사대상이 되는 집단을 의미한다. 모집단을 확정하기 위해서는 연구대상, 표본단위, 연구범위, 기간 등을 명확히 한정해야 한다.
- 표집틀 선정(제2단계) : 표집틀은 모집단 내에 포함된 조사대상자들의 명단이 수록된 목록을 말한다. 표집틀은 모집단의 구성요소를 모두 포함하는 반면, 각각의 요소가 이중으로 포함되지 않는 것이 좋다.
- 표집방법 결정(제3단계) : 표집틀이 선정되면 모집단의 대표성을 확보할 수 있는 표집방법을 결정한다. 표집방법에는 크게 확률표본 추출방법과 비확률표본 추출방법이 있다.
- 표집크기 결정(제4단계) : 표집방법이 결정되면 표본의 크기 또는 표집크기를 결정한다. 모집단의 성격, 시간 및 비용, 조사원의 능력 등은 물론 표본오차를 나타내는 정확도와 신뢰도를 고려하여 표본의 크기를 결정한다.
- 표본 추출(제5단계) : 결정된 표집방법을 통해 본격적으로 표본을 추출한다. 추출방식에 따라 난수표 등을 이용할 수 있으며, 결과의 일반화 가능성을 항상 염두에 두어야 한다.

17 ① 횡단적 접근법 : 어느 한 시점에서 다수의 분석단위에 대한 자료를 수집하는 연구로 어떤 현상의 단면을 분석한다.
② 종단적 접근법 : 둘 이상의 시점에서 동일한 분석단위를 장기간에 걸쳐 추적하여 연구한다.
④ 자기보고 접근법 : 인간의 정의적 영역의 검사 또는 평가방법의 하나로서, 피험자 스스로의 관찰결과를 스스로 보고하게 하여 평가자료를 수집하는 방법이다.
⑤ 직접관찰 접근법 : 조사자가 조사대상자를 현장에서 일정한 기간 동안 직접 관찰함으로써 필요한 정보를 획득하고자 하는 사회조사방법이다.

18 ④ 패널자료는 횡단자료와 시계열자료의 특징을 통합한 자료로 시계열에 따른 계량화된 정보를 제공함으로써 종단조사와 양적 조사의 특징을 보인다. 또한, 문제에서 빈곤(독립변수)이 청소년(종속변수)에 미치는 인과관계를 탐색하는 것은 설명적 조사에 해당한다.

19 ② 임산부와 태아의 관계는 사실상 모든 기간에 영향이 있지만, 약물복용에 가장 민감하게 반응하고 많은 영향을 미치는 시기는 임신 초기인 1~3개월이다. 이 시기는 태아에게 가장 중요한 시기로서, 태아의 급속한 세포분열이 일어나게 된다.

20 ① 걷기반사 : 바닥에 아이의 발을 닿게 하여 바른 자세가 갖추어지면, 아이가 걷는 것처럼 두 발을 번갈아 떼어 놓는다.
② 모로반사 : 영아는 갑작스러운 큰 소리를 듣게 되면 자동적으로 팔과 다리를 쫙 편다.
④ 연하반사 : '삼키기 반사'라고도 하며, 영아는 입속에 음식물이 들어올 때 이를 삼킨다.
⑤ 쥐기반사 : 영아의 손바닥에 무엇을 올려놓으면 손가락을 쥐는 것과 같은 반응을 한다.

21 ① 유아기는 프로이트의 항문기, 에릭슨의 초기 아동기, 피아제의 전조작기 초기에 해당한다.
② 유아기는 발달이 영아기처럼 급속도로 이루어지지는 않지만, 꾸준한 신체적 성장을 보인다.
③ 반사적인 운동반응을 보이는 것은 영아기에 해당한다.
④ 낯가림과 분리불안을 경험하게 되는 것은 특히 생후 6개월에서 1년 정도의 영아기에 해당한다.
⑤ 보존개념을 획득하는 것은 후기 아동기이다.

22 후기 아동기(6~12세)의 자아개념 발달에 영향을 미치는 요인
• 개인요인 : 아동의 연령, 성공 및 실패 경험
• 가족요인 : 부모의 양육태도
• 사회요인 : 학교 교우집단, 또래집단

23 정서는 특정 자극에 대해 행동하도록 동기를 부여하고, 특정 행동을 반복하도록 하는 역할을 하는 것으로 여러 가지 정서의 분화단계를 거치며 빠르게 발달한다. 정서의 발달은 5세경까지 분화(分化)가 이루어져서, 10~11세경이면 일단 정리가 되어 침착한 상태에 도달한다.

24 ㄹ. 하비거스트(Havighurst)가 제시한 청소년기(13~18세)의 발달과제에 해당한다. 참고로 발달단계별 연령 구분은 학자마다 차이가 있다.

성인 초기(19~30세)의 발달과제(Havighurst)
• 배우자를 선택한다.
• 배우자와 함께 생활하는 방법을 학습한다.
• 가정을 꾸민다.
• 자녀를 양육하고 가정을 관리한다.
• 직업생활을 시작한다.
• 시민의 의무를 완수한다.
• 마음 맞는 사람들과 사회적 집단을 형성한다.

25 ④ 노년기는 생에 대한 회상이 증가하고, 사고가 경직되어 익숙하고 습관적 태도를 고수하려는 경향이 있으므로, 융통성이 떨어진다.

필수과목 02 집단상담의 기초

01	02	03	04	05	06	07	08	09
④	③	③	②	①	⑤	④	⑤	⑤
10	11	12	13	14	15	16	17	18
⑤	⑤	②	④	⑤	①	③	③	③
19	20	21	22	23	24	25		
②	③	①	①	③	④	③		

01 ④ 자기노출이 긍정적인 반응을 수반함에 따라 집단원 상호간에 존경심과 신뢰감을 발달시킨다.

집단상담자의 자질
개인 및 집단상담의 경험, 집단계획 및 조직능력, 상담 및 심리 치료, 새로운 경험 추구, 상담이론에 대한 지식, 인간에 관한 폭넓은 식견, 자기수용, 개방적 태도, 타인의 복지에 대한 관심, 유머감각, 자발적 모범, 공감적 이해 능력, 심리적 에너지, 창의성 등

02 집단의 속성(Gartwright & Zander)
• 집단원의 빈번한 상호작용
• 집단원으로서의 자인
• 타인들에 의한 집단원으로서의 인정
• 공동관심사에 대한 집단규준

- 상관성 있는 역할체제에의 동참
- 동일 모범대상(지도자) 혹은 초자아적 이상의 정립으로 인한 상호간의 동일시
- 집단을 통한 개인의 욕구충족
- 공동목표의 추구
- 일체성에 대한 집단적 지각
- 환경에 대한 통일된 방식의 행동 경향

03 집단상담의 원리
- 자기이해 : 자신의 몸과 마음에 관한 모든 것을 사실 그대로 이해하는 것으로서, 자신에 대한 이해는 다른 사람에 대한 이해를 촉진시킨다.
- 자기수용 : 이해한 그대로의 자신을 인정하고 받아들이는 것으로서, 자기만을 수용하는 것으로 끝나는 것이 아닌 상대방, 더 나아가 모든 사람이나 자연현상까지도 수용할 수 있도록 한다.
- 자기개방 : 자신에 대해 이해하고 수용한 자신을 그대로 나타내 보이는 것으로서, 타인의 개방을 촉진시켜 상호 이해의 폭을 넓히고, 이와 같은 이해와 신뢰를 토대로 더 깊은 자기개방을 하도록 한다.
- 자기평가 : 현실 속에서 자신의 행동을 의미 있는 기준에 비추어보는 것으로서, 인과관계 추론을 통해 자신의 행동에 대한 타당성을 평가하며, 자신의 행동이 현실적으로 유효하고 적합한 것인지 검토한다.
- 자기도전 : 새롭게 학습된 행동이나 사고·감정 등을 소개하는 것으로서, 연습의 기회를 통해 새로운 행동을 시도하며, 그 결과에 대해 상담자의 객관적인 평가를 받는다.

04
④ 심리극(Psychodrama) 집단상담에 관한 설명이다. 심리극이란 연극을 통해 집단원이 자신이 경험하는 어떤 사건을 재연하고, 자신의 역할과 한계를 넘어서서 새로운 행동을 실천해 봄으로써 자아와 사건에 대한 새로운 인식과 정화, 대안을 획득하는 체험적 과정으로써, 역할놀이, 역할전환, 이중자아법, 빈의자기법, 거울기법, 미래투사기법, 독백, 암전기법, 죽음장면, 마술상점기법 등의 다양한 기법이 활용된다.

아들러(Adler)학파의 집단상담
- 프로이트의 심리결정론(정신적 결정론)에 반발하여 인간에 대한 의식적·사회적인 측면에서 접근하였다.
- 집단상담에 있어서 집단이 인간 행동의 본보기를 제공하며, 이를 통해 집단원은 자신에 대한 통찰을 발달시킨다고 보았다.
- 집단원의 친밀감 형성과 열등감에 대한 인식의 변화를 강조하며, 새로운 행동에의 시도를 위해 두려움을 극복하도록 돕는다.
- 인간의 목표로서 열등감의 보상과 우월성의 추구를 제시하였다.
- 사회적 관심을 집단원의 정신건강의 중요한 준거로 삼는다.
- 집단상담을 통해 개인이 소속감을 얻게 하는 것을 목표로 한다.

05 집단상담계획서 작성
- 집단의 필요성과 목적
- 집단의 활동내용 결정
- 집단의 구성
- 집단의 유형
- 집단원 선발방법
- 집단의 크기
- 집단 홍보
- 집단의 일정, 집단 모임 장소, 집단상담자의 수
- 기대효과와 평가계획

06
① 폐쇄적 질문 : 대답할 수 있는 범위를 한정하여 그 범위 내에서만 대답을 요구하며, 일반적으로 '예'나 '아니오'의 단답식으로 질문하기 때문에 집단원에게서 제한된 정보만을 얻을 수 있다.
② 반영하기 : 집단원이 전달하고자 하는 의사의 본질을 스스로 볼 수 있도록 집단원의 말과 행동에서 표현되는 감정·생각·태도를 집단상담자가 다른 참신한 말로 하는 기술을 말한다.
③ 경청하기 : 집단상담자가 집단원이 하는 말을 귀담아 들어주는 것을 말한다.
④ 직면하기(맞닥뜨림하기) : 집단원의 말이나 행동이 일치하지 않거나 모순점이 있을 때, 그것을 지적해 주는 기술이다.
⑤ 해석하기 : 집단원이 표면적으로 표현하거나 인식한 내용을 뛰어넘어 집단상담자가 집단원에게 새로운 방식으로 자신의 문제를 바라볼 수 있도록 행동·사고·감정에 대해 새로운 의미를 부여하거나 새롭게 설명하는 것을 말한다.

07 ⑤ 집단상담은 집단에 적합하지 않은 성격적 특징이나 지극히 개인적인 문제를 가지고 있는 내담자의 경우, 그와 같은 개인적인 문제가 충분히 다루어지지 않을 수 있다는 단점이 있다.

청소년에게 있어서의 집단상담의 장점
- 집단상담은 '나만이 특이하다'는 생각을 바꾸어 준다. 자신의 감정과 경험을 타인들과 서로 나눌 수 있다는 사실을 아는 것 자체로 그들은 힘을 얻을 수 있다.
- 상담자가 제공하는 안전한 구조 속에서 독립적 행동을 연습한다.
- 성인과의 관계에서 오는 불편함을 적당하게 완화시켜 준다.
- 청소년기의 자기애적 사고에 도전하며 자기중심적인 태도를 제한한다.
- 집단원들의 자아 강도를 높일 수 있는 기회를 제공한다.
- 감정이입, 존중, 상대방에 관한 관심 등 새로운 사회적 기술을 연습시킨다.

08 ㄷ. 과거의 미해결 과제를 지금 여기로 가져와서 '빈 의자 기법'을 활용하여 현재 일어나고 있는 것처럼 연출하다 보면, 감정이 도출되어 정화작용이 이루어지고 순수자아를 표출할 수 있게 되면서 치료에의 길을 밝게 된다는 것이다.

09 ⑤ 구조 분석, 인생각본(생활각본) 분석은 의사교류(상호교류) 분석적 모형의 기술에 해당한다. 정신분석적 모형에서는 내담자로서 집단원의 무의식적 자료에 접근하기 위해 특히 '자유연상(Free Association)' 등의 기법을 활용한다. 자유연상은 내담자에게 무의식적 감정과 동기에 대해 통찰하도록 하기 위해 마음속에 떠오르는 것을 의식의 검열을 거치지 않은 채 표현하도록 격려하는 것이다. 내담자는 자신의 감정과 경험을 개방함으로써 더 이상 자신의 감정과 경험을 억압하지 않은 채 자유로울 수 있다.

10 ① 과제부여 : 내담자의 문제 해결을 위해 치료자가 특정한 과제를 개발하여 내담자에게 이를 부과하고 이행하도록 하게 함으로써, 내담자가 성공감을 맛보게 하고 새로운 일에 대한 자신감을 갖고 도전할 수 있도록 하는 기법이다.

② 수프에 침 뱉기 : 내담자의 행동과 흡사한 행동을 재현하여 내담자가 자신의 부정적인 행동을 종식하도록 한다.
③ 수렁(악동) 피하기 : 내담자가 자기패배적인 자기 지각을 유지시키는 것을 피하도록 돕고, 비효율적인 지각이나 행동을 언급하는 대신 더 큰 심리적인 건강을 가져올 수 있도록 격려의 행동을 하는 것을 말한다.
④ 마치 ~인 것처럼 행동하기 : 상담자는 두려워하는 내담자에게 문제가 해결된 것처럼 상상하고 행동하도록 역할놀이 상황을 설정한다.

11 개인심리학적 집단상담에서 집단상담자의 기능 및 역할
- 상담관계의 설정 : 집단상담자는 집단원들이 상호존중과 신뢰의 분위기에서 건전한 상담관계가 성립되도록 노력한다. 특히 집단원들로 하여금 개별적인 목표를 표명하도록 하며, 이를 토대로 공동의 합의된 목표를 명시한다.
- 심리적 진단을 통한 역동의 분석 : 집단상담자는 집단원 개개인의 갈등의 근간이 되는 역동을 이해하기 위해 그들 각각에 대한 행동상의 자료들을 수집하며, 이를 토대로 갈등의 원인에 대한 가설을 수립한다.
- 일상적 행동목표의 해석 : 집단상담자는 집단원들의 일상적 행동목표를 의식하며, 집단원들로 하여금 그 행위와 연관된 느낌이나 감정을 스스로 이해하도록 돕는다.
- 생활양식 변화를 위한 재교육 : 집단상담자는 집단원들의 그릇된 생활양식을 변화시키기 위해 적절한 대안을 발견하며, 이를 통해 집단원들의 행동상의 변화를 이끌어낸다.

12 ② 참만남집단 모형의 목표에 해당한다. 참만남집단에서 집단상담자는 비구조화된 프로그램을 사용하여 집단참가자들이 자신의 잠재력을 깨닫고 스스로 성장할 수 있도록 안내자, 촉진자로서의 역할을 수행한다. 반면, 합리적·정서적 행동치료모형(REBT)에서 집단상담자는 능동적·지시적·설득적인 방법을 통해 집단원의 비합리적인 사고에 대해 논박하거나 직접적으로 맞선다.

13 ④ '게임(Game)'은 어떠한 숨겨진 의도가 담겨 있는 세련된 보상행동으로서, 일련의 암시적·이중적인 의사거래를 말한다. 특히, 구조적 욕구충족에 실패한 사람들이 자신들이 필요로 하는 인정자극을 받기 위해 게임에 의존하게 되는데, 이와 같은 게임은 그 자체로 거짓이 포함되어 있으므로 솔직하고 신뢰할 수 있는 인간관계를 형성하는 데 부정적인 기능을 한다. 이러한 게임을 분석하기 위해서는 단순한 자아상태 또는 의사거래의 특성을 평가하는 능력 이상을 요구하며, 개인이 게임을 통해 기대하는 보상행위의 결과를 파악할 수 있는 능력을 필요로 한다.

14 ⑤ '자기노출하기'는 집단상담자가 상담을 효과적으로 이끌기 위해 상담에 참여한 집단원에게 자신에 대한 주관적인 정보를 노출하는 기술이다. 집단상담자는 자기노출을 통해 집단원에게 유사성과 친근감을 전달할 수 있고, 집단상담자와 집단원 간의 보다 깊은 이해를 발달시킬 수 있다.

15 ① 집단상담의 행동주의적 접근모형은 집단원의 적응적 행동을 강화하는 동시에 부적응적 행동을 약화시킴으로써 행동의 바람직한 수정을 도모한다. 또한, 새롭고 효과적인 행동패턴을 습득하도록 함으로써 보다 생산적인 행동을 펼치며, 바람직한 인간관계를 형성하도록 돕는다. 다만, 이와 같은 행동수정에서는 집단원의 자발적인 의지와 자신의 선택이 강조되며, 타인의 가치기준에 부합하는 행동이나 사회적으로 바람직한 행동을 인위적으로 유도하는 것은 바람직하지 않다.

16 ㄴ. '차단하기(Blocking)' 집단상담기법에서는 언어적 방법은 물론 비언어적(시선회피, 무반응 등)인 방법도 사용한다.
ㅁ. 집단원의 행동이 집단에 부정적인 영향을 미칠 수 있다고 판단되는 시점에 즉각 개입하는 것이 필요하다.

17 상담의 '중간단계'
- 문제해결을 위한 대안의 모색
- 다양한 상담기법의 적용 및 훈련
- 직면을 통한 내담자의 변화촉진
- 갈등을 직면하게 하고, 논의하며, 해결해 나가도록 도움
- 상담과정에서 얻은 통찰을 실행에 옮기도록 도움
- 호소문제와 관련된 감정·사고·행동 등을 인식하도록 도움

18 청소년 집단상담의 주요 대상
- 자아발견 및 진로결정 : 청소년은 부모로부터 물질적·심리적으로 독립을 준비하는 시기이다. 따라서 부모나 교사의 일방적인 요구에서 점차 벗어나서 자신의 삶의 목표를 찾고, 자신이 중요하게 생각하는 것에 가치를 부여할 수 있어야 한다.
- 탈 자기중심화 : 청소년기는 상상적 청중이나 개인적 우화와 같은 자아중심성(자기중심화)이 나타나는 시기이기도 한다. 따라서 이 시기에서의 집단 경험은 청소년이 다른 사람에 대한 이해와 관심을 통해 사회적 존재로서 성숙할 수 있는 기회를 제공한다.
- 자존감 회복 : 청소년은 아동기를 거치면서 점차 경쟁사회에 진입하게 되며, 그로 인해 패배의식과 열등감을 경험할 수 있다. 따라서 이 시기에 자신의 느낌을 수용하고 다른 사람과 경험을 교환함으로써, 그와 같은 부정적인 감정을 극복하고 자신감과 자존감을 회복하는 것이 중요하다.
- 성적 갈등의 해소 : 청소년기는 이성에 대한 성적 욕구와 성역할에 대해 혼란을 경험하는 시기이기도 하다. 이와 같은 혼란은 심한 경우 이성과의 접촉에 대한 두려움과 죄책감으로 이어질 수 있으므로, 이를 적절히 해소하는 것이 중요하다.
- 외로움과 고립감의 극복 : 청소년은 신체적 발달과 심리적 발달이 불균형을 이루면서 정서적으로 매우 불안정한 상태에 놓이게 된다. 인생의 과도기적인 시기에 경험하게 되는 정서적 위기는 외로움과 고립감으로 나타나며, 이를 극복하는 것이 청소년기의 주요 과업이 된다.

19 ② 집단상담의 4단계 발달과정 중 도입단계 또는 초기단계에서는 상담의 방향설정과 함께 참여자들 간의 탐색이 이루어지는 단계로서, 참여자들은 주저와 의심의 태도로 관망하는 시간을 가진다. 집단 초기에 나타나는 저항은 두려움에 대한 방어적인 태도와 '숨은 안건'으로 나타나며, 이러한 집단 초기의 저항은 다음 단계인 준비단계에 이르러 갈등과 불신, 대인관계 기피 등의 저항적인 행동으로 이어진다. 따라서 집단상담자가 참여자들의 저항을 생산적으로 처리하여 집단응집성을 발달시키는 과정은 제2단계인 준비단계와 연관된다.

20 응집단계
- 집단이 갈등단계를 넘어서면 부정적인 감정이 극복되고, 조화롭고 협력적인 집단분위기가 발전되면서 점차 집단원들 간에 응집력이 발달하게 된다.
- 집단 내의 호의적인 분위기는 적극적인 관심과 애착의 형태로 나타나기도 하며, 이러한 분위기에서 집단원들은 집단상담자와 집단을 자신과 동일시하게 된다.
- 이 단계에서 지나친 자기만족은 오히려 집단의 발달을 저해할 수 있다.
- 집단상담자는 집단의 상호작용을 촉진하는 동시에 집단원들이 가지고 있는 성장 의지 및 능력이 발휘될 수 있도록 유도해야 한다.

21 노든(Northern)의 집단발달단계
- 준비단계 또는 모집단계(제1단계) : 집단의 목적 설정 및 잠재적 성원 확보가 이루어지는 단계
- 오리엔테이션 단계(제2단계) : 집단원 간 유대관계가 생기고 투쟁적 리더를 중심으로 의사소통이 이루어지는 단계
- 탐색과 시험단계(제3단계) : 하위집단이 생성되며, 집단의 규범과 가치를 위한 통제기제가 발달하는 단계
- 문제해결단계(제4단계) : 집단원들 간의 상호의존성·응집력이 최고로 되는 단계
- 종결단계(제5단계) : 목적 달성 시 또는 기한 도래 시 종료되는 단계

22 집단상담자는 집단원들의 진술에 대해 일일이 반응할 필요는 없으며, 자신의 개인적 경험과 인간관에 맞는 상담이론과 방법을 취하여야 하지만, 자신의 경험을 매번 노출하는 것은 옳지 않다. 또한, 유머는 집단 회기가 진행되면서 뛰어난 치료 효과를 갖게 된다.

23
ㄱ. 역설기법 : 자신의 잘못된 행동을 객관적인 입장에서 확인하도록 하여, 그러한 행동의 책임이 자신에게 있음을 깨닫도록 한다.
ㄴ. 단추 누르기 : 내담자가 유쾌한 경험과 유쾌하지 않은 경험을 번갈아 가면서 생각하도록 하고, 각 경험과 관련된 감정에 관심을 갖도록 한다.
ㄷ. 수프에 침 뱉기 : 내담자의 행동과 흡사한 행동을 재현하여 내담자가 자신의 부정적인 행동을 종식하도록 한다.

24 ④ '강화해주기'는 집단원의 말과 행동에 대해 집단지도자가 긍정적·적극적인 피드백을 주어 특정 행동을 조장시키려는 기술이다. 집단과정에서 이와 같은 강화의 기술은 집단 분위기를 조성하고 집단활동을 촉진하며, 집단원들 간의 피드백을 주고받는 등의 상황에서 매우 유용하게 활용될 수 있다. 이러한 강화의 방법은 "그래요", "당신의 말이 옳아요" 등 간단한 말로도 할 수 있고, 미소나 시선의 마주침, 고개의 끄덕임 등 비언어적 관심 기울이기의 행동으로도 가능하다. 다만, 이와 같은 방법이 효과를 거두기 위해서는 집단원들의 집단지도자에 대한 신뢰를 전제로 한다.

25 개방집단과 폐쇄집단

개방집단	• 새로운 성원의 아이디어나 자원을 활용할 수 있으며, 다른 관점으로의 피드백도 받을 수 있다. • 새로운 성원의 참여로 집단 전체의 분위기를 조성할 수 있다. • 성원 교체에 따른 안정성이나 집단정체성에 문제가 발생할 수 있다. • 새로운 성원의 참여가 기존 성원의 집단과업 과정에 방해요소가 될 수 있다.
폐쇄집단	• 같은 성원의 지속적인 유지로 인해 결속력이 매우 높다. • 안정적인 구성으로 집단원의 역할행동을 예측할 수 있다. • 성원의 결석이나 탈락이 집단에 부정적인 영향을 미친다. • 새로운 정보의 유입이 이루어지지 않으므로 효율성이 떨어질 수 있다. • 소수의견이 집단의 논리에 의해 무시될 수 있다. • 학교 집단상담의 형태로 적합하다.

필수과목 03 심리측정 및 평가

01	02	03	04	05	06	07	08	09
②	⑤	②	①	⑤	①	②	⑤	①
10	11	12	13	14	15	16	17	18
⑤	①	③	③	①	①	④	②	②
19	20	21	22	23	24	25		
①	②	②	⑤	④	③	③		

01 심리검사 선정 시 고려사항
- 심리검사의 목적을 분명히 하고, 그 목적달성에 적절한 검사를 선정해야 한다.
- 수검자의 학력 등 수검자의 특성에 적합해야 한다.
- 수검자의 요구를 충족하는 검사이어야 하며, 수검자와 함께 검사를 선택해야 한다.
- 신뢰도와 타당도가 높은 표준화된 검사이어야 한다.
- 활용도가 높은 검사를 선정하며, 객관성 있는 검사이어야 한다.
- 심리검사의 실용성을 고려해 보아야 한다. 즉, 검사 제작연도, 검사 시행과 채점의 간편성, 시행시간, 심리검사지의 경제성 등을 검토해야 할 것이다.

02 심리평가의 시행단계
- 제1단계 : 검사 전 면담
- 제2단계 : 검사계획 및 심리검사 선정
- 제3단계 : 검사환경 조성
- 제4단계 : 검사 실시
- 제5단계 : 검사 채점 및 결과 해석
- 제6단계 : 검사 후 면담
- 제7단계 : 종합평가 및 진단
- 제8단계 : 검사결과의 상담

03 ② 심리검사는 일정한 규칙과 지시에 따라 이루어진 단순히 기계적인 작업이 아니라, 상담자 또는 검사자의 전문적 기술과 지식을 토대로 적절하고 체계적인 시행과 상담자의 문제해결을 돕기 위한 전문적인 활동이다.

04 ②·⑤ 등간척도, ③ 서열척도, ④ 비율척도

측정의 4가지 수준에 의한 적용 예
- 명목(명명)척도 : 성별, 결혼유무, 종교, 인종, 직업유형, 장애유형, 지역, 계절 등
- 서열척도 : 사회계층, 선호도, 석차, 소득수준, 수여 받은 학위, 자격등급, 장애등급, 변화에 대한 평가, 서비스 효율성 평가 등
- 등간척도 : IQ, EQ, 온도, 학력, 학점, 시험점수, 물가지수, 섭씨온도, 사회지표 등
- 비율척도 : 연령, 무게, 신장, 수입, 매출액, 출생률, 사망률, 이혼율, 경제성장률, 졸업생 수, 서비스 대기인 수, 서비스 수혜기간 등

05 ⑤ 심리검사 결과 해석 시 수검자의 연령과 교육수준에 맞게 설명해야 한다.

검사 윤리의 특징
- 검사의 전 과정은 전문적인 과정을 통해 이루어져야 하고, 충분한 지식 또한 갖추어야 한다.
- 검사자는 열정적이면서 객관적인 태도를 유지해야 한다.
- 검사자는 자신이 제시한 결과해석에 대한 책임이 있어야 한다.
- 모든 수검자가 인간으로서의 존엄과 가치를 지니고 있음을 인지해야 한다.
- 검사자는 검사를 시행하기 전에 수검자에게 검사의 목적에 대해 설명해야 한다.

- 심리검사의 기본적인 목적이 수검자에 대한 이해와 수검자의 발전에 있음을 인지해야 한다.
- 심리검사는 완벽한 도구가 아니므로, 겸허하게 오류의 가능성을 인정해야 한다.
- 수검자의 현실을 반영하는 타당하고 세부적인 정보를 제공하기 위해 최선의 노력을 기울여야 한다.
- 심리검사의 결과가 올바른 목적에 사용되도록 주의를 기울여야 한다.
- 검사규준 및 검사도구와 관련된 최근 동향과 연구방향을 민감하게 파악해야 한다.

06 ① 외적 타당도는 연구 결과에 의해 기술된 인과관계가 연구대상 이외의 경우로 확대·일반화될 수 있는 정도를 말한다. 연구자는 연구과정을 통해 자신이 기대하는 특정 결과가 나타나기를 바랄 수 있다. 만일 실험대상자가 이러한 연구자의 바람에 따라 연구자가 원하는 방향으로 반응을 보인다면, 해당 연구결과의 일반화를 도모할 수 없게 된다. '조사반응성' 또는 '반응효과'는 이와 같이 실험대상자 스스로 실험의 대상이 되고 있음을 인식하여 평소와는 다른 행동과 반응을 나타내 보이는 것이다.

07 **검사문항 작성 시 유의사항**
- 문장은 현재시제로 작성한다.
- 수검자가 사실적인 것으로 해석할 수 있는 문장은 삼간다.
- 하나 이상의 해석이 가능한 중의적인 문장은 삼간다.
- 거의 모든 사람들이 '예' 또는 '아니요'라고 답할 가능성이 높은 문장은 삼간다.
- 문장은 가급적 짧고 이해하기 쉽도록 한다.
- 문장은 문법상 오류가 없어야 한다.
- 긍정적 또는 부정적인 감정을 표현하는 문항 수는 가급적 유사한 비율로 구성한다.
- '반드시', '모두', '결코,' '전혀' 등 강한 긍정이나 강한 부정은 가급적 삼간다.
- '거의', '단지' 등 애매모호한 형용사의 사용은 가급적 삼간다.
- '~하지 않을 수 없다', '~ 없지 않다' 등 이중부정은 가급적 삼간다.
- '만약 ~한다면'의 조건절이나 '~이기 때문에'의 원인·이유절의 사용은 가급적 삼간다.

08 **스테나인(Stanine) 점수**
- 'Standard'와 'Nine'의 합성어로서, '표준등급'이라고도 한다.
- 스테나인 점수는 백분점수의 범위를 나타낸다.
- 원점수를 정상분포로 가정하여 가장 낮은 점수부터 높은 점수로 체계적으로 배열한 후, 일정한 구간에 대해 점수를 부여하는 방식이다.
- 학교에서 실시하는 성취도검사나 적성검사, 내신 등급을 나타낼 때 주로 사용한다.
- 소수점이 없는 정수 점수를 제공함으로써 계산이 간편하다.
- 개별 대상의 점수차가 적은 경우 발생할 수 있는 지나친 확대해석을 미연에 방지할 수 있다.
- 단일 점수가 아닌 범위에 대한 점수이므로 엄밀하지 못하다.

09 ① 지능에 대한 포괄적인 정의는 지능을 학습능력, 적응능력, 추상적 사고능력 등 인간의 다양한 능력에 대한 종합적 능력으로 간주하는 것이다. 이와 같은 견해를 제시한 대표적인 학자가 바로 웩슬러(Wechsler)이다. 웩슬러는 "지능은 개인이 합목적적으로 행동하고 합리적으로 사고하며, 환경을 효율적으로 다룰 수 있는 총체적인 능력이다."라고 정의하였다.
②·⑤ 피아제(Piaget)와 핀트너(Pintner)는 적응능력으로서의 지능을 강조하였다.
③ 게이츠(Gates)는 학습능력으로서의 지능을 강조하였다.
④ 스피어만(Spearman)은 추상적 사고능력으로서의 지능을 강조하였다.

10 **스턴버그(Sternberg)의 삼원지능이론**
- 성분적 지능 : 새로운 지능을 획득하고 이를 논리적 문제의 해결에 적용하는 분석적 능력 또는 정보처리능력
- 경험적 지능 : 직관력과 통찰력을 통해 새로운 문제를 신속하게 처리하는 능력으로서 창의적 능력
- 상황적 지능 : 현실상황에 대한 적응 및 환경과의 조화를 이루는 융통적이고 실용적인 능력으로서 실제적 능력

11 ① 편의표집(Convenience Sampling) : 손쉽게 이용가능한 대상만을 선택하는 방법으로 길거리에서 지나가는 사람에게 물어보는 것이다.
② 유층표집(Stratified Sampling) : 모집단 안에 동일성을 갖는 여러 개의 하부집단이 있다고 연구자가 가정할 때, 모집단을 속성에 따라 계층으로 구분하고 각 계층에서 단순무선표집을 하는 방법을 말한다.
③ 군집표집(Cluster Sampling) : 확률적 표집방법의 하나로서 최종의 표집단위를 일차적으로 표집하는 것이 아니라, 이러한 단위를 포함하는 자연적 또는 인위적 구성의 상위집단을 먼저 표집하는 방법이다.
④ 판단표집(Judgmental Sampling) : 연구자나 전문가의 판단에 따라 표본을 뽑는 방법으로서, 조사자가 모집단의 지식이 많을 때 쓰이는 방법이다.
⑤ 체계적 표집(Systematic Sampling) : 확률적·객관적 표집방법의 하나로서, 전집의 모든 사례를 어떤 순서로 나열하였을 때 필요한 표집 수를 일정한 K번째의 사례만을 표집하여 얻는 방법이다.

12 ③ 시작점에 관한 설명이다.

중지규칙
소검사 실시를 언제 그만두는가를 결정하기 위한 기준들을 나타내며, 라포를 유지하고 검사 시간을 최소하도록 고안된 것으로써 소검사마다 다른데, 일반적으로 아동이 특정수의 연속적인 문항들에서 0점을 받은 후에 소검사 실시를 그만 두도록 지시한다.

13 ③ 기억작용에도 측두엽이 일정 부분 관여한다. 기억기능을 담당하는 해마가 측두엽 바로 안쪽에 자리해 있어 기억 형성에 일정한 역할을 담당한다.

대뇌의 구조와 기능

구 분	특 징
전두엽	• 대뇌피질의 앞부분에 위치하며, 전체의 약 40% 정도를 차지한다. • 골격근의 운동을 통제하는 일차운동피질이다. • 창조의 영역으로서, 운동기능, 자율기능, 감정조절기능, 행동계획 및 억제기능 등을 담당한다.
두정엽	• 대뇌피질의 윗부분 중앙에 위치하며, 전체의 약 21% 정도를 차지한다. • 1차체감각피질과 연합피질로 구성된다. • 이해의 영역으로서, 공간지각, 운동지각, 신체의 위치판단 등을 담당한다.
측두엽	• 대뇌피질의 측면에 위치하며, 전체의 약 21% 정도를 차지한다. • 1차청각피질과 연합피질로 구성된다. • 판단과 기억의 영역으로서, 언어, 청각, 정서적 경험 등을 담당한다.
후두엽	• 대뇌피질의 뒷부분에 위치하며, 전체의 약 17% 정도를 차지한다. • 1차시각피질과 시각연합피질로 구성된다. • 시각의 영역으로서, 망막에서 들어오는 시각정보를 분석·통합하는 역할을 담당한다.

14 ② 불안(ANX)은 내용척도에 해당한다.

MMPI-2에 포함된 성격병리 5요인 척도(PSY-5 척도)
• 공격성(AGGR ; Aggressiveness)
• 정신증(PSYC ; Psychoticism)
• 통제 결여(DISC ; Disconstraint)
• 부정적 정서성/신경증
  (NEGE ; Negative Emotionality/Neuroticism)
• 내향성/낮은 긍정적 정서성
  (INTR ; Introversion/Low Positive Emotionality)

15 ② 척도 6 Pa(Paranoia, 편집증)의 측정 결과가 높은 경우에 해당한다.
③ 척도 9 Ma(Hypomanina, 경조증)의 측정 결과가 높은 경우에 해당한다.
④ 척도 8 Sc(Schizophrenia, 정신분열증)의 측정 결과가 높은 경우에 해당한다.
⑤ 척도 3 Hy(Hysteria, 히스테리)의 측정 결과가 높은 경우에 해당한다.

16 MBTI의 성격유형지표 구분 방식
• 외향형(Extroversion)/내향형(Introversion) : 개인의 주의집중 및 에너지의 방향이 인간의 외부로 향하는지 혹은 내부로 향하는지를 나타낸다.
• 감각형(Sensing)/직관형(Intuition) : 정보의 인식 및 수집 방식에 있어서 경향성을 반영한다.

- 사고형(Thinking)/감정형(Feeling) : 인식된 정보를 토대로 판단 및 결정을 내리는 경향성을 반영한다.
- 판단형(Judging)/인식형(Perceiving) : 외부세계에 대한 태도, 생활방식 및 적응양식에 있어서 어떠한 과정을 선호하는지를 나타낸다.

17 SCT의 해석 요인

성격적 요인	• 지적능력 요인 • 정의적 요인 • 가치지향적 요인 • 정신역동적 요인
결정적 요인	• 신체적 요인 • 가정적 · 성장적 요인 • 대인적 · 사회적 요인

18 ㄴ. 미완성 문장은 인식하거나 표현할 수 없는, 또는 표현하기 꺼려지는 잠재된 욕구, 감정, 태도, 야망 등이 보다 잘 드러날 수 있게 하므로 수검자가 직접적인 질문보다 방어적이지 않다.
ㄹ. 표준적인 실시방법은 피검자가 직접 문장을 읽고 반응을 써야 하지만, 심하게 불안한 피검자에게는 문항을 읽어주고 피검자가 대답한 것을 검사자가 받아 적는 것이 도움이 되기도 한다. 이러한 구술 시행은 반응시간, 얼굴 붉어짐, 표정 변화, 목소리 변화, 전반적인 행동 등을 관찰함으로써 피검자가 어떤 문항에서 막히는 지를 구체적으로 알 수 있게 해준다.

문장완성검사(SCT ; Sentence Completion Test)
단어연상검사의 변형 · 발전된 형태로서, 다수의 미완성 문장들에 대해 수검자가 자신의 생각대로 문장을 완성하도록 하며, 투사적 검사에 해당한다.

19 나무(Tree)에 대한 내용적 해석
- 뿌리 : 안정성 여부, 현실과의 접촉 수준
- 기둥 : 자아 강도, 내면화의 힘
- 가지 : 타인과의 접촉 성향, 수검자의 자원
- 잎 : 외계, 장식, 활력수준

20 ② 벤더게슈탈트 검사(BGT)는 특히 수검자의 시각-운동협응능력 및 시지각 능력, 정신-운동협응능력, 신경심리학적 문제 등에 대해 평가한다.

21 ㄱ. 최빈값은 빈도가 가장 높은 점수로 2개 이상이 될 수 있다.
ㅁ. 좌우대칭이되 봉우리가 두 개인 양봉분포의 경우, 평균값과 중앙값은 같으나 최빈값이 서로 다른 두 개의 값을 가진다.

22 ⑤ 규준은 하나의 분포를 이루는 점수집단의 형태로 나타난다.

검사의 규준(Norm)
- 규준은 어떤 검사에의 적용을 위해 대상 모집단에서 얻은 정상적 수행결과를 말하는 것으로서, 모집단을 대표하는 수검자의 표본이라 할 수 있다.
- 규준은 하나의 분포를 이루는 점수집단의 형태로 나타난다.
- 심리검사 등 상대적 점수의 해석을 위한 일정한 기준으로서 이와 같은 규준이 반드시 필요하다.

23 내적 일관성 분석법
단일의 신뢰도 계수를 계산할 수 없는 반분법의 단점을 고려하여, 가능한 모든 반분신뢰도를 구한 다음 그 평균값을 신뢰도로 추정하는 방법이다. Cronbach α(크론바흐 알파계수)가 해당된다.

24 ③ O요인(개방성)이다.

NEO 인성검사

N요인 (신경증)	흥분과 침울, 기쁨과 슬픔 등 감정의 양 극단을 오가는 정도 즉 '정서적 안정성'을 말한다. 즉, 정서적으로 얼마나 안정되어 있고, 자신이 세상을 얼마나 통제할 수 있으며, 세상을 위협적이지 않다고 생각하는 지의 정도를 나타낸다.
E요인 (외향성)	자신의 감정을 솔직하게 표현할 수 있고, 사람사귀기를 좋아하는 성격이다. 이들은 다양한 사람, 특히, 새로운 사람과의 관계를 쉽게 형성하는 장점이 있다. '사교적인', '어울리기 좋아하는', '말을 많이 하는', '자기 주장적인', '모험을 좋아하는', '활동적인', '활기에 찬', '포부 있는' 등의 언어로 대표된다.

O요인 (개방성)	새로운 경험이나 혁신에 대한 거부감이 적은 것을 말한다. 즉 '경험에 대한 개방성'을 의미하는데, 이것이 높은 사람은 조직생활에서 상상력과 호기심이 많고, 새로운 정보를 잘 받아들이며, 변화에 대한 수용도가 높다.
A요인 (친화성)	다른 사람과 더불어 잘 지내는 성격을 말한다. 자신을 지나치게 내세우기보다 전체적인 화합을 중시하고, 주변 사람들을 신뢰하는 성격이다. '예의바른', '착한', '융통성 있는', '믿음직한', '협조적인', '너그러운', '감정 이입적인', '보살피는', '마음이 고운', '인내심 있는' 등과 같은 특질들을 일관적으로 포함하고 있다.
C요인 (성실성)	수행 중인 과업과 목표달성에 관심과 노력을 잘 집중하며, 실수 없이 자신의 일을 잘 추진해가는 성격이다. 성실성 요인에서 높은 점수를 보이는 사람들은 열심히 일하고, 신중하고, 철저하고, 책임감이 강하고, 계획성이 있고, 신뢰감을 주는 특성을 나타낸다. '세심함', '철저한', '책임감 있는', '조직적인', '계획적인'과 같은 특질을 포함한다.

25 ③ 백분위 80이라는 것은 점수를 낮은 점수에서 높은 점수까지 순서대로 배열했을 때, 상위 20%에 위치한다는 것을 의미한다.

백분위점수
- 원점수의 분포에서 100개의 동일한 구간으로 점수들을 분포하여 변환점수를 부여한 것이다.
- 등위점수로 한 점수가 분포 상에서 서열로 따져 몇 %에 위치하고 있는가를 알려주는 서열척도에 해당한다.
- 원점수가 같아도 백분위는 속한 규준집단에 따라 다르게 나타날 수 있다.
- 개인의 점수를 다른 사람과 비교하여 얼마나 높은지의 상대적인 정보를 얻고자 하는 검사이므로 규준-참조점수에 해당한다.
- 백분위점수는 계산이 쉽고 기술적인 통계훈련을 쌓지 않은 사람들도 쉽게 이해할 수 있는 장점이 있으며, 보편적으로 적용할 수 있고, 성인과 아동에게도 똑같이 이용할 수 있으며, 능력검사, 성격검사, 적성검사 등 다양한 검사에 이용할 수 있다.

필수과목 04 상담이론

01	02	03	04	05	06	07	08	09
④	④	⑤	③	②	④	⑤	⑤	⑤
10	11	12	13	14	15	16	17	18
②	①	②	②	②	①	④	④	⑤
19	20	21	22	23	24	25		
④	④	①	②	②	①	②		

01 청소년상담의 목표
- 문제행동에 대한 변화 촉진
- 환경에 대한 적응기술 증진
- 합리적인 의사결정기술 함양
- 정신건강 증진
- 건전한 가치관 확립
- 사회성 및 대인관계 개선
- 긍정적인 자아개념 및 자아정체감 형성
- 개인의 잠재력 개발

02 라포(Rapport)
- 상담의 초기단계에서 상담자와 내담자가 의미 있는 신뢰관계를 형성하는 것은 상담과정의 전개와 상담의 결과에 중요한 영향을 미친다.
- 상담자와 내담자 간의 친근감 및 신뢰감을 의미하는 것으로서, 서로를 믿고 존경하는 감정의 교류에서 이루어지는 조화적 인간관계이다.
- 상호 신뢰에 의한 상담관계의 형성, 즉 라포의 형성은 상담자와 내담자 간의 상호적인 책임을 전제로 한다.

03 ⑤ 비어스텍(Biestek)이 제시한 상담관계형성의 7대 원리 중 통제된 정서적 관여의 원리는 내담자의 문제에 대해 공감을 얻고 싶은 욕구와 연관된다.
① 의도적 감정표현의 원리 : 내담자가 자신의 긍정적·부정적인 감정을 자유롭게 표명하고자 하는 욕구에 대한 인식이다.
② 수용의 원리 : 가치 있는 개인으로 인정받고 싶은 욕구를 말하는 것으로서, 내담자를 하나의 인격체로 존중하는 것이다.
③ 개별화의 원리 : 개인으로서 처우받고 싶은 욕구를 말한다.
④ 자기결정의 원리 : 자신이 선택과 결정을 내리고 싶은 욕구를 말한다.

04 현실치료 상담이론에서 인간의 기본욕구
- 생존에 대한 욕구 : 건강하게 생존하기 위해 생리적 기능을 하는 속성
- 사랑·소속에 대한 욕구 : 사랑하고 소속되며, 자신을 나누려는 속성
- 힘에 대한 욕구 : 경쟁하고 성취하며, 중요한 존재이고 싶어 하는 속성
- 자유에 대한 욕구 : 내적인 자유와 자신의 의지에 따라 선택하고 싶어 하는 속성
- 즐거움에 대한 욕구 : 새로운 것을 배우고 놀이를 통해 즐기고자 하는 속성

05 클라이언트인 내담자의 인지능력 향상을 위해 왜곡되거나 부정적인 사고구조를 변화시킴으로써 자신과 상황을 좀더 현실적으로 인지하도록 돕는 개입기술로는 직면, 초점화, 재명명, 정보제공 등이 있다. 반면 격려하기, 재보증, 일반화, 환기법 등은 내담자의 낙담, 좌절, 의기소침, 무력감, 자신감 결여 등의 심적 상태를 건강하고 자신감 있는 상태로 회복시키고 불건전한 정서를 적절히 해소하도록 함으로써 자아기능을 회복하도록 돕는 개입기술에 해당한다.

06 ④ 재진술은 명료화 및 요약의 차원에서 내담자의 말의 요점을 명확히 표현하는 것이다. 보기에서는 내담자가 오늘 몸 상태가 좋지 않아 상담을 다음으로 미루고 싶어 하는 것으로 볼 수 있다.

07 ⑤ 상담 중기단계에 이루어지는 개입이다. 상담 초기단계에서는 상담관계를 형성하고, 내담자를 이해 및 평가하며 상담을 구조화한다. 상담 구조화는 상담 여건, 상담관계, 비밀 보장에 대한 구조화를 주로 실시한다. 초기단계에서 사용되는 상담기법은 관심기울이기, 경청, 개방형 질문 등이 있다.

08 ① 미해결 과제는 전경과 배경의 자연스런 교체를 방해하기 때문에 개체의 적응에 장해가 된다.
② 미해결 과제는 완결되지 않거나 해소되지 않은 게슈탈트를 의미한다.
③ 미해결 과제는 분노, 불안과 같은 감정으로 나타난다.
④ 미해결 과제는 계속 이의 해결을 요구하며 전경으로 떠오르려 하기 때문에, 다른 게슈탈트가 선명하게 형성되는 것을 방해한다.

게슈탈트(Gestalt)와 미해결 과제
- 게슈탈트란 '전체' 또는 '형태'를 말하는 것으로서, 여러 부분들이 서로 긴밀히 연결되어 하나의 의미 있는 전체를 형성하는 것이다.
- 개체는 대상을 지각할 때 단순한 부분들의 집합이 아니라, 자신의 욕구나 감정을 조직화하여 하나의 의미 있는 전체로서 지각한다.
- 개인이 지니는 욕구나 감정은 전체로 조직된 게슈탈트를 형성하며, 각각의 개인은 자기조능능력에 따라 자신에게 필요한 욕구나 감정을 결집함으로써 이를 조정해 나간다.
- 인간의 심리적 장애는 게슈탈트를 완전한 형태로써 형성하지 못할 때 발생한다.
- 신체 증상을 일으킬 수 있기 때문에 상담자는 내담자의 신체적 경험에 주의를 기울인다.
- 미해결 과제를 해결할 수 있는 방법은 '지금-여기'를 알아차리는 것이다.

09 ⑤ '전이'는 정신분석적 상담이론의 핵심개념으로서, 내담자가 어린 시절 어떤 중요한 인물에 대해 가졌던 사랑이나 증오의 감정을 상담자에게 표출하는 것이다. 상담자는 전이의 분석(Transference Analysis)을 통해 내담자로 하여금 애정, 욕망, 기대, 적개심 등 과거 중요한 대상에게 가졌던 감정을 상담자에게 표현하도록 격려한다. 초기단계에서 신뢰관계가 이루어지면, 치료과정에서 내담자는 상담자에 전이를 형성한다.

10 ① 간직하기(Containing) : 내담자가 불안과 두려움을 느끼는 충동과 체험에 대해 상담자가 즉각적으로 반응하는 대신, 이를 마음속에 간직하여 적절히 통제함으로써 위험하지 않도록 변화시키는 것이다.
③ 훈습(Working-Through) : 내담자의 전이 저항에 대해 기대되는 수준의 통찰과 이해가 성취될 때까지 상담자가 반복적으로 직면하거나 설명함으로써 내담자의 통찰력이 최대한 발달하도록 하며, 자아통합이 이루어지도록 하는 것이다.

④ 역전이(Counter Transference) : 내담자의 태도 및 외형적 행동에 대한 상담자의 개인적인 정서적 반응이자 투사이다.
⑤ 꿈의 분석(Dream Analysis) : 내담자의 꿈속에 내재된 억압된 감정과 무의식적인 욕구를 꿈의 내용을 분석함으로써 통찰하도록 하는 것이다.

11 ㄹ. 발달과정상 후기에 나타나는 방어기제로서 '억압(Repression)'과 '승화(Sublimation)'가 있다. '억압'은 생각을 의식적 자아에 노출되지 않도록 하는 것이므로 자아와 원초아 간 분화가 생긴 후에야 가능하다. 또한 '승화'는 초자아가 발달한 후에야 나타날 수 있다. 이에 반해 '퇴행(Regression)', '투사(Projection)' 등은 발달과정상 전기에 나타나는 방어기제에 해당한다.

12 ④ 인간중심상담의 창안자인 로저스(Rogers)는 상담의 주요 개념으로서 자기 또는 자아(Self)를 강조하였다. 자기는 자신에 대해 가지고 있는 조직적이고 지속적인 인식, 즉 자기 자신에 대한 '자아상(Self Image)'을 말하는 것으로서, '주체로서의 나(I)'와 '객체로서의 나(Me)'의 의식적 지각과 가치를 포함한다. 로저스는 특히 개인의 심리적 부적응이나 부조화된 행동이 개인의 자기구조와 현재 경험 간의 불일치에 의해 발생한다고 보았다. 즉, 자기구조와 주관적 경험이 일치할 경우 적응적이고 건강한 성격을 가지게 되는 반면, 이들 간의 불일치가 심할 경우 부적응적이고 병적인 성격을 가지게 된다는 것이다.

13 인간중심상담의 12단계(Rogers)
- 제1단계 : 상담의 시작, 내담자의 방문
- 제2단계 : 상담 상황의 정의 및 상담 책임의 고지
- 제3단계 : 자유로운 감정 표현의 유도
- 제4단계 : 부정적인 감정의 수용 및 정리
- 제5단계 : 긍정적 감정의 출현
- 제6단계 : 긍정적 감정의 수용 및 정리
- 제7단계 : 자기 통찰 및 이해의 촉진
- 제8단계 : 가능한 결정 및 방향 제시, 대안의 탐색
- 제9단계 : 긍정적 행동화
- 제10단계 : 심화된 통찰, 완전한 자기 이해에 의한 성장
- 제11단계 : 긍정적 행동의 증가 및 통합
- 제12단계 : 상담의 종결

14 접수면접 시 파악해야 할 주요사항
- 내담자가 상담을 신청한 경위 및 주 호소문제
- 내담자가 가지고 있는 문제
- 내담자 문제의 발달과정과 상담신청 경위
- 가족관계(역동적인 관계, 지원자·원조자 파악, 갈등관계 파악)
- 성장 및 생활배경
- 이전의 상담경험(누구와 몇 회, 만족 여부, 중단사유 등)과 성과
- 접수면접 시 내담자의 용모 및 행동 특성
- 내담자의 현재 상태에 대한 접수면접자의 평가
- 접수면접 내용의 요지
- 심리검사 및 경우에 따른 임상적 진단결과
- 상담계획 및 조치(내담자의 기대사항, 상담의 우선적 목표, 절차, 한계점, 상담관계에서의 참고사항, 상담의 예정기간 등)

15 ② 열등감은 부적응이나 무기력 상태에서의 부정적인 느낌을 의미하는 것이지만, 이러한 열등감이 오히려 동기를 유발하는 요인으로 작용한다.
③ 생활양식은 개인의 존재를 특징짓는 어떠한 경험이나 사건 자체라기보다는 그에 대한 개인의 태도와 연관된다.
④ 사회적 관심은 개인이 이상적인 공동사회를 목표로 달성하려는 성향을 말하는 것으로서, 개인의 목표를 사회적 목표로 전환하는 것이다.
⑤ 아들러(Adler)는 개인에게 미치는 사회적 영향 가운데 특히 가정 내에서의 문화적 영향을 강조하였다. 가족의 성격 유형, 가족 크기, 성적 구성, 출생순위, 연령 차이, 정서적 거리, 상호지배 및 복종관계, 부모의 양육방식 등은 모두 개인의 성격발달에 영향을 미치는 환경적 요소에 해당한다.

16 해석(Interpretation)
- 내담자가 자기의 문제를 새로운 각도에서 이해하도록 그의 생활경험과 행동의 의미를 상담자가 설명해 주는 것이다.
- 내담자 스스로 해석하도록 도와주는 것이 바람직하며, 내담자의 통찰을 촉진하는 데 목적이 있다.

- 내담자의 이해 수준과는 상이한 새로운 참조체제를 제공해 준다는 의미에서 큰 의의가 있으나, 아주 신중하게 사용되어야 한다.
- 내담자 편에서 자기 이해가 이루어지지 않았을 때 성급한 해석을 내리는 경우, 내담자가 방어적으로 나올 수 있으므로 해석의 시기에 유념해야 한다.
- 상담자와 내담자 간 충분한 라포(Rapport)관계가 형성되어 있을 때 해석을 실시해야 한다.

17 ④ 자신과 타인 및 세계에 대한 개인의 정보를 처리하는 과정에서 나타나는 인지적 왜곡을 문제의 핵심으로 보는 입장은 벡(Beck)의 인지치료에 대한 내용에 해당한다. 엘리스(Ellis)의 합리적·정서적 행동치료는 인간의 정서적인 문제가 일상생활에서 구체적으로 경험하는 사건 자체에 기인하는 것이 아닌, 그러한 사건을 합리적이지 못한 방식으로 받아들이는 것에서 비롯된다고 본다.

18 ⑤ 내담자로 하여금 자아와 현실 간의 불일치를 해소하고 자신의 욕구와 자아실현 경향에 따라 행동하도록 하여 '완전히 기능하는 사람(Fully Functioning Person)'으로 진보할 수 있도록 하는 것은 인간중심상담의 궁극적인 목적에 해당한다.

형태주의 상담의 주요 목표
- 자각에 의한 성숙과 통합의 성취 : 형태주의 상담은 사람들이 스스로 성숙·성장할 수 있도록 도우며, 이를 통해 통합(Integration)에 이르도록 하는 것을 기본적인 목표로 한다.
- 자신에 대한 책임감 : 형태주의 상담은 외부환경에 의존하던 내담자로 하여금 책임의 방향을 내담자 자신에게 돌리도록 함으로써 자신의 행동의 결과를 수용하고 그에 대한 책임감을 가지도록 유도한다.
- 잠재력의 실현에 따른 변화와 성장 : 형태주의 상담은 내담자의 잠재력을 어떻게 실현할 수 있는가에 초점을 두어 내담자로 하여금 자신에 대한 각성과 함께 외부 지지 또는 환경적 지지(Environmental Support)에서 자기 지지(Self Support)로 전환하도록 함으로써 삶을 더욱 풍요롭게 하고 변화와 성장을 향해 나아가도록 돕는다.

19 스트로크 제한규칙(스트로크 경제, The Stroke Economy)
- 스트로크를 줄 수 있다고 해도 무작정 주지 마라.
- 스트로크가 필요하다고 해서 함부로 요구하지 마라.
- 스트로크를 원해도 쉽게 받아들이지 마라.
- 스트로크를 원하지 않더라도 애써 거절하지 마라.
- 자기 자신에게 스트로크를 주지 마라.

20 ④ '과도한 일반화(과잉일반화)'의 예에 해당한다. 과도한 일반화(과잉일반화)는 한두 가지의 고립된 사건에 근거해서 일반적인 결론을 내리고, 그것을 서로 관계없는 상황에 적용하는 것이다.

21 ① 합리적 사고에 해당한다.

합리적 사고와 비합리적 사고의 비교

구 분	합리적 사고	비합리적 사고
논리성	논리적으로 모순이 없다.	논리적으로 모순이 많다.
실용성	삶의 목적 달성에 도움이 된다.	삶의 목적 달성에 방해가 된다.
현실성	경험적 현실과 일치한다.	경험적 현실과 일치하지 않는다.
융통성	경직되어 있지 않으며, 융통성이 있다.	절대적·극단적으로 경직되어 있다.
파급효과	적절한 정서와 적응적 행동에 영향을 준다.	부적절한 정서와 부적응적 행동을 유도한다.

22 ② 선택적 추상화 : 다른 중요한 요소들은 무시한 채 사소한 부분에 초점을 맞추고, 그 부분적인 것에 근거하여 전체 경험을 이해하는 것이다.
① 마음 읽기 : 자기가 상대의 마음을 읽을 수 있다고 생각하는 것에서 비롯된 인지 왜곡이다. → 독심술의 오류
③ 흑백논리 : 사건의 의미를 이분법적인 범주의 둘 중 하나로 해석하는 오류이다.
④ 의미 확대와 의미 축소 : 어떤 사건의 의미나 중요성을 실제보다 지나치게 확대하거나 축소하는 오류이다.
⑤ 파국화 : 어떠한 사건에 대해 자신의 걱정을 지나치게 과장하여 항상 최악을 생각함으로써 두려움에 사로잡히는 오류이다.

23 ② 게슈탈트는 부분 혹은 요소의 의미가 고정되어 있다고 보지 않고, 부분들이 모여 이룬 전체에 따라 달라진다고 본다. 전체는 또한 부분에 의해 달라지게 되므로, 게슈탈트는 전체와 부분의 전체성 혹은 통합성을 강조한다. 따라서 꿈에 나타나는 것도 고정된 의미가 있다고 보지 않는다.

24 ㄱ. Want : 욕구·바람·지각 탐색하기 → 내담자가 자신의 질적인 세계를 탐색하고, 자신의 바람을 확실하게 알게 하고, 내담자의 인식구조를 탐색하여 내담자가 원하는 것이 주위사람들과의 일치하는 것을 알아봄
ㄴ. Doing : 전행동과 행동 방향을 탐색하기 → 내담자가 어디로 가고 있는가를 파악하고 실행하도록 돕는 절차
ㄷ. Evaluation : 내담자 행동 평가 → 내담자의 행동과 욕구·바람과의 관계, 그리고 계획을 점검하는 것
ㄹ. Plan : 계획하기 → 내담자가 스스로를 평가하며 변화하고 싶다는 의지를 보일 때 내담자 중심으로 계획을 짜게 되고, 긍정적인 행동계획과 그 계획에 대한 실천을 다짐하는 과정

25 ㄱ. 사람은 욕구 충족을 위해서 환경을 통제할 수 있다는 통제이론에 근거하고 있는 이론은 글래서(Glasser)의 현실주의 상담이론이다.
ㄷ. 내적 경험을 무시하고 부모의 기준에 맞추는 것이 부적응의 원인이라고 보는 이론은 인간중심상담이론이다.

교류분석
에릭 번(Berne)이 창시한 이론으로 인간의 자아상태를 어버이, 어른, 아동의 3가지로 분류하고, 각 자아상태는 개인의 성격을 주관하게 되는데, 어떤 자아상태가 기능하고 있느냐에 따라 성격의 특성이 달라진다고 본다.

필수과목 05 학습이론

01	02	03	04	05	06	07	08	09
④	②	④	①	①	④	③	③	①
10	11	12	13	14	15	16	17	18
②	②	④	④	②	③	②	④	①
19	20	21	22	23	24	25		
④	②	⑤	⑤	②	④	③		

01 ④ 심리학은 특수한 영역을 제외하고 가치중립적이고 기술적인 반면, 교육은 가치지향적이고 처방적이다. 즉, 심리학은 행동의 학습이나 발달 등의 연구에 있어서 있는 그대로의 현상을 기술하고 증명하는 것을 목표로 하는 반면, 교육은 어떠한 가치를 발전적인 방향으로 실현하는 것을 목표로 한다.

02 **교수-학습지도의 원리**
- 개별화의 원리
- 사회화의 원리
- 자발성의 원리
- 통합의 원리
- 목적의 원리(흥미의 원리)
- 과학성의 원리
- 직관의 원리(직접 경험의 원리)

03 ④ 성취동기가 높은 사람은 보상이나 지위보다는 목표 달성을 통한 성취 그 자체에 더 큰 가치를 부여한다.

성취동기가 높은 사람의 행동특성
- 과업지향적 행동
- 적절한 모험성
- 자신감
- 정열적·헌신적 활동
- 자기 책임감
- 결과를 알고 싶어 하는 경향
- 미래지향성

04 형식도야설
- 로크(Locke)는 능력심리학을 기초로 학습의 전이 효과가 일반적이라고 주장하였다.
- 개인의 정신은 의지・기억・주의・판단・추리 등의 기본능력으로 이루어진다.
- 개인이 자신의 기본능력을 잘 훈련받는 경우 그 효과는 다양한 특수 분야로 전이된다.
- 개인의 정신능력은 근육 단련과 같은 연습을 통해 강화할 수 있으며, 일단 어려운 교과로 단련을 하는 경우 이후 보다 수월하게 문제를 해결할 수 있다.

05 ① 인출 : 저장된 정보를 활용하기 위해 적극적으로 탐색・접근하는 과정이다.
② 망각 : 일단 기억한 학습이 시간이 경과되거나 사용하지 않음으로써 약화되고 소멸되어 다시 재생되지 않는 현상을 말한다.
③ 파지 : 기억의 과정으로서 간직된 인상을 보존하는 것이다. 이때 그 내용은 무한정으로 파지되는 것이 아니며, 시간이 흐름에 따라 감소된다.
④ 정교화 : 새로운 정보에 다른 것을 더하거나 그것을 이미 알고 있는 다른 것에 관련시킴으로써 기억하려고 하는 것의 정보를 확대시키는 과정이다.
⑤ 응고화 : 단기기억으로 저장된 정보 중 일부를 장기기억 저장소로 보관하는 과정이다.

06 ④ 고전적 조건형성은 본래 반응을 일으키지 않는 중성 자극이 반응을 일으키는 무조건 자극과 연합하여 이후 중성 자극만으로도 반응이 일어나는 현상을 설명한다. 예를 들어, 파블로프(Pavlov)의 개 실험에서 개가 종소리만 듣고도 침을 흘리는 행동이나, 왓슨(Watson)의 공포형성 실험에서 아기가 털짐승에 대해 거부감을 가지는 행동 등이 해당한다.

07 ③ 파블로프(Pavlov)는 개를 실험대상으로 하여 원과 타원을 구분하도록 하는 실험을 하였다. 처음에는 원과 타원이 명확히 구분되도록 하였다가 점차적으로 구분되기 어렵게 변형하자, 순종적이던 개가 안절부절 못하고 공격적이며 대소변을 가리지 못하는 등의 신경증을 보이기 시작하였다. 이후 개를 진정시킨 다음 다시 실험실로 데려오자, 실험을 하는 상황이 아님에도 불구하고 개가 이상행동을 나타내 보였다. 이는 개가 원과 타원, 즉 조건 자극과 다른 자극을 변별할 수 있는 '자극 변별(Stimulus Discrimination)'에 어려움을 느끼면서 신경증적 불안을 나타낸 것이다.

08 ③ '부적 강화'는 하고 싶지 않은 일을 면제해 줌으로써 강화하는 방식을 말한다.

강화와 처벌

강화	• 반응이 다시 발생할 빈도를 증가시키는 것 • 정적 강화 : 유쾌 자극을 제시하여 행동의 빈도를 증가시키는 것 • 부적 강화 : 불쾌 자극을 철회하여 행동의 빈도를 증가시키는 것
처벌	• 이전의 부적 행동의 빈도를 줄이는 것 • 정적 처벌 : 불쾌 자극을 제시하여 행동의 빈도를 줄이는 것 • 부적 처벌 : 유쾌 자극을 철회하여 행동의 빈도를 줄이는 것

09 ② 연속강화계획은 행동이 일어날 때마다 강화물을 주는 것이다. 이 강화계획은 초기단계에서 어떤 행동을 시작하게 하고 강화하는 데 유용하다. 그러나 강화가 중지되면 그 행동이 소거될 가능성이 있다는 것이 단점이다.
③ 학습자의 숙제 행동을 일관성 있게 유지시키기 위해서는 정해진 요일보다 임의의 요일에 숙제 검사를 하는 것이 낫다.
④ 슬롯머신, 도박 등은 강화물을 얻기 위한 반응의 횟수는 매 시행마다 다양하지만, 전체 시행을 통틀어 보면 강화물이 제시되는 것은 특정 횟수만큼으로 평균을 이루게 하는 변동비율계획에 해당한다.
⑤ 가변간격계획은 이전 강화로부터 일정한 시간이 경과된 후에 나타난 첫번째 반응에 강화가 주어지도록 강화 간의 시간이 어떤 평균점을 중심으로 변동하는 것이다.

10 ② 인지주의 행동주의에서는 강화가 제공되지 않아도 학습이 일어나는 현상을 '지각학습'이라고 하였다.

11 ① 스키너(Skinner)는 인간의 행동을 결과에 따른 보상 혹은 처벌에 의해 유지되는 것으로 보았다. 스키너의 조작적 조건형성은 보상에 의한 강화를 통해 반응행동을 변화시키려는 방법이므로 '강화이론(Reinforcement Theory)'이라고도 불린다. 인간이 자기조절(Self-Regulation)이나 자기강화(Self-Reinforcement) 등으로 자신의 행동을 조정할 수 있다고 본 것은 반두라(Bandura)의 사회학습이론에 해당한다.
③ '정적 강화'는 유쾌 자극을 제시하여 행동의 빈도를 증가시키는 반면, '부적 강화'는 불쾌 자극을 철회하여 행동의 빈도를 증가시킨다.
④ 강화물은 그 유형에 따라 '일차적 강화물'과 '이차적 강화물'로 구분된다. 일차적 강화물은 다른 강화물과 연합하지 않은 보상 그 자체를 말하는 것으로서, 물이나 음식, 성행위와 같이 일반적으로 귀중한 것으로 간주되는 대상 또는 활동을 말한다. 반면, 이차적 강화물은 일차적 강화물과의 연합을 통해 가치를 지니는 것으로서, 돈은 그 자체로 종이에 불과하나 돈을 사용하여 음식 등의 필요한 물건을 구입할 수 있는 것을 의미한다. 특히, 사회적 자극으로서 미소, 칭찬, 토큰, 점수 등은 이차적 강화물에 해당한다.
⑤ 환경을 조작해서 어떤 결과를 낳게 되는 행동은 조작적 행동에 해당한다. 인간이 환경적 자극에 수동적으로 반응하여 형성되는 행동인 반응적 행동에 몰두한 파블로프(Pavlov)의 고전적 조건형성과 달리, 스키너는 조작적 조건형성을 통해 행동이 발생한 이후의 결과에 관심을 가진다.

12 ④ 근접성의 원리 : 서로 가까이 있는 것들을 함께 묶어서 지각하는 원리를 말한다.
① 반복의 원리 : 같은 내용을 반복하여 되풀이하며 학습하는 원리를 말한다.
② 강도의 원리 : 고전적 조건형성설에서 조건자극이 성립되기 위한 조건의 하나로써, 조건자극의 강도와 감각역과의 관계에서 강도가 감각역을 넘어야 한다는 원리를 말한다.
③ 소거의 원리 : 일정한 반응 후 강화가 없으면 반응이 사라진다는 원리를 말한다.
⑤ 계속성의 원리 : 교육내용의 조직에 있어서 내용의 여러 요소가 계속해서 반복되어야 한다는 원리를 말한다.

13 ① 고정간격 강화계획
② 가변비율 강화계획
③ · ⑤ 가변간격 강화계획

14 행동주의 상담의 주요 기법
- 불안감소기법: 체계적 둔감법, 홍수법, 혐오치료, 금지조건형성, 주장적 훈련, 자기표현 훈련 등
- 학습촉진기법 : 강화, 변별학습, 대리학습(모델링), 행동조성(조형), 토큰경제 등

15 마이켄바움(D. Meichenbaum)의 자기조절행동을 향상시키는 단계

인지적 모델링	성인모델이 큰소리로 말하면서 과제를 수행하고, 아동은 관찰한다.
타인에 의한 외현적 안내	성인모델이 하는 말을 아동이 큰 소리로 따라 말하면서 과제를 수행한다.
외현적 자기 안내	아동이 혼자서 큰소리로 말하면서 과제를 수행한다.
외현적 자기 안내 점진적 소멸	아동이 혼자서 작은 소리로 말하면서 과제를 수행한다.
내면적 자기 안내	아동이 마음속으로 혼잣말을 하면서 과제를 수행한다.

16 ① 생애 초기인 영유아기에 시냅스가 급속하게 증가한다.
③ 많이 사용하는 시냅스는 강화되는 반면, 사용하지 않는 시냅스는 소멸된다.
④ 코티졸(Cortisol)은 시냅스의 수를 줄이고, 뉴런(Neurons)을 손상되기 쉬운 상태로 만든다.
⑤ 과밀화된 시냅스가 소멸된 이후에도 학습은 뇌 구조에 영향을 미친다.

17 ④ 흔적 조건형성은 무조건 자극이 제시되기 전에 조건 자극이 시작되어서 끝나는 파블로프식 조건형성 절차를 말한다.

고전적 조건형성이론의 자극 연결방식
- 지연 조건형성 : 조건 자극을 무조건 자극에 앞서 제시하고 동시에 철회한다.
- 동시 조건형성 : 조건 자극과 무조건 자극을 동시에 제시하고 철회한다.

- 강화 조건형성 : 강화요인이 조건 자극 다음에 주어진다.
- 흔적 조건형성 : 무조건 자극을 제시하기에 앞서 조건 자극을 제시하고 철회한다.
- 역행 조건형성 : 조건 자극이 무조건 자극 이후에 제시된다.

18 ② 강화를 먼저 제공할 경우 학습에 대한 기대가 반감될 수 있다.
③ 강화지연시간은 시간이 지날수록 짧게 해야 효과가 있다.
④ 제공되는 강화 강도를 증가시킨다.
⑤ 강화의 효과를 증진시키기 위해서는 동기수준을 고려해야 한다.

19 ④ 스키마(Schema)는 학습자의 지식의 구조에 해당하는 것으로서, 개별적인 사례들을 토대로 하나의 구조화를 이룸으로써 다른 자극을 인식할 때 기준으로 삼는 것이다. 이러한 스키마는 고정된 것이 아닌 상황에 따라 재구성되는 것이며, 부호화의 과정을 통해 여러 상황 및 대상에 대한 이해의 폭을 넓힌다.

20 ② 시계의 똑딱거리는 소리와 같이 정보가 입력과 동시에 식별되는 것은 '자료주도적 처리(Data-Driven Processing)'에 해당한다. 자료주도적 처리는 입력 자극의 속성 또는 특징의 처리가 기초가 되어 더욱 고차적인 정보처리로 발전하게 되므로 '상향적 처리(Bottom-Up Processing)'라고도 한다. 반면, '개념 주도적 처리(Concept-Driven Processing)'에서는 입력이 기대에 부응하여 고차적인 지식이 저차적인 개별 정보의 해석에 기여하므로 '하향적 처리(Top-Down Processing)'라고도 한다.

21 ⑤ 반두라(Bandura)의 사회학습이론의 주요 개념 중 모방 또는 모델링(Modeling)에 해당한다. 모방은 다른 사람이 행동하는 것을 보고 들으면서 그 행동을 따라 하는 것이다. 반두라는 학습이 모델의 행동을 모방하거나 대리적 조건형성을 통해 이루어진다고 보았다.

22 모델링(Modeling) 효과
- 아동은 위대하다고 생각하는 사람의 행동을 더 잘 모방한다.
- 아동은 이성인 모델보다는 동성인 모델의 행동을 더 잘 모방한다.
- 아동은 연령이나 지위 등에서 자신과 비슷한 모델을 더 잘 모방한다.
- 아동은 돈이나 명성 등에서 높은 사회경제적 지위를 가진 모델을 더 잘 모방한다.
- 아동은 여러 모델이 수행하는 행동을 더 잘 모방한다.
- 아동은 상을 받은 모델을 모방하는 반면, 벌을 받은 모델을 모방하지는 않는다.

23 뇌의 신경전달 물질 종류에는 아미노산, 모노아민이 있고, 여기에 아세틸콜린, 노르에피네프린, 도파민, 세로토닌, 히스타민 등이 있다.

24 귀인의 주요 요소
- 능력 : "우린 워낙 실력이 좋으니 이길 수밖에 없어. 3할 대 이상 타율을 기록하고 있는 친구가 절반도 넘는걸."
- 노력 : "야구시합에 이기려고 방과 후 일주일 동안 아이들과 연습을 했는걸."
- 운 : "우리 팀은 고작 안타 1개로 점수를 냈는데, 그쪽 팀은 안타를 무려 12개나 치고도 점수가 나지 않더라고."
- 과제 난이도 : "그 팀은 전적이 1승 10패인데 반해 우리 팀은 10승 1패라고. 이래가지고 게임이 되겠어?"

25 ③ 비용(Cost)는 과제에 참여함으로써 올 수 있다고 인식되는 부정적인 면이다.

에클스와 윅필드(J. Eccles & A. Wigfield)의 기대 × 가치(Expectancy × Value) 이론
- 인간은 자신이 성공할 것이라는 기대에 그 성공에 대한 개인이 부여하는 가치를 곱한 값만큼 동기화된다고 보았다.
- 낮은 성취감을 가진 학생들은 반복되는 실패가 성공에 대한 기대감을 너무 낮게 만들어서 동기 또한 낮아지는 것이다.
- 높은 성공에 대한 기대를 한 학생은 낮은 기대를 가진 학생보다 더 많은 것을 성취하므로, 성공에 대한 기대는 중요한 의미를 갖는다.

- 과제 가치에 영향을 주는 요소
  - 내재적 흥미 : 과제를 수행할 때 경험하는 흥미
  - 획득가치 : 과제를 잘하는 것에 대한 중요성
  - 효용가치 : 미래 목표 측면에서 개인이 과제에 가지는 유용성
  - 비용 : 과제에 참여함으로써 올 수 있다고 인식되는 부정적인 면

선택과목 01 청소년이해론

01	02	03	04	05	06	07	08	09
③	③	①	⑤	③	④	①	①	⑤
10	11	12	13	14	15	16	17	18
⑤	①	③	③	①	②	⑤	②	③
19	20	21	22	23	24	25		
③	③	⑤	③	②	③	⑤		

01 ③ 프뢰벨의 교육사상에서 나타나는 신비주의를 비판하며, 아동의 신체운동과 건강을 중시하였다.

02 청소년관련법상 청소년의 호칭 및 연령

법률	호칭	연령 구분
청소년 보호법	청소년	만 19세 미만의 자
청소년 기본법		9세 이상 24세 이하의 자
청소년 활동 진흥법		9세 이상 24세 이하의 자
청소년 복지 지원법		9세 이상 24세 이하의 자
아동 복지법	아동	18세 미만의 자
아동·청소년의 성보호에 관한 법률	아동·청소년	19세 미만의 자
민법	미성년자	19세 미만의 자
형법		14세 미만의 자
근로 기준법	연소자	15세 미만의 자 (중학교 재학 중인 자는 18세)
소년법	소년	19세 미만의 자
한부모 가족 지원법	아동	18세 미만의 자 (취학 중인 경우 22세 미만의 자)
	청소년 한부모	24세 이하의 모 또는 부

03 청소년기의 발달과업

발달과업의 종류	발달과업의 내용
자아정체감 형성	• 자신의 체격을 타고난 그대로 인정하고, 신체를 효율적으로 사용할 것 • 자기의 능력과 적성을 객관적으로 인지하고 수용할 것 • 자신이 처한 가족적·사회적·국가적 현실을 수용할 것
사회적 역할 획득	• 동성과 이성을 포함하여 또래 친구들과 새롭고 성숙한 교우관계를 맺을 것 • 남성 또는 여성으로서 그 사회에서 기대되는 성역할을 획득할 것
윤리적 체계 획득	• 사회적으로 책임질 수 있는 행동을 바라고 또는 성취할 것 • 행동지침이 되는 가치관이나 윤리적 체계를 획득할 것, 즉 이념을 발달시킬 것
독립과업 성취	• 부모나 다른 성인들로부터 감정적으로 독립할 것 • 적성에 맞는 진로를 선택할 것 • 경제적 독립을 위하여 직업을 준비할 것

04 ⑤ 만숙된 소년의 장기적 측면을 설명하고 있다.

청소년의 조숙과 만숙의 결과

구 분		조 숙	만 숙
소녀	단기적 측면	인기 있고 이성의 주목을 많이 받음 : 일찍 성적 활동이나 흡연, 약물, 알코올 사용에 관련되기 쉽다.	만숙에 대한 불안을 느낀다.
	장기적 측면	낮은 자기이미지 : 높은 우울, 불안, 섭식장애 등을 갖기 쉽다.	유리한 신체상 : 매력적이고, 사교적이다.
소년	단기적 측면	유리한 자기 이미지, 비교적 인기가 높음 : 성적 활동·흡연·약물·알코올 등에 일찍 관련되고, 폭발적 행동 경향성을 보인다.	지적으로 진지하고, 사교성을 발휘한다.
	장기적 측면	협조적, 자기 통제적, 사교적 : 진부하고, 유머가 부족하다.	충동적, 통찰력, 창의력, 쾌활하다.

05 ㄴ. 청소년기의 정서는 아동기보다 지속적으로 분노가 초조감이나 혐오감으로, 공포심이 불안이나 우울로, 기쁨이나 환희가 행복감으로 변모한다.
ㅁ. 정서를 자극하는 대상은 아동기 때에는 질병, 부상, 징계, 병원에 가는 것 등이지만, 청소년기 때에는 부모와의 갈등 등 주로 대인관계의 문제이다.

06 **매슬로우(A. Maslow)의 욕구위계이론**
- 매슬로우(Maslow)는 인간의 욕구를 생리적 욕구, 안전 또는 안정에 대한 욕구, 애정과 소속에 대한 욕구, 자기존중 또는 존경의 욕구, 자아실현의 욕구로 구분하였으며, 각 욕구는 위계가 있다고 보았다.
- 각각의 욕구들은 위계적이기 때문에 기본적 욕구의 충족이 이루어져야 복잡한 욕구의 충족에 관심을 갖게 되고 상위 욕구들을 달성할 수 있다.
- 자아실현의 욕구는 사람마다 다르게 구현되며, 구체적으로 나타난다. 자아실현 욕구는 모든 사람들이 경험하는 것이 아니라, 하위 단계 욕구가 충족된 다음에 나타난다고 보았다.

07 ㄹ. 환경은 성숙에 어느 정도 영향을 미치지만, 그 작용은 개별적이고 제한적이다.

08 ㄹ. 5단계인 생식기가 청소년기에 해당하는 시기이다.

09 **설리반(Sullivan)의 발달이론**

발달시기	연 령	대인관계 욕구
유아기 (Infant)	출생에서 2~3세까지	사람들과의 접촉욕구, 양육자로부터 사랑받고 싶은 욕구
아동기 (Childhood)	3~6세까지	자신들의 놀이에 성인이 참여하기를 바라며, 성인이 바라는 행동을 주로 함
소년/소녀기 (Juvenile)	7~10세까지	또래 놀이친구를 얻고자 하는 또래집단에 수용되고자 하는 욕구를 가짐
전 청소년기 (Preadolescence)	11~12세까지	동성친구를 갖고자 하는 욕구를 가짐
청소년 초기 (Adolescence)	13~16세까지	성적 접촉욕구, 이성친구와 친밀욕구
청소년 후기 (Late Adolescence)	17~20세까지	성인사회에의 통합욕구

10 ⑤ 미드(Mead)의 학습이론에 관한 설명이다.

베네딕트(Benedict)의 학습이론
서구 사회에서는 청소년들을 초기 청소년기까지는 아이 취급을 하다가 이 시기 이후에는 느닷없이 성인 취급을 하고 성인처럼 행동할 것을 기대하지만, 대다수의 원시 문화에서는 이 과정이 훨씬 더 점진적으로 나타난다는 것이다.

11 ① 중간체계는 가정, 학교, 또래집단과 같은 미시체계들 간의 연결이나 상호관계를 나타내는데, 그 예로 가족과 학교 간의 관계를 들 수 있다.
②·⑤ 미시체계, ③ 외체계(외부체계), ④ 거대체계(거시체계)에 관한 설명이다.

12 홀랜드(J. Holland)의 6가지 직업유형

현장형	자신의 손이나 도구를 사용하여 일하는 것을 좋아하고, 물건을 수선하거나 만드는 일을 선호하는 형
탐구형	추상적인 문제를 풀기 좋아하며, 분석적인 생각을 선호하는 형
예술형	창의성을 지향하며, 아이디어와 재료를 사용해서 자신을 새로운 방식으로 표현하는 작업을 선호하는 형
사회형	다른 사람들과 함께 일하는 것을 좋아하고, 다른 사람을 육성하고 개발하는 것을 선호하는 형
진취형	특정 목표를 달성하기 위해 타인을 통제하고 지배하는데 관심이 있는 형
사무형	잘 짜여진 구조에서 일을 잘하고, 세밀하고 꼼꼼한 일에 능숙하여 구조화된 직업과 활동을 즐기는 형

13 가족의 발달주기(MacGoldrick & Carter, 1982)

가족발달단계	계속적인 발달을 위해 요구되는 사항들
제1단계 원가족을 떠남 (독신시절)	• 원가족에서의 분리 • 친밀한 또래관계의 형성 • 직업상의 자기 확립과 경제적인 독립
제2단계 결혼을 통한 결합 (신혼시절)	• 부부체계의 형성 • 배우자가 등장함으로 확대가족 및 친구관계가 새롭게 편성됨
제3단계 자녀가 생김	• 자녀(들)을 위한 공간을 마련하기 위해 부부체계가 새로운 적응을 함 • 자녀양육, 가정경제, 집안일에 함께 참여함 • 부모 혹은 조부모의 역할이 부가됨으로써 확대가족의 체계가 변화됨
제4단계 자녀가 청소년기로 접어듦	• 자녀가 가족체계 안팎을 넘나드는 것을 허용할 수 있도록 부모-자녀관계가 변화됨 • 중년부부관계, 직업상의 문제가 다시 한 번 문제화됨 • 조부모를 돌보는 일에 함께 참여하게 됨
제5단계 가족체계 밖으로 나가거나 혹은 새롭게 들어오는 성원들을 수용함	• 부부체계가 2인 중심체계로 다시 정비됨 • 성장한 자녀와 부모 사이에 성인 대 성인의 관계가 발달됨 • 사위 혹은 며느리, 손자들을 받아들임 • 부모 또는 조부모의 정신적·신체적 장애 및 사망에 대응하게 됨
제6단계 세대 간에 역할이 바뀌는 것을 수용함	• 신체 쇠약에 대한 관심과 자기 혹은 부부의 기능을 유지시켜 나감 • 중년세대가 중심적인 역할을 하도록 지지함 • 연장자의 지혜와 경험을 받아들이고, 그들을 과보호하지 않으면서도 지지할 수 있도록 함 • 배우자, 형제, 친구들의 죽음을 대면하고 자신의 죽음을 준비함, 인생을 돌아보고 통합함

14 또래와의 연대가 갖는 긍정적·부정적 기능

또래와의 연대가 갖는 기능	긍정적 영향	부정적 영향
• 정체감 형성 • 인기 획득 • 동조감 형성 • 지지 획득 • 우정관계 형성 • 활동성	• 관심분야와 능력에 대한 확정 • 지위와 이미지가 부상함 • 소속감을 제공함 • 자신감을 증진함 • 새로운 대인관계 기술을 학습함 • 능력을 고양함	• 혼돈되고 주의가 흐트러짐 • 지위가 격하됨 • 자율성 발달이 저해됨 • 자아가 위협받음 • 대인관계가 위축됨 • 능력발달이 저해됨

15 ② 청소년문제의 확산은 지역사회의 유해한 사회 문화적 환경, 분위기와 밀접한 관계를 갖고 있으므로 지역사회의 책임이 더 강조되고 있다.

16 ① 성도식이론 : 아동은 자신이 가지고 있는 도식에 근거한 선택적인 기억과 선호과정을 통해 성역할을 발달시킨다고 주장하는 이론이다.
② 정신분석이론 : 무의식적 정신과정을 탐구하는 방법임과 동시에 신경증적 장애를 치료하는 방법을 연구한 이론이다.
③ 인지발달이론 : 인간의 인지발달을 유기체와 환경의 상호작용으로 파악한 피아제의 이론이다.
④ 사회학습이론 : 사람의 행동은 다른 사람의 행동이나 상황을 관찰하거나 모방한 결과로 이루어진다는 이론이다.

17 현대사회의 미디어 환경
- 정보의 홍수문제
- 언어의 편향적 섭취
- 공간 개념의 확장

18 청소년들의 대중가요 수용방식
- 실제적 편입의 유형 : 청소년들에게 부과되는 지배적 가치체계가 요구하는 물질적 조건을 실제로 갖추고 있기 때문에 그러한 가치에 대해 별다른 모순이나 저항을 느끼지 못하는 부유층의 청소년들의 문화 수용방식이다.
- 상상적 편입의 유형 : 기대수준과 자신의 현실적 충족 가능성 사이의 괴리로 인해 불안을 경험하며, 문화적 수단을 이용하여 상상적으로 극복하고자 하는 욕구를 가진다.
- 상징적 저항의 유형 : 부모세대의 가치관을 완전히 거부하지는 못하지만, 나름대로의 상징적인 방식을 통해 이에 대한 저항을 표현하는 방식의 수용행위이다.
- 대안 추구의 유형 : 환상 속으로 도피함으로써 현실의 문제를 잊으려 하기 보다는 적극적으로 현실을 이해하고자 하며, 나름대로 현실 속에서 주체성을 찾고자 노력한다.

19 ㄱ. 월터스(Walters) : 청소년 일탈행동의 사회학적 접근 중 '의사결정론'에서 문제행동은 개인의 왜곡된 의사결정에 의해서 나타난다고 주장하였으며, 이에 따라 입력변인·처리변인·출력변인을 제시하였다.
ㄷ. 머튼(Merton) : 청소년 일탈행동의 사회학적 접근 중 '아노미 이론'을 주장한 학자로서, 개인이 문화적 목표와 제도화된 수단에 어떻게 적응하는가에 따라 '동조형, 혁신형, 의례형, 도피형, 반역형'의 5가지 적응양식을 제시하였다.

낙인이론가
- 베커(Becker) : 비행자라는 낙인은 하나의 사회적 지위와 같고, 개인이 가지고 있는 여러 가지 지위 중 대표되는 지위가 된다고 하였다. 비행자는 처음에는 이를 거부하지만, 계속적인 사회적 반응은 그로 하여금 스스로 비행자라는 자아 개념을 갖게 만든다.
- 레머트(Lemert) : 사회적 반응으로 인하여 비행자로서 스스로를 인정하게 되면 제2의 비행을 저지르게 된다. 1차적 비행은 다양한 맥락에서 일어날 수 있으나, 2차적 비행의 중요한 원인은 낙인이라는 것이다. 그러나 모든 1차적 비행이 2차적 비행으로 연결되는 것이 아니고, 1차적 비행이 낙인에 의해 사회적 냉대나 제제로 연결될 때 2차적 비행이 발생한다.

20 학업을 중단한 청소년을 위한 정책
- 대안학교 : 직업분야 특성화 고등학교와 대안교육분야 특성화 학교로 나뉜다.
- 학교사회사업 : 학교의 사회적 기능을 확립함으로써 여러 교육병리현상을 해결·예방한다.
- 직업훈련 : 고용노동부에서 주관하는 기능사 양성훈련으로서 전국의 직업전문학교에서 교육을 실시한다.
- 청소년쉼터 : 여성가족부에서 주도적으로 시행하고 있는 청소년보호사업이다.
- 청소년상담 : 청소년기본법에 근거하여 여성가족부에서 주관하는 청소년상담사업이다.

21 ① 힘 추구형, ② 모험 추구형, ③ 성적 동반자 추구형, ④ 미적 감각 추구형에 관한 설명이다.

22 ① 청소년상담 : 청소년들이 겪고 있는 개별적인 문제를 상담이라는 기능을 통해 종합적이고 체계적으로 이해하여 그 해결책을 함께 모색해 나갈 수 있도록 한다.
② 청소년보호 : 청소년의 건전한 성장에 유해한 물질·물건·장소·행위 등 각종 청소년 유해환경을 규제하거나 청소년의 접촉 또는 접근을 제한하는 것을 말한다.
④ 청소년문화 : 청소년들이 가지는 공통적인 행동양식, 태도, 가치관을 말한다.
⑤ 청소년활동 : 청소년의 균형있는 성장을 위해 필요한 활동과 이러한 활동으로 소재로 하는 수련활동·교류활동·문화활동 등 다양한 형태의 활동이다.

23 ② 청소년은 참여의 조작적 단계(Manipulation)에서 프로그램이나 행사와 같은 쟁점에 대해 이해하지 못하고, 성인들이 의도적으로 청소년의 목소리를 이용하는 단계이다.

하트(Hart)의 청소년 참여 형태

단계	내용
조작 (Manipulation)	청소년지도자의 지시에 일방적으로 따르는 상태
장식 (Decoration)	참여가 피상적으로 이루어지는 것으로 노래하기, 춤추기 등과 같이 활동에 장식품처럼 활용되는 상태
명목주의 (Tokenism)	청소년들의 의견이나 생각을 표출하지만, 청소년활동에 전혀 영향을 미치지 못하는 상태
제한적 위임과 정보제공 (Assigned But Informed)	제한적으로 청소년들에게 역할이 부여되고, 그 과정을 통해 활동의 궁극적 목적이나 필요성을 이해하는 것
상의와 정보제공 (Consulted And Informed)	청소년활동이 청소년지도자에 의해 설계·운영되지만, 청소년들의 생각이나 의견이 심각하게 고려되는 상태
성인 주도 (Adult Initiated)	청소년활동이 청소년지도자에 의해 주도되지만, 모든 의사결정이 청소년과 같이 공유되는 상태
청소년 주도 (Young Person Initiated)	청소년들에 의해 주도되며, 활동 진행과 관련된 주된 아이디어들이 청소년으로부터 나오는 상태
동등한 파트너십 (Equal Partnership)	청소년활동에 대한 아이디어들이 청소년에 의해 시작되며, 실행과정에 청소년지도자를 파트너로 참여시키는 상태

24 ③ 뒤르껭(Durkheim)의 아노미 이론에 관한 내용이다.

25 ⑤ 어원적 관점에서 본 청소년의 정의에 해당하는 설명이다.

선택과목 02 청소년수련활동론

01	02	03	04	05	06	07	08	09
①	②	②	①	①	③	④	①	④
10	11	12	13	14	15	16	17	18
⑤	④	①	④	②	③	②	④	①
19	20	21	22	23	24	25		
①	④	④	①	②	③	⑤		

01 ㄹ. 수련활동에 대한 학문적 정의보다는 정책적으로 진행되는 수련활동에 대한 이론 형성에 우선되는 계기가 되었다.

02 ㄴ. '시설중심 수련활동'에 관한 설명이다.

청소년수련활동의 유형
- 시설중심 수련활동 : 생활권과 자연권에 산재해 있는 청소년수련시설이나 특정시설을 주요 거점으로 하여 일정한 프로그램과 지도자들의 지도를 통해 실시되고 있는 수련활동이다.
- 단체중심 수련활동 : 한국스카우트연맹, 한국걸스카우트연맹, 한국청소년연맹 등과 같이 청소년 육성을 주된 목적으로 설립된 법인이나 단체에서 자체의 고유한 설립목적과 조직을 바탕으로 가입 청소년에게 일정한 형태의 수련활동을 제공하는 운영형태이다.

- 사업형 수련활동 : 일정한 시설이나 조직을 활동 거점으로 하기보다는 현행 청소년 어울마당, 움직이는 수련마을 등과 같이 일정목적의 프로그램을 중심으로 다양한 거점을 이용하여 이루어질 수 있는 수련활동이다.
- 프로그램(종합체계)중심 수련활동 : 집단성보다는 개인의 자발적 참여와 선택을 원칙으로 하며 봉사활동을 비롯한 다양한 체험활동을 하나의 묶음으로 하여 일정한 수준의 체험을 성취한 결과를 종합 평가하거나 일정 자격을 부여하는 그 자체의 체계성을 갖는 수련활동이다.

03 ② 수련거리의 정책성은 일정한 방향과 지침을 갖고 수행하는 프로그램이라는 의미를 갖는데, 일반적으로 공공의 이익에 부합하는 목적과 방향을 뜻한다.

04 인증수련활동의 분류체계는 건강·스포츠활동, 모험개척활동, 역사탐방활동, 환경보존활동, 봉사협력활동, 교류활동, 과학정보활동, 진로탐구활동, 자기개발활동, 문화예술활동, 기타활동 등 11가지 영역으로 분류되었다.

05 ㄹ. '개별수련거리'에 관한 설명이다. 즉, 개별수련거리는 청소년수련거리로서의 기능뿐만 아니라 특별한 목적을 설정하고 수련거리를 구성하는 데 주요한 자료와 단위활동으로서의 역할을 하기도 한다.

06 ① 확정 및 보급단계, ② 구성단계, ④ 조사단계, ⑤ 계획단계에 관한 설명이다.

07 ④ 청소년지도자는 '정보수요자'가 아닌 '정보제공자'의 역할을 가진다. 즉, 청소년활동에 역할을 미치고 나아갈 방향을 제시할 올바른 정보제공자이며, 특히 진로 및 직업설계에 관한 정확한 정보제공이 가능한 자이다.

08 ㄹ. 지적 영역보다 정의적·기능적 영역이 더 많이 차지한다.

청소년지도의 기본원리
청소년지도는 형식성·경직성·타율성·집단중심성 등 기존 제도권 교육의 한계와 문제점을 극복할 수 있도록 개별성·자율성·창의성·다양성을 그 주요원리로 해야 하며, 무엇보다도 참여자의 욕구, 관심, 흥미가 적극 고려되어 자율적으로 이루어져야 그 효과를 거둘 수 있다.

09 ① 청소년수련관, ② 청소년야영장, ③ 청소년문화의 집, ⑤ 청소년특화시설을 설명하는 내용이다.

10 ⑤ CYS-Net은 지역사회 시민 및 청소년 관련기관, 단체들이 위기상황에 빠진 청소년을 발견·구조·치료하는데 참여하여 건강한 민주시민으로 성장하도록 지원하기 위해 협력하는 연계망을 말한다.

11 ④ 청소년들이 활동하는 다른 활동터전, 즉 생활공간과 상업적 시설 및 지역과는 차별화된 시설과 공간이 조성되어야 한다.

12 인증프로그램의 유형
- 기본형 : 전체 프로그램 운영 시간이 2시간 이상으로써, 실시한 날에 끝나거나 또는 2일 이상의 각 회기로 구성되어 있으며, 숙박 없이 수일에 걸쳐 이루어지는 활동
- 숙박형 : 숙박에 적합한 장소에서 일정기간 숙박하며 이루어지는 활동
- 이동형 : 활동 내용에 따라 선정된 활동장을 이동하여 숙박하며 이루어지는 활동
- 학교단체숙박형 : 학교장이 참가를 승인한 숙박형 활동
  ** 개별단위프로그램 : 학교단체 숙박형 활동을 구성하는 각각의 프로그램

13 ㄱ. 수련활동은 혼자서 하는 것이 아니므로, 타인에 대한 배려와 규칙에 대한 존중이 있어야 한다.

14 ② 경험학습은 지식 위주의 인지적인 행동변화과정과는 달리, 청소년들의 경험과 체험을 바탕으로 한 행동변화과정을 중요시하는 접근방법이다.

경험학습
- 교수자에 의한 일방적인 교수학습관계를 형성하는 기존의 주입식 교육과 상반된 기법이다.
- 현실사회 또는 자연과 접촉하며 생활하는 가운데 얻은 경험을 바탕으로 학습하는 것이다.
- 학습자의 흥미·관심이나 생활경험에 바탕을 둔 주체적인 학습활동을 중시하는 학습방법이다.

15 ③ 창의적 체험활동은 교육과정의 한 영역으로서 교과활동과는 상호보완적인 관계에 있다. 교과활동이 개념이나 원리를 바탕으로 한 학문적·인지적인 접근을 주로 한다면, 창의적 체험활동은 실천적·체험적 접근을 통해 교과활동을 구체적으로 적용해 본다는 측면에서 교과활동과는 상호보완적인 관계에 있다.

16 야영활동의 계획기법 4단계

착상단계	명확한 목적 확인
구상단계	목적달성을 위한 행동지침
과제계획단계	목적달성을 위한 구체적 방안(가능성과 문제제기), 유효도의 비교·검토
실시계획단계	실시계획으로 순서에 따라서 성과 달성도의 검토

17 모험활동의 지도방법
- 기초단계(제1단계) : 모험활동이 구체적으로 이루어지는 주변 자연환경을 활용한 이니셔티브 게임(Initiative Game)을 통해 협력체제와 신뢰관계를 양성함과 동시에 긴장과 위험한 상황을 극복하기 위해 신체적 훈련과 정신적 훈련을 함께 실시해야 한다.
- 대응단계(제2단계) : 소집단의 규모는 8명 내지 10명이 적당하고, 여기에 자격을 갖춘 지도자가 있어야 한다. 제1단계에서 학습하고 훈련받은 여러 기술들을 실제에 응용함으로써 확실히 자신의 기술로 만들 수 있다.
- 자립단계(제3단계) : 2단계까지 학습한 것을 개인으로서 혹은 집단으로서 독자적으로 행하게 된다. 개인적으로 행하는 경우를 솔로라 하고, 집단으로 행하는 경우 원정의 계획과 준비단계 모두 지도자를 동행하지 않고 한다.

18 청소년자기도전포상제 활동영역
자기개발활동, 신체단련활동, 봉사활동, 탐험활동, 진로개발활동

19 ① 청소년수련시설을 설치·운영하는 개인·법인·단체 및 수련시설운영단체는 청소년활동을 활성화하고 청소년의 참여를 보장하기 위하여 청소년으로 구성되는 청소년운영위원회를 운영하여야 한다(청소년활동진흥법 제4조 제1항).

20 ① 금장 참가자부터는 합숙활동을 수행해야 한다.
② 청소년들과 경쟁의 승리가 아니라 인내와 성취를 통한 개인의 향상이 성취기준이다.
③ 은장, 동장 활동영역에는 봉사, 자기개발, 신체단련, 탐험이 있다.
⑤ 만 16세 미만 청소년은 금장 활동에 참여할 수 없다.

21 ① 청소년어울림마당 : 청소년의 건전한 여가 활용 및 육성을 위해 놀이마당식 체험공간에 지역적 특성을 살린 각종 문화프로그램을 제공하는 사업이다.
② 방과후학교 : 학생과 학부모의 요구와 선택을 반영하여 수익자 부담 또는 재정지원으로 이루어지는 정규수업 이외의 교육 및 돌봄활동으로, 학교계획에 따라 일정한 기간 동안 지속적으로 운영하는 학교교육활동을 말한다.
③ 워킹스쿨버스 : 자원봉사자들이 통학 방향이 같은 초등학교 저학년 어린이들을 모아 안전하게 등하교를 할 수 있도록 안내해 주는 프로그램이다.
⑤ 지역아동센터 : 지역사회 아동의 보호, 교육, 건전한 놀이와 오락의 제공, 보호자와 지역사회의 연계 등 아동의 건전 육성을 위하여 종합적인 아동복지를 제공하는 시설을 말한다.

22 청소년수련관의 청소년지도사 배치기준
(청소년기본법 시행령 별표5)

구 분	배치기준
원 칙	1급 또는 2급 청소년지도사 각각 1명 이상을 포함하여 4명 이상의 청소년지도사를 둔다.
초 과	수용인원이 500명을 초과하는 경우에는 500명을 초과하는 250명당 1급, 2급 또는 3급 청소년지도사 중 1명 이상을 추가로 둔다.

23 비숙박형 청소년수련활동
(청소년활동진흥법 제2조 제8호)
19세 미만의 청소년을 대상으로 청소년수련시설 또는 그 외의 다른 장소에서 실시하는 청소년수련활동으로서, 실시하는 날에 끝나거나 숙박 없이 2회 이상 정기적으로 실시하는 청소년수련활동을 말한다.

24 ③ 청소년참여위원회는 청소년기본법 제5조의2에 근거하여 설립된 위원회로서, 국가 및 지방자치단체의 청소년 정책을 만들고 추진해가는 과정에 청소년이 주체적으로 참여할 수 있도록 마련된 제도적 기구이다.
② 청소년보호위원회 : 청소년보호법 제36조에 근거하여 유해환경으로부터 청소년을 보호하기 위한 관련 사무를 담당한다.
④ 청소년특별위원회 : 청소년기본법 제12조에 근거해 청소년특별회의 활동을 통해 정부에 매년 청소년정책을 제안한다.

25 ①·⑤ 국가는 범정부적 차원의 청소년정책과제의 설정·추진 및 점검을 위하여 청소년 분야의 전문가와 청소년이 참여하는 청소년특별회의를 해마다 개최하여야 한다(청소년기본법 제12조 제1항).
② 청소년특별회의 참석대상과 운영방법 등의 세부사항은 대통령령으로 정한다(동법 제12조 제2항).
③ 여성가족부장관은 회의참석 대상을 정할 때 성별·연령별·지역별로 각각 전체 청소년을 대표할 수 있도록 노력해야 한다(동법 시행령 제12조 제2항).
④ 특별회의는 매년 특별시·광역시·특별자치시·도·특별자치도 단위의 지역회의를 개최한 후에 전국 단위의 회의를 개최하여야 한다(동법 시행령 제13조 참조).

많이 보고 많이 겪고 많이 공부하는 것 배움의 세 기둥이다.

– 벤자민 디즈라엘리 –

( )년도 ( )제( )차 국가전문자격시험 답안카드

( )년도 ( )제( )차 국가전문자격시험 답안카드

(　　)년도 (　　　　) 제(　)차 국가전문자격시험 답안카드

성 명

교시(차수)기재란			
(　　)교시 · 차	①	②	③
문제지 형별기재란			
(　　)형	Ⓐ	Ⓑ	
선택과목1			
선택과목2			

수 험 번 호							
⓪	⓪	⓪	⓪	⓪	⓪	⓪	⓪
①	①	①	①	①	①	①	①
②	②	②	②	②	②	②	②
③	③	③	③	③	③	③	③
④	④	④	④	④	④	④	④
⑤	⑤	⑤	⑤	⑤	⑤	⑤	⑤
⑥	⑥	⑥	⑥	⑥	⑥	⑥	⑥
⑦	⑦	⑦	⑦	⑦	⑦	⑦	⑦
⑧	⑧	⑧	⑧	⑧	⑧	⑧	⑧
⑨	⑨	⑨	⑨	⑨	⑨	⑨	⑨

감독위원 확인
㉐

1	① ② ③ ④ ⑤	21	① ② ③ ④ ⑤	41	① ② ③ ④ ⑤	61	① ② ③ ④ ⑤	81	① ② ③ ④ ⑤	101	① ② ③ ④ ⑤	121	① ② ③ ④ ⑤
2	① ② ③ ④ ⑤	22	① ② ③ ④ ⑤	42	① ② ③ ④ ⑤	62	① ② ③ ④ ⑤	82	① ② ③ ④ ⑤	102	① ② ③ ④ ⑤	122	① ② ③ ④ ⑤
3	① ② ③ ④ ⑤	23	① ② ③ ④ ⑤	43	① ② ③ ④ ⑤	63	① ② ③ ④ ⑤	83	① ② ③ ④ ⑤	103	① ② ③ ④ ⑤	123	① ② ③ ④ ⑤
4	① ② ③ ④ ⑤	24	① ② ③ ④ ⑤	44	① ② ③ ④ ⑤	64	① ② ③ ④ ⑤	84	① ② ③ ④ ⑤	104	① ② ③ ④ ⑤	124	① ② ③ ④ ⑤
5	① ② ③ ④ ⑤	25	① ② ③ ④ ⑤	45	① ② ③ ④ ⑤	65	① ② ③ ④ ⑤	85	① ② ③ ④ ⑤	105	① ② ③ ④ ⑤	125	① ② ③ ④ ⑤
6	① ② ③ ④ ⑤	26	① ② ③ ④ ⑤	46	① ② ③ ④ ⑤	66	① ② ③ ④ ⑤	86	① ② ③ ④ ⑤	106	① ② ③ ④ ⑤		
7	① ② ③ ④ ⑤	27	① ② ③ ④ ⑤	47	① ② ③ ④ ⑤	67	① ② ③ ④ ⑤	87	① ② ③ ④ ⑤	107	① ② ③ ④ ⑤		
8	① ② ③ ④ ⑤	28	① ② ③ ④ ⑤	48	① ② ③ ④ ⑤	68	① ② ③ ④ ⑤	88	① ② ③ ④ ⑤	108	① ② ③ ④ ⑤		
9	① ② ③ ④ ⑤	29	① ② ③ ④ ⑤	49	① ② ③ ④ ⑤	69	① ② ③ ④ ⑤	89	① ② ③ ④ ⑤	109	① ② ③ ④ ⑤		
10	① ② ③ ④ ⑤	30	① ② ③ ④ ⑤	50	① ② ③ ④ ⑤	70	① ② ③ ④ ⑤	90	① ② ③ ④ ⑤	110	① ② ③ ④ ⑤		
11	① ② ③ ④ ⑤	31	① ② ③ ④ ⑤	51	① ② ③ ④ ⑤	71	① ② ③ ④ ⑤	91	① ② ③ ④ ⑤	111	① ② ③ ④ ⑤		
12	① ② ③ ④ ⑤	32	① ② ③ ④ ⑤	52	① ② ③ ④ ⑤	72	① ② ③ ④ ⑤	92	① ② ③ ④ ⑤	112	① ② ③ ④ ⑤		
13	① ② ③ ④ ⑤	33	① ② ③ ④ ⑤	53	① ② ③ ④ ⑤	73	① ② ③ ④ ⑤	93	① ② ③ ④ ⑤	113	① ② ③ ④ ⑤		
14	① ② ③ ④ ⑤	34	① ② ③ ④ ⑤	54	① ② ③ ④ ⑤	74	① ② ③ ④ ⑤	94	① ② ③ ④ ⑤	114	① ② ③ ④ ⑤		
15	① ② ③ ④ ⑤	35	① ② ③ ④ ⑤	55	① ② ③ ④ ⑤	75	① ② ③ ④ ⑤	95	① ② ③ ④ ⑤	115	① ② ③ ④ ⑤		
16	① ② ③ ④ ⑤	36	① ② ③ ④ ⑤	56	① ② ③ ④ ⑤	76	① ② ③ ④ ⑤	96	① ② ③ ④ ⑤	116	① ② ③ ④ ⑤		
17	① ② ③ ④ ⑤	37	① ② ③ ④ ⑤	57	① ② ③ ④ ⑤	77	① ② ③ ④ ⑤	97	① ② ③ ④ ⑤	117	① ② ③ ④ ⑤		
18	① ② ③ ④ ⑤	38	① ② ③ ④ ⑤	58	① ② ③ ④ ⑤	78	① ② ③ ④ ⑤	98	① ② ③ ④ ⑤	118	① ② ③ ④ ⑤		
19	① ② ③ ④ ⑤	39	① ② ③ ④ ⑤	59	① ② ③ ④ ⑤	79	① ② ③ ④ ⑤	99	① ② ③ ④ ⑤	119	① ② ③ ④ ⑤		
20	① ② ③ ④ ⑤	40	① ② ③ ④ ⑤	60	① ② ③ ④ ⑤	80	① ② ③ ④ ⑤	100	① ② ③ ④ ⑤	120	① ② ③ ④ ⑤		

[이 답안지는 마킹연습용 모의 답안지입니다.]

절취선

( )년도 ( )제( )차 국가전문자격시험 답안카드

2025 시대에듀 청소년상담사 3급 최종모의고사 한권으로 끝내기

개정12판1쇄 발행	2025년 04월 15일 (인쇄 2025년 02월 17일)
초 판 발 행	2013년 02월 05일 (인쇄 2012년 12월 21일)
발 행 인	박영일
책 임 편 집	이해욱
편 저	시대청소년상담사 수험연구소
편 집 진 행	박종옥 · 오지민
표지디자인	김지수
편집디자인	최미림 · 김휘주
발 행 처	(주)시대고시기획
출 판 등 록	제10-1521호
주 소	서울시 마포구 큰우물로 75 [도화동 538 성지 B/D] 9F
전 화	1600-3600
팩 스	02-701-8823
홈 페 이 지	www.sdedu.co.kr
I S B N	979-11-383-8665-4 (13330)
정 가	30,000원

※ 이 책은 저작권법의 보호를 받는 저작물이므로 동영상 제작 및 무단전재와 배포를 금합니다.
※ 잘못된 책은 구입하신 서점에서 바꾸어 드립니다.

5개년(2020~2024년) 전 과목 기출문제 수록

기출이 답이다
청소년상담사 3급

❶ 2020년 19회 ~ 2024년 23회 5개년 기출문제 + 해설 수록
❷ 문제풀이와 이론복습이 동시에 해결 가능한 명쾌한 해설
❸ 최근 1회분 기출해설(2024년 23회) 강의 무료제공
❹ 자격상세정보를 친절하게 안내하는 시험가이드 수록
❺ 유료 동영상 강의교재 (www.sdedu.co.kr)

※ 도서의 이미지와 구성은 변경될 수 있습니다.

시대에듀 대표브랜드 청소년상담사 시리즈

청소년상담사 1급 한권으로 끝내기

▶ [분권 구성] 필수 3과목
　+ 선택 4과목(비행상담, 성상담, 약물상담, 위기상담) 구성
▶ 상담현장전문가인 서울대학교 심리학과 출신 저자 집필
▶ 출제경향을 반영한 핵심이론 + 과목별 적중예상문제
▶ 부록 - 최근 기출문제(2024년 23회) 수록
▶ 최신 개정법령, 청소년백서 완벽 반영

청소년상담사 2급·3급 한권으로 끝내기

▶ [분권 구성] 필수과목 + 선택과목, 전과목 모두 수록
▶ 2급 8과목, 3급 7과목의 방대한 이론을 한권으로 압축
▶ 출제경향을 반영한 핵심이론 + 과목별 적중예상문제
▶ 부록 - 최근 기출문제(2024년 23회) 수록
▶ 유료 동영상 강의교재

기출이 답이다 청소년상담사 1급·2급·3급

▶ 2020년 19회~2024년 23회 5개년 기출문제 + 해설 수록
▶ 문제풀이와 이론복습을 동시에 해결 가능한 명쾌한 해설
▶ 최근 1회분 기출해설(2024년 23회) 강의 무료제공
▶ 자격상세정보를 친절하게 제공하는 시험가이드 수록

※ 도서의 이미지와 구성은 변경될 수 있습니다.
※ 개정판 준비 중입니다.

"여러분의 합격 고민! 시대에듀가 한 번에 해결해드립니다"

청소년상담사 2급·3급 최종모의고사
- ▶ 실전처럼 대비하는 최종모의고사 5회분 + 해설 구성
- ▶ 2급 8과목, 3급 7과목의 필수과목 + 선택과목 전과목 모의고사
- ▶ 오답까지 설명해주는 친절한 해설 수록
- ▶ [특별부록] 소책자(최신 기출키워드) 제공
- ▶ 유료 동영상 강의교재

Win-Q 청소년상담사 2급·3급 단기합격
- ▶ 청소년상담사 단기합격을 위한 Win-Q 시리즈
- ▶ 시험에 꼭 나오는 핵심이론 + 기출 기반 핵심예제
- ▶ 최근 기출문제(2024년 23회) 1회분 + 상세한 해설 수록

청소년상담사 2급·3급 2차 면접대비
- ▶ 2016년 14회~2024년 23회 실제 면접기출 사례 수록
- ▶ 상담현장전문가인 서울대학교 심리학과 출신 저자 집필
- ▶ 면접현장 개인적 질문, 상담 관련 질문, 사례지 질문 완벽대비
- ▶ 청소년상담사 2급·3급 유형별 면접사례 Q&A
- ▶ 청소년상담사 윤리강령 + 청소년상담사 면접자료 수록

※ 도서의 이미지와 구성은 변경될 수 있습니다.
※ 개정판 준비 중입니다.

나는 이렇게 합격했다

당신의 합격 스토리를 들려주세요
추첨을 통해 선물을 드립니다

베스트 리뷰
갤럭시탭/ 버즈 2

상/하반기 추천 리뷰
상품권/ 스벅커피

인터뷰 참여
백화점 상품권

이벤트 참여방법

합격수기

시대에듀와 함께한 도서 or 강의 **선택** ▶ 나만의 합격 노하우 정성껏 **작성** ▶ 상반기/하반기 추천을 통해 선물 증정

인터뷰

시대에듀와 함께한 강의 **선택** ▶ 합격증명서 or 자격증 사본 **첨부**, 간단한 소개 **작성** ▶ 인터뷰 완료 후 백화점 상품권 증정

이벤트 참여방법
다음 합격의 주인공은 바로 여러분입니다!

QR코드 스캔하고 ▷▷▶
이벤트 참여하여 푸짐한 경품받자!

합격의 공식

많이 보고 많이 겪고 많이 공부하는 것은
배움의 세 기둥이다.

― 벤자민 디즈라엘리 ―

끝까지 책임진다! 시대에듀!

QR코드를 통해 도서 출간 이후 발견된 오류나 개정법령, 변경된 시험 정보, 최신기출문제, 도서 업데이트 자료 등이 있는지 확인해 보세요! 시대에듀 합격 스마트 앱을 통해서도 알려 드리고 있으니 구글 플레이나 앱 스토어에서 다운받아 사용하세요. 또한, 파본 도서인 경우에는 구입하신 곳에서 교환해 드립니다.

필수1 발달심리

※ 2024년 23회 기출문제를 바탕으로 작성되었습니다.

01 발 달

- 발달은 유전적 요인과 환경적 요인의 상호작용을 통해 이루어진다.
- 전체적인 발달과정은 어떤 특징의 양적 증대 및 기능적 발달 등의 긍정적인 변화와 양적 감소 및 쇠퇴 등의 부정적 변화가 함께 포함된다.
- 인간은 환경에 반응할 뿐만 아니라 상호작용하고 변화시키기 때문에 발달과정에서 인간은 역사적·사회적 환경과 서로 영향을 주고받는다.
- 성숙은 경험이나 훈련에 관계없이 인간의 내적 또는 유전적 기제의 작용에 의해 나타난다.

02 발달연구방법

- 둘 이상의 시점에서 동일한 분석단위를 연구하는 종단적 설계에서는 연령 변화와 Cohort 효과의 구분이 횡단적 설계에 비해서 용이하다.
- 종단적 설계에 대한 내용이다. 횡단적 설계는 어느 한 시점에서 다수의 분석단위에 대한 자료를 수집하여 연구한다.
- 상관설계에서는 관심 있는 변인들 간의 관련성에 초점을 두기 때문에 변인 간 쌍방 관계만을 설명하고 정확한 인과관계를 규명하기는 어렵다.
- 통제집단은 실험 처리가 이루어지지 않은 집단으로, 실험집단과 통제집단 간의 종속변인에 관한 결과를 비교함으로써 독립변인의 종속변인에 대한 효과와 영향을 비교하는 역할을 한다.

03 발달 이론가와 그의 주장

- 에릭슨(E. Erikson) : 특정 발달 단계에서의 위기 극복에 실패하더라도 다음 단계로 발달이 진행된다.
- 레빈슨(D. Levinson) : 성인발달은 질적으로 다른 네 개의 시기로 구성되며, 각 시기는 전환기로 시작한다.
- 베일런트(G. Vaillant) : 미성숙한 방어기제 사용단계에서 성숙한 방어기제 사용단계로 발달해 나간다.
- 비고츠키(L. Vygotsky) : 아동의 발달을 사회적 상호작용과 문화로부터 분리할 수 없다.
- 브론펜브레너(U. Bronfenbrenner) : 개인과 생태학적 체계 간의 관계는 양방향적이다.
- 설리반(H. Sullivan) : 질풍노도의 시기는 성·친밀감·안전 욕구 간의 충돌로 인해 일어난다.

04 피아제(J. Piaget)의 전조작기 발달 특성

- 전조작기에는 생물과 무생물을 구별하지 않고 모두 살아있는 것으로 여기는 물활론적 특징을 갖는다.
- 전조작기에는 자신의 조망과 타인의 조망을 구별하지 못하는 자아중심성의 특징을 갖는다.
- 전조작기에는 비가역성으로 인해 논리적 사고가 어렵다. 가설 연역적 추론이 가능한 시기는 형식적 조작기(12세 이상)이다.

05 각 단계별 대상영속성 개념의 발달(피아제, Piaget)

1단계 (0~1개월)	움직이는 물건이 보이면 눈으로 그 물건을 따라가다가 시야에서 사라지면 관심을 보이지 않는다. 대상영속성의 개념이 전혀 없는 단계이다.
2단계 (1~4개월)	영아의 눈앞에 물건이 보이면 눈을 움직여 물건을 따라간다. 그러나 물건이 사라지면 물건이 사라지기 바로 전에 머물렀던 지점을 잠시 바라보다가 고개를 돌린다.
3단계 (4~8개월)	눈에서 물건이 보이지 않아도 어딘가에 존재한다는 사실을 어렴풋이 이해하는 단계이지만, 감춰진 물건을 찾으려고 하지는 않는다.
4단계 (8~12개월)	영아가 다른 사람이 감춘 물건을 찾을 수 있게 되는 단계이다. 그러나 영아는 지켜보고 있는 동안에 물건을 처음 감춘 장소에서 다른 장소로 옮겨놓아도, 처음 감추었던 장소에서 그 물건을 찾으려고 한다.
5단계 (12~18개월)	영아가 보는 앞에서 빠른 속도로 물건을 이리 저리 숨겨놓아도 그것을 찾을 수 있는 단계이다.
6단계 (18~24개월)	대상영속성의 개념이 완전하게 발달하는 단계이다. 물건을 보이는 곳에 숨겼을 경우뿐만 아니라, 보이지 않는 곳의 물건도 모두 찾아낼 수 있다.

06 애착 유형

안정 애착		• 낯선 곳에 혼자 있거나 낯선 사람과 함께 있으면 때때로 불안을 보인다. • 어머니가 잠시 떠나는 것에 대해 크게 격리불안을 보이지 않으며, 영아의 약 65%가 해당한다. • 어머니가 돌아오면 반갑게 맞고 신체접촉과 눈맞춤으로 안도감을 느낀 후, 다시 놀이를 시작한다.
불안정 애착	회피 애착	• 대략 15~20% 정도의 유아에게서 나타나며, 유아는 어머니에게 별다른 반응을 보이지 않고, 어머니가 밖으로 나가더라도 울지 않는다. • 유아는 정서적 신호나 요구에 무감각하고, 낯선 사람과 단둘이 있을 때나 어머니와 함께 있을 때에도 비슷한 반응을 보인다.
	저항 애착	• 어머니의 부재에 대해 불안을 느낀다. • 어머니가 돌아오면 접촉 추구와 함께 분노나 저항을 보이면서도 곁에 머무르려고 하는 양가적 행동을 보이며, 잘 놀지 않고 달래지지 않는다. • 어머니가 있을 때조차 낯선 사람을 경계한다.
	혼란 애착	• 불안정하면서도 회피와 저항의 어느 쪽에도 분류되지 않는다. • 일관성이 없고 혼란스러운 양상을 보인다. • 때때로 접촉욕구가 강하면서도 어머니의 무시나 구박에 대한 공포를 보이기도 한다. • 어머니의 일관성 없는 양육태도, 우울증, 학대 등에서 비롯되기도 한다.

07 언어발달특징

- 과잉축소 : 어떤 단어를 그 단어의 실제 의미가 허용하는 것보다 더 적은 범위의 지시물에 적용하여 사용하는 것이다.
- 공동주의 : 타인이 바라보는 곳과 동일한 방향으로 따라 보는 것이다.
- 과잉확대 : 어떤 단어를 실제 그 단어가 의미하는 것보다 더 광범위한 대상을 지칭하여 말하는 것이다.
- 전보식 언어 : 조사나 접속사 등 문법적 기능은 생략하고 중요 단어만 조합하는 것을 말한다.
- 과잉일반화 : 지금까지 배운 문법적 지식을 가지고 그 규칙이 적용되리라 생각하는 곳에 적용하는 것을 말한다. 즉, 어떤 개념이나 단어의 뜻을 너무 넓은 범위에 대하여 일반화하는 것을 말한다.

08 아동기 인지발달특징

- 전기아동기(학령전기, 4~6세)
  - 직관적 사고 : 개념적 조작능력이 발달하지 않은 상태이기에 서열화·유목화를 할 수 없으며, 직관에 의존한 판단을 하므로 전체와 부분 간의 관계를 정확히 파악하지 못한다.
  - 중심화 및 비가역적 사고 : 두 개 이상의 차원을 동시에 고려하지 못하며, 역으로 추리하는 사고도 미비하다.
  - 도덕적 사고 : 초자아 형성과 함께 가족과 사회의 규칙을 내면화한다
- 후기아동기(학령기, 6~12세)
  - 보존개념의 획득 : 물체가 외형상 변화함에도 불구하고 이로부터 빼거나 더하지 않으면 그 물체의 본래의 양은 변하지 않는다는 보존개념을 획득한다.
  - 논리적 사고 : 자기중심화 및 비가역적 사고에서 벗어나 더 논리적인 사고 수준으로 발달한다.
  - 복합적 사고 : 다양한 변수를 고려하여 상황과 사건을 파악하고 조사하는 등 좀 더 복잡한 사고를 할 수 있다.
  - 유목화 및 서열화 : 대상을 공통의 속성에 따라 분류하거나 순서에 따라 배열하는 능력을 획득한다.

09 청소년기 인지발달특징

- 청소년기에는 인지발달에 직접적인 영향을 주는 뇌량의 수초화가 완성된다.
- 청소년 시기에는 감정을 담당하는 변연계의 발달에 비해 이성을 담당하는 전두엽의 발달은 아직 미진하다.
- 메타인지는 자신의 사고과정에 대해서 알고, 자신을 조절하는 것을 통해 체계적·조합적인 사고가 가능하므로 청소년기에는 메타인지가 발달하면서 자신의 인지과정을 계획하고 조정할 수 있다.
- 청소년은 폭넓은 경험을 하면 할수록 추상적이고 체계적으로 사고할 가능성이 많아지나, 형식적 조작사고를 할 기회가 상대적으로 적은 농경문화권 등의 문화적 발달이 낮은 사회의 청소년들은 형식적 조작과제를 완전히 습득하지 못할 수 있으므로 형식적 조작사고의 발달은 모든 문화에 보편적이지 않다.

10 셀만(R. Selman)의 역할수용능력 발달단계

0수준 (3~7세)	자기중심적 역할수용단계(자기중심적 수준)로 아직 타인과 자신의 시각을 분리하지 못하여 다른 사람이 자신의 생각과 같다고 판단한다. 또한, 심리적 의도와 물리적 결과의 관계를 구분하지 못한다.
1수준 (6~8세)	사회적·정보적 역할수용단계(단독적, 일방적 수준)로 분화된 주관적 조망능력 수준이다. 타인과 자신의 시각이 다름을 이해하지만, 타인이 자신과 같은 입장이나 상황이라면 자신과 같은 행동을 했을 것이라 믿는다.
2수준 (7~12세)	자아숙고의 역할수용단계(호혜적 수준)로서, 상호호혜적 조망능력 수준이다. 자기 반영적 수용 수준이라고도 하며, 자신의 심리적 의도에 비추어 행동이 이루어졌음을 이해한다.
3수준 (10~15세)	상호역할수용단계(상호적 수준)로서, 객관화된 상호이해 조망능력 수준이다. 다른 사람의 관점이나 자신의 관점을 제3자의 입장에서보다 객관적으로 판단하기 때문에, 타인에게 보이는 자신을 의식하기도 하고 자신을 주체 및 객체로서 바라볼 수 있다.
4수준 (12~15세)	사회·관습적 체계의 역할수용단계(사회적 조망 협응 수준)로서, 사회 구조적·상징적 역할 조망능력 수준이다. 자신과 다른 사람의 입장을 사회가 수용할 수 있는 방식으로 통합한다.

11 발테스와 발테스(P. Baltes & M. Baltes)는 성공적 노화의 요인

선 택	나이가 들어감에 따라 쇠퇴 및 감소분이 증가하므로, 자신에게 중요한 활동이나 목표를 선택적으로 남겨놓고 다른 영역은 무시하는 것을 말한다.
최적화	노인들이 보존하고 있는 능력들을 선택한 다음 그것을 충분히 증대시키는 것을 의미하는데, 양적·질적 측면 모두에서 선택한 것을 극대화하는 노력을 말한다.
보 상	생물학적·사회적·인지적 기능의 상실이 일어났을 때, 어떠한 학습이나 보조기구, 외부적 도움, 심리적 보상기제 등으로 그 부족함을 보완하는 것을 말한다.

12 노년기 발달특징

- 비관련 정보들의 처리를 억제하는 데 어려움을 겪는다.
- 노년기에는 단기기억(작업기억)의 감소로 조직화와 정교화 등과 같은 기억 전략을 덜 사용한다.
- 뇌의 노화가 진행될수록 지적 호기심과 새로운 경험을 받아들이는 개방성은 감소하게 된다.
- 긍정적 정보에 더 많은 주의를 기울인다.

13 발달에 영향을 미치는 영향요인(Baltes)

규범적인 연령 관련 요인	사춘기, 폐경기 등을 경험하는 것과 같이 연령과 밀접하게 연결된 예측가능하고 보편적인 경험
규범적인 역사 관련 요인	• 전쟁, 기근, 전염병, 경제성장, 자동차 및 TV의 기술적 진보, 인터넷 사용, 남녀평등 사상의 영향 등 • 역사 관련 요인들은 동일한 역사적 시기에 태어난 출생동시집단 간에 차이를 가져와 출생동시집단 효과를 만들어냄
비규범적 요인	각 개인의 독특한 경험으로 심각한 질병, 사고, 실직, 이직이나 직업전환, 또는 우연한 만남 등 개인이 미리 계획하거나 예측하지 못한 사건

14 성염색체 이상 증후군

- 클라인펠터 증후군 : X염색체가 더 많은 XXY, XXXY 등의 비정상적인 형태를 나타내고, 남성염색체가 있음에도 불구하고 고환의 위축, 무정자증, 유방의 발달 등 여성의 신체적 특성을 보인다.
- 취약 X증후군 : X염색체에 취약한 부분이 있어서, 지적장애를 일으키는 유전성 질환이다.
- XYY증후군 : 슈퍼남성(메일) 증후군(Supermale Syndrome)이라고도 하며 남성의 성염색체에 여분의 Y염색체가 있는 질환으로, 남아 500~1,000명 가운데 1명꼴로 나타난다.
- 터너 증후군 : 성염색체 이상으로 X염색체가 1개이며, 전체 염색체 수가 45개이다.
- 다운 증후군 : 대부분(약 95%)은 21번째 염색체가 3개(정상은 2개) 있어서 전체 염색체 수가 47개(정상은 46개)인 기형이다.

15 태내발달

- 태아기는 임신 2개월부터 출생까지의 시기이다.
- 임신 28주경이 되면 태아는 자궁 밖에서 생존 가능하다.
- 배아기는 기형유발물질에 의한 중추신경계 손상에 가장 민감한 시기이다.
- 흡연은 저체중아 출산의 대표적인 원인으로서, 뇌 결함이나 구개파열 장애를 유발하고 조산아가 태어날 확률이 높아진다.
- 태아기 동안 실제로 필요한 뉴런보다 훨씬 더 많은 뉴런이 생성된다.

16 신생아의 반사행동

- 모로반사 : 영아가 갑작스러운 큰 소리를 듣게 되면, 자동적으로 팔과 다리를 쫙 펴는 반응이다.
- 바빈스키 반사 : 영아의 발바닥을 간지럽게 하면, 발가락을 발등 위쪽으로 부채처럼 펴는 반응이다.
- 수영반사 : 영아의 얼굴을 물속에 넣으면 잘 조정된 수영동작을 하는 반사이다.
- 파악반사 : 쥐기반사라고도 하며, 영아의 손바닥에 무엇을 올려놓으면, 손가락을 쥐는 것과 같은 반응을 한다.
- 걸음마반사 : 바닥에 아이의 발을 닿게 하여 바른 자세가 갖추어지면, 아이가 걷는 것처럼 두 발을 번갈아 떼어 놓는 반응이다.

17 영아기의 소근육 운동 발달 순서

- 팔 휘두르기 → 손 뻗기 → 손 전체로 물건 잡기 → 엄지와 검지로 물건 잡기 순으로 발전한다.
- 출생 직후 나타나는 잡기반사는 비자발적 운동으로 일반적으로 생후 3~4개월 이후에 의도적인 잡기행동으로 대치된다.

18 지능연구

- 카텔과 혼(Cattell & Horn) : 위계적 요인설 → 인간의 지능을 유동성 지능과 결정성 지능으로 구분하였다.
- 손다이크(Thorndike) : 다요인설 → 지능은 진리 또는 사실의 견지에서 올바른 반응을 행하는 능력으로서, 추상적 지능, 구체적 지능, 사회적 지능으로 구성된다.
- 써스톤(Thurstone) : 다요인설 → 지능은 각각 독립적인 기능을 가진 개별적인 능력들로 구성된다(언어이해, 수, 공간지각, 지각속도, 기억, 추리, 단어유창성).
- 스턴버그(Sternberg) : 삼원지능이론 → 개인의 내부세계와 외부세계에서 비롯되는 경험 측면에서 성분적 지능, 경험적 지능, 맥락적 지능으로 구분된다.
- 스피어만(Spearman) : 2요인설 → 지능에 대한 최초의 요인분석으로서, '요인(Factor)'의 개념을 도입하였다.
- 가드너(Gardner) : 다중지능이론 → 인간의 지능은 다양한 차원으로 구성되어 있다.

19 발달 이론

- 반두라(A. Bandura)의 사회학습이론 : 인간의 행동이 외부자극에 의해 통제된다는 행동주의 이론에 반박하여 인간의 인지능력에 관심을 가진 이론으로 직접경험에 의한 학습보다는 모델링을 통한 관찰 학습과 모방학습을 강조하였다.
- 피아제(J. Piaget)의 인지발달이론 : 인간의 인지를 유기체가 환경에 생물학적으로 적응하는 한 형태로 보았으며, 인간의 생애를 거치며 경험하는 네 가지 주요 인지발달단계를 제시하였다.
- 프로이트(S. Freud)의 정신분석이론 : 인간을 비합리적이고 결정론적인 존재로 가정하여 인간 행동의 기본이 생물학적인 충동과 본능을 만족시키는 욕망에서 동기화된다고 본 이론으로 어린 시절 경험과 무의식을 강조하였다.
- 로렌츠(K. Lorenz)의 동물행동학적 이론 : 각인을 통해 아동발달에 있어서 '결정적 시기'의 주요 개념을 도출하였다. 여기서 '결정적 시기'란 아동이 적응적인 행동을 획득하기 위해 생물학적으로 준비되어 있는 특정의 시기를 말하는 것으로서, 이 시기에 각인이 이루어지지 않는 경우, 이후 그와 같은 행동을 습득하기 매우 어렵다는 것이다.
- 브론펜브레너(U. Bronfenbrenner)의 생태학적 이론 : 인간 발달을 사회문화적 관점에서 이해한 이론으로 아동에게 영향을 주는 환경을 미시체계, 중간체계, 외체계, 거시체계, 시간체계의 다섯 수준으로 분류하여 제시하였다.

20 콜버그(Kohlberg)의 성 역할 발달

성 정체성 발달	3세경	남자와 여자를 범주화하는 능력이 발달한다.
성 안정성 발달	4세경	남아는 남자 어른, 여아는 여자 어른이 된다는 인식이 발달한다.
성 항상성(일관성) 발달	6세경	성이란 놀이, 복장, 외모의 변화에도 불구하고 변하지 않는다는 인식이 발달한다.

21 공격성 발달양상

2~3세	물리적 공격성	때리고 밀치는 등 물리적 공격 위주
3~6세	언어적 공격성	놀리거나 흉보고 욕하는 등의 언어적 공격 위주
6~7세	적대적 공격성	타인의 우연한 공격적 행동의 원인을 고의로 해를 가하려 했다는 공격적 의도로 추론하는 경향으로 인해 나타남
7~11세	선택적 공격성	의도적인 공격과 비의도적인 공격을 구분할 수는 있지만, 자신을 화나게 하거나 약 오르게 할 때의 반응

22 콜버그(L. Kohlberg)의 도덕성 발달단계

수준	단계	내용
전인습적 수준 (4~10세)	제1단계	타율적 도덕성의 단계로서, 처벌과 복종을 지향한다.
	제2단계	개인적·도구적 도덕성의 단계로서, 상대적 쾌락주의에 의한 욕구 충족을 지향한다.
인습적 수준 (10~13세)	제3단계	대인관계적 도덕성의 단계로서, 개인 상호 간의 조화를 중시하며, 착한 소년·소녀를 지향한다.
	제4단계	법·질서·사회체계적 도덕성의 단계로서, 사회질서에 대한 존중을 지향한다.
후인습적 수준 (13세 이상)	제5단계	민주적·사회계약적 도덕성의 단계로서, 민주적 절차로 수용된 법을 존중하는 한편, 상호합의에 의한 변경 가능성을 인식한다.
	제6단계	보편윤리적 도덕성의 단계로서, 개인의 양심과 보편적인 윤리원칙에 따라 옳고 그름을 인식한다.

23 정서의 분류

- 1차 정서 : 애정, 공포, 혐오, 경이, 노여움, 소극적 자아감정 등
- 파생 정서 : 자신감, 희망, 불안, 절망, 낙심 등

24 품행장애 DSM-5 진단기준

- 다른 사람의 기본적인 권리를 침해하고, 사회 규범 및 규칙을 위반하는 지속적·반복적 행동 양상으로서, 다음 중 3가지 이상이 지난 12개월 동안 나타났고, 적어도 1가지 이상이 지난 6개월 동안 나타났다.
  - 사람과 동물에 대한 공격성
  - 재산 파괴
  - 사기 또는 절도
  - 심각한 규칙 위반
- 행동의 장애가 사회적, 학업적 또는 직업적 기능에 임상적으로 유의미한 고통이나 손실을 초래한다.
- 18세 이상일 경우 반사회성 성격장애의 진단기준에 맞지 않아야 한다.

25 투렛장애 DSM-5 진단기준

- 18세 이전(보통 아동기)에 발병하며, 여아보다 남아에게서 더 많이 나타난다.
- 틱장애 중 가장 심각한 유형으로서, 여러 '운동성 틱'과 한 가지 이상 '음성 틱'이 일정 기간 나타난다. 두 가지 틱이 반드시 동시에 나타날 필요는 없다.
- 틱은 1년 이상의 기간 동안 거의 매일 또는 간헐적으로 하루에 몇 차례씩(대개 발작적으로) 일어난다.
- 장애는 물질의 생리적 효과나 다른 의학적 상태로 인한 것이 아니다.

필수2 집단상담의 기초

※ 2024년 23회 기출문제를 바탕으로 작성되었습니다.

01 집단상담의 단점

- 개인상담에 비해 개인의 문제를 깊게 다루는 데 한계가 있다(개인작업의 제한성).
- 현실도피의 기회를 제공할 우려가 있다.
- 변화에 따른 부작용이 나타날 수 있다.
- 집단의 압력이 오히려 집단에 대한 저항감을 야기할 수 있다.
- 비밀보장이 철저하지 않을 경우 사회적·법적 문제를 야기할 수 있다.
- 집단상담자의 전문성이 부족할 수 있다.
- 집단상담자의 특정한 지도로 인해 오히려 피해를 볼 수 있다.
- 집단원에게 도움이 되더라도 훈련받지 않은 기법은 또 다른 문제를 일으킬 수 있다.

02 비구조화 집단

- 과정중심집단으로서, 사전에 정해진 활동은 없다.
- 과정중심집단이란 자기 성장이나 자아실현과 같은 목표에 도달하는 방법을 훈련하는 과정에 초점을 두는 집단으로, 구성원 개개인의 경험과 관심을 토대로 상호작용함으로써 집단의 치료적 효과를 얻고자 하는 집단 형태이다.
- 구조화된 집단상담의 경우에는 회기마다 계획된 의제나 주제를 지켜야 하지만, 비구조화된 집단상담의 경우에는 의제나 주제를 정하지 않는다.
- 활동 내용과 활동 방법 등을 순차적으로 구성하지 않은 상태에서 집단상담의 과정 자체와 집단원 간에 일어나는 '지금-여기'에서의 상호작용에 초점을 두는 과정중심 활동을 의미한다.
- 활동 내용이 정해져 있는 구조화 집단에 비해 훨씬 폭넓은 자기탐색이 이루어질 수 있다

03 집단상담기술

- 연결하기 : 한 집단원의 말과 행동을 다른 집단원의 관심과 연결하고 관련짓는 기술로, 집단원이 제기하는 여러 가지 문제의 관련 정보나 자료들을 서로 연관시키며, 집단원 간 상호작용과 응집력을 촉진한다.
- 질문하기 : 구체적인 정보를 얻고 문제를 더 깊이 있게 탐색하거나 각 정보들 간의 관련성을 알아보기 위해 사용한다.
- 재진술 : 집단원이 어떤 상황, 사건, 사람, 생각을 진술하고 나면 그 내용을 집단상담자가 다른 동일한 말로 바꾸어 말함으로써 집단원 자신이 한 말에 주의를 기울이도록 의미를 분명하게 해주는 기술이다.
- 명료화 : 어떤 중요한 문제의 밑바닥에 깔린 혼란스럽고 갈등적인 느낌을 가려내어 분명히 해주는 기술이다.

04 추후평가(추수평가)

- 전체 집단원을 대상으로, 집단상담의 전 과정이 끝나고 2~3개월 후에 실시한다.
- 집단경험이 일상생활에 어떤 결과를 가져왔는지, 그때의 변화가 어느 정도 계속되고 있으며, 집단상담의 효과가 어느 정도인지 등에 대해 평가해볼 수 있다.

05 집단상담자의 윤리적 행동

- 집단원은 집단상담 참여 여부에 대해 선택할 권리가 있다. 집단원이 중도에 집단을 포기하려고 할 때 집단상담자는 그 집단원에게 집단상담을 완료하지 못할 경우 어떤 결과가 초래되는지 안내하고 참여 여부를 스스로 선택하게 하여야 한다.
- 집단상담자는 집단원의 사생활이 보호되고, 불법적인 정보유출이 이루어지지 않도록 필요한 조치를 강구해야 한다.
- 집단상담자는 집단원이나 집단원 주변인에게 닥칠 위험이 분명하고 위급한 경우, 법원의 명령이 있는 경우, 집단원의 생명이나 사회의 안전을 위협하는 경우, 집단원에게 감염성이 있는 치명적인 질병이 있는 경우 등에는 집단원의 비밀을 사전동의 없이 관련자에게 공개할 수 있다.
- 집단상담자와 연인관계, 성적인 관계 등의 성적 이중관계에 있는 사람은 전문적인 상담관계를 해칠 수 있으므로 집단참여자(집단원)로 받아들이지 않아야 한다.

06 합리적정서행동치료(REBT)의 ABCDE 모형

선행사건 (Activating Event)	집단원의 감정을 동요시키거나 집단원의 행동에 영향을 미치는 사건을 의미한다.
비합리적 신념체계 (Belief System)	선행사건에 대한 집단원의 비합리적 신념체계나 사고체계를 의미한다.
결 과 (Consequence)	선행사건을 경험한 후 자신의 비합리적 신념체계를 통해 그 사건을 해석함으로써 느끼게 되는 정서적·행동적 결과를 말한다.
논 박 (Dispute)	집단원이 가지고 있는 비합리적 신념이나 사고에 대해 그것이 사리에 부합하는 것인지 논리성·현실성·효용성에 비추어 반박하는 것으로서, 집단원의 비합리적 신념체계를 수정하기 위한 것이다.
효 과 (Effect)	논박으로 인해 나타나는 효과로서, 집단원이 가진 비합리적인 신념이 합리적인 신념으로 대체된다.

07 해결중심모델에서 사용하는 주요 질문기법

- 면담 전 변화에 관한 질문 : 집단원이 집단 회기에 참여하기 전까지 경험한 변화에 대해 알아보는 것은 문제 해결에 중요한 단서가 될 수 있으므로, 그러한 변화를 매우 관심 있게 관찰하고 이것을 근거로 해결방안을 찾아내는 데 이용한다.
- 기적질문 : 문제가 해결된 상태를 상상해보는 것으로서, 해결을 위한 요구사항들을 구체화·명료화하는 데 도움을 준다.
- 예외질문 : 문제해결을 위해 우연적이고 성공적으로 실행한 방법을 찾아내어, 이를 의도적으로 실행하도록 하는 것이다.
- 척도질문 : 숫자를 이용하여 집단원에게 자신의 문제, 문제의 우선순위, 성공에 대한 태도, 정서적 친밀도, 자아존중감, 치료에 대한 확신, 변화를 위해 투자할 수 있는 노력, 진행에 관한 평가 등의 수준을 수치로 표현하도록 하는 것이다.
- 대처질문 : 어려운 상황에서의 적절한 대처 경험을 상기시키도록 함으로써, 집단원으로 하여금 스스로의 강점을 발견하도록 돕는 것이다.
- 관계성 질문 : 집단원과 중요한 관계에 있는 사람들의 관점에서, 그들이 집단원 자신의 문제에 대해 어떻게 생각할지 추측해 보도록 하는 것이다.
- 간접칭찬(질문) : 집단원의 어떤 측면이 긍정적이라는 것을 암시하는 질문으로, 집단원이 자신의 강점이나 자원을 스스로 발견하도록 하므로 직접적인 칭찬보다 더욱 바람직하다고 볼 수 있다.

08 게슈탈트 접근의 목표

- 통찰을 행동으로 옮기고, 자기 내부의 양극단을 통합시킨다.
- 집단원이 자신과 타인 간의 접촉을 경험할 수 있게 하고, 집단원 자신의 한계를 분명하게 정의할 수 있게 한다.
- 게슈탈트 상담에서 가장 중요한 시제는 현재이다. 과거에 가졌던 미해결 과제를 현재로 가져와 그것을 충분히 이해하고 해결하게 하여, 과거의 일에 집착하지 않고 현재에 집중할 수 있게 한다.
- 집단원은 타인의 권리를 침해하지 않으면서, 자신의 욕구를 충족시킬 수 있는 기술을 학습한다.
- 중요한 목표는 '알아차림'과 '접촉의 증가'이며, 유기체의 자각 또는 알아차림을 통한 접촉 결여를 주요 문제로 간주한다. 자신의 욕구와 감정을 분명히 알아차리고 수용하며, 환경과의 접촉을 통해 문제를 해소하도록 돕는다.

09 집단상담 이론

- 인간중심상담의 주요 개념 중 하나인 현상학적 장(Phenomenal Field)은 '경험적 세계' 또는 '주관적 경험'으로도 불리는 개념으로서, 특정 순간에 개인이 지각하고 경험하는 모든 것을 의미한다. 로저스(Rogers)는 동일한 현상이라도 개인에 따라 다르게 지각하고 경험하므로, 이 세상에는 개인적 현실, 즉 현상학적 장만이 존재한다고 보았다. 또한 인간이 이러한 현상학적 장을 경험하고 지각하며, 그것에 주관적인 의미를 부여하는 존재임을 강조하였다.
- 이야기치료에서는 인간을 처음 시작부터 자신이 속한 문화와 사회의 이데올로기 속에서 어떠한 형태로든 영향을 받으며 자신에 대한 이해를 구축해 가는 존재로 본다. 또한 자신의 경험을 만들어내고 해석하는 능동적 존재, 자신의 경험을 특정한 방식으로 해석하고 의미를 부여하는 주 해석자로 본다.
- 게슈탈트상담은 과거 미해결 문제를 현재로 가져와서 다루는 데 초점을 두는 이론이다. 미해결 문제(미해결 게슈탈트)란 개체가 어떤 게슈탈트를 형성하였지만 이를 해결하지 못하였거나 형성 자체가 방해를 받아서 완결 혹은 해소되지 않은 게슈탈트를 말한다. 게슈탈트상담에서는 미해결 과제가 많아질수록 개체는 자신의 유기체 욕구를 효과적으로 해소하는 데 실패하여 심리적·신체적 장애를 일으키며, 이를 해결할 방법은 '지금-여기'를 알아차리는 것이라고 하였다.
- 심리극은 집단원에게 이중자아의 역할을 해보게 하는 이론이다. 이중자아 기법이란 보조자가 주인공 뒤에서 주인공의 또 다른 자아 역할을 하여, 주인공이 실제로 표현하기 주저하는 내면심리를 보조가가 대신하여 표현하는 기법이다.

10 집단상담의 이론과 기법

- 현실치료 이론의 기법으로는 유머, 역설적 기법, 질문, 토의와 논쟁, 맞닥뜨림(직면) 등이 있다.
- 개인심리학 이론의 기법으로는 즉시성, 충고하기, 격려하기, 수렁(악동) 피하기, 역설적 의도(개입), 시범 보이기, 역할놀이, 단추(버튼) 누르기, 수프에 침 뱉기, 타인을 즐겁게 하기, 스스로 억제하기, 과제부여, '마치 ~인 것처럼' 행동하기 등이 있다.
- 교류분석 이론의 기법으로는 구조분석, 의사교류분석, 게임분석, 인생각본(생활각본, 생애각본) 분석, 라켓분석 등이 있다.
- 게슈탈트 이론의 기법으로는 뜨거운 자리, 차례로 돌아가기, 신체언어, 질문형을 진술형으로 고치기, 빈 의자 기법, 창조적 투사하기 등이 있다.
- 행동주의 이론의 기법으로는 강화, 처벌, 소거, 혐오치료(기법), 내현적 가감법, 타임아웃, 과잉교정, 체계적 둔감법, 홍수법, 반응대가, 내현적 모델링, 자극통제, 용암법, 노출법, 주장적 훈련, 자기표현 훈련, 토큰경제(환권보상치료), 행동조성(조형), 프리맥의 원리 등이 있다.

11 주요 방어기제

- 억압 : 정서적인 아픔이 너무 커서 그 일이 전혀 기억이 나지 않거나 그 일의 일부 조각들만이 기억되는 현상이다.
- 합리화 : 용납되기 어려운 충동이나 행동, 또는 실패를 그럴듯한 이유로 설명함으로써 비판으로부터 자신을 보호하여 자존심을 유지하고자 하는 것이다.
- 투사 : 용납하기 어려운 자신의 생각, 감정, 행동 동기를 타인이나 외부에 돌리는 경향이다.
- 전치 : 어떤 대상에게 느낀 감정을 덜 위협적인 다른 대상에게 표출하는 것이다.
- 승화 : 성적 본능이나 공격성이 사회적으로 바람직한 행동으로 나타나는 것이다.
- 퇴행 : 극심한 스트레스나 좌절을 경험할 경우, 어렸을 때의 행동양식으로 돌아가는 것이다.
- 반전 : 타인에게 드러내고 싶은 감정이나 행동을 자신에게 되돌려 표현하는 것이다.
- 내사 : 타인의 신념이나 기준을 자신의 것으로 소화하지 못한 채 무비판적으로 받아들이는 경향이다.
- 융합 : 개인의 내적 경험과 외적 현실 사이의 구별이 모호한 상태를 의미한다.

12 심리극의 진행단계

워밍업 단계	• 심리극이 시작되기 전 집단의 목표, 한계 등을 안내하는 단계이다. • 연출자의 준비, 신뢰감 형성 등의 활동이 포함된다. • 집단원들이 집단 밖에서 일어났던 일로부터 현재 이 순간 집단에서 일어나고 있는 것으로 관심을 돌리는 단계이다. • 참여하고자 하는 사람들이 진실로 참여할 수 있게끔 도와주는, 비교적 긴장감이 덜한 중립적 활동이 가장 필수적인 과제이다.
시연(실연) 단계	• 연출자가 다양한 기법을 활용하여 주인공의 무의식 속 욕망, 갈등 등이 드러나게 하는 단계이다. • 구체적으로 문제를 다루며 조연, 보조자아 등이 등장하여 주인공이 문제를 탐색할 수 있도록 도와준다. • 시연(실연)을 통해 비로소 주인공은 자신의 문제를 통찰하고, 억압했던 감정들을 상징적으로 행동화시킴으로써 감정의 정화(Catharsis)를 맛본다.
종결단계	• 시연(실연)에서 활성화된 사고나 감정을 나눔으로써 재통합하는 시기이다. • 관객들(참가자들)이 자신의 느낌이나 유사한 경험을 개방하고 공유한다. • 시연(실연)하였던 주인공을 분석하거나 비판해서는 안 된다.

13 집단역동

- 집단원들이 목적을 달성하기 위해 노력할 때 일어나는 상호작용적 힘을 의미한다.
- 집단역동이라는 단어를 최초로 사용한 루빈(K. Lewin)은 집단역동을 소집단 안에서 일어나는 모든 것을 의미한다고 정의하였다.
- 집단발달에 긍정적으로 작용할 수도 있고, 부정적으로 작용할 수도 있다.
- 개인 내적 역동, 대인 간 역동, 전체 역동이라는 세 가지 차원(Level)으로 설명된다.
- 집단역동의 구성요소로는 집단구조 및 의사소통, 집단 내 상호작용, 집단응집력, 집단규범과 가치, 집단원의 지위와 역할, 집단지도력 및 집단문화갈등 등이 있다.

14 집단역동의 세 가지 차원

차 원	역동을 파악하기 위한 내용
개인 내적 역동	집단원의 생각, 감정, 태도, 동기, 방어, 어린 시절의 기원
대인 간 역동	집단 내에서 발생하는 갈등, 연합, 동맹
전체 역동	집단의 발달 단계·규범, 리더십 유형 및 역학, 집단 유대감, 희생양 만들기, 집단 수준의 저항

15 집단발달단계 중 초기단계에서 집단상담자의 역할

- 집단상담의 구조화 : 분명한 집단목표 및 개인목표, 그리고 기본규칙과 집단규범을 설정한다.
- 초기 집단응집력 형성 : 집단상담자를 포함하여 집단원들 간에 친밀성과 소속감에 기반을 둔 정서적 유대와 신뢰가 형성되도록 돕는다.
- 상호작용 촉진 : 집단원이 상호작용하면서 유사한 감정과 관심을 갖고 있다는 사실을 깨닫도록 돕는다.
- 수용 : 집단상담자는 이 시기 집단원의 불안과 저항을 어떤 모험을 시작하기 전에 자연스럽게 나타나는 반응으로 이해하고 존중한다.

16 코리(G. Corey)의 집단상담 과도기 단계의 특징

- 불안 고조 : 불안이 증가하고 고조되는 단계로 방어와 주저하는 행동이 다양하게 나타난다.
- 갈등과 저항
  - 집단원들이 서로 부정적인 정서 반응을 나타내면서 갈등과 저항, 경쟁 등이 일어난다.
  - 통제와 힘과 관련된 문제가 드러나거나 집단 내의 다른 사람들과 갈등을 경험하기도 한다.
  - 갈등의 원천을 이해하고, 갈등 상황이 발생할 때 이를 터놓고 다루어야 집단상담이 바람직한 방향으로 진행될 수 있다.
- 집단상담자에 대한 도전
  - 저항의 일종으로 집단상담자의 권위와 능력을 시험하고 도전하는 집단원이 나타난다.
  - 집단원은 집단 환경이 얼마나 안전한지 판단하기 위해 집단상담자와 다른 집단원들을 시험한다.

17 집단발달단계에 따른 특징

- 시작단계(초기단계) : 근심과 불안, 걱정으로부터 구성원들이 서로 친밀해질 수 있도록 노력하고 집단의 한계를 찾으며, 집단의 규칙을 세워 힘과 영향력을 행사하고, 개인과 집단의 목표를 정한다.
- 갈등단계(과도기단계) : 집단원들 사이에 친밀감이 형성됨에 따라 집단원들의 불안감이 더 고조되고, 갈등과 저항 등의 행동이 나타난다.
- 생산단계(작업단계) : 집단상담에서 가장 핵심적인 단계로 심리치료, 문제해결, 학습과 성장을 위해 노력하는 과정이 주를 이룬다. 집단원의 비효과적인 행동패턴을 탐색하고 행동변화를 촉진하며, 내재된 적대감과 불신을 표현하는 등 변화를 도모하고 과감하게 시도한다.

- 종결단계 : 집단원들이 집단경험을 통해 변화되고 학습한 것들을 총체적으로 정리하는 단계이다. 집단원들이 바람직하지 못한 행동에서 벗어나 새로운 행동을 학습함으로써 목표를 달성하고, 집단에서 다루려고 했던 문제를 완결한다. 집단원들은 집단과정에서 일어난 미해결 문제를 표현하고 다룰 수 있다.

18 집단상담 종결단계의 특징

- 집단활동에 대한 애착과 정서적 관여가 감소한다.
- 집단원의 성장과 변화를 평가한다.
- 종결에 따른 아쉬움과 이별의 감정을 다루어야 한다.
- 종결 후의 추수집단 모임을 결정한다.
- 최종적인 마무리와 작별인사를 한다.

19 학교에서 이루어지는 청소년 집단상담

- 학생의 보호자 및 학교교육 책임자의 승인과 관련자의 협조를 필요로 한다.
- 학교에서 이루어지는 집단상담은 대개 강제로 참여하게 되므로 자발성이 떨어질 수 있다.
- 집단상담은 운영 형태 및 자발성 여부와 관계없이 사전에 집단원과 협의함으로써 상호 간의 동의를 이루어야 하며, 교육을 목적으로 한 집단상담도 사전동의서는 필요하다.
- 대상의 연령에 따라 집단 운영 시간은 다를 수 있다.

20 사전동의

- 집단상담 전문가는 상담이 시작될 때나 상담과정 전체에 걸쳐 사전에 집단원과 협의함으로써 상호 간의 동의를 이루어야 한다.
- 집단상담 전문가가 상담을 통해 집단원에게 제공하는 기본정보로는 상담의 목적과 목표, 상담에서 사용할 기법, 상담서비스로부터 얻을 수 있는 이익과 상담의 한계, 그리고 상담 중에 발생할 수 있는 위험 등에 대한 정보가 포함된다.
- 집단상담자와 집단원 모두의 권리와 책임에 대해 알려야 한다.
- 녹음이나 녹화를 할 경우 집단원의 허락을 받아야 한다.
- 아동·청소년 집단상담에서 18세 이하의 경우, 부모의 동의를 얻는 것이 법적으로 규정되어 있는 것은 아니다. 단, 만 14세 미만의 경우에는 법정대리인이 동의서를 작성해야 한다.
- 집단원이 자발적으로 참여를 희망할 경우에도 사전동의 절차를 밟는다.

21　종결기의 효과적인 개입전략

- 분리감정 다루기 : 집단상담자는 종결에 따른 아쉬움과 이별의 감정을 다루어야 한다.
- 학습내용 개관하기 : 집단 과정의 전반적인 내용을 개관하고 요약해야 한다.
- 목표달성 점검 : 집단원의 성장 및 변화를 평가하고, 집단상담의 초기 지각과 후기 지각을 비교한다.
- 미해결 문제 다루기 : 집단원의 지속적인 성장 또는 미해결 문제에 대한 해결 계획을 수립해야 한다.
- 학습결과의 적용문제에 대해 집단원과 논의하며 피드백을 주고받아야 한다.
- 집단원들의 변화를 강화하고, 특별한 기술들을 다양한 일상에서 적용하도록 돕는다.
- 종결 후의 추수집단 모임을 결정해야 한다.
- 최종적인 마무리와 작별인사를 하도록 한다.

22　청소년 집단상담에서 집단원 선정 시 제외해야 할 대상

급성 정신증이 있는 청소년, 조현병 진단을 받은 청소년, 자살충동 등 극도의 위기상황에 처해 있는 청소년, 편집증적이고 극히 자기중심적인 청소년 등 정신적으로 병적인 집단원은 집단상담에 부적합하여 집단원 선정 시 제외해야 할 대상이다.

23　집단상담의 기술

- 피드백 : 타인의 행동에 대한 자신의 반응을 상호 간에 솔직하게 이야기해주는 과정을 말하는 것으로, 집단원이 타인이 자신을 어떻게 보고 있으며, 동시에 자신이 타인에게 어떻게 반응하는지에 대해 학습할 기회를 제공한다.
- 명료화 : 어떤 중요한 문제의 밑바닥에 깔려있는 혼란스럽고 갈등적인 느낌을 가려내어 분명히 해주는 기술로 질문, 재진술, 다른 집단원들을 활용하여 명료화하는 방법 등의 기법을 이용한다.
- 공감 : 집단상담자가 집단원 입장에서 그 느낌 또는 내적 경험을 이해하고, 이를 직접 말로 전달하는 것이다.
- 연결 : 한 집단원의 말과 행동을 다른 집단원의 관심과 연결하고 관련짓는 기술로, 집단원이 제기하는 여러 가지 문제의 관련 정보나 자료들을 서로 연관시키며, 집단원 간 상호작용과 응집력을 촉진한다.
- 해석 : 집단상담자가 집단원이 표면적으로 표현하거나 인식한 것 이면에 숨겨진 문제를 제대로 파악할 수 있도록, 행동·사고·감정에 새로운 의미를 부여하거나 새롭게 설명하는 것을 말한다.

24 공감반응

- 집단상담자가 집단원 입장에서 그 느낌 또는 내적 경험을 이해하고, 이를 직접 말로 전달하는 것이다.
- 집단원이 집단상담자와 집단을 수용하고 신뢰감을 느낄 수 있게 하는 효과를 발휘한다.
- 이해한 것을 적절히 말로 표현하여 그 집단원 자신이 이해받고 있다는 사실을 느끼도록 하는 것이 중요하다.

25 명료화하기(명확화하기)

- 핵심이 되는 주제에 초점을 맞추게 하거나 어떤 중요한 문제 밑바닥에 깔린 혼란스럽고 갈등적인 감정을 분명하게 정리해 주는 기술이다.
- 질문, 재진술, 다른 집단원들을 활용하여 명료화하는 방법 등의 기법을 이용한다.

필수3 심리측정 및 평가

※ 2024년 23회 기출문제를 바탕으로 작성되었습니다.

01 T점수

- 평균이 50, 표준편차가 10이 되도록 Z점수를 변환한 점수
- 점수 = 10 × Z점수 + 50

02 의미변별척도

- 양극단의 형용사 단어들 사이에서 대상이 어느 쪽에 얼마만큼 가까운지를 답변하도록 하는 척도이다.
- 응답자가 자신의 의견을 충분히 표현할 수 있어서 결과를 통계적으로 유의미하게 만드는 데 도움이 되어 개념, 척도, 개인 간의 차이 등을 쉽게 밝힐 수 있다.

03 비율척도

- 척도를 나타내는 수가 등간일 뿐만 아니라 절대영점을 가지고 있는 경우에 이용되는 척도이다.
- 연령, 무게, 키, 수입, 출생률, 사망률, 이혼율, 가족 수, 졸업생 수 등이 해당한다.

04 문항반응이론의 기본가정

- 일차원성 가정 : 한 검사의 모든 문항은 반드시 하나의 잠재적 특성만을 재어야 한다.
- 지역독립성 가정
  - 특정 문항에 대한 반응은 다른 문항에 대한 반응에 전혀 영향을 미치지 않아야 한다.
  - 문항 특성은 표본의 특성 분포와 관계없이 일정해야 한다.
  - 수검자의 능력 수준은 능력을 측정하기 위해 사용하는 문항에 따라 달라지지 않아야 한다.

05 문항 내적 합치도(내적일관성 분석법)

- 개념 : 한 검사 내에 있는 문항 하나하나를 각각 독립된 별개의 검사로 간주하여, 문항 간 정답과 오답 사이의 일관성을 일종의 상관계수로 표시하는 방법
- 종류

Kuder-Richardson 20 (KR-20)	• 이분채점문항['예/아니오' 또는 '정(正)/오(誤)']인 검사에 사용된다. • 문항점수가 0과 1일 때 사용한다.
Kuder-Richardson 21 (KR-21)	문항점수가 리커트 척도와 같이 연속변수일 때 검사의 신뢰도를 추정하는 방법이다.
호이트 신뢰도	1941년 분산분석의 반복 설계를 이용하여 호이트(Hoyt)에 의하여 제안된 방법이다.
Cronbach's α Coefficient	• 신뢰도가 낮은 경우 신뢰도를 저해하는 항목을 찾을 수 있다. • 계수는 0~1의 값을 가지며, 값이 클수록 신뢰도가 높다. • α는 0.7 이상이 바람직하며, 0.8~0.9 정도를 신뢰도가 높은 것으로 본다.

06 신뢰도에 영향을 미치는 요인

- 문항의 난이도
- 검사-재검사 신뢰도의 경우 검사를 시행하는 시간간격
- 검사문항 수나 사례 수
- 집단의 동질성
- 신뢰도 추정 방법
- 개인차의 정도
- 문항의 반응 수
- 무선적인 오차
- 검사점수의 변산도

07 문항반응이론(IRT, Item Response Theory)

- 개념 : 시험이나 설문지 등을 설계, 분석, 채점하고 평가 문항들에 대한 응답에 근거하여, 피험자의 특성(인지능력, 물리적 능력, 기술, 지식, 태도, 인격 특징 등)이나 평가 문항의 난이도, 변별도를 측정하기 위한 검사 이론
- 문항별 능력추정치

문항곤란도	• 문항이 어느 능력 수준에서 기능하는가를 나타내는 지수 • 문항의 답을 맞힐 확률이 0.5에 해당하는 능력 수준의 점
문항변별도	• 문항이 피험자를 능력에 따라 변별하는 정도를 나타내는 지수 • 문항특성곡선의 기울기와 관계가 있는 것으로, 문항특성곡선의 기울기가 가파르면 문항변별도가 높아짐
추측정답 가능성(문항 추측도)	능력이 전혀 없음에도 불구하고 문항의 답을 맞힐 확률

08 타당도

- 내용타당도 : 측정도구에 포함된 지표가 측정하고자 하는 내용을 얼마나 대표하는지, 그 정도를 나타낸다. 즉, 측정도구의 대표성 또는 표본 문항의 적절성을 의미한다.
- 예언타당도 : 준거타당도의 한 종류로 준거의 기준시점에 따라 미래를 기준으로 한 경우로, 미래의 행동 유형을 측정하고자 하는 검사에 주로 사용된다.
- 안면타당도 : 내용타당도와 마찬가지로 측정 항목이 연구자가 의도한 내용대로 실제로 측정하고 있는지에 대한 것으로서, 전문가가 아닌 일반인 수검자들의 시각에서 검사 목적 혹은 주제가 검사에 잘 반영되어 있는지 확인하는 방법이다.
- 구성타당도 : 연구자가 측정하고자 하는 추상적 개념이 실제로 측정도구에 의해 제대로 측정되었는지의 정도를 나타내는 방법이다.
- 공인타당도 : 한 검사가 그 준거로 사용된 현재의 어떤 행동이나 특성과 관련된 정도를 나타내는 타당도이다.

09 성취도 검사의 개요

- 기초적인 학습 능력이나 학습 가능성을 진단하고 평가한다.
- 성취도 검사는 적성검사와 달리 개인의 현재까지 축적된 과거의 경험을 측정 대상으로 한다.
- 훈련(Training)이나 수업(Instruction) 등의 체계화된 교수를 통해 학습된 기술 및 지식을 측정하는 표준화된 검사이다.

10 심리평가의 기능

- 문제의 명료화 및 세분화
- 수검자에 대한 이해 및 치료적 관계 유지
- 문제해결을 위한 상담계획 세우기
- 상담결과와 효과에 대한 평가
- 수검자에게 통찰의 기회 제공
- 개인의 인지적 기능 및 강점 평가

11 심리검사 및 평가의 윤리

- 생명이나 사회의 안전을 위협할 때는 비밀보장의 원칙을 지키지 않아도 된다.
- 검사자는 심리검사 전(全) 과정에서 특별한 경우를 제외하고는 수검자와 심리검사실 밖에서 비공식적인 사적 관계를 맺어서는 안 된다.
- 심리검사의 결과는 '수검자의 설명을 요구할 권리'를 존중하여야 하므로 수검자에게 알아듣기 쉬운 방식으로 충분히 설명해야 한다.
- 이중관계는 검사자가 수검자와의 관계에서 두 가지 이상의 역할을 동시에 수행할 때 성립되며 검사자의 판단력을 손상시키고, 치료관계에 문제를 초래한다.
- 평가 의뢰인과 수검자가 동일하지 않은 경우, 평가서나 의뢰보고서는 의뢰인의 동의가 전제되어야 수검자에게 열람될 수 있다.

12 수검자나 수검자의 법적 대리인으로부터 '동의'가 필요하지 않은 경우

- 법률이나 정부 규정에 따라 검사실시가 필요할 때
- 고용이나 입학 허가 등 동의의 뜻이 명확하게 내포되어 있을 때

13 K-WAIS-IV 특징

- 웩슬러 성인용 지능검사의 가장 최신판으로서, 소검사들과 합산점수로 이루어져 있다.
- 이전 판에서 제공되던 3가지 지능지수 중 전체 지능지수만 제공되고, 언어성 및 동작성 지능지수는 제공되지 않는다.
- 언어이해, 지각추론, 작업기억, 처리속도의 4요인 구조 그대로 적용되었다.
- 소검사들 중 '차례맞추기'와 '모양맞추기' 소검사가 없어지고, '행렬추론', '동형찾기', '퍼즐', '순서화', '무게비교', '지우기'와 같은 새로운 형식의 소검사가 추가되었다.
- 연령교정 표준점수로서 환산점수와 조합점수를 제공한다. 환산점수는 평균 10, 표준편차 3인 표준점수로 변환한 것이다. 반면, 조합점수는 소검사 환산점수들의 다양한 조합을 토대로 평균 100, 표준편차 15인 표준점수로 변환한 것이다.
- 전체 지능 지수(FSIQ) 범위의 최고 점수는 160, 최하 점수는 40으로 설계되었다.

14 K-WISC-V 소검사 구성

구 분	언어이해(VCI)	시각공간(VSI)	유동추론(FRI)	작업기억(WMI)	처리속도(PSI)
주요소검사	공통성 어휘	토막짜기 퍼즐	행렬추리 무게비교	숫자 그림기억 (= 그림폭)	기호쓰기 동형찾기
보충소검사	상식 이해	–	공통그림찾기 산수	순차연결	선택

15 K-WAIS-IV의 숫자(Digit Span) 소검사

- 바로 따라하기, 거꾸로 따라하기, 순서대로 따라하기의 3가지 과제로 구성되며, 한 문항당 두 번의 시행이 포함된 각 8개의 문항으로 이루어져 있다.
- '바로 따라하기'는 자릿수가 점차적으로 증가하는 일련의 숫자를 듣고 동일한 순서로 따라 하는 즉각적인 회상과제이며, '거꾸로 따라하기'는 이를 역순으로 반복하여 집중력의 범위를 측정하는 과제이다.
- 수검자의 작업기억과 연관된 것으로서, 수검자의 불안이나 긴장의 증가로 인해 저하될 수 있다. 특히, 알츠하이머병과 외상성 뇌손상의 영향에 민감한 소검사로 알려져 있다.
- 측정되는 주요 내용은 청각적 단기기억능력, 즉각적인 기계적 회상능력, 연속적 정보처리능력, 암기학습능력, 주의력 및 주의집중력 등이다.

16 써스톤(Thurstone)의 다요인설

언어이해 요인 (V Factor)	• 언어의 개념화, 추리 및 활용 등에 대한 능력이다. • 어휘력 검사와 독해력 검사로 측정한다.
수 요인 (N Factor)	• 계산 및 추리력, 즉 수를 다루며 계산하는 능력이다. • 더하기나 곱하기, 큰 숫자나 작은 숫자 찾기 등의 기초적인 산수문제로 측정한다.
공간시각화 요인 (S Factor)	• 공간을 상상하고 물체를 시각화할 수 있는 능력이다. • 상징물이나 기하학적 도형에 대한 정신적 조작을 요하는 검사로 측정한다.
지각속도 요인 (P Factor)	• 어떤 대상이나 현상을 빠르고 정확하게, 구체적이고 객관적으로 파악하는 능력이다. • 상징들의 신속한 재인을 요하는 검사로 측정한다.
기억 요인 (M Factor)	• 지각적·개념적 자료들을 명확히 기억하고 재생할 수 있는 능력이다. • 단어, 문자 등을 이용한 회상 검사로 측정한다.
추리 요인 (R Factor)	• 주어진 자료들로써 일반원칙을 밝히며, 이를 목표달성을 위해 생산적으로 적용·추리하는 능력이다. • 유추검사나 수열완성형 검사로 측정한다.
단어유창성 요인 (W Factor)	• 상황에 부합하는 유효적절한 단어를 빠르게 산출해낼 수 있는 능력이다. • 제한시간 내에 특정 문자로 시작하는 단어를 최대한 많이 제시하도록 요구하는 방식의 검사로 측정한다.

17 벤더도형 검사(BGT)의 형태의 일탈과 형태의 왜곡

- 형태의 일탈
  - 폐쇄의 어려움
  - 곡선 모사의 어려움
  - 교차의 어려움
  - 각도의 변화
- 형태의 왜곡
  - 지각적 회전
  - 단순화
  - 중첩의 어려움
  - 보속성
  - 퇴영
  - 파편화 또는 단편화
  - 정교함 또는 조악함

18 MMPI-2 임상척도 2번(D)

- 검사수행 당시 수검자의 우울한 기분, 자신에 대한 과소평가, 열등감 등을 반영한다.
- 높은 점수의 수검자들은 우울하고 비관적이며, 근심이 많고 무기력하다. 또한 지나치게 억제적이며 쉽게 죄의식을 느낀다.
- 점수 증가는 심한 심리적 고통, 변화나 증상 완화에 대한 소망을 반영한다.

19 MMPI-2 임상척도 4번(Pd)

- 갈등의 정도, 특히 가정이나 권위적 대상 일반에 대한 불만, 자신 및 사회와 괴리, 권태 등을 반영한다.
- 높은 점수의 수검자들에게 반사회적 인격장애가 흔하게 나타나며, 이들은 외향적·사교적이며, 남에게 호감을 주고 남을 잘 속인다.
- 쾌락에 탐닉하고 자기 과시적이며, 신뢰할 수 없고 미성숙하며 적대적이다.

20 5요인 성격검사(Neo-PI-R)의 척도의 구성

요인명	내용(하위요인)	
N요인 (신경증)	• N1 – 불안 • N3 – 우울 • N5 – 충동	• N2 – 적대감 • N4 – 자의식 • N6 – 심약성
E요인 (외향성)	• E1 – 온정 • E3 – 자기주장 • E5 – 자극 추구	• E2 – 사교성 • E4 – 활동성 • E6 – 긍정적 감정
O요인 (개방성)	• O1 – 상상 • O3 – 감정개방 • O5 – 사고개방	• O2 – 심미 • O4 – 행동개방 • O6 – 가치개방
A요인 (수용성)	• A1 – 신뢰 • A3 – 이타심 • A5 – 겸양	• A2 – 정직 • A4 – 순응성 • A6 – 동정
C요인 (성실성)	• C1 – 능력감 • C3 – 충실성 • C5 – 자기통제	• C2 – 질서 • C4 – 성취동기 • C6 – 신중성

21 성격평가질문지(PAI)의 치료 고려 척도

- AGG(공격성) : 공격성, 분노, 적개심과 관련된 태도와 행동적 특징을 평가하기 위한 척도
- SUI(자살관념) : 죽음이나 자살과 관련된 사고 및 구체적인 계획 등에 관한 생각을 평가하기 위한 척도
- STR(스트레스) : 개인이 현재 경험하고 있거나 최근에 경험한 생활 상황적 스트레스를 평가하기 위한 척도
- NON(비지지) : 사회적 관계의 가용성과 질을 포함한 지각된 사회적 지지의 부족을 평가하기 위한 척도
- RXR(치료거부) : 심리적·정서적 변화에 대한 개인적 관심과 관련된 속성과 태도를 평가하기 위한 척도

22 투사적 검사의 장·단점

장 점	• 반응의 독특성 : 비구조적인 검사 과제가 제시됨으로써 수검자의 규격화되지 않은 다양하고 독특한 투사적 검사반응이 나타나 수검자에 대한 이해에 매우 효과적이다. • 방어의 어려움 : 모호한 검사자극은 그 의도를 파악하기 어려우므로 수검자의 의도된 방어적 반응에 적절히 대처할 수 있다. • 반응의 풍부함 : 모호한 검사자극과 제한적이지 않은 검사 지시 방법이 수검자의 반응을 다양하게 표현되게 해주며, 이러한 반응의 다양성이 수검자의 독특한 심리적 특성을 반영해 준다. • 무의식적 내용의 반응 : 자극적 성질이 매우 강렬하여 평소에는 의식화되지 않던 사고나 감정이 자극됨으로써, 이러한 전의식적이거나 무의식적인 심리적 반응을 유도할 수 있다.
단 점	• 객관적 검사에 비해 신뢰도가 낮으며, 타당도의 검증이 어렵다. • 객관적 검사에 비해 채점과 해석이 복잡하고, 검사자에게 상당한 전문성이 요구된다. • 검사의 채점 및 해석이 대부분 상담자의 주관적인 기준에 의해 선택·제시되므로 그 과정을 표준화하기 어렵다. • 검사자의 성별·연령·인종·경험수준 등 다양한 상황적 요인의 영향을 받아 객관성이 결여된다.

23 문장완성검사(SCT)

- 미완성 문장을 통해 수검자의 투사를 유도하여 욕구, 감정, 태도를 파악하는 심리검사 방법이다.
- 자유연상을 토대로 하므로 수검자의 내적 갈등이나 욕구, 환상, 주관적 감정 등을 효과적으로 파악할 수 있다.
- SCT는 로샤검사나 주제통각검사(TAT)보다 더 구조화되어 있다.
- 언어표현을 사용하므로 수사법, 표현의 정확성 여부, 표현된 정서, 반응 시간 등이 중요한 의미를 지닌다.
- 보통 50~60개 문장을 통해 수검자의 복합적인 성격 패턴을 도출해 낸다.
- 정·오답이 없으며 집단으로 실시하는 것도 가능하다.
- 개인의 적응에 중요한 대표적 영역인 가족, 성, 대인관계, 자기개념 등 4가지 영역을 탐색할 수 있는 검사이다.

24 MMPI-2 검사

- 수검태도를 반영하는 타당도 척도와 10개의 임상척도, 그 밖에 재구성 임상척도, 성격병리 5요인 척도, 내용척도, 보충척도 및 결정적 문항 등으로 구성되어 있다.
- 수검태도의 성실성을 평가하는 데에는 무선반응 비일관성(VRIN) 척도, 고정반응 비일관성(TRIN) 척도가 MMPI-2에서 새로 추가되어 사용되며, 각 척도는 수검자가 문항에 비일관적으로 응답하는 경향이 있는지 문항내용과 상관없이 무분별하게 '그렇다' 혹은 무분별하게 '아니다'로 응답하는 경향이 있는지 탐지하기 위해 사용된다.
- 18세 이상의 성인을 대상으로 하며, 18세 이하의 청소년용으로 개정된 것은 MMPI-A이다.
- MMPI-2 검사의 시간제한은 없으나 많은 문항을 수록하고 있는 방대한 검사이기 때문에 될 수 있는 대로 빨리 읽고 빨리 답하도록 한다.

25 로샤검사의 결정인

기 호	정 의	해 석
F	형태(Form)	통제, 지연
M, FM, m	운동(Movement)	개념화, 욕구, 스트레스
C, CF, FC, Cn	유채색(Chromatic Color)	정서 표현의 조정
C', C'F, FC'	무채색(Achromatic Color)	정서 억제
T, TF, FT	음영-재질(Shading-Texture)	애정 욕구
V, VF, FV	음영-차원(Shading-Dimension)	부정적 자기 평가
Y, YF, FY	음영-확산(Shading-Diffuse)	불안감, 무력감
FD	형태차원(Form Dimension)	내성
(2) / rF, Fr	쌍반응(Pairs)/반사반응(Reflections)	자기초점, 자아중심성

필수4 상담이론

※ 2024년 23회 기출문제를 바탕으로 작성되었습니다.

01 상담의 일반적 정의

- 상담은 올바른 적응을 위해 조력을 필요로 하는 내담자와 조력자로서 전문적 훈련을 받은 상담자 간의 직접적인 면접을 통해 이루어가는 전인적 학습과정이다.
- 상담은 심리학적인 기술과 도구를 사용하는 것에 그치는 것이 아니라, 한 개인 혹은 집단의 가치, 사회환경, 현실문제 등을 폭넓게 다루는 실천적인 학문이다.
- 도움을 필요로 하는 사람에게 전문적 지식과 기능을 가지고 내담자 자신과 환경에 대한 이해를 증진시키며, 합리적이고 현실적이며 효율적인 행동양식을 증진시키거나 의사결정을 내릴 수 있도록 원조하는 활동이다.
- 상담은 조력하는 과정이고, 상담관계는 일반 대인관계와는 다르다.
- 2인 이상의 내담자를 동시에 상담하기도 한다.

02 상담관계

- 도움을 받는 사람과 도움을 주는 사람, 즉 내담자와 상담자의 관계를 말한다.
- 신뢰와 존중, 친밀감을 기초로 상담목표를 달성하고자 하는 작업 관계로, 일반 대인관계와는 다르다.
- 상담자는 특별한 경우를 제외하고는 내담자와 상담실 밖에서 사적인 관계를 맺어서는 안 된다.

03 비밀유지 원칙의 예외 상황

- 내담자가 자신이나 타인의 생명 혹은 사회의 안전을 위협하는 경우
- 내담자가 감염성이 있는 치명적인 질병이 있다는 확실한 정보를 가졌을 경우
- 미성년인 내담자가 학대를 당하고 있는 경우
- 내담자가 아동학대를 하는 경우
- 법적으로 정보의 공개가 요구되는 경우

04 개인심리학적 상담기법

- 수프에 침 뱉기 : 내담자가 반복적으로 나타내는 자기파멸적인 행동 동기를 확인하고 그것을 매력적이지 못한 것으로 만듦으로써 내담자가 상상한 이익을 제거하는 개인심리학적 상담기법이다.
- 단추 누르기 : 내담자가 '유쾌한 경험'과 '유쾌하지 않은 경험'을 번갈아 가면서 상상하도록 하고, 각 경험에 따른 감정변화에 관심을 두게 하는 개인심리학적 상담기법으로, 단추를 누를 것인지 누르지 않을 것인지를 선택하듯이, 감정 또한 내담자 스스로 선택할 수 있음을 인식하도록 돕는다.
- 마치 ~인 것처럼 행동하기 : 내담자가 바라는 행동을 실제 상황이 아닌 허구(가상) 장면에서 '마치 ~인 것처럼' 해보게 하는 것 또는 바람직한 자신의 모습을 상상함으로써 실제로 그렇게 해보도록 요청하는 일종의 역할놀이로서, 내담자가 자기에 대해 색다르게 느끼면서 변화할 수 있도록 돕는 개인심리학적 상담기법이다.
- 수렁 피하기 : 상담자가 실망이나 분노를 드러내며 자신을 통제하려는 내담자의 의도를 알아차려 그러한 기대와 다르게 반응함으로써 사람들이 흔히 빠지는 함정과 난처한 상황을 피하도록 돕는 개인심리학적 상담기법이다. 이때 상담자는 내담자의 자기 파괴적 행동을 변화시키기 위해 예측하지 못했던 새로운 방식을 제안할 수 있다.
- 직면 : 내담자의 자기이해를 돕기 위해 상담자의 눈에 비친 내담자의 행동 특성 또는 사고방식을 지적하여, 내담자가 외부에 비친 자기 모습을 되돌아보고 통찰의 순간을 경험하도록 하는 직접적·모험적 자기대면의 방법으로, 모순을 드러내어 새로운 통찰과 바람직한 변화를 유도하는 상담기법이다.

05 인지오류의 유형

- 과잉일반화 : 한두 개의 고립된 사건에 근거해서 일반적인 결론을 내리고, 그것을 서로 관계없는 상황에 적용하는 인지오류이다.
- 임의적 추론 : 어떤 결론을 지지하는 증거가 없거나 그 증거가 결론에 위배됨에도 그와 같은 결론을 내리는 인지오류이다.
- 개인화 : 자신과 관련시킬 근거가 없는 외부사건을 자신과 관련시키는 성향으로서, 실제로는 다른 것 때문에 생긴 일을 자신이 원인이고 자신이 책임져야 할 것으로 받아들이는 인지오류이다.
- 정신적 여과(선택적 추상화/추론) : 다른 중요한 요소들은 무시한 채 사소한 부분에 초점을 맞추고, 그 부분적인 것에 근거하여 전체 경험을 이해하는 인지오류이다.

06 합리정서행동치료(REBT)의 ABCDE 모델

Activating Event (선행/촉발사건)	개인에게 정서적 혼란을 일으키는 어떤 사건이나 현상 또는 행위를 말하며, 이는 내담자의 부정적인 정서를 유발한다.
Belief System (비합리적 신념체계)	선행/촉발사건에 대한 개인의 비합리적 신념체계나 사고체계를 의미한다.
Consequence (결과)	선행사건에 접했을 때 합리적 또는 비합리적 태도·사고방식을 가지고 그 사건을 해석함으로써 느끼게 되는 정서적 결과를 말하는데, 비합리적 사고방식을 가진 사람들은 대개 지나친 불안, 원망, 비판, 죄책감 등과 같은 감정을 느끼게 되고 정신장애와 질환을 앓기 쉬우며, 방어적 태세를 취하는 경향이 있다.
Dispute (논박)	자신의 비합리적인 신념이나 사고에 도전해 보고, 과연 그 생각이 사리에 맞는 것인지를 다시 한번 검토해 보도록 상담자가 촉구하는 것을 말하며, 상담자는 논리적인 원리들을 제시하여 내담자의 그릇된 신념들을 논박함으로써 내담자가 자기패배적인 생각을 바꾸거나 포기하도록 돕는다.
Effect (효과)	내담자의 비합리적인 신념을 철저하게 논박함으로써 합리적인 신념으로 대치한 다음에 느끼게 되는 자기수용적 태도, 긍정적 감정·행동을 지칭하며, 이성적으로 생각하게 되는 인지적 효과와 바람직한 정서로 바뀌는 정서적 효과, 바람직한 행동으로 나타나는 행동적 효과 등이 있다.

07 정신분석 상담의 특징

- 지그문트 프로이트(Sigmund Freud)가 창시했으며, 그는 정신의학과 심리학의 발전에 지대한 공헌을 하였다.
- 정신분석학은 성격발달 이론이자 인간본성에 관한 철학이며, 심리치료의 한 방법이다.
- 인간을 비합리적이고 결정론적인 존재로 가정하며, 개인이 겪는 심리적 문제의 원인은 정신 내부에 존재한다고 본다.
- 성적 추동이 인간의 가장 기본적인 욕구이며, 인간 행동은 생물학적 충동과 본능을 만족시키는 욕망에서 동기화된다고 본다.
- 개인의 행동을 이해하기 위해 어린 시절의 경험을 탐색한다.
- 무의식(Unconsciousness)을 강조한다.
- 성격의 3요소로 원초아(Id), 자아(Ego), 초자아(Superego)를 제시하였으며, 자아는 현실원리에 따라 원초아와 초자아를 중재한다고 하였다.

08 행동주의 상담의 특징

- 겉으로 드러난 구체적인 현재 행동을 강조하므로 성격의 구조나 발달, 역동성보다는 행동 변화에 더 관심이 있다.
- 상담을 진행할 때 인간 내부의 심리적 구조보다는 환경과의 상호작용을 중시한다.
- 현재의 모든 행동을 오랜 학습 과정을 거쳐 이루어진 것으로 보며, 그 행동을 지속시키는 환경적인 자극이 있음을 강조한다.
- 행동 변화의 전략은 내담자의 필요와 요구에 따라 개별화된다.
- 과학적 방법의 원리와 절차에 근거하며 과학적 방법으로 상담기술을 개발한다.
- 객관적인 목표의 설정 및 평가를 강조한다.

09 접촉경계 장애(혼란 현상)

내사	개체가 환경과의 접촉을 통해 자신에게 필요한 행동방식이나 가치관을 외부로부터 무비판적으로 받아들임으로써 발생하는데, 이는 완전히 동화되지 못한 채 개체의 행동이나 사고방식에 악영향을 미친다. 예 "엄마는 제가 어려서부터 변호사가 되길 원하셨어요. 저는 변호사 이외에 다른 직업을 생각해 본 적이 없어요."
투사	개체가 자신의 생각이나 욕구, 감정 등을 타인의 것으로 지각하는 현상이다. 예 "제가 원하는 것을 엄마가 해 주지 않을 때 정말 화가 나요. 엄마는 자기중심적이세요."
반전	개체가 다른 사람이나 환경에 하고 싶은 행동을 자신에게 하는 것 또는 타인이 자기에게 해주기를 바라는 행동을 스스로 자기 자신에게 하는 것을 말한다. 예 "아빠가 술을 드시고 제게 화를 내시면 저는 자해를 하곤 했어요."
융합	개인이 중요한 타인과 자신의 경계를 짓지 못하고 의존적 관계를 형성하는 것이다. 예 "제가 원하는 대로 진로를 결정한다면 엄마가 실망하실 거예요. 저는 엄마를 실망시켜 드리고 싶지 않아요."
편향	감당하기 힘든 내적갈등이나 환경자극에 노출될 때, 이에 압도당하지 않으려고 자신의 감각을 둔화시켜서 환경과의 접촉을 피하거나 약화시키는 것이다. 예 "부모님이 이혼하신 지 한 달이 지났지만 힘들지는 않아요. 통계자료를 봐도 이혼가정 청소년들이 모두 힘든 것은 아니잖아요."

10 '알아차림'과 '접촉주기' 단계(Zinker)

제1단계	배 경	물러남
제2단계	감 각	어떤 욕구나 감정이 신체감각의 형태로 나타남
제3단계	알아차림	욕구나 감정을 알아차려 게슈탈트로 형성하여 전경으로 떠올림
제4단계	에너지 동원	이를 해소하기 위해 에너지를 동원함
제5단계	행동으로 옮김	에너지를 동원하여 환경과 접촉하기 위해 행동으로 옮김
제6단계	접 촉	• 환경과의 접촉을 통해 게슈탈트를 해소함 • 해소된 게슈탈트는 배경으로 물러나고, 개체는 휴식을 취함

11 가치조건(화)

- 주요 타자로부터 긍정적 존중을 받고자 그들이 원하는 가치·기준을 내면화하는 것이다.
- 부모나 타인으로부터 부여받은 것이 개인의 가치판단 기준이 된다.
- 아이들은 어른의 애정과 칭찬을 받으려는 욕구가 강하여 어른의 가치체계를 내면화하여 이상적 자기(Ideal Self)를 형성한다. 즉, 이상적 자기는 다른 사람으로부터 긍정적으로 평가받기 위한 가치의 조건을 반영한다.
- 다른 사람의 관심을 끌기 위해 가치 조건화된 자기 개념이 현실적 경험과 일치하지 않을 때 불안이 생겨 심리적 문제가 발생한다.

12 실존주의 상담의 인간관

- 인간은 자기인식 능력을 지닌 존재이다.
- 인간은 자신의 의사와 상관없이 이 세상에 우연히 던져진 존재이다.
- 인간은 자유로운 입장에서 스스로 존재 방식을 선택할 수 있다.
- 인간은 자신이 선택한 삶에 책임을 져야 한다.
- 인간은 본질적으로 시간의 유한성과 죽음 또는 부재에 대한 불안을 갖는다.
- 인간이 처한 실존상황의 주된 네 가지 조건은 '죽음, 고독(고립), 무의미, 자유'이다.

13 이야기치료와 교류분석

- 이야기치료 : 사회구성주의와 포스트모더니즘의 원리 및 철학에 토대를 둔 상담이론으로, 화이트(M. White)와 엡스턴(D. Epston)에 의해 발전되었다. 외재화/외현화 대화법을 사용하여 문제를 개인으로부터 분리하여 자신의 문제를 새로운 방식으로 볼 수 있게 한다. 또한 내담자가 지역사회에서 문화적인 배경, 그리고 자신의 지식과 기술을 근거로 대화의 골격을 새롭게 만들어 새로운 관점에서 삶과 미래를 재저작할 수 있도록 돕는다.
- 교류분석 : 번(E. Berne)이 창시한 성격이론이자 상담 및 심리치료이론으로 '의사거래분석이론'이라고도 한다. 인간의 약점이나 결함보다는 인간의 강점에 초점을 두는 이론으로, 인간을 반결정론적·가변적·자율적인 존재로 보았다. 즉, 인간은 환경과 경험에 의해 어린 시절에 이미 행동양식이 중요하게 결정·형성되지만, 현재 자기 행동양식을 이해하고, 더 나아가 그러한 행동을 새롭게 다시 선택·결정할 수 있다고 보았다.

14 선택이론(통제이론)

- 인간이 뇌의 작용을 통해 자신의 행동을 선택 또는 통제한다고 보는 이론이다.
- 구뇌(Old Brain)와 신뇌(New Brain)와 같이 뇌 속의 비교장소를 가정한다.
- 글래서는 우리가 인식하는 것보다 훨씬 더 많이 자신의 삶을 통제한다고 주장하였다.
- 인간 행동 대부분이 내적으로 동기화되어 있다고 본다.
- 통제할 수 있는 유일한 인간은 나 자신뿐이며 불행과 갈등도 선택한 것이라고 본다.
- 심리적 문제를 기술할 때 형용사를 사용하기보다 그러한 상태의 선택을 강조하기 위해 동사를 사용한다.
- 인간은 기본욕구를 충족시키기 위해 감각체계, 지각체계, 행동체계를 통해 환경을 통제한다.
- 인간은 자신이 원하는 것이 있을 때 전체행동을 통해 그것을 얻고자 노력한다.

15 알지 못함의 자세(Not-knowing Posture)

- 상담자는 방향을 제시하지 않고 다만 내담자의 문제에 새로운 의미를 부여하며, '알지 못함의 자세'로 해결 방법을 찾도록 내담자와 협력한다.
- 내담자의 문제에 대한 전문가는 상담자가 아니라 내담자 자신이다.
- 상담자는 내담자보다 한 단계 아래 있다는 태도로 상담에 임한다.
- 상담자는 권위 있는 전문가가 아니라 내담자가 신념을 품고 자신의 문제를 스스로 해결할 수 있게끔 돕는 협조자이다.
- 내담자의 자원을 사용하여 해결 방안을 찾으려면 상담자는 내담자에게서 많은 정보를 얻어야 한다.
- 내담자에게서 많은 정보를 구할 수 있는 자세로는 경청, 공감, 침묵, 개방형 질문, 자기개방, 내담자의 비언어적 행동에 주목하기, 내담자가 쓰는 용어 반복, 쉬운 설명 등이 있다.

16 상담이론의 설명

⑤ 인지행동치료 : 인지이론과 행동주의적 요소가 결합된 개념으로서, 생각하고 정보를 처리하는 과정인 인지과정의 연구로부터 도출된 개념과 함께 행동주의와 사회학습이론으로부터 나온 개념들을 통합하여 적용한 것이다.
① 교류분석 : 세 자아상태(PAC) 중 한 상태, 다섯 가지 자아기능(CP, NP, A, FC, AC) 중 한 기능으로 메시지를 주고받는다.
② 인생각본 : 교류분석의 주요 개념으로서 부모의 영향을 받아 어린 시절에 만들어지며, 그 후의 체험에 의해 강화되고 고착화된 인생계획을 의미한다.
③ 이야기치료 : 삶이라는 클럽의 회원구성을 새롭게 함으로써 자신의 정체성을 재구성한다.
④ 현실치료 : 통제이론에서 선택이론으로 발전하면서 의료에서 교정, 학교 영역까지 확장되었다.

17 수용전념치료(ACT ; Acceptance and Commitment Therapy)

- 마음챙김 및 수용 기반 인지행동치료의 접근법 중 하나이다.
- 인지행동치료의 '제3의 동향'으로서 기존 인지행동치료를 보완·혁신하는 방법 중 하나이다.
- 인지적 탈융합과 마음챙김을 통해 심리적 건강과 삶의 질을 향상시킬 수 있다고 보는 이론으로 스티븐 헤이즈(S. Hayes)에 의해 발전되었다.
- 생각과 느낌을 수용하고 현재에 존재하며, 가치 있는 방향을 선택하고 행동을 취하는 방법이다.
- 인간의 고통을 보편적·정상적인 것으로 본다.
- 정신병리 등 내담자의 문제는 경험 회피와 인지적 융합으로 인한 심리적 경직성에 의해 발생한다고 본다.
- 상담목표는 심리적 유연성을 증대시키는 것이다.
- 핵심 원리로는 가치 탐색, 전념 행동, 현재에 머무르기, 인지적 탈융합 등이 있다.

18 변증법적 행동치료(DBT ; Dialectical Behavior Therapy)

- 마음챙김 및 수용 기반 인지행동치료의 접근법 중 하나이다.
- 인지행동치료의 '제3의 동향' 흐름으로서 기존 인지행동치료를 보완·혁신하는 방법 중 하나이다.
- 마샤 리네한(Marsha Linehan)이 경계선 성격장애 치료를 위해 개발하였다.
- 고통감내기술, 의미창출기술 등을 통해 정서를 수용하도록 돕는 역설적인 치료법이다.
- 정서적 취약성을 타고난 경우 어려움을 겪는다고 가정한다.
- 파괴적 행동의 수정과 감정의 비판단적 수용을 강조한다.
- 기술훈련모듈에는 마음챙김, 감정조절, 고통감내, 대인조절 등 네 가지가 있다.

19 통합적 접근 상담의 특징

- 실용주의(Pragmatism)에 근거한다.
- 절충적 견해를 가지면, 상담자는 자기 성격에 따라서 여러 가지 다른 특징을 지닌 내담자와의 상호작용이 어떻게 달라지는가에 대해 정확하게 알 수 있다.
- 모든 문제에 효과가 있는 하나의 이론이나 기법은 없다고 가정하고, 두 가지 이상의 상담이론과 기법을 사용하는 접근법이나, 이론적 근거 없이 여러 상담이론의 기법을 단순히 조합하는 것으로는 절충적 상담의 장점을 발휘할 수 없다.
- 효과성을 기준으로 선택한 개입전략들의 조합이 바람직하다.
- 상담자의 숙고와 철학에 바탕을 두고 다양한 접근을 조화롭게 통합하여 사용한다.
- 내담자의 발달수준에 따라 다양한 이론적 접근들을 필요에 따라 선별적으로 적용한다.

20 여성주의상담의 기법

성역할 분석	내담자가 경험한, 내면화된 부정적 성역할 메시지를 변화시키기 위한 기법
권력분석(힘의 분석)	내담자가 사회의 다양한 힘(권력)에 대해 인식하고 대처할 수 있도록 돕는 기법
주장훈련	타인을 짓밟지 않으면서 자기주장을 단호하게 할 수 있도록 돕는 기법
의식향상 훈련기법	강의, 영화, 토의 등을 통해 부당한 경험의 외적 근원을 보게 하여 사회 변화에 참여할 수 있도록 돕는 기법
독서요법	내담자가 독서를 통해 전문성을 증진하고, 상담자와의 권력 불균형을 줄이는 기법
재구성(틀의 재형성)	내담자가 자신에 대한 비난에서 당면한 문제의 원인을 사회적 요인으로 이동하는 기법

21 다문화 사회정의 및 옹호 상담자의 역할

- 내담자에게 필요한 자원 및 지지 제공을 위해 지역사회 내 단체, 지도자, 교장 등과 협력한다.
- 내담자가 강점 인식 및 자기 옹호를 배우도록 조력한다.
- 정치적 행동을 취할 필요가 있는 사회 문제를 인식한다.
- 개인-체제 간 균형 잡힌 관점으로 문제의 원인을 개념화한다.

22 상담을 시작하기 전 준비해야 할 사항

- 상담 장소에 방음장치, 녹음시설, 녹화시설, 필기도구 등 구비
- 상담할 공간의 편안함과 쾌적함 점검
- 내담자의 동의가 필요한 경우를 대비하여 사전 동의서 준비
- 비밀보장이 될 수 있는 분위기 조성

23 상담목표

- 구체적이고 실행 가능한 목표이어야 한다.
- 상담기간 내에 달성 가능하여야 한다.
- 내담자를 주체로, 상태나 행동을 진술한다.
- 내담자의 연령, 특성을 고려하여 세운다.
- 목표는 측정 가능하여야 한다.
- 호소 목표를 고려하여 목표를 설정한다.
- 내담자의 상담준비도, 개인능력, 관계자원 등을 고려하여 현실적으로 설정한다.

24 호소문제

상담자는 호소문제를 우선적으로 들어야 하며 호소문제와 호소문제 관련 개인사 및 가족관계, 외모 및 행동 등을 파악하여 내담자의 문제를 이해하고 평가하여야 하고, 호소 문제를 고려하여 구체적(구체성)이고 실행 가능(성취가능성)한 목표를 설정한다.

25 자기개방[자기노출, 자기폭로(Self Disclosure)]

- 상담자가 자기 경험이나 생각을 내담자에게 전달하는 것으로서, 특수한 상황이나 만남이 효과적이기 위해 상담자가 내담자에게 도움이 될 정보를 제공해 주는 것이기도 하다.
- 상담자의 자기노출은 내담자에게 단순한 정보의 제공을 뛰어넘어 공감의 효과를 불러오기도 하는데, 이는 내담자가 상담자를 자신과 같은 평범한 인간으로 볼 수 있는 기회를 제공하기 때문이다.
- 내담자는 상담자의 자기노출에 공감의 분위기가 형성되어 있음을 인식하면서, 자신이 무엇을 말하고 느끼는지 이해하는 데 도움을 얻을 수 있지만, 때로는 위험을 수반하므로 조심스럽게 시도하여야 한다.

필수5 학습이론

※ 2024년 23회 기출문제를 바탕으로 작성되었습니다.

01 학습의 정의

- 학습은 직접 관찰하고 측정할 수 없으며, 학습이 일어났다는 것은 학습자의 행동변화를 관찰하여 간접적으로 확인할 수 있다.
- 학습은 비교적 영구적인 행동의 변화 및 경험을 통한 행동 잠재력의 변화이며, 질병, 피로 또는 약물로 인한 일시적인 신체 변화는 학습의 범주에 포함되지 않는다.
- 성숙은 경험이나 훈련과 관계없이 개인의 성장에 따라 개인 내에서 일어나므로, 성숙에 의한 행동 변화는 학습의 범주에 포함하지 않는다.
- 수행이 없어도 학습은 일어날 수 있다.
- 행동이 즉각적으로 변화하지 않아도 행동을 다르게 할 수 있는 잠재력이 있다면 학습결과가 나타난다고 할 수 있다.

02 손다이크(Thorndike)의 연합주의

- 연합주의는 특정한 자극과 자발적 행동 사이의 연합으로 새로운 행동이 형성됨으로써 학습이 이루어진다는 개념으로 행동주의적 관점의 이론이다.
- 손다이크는 파블로프처럼 반사적 행동이 아닌, 시행착오 과정 및 그 결과에 의해 학습이 이루어진다는 시행착오설을 제시하였다.
- 새로운 행동을 학습하는 데 있어서 추리와 사고에 의하여 학습하는 것이 아니고, 그저 탐색하고 잘못된 행동을 몇 번이고 반복하다가, 우연히 문제가 해결되어 그 방법이 점차 강화된다고 하는 것이다.
- 때문에 자극과 반응 간 연합은 연습만으로도 강화되며, 학습된 반응은 이미 형성된 방향으로 일어나기 쉽다.
- 반응 다음에 만족스러운 사상태(Satisfying State of Affairs)가 따라오면 자극과의 연결 강도가 증가한다.
- 손다이크에 따르면 학습은 통찰적이라기보다 점진적으로 이루어진다.

03 타임아웃(Time-out)

문제행동이 발생하였을 때 문제행동을 한 사람을 일정 시간(약 5분) 동안 모든 강화자극(행동의 빈도를 높이는 자극)에 접근하지 못하게 하는 기법으로, 부적 처벌의 하나이다.
- 정적 처벌 : 불쾌 자극을 제시하여 행동의 빈도를 줄이는 것
- 부적 처벌 : 유쾌 자극을 철회하여 행동의 빈도를 줄이는 것

04 학습된 무기력(Learned Helplessness)

- 개인이 과제를 달성할 능력이 있음에도 불구하고 스스로 환경을 거의 통제할 수 없다고 믿음으로써 무기력에 빠지게 되는 현상으로 학자 셀리그만(M. Seligman)이 최초로 제안하였다.
- 자신이 통제할 길이 전혀 없는 스트레스를 오랜 기간 받거나 계속해서 실패할 경우 생기며, 그로 인해 상황을 개선하고자 하는 의지를 상실하기도 한다.
- 행동과 그 결과 사이에 관련이 없다고 인식될 때 나타난다.
- 심한 절망감을 불러일으켜 그것이 원인이 되어 결과적으로 우울증이 생긴다.
- 통제불가능한 상황에서 혐오자극의 반복적 노출로 발생할 수 있다.
- 수행지향성이 높은 사람에게 나타날 가능성이 높고, 이들은 실패를 능력 부족으로 생각한다.
- 실패를 내적이고 안정적이며 광범위한 상황에 일반화할 수 있는 원인으로 귀인한다.
- 사전에 상당한 수준의 훈련을 받을 경우 개체는 학습된 무기력에 대해 일종의 면역을 갖게 된다.
- 인간뿐 아니라 개 이외의 다른 동물들에게도 나타나는 현상이다.

05 고전적 조건형성의 적용 사례

- 당근을 먹고 몇 시간 뒤 독감에 걸린 사람이 그 뒤로 독감을 싫어하게 되었다.
- 고양이와 같이 있던 아이가 갑자기 큰 소리에 노출되면 고양이에 대한 공포가 생성된다.
- 좋아하는 배우가 특정 제품을 광고하면 그 제품에 대해 긍정적인 이미지를 갖게 된다.
- 특정 국가의 사람이 범죄를 저질렀다는 보도를 보면 그 국가의 국민에 대한 편견이 형성된다.

06 파블로프의 개 실험에서의 자극과 반응

구 분	자 극	내 용
먹 이	무조건 자극	이전의 학습이 없어도 무조건인 반응을 나타나게 하는 자극
먹이로 인해 나오는 침	무조건 반응	무조건 자극에 나타내는 반응
조건화되기 이전의 종소리	중성(중립) 자극	아무런 반응도 유발하지 않는 자극
조건화된 이후의 종소리	조건 자극	조건이 형성된 후에 조건 반응을 유발하는 자극
종소리로 인해 나오는 침	조건 반응	조건이 형성된 후에 조건 자극에 나타내는 반응

07 고차적 조건화(Higher Order Conditioning)

어떠한 중립 자극이 고전적 조건화 과정을 거쳐 조건 자극이 된 후 이 조건 자극이 또 다른 중립 자극과 연합되는 경우, 또 하나의 새로운 조건 반응을 야기할 수 있다. 이를 '2차적 조건화'라고 하며 이런 2차 이상의 조건화를 가리키는 것이 고차적 조건화이다.

08 이요인 이론

- 고전적 조건화와 조작적 조건화 두 종류의 학습 원리를 통해 불안(공포증) 반응을 설명하는 이론이다.
- 불안이 형성될 때는 고전적 조건형성이 적용되며, 그 이후 조작적 조건형성을 통해 불안증이 유지되고 강화되어 나타난다는 것이다.

1요인	• 고전적조건형성을 통해 불안(공포증)을 유발하는 조건 자극을 형성 • 불안장애로 조절되는 자극은 유기체로 하여금 적극적으로 피하도록 하는 회피반응을 일으키며 이 자극을 회피하도록 학습되는데, 이를 해결학습(Solution Learning)이라고 함
2요인	• 조작적 조건형성을 통해 회피행동이 부정적 강화로 유지 • 회피행동(강화행동)으로 불안은 완화되나, 회피행동은 점점 더 강화·유지됨

- 이요인 이론은 불안장애 치료에 중요한 이론적 근거를 제공한다.

09 강화계획

- 고정비율강화계획 : 일정한 수의 반응이 일어난 후 강화를 주는 것
  예 옷 공장에서 100벌을 만들 때마다 1인당 100만 원의 성과급 지급
- 연속강화계획 : 반응의 횟수나 시간에 상관없이 기대하는 반응이 나타날 때마다 강화를 주는 것
  예 아이가 공부를 열심히 하는 경우 텔레비전 시청을 허락함
- 고정간격강화계획 : 일정한 시간 간격이 지난 후에 강화를 주는 것
  예 주급, 월급, 일당, 정기적 시험 등
- 변동간격강화계획 : 강화 시행의 간격이 다르지만, 평균적으로 확인할 수 있는 시간 간격이 지난 후에 강화를 주는 것
  예 1시간에 3차례의 강화를 부여할 경우 25분, 45분, 60분으로 나누어 부여
- 변동비율강화계획 : 반응행동에 변동적인 비율 적용, 불규칙한 횟수의 바람직한 행동이 나타난 후 강화를 주는 것
  예 카지노의 슬롯머신, 복권

10 프리맥(Premack)의 원리

- 더 선호되는 행동이 덜 선호되는 행동을 증가시키기 위한 정적 강화물(Reinforcer)로 작용하는 현상이다.
- 강화의 상대성을 이용한 것으로서, 선호하는 반응은 덜 선호하는 반응을 강화하여 행동의 발생빈도를 증가시킨다.
- 높은 빈도의 행동(게임 등 선호하는 활동)은 낮은 빈도의 행동(숙제와 같은 덜 선호하는 행동)에 대해 효과적인 강화인자가 될 수 있다는 원리이며, 이것이 효과적이기 위해서는 낮은 빈도의 행동(덜 선호하는 행동)이 먼저 일어나야 한다. 예 게임을 하기 위해서 우선 싫어하는 숙제부터 먼저 하고, 나중에 좋아하는 게임을 즐긴다.

11 관찰학습

- 관찰학습은 환경적 자극에 대한 반응을 통해 학습하는 것이 아니라 타인의 행동을 관찰함으로써 학습하는 것이다.
- 다른 사람의 행동을 단순히 모방하는 것이 아니며, 여기에는 내적인 인지요소들이 포함된다.
- 다른 사람들이 새로운 행동을 할 때 어떤 결과가 나타나는지를 보게 된다. 이러한 과정을 대리적 강화라 한다.
- 자신이 직접 행동하지 않고도 자기 행동의 결과를 예상할 수 있다.

- 학습이 이루어지기 위해서는 모델의 행동을 기억해야 하며, 모델의 매력도는 관찰학습에 영향을 미친다(모델이 매력적이고 유명한 사람일 때 더 잘 배우는 경향이 있음).
- 정보를 전달하는 것이면 어떠한 것이라도 모델이 될 수 있으며, 행동·환경·개인은 서로 양방향적 영향을 미친다.
- 연령도 관찰학습에 영향을 미치는데, 생활연령보다 발달연령(정신연령)이 더 중요하다.

12 반두라(A. Bandura)의 관찰학습 과정

주의 (Attention)	모델의 행동을 관찰하고 주의 깊게 집중하며, 모델을 정확하게 지각하는 과정이다.
파지/보존 (Retention)	관찰학습의 모델이 되는 행동을 돌이켜보기 위해 관찰자가 하는 인지적 행위이다.
행동산출(운동재생/생산, Behavioral Production)	심상에 저장된 모델 행동의 상징적 표상을 적절한 행동으로 전환하는 과정이다.
동기화 (자기강화, Motivation)	행동 수행에 영향을 미칠 수 있는 강화조건에 따라 모델의 행동이 수행되는 과정이다.

13 통찰학습이론

- 쾰러(Köhler)가 주장한 학습이론으로 형태주의 심리학에 근거한 인지주의 학습이론이다.
- 학습과정 속에서 문제사태를 인지하고 재구조화(인지의 분화와 통합)하면서 동시에 심리적 이해력이 드러나게 된다.
- 학습자는 문제해결에 대한 모든 요소를 생각해보고, 문제를 해결할 때까지 여러 가지 방법을 생각하게 된다.
- 통찰학습 능력은 다른 문제의 유형으로 전이된다.

14 비고츠키(Vygotsky)의 인지발달이론

- 비고츠키(Vygotsky)는 피아제(Piaget)의 인지발달이론에 사회문화적인 접근을 시도함으로써 새로운 인지발달이론을 전개하였다.
- 지식은 혼자 발견하기보다 타인과의 상호작용을 통해 전수된다고 하였으며, 근접발달영역(ZPD)에서 학습이 이루어진다고 하였다.
- 인지발달에 있어 비계(Scaffolding)와 사회문화적 요인의 중요성을 강조하였다.
- 언어나 상징과 같은 문화적 도구의 중요성을 강조하였으며, 사회적·문화적 맥락에서의 학습에 초점을 두었다.

15 앳킨슨과 쉬프린(Atkinson & Shiffrin)의 이중기억모형

- 기억의 과정을 감각등록기(감각기억), 단기저장고(단기기억), 장기저장고(장기기억)의 3가지 구조로 분리하여 설명하였다.
- 기억의 구조를 고정된 것으로 보았다.
- 통제과정의 예로 약호화, 시연조작, 탐색방략 등을 들었다.
- '자극(정보) → 감각기억 → 단기(작동/작업)기억 → 장기기억'의 순으로 정보가 뇌에 입력된다고 보았다.
- 관심(주의)은 감각기억에서 단기(작동/작업)기억으로 정보를 이동시킬 때 필요한 것으로서, 관심을 받은 정보는 감각기억에서 단기(작동/작업)기억으로 이동하지만, 관심받지 못한 대부분의 정보는 소멸되는 과정을 거친다.

16 암송(Rehearsal)

- 정보를 내적으로 혹은 소리내어 반복하여 되새기는 과정을 통해 기억을 유지시켜 주는 방법이다.
- 정보를 많이 암송할수록 단기기억에서 장기기억으로 더 잘 전이된다.
- 학습자료를 되새긴 후 보지 않고 외우는 학습 전략으로, 가장 초보적이며 비능률적인 학습 방법이다.

17 역행간섭(Retroactive Interference)

- 후속학습이 선행학습을 방해하는 경우를 말한다.
- 역행간섭은 후속학습이 선행학습을 방해하여 기억이 약화 또는 소멸되는 망각의 한 종류이므로, 망각을 지연시키는 것이 아니라 망각을 일으키는 요인이라고 할 수 있다.

18 파이비오(A. Paivio)의 이중부호이론(Dual-coding Theory)

- 시각부호(심상)는 어문부호(언어)와 다른 독립적 부호이며, 어떤 항목을 시각부호와 어문부호로 같이 기억하는 경우 기억이 향상된다는 이론이다.
- 정보는 시각적 부호와 언어적 부호로 입력되며, 두 개의 기억 부호를 가지면 하나의 기억 부호를 갖는 것보다 기억을 재생할 확률이 증가한다는 것이다.
- 단어보다 그림을 더 잘 기억하며, 시청각 교재가 학습효과를 촉진한다.
- 추상적 단어보다 쉽게 이미지를 떠올릴 수 있는 구체적인 단어를 더 잘 기억한다.
- 정보가 장기기억에 저장되는 방식에 대해 설명하였다.

19 정보처리수준 이론

- 기억을 단일구조로 보는 이론으로 이중저장모델에 대한 이론적 대안이다.
- 학습의도 자체보다는 처리의 깊이가 중요하다. 즉, 정보처리의 수준이 깊은 것이 더 잘 기억된다.
- 심층처리가 되면 우연학습도 의도학습만큼이나 효과적이다.
- 처리수준이 깊으면 흔적이 오랫동안 남아 기억이 잘 된다.
- 주어진 학습재료가 어떻게 부호화되는지에 따라 기억의 지속성이 결정된다.

20 뇌의 가소성(Plasticity)

- 신경가소성(Neuroplasticity)은 경험의 결과로서 뇌가 신경연결을 재조직하거나 수정하는 능력을 말한다.
- 신경가소성은 나이와 활동에 따라 다르게 나타나는 것으로 알려져 있다.
  - 여러 기능을 습득하는 유년기에 가장 폭발적으로 발현된다.
  - 성인이 된 후에도 일생 동안 일정 수준의 가소성을 유지한다.
- 신경가소성은 환경, 경험 등의 자극이 풍부할 때 더 활발하게 일어난다.
- 학습경험은 뉴런 간의 새로운 시냅스를 발달시킬 수 있다.
- 신경생성(Neurogenesis)은 성인기에도 진행된다.
- 신경생성은 뇌의 특정 부위 손상 시, 그 영역의 기능 회복에 도움이 된다.

21 헵(D. Hebb)의 최적각성수준

인간에게는 최적각성수준이 존재한다고 보았는데, 각성수준이 너무 낮으면 뇌에 전달된 감각정보를 이용할 수 없고 반대로 너무 높으면 피질부가 분석하는 정보의 양이 많아져서 부적절한 행동으로 이어지기 때문에, 최적수행에는 최적의 각성수준이 필요하다는 이론이다. 즉, 과제가 다르면 최적수행과 결합되어 있는 각성수준도 달라지게 된다.

22 몰입(Flow)의 개념

- 어떤 행위에 깊게 몰입하여 시간의 흐름이나 공간, 더 나아가서는 자신에 대한 생각까지도 잊어버리게 되는 심리적 상태를 말한다.
- 칙센트미하이(Csikszentmihalyi)가 제시한 개념으로서, 자기목적적인 경험으로서 활동 자체를 즐기면서 모든 관심을 완전히 투사하고 있는 상태를 말한다.
- 외적 동기보다는 내재적 동기에 의해 유도된다.

23 매슬로우(A. Maslow)의 욕구위계이론에서 욕구의 특징

- 다양한 욕구 사이에 위계가 존재한다.
- 단계별 욕구는 동시에 일어나는 것이 아닌, 특정 순간에 한 가지 욕구가 강렬하게 나타난다.
- 하위 욕구는 생존에 필요하고, 상위 욕구는 성장에 필요하다.
- 낮은 단계일수록 욕구 강도가 강하다.
- 하위 욕구가 충족되지 않으면 상위 수준의 욕구는 만족될 수 없다.
- 하위 욕구가 어느 정도 충족된 후에 상위 단계의 욕구가 나타나는 것이 일반적이다.
- 결핍욕구의 경우 만족되면 다음 단계로 넘어갈 수 있으나, 성장욕구는 완전히 충족될 수 없으며 충족되면 충족될수록 더 높은 성취를 이루려는 동기가 끊임없이 유발된다.
- 인간은 선천적으로 자아실현 욕구를 가지고 있다.

24 레퍼와 호델(Lepper & Hodell)의 내재적 동기의 원칙

호기심	현재의 지식 또는 믿음과 일치하지 않거나 놀라워 보이거나 모순되어 보이는 정보나 생각을 제시할 수 있는 활동을 제공한다. 적당한 수준의 불일치성이 가장 효과적이다.
도 전	난이도는 중간 수준으로, 지속적으로 높아지도록 설정하면 도전적 목표의 달성으로 학습자는 자신이 점점 유능해지고 있다는 정보를 얻게 된다. 이는 효능감과 결과에 대한 지각된 통제를 높일 수 있다.
통 제	활동에 선택권을 주고 규칙과 절차를 확립하는 데 일정한 역할을 부여하면 통제의 지각을 형성할 수 있다.
상 상	학습자에게 시뮬레이션이나 게임을 통해 가상세계에 참여하게 하는 방법으로, 주의를 집중시키고 인지적 노력을 증가시킨다.

25 수행목표지향 학습자

- 지능에 대한 고정신념(실체론적 신념)을 가지고 있고, 타인과의 상대적 비교를 기준으로 성공 여부를 판단한다.
- 숙달목표지향적인 학습자가 스스로 더 유능한 사람이 되려고 하는 반면, 수행목표지향적인 학습자들은 남의 눈에 유능하게 보이려 한다.
- 학습과정보다 학습결과에 더 관심을 가지며, 타인과의 경쟁에서 이기는 것을 목표로 한다.
- 과제수행 실패 시 자기 능력 부족으로 귀인하는 경향이 있고, 불안감을 많이 경험하며, 특히 시험 같은 평가 상황에서 더욱 불안감을 느낀다.
- 자신의 유능함을 보여줄 수 있는 과제나 자신의 무능함을 감출 수 있는 과제를 선택하는 경향이 있다.
- 도전적인 과제보다 실패 가능성이 낮은 과제를 선택하는 경향이 있다.
- 수행평가가 동기에 미치는 영향으로서, 수행접근목표 지향 학습자(자신의 능력을 보여주고 싶어하는 자)는 자신감이 있고 높은 자기효능감을 보이는 경향이 있지만, 반대로 수행회피목표 지향 학습자는 자신감이 부족하고 낮은 자기효능감을 가지기 쉽다.
- 수행접근목표 지향성이 높은 경우 과제 실패의 원인을 자신의 능력에 귀인하는 경향을 띠고, 수행회피목표 지향성은 지능에 대한 고정신념 등 외적요인에 귀인하는 경향이 있다.
- 자기불능화 전략을 사용하는 경우가 숙달목표 지향 학습자보다 상대적으로 더 많다.

선택6 청소년이해론

※ 2024년 23회 기출문제를 바탕으로 작성되었습니다.

01 청소년관련법상 청소년의 연령

법률	연령 구분
아동복지법	18세 미만인 사람
청소년 보호법	만 19세 미만인 사람
소년법	
아동·청소년의 성보호에 관한 법률	
청소년 기본법	9세 이상 24세 이하인 사람
청소년활동 진흥법	
청소년복지 지원법	
학교 밖 청소년 지원에 관한 법률	

02 에릭슨(Erikson)의 인간 발달단계

- 인간의 성격이 전 생애에 걸쳐 변화하고 발달한다고 본 이론으로, 인간의 발달을 8단계로 나누고 각 단계별로 극복해야 할 심리사회적 위기와 발달과업을 제시하였다.
- 청소년기를 자아정체감을 형성하는 결정적 시기로 보고 있다.
- 청소년기를 다른 시기에 비해 혼란과 스트레스가 많은 '질풍노도의 시기'로 보지 않고, 진정한 자신을 찾기 위해 노력을 기울이는 시기로서, 자신에 대한 결정을 잠시 보류할 수 있는 시기로 보았다.

03 개인적 우화(Personal Fable)

- 청소년기 특유의 비합리적이고 허구적인 자아 관념을 말한다.
- 자신의 우정이나 사랑 등은 다른 사람이 결코 경험하지 못하는 것으로 생각하는 반면, 다른 사람이 경험하는 죽음·위험·위기가 자신에게는 일어나지 않을 것이며 혹시 일어난다고 하더라도 피해를 입지 않을 것이라고 확신하는 관념이다.
- 자신이 다른 사람들과는 달리 특별하고 독특한 존재이며, 자신의 사고·감정·경험 세계가 다른 사람과 근본적으로 다르다고 믿는다.

04 마샤(J. Marcia)의 정체감 지위이론

정체감 성취	자아정체감과 관련된 위기를 경험하였으나, 다양한 대안과 선택을 신중하게 고려해 자아정체감을 확립한 상태이다
정체감 유예	현재 정체감 위기의 상태에 있으면서 자아정체감 형성을 위해 다양한 역할, 신념, 행동 등을 실험하고 있으나, 의사 결정을 내리지 못한 상태를 말한다.
정체감 유실	자신의 신념, 직업선택 등의 중요한 의사결정에 앞서 수많은 대안에 대하여 생각해 보지 못하고, 부모나 다른 사람의 역할모델의 가치나 기대 등을 그대로 수용하여 그들과 비슷한 선택을 하는 경우를 말한다.
정체감 혼미	자아에 대해 안정되고 통합적인 견해를 갖는 데 실패한 상태를 말한다. 이는 위기를 경험해 보지 않았고, 직업이나 이념 선택에 대한 의사결정을 하지 않을 뿐만 아니라 이러한 문제에 관심도 없는 상태를 말한다.

05 콜버그(Kohlberg)의 도덕성 발달이론

제1수준 전인습적 수준 (4~10세)	제1단계 타율적 도덕성	• 처벌과 복종을 지향한다. • '힘이 곧 정의다', '적자생존'과 같은 힘의 원리를 지향한다.
	제2단계 개인적 · 도구적 도덕성	• 상대적 쾌락주의에 의한 개인의 욕구충족을 지향한다(도구적 상대주의 지향). • 자기 자신을 가장 우선적으로 생각한다.
제2수준 인습적 수준 (10~13세)	제3단계 대인관계적 도덕성	• 다수 의견에 따른 개인 상호 간의 사회적 조화를 지향하며, 사회적 인습에 따른다. • 착한 소년 · 소녀를 지향한다.
	제4단계 법 · 질서 · 사회 체계적 도덕성	• 현존하는 법률, 질서와의 일치 여부에 따라 도덕성을 판단한다. • 사회질서 유지를 위해 법에 복종해야 한다는 점을 중시한다.
제3수준 후인습적 수준 (13세 이상)	제5단계 민주적 · 사회계 약적 도덕성	민주적 절차로 수용된 법을 존중하는 한편, 법을 상호합의에 의한 것으로 인식하고 변경 가능성을 인정한다.
	제6단계 보편윤리적 도덕성	성문화된 법체계뿐만 아니라 개인의 양심과 보편적인 윤리원칙에 따라 옳고 그름을 인식한다.

06 2차 성징의 발달과 관련된 호르몬

정 소	• 테스토스테론 : 남성 생식기관의 발달, 2차 성징 발달 및 유지 • 안드로겐 : 남성 생식기관의 성장과 발달에 작용
난 소	• 에스트로겐 : 여성 생식기관의 발달, 2차 성징 발달 및 유지, 월경주기 조절, 유방 발달 • 프로게스테론 : 월경주기 조절, 자궁 내벽을 준비하는 역할 수행

07 성 역할 고정관념

- 남성성과 여성성의 고정관념은 넓게 확산되어 있다. 즉, 남성은 공격적이며 지배적이고, 여성은 양육적·관계적으로 고정되어 있다.
- 고정화된 성 역할로 여성들의 높은 우울 현상과 남성들의 만능콤플렉스가 있고, 이로 인한 어려움이 있다.
- 성 역할에 대한 고정관념이 증가하는 것을 성 역할 집중화 현상이라 한다. 성 역할 집중화 현상은 남녀 청소년 모두에게 나타나지만, 특히 여자 청소년에게 더 보편적인 현상이다.

08 청소년기 또래집단의 기능

- 자아정체감 형성에 도움
- 준거집단으로의 기능 및 역할
- 문화학습 및 전승
- 심리적 지원과 안정감 제공
- 동조감 형성
- 활동성
- 또래문화에 대한 정보제공의 기능

09 긴즈버그(Ginzberg)의 진로발달이론의 직업선택 단계

- 환상기 : 아동은 자기가 원하는 직업이면 무엇이든 할 수 있고, 하면 된다는 식의 환상 속에서 비현실적인 선택을 하는 경향을 갖게 된다. 즉, 이 단계는 직업선택의 문제에서 자신의 능력이나 가능성, 현실여건 등을 고려하지 않고 욕구만을 중시한다.
- 잠정기 : 이 시기에 개인은 자신의 흥미, 능력, 취미에 따라 직업선택을 하려는 경향을 갖는다. 후반기에 가면 능력과 가치관 등의 요인도 조금 고려하지만 현실 상황을 별로 고려하지 않기 때문에 직업선택의 문제에서 다분히 비현실적인 성격을 띠므로 이 시기의 특성은 잠정적이라 볼 수 있으며, 다음의 하위단계로 나뉜다.
- 현실기(18세 이후) : 직업에서 현실적으로 요구하는 조건과 자신의 개인적 욕구와 능력을 고려하여 현명한 선택을 하고자 한다. 이 시기는 다음의 3가지 하위단계로 나누어진다.

10 브론펜브레너(Bronfenbrenner)의 생태학적 접근

- 미시체계 : 개인과 아주 가까운 주변에서 일어나는 활동과 상호작용을 나타낸다.
- 중간체계 : 가정, 학교, 또래집단과 같은 미시체계들 간의 연결이나 상호관계를 나타낸다.
- 외체계 : 청소년이 그 맥락의 일부를 이루고 있진 않지만, 청소년에게 영향을 미치는 지역사회의 사회적 환경이다.
- 거시체계 : 개인이 속한 사회의 이념이나 제도, 즉 정치, 경제, 문화 등의 광범위한 사회적 맥락을 의미하며, 하위체계에 지지기반과 가치 준거를 제공한다.
- 시간체계 : 아동이 성장함에 따라 겪게 되는 부모의 죽음 등의 외적인 사건이나 심리적 변화 등의 내적인 사건을 구성요소로 전 생애에 걸쳐 일어나는 변화와 사회역사적인 환경을 포함한다.

11 청소년 문화를 바라보는 관점

- 미숙한 문화 : 청소년들을 모자라고 미숙하다고 보는 시각
- 비행문화 : 청소년 문화를 부정적 시각에서 문제시하여 바라보는 시각
- 대항문화(반문화) : 청소년 문화를 저항의 문화 또는 반(反)문화로 보는 시각
- 하위문화 : 청소년 문화를 사회 전체 문화 중 한 부분을 이루는 문화로 보는 시각
- 주류문화 : 한 사회 구성원이 전반적으로 누리는 사회 전체의 문화로 보는 시각
- 새로운 문화 : 전혀 새롭고 독립적인 영역을 지니는 또 하나의 문화로 보는 시각

12 매스 미디어의 4대 기능

- 환경감시 기능 : 현대사회의 다양한 정보를 구성원들에게 전달하여 사회가 환경변화에 적절히 대응하고 합리적인 의사결정을 할 수 있게 하는 기능
- 의제설정 기능(상관조정기능) : 단순한 정보전달뿐 아니라 복잡한 현대사회의 중요한 이슈로 인식되는 현상을 자세히 보도하고 설명하여 주는 기능
- 사회화 기능(문화전승기능) : 과거 사람의 입과 글을 통해 전승되어 온 문화와 전통을 미디어가 대신 맡아 전수하는 기능
- 오락 기능 : 일과 구분되는 놀이와 유흥을 제공하여 즐거움과 휴식을 주는 기능

13 청소년 패션 문화

- 차브 패션 : 상류사회의 클래식하고 엘레강스한 문화를 거부하고, '싸구려가 자랑스럽다'고 떳떳이 드러내는 패션 문화로 매치한 아이템이 어울리지 않을수록, 멋을 낸 티가 나지 않을수록 '잘 입는다'고 인정받는 패션
- 코스프레 패션 : 만화나 애니메이션, 게임에 나오는 캐릭터들이 입는 것과 동일한 의상 패션
- 테크노 패션 : 광택나는 소재, 금속소재가 더해진 원단, 비닐, 플라스틱, 코팅 등의 표면 가공을 거친 하이테크 소재의 의상과 기계적 장신구들이 결합한 패션
- 피어싱 패션 : 장신구 등을 신체에 통과시켜 자기표현과 정체성을 나타내는 형태의 패션
- 복고 패션 : 복고주의를 지향하는 하나의 의상스타일

14 허쉬(T. Hirschi)가 제안한 사회유대의 하위차원

- 애착 : 의미 있는 타인에 대한 애정적인 유대관계를 말하며, 부모와 애착이 잘 형성된 청소년들은 유대관계 때문에 문제행동을 쉽게 하지 못한다.
- 관여 : 일상적인 사회적 목표나 수단을 존중하고 그에 순응하는 것이며, 이렇게 하지 않을 때 야기되는 결과에 대한 두려움으로 문제행동을 하지 않는다. 공부 잘하는 학생은 문제행동을 통해 평판도 잃고 좋은 직장에 취업할 기회도 잃지 않을 것이라는 논리이다.
- 참여 : 일상적인 활동에 참여하는 것으로서, 무엇인가에 적극적으로 참여할 경우 문제 활동을 할 절대적 시간이 없기 때문에 문제행동을 하지 않는다는 단순한 논리이다.
- 신념 : 개인이 전통적인 가치를 어느 정도 수용하고 있는지에 따라 달라진다. 즉, 비행에 대한 부정적인 태도를 가질수록 문제행동을 할 가능성이 줄어든다는 논리이다.

15 학교폭력대책심의위원회의 기능(학교폭력예방 및 대책에 관한 법률 제12조 참조)

- 학교폭력의 예방 및 대책
- 피해학생의 보호
- 가해학생에 대한 교육·선도 및 징계
- 피해학생과 가해학생 간의 분쟁조정
- 학교폭력의 예방 및 대책과 관련하여 학교의 장이 건의하는 사항

16 청소년 자살의 특징

- 외부자극 변화에 민감하여 충동적으로 일어나기 쉽다.
- 사소한 일에도 쉽게 충격을 받아 단순하게 자살하는 경향이 많다.
- 오랫동안 자살 생각을 한 결과라기보다는 다분히 감정적이다.
- 모방자살이 많고 여학생이 남학생보다 대체로 많은 편이다.
- 삶의 의욕을 잃어 죽고 싶어 하는 순수자살의 유형이 많은 성인과 달리, 자신의 심적 고통을 외부에 알리고자 하는 제스처형이나 호소형 자살이 많다.
- 가정의 불화를 자신의 탓으로 생각하므로, 가족 간의 유대는 자살을 예방하는 보호요인이다.
- 성적 및 학교생활과 관련된 문제로 인한 자살이 많다.
- 또래 친구와의 동일시로 인한 동반자살이 많다.
- 우울증이나 약물남용은 청소년 자살의 원인 중 하나이다.
- 판타지 소설이나 인터넷 게임의 영향을 받아 죽음을 문제해결 방법으로 생각하는 등 죽음에 대한 환상을 가지고 있다.

17 청소년유해약물

주류, 담배, 마약류, 환각물질, 중추신경에 작용하여 습관성, 중독성, 내성 등을 유발하여 인체에 유해하게 작용할 수 있는 약물 등이 있다.

18 학교부적응의 요인

- 개인적 요인 : 신체장애, 지적 능력 결핍, 정서적 장애, 사회화 문제
- 가정적 요인 : 빈곤·결손 가정, 위기가정, 부적절한 양육태도
- 학교적 요인 : 입시위주의 획일적인 교육, 과도한 경쟁지향적 학교 운영, 낮은 학업성취도, 또래관계에서의 소외감, 교사나 친구의 부정적인 영향
- 지역사회적 요인 : 가치관의 혼란, 사회계층 간의 갈등, 유해한 대중매체, 교육적이지 못한 환경

19 인터넷게임 중독·과몰입 등의 예방 및 피해 청소년 지원(청소년 보호법 시행령 제23조 제1항)

- 청소년의 인터넷게임 중독·과몰입 여부 진단
- 청소년의 인터넷게임 중독·과몰입 예방을 위한 교육·상담 및 프로그램 개발·운영
- 인터넷게임 중독·과몰입 청소년과 그 가족의 치료·재활을 위한 프로그램의 개발·운영
- 인터넷게임 중독·과몰입 청소년과 그 가족의 치료·재활을 위하여 협력하는 병원의 지정
- 청소년상담사 등에 대한 인터넷게임 중독·과몰입 전문상담 교육

20 청소년복지(청소년 기본법 제3조 제4호)

청소년이 정상적인 삶을 누릴 수 있는 기본적인 여건을 조성하고 조화롭게 성장·발달할 수 있도록 제공되는 사회적·경제적 지원을 말한다.

21 청소년복지시설

① 청소년쉼터 : 가정 밖 청소년에 대하여 가정·학교·사회로 복귀하여 생활할 수 있도록 일정 기간 보호하면서 상담·주거·학업·자립 등을 지원하는 시설
③ 청소년자립지원관 : 일정 기간 청소년쉼터 또는 청소년회복지원시설의 지원을 받았는데도 가정·학교·사회로 복귀하여 생활할 수 없는 청소년에게 자립하여 생활할 수 있는 능력과 여건을 갖추도록 지원하는 시설
④ 청소년치료재활센터 : 학습·정서·행동상의 장애를 가진 청소년을 대상으로 정상적인 성장과 생활을 할 수 있도록 해당 청소년에게 적합한 치료·교육 및 재활을 종합적으로 지원하는 거주형 시설
② 청소년회복지원시설 : 감호 위탁 처분을 받은 청소년에 대하여 보호자를 대신하여 그 청소년을 보호할 수 있는 자가 상담·주거·학업·자립 등 서비스를 제공하는 시설

22 청소년의 권리와 책임(청소년 기본법 제5조)

- 청소년의 기본적 인권은 청소년활동·청소년복지·청소년보호 등 청소년육성의 모든 영역에서 존중되어야 한다.
- 청소년은 인종·종교·성별·나이·학력·신체조건 등에 따른 어떠한 종류의 차별도 받지 아니한다.
- 청소년은 외부적 영향에 구애받지 아니하면서 자기 의사를 자유롭게 밝히고 스스로 결정할 권리를 가진다.

- 청소년은 안전하고 쾌적한 환경에서 자기발전을 추구하고 정신적·신체적 건강을 해치거나 해칠 우려가 있는 모든 형태의 환경으로부터 보호받을 권리를 가진다.
- 청소년은 자신의 능력을 개발하고 건전한 가치관을 확립하며 가정·사회 및 국가의 구성원으로서의 책임을 다하도록 노력하여야 한다.

23 청소년증(청소년복지 지원법 제4조)

- 특별자치시장·특별자치도지사 또는 시장·군수·구청장(자치구의 구청장)은 9세 이상 18세 이하의 청소년에게 청소년증을 발급할 수 있다.
- 청소년증은 다른 사람에게 양도하거나 빌려주어서는 아니 된다.
- 누구든지 청소년증 외에 청소년증과 동일한 명칭 또는 표시의 증표를 제작·사용하여서는 아니 된다.
- 청소년증의 발급에 필요한 사항은 여성가족부령으로 정한다.
- 청소년의 우대 : 국가 또는 지방자치단체는 그가 운영하는 수송시설·문화시설·여가시설 등을 청소년이 이용하는 경우 그 이용료를 면제하거나 할인할 수 있다.

24 자립지원

- 생활지원, 문화공간지원, 의료지원(건강진단을 받은 후 확진 검사에 사용된 의료비 지원), 정서지원 등
- 경제교육, 법률교육, 문화교육 등
- 위기청소년 특별지원을 우선적으로 제공

25 지역사회 청소년통합지원체계의 구축·운영(청소년복지 지원법 제9조)

- 지방자치단체의 장은 관할구역의 위기청소년을 조기에 발견하여 보호하고, 청소년복지 및 청소년보호를 효율적으로 수행하기 위하여 지방자치단체, 공공기관, 청소년단체 등이 협력하여 업무를 수행하는 지역사회 청소년통합지원체계(통합지원체계)를 구축·운영하여야 한다.
- 국가는 통합지원체계의 구축·운영을 지원하여야 한다.
- 통합지원체계에 반드시 포함되어야 하는 기관 또는 단체 등 통합지원체계의 구성 등에 필요한 사항은 대통령령으로 정한다(필수연계기관을 반드시 포함하여 구성).

선택7 청소년수련활동론

※ 2024년 23회 기출문제를 바탕으로 작성되었습니다.

01 다양한 청소년활동

- 스카우트 활동 : 영국 베이든 포우엘(Baden-Powell)에 의해 주도된 스카우트는 국가와 사회가 필요로 하는 청소년 육성을 목적으로 군정찰 활동을 청소년활동에 적용하였다.
- 반더포겔(Wandervogel) 운동 : 독일에서 일어난 청년 학생들의 도보 여행 운동이다.
- 4-H 운동 : 국가의 장래를 이끌어갈 청소년들로 하여금 지·덕·노·체를 생활화함으로써 훌륭한 민주시민으로 성장하는 동시에 지역사회와 국가발전에 기여하게 하려는 일종의 사회교육운동이다.
- 국제청소년성취포상제 : 영국 에딘버러 공작에 의해 처음 설립되어 전 세계 130여 개국에서 운영되는 국제적으로 공인된 자기성장프로그램이다.
- YMCA : 1844년 영국에서 결성한 기독교 민간단체로 다양한 청소년활동의 프로젝트와 서비스를 제공한다. 세계 120개국, 1만여 개의 조직이 있으며, 한국에는 1903년 10월에 창립한 대한기독교청년회연맹이 한국 YMCA의 시작이다.

02 칙센트미하이(M. Csikszentmihalyi)의 몰입이론

- '몰입'은 과제 도전 정도와 학습자 기술 수준이 모두 높을 때, 그리고 두 수준의 균형이 맞을 때 나타난다.
- 활동과제 수준이 자신의 능력(기술) 수준보다 높으면 학습자는 '걱정'을 하게 되며, 너무 높으면 불안해진다.
- 활동과제의 수준이 자신의 수행능력보다 낮을 때는 '지루함'을 느끼므로, 청소년이 몰입을 경험하기 위해서는 활동과제의 수준을 높여야 한다.

03 요구분석의 기법

- 델파이법 : 미국 랜드연구소에서 개발한 것으로 전문가의 직관과 판단으로 미래를 예측하거나 정보를 얻는 방법이다. 이 기법은 예측하려는 문제에 관해 전문가의 견해를 유도하고 종합하여 집단적으로 정리하므로 지역적으로 산재해 있는 사람들의 상호작용을 촉진할 수 있다.

- 능력분석법 : 전문가가 특정 영역에서 갖추어야 할 전문적 능력을 그 영역에서 일하는 사람에게서 확인·분석하는 방법이다.
- 개별이력분석법 : 요구를 개인적으로 결정하고 기록하는 데 이용되는 방법이다.
- 관찰법 : 관찰자가 조사 대상이 되는 개인, 사회집단, 또는 지역사회의 행동이나 사회현상을 현장에서 직접 보거나 들음으로써 필요한 정보나 상황을 정확히 알아내는 방법이다.
- 데이컴법 : 직무(Job) 혹은 직업(Work)을 분석하는 데 매우 효과적인 방법이다.

04 위험도가 높은 청소년수련활동(청소년활동 진흥법 시행규칙 별표7)

- 수상활동 : 래프팅, 모터보트, 동력요트, 수상오토바이, 고무보트, 수중스쿠터, 레저용 공기 부양정, 수상스키, 조정, 카약, 카누, 수상자전거, 서프보드, 스킨스쿠버
- 항공활동 : 패러글라이딩, 행글라이딩
- 산악활동 : 암벽타기(자연암벽, 빙벽), 산악스키, 4시간 이상의 야간등산
- 장거리걷기활동 : 10km 이상 도보이동
- 기타 : 유해성 물질(발화성, 부식성, 독성 또는 환경유해성 등), 하강레포츠, ATV탑승 등 사고위험이 높은 물질·기구·장비 등을 활용하여 이루어지는 청소년수련활동

05 스터플빔(D. Stufflebeam)의 CIPP 평가모형

- 개념 : 평가가 의사결정에 필요한 정보를 설계, 획득, 제공하는 과정이라는 정의를 바탕으로 상황평가, 투입평가, 과정평가, 산출평가의 과정을 강조한 모형이다.
- 평가의 종류

상황평가	• 문제를 진단하기 위한 평가 • 교육목표를 결정하는 합리적 기초나 이유를 제공하는 평가
투입평가	• 도출된 문제 해결을 위한 대안을 찾는 평가 • 평가에 사용되는 인적자원 목표달성을 위한 전략, 전략 실행 설계 등의 활용 방법을 결정하는데 필요한 정보를 수집하고 제공
과정평가	• 프로그램의 계획을 수립하고 진행 과정을 평가 • 의사결정의 실행에 도움을 주는 평가
산출평가	• 프로그램의 성과를 측정하는 평가 • 프로그램 종료 후 참여자의 즉각적인 변화 또는 일정기간 후 지속된 변화를 평가 • 프로그램의 공헌도를 측정하고 해석하여 판단하는 것이 주 목적

06 콜브(D. Kolb)의 경험학습 진행과정

- 구체적 경험 : 특수한 경험이나 사람들과의 직·간접적인 활동, 느낌 및 사람들에 대한 민감성으로부터 학습한다.
- 반성적 관찰 : 판단하기 전의 주의 깊은 관찰, 다른 관점에서 사물을 보는 시각, 어떤 사물로부터 의미를 찾는 행위로부터 학습한다.
- 추상적 개념화 : 제시된 아이디어에 대한 논리적인 분석, 체계적인 계획, 어떤 상황을 이해하기 위한 지적 활동이다.
- 능동(적극)적 실험 : 주어진 일을 직접 완성할 수 있는 능력이나 새롭게 설정된 가설을 검증하기 위한 실험이다.

07 국립청소년수련시설

국립중앙청소년수련원, 국립평창청소년수련원, 국립청소년우주센터, 국립청소년농생명센터, 국립청소년해양센터, 국립청소년미래환경센터, 국립청소년생태센터

08 제7차 청소년정책 기본계획(2023~2027년)

대과제(5개)	중과제(14개)
플랫폼 기반 청소년활동 활성화	• 청소년 디지털역량 활동 강화 • 청소년 미래역량 제고 • 학교안팎 청소년활동 지원강화 • 다양한 체험활동 확대
데이터 활용 청소년 지원망 구축	• 위기청소년 복지지원체계 강화 • 청소년 유형별 맞춤형 지원 • 청소년 자립 지원강화
청소년 유해환경 차단 및 보호 확대	• 청소년이 안전한 온·오프라인 환경 조성 • 청소년 근로보호 강화 • 청소년 범죄 예방 및 회복 지원
청소년의 참여·권리 보장 강화	• 청소년 참여 활동 강화 • 청소년 권익 증진
청소년정책 총괄 조정 강화	• 청소년정책 인프라 개선 • 지역 맞춤형 청소년정책 추진체계 구축

09 청소년수련시설

- 청소년수련관 : 다양한 수련거리를 할 수 있는 각종 시설 및 설비를 갖춘 종합수련시설
- 청소년수련원 : 숙박기능을 갖춘 생활관과 다양한 수련거리를 실시할 수 있는 각종 시설·설비를 갖춘 종합수련시설
- 청소년문화의 집 : 간단한 수련활동을 실시할 수 있는 시설 및 설비를 갖춘 정보·문화·예술 중심의 수련시설
- 청소년특화시설 : 청소년의 직업체험·문화예술·과학정보·환경 등 특정 목적의 청소년활동을 전문적으로 실시할 수 있는 시설과 설비를 갖춘 수련시설
- 청소년야영장 : 야영에 적합한 시설 및 설비를 갖추고 수련거리 또는 야영편의를 제공하는 수련시설
- 유스호스텔 : 청소년의 숙박 및 체류에 적합한 시설·설비와 부대·편익시설을 갖추고 숙식편의제공, 여행청소년의 활동지원을 기능으로 하는 시설

10 청소년활동 프로그램 개발 과정(통합모형)

- 프로그램 기획 : 프로그램 개발팀 구성, 청소년기관 분석, 청소년 참여자 분석, 프로그램 개발 타당성 분석, 프로그램 개발 기본 방향 설정, 아이디어 창출, 청소년 요구 및 필요분석, 우선순위 설정 등
- 프로그램 설계 : 프로그램 목적 및 목표 설정, 내용 선정, 내용 계열화, 활동체계 설계, 활동내용 설계, 활동운영 설계, 활동매체 설계 등
- 프로그램 마케팅 : 잠재적 고객 분할, 프로그램 마케팅 방법 및 기법 결정, 마케팅 자료 및 매체 제작, 마케팅 실행 등
- 프로그램 실행 : 청소년 관리(등록·학습·참여), 지도자 관리(섭외·교수), 활동자료 관리(교재·매체), 자원 확보 및 관리, 청소년지도자와 청소년이 만나 프로그램의 매력성·효율성·효과성을 결정하는 단계
- 프로그램 평가 : 프로그램 평가목적 설정, 평가영역 및 준거 설정, 평가지표 및 도구 개발, 평가자료 수집 및 분석, 프로그램 평가보고 및 개정 등

11 수련시설의 운영대표자의 자격(청소년활동 진흥법 시행령 제8조)

- 1급 청소년지도사 자격증 소지자
- 2급 청소년지도사 자격증 취득 후 청소년육성업무에 3년 이상 종사한 사람
- 3급 청소년지도사 자격증 취득 후 청소년육성업무에 5년 이상 종사한 사람
- 초·중등교육법 제21조에 따른 정교사 자격증 소지자 중 청소년육성업무에 5년 이상 종사한 사람
- 청소년육성업무에 8년 이상 종사한 사람

- 7급 이상의 일반직공무원 또는 이에 상당하는 별정직공무원(고위공무원단에 속하는 일반직공무원 또는 별정직공무원을 포함한다)으로서 청소년육성업무에 3년 이상 종사한 사람(이외의 공무원 중 청소년육성업무에 종사한 사람의 경우에는 5년 이상)

12 수련시설 건립심의위원회(청소년활동 진흥법 시행령 제15조)

- 국가 및 지방자치단체는 법 제28조 제2항에 따라 심의 과정에 청소년 관련 전문가 및 청소년이 참여할 수 있도록 하기 위하여 소관 수련시설 건립 시 수련시설건립심의위원회를 구성하여 운영하여야 한다.
- 심의위원회의 위원은 5명 이상 10명 이하로 구성하며, 위원 중 청소년 및 청소년 전문가의 참여 비율은 각각 5분의 1 이상으로 한다.

13 청소년수련활동인증제의 인증기준

구 분	영역 및 유형	기 준	
공통기준	활동프로그램	• 프로그램 구성	• 프로그램 자원운영
	지도력	• 지도자 자격	• 지도자 역할 및 배치
	활동환경	• 공간과 설비의 확보 및 관리	• 안전관리 계획
개별기준	숙박형	• 숙박관리 • 영양관리자 자격	• 안전관리 인력 확보
	이동형	• 숙박관리 • 영양관리자 자격 • 휴식관리	• 안전관리 인력 확보 • 이동관리
특별기준	위험도가 높은 활동	• 전문지도자의 배치	• 공간과 설비의 법령 준수
	학교단체 숙박형	학교단체 숙박형 활동 관리	
	비대면방식 실시간 쌍방향	실시간 쌍방향 활동 운영 및 관리	
	비대면방식 콘텐츠 활용 중심	콘텐츠 활용 중심 활동 운영 및 관리	
	비대면방식 과제수행 중심	과제수행 중심 활동 운영 및 관리	

14 활동유형(인증대상)

기본형	전체 프로그램 운영시간이 2시간 이상으로서, 실시한 날에 끝나거나 또는 2일 이상의 각 회기로 구성되어 있으며 숙박 없이 수일에 걸쳐 이루어지는 활동
숙박형	숙박에 적합한 장소에서 일정 기간 숙박하며 이루어지는 활동
이동형	활동 내용에 따라 선정된 활동장을 이동하여 숙박하며 이루어지는 활동
학교단체숙박형	학교장이 참가를 승인한 숙박형 활동 ※ 개별단위프로그램 : 학교단체 숙박형 활동을 구성하는 각각의 프로그램

15 숙박형 등 청소년수련활동 계획의 신고(청소년활동 진흥법 제9조의2)

- 숙박형 청소년수련활동 및 비숙박형 청소년수련활동을 주최하려는 자는 여성가족부령으로 정하는 절차와 방법에 따라 특별자치시장・특별자치도지사・시장・군수・구청장에게 그 계획을 신고하여야 한다. 다만, 다음의 경우는 제외한다.
  - 다른 법률에서 지도・감독 등을 받는 비영리 법인 또는 비영리 단체가 운영하는 경우
  - 청소년이 부모 등 보호자와 함께 참여하는 경우
  - 종교단체가 운영하는 경우
  - 비숙박형 청소년수련활동 중 인증을 받아야 하는 활동이 아닌 경우
- 특별자치시장・특별자치도지사・시장・군수・구청장은 신고를 받은 날부터 14일 이내에 신고수리 여부를 신고인에게 통지하여야 한다.

16 청소년문화활동의 지원

- 청소년문화활동의 진흥(청소년활동 진흥법 제60조)
- 청소년문화활동의 기반 구축(동법 제61조)
- 전통문화의 계승(동법 제62조)
- 청소년축제의 발굴지원(동법 제63조)
- 청소년동아리활동의 활성화(동법 제64조)
- 청소년의 자원봉사활동의 활성화(동법 제65조)

17 청소년운영위원회

- 청소년수련시설을 설치·운영하는 개인·법인·단체 및 위탁운영단체는 청소년활동을 활성화하고 청소년의 참여를 보장하기 위하여 청소년으로 구성되는 청소년운영위원회를 운영하여야 한다(청소년활동 진흥법 제4조 제1항).
- 생활권 청소년수련시설의 운영관련 자문평가를 통해 청소년이 주인이 되는 시설이 되도록 마련한 제도적 기구로, 10명 이상 20명 이하의 청소년으로 구성되며 위원의 임기는 1년, 위원장은 위원 중에서 호선한다(동법 시행령 제3조).
- 청소년수련시설의 환경개선, 프로그램 모니터링, 각종 행사, 홍보 등의 활동을 한다.

18 청소년 방과 후 활동의 지원(청소년 기본법 제48조의2)

국가 및 지방자치단체는 학교의 정규교육으로 보호할 수 없는 시간 동안 청소년의 전인적(全人的) 성장·발달을 지원하기 위하여 다양한 교육 및 활동 프로그램 등을 제공하는 종합적인 지원 방안을 마련하여야 한다.

19 안전교육(청소년활동 진흥법 시행규칙 제8조의3)

수련시설 설치·운영자 또는 위탁운영단체는 수련시설의 이용자 및 청소년수련활동에 참여하는 청소년에게 다음의 안전교육을 실시하여야 한다.
- 수련시설 이용 시 유의사항 및 비상시 행동요령에 관한 사항
- 청소년수련활동 유형별 안전사고 예방에 관한 사항
- 성폭력·성희롱 예방 및 대처요령에 관한 사항
- 그 밖의 해당 수련시설의 이용 및 청소년수련활동에 필요한 안전에 관한 사항

20 인증심사원의 자격 및 선발 등(청소년활동 진흥법 시행규칙 제15조)

- 청소년수련활동인증위원회는 다음의 어느 하나에 해당하는 자격요건을 갖춘 사람 중에서 인증심사원을 선발한다.
  - 1급 또는 2급 청소년지도사 자격 소지자
  - 청소년활동분야에서 5년 이상의 실무경력이 있는 사람
- 인증심사원이 되려는 사람은 인증위원회에서 실시하는 면접 등 절차를 거쳐 선발한다.
- 인증심사원이 되려는 사람은 인증기준, 인증절차 등 인증심사와 관련된 내용을 중심으로 인증위원회가 실시하는 직무연수를 40시간 이상 받아야 한다.
- 인증심사원은 2년마다 20시간 이상의 직무연수를 이수하여야 한다.

21. 수련시설의 종합평가(청소년활동 진흥법 제19조의2, 시행규칙 제9조의2)

- 여성가족부장관은 수련시설의 전문성 강화와 운영의 개선 등을 위하여 시설 운영 및 관리체계, 활동프로그램 운영 등 수련시설 전반에 대한 종합평가를 정기적으로 실시하고 그 결과를 공개하여야 한다.
- 여성가족부장관은 종합평가를 실시하려면 미리 수련시설의 운영대표자에게 그 종합평가의 절차, 방법 및 기간을 통보하여야 한다.
- 여성가족부장관은 통보를 할 때 또는 그 통보 후에 수련시설의 운영대표자에게 종합평가에 필요한 자료의 제출을 요구할 수 있다. 이 경우 수련시설의 대표자는 정당한 사유가 없으면 그 요구에 따라야 한다.
- 국가 및 지방자치단체는 종합평가의 결과 우수한 수련시설에 대하여 포상 등을 실시할 수 있다.
- 여성가족부장관은 종합평가의 결과에 따라 수련시설의 운영대표자에게 미흡사항에 대한 개선이나 그 밖의 필요한 조치를 하도록 요구할 수 있다.
- 여성가족부장관은 종합평가의 결과를 교육부장관 등 관계 기관의 장에게 알려야 한다.
- 여성가족부장관은 수련시설에 대한 종합평가를 2년마다 1회 이상 실시하여야 한다.

22. 국제청소년성취포상제 운영모형

구 분	봉사활동	자기개발활동	신체단련활동	탐험활동	합숙활동
금장 만 16세 이상	12개월 48시간 이상 (48회 이상)	12개월 48시간 이상 (48회 이상)	12개월 48시간 이상 (48회 이상)	3박 4일 (1일 8시간)	4박 5일 합숙활동
	은장 미보유 청소년은 봉사, 자기개발, 신체단련활동 중 하나를 선택하여 추가로 6개월 수행					
은장 만 15세 이상	6개월 24시간 이상 (24회 이상)	6개월 24시간 이상 (24회 이상)	6개월 24시간 이상 (24회 이상)	2박 3일 (1일 7시간)	-
	동장 미보유 청소년은 봉사, 자기개발, 신체단련활동 중 하나를 선택하여 추가로 6개월 수행					
동장 만 14세 이상	3개월 12시간 이상 (12회 이상)	3개월 12시간 이상 (12회 이상)	3개월 12시간 이상 (12회 이상)	1박 2일 (1일 6시간)	-
	참가자는 봉사, 자기개발, 신체단련활동 중 하나를 선택하여 추가로 3개월 수행					

23 청소년자기도전포상제 포상활동영역

- 봉사활동 : 주변에 도움이 필요한 사람이나 지역사회를 대상으로 지원하는 마음으로 이뤄지는 활동
- 자기개발활동 : 개인적 관심과 흥미에 따라 실생활에 필요한 기술이나 사회·문화적 기술을 개발하는 활동
- 신체단련활동 : 체력 증진을 통해 삶의 질을 개선하기 위한 운동이나 신체를 이용한 활동
- 탐험활동 : 청소년 자신이 성취하고자 하는 목표를 자연 환경 속에서 찾아 도전을 통해 배우고 느끼는 야외활동
- 진로개발활동 : 자기 자신을 이해하고 진로 탐색을 하며 진로 역량을 개발하는 활동

24 청소년방과후아카데미 운영유형 및 인원

운영유형		1개반	2개반	3개반
일반형	기본형	30명	40명	60명
	농산어촌형	30명	40명	60명
	장애형	-	15~20명	25~30명
	다문화형	-	30명	45명
	탄력운영형	15명	-	-
주말형		30명	-	-

25 지방청소년활동진흥센터 수행 사업(청소년활동 진흥법 제7조 제2항)

- 지역 청소년활동의 요구에 관한 조사
- 지역 청소년 자원봉사활동의 활성화
- 청소년수련활동 인증제도의 지원
- 인증받은 청소년수련활동의 홍보와 지원
- 청소년활동 프로그램의 개발과 보급
- 청소년활동에 대한 교육과 홍보
- 숙박형 등 청소년수련활동 계획의 신고에 대한 지원
- 숙박형 등 청소년수련활동 관련 정보공개에 대한 지원
- 그 밖에 청소년활동을 위하여 필요한 사업

배우기만 하고 생각하지 않으면 얻는 것이 없고,
생각만 하고 배우지 않으면 위태롭다.

-공자-